列国汉学史丛书

阎纯德 总主编

俄国汉学史

—— 迄于1917年（修订本）

阎国栋 著

学苑出版社

图书在版编目（CIP）数据

俄国汉学史：迄于1917年／阎国栋著. -- 修订本.
北京：学苑出版社，2024.9. -- （列国汉学史丛书）.
ISBN 978-7-5077-7035-3

Ⅰ.K207.8

中国国家版本馆 CIP 数据核字第 2024L6Z715 号

出　版　人：洪文雄
责任编辑：杨　雷
出版发行：学苑出版社
社　　　址：北京市丰台区南方庄 2 号院 1 号楼
邮政编码：100079
网　　　址：www.book001.com
电子信箱：xueyuanpress@163.com
联系电话：010-67601101（销售部）　　67603091（总编室）
印　刷　厂：廊坊市印艺阁数字科技有限公司
开本尺寸：787mm × 1092mm 1/16
字　　数：631 千字
印　　张：46
版　　次：2024 年 9 月第 1 版
印　　次：2024 年 9 月第 1 次印刷
定　　价：138.00 元

总序一

经过近 30 年多位学者的辛劳努力，现在我们可以说，国际汉学研究确实已经成长为一门具有特色的学科了。

"汉学"一词本义是对中国语言、历史、文化等的研究，而在国内习惯上专指外国人的这种研究，所以特称"国际汉学"，也有时作"世界汉学""国际中国学"，以区别于中国人自己的研究。至于"国际汉学研究"，则是对"国际汉学"的研究。中外都有学者从事国际汉学研究，我们在这里讲的，是中国学术界的国际汉学研究。

自从改革开放以来，国际汉学研究改变了禁区的地位，逐渐开拓和发展。其进程我想不妨划分为三个阶段：一开始仅限于对国际汉学界状况的了解和介绍，中心工作是编纂有关的工具书，这是第一个阶段。到了 20 世纪 90 年代，出现国际汉学研究的专门机构，大量翻译和评述汉学论著，应作为第二个阶段。在这两个阶段里，学者们为深入研究国际汉学打好了基础，准备了条件。新世纪到来之后，进入全面系统地研究国际汉学的可能性应该说业已具备。

今后国际汉学研究应当如何发展，有待大家磋商讨论。以我个人的浅见，历史的研究与现实的考察应当并重。国际汉学研究不是和现实脱离的，认识国际汉学的现状，与外国汉学家交流沟通，对于我国学术文化的发展以至于多方面的工作都是必要的。我曾经提议，编写一部中等规模的《当代国际汉学手册》，使我们的学者便于使用；如果有条件的话，还要组织出版《国际汉学年鉴》。这样，大家在接触外国汉学界时，不会感到隔膜，阅读外国汉学作品，也就更容易体味了。必须指出的是，国际汉学有着长久的历史，因此现实和历史是分不开的，不了解各国汉学的历史传统，终究无法认识汉学的现状。

我们已经有了不少国际汉学史的著作及论文。实际上，公推为中国最早的汉学史专书，是1949年出版的莫东寅《汉学发达史》，尽管是通史体裁，也包含了分国的篇章。这本书最近已有经过校勘的新版，大家容易看到，尽管只是概述性的，却使读者能够看到各国汉学互相间的关系。由此可见，有组织、有系统地考察各国汉学的演进和成果，将之放在国际汉学整体的背景中来考察，实在是更为理想的。

这正是我在这里向大家推荐阎纯德教授、吴志良博士主编的这套"列国汉学史书系"（"汉学研究大系"）的原因。

阎纯德教授在北京语言大学主持汉学研究所工作多年，是我在这方面的同行和老友，曾给我以许多帮助。他为推进国际汉学研究，可谓不遗余力，所做出的重要贡献是学术界周知的。在他的引导之下，《中国文化研究》季刊成为这一学科的园地，随之又主编了《汉学研究》，列入《中国文化研究汉学书系》，有非常广泛的影响。其锲而不舍的精神，我一直十分敬服。特别要说的是，阎纯德教授这几年为了编著这套"列国汉学史书系"所投入的心血精力，可称出人意想。

在《汉学研究》总第八集的"卷前絮语"中，阎纯德教授慨叹："《汉学研究》很像同人刊物，究其原因，是从事这个领域研究的学者太少，尤其是专门的研究者更是少之又少，所以每一集多是读者相熟的面孔。"现在看"列国汉学史书系"，作者已形成不小的专业队伍，这是学科进步的表现，更不必说这套书涉及的范围比以前大为扩充了。希望"列国汉学史书系"的问世成为国际汉学研究这个学科在新世纪蓬勃发展的一个界标。让我们在此对阎纯德教授、这套书的各位作者，还有出版社各位所做出的劳绩表示感谢。

李学勤

2007年4月8日

于清华大学国际汉学研究所

总序二

汉学历史和学术形态历史是既抽象又具体的存在,是浩瀚无边的过去、现在和未来。历史会让我们兴奋,也会使我们悲哀,有时还会觉得它仿佛是一个梦。但是,当我们梦醒而理智的时候,便会发现——太阳、地球、人类社会,一切的一切,不管是曾经存在过的恐龙,还是至今还在生生不息的蚂蚁社群,天上的,地下的,看得见的,看不见的,一切都有自己的历史。一切都有过发生,一切都还在发展,可能还会灭亡。

任何事物的发生都有一个有形或无形的孕育过程,"汉学"(Sinology)也是这样,其孕育和成长,就是中国文化与异质文化相互交媾浸淫的历史。这个历史,始于公元1世纪前后汉代所开通的丝绸之路,接下来是七八世纪的大唐帝国、十四五世纪的明代、清末的鸦片战争和五四新文化运动,这种文化的碰撞和交流之潮时起时伏直到今天,还会发展到永远。这是历史,是汉学的昨天、今天和未来,是其孕育、发生和成长的过程显现出的文化精神。但是,昨天有远有近,我们可以寻着蛛丝马迹探讨找回其真;而今天,只是一个过渡,一俟走过,便成为昨天的陈迹。

写作汉学史是一件艰难的劳作,尤其对象是遥远的昨天,尤其是"遗失"在异国他乡的昨天,更非一件易事。时至今日,朦胧面纱下的汉学还不完全为一些学人所认识,因此有必要取下面纱,让人们看个究竟。

中华人民共和国成立最初的30年，对于"汉学"讳莫如深，因为"它"被认为是个有害于中国的"坏东西"；从20世纪70年代中期之后，尤其90年代以降，"汉学"便逐渐成为学术界耳熟能详的学术名词。中国大陆重提"汉学"至今，汉学就像隐藏在深山里的小溪，经过30年的艰辛跋涉，才终于形成一条奔腾的水流，并成为中国文化水系不可或缺的组成部分；尤其是到了21世纪10年代之后，国家领导人也提出倡导研究汉学（中国学）。这是天翻地覆的文化壮举。这个变化是时代和历史变迁带来的结果，也是文化自己发展的规律。

那么，究竟什么是汉学呢？首先，这里的汉学非指汉代研究经学注重名物、训诂——后世称"研究经、史、名物、训诂考据之学"的"汉学"，而是指外国人研究中国历史、语言、哲学、文学、艺术、宗教、考古及社会、经济、法律、科技等人文和社会科学领域的学问，这起码是近300来年世界上的习惯学术称谓。李学勤（1933—2019）教授多次说："'汉学'，英语是Sino-logy，意思是对中国历史文化和语言文学等方面的研究。在国内学术界，'汉学'一词主要是指外国人对中国历史文化等的研究。有的学者主张把它改译为'中国学'，不过'汉学'沿用已久，在国外普遍流行，谈外国人这方面的研究，用'汉学'比较方便。"[①] Sinology 一词来自外国，它不是汉代的"汉"，也不是汉族的"汉"，不指一代一族，其词根 Sino 源于秦朝的"秦"（Sin），所指是中国。为了弄清 Sinology 的真正含义和译义，我曾向西方多位汉学家征求其看法。他们几乎毫无疑义地认为：Sinology 的词根"Sino"，意思是"秦"，所指是中国，源自拉丁词语"Sina"（China，中国），"logia"为希腊词语，其意为"科学"，或含有考古学或哲学的部分意思；前者所示是"中国"，后者所示是"科学"或"研究"，两者相加，Sinology 就是"中国的科学研究"。Sinology 一词的诞生，最早应是始于后利玛窦时代，出自某个传教士的智慧——借用汉代和清代的"汉学"。从那时起，西方传教士就将对中国的文化

---

① 李学勤：《国际汉学漫步·序》，河北教育出版社，1997年。

研究称为 Sinology（汉学），研究者称为 Sinologist（汉学家）。

如果我们将 Sinology 在学术上称为"汉学"和"中国学"，名字虽异，但实质上它们是"异名共体"，所表述的内涵完全一样。高利克在回信中说："我认为 Sinology（汉学）或 Sinologist（汉学家）是用以指称我们所从事的事业之恰当的词语。"

在历史长河里，汉学由胚胎逐渐发育成长。当汉学走过少年时代，在西学东渐和中学西传互示友情之后，中学开始影响西方而成为人类文明史上的伟大事件。中世纪以来，欧洲视中国为"修明政治之邦"，对中国充满了好奇与好感，18世纪"中国热"蜂起欧洲，19世纪初期法国便成为西方汉学的中心，巴黎成为"汉学之都"。戴密微（Paul Demiéville，1894—1979）曾说汉学的先驱是葡萄牙、西班牙和意大利。但是，汉学作为学术研究和一种文化形态，举大旗的则是法国人。1814年12月11日，雷慕沙（Jean Pierre Abel Rémusat，1788—1832）在法兰西学院首开"汉语和鞑靼—满语语言与文学讲座"，开启了西方真正的汉学时代。但指代汉学的"Sinologie"（英文"Sinology"）一词则出现在17世纪末，应该早过雷慕沙主持第一个汉学讲座100年的时间。从此之后，"Sinology"便成为主导汉学世界的图腾、约定俗成的学术"域名"。在世界文化史和汉学史上，外国人把研究中国的学问称为"汉学"，研究中国学问的造诣深厚的学者称为"汉学家"。因此，我认为，我们不必要标新立异，根据西方绝大部分汉学家的习惯看法，"Sinology"发展到如今，这一学术概念有着最广阔的内涵，绝不是汉代和清代独有的"汉学"，更不是什么"汉族文化之学"，它涵盖中国的一切学问，既有以儒释道为核心的传统文化，也包含"敦煌学""西夏学""突厥学""满学"以及"藏学"和"蒙古学"等领域。由于汉学的发展、演进，以法国为首的"传统汉学"（Sinology）和以美国为首的"现代汉学"（"中国学"，Chinese Studies），到了20世纪中叶之后，研究内容、理念和方法，已经出现兼容并包状态，就是说 Sinology 可以准确地包含 Chinese Studies 的内容和理念；从历史上看，尽管 Sinology 和 Chinese Studies 所负载的传统和内容有所不同，但现在却可以互为表达、"雌雄同体"于同一个学术概念了。话再说回来，对于这样一个负载着深刻而丰富历史内涵的学术"域名"，我以为还是叫它"汉学"（Sinology）为好，因为 Sinology 不仅承继了汉学的传统，而且也容纳了 Chinese Studies 较为广阔而现代的内容。另外，中国人对中国文化的研究应该称为国学，而外国学者研究中国文化的那种学问则称为汉学。汉学是国学有血有肉有灵魂的"影子"，而汉学不是国学，是介于中学与西学两者之间、本质上更接近西学的一种文化形态。说它与国学同根而生，说它们是"一条藤上的两个瓜"（许嘉璐语），都不为过，然而瓜的形象与味道却不相同，一个是"东瓜"，一个是"西瓜"。我认为这样认识汉学，既符合中国文化的学术规范，又符合世界上的历史认同与学术发展实际。

汉学的历史是中国文化与异质文化交流的历史，是外国学者阅读、认识、理解、研究、阐释中国文明的结晶。汉学是中国文化和外国文化撞击后派生出来的学问，实际上也是中国文化另一种形式的自然延伸。但是，汉学不是纯粹的中国文化，它与中国文化有着密不可分的血缘关系，它既是中外文化的"混血儿"，又是可以照见"中国文化"的镜子，是可以攻玉的"他山之石"；"'Sinology'是一门在国际文化中涉及双边或多边文化关系的近代边缘性的学术，它以'中国文化'作为研究的'客体'，以研究者各自的'本土文化语境'作为观察'客体'的基点，在'跨文化'的层面上各自表述其研究的结果，它具有'泛比较文化研究'的性质"①。以上两种表述虽有不同，但学理一致，基本可以厘清我们对于 Sinology 的学术定位。

法国汉学家马伯乐（Henri Maspero, 1883—1945）说过："中国是欧洲以外仅有的这样的一个国家：自远古起，其古老的本土文化传统一直流传至今。"法国哲学家弗朗索瓦·于连（François Jullien）也说："中国文明是在与欧洲没有实际的借鉴或影响关系之下独自发展的、时间最长的文明……中国是从外部审视我们的思想——由此使之脱离传统成见——的理想形象。"② 他在《为什么我们西方人研究哲

---

① 严绍璗：《我对 Sinology 的理解和思考》，载《世界汉学》2006 年第 4 期。
② [法]弗朗索瓦·于连（François Jullien）：《迂回与进入》，香港三联书店，1998 年。

学不能绕过中国》中提出:"我们选择出发,也就是选择离开,以创造远景思维的空间。人们这样穿越中国,也是为了更好地阅读希腊。"为了获得一个"外在的视点",他才从遥远的视点出发,并借此视点去"解放"自己。这便是一个未曾断流、在世界上仅存的几种古老文化之一的中国文明的意义。中国文明是一道奔流不息的活水,活水流出去,以自己生命的光辉影响世界;流出的"活水"吸纳异国文化的智慧之后,形成既有中国文化的因子,又有外国文化思维的一种文化,这就是"汉学"。也就是说,汉学是以中国文化为原料,经过另一种文化精神的智慧加工而形成的一种文化。从某种意义上说,汉学既是外国化了的中国文化,又是中国化了的外国文化;抑或说是一种亦中亦西、不中不西,有着独立个性的文化。汉学作为一门独立的具有跨文化性质的学科,是外国文化对中国文化借鉴的结果。汉学对外国人来说是他们的"中学",对中国人来说又是西学,它的思想和理论体系仍属"西学"。

我们的汉学研究,是指对外国汉学家及其对中国文化研究成果的再研究,是中国学者对外国学者研究中国文化的反馈,也是对外国文化借鉴的一个方面。凡是对历史或异质文化进行研究,都有一个价值判断和公正褒贬的问题。因此,对于汉学家对中国文化的研究,必得有我们自己的判断,然后做出公正的褒贬。我们说汉学是可以攻玉的"他山之石",但是这句箴言并非只适用于中国人,对外国人也是一样。汉学也像外国的本体文化一样,对我们来说有借鉴作用,对西方来说有启迪作用——西方学者以汉学为媒介来了解中国,汲取中国文化的精华,完善自己的文明。人类由于文化背景差异和文化语境的不同,思维方向和方式也会不同,因而就会得出不同的结论,讲出不同的道理。"西方学者接受近现代科学方法的训练,又由于他们置身局外,在庐山以外看庐山,有些问题国内学者司空见惯,习而不察,外国学者往往探骊得珠。如语言学、民俗学、考古学、人类学、社会学诸多领域,时时迸发出耀眼的火花。"[①] 汉学的学术价值往往不被国人

---

① 季羡林:《汉学研究·序》第七集,中华书局,2003年。

重视，并利用汉学家对于中国文化的一些误读而贬低汉学的价值。其实，这并不公平，有些汉学家对于中国文化确实有其独到的见解，能发中国人未发之音。法国汉学家马伯乐对中国上古文化和上古宗教的研究就有独到的贡献，中国学者称赞他对中国宗教研究有开"先河"之功。他研究中国宗教的宗教社会学之方法，促进和推动了中国学者采用宗教社会学来研究中国宗教，被称为"中国宗教社会学研究的真正创始人"。

踏着地理学家和探险家斯文·赫定（Sven Hedin，1865—1952）的足迹来到中国的瑞典地质学家、考古学家安特生（John Gunnar Andersson，1874—1960），他对中国的贡献足以说明他也是一位汉学家。1914年，他被中国北洋政府农商部聘任为矿政顾问，他先是从事地质调查，写出《中国的铁矿和铁矿工业》和《华北马兰台地》的调查报告，然后致力于古生物化石的收集和研究。1921年10月，在河南渑池发现仰韶文化，因此被誉为"仰韶文化之父"。他的研究揭开了中国田野考古工作的序幕，改变了中国近代考古的面貌。他有《甘肃考古记》、《中国远古之文化》（An Early Chinese Culture，1923）、《黄土的女儿：中国史前史研究》（Children of the Yellow Earth：Studies in Prehistoric China）等著作。

瑞典汉学家高本汉（Bernhard Karlgren，1889—1978）的最高成就是根据研究古代韵书、韵图和现代汉语方言、日朝越诸语言中汉语借词译音构拟汉语中古音，以及根据中古音和《诗经》用韵、谐声字构拟古音，写出著名的学术专著《中国音韵学研究》《汉语中古音与古音概要》《古汉语字典重订本》《中日汉字形声论》《论汉语》《诗经注释》《尚书注释》和《汉朝以前文献中的假借字》等。他对汉语音韵训诂的研究是不少中国学者所不及的，并深刻影响了对于中国音韵训诂的研究。20世纪日本学者津田左右吉（Tsuda Soukichi，1873—1961）关于中国文化的研究著述甚丰，他认为中国文化是一种"人事本位文化"，其核心是"帝王文化"，其他认识上尽管有偏颇，但也有其独异性和深刻之处。这就是"他山之石"的意义和价值。

当然，不可否认，汉学家对于中国文化的误读或歪曲也是常见的。美国现代汉学（中国学）的奠基人费正清对中国历史尤其近代史的研究独具风采，为美国人民认识中国搭建了一座桥梁；但他在研究上的所谓"冲击—回应"模式，却近乎荒谬，认为是西方给中国带来了文明，是西方的侵略拯救了中国。

综上所述，对于汉学成果的研究，只有冷静、公正、客观、全面，才能在沙中淘得真金，发现真正的"他山之石"。

在中国，汉学的接受与命运，诚实地说，在 20 世纪 80 年代初期之前，基本上是无视它的学术价值，更没人把它看作是中国文化的延伸。此外，由于民族心理上的历史"障碍"，我们还曾视汉学为洪水猛兽，甚至觉得它是仇视中国、侮辱中国的一个境外的文化"孽种"。这种"观点"，虽嫌偏颇，当然也不是空穴来风。因为自 19 世纪"鸦片战争"前后，直至 20 世纪 40 年代，偌大的中国曾经惨遭蹂躏，其间也不乏为列强殖民政策服务的少数传教士、"旅行家"和"学者"深入中国腹地，以旅行、探险、考古之名而实行社会情报的搜集、盗窃和骗取中国文物。

人类思想的飞翔，是受社会和历史禁锢的，山高水远的阻隔也使得人类互相寻找的岁月特别漫长。交流是人类文化选择的自然形态，汉学就发生在这种物质交流和文化交流之中。

人类在互相寻找的初级阶段，中国和西方试探性的商业交往还很原始，那时的人类，不同的国家、民族和族群处于相对落后和封闭的状态，人类各个角落的不同文化还处于相对不自觉或是相对蒙昧的历史时期。在人类最早的沟通中，中国人走在最前边。公元前 139 年，张骞奉汉武帝之命，越过葱岭，亲历大宛、康居、大月氏、大夏、乌孙、安息等地，直达地中海东岸，先后两次出使中亚各国，历时十多年，开创了古代和中世纪贯通欧亚非的陆路"丝绸之路"，为人类交往开了先河，也为汉学的萌发洒下最初的雨露。

在文化史上，以孔孟儒家学说为核心的中国文化最先影响朝鲜半岛，然后才是日本和越南等周边国家。这些周边国家与中国的关系复杂，甚至被说成同种同文，因此可以说它们的文化与中国文化有着很深的"血缘"关系。公元 522 年，中国佛教渡海东传日本，从那时开始，中国典籍便大量传入日本；但这只是一种"输入"，只是日本创建自己文化的借鉴，并没有形成对于中国文化的深层研究。及至唐代，由于文化上承接了汉朝的开放潮流，那时与异质文化的交流相对更加频繁，商贸往来和文化沟通有了发展，西方和中国周边国家或地域的人士通过陆路和水路进入中国腹地，有的经商，有的留学，长安（今西安）、洛阳、扬州、广州、泉州等城市，都是中外贸易和文化交汇的重要都会。尤其是长安（今西安），是当时世界最大的商业文化之都；而扬州、广州、泉州等，由于东南沿海经济崛起、人口增多、手工业发达、农田水利的改善，为海外贸易发展创造了条件，再由于唐代中期"安史之乱"切断了陆路"丝绸之路"的缘故，曾称为"鲤城""温陵""刺桐城"的泉州，便成为联结亚洲、欧洲和非洲的海上丝绸之路的"东方第一大港"，是那时以丝绸、金银、铜器、铁器、瓷器为主的国际贸易之都。通过频繁的往来和交流，外国人对中国文化的认识越来越多、越来越深，汉学也便在这种交流中不知不觉慢慢衍生。

但是，源远流长的汉学，人们习惯地认为其洪流和网络在西方，西方是汉学的形象代表。这种看法，一是源自近代以来西方强势文化和中国人的崇洋心理；二是西方汉学的某些特征也确实有别于朝鲜半岛、日本和越南的汉学。其实，如果我们从世界汉学历史发展的角度看，日本、朝鲜半岛和越南的汉学要早于西方的汉学，比如日本在十四五世纪已经初步形成了汉学，而那时西方的传教士还没有进入中国。因此，对于汉学的研究，无论是西方还是东方（朝鲜半岛、日本和越南），我们都不能顾此失彼，要以同样的关注和努力而探讨之。当然，汉学的历史藏在文献里，而隐性源头却可能在文献之外。

文化往往伴随经济流动，其交流也会在不自觉或无意识状态下发生。到了明代初年，郑和于1405年，率200多艘舰船的庞大舰队出使西洋，前后7次，历经28年，到过30多个国家，最远抵达非洲东岸和红海口，真正拓展了海上"丝绸之路"。

在公元八九世纪至十六七八世纪期间，关于中国，多见于西方商人、外交使节、旅行家、探险家、传教士、文化人所写的游记、日记、札记、通信、报告之中，这些文字包含着重要的汉学资源，因此这些文献被称为"旅游汉学"。这些人的东来源于文艺复兴，因为思潮的开放影响了欧洲人的思想和生活，他们或通商，或传教，或猎奇，但了解和研究中国文化却是一致的，于是汉学便在葡萄牙、西班牙、意大利、法国、荷兰、英国、德国、俄罗斯等主要的西方国家逐步发展起来。

这类游记和著作较早的，有约在公元851年成书的描述大唐帝国繁荣富强的阿拉伯帝国（大食国）旅行家苏莱曼（Sulayman）的《中国印度见闻录》（又译《苏莱曼东游记》）、法国威廉·吕布吕基斯（1215—1219）的《远东游记》（1254）、意大利雅各布·德安克纳的《光明城》（*The City of Light*）；这类"旅游汉学"著作中，最著名且影响至今的当属《马可·波罗游记》（*The Travels of Marco Polo*，又译《东方见闻录》）。马可·波罗（Marco Polo，1254—1324）于1275年随父亲和叔父来中国，觐见过元世祖忽必烈，1295年回国后出版了这本书，它以美丽的语言和无穷的魅力翔实地记述了中国元朝的财富、人口、政治、物产、文化、社会与生活，第一次向西方细腻地展示了"唯一的文明国家""神秘中国"的方方面面。

大航海凯旋不久，欧洲传教士最初到世界各地传教，在美洲和日本等许多地方遭遇不顺。但是，他们唯独在中国这个以德仁待人的文明国度得到了善待。庞迪我（Diego de Pantoja，1571—1618）在1602年写给西班牙主教的信里说："中国那么强大，为什么不去征服那些周边小的国家，甚至一任那些小国给它制造麻烦呢？因为中国不想用自己的威力征服别人。这一事实，对欧洲人来说是不可理解的；中国人与他们的皇上并不寻求或梦想超过他们目前的国土疆界来扩大他们的帝国。"利玛窦（Matteo Ricci，1552—1610）说："在这样一个几乎具有无数人口和无限国土幅员辽阔、各种物产丰富的国家，虽然它有装备精良的陆军和海军，很容易征服临近的国家，但他们的皇上和人民却从来没想过要发动侵略战争，他们很满足于自己已有的东西，没有征服别人的野心。在这方面，他们与欧洲人很不相同，欧洲人常常不满意自己的政府，并贪婪祈求别人享有的东西……我仔细研究了中国 4000 多年的历史，我不得不承认，我从未见过这类征服的记载，我也没有听说过他们对外侵略、扩张国界。"

从 16 世纪到十八九世纪，在数以千计的散布在中国各地的传教士中，有不少人成为名载史册的汉学先驱，他们为汉学的发展做出了重大贡献。自 1540 年圣伊纳爵·罗耀拉（St. Ignatins de Loyola, 1491—1556)、圣方济各·沙勿略（St. Francisco Xavier, 1506—1552) 等人来华，开始了以葡萄牙、西班牙、意大利传教士为主的第一波耶稣会的传教活动。接着，意大利的范礼安（Alexandre Valignani, 1539—1606)、罗明坚（Michel Ruggieri, 1543—1607) 等著名传教士来华。明朝万历十一年（1583)，罗明坚又将利玛窦神甫带到中国，从此，耶稣会传教士在中国的宗教活动无论是对于西方还是东方，都开始了一个新的历史时期。

西方众多旅行家、探险家、商人和耶稣会士来华，他们笔下的许多记载和著译，催生了汉学。葡萄牙贝尔西奥（P. Belchior, 1519—1571）的《中华王国的风俗与法律》（1554)、葡萄牙多明我会传教士加斯帕尔·达·克鲁斯（Gaspar da Cruz, 1520—1570) 全面介绍中国的《中国情况详介专著》，最著名的是 1585 年在罗马出版的西班牙胡安·冈萨雷斯·德·门多萨（Juan Gonsales de Mendoza, 1545—1618) 编著的《中华大帝国史》（Dell'historia della China，又译《大中国志》)。这位没有来过中国的传教士汉学家，却根据自己所掌握的有关中国文献写出了第一部真正的汉学著作，名副其实地对中国的政治、历史、地理、文字、教育、科学、军事、矿产、物产、衣食住行、风俗习惯等做了百科全书式的介绍，具有相当的学术价值，以七种文字印行，风靡欧洲。

在这个 100 多年的岁月里，前后出版的有法国金尼阁（Nicolas Trigault, 1577—1629) 根据利玛窦日记的整理，加上自己的中国见闻合著为《利玛窦中国札记》（Regni Chinensis Descriptio，又译《基督教远征中国史》)，法国亚历山大·德·罗德（Alexandre de Rhodes, 1591—1660) 的《在中国的数次旅行》（1666)，比利时南怀仁（Ferdinand Verbiest, 1623—1688) 的《中国皇帝出游西鞑靼行记》

（1684），葡萄牙费尔南·门德斯·平托（Fernão Mendes Pinto, 1509—1583）的《远游记》，法国李明（Louis-Daniel Le Comte, 1655—1728）的《关于中国现状的新回忆录》（*Nouveau mémoire sur l'état présent de la Chine*, 1696, 又译《中国近事报道》）和《中华帝国全志》（《中国通志》），等等。

这些包罗万象的文献，不仅记录了不同时代的中国，还以自己的文化视角开始了中西文化最初的碰撞。作为文献，这些游记、日记、札记、通信和报告，有赞美，有误读，也有批评，但因为其中包含大量中国物质文化及政治、经济、历史、地理、宗教、科举等多方面的文化记载，而成为汉学的重要组成部分，在学术史上有重要价值。

汉学的发生、发展与经济、政治、交通以及资讯分不开。有学者把汉学的历史分为"萌芽""初创""成熟""发展""繁荣"几个时期，也有的分为"游记汉学时期""传教士汉学时期"和"专业汉学时期"三个阶段。但汉学的真正形成是在明末清初兴起的"西学东渐"和"中学西传"的互动之中。

以利玛窦为核心的耶稣会士的历史意义在于他们开始了对中国文化的全面开垦，不仅著书立说，还把《大学》《中庸》《论语》《孟子》等中国文化经典译成西文，不仅开西学东渐之先河，也推动了中学西传，使中国文化对西方科学与哲学产生重要影响，因此这位思想家当仁不让地被视为西方汉学的鼻祖。与其先后到达中国的著名的传教士大都曾著书立说、传播中国文化，对推动西学东渐和中学西传做出了贡献。

在世界汉学史上，除了以上提及的，还有许多汉学家的名字十分响亮，如曾德照、柏应理、卫匡国、殷铎泽、南怀仁、汤若望、龙华民、罗如望、熊三拔、张诚、白晋、马若瑟、宋君荣、钱德明、翟理斯、安特生、雷慕沙、儒莲、德理文、安东尼·巴赞、蒙田、冯秉正、尼·雅·比丘林、巴拉第·卡法罗夫、瓦西里耶夫、沙畹、伯希和、马伯乐、葛兰言、马礼逊、斯坦因、理雅各、李约瑟、韦利、霍克斯、卫礼贤、福兰阁、孔拉迪、高本汉、卫三畏、费正清、拉铁摩尔、孔飞力、史景迁、狄百瑞、傅高义、齐赫文斯基、季塔连科、戴密微、谢和耐、石泰安、汪德迈、施寒瑞、施舟人、顾彬、宇文所安等。他们对中国文化的独特理解，铸造成汉学史上的思想学术之碑，开垦了汉学成长的沃土。

"西方的汉学是由法国人创立的。"但是，在欧洲全面研究中国文明的问题上，"法国的先驱是葡萄牙、西班牙和意大利"①。戴密微把以上三个国家誉为汉学的先锋，"他们于16世纪末叶，为法国的汉学家开辟了道路，而法国的汉学家稍后又在汉学中取代了他们"，真正建立了作为学术的汉学传统。就传统汉学而言，法国是汉学家最多的国家之一，还有英国、俄罗斯、美国、日本等国，有许多汉学界的学术巨擘，不断为汉学大厦的崇高而添砖加瓦。

中外文化交流的结果不仅意味着中国文化"外化"的传播，也意味着异质文化对中国文化"内化"的接受。汉学家作为中外文化交流的桥梁和使者，在异质文化的交流中，也是人类和谐与进步的推动者。

汉学诞生在与异质文化碰撞、交流和相互浸淫之中。这个结果无异于一枚果子的成熟，只有"风调雨顺"才能生长得好。和谐、宽容、理解与尊重，是异质文化彼此借鉴的保证。作为文化形态的汉学，其生存和成长离不开良好的国际语境。就中国而言，历史上凡是开放的时代，文化交流就多，汉学就发展；反之，汉学就停滞，这似乎成为一种规律。

作为学术公器的汉学，文化上有其自己的成长过程。汉学是发展的，这一植根于中国文化土壤，生存于异国他乡的文化，同样深受不同时代语境的极大影响。这里所说的语境，既包括中国的历史演变，也包括异国和世界的历史变化；就是说，不同的历史时期，不同的社会、政治、经济、文化背景，在很大程度上左右着汉学的发展方向和内容；换句话说，汉学的形成和发展，不仅受制于中国历史的更迭，也受制于他者社会的变化。这就是以历史悠久的中国文化为研究对象

---

① [法]戴密微：《法国汉学研究史》，耿昇译，载《法国当代中国学》，中国社会科学出版社，1998年。

的汉学发展的基本轨迹。

传统汉学以法国为中心,现代汉学兴显于美国。20世纪中期以来,在西方其他国家葆有传统汉学的同时,现代汉学也很繁荣。这个时期的"汉学"涂满了政治色彩,以法国为代表的汉学较多地保持着传统汉学的学术精神,而美国的"中国学"却成了充满政治意识的现代汉学的代表。

19世纪末至20世纪初,美国汉学悄然嬗变为中国学,并以自己独有的个性特点和极强的生命力出现在世人面前。美国的"中国学"所关心的不是中国文化,更不是中国的传统文化,而是中国的政治、经济、军事、教育和社会生活各个层面的问题。这种政治特征,是那个时期美国中国学的基础,这一特征也影响了其他国家汉学的研究方向和内容。

人类文化包含了物质文化和观念文化。物质文化表现在衣食住行生活方面,是一种看得见、摸得着又极易变化的"具象"文化,例如饮食、服饰、住房、音乐、舞蹈等;观念文化是一个民族精神的核心,表现在人的价值观、道德观、家庭观、宗教观等诸多方面,以及对自由、平等、民主的理解,观念文化是一个民族的思维经过高度抽象后形成的思想、观念和精神,它是通过文化的灵魂——哲学、文学、语言、宗教、历史等来表达的。[①] 观念文化,一俟进入汉学家的研究视野,他们的研究也就进入了对中国文化核心的深层研究。

汉学家从对中国物质文化到观念文化的研究,其研究领域越来越广阔,越来越深厚。现在,汉学不仅包括对中国的哲学、文学、宗教、历史领域的研究,还包括对社会学、政治学和自然科学的研究。传统汉学和现代汉学,它们已经亲密到"异名共体"的地步。二者的差异在于前者是以文献研究和古典研究为中心,包括哲学、宗教、历史、文学、语言等;而以美国为中心的现代汉学(中国学)则以现实为中心,以实用为原则,其兴趣根本不在那些负载着古典文化资源的"古典文献",而重视正在演进、发展着的信息资源。但是,汉学发展

[①] 任继愈:《汉学发展前景无限》,《中华读书报》2001年9月19日。

到 21 世纪，其研究内容和方式已经出现了融通这两种形态的特点。这种状况既出现在欧洲的汉学世界，也出现在美国的中国学研究之中，可以说世界各国汉学家的研究，都兼有以上两种汉学形态。

汉学（Sinology）对中国研究者来说，被尘封得太久，所以它的空白很多，浩如烟海的资源还有待于深入开掘。这种开掘，不仅可以收获汉学，还可以于无意中发现被历史"放逐"和"遗失"在异国他乡的中国文化。编撰"汉学研究大系"的目的和宗旨，不仅是梳理已有的汉学资源，在世界范围内追踪中国文化的传播与研究的历史状况、经验及影响，同时探究汉学的产生、成长、发展与繁荣，还要尽可能厘清这块"他山之石"对于中国文化的作用。当然，"汉学研究大系"还期望对推动中国文化与世界文化当下的交流有所裨益。

"汉学研究大系"包括"列国汉学史丛书""中国文化经典与名人传播与研究丛书""汉学家研究丛书""外国文学与中国丛书""西学中医丛书"等多个"丛书"。作为一个文化工程，其撰写的难度非一般学术著作所能比拟。严绍璗教授谈到 Sinology 的研究者的学识素养时提出四个"必须"：第一，必须具有本国的文化素养（尤其是相关的历史、哲学素养）；第二，必须具有特定对象国的文化素养（同样包括历史、哲学素养）；第三，必须具有关于文化史学的基本学理素养（特别是关于"文化本体"理论的修养）；第四，必须具有两种以上语文的素养（很好的中文素养和对象国的语文素养）。这几点确实都是汉学研究者必须具备的文化和语文素养，否则很难高效进入汉学研究的学术境界。

"列国汉学史书系"的启动始于 20 世纪 90 年代，但它的诞生经历了千难万险，如果稍微松懈，必定会死于胎中。2018 年 10 月 13 日，在北京语言大学校长刘利教授和北京语言大学语言资源高精尖创新中心领导李宇明教授的支持下，开了一次"'汉学研究大系'专家咨询会"。来自北京、天津和南京的学者，在京的汉学家，以及多家新闻媒体的记者参加了本次咨询会。从那时开始，我们将"汉学史书系"裂变为多个"丛书"，如此变化，完全是为了能将书系编撰得更科学、更广阔。这个"大系"就像一个"汉学研究超市"，如此分法，就是为了便于更多的学者能将自己的作品加入这个"超市"之中，也便于更多的读者走进这个"超市"选购自己需要的精神食粮。

冬天过了之后是春天，接着便是收获的季节。这套富有创意和价值的书系工程几乎涵盖了汉学研究的一切领域，它将对中外文化交流和汉学的发展以及比较研究产生深远影响。

在人类的文化长廊里，无论是中国还是外国，各种书写异国文化的著作琳琅满目，这其中有外国人写中国各类历史的，也有中国人写外国的各类著作。历史，是往事，是记录，是选择，并有相对独立的评论和褒贬。但是，事实上任何一部历史都不是最后的历史，历史随着时光的流逝而演进，修史很难一步到位，它需要一代代的学者"积跬步"才能"至千里"，只有"积土成山，积水成渊"，才会有"风雨兴""蛟龙生"。学问之事非一夕之功，非得有前赴后继者敢于赴汤蹈火"流血牺牲"，才会达至光明顶峰。

开拓者也许会在某个时候将自己的真诚劳作化为欢乐，因为在以后的岁月里，定会有人踏着自己的肩膀攀上高峰，以鸟瞰美丽风光。21世纪是经济的大空间，对汉学来说也是一个"大空间"。但是，要探索这个"大空间"，需要有个和谐的"太空站"，需要大家联袂共建。当然，世界需要多元文化和谐相处的历史语境，共同创造彼此接近、认识、理解、尊重、沟通、借鉴与融合的机会，这个机会，就是汉学研究发展的机会。

时间在行走，历史在行走。人类创造过历史，书写过历史，但这尚不是最后的历史。汉学有历史，而且还正在创造新的历史，汉学及其研究将以自己的品格和个性在人类文化的世界里放出异彩。

阎纯德
2019年3月3日
于北京半亩春秋

序

国学、西学与汉学

"汉学"与"国学"一个时期以来成为国内学术界的流行色。前者指海外对于传统中国的研究,后者指国人对于传统学术的研究。研究的对象都是中国历史文化,只是主体不同而已。有人说前者是从外部看中国,后者是从内部反省自己,不管这种比喻是否确当,无论如何,国学与汉学关系密切,则是毫无疑义的。但是,国学概念的提出原本是相对于西学而言,非因为有了汉学。

国学者,乃中国学术简称也。这是张岱年先生的说法。[①] 这样的说法就来自五四时代:"国学者何?一国所自有之学也。"[②] 当时有《国学季刊》的编纂,嗣后陆续有章太炎、钱穆的《国学概论》的出版。高扬国学的旗帜,作为对于五四及其以后西学汹涌、斯文扫地的一种抗争,自当有其历史意义。不过那个时候的国学,并不是一个封闭的领域,这从清华国学研究院的办学宗旨即可知一斑。吴宓在《清华开办研究院之旨趣及经过》中说:一是"值兹新旧递嬗之际,国人对于西方文化,宜有精深之研究";二是对于"中国固有文化各方面

---

① 此论见于张岱年《国学今论》序言,辽宁教育出版社,1991年。
② 邓实:《国学讲习记》,《国粹学报》第19期,1906年。

须有通彻之了解";三是"为达到上述目的,必须有高深学术机关,为大学毕业及学问已有根基者进修之地,且不必远赴欧美,多耗资财,且所学与国情隔阂"。可见国学研究的兴起乃以西学为背景。①

当时倡导国学者大有留学西方之仁人志士。清华国学研究院对于导师提出的三点要求是:第一,通晓中国学术文化之全体;第二,具正确精密之科学治学方法;第三,稔熟欧美日本学者研究东方语言及中国文化之成绩。这最后一条就是要求导师熟悉西方的中国研究成果。

西方对中国的研究成果是什么呢?这就是"汉学"(Sinology)。可见20世纪国学的兴起除了有西学的背景,还曾受到海外汉学的激励。王国维、陈寅恪等大师级人物都是对于欧美日本的汉学研究有相当了解的学术大师,都认为未有西学不兴而中学兴者,亦未有中学不兴而西学兴者,鼓吹中西学术共存共荣。

其实,王、陈的中西共兴论隐含一个前提,那就是"取外来之观念与吾国之旧籍互相释证"。换句话说就是用西方的概念演绎中国的故事,此话虽然刺耳,确是历史事实。近代以来中国学术经历了一个痛苦的转型阶段,经史子集的传统考据之学、记诵之学、辞章之学,让位于西方文史哲的学科体系,无论是问题意识,还是处理问题的方法、理论,在在以西人的治学路径为圭臬。中国学术的近代化其实与西学东渐同步发展。而国人治国学,接触和援引西学的最近渠道就是西人的中国研究,亦即汉学。可见,汉学乃是西学东渐的重要媒介。西方研究中国的成果直接地影响到中国人的研究趣味,西方的话语霸权笼罩着中国学术的天空。毫无疑问,西方"汉学"曾经反哺中国的"国学"。这样,对于域外汉学的研究,就不仅仅是一种异国情调的欣赏,也不仅仅是扩大学术视野的纯粹学术讨论,而是洞彻了解近代中

---

① 但是,仍然是强调国学之本位,如清华校长曹云祥在开学致辞中说:"现在中国所谓新教育,大都抄袭欧美各国,欲谋自动,必须本中国文化精神,悉心研究。所以本校同时组织研究院,研究高深之经史哲学。其研究之法,可以利用科学方法,并参加中国考据之法。希望研究院中寻出中国之魂。"(《清华周刊》第350期)

西文明对话的一种最佳途辙。质言之，研究域外汉学，不仅要通该国之语言与文化，还要熟悉本国之语言与文化；不仅要通西学，还要通国学，只有在通晓西学和国学的基础上，才能深入汉学研究之堂奥，寻幽览胜，探骊得珠。

也许是因为语言上的限制，也许还有其他原因，国内学术界对于俄罗斯的汉学知之不多，相关的研究著作也少得可怜。现在阎国栋教授推出这部煌煌六十万言的《俄国汉学史》，足以弥补此一领域的重大缺陷。

关于俄罗斯汉学的独特品质，国栋教授有很好的把握。他认为，俄罗斯汉学与西方（欧美为主）汉学、汉字文化圈的东亚（日韩为主）汉学鼎足而三，共同构成了世界汉学的基本格局。这个分疏是很有见地的。

俄罗斯汉学大体经历了三个历史发展过程，在 17 世纪以前，俄罗斯虽然与中国在地理上接近，但并不接壤。因此，北方俄罗斯关于中国的直接报道，并不早于西班牙、葡萄牙在中国南部的记录。即使 17 世纪俄罗斯派出了自己的使团，也还是在西欧人之后。可见，早期俄罗斯对于中国的了解并不占有先机，使团关于中国的报道和介绍性知识也谈不上学术研究，只能算早期汉学或者前汉学。

但是，俄罗斯毕竟是横跨欧亚大陆的国家。俄罗斯的历史和文化离不开地理位置上的这个特点，俄罗斯汉学也打上了这样的兼祧欧亚的烙印。彼得大帝（1672—1725）及其后继者叶卡捷琳娜二世（1729—1796）时期的西化改革，正值以耶稣会士为主要媒介的中欧文化交流的蜜月时期。在彼得堡仿效欧洲建立的皇家科学院中，就有像巴耶尔（Bayer，1694—1738）这样的德国汉学家在那里工作。在欧洲刮起的中国风，同样吹拂着俄罗斯大地。因此，18 世纪的俄罗斯汉学，深受西欧的影响。19 世纪上半叶是俄罗斯汉学的民族化时期，也就是俄罗斯汉学独立发展时期。形成民族特色的俄国汉学到 19 世纪反身融入国际学术界，从而进入了所谓近代化时期。

由此可见，俄国汉学相对于东亚和西欧北美的汉学而言，有其独特的品味，因为它受到东西方多重文化的叠加影响又有自己的特色，比如因为疆域的邻接，俄罗斯对中国边疆史地的研究就成绩斐然且别具一格。由此也生发出研究俄罗斯汉学的独特意义和独特困难。

　　国栋教授浸润俄国汉学多年，虽然是学习俄罗斯语言文学出身，却酷爱中国传统经史之学。本书是他在博士论文的基础上修订而成，精益求精，颇历寒暑。本书不仅以作者所搜集的第一手文献极其丰富而为包括俄罗斯当代汉学家在内的各方专家所称道，而且也以其对于俄罗斯汉学分期和总体把握的宏观架构而成一家之言，给读者留下深刻印象。我相信，本书的出版不仅填补国内俄罗斯汉学研究的空白，而且将刺激我国域外汉学的研究进一步向纵深发展。国栋教授还有一系列的俄罗斯汉学研究的计划，我和广大读者一道期待他今后为学术界贡献更多的优秀成果。

　　是为序。

张国刚
2006年11月5日于京西荷清苑

目录

引言　/ 1

第一章　17世纪：俄国汉学诞生前的中俄交往　/ 18

　　第一节　中俄初识　/ 19
　　第二节　俄国使团来华与中国信息积累　/ 21
　　第三节　穿越茫茫戈壁，领略华夏神奇　/ 38

第二章　18世纪：俄国汉学之肇始　/ 44

　　第一节　俄罗斯馆　/ 44
　　第二节　欧洲汉学之引进　/ 51
　　第三节　俄国"中国风"　/ 77
　　第四节　俄国早期汉学家　/ 89
　　第五节　满汉语教学　/ 138
　　第六节　汉籍收藏　/ 148
　　第七节　跨越语言障碍，翻译满汉经典　/ 164

第三章　19世纪上半期：俄国汉学之成熟　/ 173

　　第一节　著名汉学家　/ 173

第二节　汉学教育　　/ 241

第三节　汉籍收藏　　/ 262

第四节　确立学科地位，位列汉学大国　　/ 281

第四章　19世纪下半期到十月革命前：俄国汉学之发展　　/ 291

第一节　学院派汉学家　　/ 291

第二节　传教士汉学家　　/ 376

第三节　亦官亦学之汉学家　　/ 432

第四节　俄侨汉学家　　/ 471

第五节　汉学教育　　/ 485

第六节　汉籍收藏　　/ 523

第七节　发展中自成一派，困境中顺应时代　　/ 537

第五章　俄国对中国边疆地区的研究　　/ 550

第一节　满学　　/ 550

第二节　蒙古学　　/ 561

第三节　藏学　　/ 582

第四节　敦煌学与西夏学　　/ 598

第五节　中国边疆民族文献收藏　　/ 608

第六节　满蒙藏学成就斐然，敦煌西夏学再辟新域　　/ 622

结语　俄国汉学的分期与特色　　/ 631

参考文献　　/ 652

人名索引　　/ 665

修订小记　　/ 707

引言

俄罗斯汉学与西方汉学、东方汉字文化圈汉学共同构成当今国际汉学的三大板块，在世界汉学史上占有极为重要的地位。当今我国对西方汉学以及东亚汉学的研究进行得如火如荼，研究队伍日益壮大、研究范围迅速扩展、研究角度不断求新、研究深度逐步加强。与此相比，对俄罗斯汉学的研究相对滞后，不仅开展晚，而且研究成果寥寥。随便翻开一部中外文化关系史论著，关于俄罗斯汉学不是付之阙如，就是蜻蜓点水。显然，这种状况不仅不符合我国学术发展的要求，同时也与俄罗斯的汉学成就不相匹配。中俄两国间拥有世界上最长的陆地边界，历史上官方及民间的交流密切而频繁。俄罗斯汉学自18世纪始，至今已有近300年历史，学者辈出，著作充栋。特别是在苏联时期，汉学研究规模之大，研究人员之多，研究力量之强，世界罕见。帝俄时期的汉学家有罗索欣（И. К. Россохин，1717—1761）、列昂季耶夫（А. Л. Леонтьев，1716—1786）、利波夫措夫（С. В. Липовцов，1770—1841）[①]、比丘林

[①] 中国史籍中称之为"四贴班"。本书中俄国汉学家汉名或中国史籍中的翻译形式参考了蔡鸿生先生的《俄罗斯馆纪事》（广东人民出版社，1994年），以下从略。

(Н. Я. Бичурин，1777—1853)①、西维洛夫（Д. П. Сивиллов，1798—1871）、卡缅斯基（П. И. Каменский，1765—1845）、列昂季耶夫斯基（З. Ф. Леонтьевский，1799—1874）、王西里（В. П. Васильев，1818—1900）②、巴拉第（П. И. Кафаров，1817—1878）③、杂哈劳（И. И. Захаров，1814—1885）④、孔气（К. А. Скачков，1821—1883）⑤、格奥尔吉耶夫斯基（С. М. Георгиевский，1851—1893）⑥、伊万诺夫斯基（А. О. Ивановский，1863—1903）、孟第（Д. А. Пещуров，1833—1913）⑦、柏百福（П. С. Попов，1842—1913）⑧、贝勒（Э. В. Бретшнейдер，1833—1901）⑨、伊凤阁（А. И. Иванов，1878—1937）⑩ 和屈纳（Н. В. Кюнер，1877—1955）等，他们都是俄国汉学史上的重要人物，而比丘林、巴拉第和王西里更被誉为帝俄汉学的三巨头⑪，在国际汉学界享有广泛声誉。马克思在《资本论》中就引用过俄国汉学家的著作，从而使清朝户部右侍郎王茂荫成为马克思在这部著作中唯一提到的中国人。苏联时期和当代俄罗斯出现了 6 位汉学院士：阿理克⑫

---

① 比丘林在其 1810 年于北京刊印的《天神会课》一书中自译其名为"乙阿钦特"。参见 Вахтин Б. Б.，Гуревич И. С.，Кроль Ю. Л.，Стулова Э. С.，Торопов А. А. Каталог фонда китайских ксилографов Института востоковедения АН СССР. Вып. 2. М.，1973. С. 426. 而在由俄国画家和石印师特列别尼奥夫（В. И. Теребенёв，1808—1876）于比丘林生前为其制作的石印肖像上写着"雅经"两个汉字，很可能是比丘林根据其法号译音自取的汉名。
② 汉语音译为"瓦西里耶夫"，中国史籍中称之为"王西里""瓦习礼"或"王书生"。
③ 汉语音译为"卡法罗夫"，中国史籍中多称之为"巴拉第"，也称"巴第""鲍乃迪"。
④ 汉语音译为"杂哈罗夫"，中国史籍中称之为"杂哈劳"。
⑤ 汉语音译为"康·斯卡奇科夫"，中国史籍中称之为"孔气"或"孔琪庭"。
⑥ 中国史籍中称之为"格倭尔儿耶甫司克"。
⑦ 汉语音译为"佩休罗夫"，汉名为"孟第"，中国史籍中亦称之为"丕业什楚罗福"。
⑧ 汉语音译为"巴·斯·波波夫"，汉名为"柏百福"，笔名"茂林"。
⑨ 汉语音译为"布列特什内德尔"，又译为"白莱脱骨乃窦""布莱资奈德""贝勒士奈德"等。
⑩ 汉语音译为"伊万诺夫"，汉名为"伊凤阁"。
⑪ Алексеев В. М. Наука о Востоке：статьи и документы. М.，1982. С. 57.
⑫ 汉语音译为"阿列克谢耶夫"，汉名为"阿理克"，人称"阿翰林"。

（В. М. Алексеев，1881 — 1951）、康拉德①（Н. И. Конрад，1891 — 1970）、齐赫文（С. Л. Тихвинский，1918 — 2018）、米亚斯尼科夫（В. С. Мясников，1931 — ）、季塔连科（М. Л. Титаренко，1934—2016）、李福清（Б. Л. Рифтин，1932—2012），4位通讯院士：费德林（Н. Т. Федоренко，1912—2000）、斯拉德科夫斯基（М. И. Сладковский，1906 — 1985）、宋采夫（В. М. Солнцев，1928 — 2000）与波波娃（И. Ф. Попова，1961 — ），此外还有大批汉学家在各自学术领域取得了令人瞩目的成就。他们的汉学著述不仅凝结着俄罗斯学术界对中国文化的理解和认识，同时也反映了中国文化在俄罗斯文化氛围中的存在状态。我们只有对俄罗斯汉学进行扎实的研究，才有可能领略俄罗斯学者运用本国人文思想对中国文化的解读，回应他们的观点，促成学术交流的健康态势形成，同时促进许多相关学科，特别是中俄文化交流和文化比较研究的开展，推动中俄关系研究的全面发展。

  中俄两国间的文化联系长期被学术界忽视有其历史渊源。自19世纪下半期以来，俄国侵占我国领土一直是我国社会关注的焦点，也是我国学者研究的主要课题，如清代何秋涛的《朔方备乘》、民国时期陈复光的《有清一代之中俄关系》以及20世纪70年代的《沙俄侵华史》等。1949年以后，有关俄罗斯文学乃至文化在中国的传播和影响，在我国得到了较为系统的研究，如戈宝权的《谈中俄文字之交》、陈建华的《20世纪中俄文学关系》、汪剑钊的《中俄文字之交——俄苏文学与二十世纪中国新文学》以及张绥的《东正教和东正教在中国》等。而对中国文化在俄国的流播和影响，则少有人涉足。

  回顾我国的俄罗斯汉学研究，走过了一条短暂却不平凡的道路。从研究规模、研究成果和对于这种学问的认识变化上看，我们似乎可以将20世纪90年代看作一个分水岭，将这段历史分为两个阶段。20世纪90年代以前为一个阶段，可以说是"准备阶段"；20世纪90年代以来是另外一个阶段，或曰"振兴阶段"。

---

① 日本学家，同时在汉学领域也做出很多成就，曾翻译《孙子》，出版有《汉学》等著作。

中国学术界与苏联汉学界的学术交流早在20世纪20年代就已经开始。特别是在汉语语言学领域，中国学者积极借鉴和引进苏联汉学家的研究成果，这对中国的汉语研究起到了促进作用。瞿秋白、吴玉章、林伯渠和萧三等人与苏联汉学家龙果夫（А. А. Драгунов，1900—1955）、郭质生（В. С. Колоколов，1896—1979）合作，致力于汉字拉丁化的可能性研究。而后，龙果夫、谢·雅洪托夫（С. Е. Яхонтов，1926—2018）、鄂山荫（И. М. Ошанин，1900—1982）、鲁勉斋（М. К. Румянцев，1922—2016）和郭俊儒（В. И. Горелов，1911—1991）的汉语语言学著作不断在中国被翻译发表。特别是龙果夫的汉语研究论文，早在30年代就发表在中央研究院《历史语言研究所集刊》上。[1] 1957年王力先生发表文章，号召学习苏联汉学家的汉语语言学研究成果。[2] 与此同时，苏联汉学家也积极回应中国语言学家的学术观点。[3]

我国最早对俄国汉学史进行研究的是莫东寅先生。他于1949年出版了《汉学发达史》一书，对欧美汉学进行了回顾和研究。在第六章中，作者介绍了法、英、德、荷、美、俄等国的主要汉学家及著作。在俄国部分，莫东寅概述了从19世纪到20世纪40年代的比丘林、杂哈劳、巴拉第、贝勒、奥·科瓦列夫斯基（О. М. Ковалевский，1801—1878）、西维洛夫、沃伊采霍夫斯基（О. П. Войцеховский，1793—1850）、王西里、伊万诺夫斯基、伊凤阁和阿理克等10余位汉学家的生平事迹以及汉学成就，同时还介绍了伊·施密特（И. Я. Шмидт，1779—1847）、帕拉斯（П. С. Паллас，1741—1811）、奥登堡（С. Ф. Ольденбург，1863—1934）、巴尔托尔德（В. В. Бартольд，1869—1930）、波塔宁

---

[1] [苏]龙果夫著：《对于中国古音重订的贡献》，唐虞译，载中央研究院《历史语言研究所集刊》第三本第二分，1931年(此文的另一译本《灰韵之古读及其相关诸问题》由蒂若译，载《中法大学月刊》第五卷第二期)；龙果夫著：《古藏语的浊塞音和塞擦音(英文)》，载中央研究院《历史语言研究所集刊》，第七本第二分，1936年。

[2] 王力：《关于暂拟的汉语教学语法系统问题——并谈语法工作中向苏联学习的意义》，《语文学习》1957年第11期。

[3] [苏]穆德洛夫：《汉语是有词类分别的(对高名凯教授的文章提一些意见)》，《中国语文》1954年第29期。

（Г. Н. Потанин，1835—1920）、科兹洛夫（П. К. Козлов，1863—1935）、拉德洛夫（Ф. В. Радлов，1837—1918）和弗拉基米尔措夫（Б. Я. Владимирцов，1884—1931）等东方学家对中国蒙古、满洲、新疆、西藏以及西伯利亚和远东地区的研究情况。莫文虽然篇幅不大，但叙述简洁，史实陈述准确，大致勾勒出了俄国汉学的发展脉络。从莫书后所列参考书目判断，俄国部分所依据的材料主要是巴尔托尔德所撰之《欧洲与俄国的东方研究史》，其他国家则主要参考了日本石田干之助的《欧人之汉学研究》，因为石田先生虽然在绪论中称主要参考了"英之尤耳（Yule），德之李谊风（Richthofen），俄之巴托持（Bartold）①诸硕学所述"，②但实际上对俄国汉学史并没有给予必要的关注，只是在介绍曾经在圣彼得堡皇家科学院工作的拜耶尔（Theophilus Sigfried Bayer，1694—1738）和柯恒儒（J. Klaproth，1783—1835）时有所涉及。

　　自莫东寅先生之后，我国在很长一段时间里没有了俄罗斯汉学研究。直到20世纪七八十年代，孙越生先生开始从事国际汉学资料的整理和研究工作，并立志要为此"做出点事业来"。③ 孙先生以他所主持的中国社会科学院文献情报中心国外中国学研究室为主要力量，编辑出版了一份不定期的辑刊——《外国研究中国》。此刊由商务印书馆出版，从1978年出版第一辑，到1980年5月，共出版了4辑。其中刊登了少量有关俄罗斯汉学的文章，但大多是苏联汉学家作品的译文以及苏联汉学界的动态报道。70年代末，孙先生开始筹划出版"国外研究中国丛书"，继《国外西藏研究》（冯蒸著）、《日本的中国学家》（严绍璗著）之后，于1986年与姜筱绿女士一道编写出版了

---

① 即巴尔托尔德。但这里不是指巴氏之《欧洲与俄国的东方研究史》，而是1913年在莱比锡用德文出版的《东方历史上及地理上的探讨——以俄罗斯为中心》。——笔者注
② [日]石田干之助著：《欧人之汉学研究》，朱滋萃译，北平中法大学，1934年，第1页。
③ 严绍璗：《我对国际中国学（汉学）的认识》，任继愈主编《国际汉学》，第五辑，大象出版社，2000年。

《俄苏中国学手册》(上、下册)。这是一本很好的工具书,书中收录了20世纪80年代中期以前俄国和苏联主要汉学家的简要生平、著作目录,介绍了重要的汉学机构,对我国的俄罗斯汉学研究具有奠基性意义。特别是孙越生先生撰写的序言,以历史唯物主义为指导,依托中俄政治和外交关系的发展背景,对俄罗斯近300年的汉学发展史做了细致的梳理和分析,总结了每个阶段的特点,对当今的俄罗斯汉学研究仍具有一定指导意义。但随着时代的发展,该手册的缺憾也越来越明显,尤其需要增补近20年来的俄罗斯汉学成就。

在这一时期,蔡鸿生先生在研究俄国东正教驻北京传教团历史的同时,对俄国汉学的特点和实质进行了深入而精到的分析。[①] 我国著名翻译家戈宝权先生也曾对我国的俄罗斯汉学研究做出了贡献。他于1983年发表了《谈中俄文字之交》一文,对中俄文学关系的历史进行了回顾。与以往研究者不同的是,戈宝权并非只谈俄罗斯文学对中国的影响,同时也研究了中国文学在俄罗斯的翻译、传播和研究情况,对俄罗斯汉学家在中俄文化交流史上的作用给予了肯定,第一次对中俄文化关系进行了"双向式"的思考。1962年李福清先生在苏联列宁格勒(今圣彼得堡)[②] 发现一前所未见《石头记》抄本,于1964年与孟列夫(Л. Н. Меньшиков,1926—2005)合作撰文介绍,[③] 被红学界定名为"列藏本",中华书局于1986年影印出版该抄本,一度成为轰动国际红学界的大事。《石头记》"列藏本"成功在华影印出版,为中俄两国学者继续整理俄藏珍贵汉籍开辟了道路,为后来联合在华出版俄藏敦煌文献和黑水城文献积累了宝贵经验。

20世纪60—80年代,有几部重要的苏联汉学名著在我国被翻译出版,如齐赫文的《中国变法维新运动和康有为》和《中国近代史》、克恰诺夫(Е. И. Кычанов,1932—2013)的西夏学研究专著

----

① 蔡鸿生:《评俄国"汉学"》,载《中俄关系史论文集》,甘肃人民出版社,1979年。
② 文中所有地名、机构名等都使用记述时间当时的,名字不再括注今名。
③ Меньшиков Л. Н, Рифтин Б. Л. Неизвестный список романа《Сон в красном тереме》//Народы Азии и Африки. 1964. №5.

《献给西夏文字创造者的颂诗（敦煌资料）》和《西夏王国中的藏族和藏族文化（敦煌资料）》、查瓦茨卡娅（Е. В. Заводская，1930—2002）的《中国古代绘画美学问题》、列·瓦西里耶夫（Л. С. Васильев，1930—2016）的《中国文明的起源问题》等。在各类期刊杂志上还发表了一些俄罗斯汉学史研究专家论文的译文，如米亚斯尼科夫的《苏联中国学的形成与发展》、列·瓦西里耶夫的《俄国的中国学泰斗——В. П. 瓦西里耶夫》等文章。《国外社会科学》和《国外社会科学动态》除了通报有关苏联汉学界的动态，还刊登了《苏联翻译和研究中国文学概况》（华克生）、《苏联对中国文学的研究与翻译》（费德林）、《苏联史学界近十年来对中国近代史的研究》（尼基福罗夫）等论文。此外，部分俄罗斯蒙古学家、藏学家和满学家的作品也有所翻译，主要刊登于《蒙古学信息》和《满语研究》等杂志。

总结20世纪90年代以前的我国俄罗斯汉学研究，大致有以下几个特点：第一，大多是简单介绍，缺乏深层次的探究。第二，注重资料积累和整理。这项工作虽然烦琐，但在一种学术发展的初期，其意义非常重要，符合科学发展的规律。第三，译文多。造成这种状况的原因除了学科处于初始阶段外，还因为缺乏从事真正意义上汉学研究的氛围。相对于几十年的时光，我国这一时期在俄罗斯汉学研究领域取得的成绩不能算多，从事这一研究的学者更是寥寥可数。但是，他们毕竟为我国的俄罗斯汉学研究史进行了可贵的开拓，为后来人指引了一条道路。

随着我国改革开放的不断深入及对外文化交流的日益频繁，自20世纪90年代以来，国际汉学研究方兴未艾。原来从事外文、历史、中文以及哲学等学科教学和研究的学者顺应时代的召唤，开始携手缔造一个新的学科——国际汉学研究。十几年来，我国学者对几乎所有汉学大国都进行了不同程度的研究，取得了相应的研究成果，其中也包括对俄罗斯汉学的研究。

从已发表的作品来看，李明滨、李逸津和理然等人对中国文学在俄罗斯的研究情况进行了介绍和分析。1990年，李明滨出版了《中国文学在俄苏》一书，第一次试图全面系统地介绍俄苏汉学家的中国文学翻译和研究情况。此书问世后引起了俄罗斯汉学界的关注，俄罗斯科学院东方学研究所圣彼得堡分所的齐一得（И. Э. Циперович，1918—2000）撰写了书评，对这部作品的意义给予了充分的肯定。她写道："李明滨的《中国文学在俄苏》是一部历史——书目概论。这是中国第一部独立的著作，对所研究对象的历史进行了系统的阐述，从18世纪俄国汉学产生，一直到目前中国文学在俄罗斯的研究状况，这些无疑是其主要功绩。"① 1993年，李明滨出版了《中国文化在俄罗斯》一书，作者在文学之外，又增加了哲学、宗教、艺术等方面的内容。李明滨先生在前言中提出在俄罗斯历史上出现过三次中国文献翻译和研究热潮，分别是19世纪下半叶、20世纪五六十年代及80年代。1998年，李明滨出版了《中国与俄苏文化交流志》，回顾了中俄两国自17世纪以来的文化交流历史。作者综合了前两部著作的内容并进一步加以充实，重点介绍了中国哲学、宗教、文学、艺术在俄国及苏联的研究情况。李逸津先生在1998年出版的《国外中国古典文论研究》中叙述了俄罗斯对中国古典文论的研究，重点介绍了阿理克院士对司空图《二十四诗品》的翻译和研究，同时分析了李谢维奇（И. С. Лисевич，1932—2000）、郭黎贞（К. И. Голыгина，1935—1999）、波兹德涅耶娃（Л. Д. Позднеева，1908—1974）和华克生（Д. Н. Воскресенский，1926—2017）等人在中国古典文艺理论领域的探索。2000年，他又与其他学者一道完成了《国外中国古典戏曲研究》，总结了从18到20世纪中国戏剧在俄罗斯的流传、翻译和研究情况。同年，他在《二十世纪国外中国文学研究》一书中负责撰写有关俄罗斯部分，比较详细地介绍了俄苏汉学家在中国古典文学和现代文学研究领域做出的成就。他就俄苏汉学界对中国古典诗歌、古典散文以及古代文论研究中的得失进行了剖析，提出了许多耐人寻味的观点。理然先生于2000年在《汉学研究》上发表了《帝俄时期：从

---

① Циперович И. Э. Ли Мин-бинь. Китайская литература в России и Советском Союзе. Гуанчжоу. Издательство《Хуачэн чубаньшэ》. 1990. 300 с. //Петербургское Востоковедение. Вып. 3. СПб. ,1993.

汉学到中国文学研究》一文，对 18 到 19 世纪俄国早期汉学家对中国文学的翻译和研究情况做了总结。

在俄罗斯汉学史研究领域，1994 年蔡鸿生教授出版了《俄罗斯馆纪事》一书。此书既是俄国东正教驻北京传教团研究的力作，同时对我国俄罗斯汉学史研究也具有重要意义。蔡先生以他深厚的史学功底及外语修养为依托，采取中俄文献相互补正的方法，穷尽资料，对俄罗斯汉学史上的许多重要问题进行了考证和分析，取得了深刻的认识。由马祖毅、任荣珍所著的《汉籍外译史》属于翻译史著作，介绍了中国典籍的翻译和域外传播，其中也涉及俄罗斯。1999 年，郭蕴深在《19 世纪俄国汉学的发展》一文中勾勒了 19 世纪下半叶俄国汉学的发展历程。黄定天在其《中俄经贸与文化交流史研究》一书中介绍了苏联新汉学的特点及成就。同年，桑兵教授出版《国学与汉学——近代中外学界交往录》一书，钩沉了胡适与钢和泰（Александр фон Сталь-Гольстейн，1877—1937）、王静如与聂历山（Н. А. Невский，1892—1937）、杨树达与阿理克等中俄学者在 20 世纪初的学术交流往事。2001 年，由张国刚等著的《明清传教士与欧洲汉学》出版，笔者撰写了其中有关俄罗斯汉学史的章节，对 18 至 19 世纪俄国汉学的发展轨迹与成就进行了描述。2002 年，由何寅、许光华主编的《国外汉学史》出版，对世界主要国家的汉学研究进行了概述。俄罗斯部分由陈建华教授执笔，简要介绍了俄国和苏联时期的主要汉学家、汉学成就、汉学机构以及汉语教学情况。2003 年，柳若梅发表《独树一帜的俄罗斯汉学》，对俄罗斯汉学的发展历程和主要特点进行了探讨。

一些由俄罗斯学者撰写的涉及汉学史研究的著作陆续被译介到我国，其中最有名的是李福清《中国古典文学研究在苏联（小说·戏曲）》。此外，一些俄罗斯汉学家的论文也不断见诸书刊，如李福清的《中国文学在俄国（18—19 世纪上半叶）》、布罗夫（В. Г. Буров，1931— ）的《俄罗斯的中国哲学研究——十七世纪末—二十世纪末》、古多什尼科夫（Л. М. Гудошников，1927—2014）与斯捷班诺娃（Г. А. Степанова，1933— ）的《苏联解体后的俄罗斯中国学》等。

我国研究者对中国历史、哲学、宗教、艺术在俄罗斯的研究状况也已开始关注。1997年由李学勤先生主编的《国际汉学漫步》收录了彭迎喜的《瓦西里耶夫与中国文明起源研究》和程英姿的《查瓦茨卡娅与中国绘画美学》。郑天星先生就俄罗斯道教研究发表有《道教文化研究在俄罗斯》《俄罗斯的汉学：道教研究》等论文。2002年陈开科先生撰文详细介绍了《论语》在俄罗斯的传播和研究情况，对各种俄文译本的特点进行了分析。

俄罗斯汉学著作翻译是推动我国俄罗斯汉学研究的前提和条件。20世纪90年代以前，由苏联科学院远东研究所编写的《十七世纪俄中关系》是被翻译成汉语出版的最重要的苏联汉学家的成果。90年代以后，情况有所改观，在华出版的俄罗斯汉学论著渐渐多了起来。就数量而言，李福清的著作被翻译成汉语的最多（有的专著是他直接用汉语写成的）。除了上述有关俄罗斯汉学史的论著，他的许多中国民间文学和古典小说的著述也被译介到我国，如《中国神话故事论集》《汉文古小说论衡》《三国演义与民间文学传统》和《神话与鬼话：台湾原住民神话故事比较研究》。此外，他的许多著作在台湾出版或再版，如《李福清论中国古典小说》《关公传说与三国演义》和《中国神话故事论集》等。2003年中华书局为纪念李福清先生诞辰70周年编辑出版了纪念文集《古典小说与传说（李福清汉学论集）》。自1994年以来，苏联佛学家谢尔巴茨科伊（Ф. И. Щербатской，1866—1942）的3部佛学著作在中国大陆和台湾地区出版。宋绍香教授翻译了10余位俄罗斯汉学家的中国现代文学研究论文22篇，于1994年以《前苏联学者论中国现代文学》为题结集出版。而后他仔细收集和梳理俄罗斯对中国解放区文学的翻译和研究情况，将最能体现俄罗斯汉学家观点的序和跋作为审视对象，翻译编辑而成《中国解放区文学俄文版序跋集》，于2003年出版。1995年由赵永穆编选的《费德林集》问世，共收录费德林中国文学研究论文16篇。

进入20世纪90年代以来，中俄两国学者学术联系日益密切，在合作出版俄藏中国文献以及开展其他方式的学术交流方面取得了长足进展。1990年，李福清与我国的王树村共同编辑，在中国和苏联出版了中俄文两个版本的《苏联藏中国民间年画珍品集》。1992—2001年，上海古籍出版社与俄方合作编写出版了17卷《俄罗斯科学院东方研究所圣彼得堡分所藏敦煌文献》，首次使长期与世隔绝的俄藏敦煌文献得见天日。1996年中俄学者再度合作开始整理出版20世纪初由科兹洛夫掠到俄国的黑水城西夏文书，书名为《俄罗斯科学院东方研究所圣彼得堡分所藏黑水城文献》，2000年出齐11卷。1999年，上海古籍出版社翻译出版了孟列夫于1963年、1967年主编的《俄藏敦煌汉文写卷叙录》。此外，该出版社于1993年出版李福清发现并编辑的《海外孤本晚明戏剧选集三种》。1966年，李福清在苏联发现中国失传已久的清代曹去晶的市井小说《姑妄言》，1997年在台湾省付梓。

  俄罗斯十分重视对俄国汉学的阶段性成就进行回顾。由于俄国东正教驻北京传教团不仅是帝俄汉学的发源地，而且长期是俄国汉学的研究中心之一，因此，在关于传教团历史研究著作中也包含了丰富的俄国汉学史内容。首先值得一提的是1887年于喀山出版的由尼阔赖（Н. Адоратский，1849—1896）[①] 撰写的《东正教在华两百年史》，而后是1905年于圣彼得堡出版的维谢洛夫斯基（Н. И. Веселовский，1848—1918）的《俄国驻北京传道团史料》，第三本是1916年于北京出版的由第十八届传教团修士司祭恰索夫尼科夫（Василий Часовников，法号为阿弗拉米 Авраамий）撰写的《俄国驻华传教团史略》。这些著作的着眼点虽然是俄国东正教在中国的起源和传播历程，但作者们在叙述传教团宗教活动的同时，也对诸如比丘林、巴拉第等传教团成员的汉学研究活动给予了特别的关注和介绍。因此，俄国东正教驻北京传教团史著作已经成为帝俄汉学史研究中不可或缺的重要参考资料。特别是尼阔赖的著作，因为他在撰写过程中参考了当时颇具规模的俄罗斯馆中外书房收藏的材料，而这座图书馆后在义和

[①] 汉语音译为"阿多拉茨基"，法号为尼古拉（Николай）。此处依其当年在汉译经书上的署名，参见 Яхонтов К. С. Китайские и маньчжурские книги в Иркутске. СПб. ，1994. С. 68.

团运动时被烧毁，因而具有特别重要的价值。这些著作都是按照时间顺序来简单地叙述历史，对传教团在文化交流方面的作为和贡献缺乏综合归纳和思考。21世纪以来，这一状况逐渐发生了变化。俄罗斯学者舒碧娜（С. А. Шубина，1971—2020）的研究较以前有很大不同。她的副博士学位论文《俄国东正教传教团在中国（18世纪至20世纪初）》改变了前人传记形式的研究方法，而从分析俄国东正教驻北京传教团的宗教、外交、文化几大功能入手，对其在中俄两国关系各方面发挥的作用进行了概括和总结。

在俄罗斯汉学界，对于帝俄时期大学和科研机构汉学进行学术回顾的作品主要有巴尔托尔德的《欧洲与俄国的东方研究史》和阿理克的《东方研究》中的部分文章。巴尔托尔德的书叙述了俄国主要东方学科的发展历史，汉学只是其中的一部分。由于当时条件所限，此书在对俄国汉学基本史实的描述上还欠完整，一个明显的例子就是作者完全忽略了现在被视作俄国汉学第一人的罗索欣。阿理克在《东方研究》中以历史和现代的视角对俄国汉学史上重要汉学家和经典著述做了精辟的评价，通过与欧洲汉学进行对比，分析了俄国汉学在国际汉学界的地位。当然，最负盛名的俄国汉学研究著作要数1977年出版的苏联著名汉学家斯卡奇科夫（П. Е. Скачков，1892—1964）的《俄国汉学史纲》。作者穷数十年之力，在极其丰富的档案材料以及前人研究成果基础上，对许多此前一直模糊而意义非常重大的问题做了梳理和澄清，首次对1917年以前的俄国汉学史进行了分期和总结。虽然该书出版距今已近30年，但现在仍然是每一位俄罗斯汉学家的必读书目。斯卡奇科夫的另一重大成果是他于1960年出版的《中国书目》，其中收录了17世纪至20世纪中期俄罗斯发表的有关中国问题的所有著述目录，与《俄国汉学史纲》形成相辅相成的关系。继斯卡奇科夫之后，俄罗斯又有一位汉学家在汉学史研究上取得不凡成就。此人就是霍赫洛夫（А. Н. Хохлов，1929—2015），他发扬了斯卡奇科夫重视发掘档案材料的传统，以极其认真的态度和不懈的努力解决和澄清了斯卡奇科夫未及解决的重要问题。他发表的文章虽然述多论少，但其中包含的丰富档案资料能令世界上所有研究该领域问题的学者受益。他的最终成果在 1990 年出版的《19 世纪中叶前俄国东方学史》和 1997 年出版的《19 世纪中叶至 1917 年俄国东方学史》两部姊妹书中得到了体现。1994 年，库利科娃（А. М. Куликова，1935 — ）女士出版了一部资料性质的东方学史专著《俄国法律文书中的东方学（17 世纪末至 1917 年）》，书中收录了自 17 世纪末到十月革命爆发期间俄国政府颁布的所有与东方学有关的法令和文书。该书在斯卡奇科夫的《中国书目》《俄国汉学史纲》以及霍赫洛夫发掘的档案材料之外，又给研究者从法律和政治角度审视俄国汉学的发展提供了新的素材。当然，库利科娃的书并不仅限于公布法令目录，她在整理这些档案的同时，也对俄国东方学的发展历史进行了思考，其中也包括汉学领域。尼基福罗夫（В. Н. Никифоров，1920 — 1990）撰写的《苏联历史学家论中国问题》也是一部重要的俄国汉学史专著。但作者主要关注的是苏联时期的中国历史研究，对帝俄时期的汉学虽有论及，但所占篇幅不大。达奇生（В. Г. Дацышен，1964 — ）教授所著的《俄罗斯汉语研究史》是俄国第一部专论汉语学习和研究史的著作。但遗憾的是，作者对俄国学者在汉语语言学研究领域的成就谈得不多。该书的另外一个贡献是在书后附录了帝俄时期出版的几乎所有汉语教材和俄罗斯汉语教师名单，具有重要的教育史和学术史研究价值。亚洲博物馆和圣彼得堡大学是革命前俄国本土最重要的两个东方学研究基地，这两个机构的发展和演变在很大程度上可以代表帝俄汉学的发展历史。在这方面有几部重要的作品值得重视。首先是 1972 年出版的《亚洲博物馆——苏联科学院东方学研究所列宁格勒分所》。在这部著作中，孟列夫和丘古耶夫斯基（Л. И. Чугуевский，1926 — 2000）、沃尔科娃（М. П. Волкова，1927 — 2006）、沃罗比约娃-杰夏托夫斯卡娅（М. И. Воробьева-Десятовская，1933 — 2021）和萨维茨基（Л. С. Савицкий，1932 — 2007）、克恰诺夫、约里什（И. И. Иориш，1904 — 2002）分别撰写了"汉学""满学""藏学""西夏学"和"蒙古学" 5 章，比较详尽地叙述了亚洲博物馆以及苏联科学院东方学研究所列宁格勒分所在这几个领域的发展历程。论述圣彼得堡大学东方学发展历史的代表性作品应该首推库利科娃于 1982 年出版的《彼得堡大学东方学教育形成史》以及 2001 年出版的《19 世纪俄国东方学人物志》。1998 年喀山大学的瓦列耶夫（Р. М. Валеев, 1955— ）出版了《喀山东方学：起源及发展（19 世纪—20 世纪 20 年代）》一书，对喀山大学东方语言学科的历史进行了细致的梳理。

除了上面提到的有专著出版的俄罗斯汉学史研究者，还有众多的汉学家就此问题发表过文章。米亚斯尼科夫、李福清、维·彼得罗夫（В. В. Петров, 1929—1987）、别尔金（Д. И. Белкин, 1925—?）、戈尔巴乔娃（З. И. Горбачева, 1907—1979）、李谢维奇、萨莫伊洛夫（Н. А. Самойлов, 1955— ）、索罗金（В. Ф. Сорокин, 1927—2015）、齐赫文、丘古耶夫斯基、沙夫拉诺夫斯卡娅（Т. К. Шафрановская, 1926—）、沙斯季娜（Н. П. Шастина, 1898—1980）、艾德林（Л. З. Эйдлин, 1909/1910—1985）、派恰扎（С. А. Пайчадзе, 1936—2007）和库兹涅佐娃（Т. В. Кузнецова, 1933—2011）等汉学家各自从不同的角度撰写了许多有关帝俄汉学史的论文。比如，米亚斯尼科夫、齐赫文、沙斯季娜、戈尔巴乔娃、丘古耶夫斯基等学者长于从中俄关系史的角度对帝俄汉学史进行全方位思考和对比丘林等著名汉学家进行个案研究，李福清、李谢维奇、索罗金则致力于中俄早期文学关系的研究，维·彼得罗夫对圣彼得堡大学汉语专业的历史进行了详细描述，派恰扎和库兹涅佐娃则多从俄罗斯书籍在中国的流布来说明帝俄汉学家在中俄文化交流史上的作用。萨莫伊洛夫另辟蹊径，开始系统研究中国形象在俄罗斯的演变过程。形象学研究是一个比较新的学术领域，特别是俄罗斯的中国形象研究，无论在俄罗斯，还是中国，基本上是空白。俄罗斯学者谢尔比年科（В. В. Сербиненко, 1951— ）、瓦赫京（К. Б. Вахтин, 1930—1981）、科布泽夫（А. И. Кобзев, 1953— ）、卢金（А. В. Лукин, 1961— ）等学者都曾发表过这方面的文章，但在研究内容上不系统，方法上也欠成熟。萨莫伊洛夫以他发表在《俄罗斯与东方》文集中的《俄罗斯与中国》一文为俄罗斯系统开展形象学研究开辟了道路。

我们在上文中介绍了中国的俄罗斯汉学研究以及俄罗斯的帝俄汉学史研究的历史和现状。就中国而言，自莫东寅首次在其《汉学发达史》中概述了帝俄汉学史之后，20 世纪 80 年代经孙越生、姜筱绿等进行资料整理工作，90 年代以后，俄罗斯汉学研究开始焕发生机。然而，中国学者对于俄罗斯汉学的研究更多地集中于文学领域，还没有一部以中国人视角撰写的俄国汉学史研究著作。俄罗斯的情况与我国不同，不仅研究者众，研究成果也多，但大多数论文以个案研究为主。在总结俄国汉学发展特点方面，米亚斯尼科夫的作品堪称俄罗斯汉学史研究的典范，比如他的《苏联中国学的形成与发展》以及《比丘林的创作遗产与现代性》等文章。斯卡奇科夫完成于 30 余年前的《俄国汉学史纲》尽管在很长一段时间内仍将是俄国汉学史的经典著作，但随着大量新档案、新资料的不断发掘和涌现，也需要进行补正。

李学勤先生在《国际汉学漫步》的前言中写道："作为中国人去看外国的汉学，不仅要知道汉学的具体研究成果，还应当研究汉学产生和发展的历史过程。从这一点而言，我们的国际汉学研究也就是汉学史的研究。"① 后来，他提出了国际汉学研究作为一个专门学科应该回答的六大问题，并将研究国际汉学起源及发展的汉学史研究作为诸问题之首。② 从事国际汉学研究，如果不了解所研究国家汉学诞生的过程以及发展的轨迹，也就无法深刻理解该国汉学家们的著作以及与该国家文化交流的面貌。汉学史的研究实际上就是汉学这门学科的学术史。近年来，已经有几部国别汉学史著作问世，如张国刚的《德国的汉学研究》、严绍璗的《日本中国学史》、张静河的《瑞典汉学史》等。

汉学史研究实际上属于学术史的研究范畴，自然也应采用学术史研究的理论和方法。第一，将俄国汉学的发展放在俄国社会与思想发展的历史背景中去考察。作为俄国东方学的组成部分，汉学与其他人文科学一样，始终受到各种历史条件的制约，尤其与当时占主导地位的社会思潮关系密切。比如，彼得大帝（Петр I，1672—1725）的西

---

① 李学勤：《〈国际汉学漫步〉序》，《国际汉学漫步》上卷，河北教育出版社，1997 年。
② 李学勤：《作为专门学科的国际汉学研究》，《中华读书报》2001 年 9 月 19 日。

化改革、来自欧洲的启蒙思想、译介西方早期汉学著作以及叶卡捷琳娜二世（Екатерина II，1729—1796）时期的"中国风"对于俄国汉学的诞生产生了催化作用，并决定了那个时代以研究中国政治制度和介绍中国儒家思想为主要内容的俄国汉学特色。而19世纪上半期，俄国在反法战争中取得胜利，军事实力大增，开始扮演"欧洲宪兵"的角色。沙皇政府提出"东正教、专制制度、国民性"三立国原则，试图脱下自彼得一世披在俄国身上的那件不合适的"西装"。在俄国社会和思想文化界，民族主义情绪高涨，促进了俄国汉学的民族化，挑战法、德汉学权威的行为成为爱国主义的标志。因此，了解俄国的社会和思想背景，必然有益于充分认识俄国汉学各个发展阶段的特点。第二，将俄国汉学放在中俄两国关系的背景下去研究。俄国汉学本身就是为了适应中俄关系的发展需要而诞生的，而后又随着两国关系的发展而壮大。两国关系中的每一次重大演变都对俄国汉学产生了深远影响。《恰克图条约》中关于俄国东正教驻北京传教团的条款为建立俄国第一个汉学人才培养基地提供了法律保障。恰克图互市促使比丘林创办了华文馆，并编写出一部后来成为喀山大学和圣彼得堡大学长期使用的汉语教材。中俄《北京条约》将传教团的研究功能和外交功能剥离，使这个原来名义上的宗教机构真正将工作中心转移到传教布道上来。而李鸿章与维特（С. Ю. Витте，1849—1915）签订的《中俄密约》以及中东铁路的开工，使圣彼得堡古典汉学的弱点暴露无遗，导致了实用汉学教育的兴起以及海参崴东方学院的诞生。如果具体到汉学家，他们的研究兴趣和成就也不同程度地被打上了当时两国关系发展特点的烙印。只要比较一下各个时期帝俄汉学家的研究著作就不难发现，在19世纪下半期俄国疯狂对中国进行领土、经济和军事侵略的年代，很多汉学家的学术旨趣即是对俄国的扩张政策的呼应。无论是俄国东正教驻北京传教团，还是圣彼得堡大学，自始至终都受到俄国外交部某种程度的领导或控制。从这个角度来说，俄国汉学从一开始就被定位在为俄国对华政策服务的坐标上。因此，中俄关系是研究俄国汉学的背景和基础，忽视这一点，将无法全面而有深度地透视俄国汉学的真正面貌。第三，由于汉学的自身特点，它从一开始就是一门具有国际背景的学术。许多俄国汉学名家与欧洲汉学界保持过紧密的学术联系，国际汉学的发展趋势对于俄国汉学家在研究对象的选择和研究方法上的演变都产生过明显影响。无论在哪个时代，都能找到俄国汉学与欧洲汉学对话和交流的例子。比如拜耶尔的西方汉学渊源、宋君荣（Antoine Gaubil，1689—1759）鼓励列昂季耶夫翻译《易经》、比丘林与柯恒儒的论战、孔气与儒莲（S. Julien，1797—1873）的学术交往、阿理克与沙畹（Edouard Chavannes，1865—1918）的徒师关系以及大量的俄国汉学著作被翻译成西方文字出版等。19世纪下半期西方近代科学研究方法同样也对俄国学术产生了影响。俄国汉学与欧洲汉学的历史渊源促使我们在研究过程中必须横向观察欧洲汉学的发展大势，并将后者作为参照系，发现其异同点，凸显俄国汉学的特色，客观评价俄国汉学在世界汉学史上的地位。

本书所使用的资料主要有这样几大类：一是俄国汉学原典，它们构成了本书最基本的原始材料。二是俄罗斯学者的研究成果，包括专著、论文、书评等。三是国内出版的相关著作以及发表的文章。四是西文著作，虽然数量不多，但却是英、法、德文世界研究这一问题的主要著作。

第一章

17世纪：
俄国汉学诞生前的中俄交往

　　古代斯拉夫民族与中华相距遥远，限于当时的交通条件，很难进行直接的接触。蒙元时期有了史载的最初交流，但这种偶然和间接的交流随着蒙古"洪水"的退却而又沉寂了下来。17世纪，俄国政府在向东扩张的过程中再次听到有关中国的传闻，激起其探索前往中国陆路通道的欲望，以便获得经济和政治上的利益。俄国使节、商队的来华不仅为俄国了解中国提供了宝贵信息，同时也促进了中国对俄国的认识。两国在摩擦和交涉中签订了《尼布楚条约》，将双边关系按照近代国际关系准则确定下来，维持了中俄两个民族长达一个半世纪的基本稳定的睦邻关系。但就俄国汉学史而言，主要以使节报告为外在形式的中国信息，对中国的认识还很模糊和片面，"主要只有地理学上的价值，相当于西欧原始资本积累时期航海家们地理发现的意义"。[①] 因此，我们不妨将17世纪乃至以前俄国对中国信息的积累时期称作俄国的前汉学时期。

---

① 孙越生：《俄苏中国学概况（代前言）》，《俄苏中国学手册》上册，中国社会科学出版社，1986年。

第一节 中俄初识

俄国人到底从什么时候获知中国的存在？中俄之间的直接交往源于何时？俄罗斯对这个问题的研究从很早就已经开始，其中包括著名汉学家巴拉第和贝勒。[1] 俄国政府派往中国的第一个使节费多尔·伊萨科维奇·巴伊科夫（Ф. И. Байков, 1612—1663/1664）曾就此问题询问过清朝的官吏，被告知他们的祖先元朝时期就来过中国，而且在中国的史书中留下了记载。[2] 这里所说的史书就是《元史》。《元史·文宗本纪三》和《元史·文宗本纪四》载："辛未，置宣忠扈卫亲军都万户府，秩正三品，总斡罗思军士，隶枢密院。""立宣忠扈卫亲军都万户营于大都北，市民田百三十余顷赐之。""宣忠扈卫斡罗思屯田，给牛、种、农具。""甲寅，改宣忠扈卫亲军都万户府为宣忠斡罗思扈卫亲军诸指挥使司，赐银印。"此外，《元史》中还有3处记载了诸王向朝廷献斡罗思人口的情况，总数达数千人。俄罗斯在元代还有"斡罗斯""兀罗思""兀鲁思""阿罗思"等名称。实际上，最早记载俄罗斯的是成书于13世纪的《蒙古秘史》，俄罗斯被呼作"斡鲁速惕"。但在元以前，浩如烟海的中国史籍对中亚以西国家和民族的记载极其稀少，这种情况并不仅限于斯拉夫民族。有学者认为"里海构成了一道天然的屏障，花拉子模和阿拉伯商人充当着中国人与西方世界交往的中介"。[3]《蒙古秘史》和《元史》中的这些记载说明中俄

---

[1] Палладий. Русское поселение в Китае в первой половине XIV века//Живая старина. СПб., 1894. Вып. 1; Бретшнейдер Э. В. Русь и Асы на военной службе в Китае//Живая старина. СПб., 1894. Вып. 1.

[2] Скачков П. Е. Очерки истории русского китаеведения. М., 1977. С. 14.

[3] Горбачева З. И. Первые сведения китайцев о России//Из истории науки и техники в странах Востока. Вып. 2. М., 1961.

两国的直接交往始于蒙元时期，并且达到了相当的规模。[1] 正是在元代，"俄罗斯"一词经蒙古语转译进入了汉语。也正是自元代以后，中国才以一个同时被蒙古人征服的国家形象出现在俄罗斯的《索菲亚6903年第二编年史》当中，同时，西方旅行家柏朗嘉宾（Jean Plano de Carpini, 1182—1252）也在其游记中记录了俄国人在中国的情况。[2] 但遗憾的是，"无论是在俄罗斯的文献中，还是在俄罗斯的民间传说中，都没有留下任何明显的痕迹"。[3] 当然，也有学者认为在俄罗斯12世纪的史诗《伊格尔远征记》中的"希诺瓦"（Хинова）就是指中国。[4] 还有学者从俄语中"中国"（Китай）一词源于建立西辽帝国的契丹民族称谓而判断中俄在宋代即存在某种联系，因为当时西辽辖地远达咸海，据此推断俄国人同契丹人在贸易上存在直接或间接的联系。[5] 但是，在这些推断没有被考古成果或其他文献证明之前，将中俄直接交往的源头确定在蒙元时期是比较科学的。

  13世纪蒙古对基辅罗斯发动进攻，罗斯人被大批杀死，战俘不计其数。一部分年轻力壮的男子被发配到当时作为蒙古帝国一部分的中国，其中有不少罗斯军士在中国做扈卫亲军。到元朝灭亡时，滞留中国的罗斯人或被同化，或随蒙古人西去北上，所以在明朝的典籍中便没有了他们的踪影。尼阔赖甚至推断这些人的后代最后到了四川。[6] 尽管中俄两国先后摆脱了蒙古人的统治，但也因此被辽阔的草原所阻

---

[1] 张维华、孙西：《清前期中俄关系》，山东教育出版社，1997年，第10—11页。

[2] Скачков П. Е. История изучения Китая в России в XVII и XVIII вв.// Международные связи России в XVII - XVIII вв. М., 1966; Демидова Н. Ф., Мясников В. С. Первые русские дипломаты в Китае. "Роспись" И. Петлина и Статейный список Ф. И. Байкова. М., 1966. С. 12.

[3] Горбачева З. И., Тихонов Д. И. Из истории изучения Китая в России//Советское востоковедение. 1955. №3.

[4] 汪介之、陈建华：《悠远的回响——俄罗斯作家与中国文化》，宁夏人民出版社，2002年，第41—49页。

[5] 王希隆：《清代以前之中俄联系初探》，《兰州大学学报》1994年第2期。

[6] Самойлов Н. А. Россия и Китай//Россия и Восток/Под ред. С. М. Иванова, Б. Н. Мельниченко. СПб., 2000.

隔，不通音讯。1472年俄国商人阿法纳西·尼基京（Афанасий Никитин）在其游记作品《三海航行记》中提到有一个叫"中国"的国家，如果通过印度走陆路，可以在6个月内到达那里，如果走海路，则需4个月。他说"那里制造瓷器，且东西都很便宜"。①

16世纪以后，西方对中国的兴趣急剧增长，开始寻求通过俄罗斯地区前往中国的陆路通道。俄国人为了自身的商业利益，没有给欧洲人这样的机会，而利用独特的地缘优势，向中国派出了第一批使节。1608年，沙皇瓦西里·舒伊斯基（Василий Шуйский，1552—1612）曾命令托木斯克第一军政长官派遣当地哥萨克伊万·别洛戈洛夫（Иван Белоголов）等人寻找前往阿勒坦汗驻地和中国的道路未果。1616年，托木斯克军政长官再派瓦西里·丘缅涅茨（Василий Тюменец）和伊万·彼得罗夫（Иван Петров）前往阿勒坦汗驻地，探听到了前往中国的道路。

第二节 俄国使团来华与中国信息积累

俄国使臣到达阿勒坦汗国后尽管没有继续前行，但迈出了出使中国的第一步，激起了俄国探询中国的更大兴趣。自此俄国为打开前往中国的通道并与之建立贸易联系一次次派出使团和商队，彼特林（И. Ф. Петлин）、巴伊科夫、斯帕法里（Н. Г. Спафарий，1625—1708）、义杰斯（Эверт Избрант Идес）完成的第一批使节报告为俄国积累中国信息和发展对华关系发挥了重要作用。

一、彼特林使团

17世纪初，为了避免与已经在中国南部沿海立足的葡萄牙等航海

---

① Скачков П. Е. Очерки истории русского китаеведения. М., 1977. С. 15.

大国发生正面冲突，英国积极寻求对华陆上贸易的可能性。而要达到这个目的，必须获得已经将西伯利亚纳入自己版图的俄国政府的许可。尽管英国多次要求俄国政府允许其考察队前往鄂毕河上游进行陆地考察，但都遭到了俄国人拒绝。1617年，英国再次要求俄国政府准予英国人过境前往中国和东印度。于是，俄国政府决定组织使团前往中国，以抢在英国人之前掌握同中国陆路贸易的主动权，使俄国成为中国和欧洲贸易的中转国，在获得巨大税收收益的同时，提升俄国在欧洲的地位。因此，彼特林使团来华一方面是出于俄国自身的政治经济需求，另一方面也与当时的国际局势有密切的联系。

彼特林是托木斯克的哥萨克，1618年受托木斯克军政长官之命率领新组建的使团前往中国，副手为同是哥萨克的马多夫（Мадов）。苏联汉学家杜曼（Л. И. Думан，1907—1979）认为彼特林使华并没有担负与中国建立外交关系的任务，作为俄国地方行政部门派出的使节，他不可能具有这样的授权。他的目的只是为了探索前往中国的道路，了解有关中国的信息。[①] 5月9日，彼特林、马多夫和同行人员以及阿勒坦汗的使臣从莫斯科出发，经过阿勒坦汗的游牧地，在两名喇嘛向导的指引下，翻越了大青山，到达归化城（今属呼和浩特），而后沿长城一直到张家口，最后从南口进入北京。由于没带贡品，彼特林未能见到大明皇帝，在驿馆内住了4天后离开北京，在张家口停留了约一个月，于10月11日踏上归途。1619年春天彼特林使团回到托木斯克，同年9月他向沙皇呈送一份报告，题为《中国、喇嘛国及其他定居和游牧国家、乌卢斯诸国、大鄂毕河、河流和道路一览》（以下简称《一览》），此外，还有一张中国地图和明神宗万历皇帝的国书。彼特林的地图至今未被发现，中国皇帝的国书由于没人能够翻译，在俄外务衙门沉睡了近半个世纪，直到1675年斯帕法里出使中国途径托博尔斯克时才由一名军士译出大意。[②] 彼特林出使中国尽

[①] Демидова Н. Ф., Мясников В. С. Первые русские дипломаты в Китае. "Роспись" И. Петлина и Статейный список Ф. И. Байкова. М.，1966. С. 6.

[②] Скачков П. Е. Очерки истории русского китаеведения. М.，1977. С. 16–17.

管没有取得实际效果,未能与中国建立稳定的贸易联系,但他开辟了前人未知的经西伯利亚和蒙古草原前往中国的陆路通道,并将珍贵的出使报告留给后世。同时,作为"近代第一个派到中国的欧洲外交团体",[1] 彼特林的中国之行在俄国外交史上也具有重要意义。

彼特林出使中国以及他在回国后所做的《一览》很快在欧洲引起反响。尽管《一览》在俄国属外交机密文件,但英国大使还是设法得到了抄件。英国出版商珀切斯(S. Purchas,1575—1626)在其1625年于伦敦出版的《世界旅行记集成》中以《两名哥萨克从西伯利亚去中国及其邻近地区记事》为题首次将该报告译成英文。1628年在法兰克福出版的《东印度史》的德文和拉丁文版也收录了彼特林的报告,德文译者为威廉·费泽尔(Wilhelm Fizzer),拉丁文译者为戈德弗洛伊(Ludvig Godefroi)。1634年出现了译自德文的法文本,1667年出现了瑞典文本,1707年在莱登发表了荷兰文译本。此后,还有几个版本问世。《一览》直到1818年才首次在俄国发表,由斯帕斯基(Г. И. Спасский,1783—1864)刊登于《西伯利亚通报》。英国人巴德利(J. F. Baddeley,1854—1940)1919年出版的《俄国·蒙古·中国》一书中的英文本就译自这个本子。1908年卡塔纳耶夫(Г. В. Катанаев)在《西西伯利亚哥萨克及其在俄国人研究和占领西伯利亚及中亚地区中的作用》一书中发表了简写本。1913年波克罗夫斯基(Ф. И. Покровский)将收藏在莫斯科的原件刊登在《科学院院报》上。苏联时期,学术界继续对《一览》进行研究。列别捷夫(Д. М. Лебедев)在1949年出版的《17世纪俄国地理》一书中对彼特林出使中国和《一览》进行了详细的分析。班尼科夫(А. Г. Банников)的《俄国人在蒙古与中国北部的早期旅行》对彼特林出使过程做了完整的描述。1959年出版的《俄国蒙古关系(1607—1636)》一书收入了国立中央古代文书档案馆中的《一览》原件。[2] 1966年苏联著名汉学家杰米多娃(Н. Ф. Демидова,1920—2015)和米亚斯尼科夫在其著作《俄国来华的第一批外交人员》中详

---

[1] [美]马格斯(B. W. Maggs)著:《十八世纪俄国文学中的中国》,李约翰译,台北:成文出版社,1977年,第121页。

[2] Скачков П. Е. Очерки истории русского китаеведения. М. ,1977. С. 18,295.

细分析了《一览》各种版本的差别，1969年在两人合编的《十七世纪俄中关系》第一卷中再次发表了《一览》。

彼特林的《一览》篇幅不大，文笔朴实直白，句子结构简单，由此可以看出作者的文化水平较低。其中比较详细地记录了沿途所见所闻，包括沿途道路、城镇、民族、物产和风俗等。在中国文化方面，彼特林着重描绘了中国的宗教信仰："墙壁上挂着画在厚纸上的神像。神像下面垫着锦缎和丝绒。庙里有各种泥塑的神像。神像从头到脚全身饰着金箔，状甚可怖！""在白城（位于南口与北京之间的昌平城——笔者注），我们还看到为修造庙宇进行募化的情况：三人列队而行，两人持棒敲击木鱼，第三人肩负神像，也敲木鱼，神像很高大。神像下面没有文字，画得神采奕奕。"对于中国人的外表，彼特林留下了这样的记载："中国男女都很整洁。他们穿的衣服有自己的式样：两袖宽大，像肥袖女上衣的袖子，内衣好像俄国男式半长外衣。中国人不是勇武好斗的人，他们善于做生意，怯于征战。"丰富的物产令彼特林赞不绝口，他写道："店铺内各种货物应有尽有，有各色的丝绒、花缎、绢、塔夫绸、绣金缎、各色镶铜丝的绸缎，有各种果蔬和各种糖类、丁香、肉桂、八角茴香、苹果、西瓜、香瓜、南瓜、黄瓜、蒜、葱、萝卜、胡萝卜、大头菜、芜菁、白菜、肉豆蔻、罂粟、杏仁，也有大黄，还有一些我们不知名的果蔬。"他首次引用了明朝官员对于中国对外礼仪的说明，知道了外国使节"没有带礼品来的，不能觐见我大明皇帝"。[①] 与此同时，他在中国所获得的许多印象是错误的或扭曲的，譬如，彼特林称北京为"大中国城"，将紫禁城称为"磁铁城"，可能误以为用以建造城墙的巨石块都是磁铁矿石。他将在东北崛起的女真人称为蒙古人。对于不通语言，而且在北京驿馆中被看守了4天的彼特林而言，显然不大可能对中国社会和文化获得深刻的认识。他的记述主要着眼于表象，显得有些简略肤浅，基本

[①] ［苏］苏联科学院远东研究所等编：《十七世纪俄中关系》，第一卷，第一册，厦门大学外文系《十七世纪俄中关系》第一卷翻译小组译，商务印书馆，1978年，第105—109页。

上没有涉及中国传统思想和社会组织结构层面，但其叙述比较客观，较少掺杂个人成见，不失为一幅明末中国社会生活的写实画卷。

由于阿勒坦汗拒绝效忠俄国，沙皇在派使节前往中国方面采取更加谨慎的态度。1635年贵族子弟鲁基·瓦西里耶夫（Луки Васильев）和哥萨克谢别特金（Семейко Щепеткин）曾要求来华被沙皇驳回。1641—1642年哥萨克韦尔什宁（Емельян Вершинин）随同土尔扈特商队经过我国新疆地区到达西宁，他也将一份中国国书带回了托博尔斯克。研究者们一度对这份文件的真实性产生过怀疑。杰米多娃和米亚斯尼科夫在《东方学问题》1960年第1期发表文章《明代皇帝致沙皇米哈伊尔·费得罗维奇国书年代考》，认定这份文件写于1641年下半年或1642年初，是韦尔什宁带回的明朝末代皇帝思宗的国书。我国学者郝镇华经过分析国内外各种观点后认为彼特林和韦尔什宁带回的两封国书均属俄国使节伪造或假托。①

二、巴伊科夫使团

"从西伯利亚不断传来的有关中国的消息以及来莫斯科和托博尔斯克出售中国商品的布哈拉商人对中国如何富庶绘声绘色的描述，促使俄国政府与这个东方大国建立稳定的商业及外交联系。"② 俄国沙皇于1653年派出了以亚雷什金（П. Ярыжкин）为首的第一个商队来北京贸易，并行了三跪九叩礼。次年俄国又向中国派出了正式的外交使团，携带了大批礼品和货物，团长是费多尔·伊萨科维奇·巴伊科夫。他生于1612年，死于1663年或1664年，在前往中国的前一年他被派到托博尔斯克为皇室购买中国商品。巴伊科夫率领的使团于1654年6月25日从托博尔斯克出发，因经过萨彦岭和杭爱山的道路为阿勒坦境内的战争所阻，改由西线沿额尔齐斯河，翻越阿尔泰山到斋桑湖，再沿戈壁滩至呼和浩特，1656年3月到达北京。巴伊科夫携带了

---

① 郝镇华：《两封中国明代皇帝致俄国沙皇国书真伪辨》，《世界历史》1986年第1期。
② Скачков П. Е. Очерки истории русского китаеведения. М. ，1977. С. 19.

有史以来沙皇致中国皇帝的第一份国书。在国书中沙皇自称是罗马皇帝恺撒和留里克大公的后裔，声名远播，希望能和中国建立牢固的友谊，和睦相处。国书用俄文和鞑靼文写成，日期是创世纪7162年，即公元1654年2月11日。此外，俄国政府为巴伊科夫制定了洋洋万言的训令，要求他对中国的政治、经济、军事、商业、物产和民风等进行全面细致的观察，谋求与中国建立联系。这一次俄国政府汲取了彼特林因为没有携带礼物和国书而被拒绝的教训，但对在晋见中国皇帝时外交礼节的每一个细节做了明确的规定，不允许损害沙皇的尊严和声誉。使团受到理藩院的接待，被安顿在驿馆，清廷不准巴伊科夫及其随从随便进出。几天后，清廷依例令他行跪拜礼，国书要由中方大臣转交。巴伊科夫不敢违背训令，拒绝照办。由于有亚雷什金恭顺在先，巴伊科夫的顽固态度让清朝官员非常不快。最后双方僵持不下，清朝退回了俄国政府的礼品，并责令巴伊科夫尽快离境。1656年9月4日，俄使团不得不离开北京。《清史稿》中记载："十三年，俄国察罕汗遣使入贡，以不谙朝仪，却其贡，遣之归。"① 实际上，巴伊科夫使团无功而返的主要原因是此时中俄两国在黑龙江流域已经发生摩擦，清政府急需与俄国就有关俄入侵我达斡尔地区进行交涉，但巴伊科夫获得的指令中没有这样的内容。使团成员中无一人通满文或汉语，难以同满清官员很好交流，这也是其出使失败的一个原因。

然而，巴伊科夫出使却有着十分重要的科学价值。在中国的6个月里他收集了大量有关北京城、汉满民族生活习俗、商品及价格等方面的情况。他所撰的《实录》② 记载了俄国和西方鲜为人知的通往中国的道路，这条路在很长一段时间里是作为中俄贸易中间商的布哈拉商人所走的道路。此外，他对中国人民的日常生活做了详细的描述。与彼特林相比，巴伊科夫的《实录》在西方引起了更大的反响。彼得一世的朋友、荷兰阿姆斯特丹市市长维特森（N. Witsen，1641—

---

① 《清史稿》，卷九十一，志六十六。
② 《实录》是15世纪末到18世纪初的一种官方文件形式，由论述单个问题的文章构成，出访外国归来的使节报告冠此名。

1717）于1665—1666年间最早获得了《实录》抄本，而后转交给了法国地理学家捷维诺（M. Teveno）。捷维诺将巴伊科夫的《实录》收入其于1666年和1672年在巴黎出版的《游记选集》。很快，《实录》又被译成德、英、荷等多种文字。在俄罗斯，巴伊科夫的《实录》曾多次出版。在圣彼得堡科学院工作的德国历史学家格·米勒（Г. Ф. Миллер，1705—1783）1755年依据法文本在一篇名为《俄国最早的赴华旅行和出使活动》的文章中发表了第一个俄文版本，并对其开始科学研究。①1768年和1774年，费舍尔（И. Э. Фишер，1697—1771）在其先用德文后用俄文发表的文章《西伯利亚史：从其被发现到被俄国武力征服》中对巴伊科夫的《实录》做了节译。诺维科夫（Н. И. Новиков，1744—1818）于1788年根据他发现的手抄本整理后加以发表。斯帕斯基和萨哈罗夫（И. П. Сахаров）分别于1820年和1849年再次发表了诺维科夫的版本。此后，《实录》不断为世界上的中俄关系研究者所刊载和参引。②

巴伊科夫在北京的行动尽管也不自由，但停留时间却长达半年，其出使报告对中国的描述无论是在丰富性上或是准确性上都有了显著的进步。而彼特林虽于1618年就来过北京，但只是在驿馆内被严密看守了4天就被遣送出境。加之他非但不通语言，还几乎是个文盲，一切信息均来自随行的蒙古喇嘛，对俄国政府中国知识的积累所发挥的作用并不显著。莫斯科政府是1653年开始筹备派出巴伊科夫使团的，财务衙门向巴伊科夫下达了洋洋万言的出使训令。该指令除了要求巴伊科夫为捍卫沙皇尊严应遵循的外交礼仪，搜集有关中国的情报也是核心内容。指令显示，俄国政府当时迫切需要了解的是中国的政治、外交、军事和物产，主要的目的是建立贸易联系，如博格达汗对俄国朝廷的态度，他是否打算派遣使者和商人携带货物前往俄国？中国人对他——巴伊科夫被派到他们那里去是否满意？中国人对待使者

---

① Демидова Н. Ф. , Мясников В. С. Первые русские дипломаты в Китае. "Роспись" И. Петлина и Статейный список Ф. И. Байкова. М. ,1966. С. 109.

② Скачков П. Е. Очерки истории русского китаеведения. М. ,1977. С. 21.

和专使的礼遇如何？中国人的信仰如何？中国的人力、财力、兵力有多雄厚？有多少城市？他们是否在与别人进行战争？原因何在？他们有哪些贵重首饰及宝石？是当地的手工制品，还是外来货？是从何处和如何运去的？俄国人同中国人之间通商能否持久？向进口货物征收多少税？粮食、辛香作料及蔬菜的收成怎样？还要探明由俄国边界到中国走哪条道路最近？由西伯利亚去中国沿途驻有哪些领主？他们归顺于谁？[①]因此，巴伊科夫的报告基本上也是围绕着这些方面进行描述的。

在对中国文化的认识上，比彼特林晚30多年来华的巴伊科夫的进步似乎并不明显。在他笔下，"中国都城的人，无论男女，身材高大，也很整洁。中国女人的脚像小孩子的脚一样小。中国人穿的衣服很短，有自己的样式，头发束得像欧洲人一样"。"蒙古族（即满族——笔者注）的女性不缠足，衣服很长，拖到地面，因此看不到脚"。"男人不留头发，只在顶上扎一根辫子"。对于中国独具特色的饮食文化他留下了这样的记载："中国都城的人各种禁忌的食物都吃：吃狗肉，市场出卖熟的狗肉，吃各种死牲口的肉。"巴伊科夫唯独在此处特书一笔，反映了17世纪俄国人的宗教和道德观念，中国人吃了他们认为不宜食用的东西显然对他的思想产生了冲击。巴伊科夫依然未能分辨清楚蒙古人与满族人，因而在他报告中留下了这样的记载："中华帝国汗八里城中的博格德皇帝是蒙古族。以前则是汉族大明皇帝。蒙古人征服中华帝国时，这位大明皇帝就自缢了，身后留下一个幼子。当这位大明皇帝自缢时，皇帝的汉族近臣带着他的儿子逃往边远城市。"巴伊科夫仍然沿用蒙元时期西方人对北京的蒙古语名称"汗八里"。对于北京出售的农产品，他称"还有其他一些不知名的果蔬"，只认识葱、蒜、萝卜、洋姜等在俄罗斯食用的蔬菜，水果中提到了苹果、梨、樱桃、李子、香瓜、西瓜和葡萄等。巴伊科夫对中国的认识还停留在表象层面，也不识中国最具代表性的图腾"龙"，

---

① [俄]尼古拉·班蒂什—卡缅斯基著：《俄中两国外交文献汇编（1619—1792年）》，中国人民大学俄语教研室译，商务印书馆，1982年，第23—24页。

说皇宫"房子上、衣服上和器皿上到处都画着蛇"。①

三、戈杜诺夫

17世纪值得一提的另外一部著作是托博尔斯克军政长官彼得·伊万诺维奇·戈杜诺夫（П. И. Годунов, ?—1670）于1668—1669年间组织编写的《中国和遥远的印度详情》。尽管此书编写在彼特林和巴伊科夫的使节报告问世之后，但来自这两种文件的信息不及全书内容的十分之一。此书采用问题解答形式，简洁实用，内容主要是对俄国商人、公务人员、布哈拉商人、土尔扈特人以及去过中国的其他民族商人的询问记录。在全部154个问题中，真正有关印度的问题只有末尾的2个，因此，这份材料实际上是一份中国信息汇总。举凡有关中国的政治、社会、法律、宗教、税收、价格、物产、民风习俗等方面的情况，虽不能完全排除牵强附会之处，但大多能在这里找到尽管简略但却基本正确的答案。比如，中国有13个省，康熙皇帝14岁亲政，当今皇帝的父亲（指顺治皇帝）接受了卡尔梅克人的信仰（指信奉佛教），汗八里有九座城门，久切尔人（指满人）对汉人心怀戒意，南方一年可以种两茬庄稼，北京城生火烧石头（指煤，当时俄国人还不知使用煤），中国使用汉、满、蒙古、藏四种语言，但汉语最为通行，这些情况都与事实相符。尽管此书编写在彼特林和巴伊科夫的使节报告问世之后，但内容大多是全新的，显示其与这两种文件不存在渊源关系。斯卡奇科夫认为《中国和遥远的印度详情》中的信息大约有十分之一来自彼特林和巴伊科夫的报告，评价其为"17世纪中期前俄国人关于中国知识的唯一集大成文献，是一份写本百科"。② 这份

---

① [苏]苏联科学院远东研究所等编：《十七世纪俄中关系》，第一卷，第二册，厦门大学外文系《十七世纪俄中关系》第一卷翻译小组译，商务印书馆，1978年，第258—259、272页。

② Скачков П. Е. Ведомость о Китайской земле//Страны и народы Востока, вып. II, М., 1961.

材料视角多样，内容详明，可以称得上是那个时代俄国社会对中国的集体记忆或想象。由此我们获得这样一种认识，中俄人民之间的交流远比两国政府间的联系更为频繁，民间人士的中国知识似乎比俄国政府部门更加丰富。

1668年戈杜诺夫还曾组织过蒙古语和藏语的教学活动。在莫斯科国立中央古代文书档案馆收藏有戈杜诺夫的一份报告，说由于缺少翻译，中国用蒙古语写成的文书无法直接翻译成俄语。有一个土尔扈特人正在教一些哥萨克子弟学习藏语，以便他们能将土尔扈特人译成藏语的蒙古语文书翻译成俄语，因为他们还没有掌握蒙古语。所以，戈杜诺夫不仅是《中国和遥远的印度详情》的编写者，而且还是俄国第一个蒙古语、藏语班的组织者。之所以首先决定学习蒙古语，是因为与阿勒坦汗国和蒙古各部的经常性联系使培养蒙古语翻译的任务显得更加迫切。而学习藏语是为了理解蒙古人的宗教信仰，因为喇嘛教文献大都是藏文的。①

从彼特林、巴伊科夫到戈杜诺夫，俄国对中国的认识和理解逐步增多。但不可否认的是，在17世纪中期以前，俄国人脑海中的中国形象只是刚刚出现了一个轮廓，对于细节和实质的认识还远远不够。

四、斯帕法里使团

为了与清帝国建立外交和贸易关系，1675年俄国政府派出了一个经过精心准备的庞大使团，团长为时任俄外务衙门翻译的尼古拉·加夫里洛维奇·斯帕法里（我国史籍中称尼果赖——笔者注）。他1625年出生于摩尔达维亚米列什梯的贵族家庭，曾在君士坦丁堡的希腊正教教会学校和意大利帕杜昂大学学习，通希腊、土耳其、阿拉伯、拉丁和意大利语。1653—1667年在摩尔达维亚公和瓦拉几亚（今罗马尼亚）大公麾下任职，曾赴君士坦丁堡、斯德哥尔摩和巴黎执行外交使命。1671年由耶路撒冷总主教多西费（Досифей，1624—1693）推

---

① Скачков П. Е. Очерки истории русского китаеведения. М., 1977. C. 22.

荐来到莫斯科，很快受到重用，被阿列克谢沙皇委任为外务衙门的翻译。出使中国是对他外交才能的最大考验，同时也为他带来了世界性的声誉。回到莫斯科后，斯帕法里继续在外务衙门任职，曾参与俄国与摩尔达维亚和瓦拉几亚谈判，1695 年参加彼得一世亚速海远征，1708 年去世。

俄国政府对这次出使非常重视，为其制定了 14 条指令，内容涉及外交礼仪、商业贸易和调查旅途路线等方面。斯帕法里在临行前做了精心准备，随身携带了几部欧洲汉学家的著作以备参考，其中包括 1655 年来华使臣纽霍夫（Johan Nieuhoff，1618—1672）所著之《省联东印度公司使团》、金尼阁（Nicolas Trigault，1577—1628）1626 年在杭州出版的《西儒耳目资》、卫匡国（Martin Martini，1614—1661）1654 年出版的《鞑靼战纪》以及 1655 年出版的《中国新图》。① 此外，他还将外务衙门里那封无人能懂的国书一并带上，希望能请人帮助翻译出来。1675 年 3 月，由 150 多人组成的斯帕法里使团从莫斯科出发，4 月抵达托博尔斯克。在前往中国的途中，斯帕法里一直都在设法丰富自己对中国的认识，并得到了他人的帮助。孔气认为被流放在托博尔斯克的克罗地亚人克里扎尼奇（Юрий Крижанич）帮助斯帕法里翻译了《鞑靼战纪》，并向其提供了自己所写的论述中俄贸易的著作。② 而斯帕法里的传记作者乌尔苏（Д. Т. Урсул）认为克里扎尼奇翻译的是纽霍夫的《省联东印度公司使团》。③ 12 月，使团到达尼布楚，1676 年 5 月 25 日抵达北京。清廷要求斯帕法里向康熙皇帝进呈国书时行跪拜礼，斯氏以违背外交礼仪为由拒绝执行。后经过协商达成妥协，由斯帕法里将国书放在设于午门外的铺有黄绸的御案上，如此递交给中国政府。斯帕法里在引渡根忒木尔一事上坚持沙俄

---

① Кузнецова Т. В. Предпосылки и пути проникновения русской книги в Китай (XVII-XIX вв.)//Вестник дальневосточной государственной научной библиотеки. 2000. №2(7).

② Скачков П. Е. Очерки истории русского китаеведения. М. ,1977. С. 22.

③ Фишман О. Л. Китай в Европе：миф и реальность(XIII-XVIII вв.). СПб. ,2003. С. 103.

的一贯立场，回避这一影响中俄关系的实质性问题，谈判未取得任何进展。康熙皇帝虽在太和殿和保和殿两次召见他，但并没有给沙皇回复国书。1676年9月1日，斯帕法里使团踏上归途。凭借自己的拉丁语修养，斯帕法里在北京极力结交拉拢耶稣会士。时任清廷钦天监监正的南怀仁（Ferdinand Verbiest，1623—1688）为了开辟从罗马经莫斯科到中国的交通路线，向斯帕法里提供了许多清政府的机密，并给了他一幅中国地图。① 自此以后，俄国政府非常重视保持与发展同北京耶稣会士的关系。

斯帕法里受过良好的教育，通晓多国语言，具有敏锐的洞察力，善于利用一切书面和口头的材料。这些优势保证了斯帕法里在很短的时间内就他出使中国写出了有价值的作品。回到莫斯科后，他向外务衙门提交了4份亲笔誊写的材料和一张绘有从莫斯科前往北京道路的地图。那幅地图和其中的一份材料已经失传，其余3部书稿以17—18世纪各种抄本的形式流传下来。这3部书稿分别是《中国及其省市所在的天下第一洲亚洲记述》（以下简称《记述》）、《旅途日记》和《1675—1678年斯帕法里访华使团文案实录》（以下简称《实录》）。《记述》一书被认为是当时有关中国和西伯利亚地区的最可信的新材料。

俄国政府将斯帕法里记述的情况作为后来向中国派遣使团时的参考信息，一直视为机密。尽管如此，斯帕法里的著作却以某些渠道很快传到了欧洲。17世纪80年代法国耶稣会士阿夫里尔（Ph. Avril）试图从陆路前往中国时曾两次来俄国，获得了斯帕法里的著作。他于1692年在巴黎出版了《经过欧洲和亚洲寻找前往中国新道路的旅行》，大部分材料取自斯帕法里的《记述》。1685年瑞典历史学家和语言学家斯帕尔文费尔德（И. Г. Спарвенфельд，1655—1727）在莫斯科抄录了斯帕法里的《记述》。维特森于1692年将《记述》的最后一章《阿穆尔河的故事》译成了荷兰文。法国外交代表涅维尔（Nev-

---

① 中国社会科学院近代史研究所编：《沙俄侵华史》第一卷，人民出版社，1978年，第154页。

ille）1689 年在莫斯科期间同斯帕法里相识，看了他的《旅途日记》，1698 年在巴黎出版了一部关于俄国的书，在最后一章中介绍了斯帕法里出使中国以及中俄贸易情况。耶路撒冷总主教多西费 1693 年派人来俄将《旅途日记》译成希腊文。在俄国，直到 1853 年斯帕法里的《记述》才由斯帕斯基节选发表。1882 年阿尔先耶夫（Ю. В. Арсеньев）在《俄国皇家地理学会公报》上全文发表了《阿穆尔河的故事》。《记述》的抄本很多，现在已知有 36 个。学术界曾经就《记述》原创性问题展开过争论。米哈伊洛夫斯基（И. Н. Михайловский）在其 1895 年于基辅出版的《尼古拉·斯帕法里俄国生活与工作概述》一书中认为，斯帕法里在撰写《记述》时利用了耶稣会士们以及俄国出版的欧洲人游记，融入了个人实地观察印象。苏联中国经济地理专家卡扎宁（М. И. Казанин，1899—1972）于 1971 年在《亚非民族》杂志上发表了《斯帕法里与卫匡国》一文，比较了斯氏著作与卫匡国作品的异同，分析了两者的关系，最后得出结论：第一，斯帕法里的著作《记述》不是由他原创的，而是对卫匡国《中国新图》的翻译或者转述，因为卫匡国的著作译自汉语文献，已于 1655 年在阿姆斯特丹出版，之后又多次再版。第二，斯帕法里在翻译卫匡国著作的基础上，又加了一些自己通过观察和询问得到的珍贵信息。第三，在当时的情形下斯帕法里不可能承认他的书译自耶稣会士的作品，那样必然会被东正教视为邪说，无异于自取灭亡。第四，有必要重新出版斯帕法里的《记述》，翻译卫匡国的作品，以便开展进一步的研究。实际上，早在 1919 年巴德利就在其《俄国·蒙古·中国》一书中指出了斯帕法里著作的非原创性，认为从第六章开始，《记述》"都是逐字逐句译自卫匡国的著作"。[①] 斯帕法里的《旅途日记》由阿尔先耶夫编成两个集子。第一个叫《俄国使节尼古拉·斯帕法里经过西伯利亚从托博尔斯克到尼布楚的旅行》，发表在 1882 年的《俄国皇家地理学会普通地理学论丛》。第二个叫《俄国使节尼古拉·斯帕法里从尼布楚到北京的

---

① ［英］巴德利著：《俄国·蒙古·中国》下卷，第二册，吴持哲、吴有刚译，商务印书馆，1981 年，第 1267 页。

旅华日记》，1896年出版。斯帕法里的《实录》也是由阿尔先耶夫在俄国整理出版的，发表于1906年。1956年罗马尼亚编辑了斯帕法里使华著作全集，作为《罗马尼亚经典》丛书的一种在布加勒斯特以罗文出版。①

斯帕法里在报告中以日志的形式记录了他与清朝官员有关中俄关系和外交礼仪的交涉过程。与彼特林和巴伊科夫的使节报告相比，不仅篇幅长，对事件的描写极其详细，而且一反从前的客观叙述，在口气上明显地表达个人的感情。斯帕法里不厌其烦地描写他在呈递国书、行叩拜礼等方面遭遇到的困难。他在外交上的挫折对其中国印象产生了不良影响，因而在许多问题上都对中国持批评态度。斯帕法里来华时经过我国东北地区，他因而成为在俄国文献中首次详细描绘中国东北地区民俗文化的人。他写道："他们住的房屋是土墙，屋顶上盖着芦苇，屋里有土耳其式的炕。坐在炕上时，也像土耳其式地盘起腿。炕边有炉台，炉台上放着锅，锅里煮食物，烟道经炕的下面通向屋角的烟囱，因此屋内很暖和。中国京城也有这样的取暖导烟装置。"他对中国的认识同样存在偏颇，如同彼特林和巴伊科夫一样，他认为皇帝御座上"雕着各种图画和蛇"。② 巴德利非常欣赏斯帕法里的作品，认为他以前的俄国使节报告"论文体都是质朴甚至是粗鄙的，论内容是平凡乏味的。它们没有任何探讨与分析，缺乏引人入胜的魅力，又毫无传奇的色彩"，"唯独斯帕法里属于例外。他的地位和声望是（也应该是）独一无二的"。③

斯帕法里的作品在俄国对华外交中发挥了作用。1727年，与中国签订《恰克图条约》的俄国全权大使萨瓦（Савва Лукич Владиславич-

---

① Мясников В. С., Тарасов В. Н. Труды и дни Николая Спафария//Проблемы. Дальнего Востока. 1985. No2.

② [苏]苏联科学院远东研究所等编：《十七世纪俄中关系》，第一卷，第三册，厦门大学外文系《十七世纪俄中关系》第一卷翻译小组译，商务印书馆，1978年，第535、641页。

③ [英]巴德利著：《俄国·蒙古·中国》，上卷，第一册，吴持哲、吴有刚译，商务印书馆，1981年，第20—21页。

Рагузинский，约 1670 — 1738）来华期间就随身携带了斯帕法里的《记述》，而且评价"此书确乎值得赞赏，是一位出色历史学家的杰作"。[①] 正如俄罗斯学者所言："斯帕法里使团来华是俄罗斯第一次独特的科学考察。"[②] "就内容的丰富性而言，斯帕法里的书在当时世界学术界无出其右。"[③] 俄罗斯学者给予其这样的评价，从一个侧面说明其著作的科学价值。他的著作在俄国及西方多次发表，为俄国和世界科学做出了宝贵的贡献。几个世纪以来，许多国家的科学家都视他的著作为研究17世纪中俄关系以及中国和整个东亚地区历史、地理和民族学的最珍贵和最丰富的资料之一。

五、义杰斯使团

1689年9月7日，清政府与俄国政府签订《尼布楚条约》，这是中俄两国间的第一个条约。它划定了中俄东段边界，规定了贸易规则，确定了两国关系"永敦睦谊"的原则。从此俄国商队往来不绝，中俄关系进入了近一个半世纪的稳定发展期。由于《尼布楚条约》只是一个框架性协议，未对细节问题做出规定，所以，1692年，即清康熙三十一年，俄国政府派出伊兹勃兰特·义杰斯来华，续商中俄贸易的详细办法，探讨在北京建立东正教教堂的可能性。义杰斯祖籍荷兰，正当俄国政府筹备来华使团时，他恰好上书彼得一世要求取道西伯利亚到中国内地贸易。沙皇允其所请，令他作为俄国使节，率俄国使团持沙皇国书来华。他是《尼布楚条约》签订后俄国派遣来华的第一个使节。与他同行的还有一位德国人叫亚当·勃兰德（Адам

[①] Щебеньков В. Г. Первые инструкции Российской Академии наук об изучения культуры Китая//Сообщения Дальневосточного филиала АН СССР. №13. Владивосток, 1960.

[②] Мясников В. С., Тарасов В. Н. Труды и дни Николая Спафария//Проблемы. Дальнего Востока. 1985. №2.

[③] История отечественного востоковедения с середины XIX века до 1917 года. М., 1997. С. 36.

Бранд）。使团于 1693 年 11 月到达北京，次年 2 月离开中国首都，1695 年 2 月返回莫斯科。康熙皇帝接见了义杰斯，法国耶稣会士张诚（P. Joan Franciscus Gerbillon，1654—1707）和葡萄牙耶稣会士徐日升（P. Thomas Pereyra，1645—1708）充当了翻译。但是，他所携带的沙皇国书由于将中国皇帝的尊号置于俄皇之下而被拒绝，所赠礼品也被退回，其承担的外交使命没能完成。

　　义杰斯出使中国前后历时 3 年，回国后写成报告数份，呈交沙皇。有关其出使情况 1695 年就在柏林有过报道。1704 年，在荷兰人维特森的帮助下，并经彼得大帝同意，其出使中国的笔记在阿姆斯特丹以《中国三年旅行记》出版。1706 年该书被译成英文，1707 年被译成德文，1718 年在法国出版。而在俄国，直到 1789 年才由诺维科夫翻译了义杰斯的笔记，以《义杰斯的旅行及游记》为名发表在《古罗斯文献汇编》上。除义杰斯外，亚当·勃兰德 1698 年在德国汉堡发表其《出使行程》，对义杰斯使团出使中国记述非常详细，在欧洲也很流行，被译成英、法等国文字。两人的著作对增进俄国，特别是西欧国家对东方的了解做出了很大贡献。莱布尼茨（Gottfried Wilhflm von Leibnis，1646—1716）和伏尔泰（Francois Voltaire，1694—1778）也都注意到了他们的笔记。曾任同文馆俄文教习的柏林（А. Ф. Попов，1828—1870）①将之节译为汉语，名曰《聘盟日记》。同治十一年由总理各国事务衙门编定的清档《觐事备查》首先将其收录其中。陈其元所著的《庸闲斋笔记》以及邓之诚的《骨董琐记》对义杰斯使华亦有记录。来新夏先生评曰：《庸闲斋笔记》"卷五《聘盟日记》条译载康熙三十一年俄使由通州至北京的日记，读之甚有趣味。当时的朝觐赐宴礼仪，禁城宫殿，御座设置，街市景物，新年风俗等等，均历历在目"②。北京师范学院俄语翻译组翻译了他们的作品集《俄国使团使华笔记（1692—1695）》，1980 年由商务印书馆出版。

---

① 汉语音译为"阿·费·波波夫"，汉名"柏林"，中国史籍中也称为"柏麟"，曾是第十四届俄国东正教驻北京传教团学生。
② 来新夏：《清人笔记随录(三)》，《中国典籍与文化》2004 年第 3 期。

从入境开始,义杰斯使团就受到了清朝政府的隆重接待。由于他愿意遵循清朝的外交礼节,因而得到康熙皇帝的恩遇,到达北京不到一星期就受到了召见,并得以亲自呈递国书,临行前再次蒙准觐见皇帝。在义杰斯的书中,对觐见皇帝过程的描写占了相当的篇幅,因为这也是这位大使最为得意的事情。他写道:"俄,传乎上殿。入门,见皇上已出上座。左右数人作乐,箫管悠扬,怡心悦耳。又十二人,似护驾仪仗,接执长柄金斧,上悬虎、豹各尾。""特撤御筵上烧鹅、烧猪、烧羊赐我。内羊肉异常香美。随又赐果数盘。已,又赐茶,此茶奶油和面,所做如西洋之噶霏(即咖啡——笔者注)(如茶者)。余只领惟谨。"[1] 与斯帕法里的满纸抱怨不同,从中国的风景、建筑、舟楫、丝绸、服装到皇家的美味珍馐,义杰斯对中国的许多事物都赞不绝口。

如同斯帕法里一样,义杰斯选择的路线是东路,经过中国东北地区,所以对那里居住的少数民族的风俗习惯进行了比较详细的记录。他对达斡尔人所信奉的萨满教,特别是萨满法师作法的过程进行了绘声绘色的描述:"午夜时分邻人们常常聚集在一起,有男也有女;其中一人往地上一躺,挺直身子,站在周围的人立刻同声发出可怕的号叫,另一些人则敲鼓。一时间号叫声此起彼伏,持续两个小时,直到躺在地上的那人鬼神附体。在长时间号叫后,他站起来,告诉人们他到了哪里,看见了和听到了什么。"对于中国的饮食习惯,他也描写得惟妙惟肖:"席上有美味的汤、蔬菜、热菜、甜菜,最后是各种甜点心和中国水果。""我们互相鼓励,尝尝这最后一道菜,但不管我们怎样使劲,小面条总是进不了嘴。只有侍读学士的两位笔帖式有吃这玩艺的经验,他们很快把小面条塞进嘴里,津津有味地吃着,这使我们感到很有趣。他们吃饭不用刀叉,而用两根骨制的筷子。他们用筷子夹住面条,把浅碗端到嘴边,很快把面条塞满一嘴……中国人用以代替刀叉的筷子很细,有一拃长,一般用乌木、象牙和其他硬质材料

---

[1] 中国第一历史档案馆:《康熙三十二年俄罗斯商人义迷思〈聘盟日记〉》,《历史档案》2004年第4期。

做成。筷子接触食物的一端有金或银的包头。中国人用这种筷子能很快把任何食物送入口中,从不弄脏手指。"①

与前几位俄国使节相比,义杰斯在记录来华途中见闻的过程中,对各地独特的文化习俗给予了特别的重视,其对我国东北少数民族风情的介绍成为我国民族学研究的重要资料。

第三节 穿越茫茫戈壁,领略华夏神奇

在蒙元时期中国空前开放的背景下,西方基督教世界努力向包括中国在内的亚洲国家传教,期望扩大势力范围,在与伊斯兰教的抗衡中取得胜利。因此,从西方而来的使者、商人、僧侣以及旅行家不绝于道。他们中的许多人回国后将在中国的见闻以及他们眼中的中国形象以"行纪"方式传播到了西方。柏朗嘉宾的《柏朗嘉宾蒙古行纪》、鲁布鲁克(William of Rubruk,1215—1270)的《出使蒙古记》、马可·波罗(Marco Polo,1254—1324)的《马可·波罗游记》是这一时期的代表性作品。随着地理大发现,葡萄牙人和西班牙人又从海上而来,托皮雷(Thomé Pires,约1465—1524)、高母羡(Juan Cobo,?—1592)、门多萨(Juan González de Mondoza,1545—1618)等奥古斯汀会士以及多明我会士也完成了一系列有关中国的描述性书籍,其中最负盛名的是门多萨根据第二手材料编写的《中华大帝国史》,因而"西班牙人在前汉学时期取得了最高成就",② 这证明西方世界比俄国提前进入前汉学时期。对于西方来说,这是一个发现新世界的时代,也是开始对东方国家进行殖民主义掠夺的时期。与此同时,一批批欧

---

① [荷]伊台斯、[德]勃兰德著:《俄国使团使华笔记(1692—1695)》,北京师范学院俄语翻译组译,商务印书馆,1980年,第169、168、173页。
② 计翔翔:《十七世纪中期汉学著作研究——以曾德昭〈大中国志〉和安文思〈中国新志〉为中心》,上海古籍出版社,2002年,第18页。

洲传教士来华，中西间的文化交流、冲突、对话自此发端。耶稣会士为了"传播上帝的福音"纷纷来华，掀起了自唐代景教和元代也里可温教之后第三次蔚为壮观的传教高潮。从利玛窦（Matteo Ricci，1552—1610）开始，耶稣会士采取了一种与中华传统文化调和的传教策略，不但努力学习中国语言，同时还深刻钻研儒家思想，于无意中开创了西方汉学的先河，促使西方汉学进入"古典汉学时期"或"传教士阶段"。

而此时偏居一隅的俄国，在留里克王朝终结以后，国内贵族之间相互倾轧，政局极度混乱，波兰乘虚而入，一度占领莫斯科。1613年，在莫斯科召开的缙绅会议选举大贵族米哈伊尔·费奥多罗维奇·罗曼诺夫（Михаил Федорович Романов，1596—1645）为沙皇，从此开始了罗曼诺夫王朝统治时期。17世纪中叶以后，由于政局相对稳定，俄国经济开始复苏，国内各地区贸易联系日益加强，全俄统一市场初步形成。同时，对外贸易也逐渐扩大，同英、荷、德都建立了贸易关系，同东方的贸易给沙俄政府带来了可观的收益。此时，西伯利亚毛皮成为俄国对外贸易主要商品和国库收入的主要来源之一。为了掠夺更多的珍贵毛皮资源，沙皇俄国开始向西伯利亚方向大举推进，"从北亚的西边急驰到东缘，硬是把它的边界划到了统治千年古国的清朝皇族祖地的门前"。① 与此同时，俄国政府不断派出使团和商队，穿过茫茫戈壁来到北京，以期与清政府建立稳定的贸易联系。

俄国是随着向东方的逐步扩张和与中国通商而开始了解和研究中国的。在17世纪以前，俄国对中国的认识极为有限，因为听说中国为砖墙所环绕，所以判断其领土应该不大，而其他方面的信息更是少之又少。圣彼得堡皇家科学院院士、著名蒙古和中亚民族史教授巴尔托尔德在《欧洲与俄国的东方研究史》一书中认为俄国人起初最想知道的是"中国在什么地方、如何富庶以及是否有利可图"。② 从俄国政

---

① 林军：《中苏关系（1689—1989）》，黑龙江教育出版社，1989年，第15页。
② Бартольд В. В. История изучения Востока в Европе и России.（Курс лекций）. 2-е изд. Л.，1925. С. 187.

府给出使中国的使节的指令中可以看出俄国政府及商人对中俄贸易的关注程度。在给巴伊科夫的指示中，沙皇政府要求他了解贸易方面的情报，比如中国人需要什么样的商品、俄国人应该带什么货物去交易、中国的水陆交通运输等。这说明是现实的经济利益促使俄国努力要同中国建立贸易关系，俄国政府开始有意识、有目地收集有关中国的消息，探索前往中国的道路，了解中国的历史、地理及政治体制。

俄国使节的报告不似西方前汉学时期的作品那样属于个性化的创作或者对旅行的口头陈述，而是按照临行前沙皇政府所制定的详细指令而做的日志，作品的最终形式大都是写给政府或沙皇的报告，与西方前汉学时期的游记有较大区别。从内容上来看，俄国使节关注的重点乃是前往中国的道路、物产和风土民情，目的是与清朝建立稳定的外交关系及贸易联系，以期获得最大的利润。这些报告无一例外用很大的篇幅记录了前往中国途中的地理、景物以及城市防卫和商业情况。由于他们来华道路主要经过的是蒙古和满洲地区，所以对这些地区的介绍尤为详尽，而对汉人居住地区的描述则比较简略。尽管他们在北京居留的时间都比较短，且在行动上受到一定限制，但仍然目睹了明末清初中国社会的现实，对中国的风土民情进行了最初的描述，记录了俄国人对中国国家以及人民的最初印象。这些报告中包含了有关中国的丰富信息，如果能像西方前汉学时期的著作那样广泛流传，必然有力地促进俄国社会和民众对中国的认识。但遗憾的是，由于使节报告都属政府文件，具有国家机密的性质，在提交沙皇或政府有关部门之后，往往被尘封于档案之中。因此，就对社会的影响力而言，远不及西方旅行家们的游记。然而这些文件却在俄国公布之前就已流传到国外，并被翻译成数种欧洲语言广为流传。特别是俄国使节们在他们的作品中详细描绘了通过西伯利亚和蒙古前往中国的道路，引起了冒葬身鱼腹之险东来的欧洲人的强烈兴趣，"从而成为地理大发现时代的一个响亮的回声"。[①] 这样就产生了一种奇特的现象，即俄国使

[①] 忻剑飞：《世界的中国观——近二千年来世界对中国的认识史纲》，学林出版社，1991年，第304页。

节的报告首先在欧洲产生了影响，直到几十年甚至上百年之后才在俄国发表。即使被发表，在俄国残酷的农奴制度之下，民众的识字率非常低，读者也十分有限，使节报告影响之微自不待言。

这些使节报告或笔记，除却地理意义上的描述之外，真正涉及中国文化（特别是汉人聚居区的中原文化）的内容极为有限。对中国文化着墨较多的是义杰斯。从几位俄国使节的报告内容可以看出，随着时间的推移，他们对中国文化现象的认识变得愈来愈清晰。然而，俄国来华使节作为对中国进行最早描述的主体几乎都不懂汉语，作为交流中介的蒙古语通事受文化水平所限，也难以在俄国人与中国人的交往中充分地履行其使命。因此，他们遗留下来的著作大都是沿途见闻和对事件的一般性描述。语言上的障碍使他们在许多问题的判断和认识上存在明显的错误。就连斯帕法里这位饱学之士，即使有耶稣会士南怀仁担任翻译，还是将皇宫里的"龙"的图案误认为"蛇"。此外，由于来华使节所肩负使命的差别以及个人学识和兴趣的不同，报告的水平和价值也不尽一样。在这些报告中，斯帕法里的报告记录了他与清政府外交交涉的全部过程。由于他在递交国书礼仪上与清廷发生长时间争执，被禁止在馆驿外自由行动，因而对北京民众的生活几乎未加描绘。而义杰斯不仅描绘了沿途风情，而且对中国东北地区的文化给予了详细的描述。

17世纪俄国来华使团大都在贸易方面取得成功。彼特林来华时便肩负为俄国政府采办货物的任务，巴伊科夫一行在北京逗留了半年，在贸易上获得了丰厚的收益。回国后，他宣扬中国的富有，强化了俄国人与中国贸易的愿望。《尼布楚条约》签订以后，迅速形成了以北京为重要交易地、以俄方商队单方面来华为特征的中俄贸易热潮。中国史籍称这一时期的中俄商队贸易为"京师互市"。参加"京师互市"的俄国商队既有官营，也有私办，有单纯的商队，也有的集外交、贸易等使命于一身。"1697年以前，每年都有俄国商队到京，有时甚至不止一支商队，但其中大多是私人商队。1698年，俄国政府为排除私商竞争，独揽对华贸易之利，下令禁止私人商队来华，而由国家商队垄断'京师互市'。此后20年间，共有10支俄国国家商队来京。"随使团或单独来华的商队在北京出售毛皮等物,把中国的丝绸、瓷器、漆器、棉布等物运回俄国,将中国的物质文明传播到了俄国。此外,他们在北京经商期间,"有机会接触各个阶层的中国人,可以亲身体会中国文化的方方面面,他们必定会把自己在这个新奇国度的耳闻目睹,以各种不同的方式告之于自己的同胞"。① 这样,俄国民众通过购买和使用中国的商品,与中国文化的载体有了直接的接触,加上商人们的描述,头脑中自然产生了对中国文化的最初印象。

此外,无论是彼特林、巴伊科夫,还是斯帕法里、义杰斯,都在与清政府交涉中遇到了礼仪上的冲突。从彼特林因为没有携带给万历皇帝的贡品而被拒绝觐见,巴伊科夫带了礼品却又拒不叩头而被遣返,到斯帕法里在递交国书和觐见皇帝礼仪方面与清朝官员的交涉,义杰斯与清朝官员就国书中两国皇帝名号次序之争,无不反映了中俄两个民族在初期直接接触时产生的文化冲突。俄国政府在给这些使节的指令中,对他们在与清廷交涉中的礼仪设想了多种可能并做了严格的规定,如若巴伊科夫被要求去亲吻清帝的脚,必须予以拒绝,但如被要求亲吻清帝的手,则可答应。这一方面反映了俄国对外交礼仪的重视,尽可能地在形式上维护沙皇的荣誉,同时也说明当时俄国对大清帝国的各方面情况隔膜无知。中俄在外交礼仪上的隔膜主要有四:一是国书的呈递方式,二是觐见清帝的跪拜仪式,三是代表俄皇接受清帝赠物的方式,四是中俄两国国书的形式及内容问题。② 一方期望按照欧洲的外交礼仪与中国进行不辱国格的平等交往,而另一方则坚持按照本民族的文化传统要求对方仿效所有来京进贡的藩属,向天朝大国的皇帝下跪效忠。在这种文化的冲突中,双方对对方文化的认知程度由相互隔膜到开始相互理解,并逐步加深,最终做出了妥协。

无论如何,我们都不能否认俄国早期来华使团在中俄文化交流史

---

① 宿丰林:《十七八世纪俄国来华商队对中国文化的传播》,《西伯利亚研究》2001年第6期。
② 王开玺:《略论十七世纪中俄外交礼仪之争与两国关系》,《黄河科技大学学报》2000年第2期。

上做出的贡献。除了他们撰写的使节报告对中国知识的传播发挥了作用之外，随使团来华的商队、京师互市甚至两国在外交礼仪上的争执同样对中俄两国的相互认识起到了促进作用。

　　总之，17世纪，俄国沙皇政府为了探索前往中国的陆路通道，在经济利益的驱动下迫切希望同中国建立稳定的贸易联系，不断派出使团、商队。虽然这些使团所承担的都是外交或商业使命，而且也大都未能完全达到预期目的，但却为俄国乃至欧洲带回了有关中国的第一手资料。他们所撰写的使节报告或旅行日记很快被欧洲学界认可并译成了各种文字，在一定程度上促进了世界汉学的发展。如果从俄国汉学史的角度考察，可以发现俄国在这一时期基本上处于中国信息的积累时期，远未达到从事汉学研究的程度。早期俄国使团和商队对中国的了解基本上是"走马观花"式的，对中国的描述也停留在表面，对中国思想文化内容反映较少。然而，他们所积累的有关中国的信息构成了俄国汉学形成的土壤，促进了俄国汉学的萌芽。俄国政府在与中国政府的多次直接交往过程中也意识到了学习汉满语对于发展两国间政治和经济关系的重要性，促成了俄国早期汉学教育的发端。因此，我们可以将这一时期称为俄国汉学史上的前汉学时期，或称为俄国汉学的史前时期，当然，也可称为"使节报告时期"。

第二章

18 世纪：
俄国汉学之肇始

  1715 年，经清政府许可，俄国派遣传教团来京，为镶黄旗俄罗斯佐领主持圣事。而后《恰克图条约》又规定允许俄国政府同时可以派遣学生来华学习中国语言和文化，俄国传教团自此成为俄国汉学家的摇篮。大批西方学者被邀请到圣彼得堡皇家科学院工作，拉开了俄国从西方引进东方学的序幕，其中也包括汉学。在"中国风"的吹拂下，俄国社会对中国事物更加关注。由传教团培养的俄国第一批汉学家在俄国进行了史无前例的满汉经典翻译，并且尝试开展满汉语教学，以适应中俄两国外交及贸易关系发展的实际需求。俄国皇家科学院图书馆购置汉、满、蒙古、藏文典籍，开俄国中国图书收藏之先河。所有这些因素都对俄国汉学的诞生产生了明显的推动作用。

第一节　俄罗斯馆

  "俄罗斯馆"是时人对俄国东正教驻北京传教团的称呼，屡见于我国清代文献之中。1715 年经康熙皇帝准允，俄国派遣以修士大司祭伊腊离宛（Илларион Лежайский，1657—1717）为领班的第一届俄国东正教驻北京传教团来华，为雅克萨战役后被俘获到北京的俄国军士提供宗教服务。1727年中俄签订的《恰克图条约》从法律上规定俄国可派传教团来华，同时还可选送一定数量学生来华学习满汉语言。在1917年前的约两个世纪中，俄国共派遣了18届传教团。由于东正教所具有的特殊性质，传教团不仅接受圣务院的领导，而且受沙皇政府的直接控制和圣彼得堡皇家科学院的指导，是一个兼有多重职能的机构。俄罗斯馆名义上只是一个宗教组织，但直到1861年俄国在中国建立公使馆之前，事实上却是俄国的驻华外交机构。在中俄关系史上，特别是在两次鸦片战争期间，俄罗斯馆曾扮演过极为重要的角色，成为俄国侵华政策的得力帮凶。同时，它也是一个科学研究机构，除收集有关中国政治、经济、社会和军事情报之外，传教团成员还受命对中国历史、地理、宗教和哲学等文化领域进行研究。在200年的时间里，传教团成员中涌现出大批杰出的汉学家：罗索欣（第二届）、列昂季耶夫（第三届）、阿加福诺夫（А. С. Агафонов，约1734—1794）（第六届）、安·弗拉德金（А. Г. Владыкин，1761—1811）（第七届）、利波夫措夫（第八届）、格里鲍夫斯基（Софроний Грибовский,？—1814）（第八届）、比丘林（第九届）、卡缅斯基（第八届和第十届）、列昂季耶夫斯基（第十届）、西维洛夫（第十届）、沃伊采霍夫斯基（第十届）、克雷姆斯基（К. Г. Крымский，1796—1861）①（第十届）、罗佐夫（Г. М. Розов，1808—1853）（第十一届）、奥·科瓦列夫斯基（第十一届）、王西里（第十二届）、巴拉第（第十二届、第十三届和第十五届）、杂哈劳（第十二届）、孔气（第十三届）、孟第（第十四届）、固礼（Г. П. Карпов，1814—1882）②（第十二届和第十四届）、伊萨亚（Исайя Поликин，1833—1871）（第十四届和第十五

---

① 中国史籍中称之为"克哩木萨奇"。
② 汉语音译为"卡尔波夫"，法号为固礼(Гурий)，中国史籍中称之为"固礼""固理"或"固里"，汉文著作署名为"固尔利乙"和"固喇乙"等。

届)、法剌韦昂 (Флавиан Городецкий, 1840—1915)[①] (第十五届和第十六届)、英诺肯提乙 (Иннокентий Фигуровский, 1863—1931) (第十八届) 等。其中罗索欣被誉为"俄国汉学第一人",比丘林是公认的俄国汉学奠基人,巴拉第以其《汉俄合璧韵编》享誉欧洲汉学界,王西里缔造了俄国第一个汉学学派。他们的著述促进了俄国汉学的发展,同时也引起欧洲汉学界的重视,许多被译成欧洲文字。他们在不同的汉学研究领域取得了突出成就,对中俄两国人民的相互了解和文化交流产生了积极作用。俄罗斯馆不仅培养了灿若群星的学者,更为俄国汉学教育的建立和发展做出了重大贡献。喀山大学 1833 年建立的蒙古语教研室、1837 年建立的汉语教研室以及 1844 年开设满语课程的教授都曾是俄罗斯馆的成员。而后建立的圣彼得堡大学东方语言系汉满语专业的大部分师资也渊源于此。19 世纪 30 年代以前,俄罗斯馆更是俄国汉学人才的唯一培养基地,是名副其实的俄国汉学的摇篮。

基辅罗斯最初信奉多神教。公元 988 年,弗拉基米尔 (Владимир Святославич, ?—1015) 大公下令将基辅居民赶下第聂伯河,由他的皇后、拜占庭公主带来的神父进行洗礼,俄国人从此皈依了基督教。当基督教在 1054 年分裂为天主教和东正教之后,基辅罗斯归属以拜占庭为代表的东正教一派。1453 年,土耳其灭亡了拜占庭,俄国东正教会便自命为东正教的首领。自 17 世纪开始,随着俄国哥萨克的东进和对西伯利亚的武装占领,俄国东正教势力也逐步向远东地区扩张。1649—1652 年间,哈巴罗夫 (Е. П. Хабаров, 1610—1667) 率领军队进入我国黑龙江地区。1665 年,以被流放的波兰人切尔尼戈夫斯基 (Никифор Черниговский) 为首的一伙哥萨克占领了位于黑龙江中游的雅克萨,修筑起俄国文献中称为阿尔巴津的城堡。与此同时,随军同来的叶尔莫根 (Гермоген) 修士修建了一座"主复活教

[①] 汉语音译为"戈罗杰茨基",法号为弗拉维安(Флавиан)。此处依其当年在汉译经书上的署名,参见 Яхонтов К. С. Китайские и маньчжурские книги в Иркутске. СПб. ,1994. С. 68.

堂"和一座"仁慈救世主修道院"。从这里可以看出，东正教是伴随沙俄政府非法侵入中国领土，强占雅克萨而传入中国的。这些哥萨克烧杀抢掠，无所不为，激起我边民的极大愤慨，挑起了中俄两国边界纠纷。为了捍卫中国的主权与领土完整，康熙皇帝在17世纪80年代两次出兵雅克萨，收复了失地，拔除或焚毁了侵略者在中国领土上建立的据点、教堂和修道院。清军同时俘虏了近百名俄国军士，其中有45人被押解到北京。一位名叫列昂节夫（Максим Леонтьев，? — 1712）的东正教神父随身带来了尼古拉圣像。这些俄国战俘被编到八旗军镶黄旗满洲第四参领第十七佐领，驻守在北京东直门内胡家圈胡同。康熙皇帝对他们采取了极为宽容的政策，分别赐授正四品至正七品官衔，分发给土地、房屋和钱粮，刑部还将一些犯人的妻女配给他们成家立业。为了照顾他们的宗教习俗，朝廷将位于东直门的一处关帝庙赐给他们做祈祷之用，北京人称其为"罗刹庙"或"北馆"，俄国人自己称为"圣索菲亚教堂"或"圣尼古拉教堂"。康熙皇帝准许由列昂节夫主持宗教活动，同时还授给他七品官衔。列昂节夫作为东正教第一位来京长驻神父，在北京居住了20余年。

　　清政府的这些安置措施引起了俄国东正教教会的关注。1695年，俄国东正教教会托博尔斯克教区都主教伊格纳提（Игнатий）委托来华商队给列昂节夫神父送来一份承认北京东正教堂的证书，并指示他今后向中国百姓传授基督的正教信仰，在做弥撒的时候"请求上帝饶恕他的奴仆中国皇帝陛下，祝愿他长寿，子孙繁盛……因为这样他就能进入天国"。① 列昂节夫在北京的活动也引起了沙皇彼得一世的重视。1698年，他在一份有关北京东正教堂的奏折上批示道："此事甚好，为了上帝，要小心从事，不可鲁莽，以免激怒中国官僚和在当地经营多年的耶稣会士。我们为此需要的不是博学多才，而是熟谙世故

---

① Краткая история русской православной миссии в Китае, составленная по случаю исполнившегося в 1913 г. двухсотлетнего юбилея ее существования. Пекин, 1916. С. 15.

人情的神父，避免因傲慢而像在日本那样使我们的事业一败涂地。"①1700年，彼得一世特谕基辅都主教"选择一位善良、饱学和品行端正的人赴托博尔斯克担任都主教，以便他能在上帝的帮助之下使中国和西伯利亚那些崇拜偶像、愚昧无知、执迷不悟的生灵皈依真正的上帝。同时带上两个或者三个善良肯学且年轻的修士学习汉语和蒙古语……他们最好能在那座教堂（北京的圣尼古拉教堂——笔者注）居住和服务，以便用自己高尚的行为引导中国的皇帝、近臣以及全部人民参与那件神圣的事业，让那些成年累月随商队贸易和被派往境外的俄国人受到约束"。② 在每年来华的俄国商队当中，都有东正教传教士随行。1712年，列昂节夫因年迈而在北京去世。雅克萨战俘在很长一段时间里没有了司祭。他们上书彼得一世，要求派遣司祭来北京主持圣事。彼得一世派代表来中国，希望中国方面准许俄国派遣修士大司祭来北京接替已经去世的列昂节夫。康熙皇帝为了换取俄国同意中国使团假道俄国慰问位于伏尔加河下游的我土尔扈特部，准允了俄国沙皇的请求。这样，1713年，由俄国政府精心挑选，组成了以修士大司祭伊腊离宛为首的东正教传教团，有9名成员。1715年，第一届俄国东正教驻北京传教团来到北京，驻足北馆，受到了清朝政府的特别礼遇。

  1727年，中俄签订《恰克图条约》，俄国政府获得了向中国派出传教团的正式认可。其中第五条规定："京城之俄罗斯馆，嗣后惟俄罗斯人居住。其使臣萨瓦所欲建造之庙宇，令中国办理俄罗斯事务大臣在俄罗斯馆建造。现在京居住喇嘛一人，其又请增遣喇嘛三人之处，著照所请。俟遣来喇嘛三人到时，亦照前来喇嘛之例，给予盘费，令住此庙内。至俄罗斯等依本国风俗拜佛念经之处，毋庸禁止。再萨瓦所留在京学艺之学生四名，通晓俄罗斯、拉替努字话之二人，

---

① Петров В. П. Российская духовная миссия в Китае. Вашингтон, 1968. С. 17.
② Адоратский Н. Православная Миссия в Китае за 200 лет ея существования: Опыт церковно-исторического исследования по архивным документам. Вып. 1. Казань, 1887. С. 57-58.

令在此处居住,给予盘费养赡。"① 根据这个条约,清朝政府于1728年为俄国东正教传教团在北京东江米巷兴建了一座永久性东正教堂。随后,俄国传教士对教堂进行了宗教装饰并配置了必要的圣器,于1736年举行圣化仪式,命名为"奉献节教堂",即俄罗斯南馆。俄国东正教驻北京传教团随之由北馆迁入南馆。至此,俄国政府在北京建立东正教传教基地的愿望终于实现。

而由于俄国东正教依附于国家政权的特性,俄国驻北京传教团一直接受着俄国政府的领导。在北京建立教堂后,传教士们并未把主要精力放在传教和发展教徒方面,而是开始积极收集中国的各种情报。"它执行俄国政府的对华政策,其工作内容是对中国的政治、经济、文化进行全面的研究,并及时向俄国外交部报告中国政治生活中的重大事件。俄罗斯正教驻北京传教士团实际上是沙皇手中直接掌握的工具,它完全服务于俄罗斯帝国的利益。确切地说,它相当于俄国沙皇政府派驻中国的外交使团。"②

为了使驻北京传教团更好地完成其使命,俄国政府逐步提高派出人员的素质。起初几届传教团成员大都是来自各修道院的修士或神品中学的学生,文化素质低,没有进取心,许多人有酗酒的恶习,经常滋事,有时甚至还需理藩院协助维持秩序。自1807年起,开始从俄国大学或神学院选择优秀的大学生编入传教团。随着中俄交往的日益频繁,俄国对传教团的作用也越来越重视。俄国政府于1795年在俄罗斯馆开办了图书馆,并且允许传教团私聘教师,加强对传教团成员的教育。

1818年,沙皇政府进一步明确了驻北京传教团的使命,其任务"不是宗教活动,而是对中国的经济和文化进行全面研究,并应及时向俄国外交部报告中国政治生活的重大事件"。③ 从此,在每届传教团启程前,政府都会为其制定内容极其详细的指令。比如在给第十届传

---

① 王铁崖编:《中外旧约章汇编》第一册,三联书店,1982年,第11页。
② 佟洵:《试论东正教在北京的传播》,《北京联合大学学报》1999年第2期。
③ 蔡鸿生:《俄罗斯馆纪事》,广东人民出版社,1994年,第24页。

教团制定的指令中不仅规定了全团的职责,而且对每个成员在中国期间的任务做了非常具体的规定。指令规定领班须根据自己的意愿选择学习一门语言——汉语或者满语。司祭须研究中国的佛教和道教,并寻求反驳其的论据。教堂差役可以不学习汉语,而代之以藏语和梵文。4名学生的主要任务是学习汉语和满语,还要根据其所接受过的教育、愿望和能力分别学习其他课程。第一个学生学习中国的医学和自然史;第二个学生学习中国的数学、文学和哲学,重点研究儒学;第三个学生学习中国的历史、地理、统计和国家法律;第四个学生收集有关中国农业、农民家庭生活状况、耕作技术以及各种工艺技术情况。4名学生同时也是圣彼得堡皇家科学院、莫斯科自然学家学会、圣彼得堡矿物学会和自由经济学会的通讯员。此外,传教团还须根据资金情况为俄国图书馆收集中国书籍、地图、矿物以及可以引种到俄国的农作物种子。指令还规定要将中国"最有意思"的书籍翻译成俄语,并把圣彼得堡皇家科学院辞典翻译成汉语、满语和蒙古语,尽力为这些语言撰写语法。严厉禁止酗酒以及能够影响清政府对传教团态度的不体面行为发生。随团医生的职责是加强同当地居民的联系,可以为当地人种牛痘。[1] 这份指令在俄国驻北京传教团培养汉学家的历史上具有重要意义。特别是为学生制订的详细学习计划和在学习科目上的明确分工,对学生深入学习某一汉学学科知识,集中精力从事某一课题的钻研具有重大指导意义。其他成员也能够在指令的约束下学习一定的汉学知识。因此,俄国政府为第十届传教团制定的指令,尽管其目的是为俄国各有关部门收集各种情报,但实际上促成了传教团内汉学研究气氛的形成,将汉学研究作为每个成员必须完成的任务。

  从第十届开始,俄国政府向传教团成员提供了较以前更加优厚的待遇。医生和学生在前往中国之前都被授以官职,其官阶一般要比传教团其他成员高出一级,回国后则在原有官阶基础上再升迁一级,同时安排相应的工作职位。学生每月可从俄国政府领到500卢布的薪金,加上清政府提供的73.5卢布,在北京的衣食可确保无忧。回国

---

[1] Скачков П. Е. Очерки истории русского китаеведения. М. ,1977. С. 128－129.

后学生可以得到 500 卢布恩给金,其中两名成绩突出者可获得圣弗拉基米尔或圣安娜勋章,医生则每年可以得到 700 卢布的恩给金。这些措施在一定程度上打消了包括学生在内的传教团成员的后顾之忧。

由于沙皇政府的苦心经营,从第十届到第十四届,俄国驻北京传教团把更多的精力投入到中华语言的学习和汉学研究之中,造就了一大批汉学专才,对 19 世纪俄国民族汉学的空前发展起到了决定性作用。

1863 年 11 月 5 日,沙皇亚历山大二世(Александр II,1818—1881)下令改造俄国驻北京传教团,传播东正教成为其工作的核心内容。从此,传教团作为俄国汉学人才培养和研究中心的地位开始下降,为圣彼得堡大学所取代。

第二节 欧洲汉学之引进

18 世纪,俄国进入中国信息快速积累并开始对中国进行科学研究的时期。在这一进程当中,由彼得大帝亲手创办的圣彼得堡皇家科学院发挥了重要作用。拜耶尔在这里完成了其最重要的汉学论著《中文博览》[1]。帝俄科学院的语言学家、历史学家、天文学家、数学家都乐于就当时某些重要的学术问题与北京耶稣会士进行交流与合作。俄国在文化上的西化政策引发了欧洲学术著作和文学作品的俄译热,其中包括大量的耶稣会士作品及其他中国题材作品。

一、拜耶尔

德国汉学家拜耶尔是位享誉欧洲学术界的古代历史和文物专家,

---

[1] Gottlieb Siegfried Bayer. Museum sinicum. In quo sinicae linguae et littereturae ratio explicatur. T. I-II. St. -Pbg. ,1730.

在圣彼得堡生活的岁月中又在汉学领域成就斐然，不仅为俄国汉学的创立开辟了道路，同时也为早期世界汉学的发展做出了贡献。他是圣彼得堡皇家科学院第一个院士级别的汉学家，在俄国工作了12个年头。由于他是德国人，因而在某些俄国汉学史研究者眼中一直是"边缘人物"，对其学术成就未能给予足够的重视。这种现象显然不利于全面、客观地认识俄罗斯汉学的早期发展历史。

圣彼得堡皇家科学院成立伊始就设立了人文科学院士席位，其中对东方学研究给予了特别的关注。这固然与俄国地理位置和民族构成有关，同时也反映了沙皇重视东方研究的策略。早在科学院成立之前的1714年，彼得就创办了珍宝馆和陛下图书馆，收藏了大量有关东方的文物和抄本。在东方国家之中，他尤其重视对土耳其和中国两个国家的研究，曾经派遣德国人梅塞施密特（Д. Г. Мессершмидт, 1685—1735）考察西伯利亚，指示将其考察途中发现的抄本寄到巴黎法国科学院，请法国东方学家傅尔蒙（Etienne Fourmont, 1683—1745）翻译。[①] 1724年，珍宝馆和陛下图书馆的藏品都并入了圣彼得堡皇家科学院，使科学院成为俄国最早具备汉学研究条件的地方。18世纪20年代末，科学院印刷厂成立，出版了一系列研究东方的著作。

拜耶尔是圣彼得堡皇家科学院最早的成员之一。1694年1月6日，拜耶尔出生于德国柯尼斯堡的一个画家家庭，从小就表现出语言学习天赋和对神学的兴趣。父母将他送到一所古典中学学习，他出色地掌握了希腊文和拉丁文，并开始学习古犹太文。1710年，16岁的拜耶尔进入柯尼斯堡大学学习，同时在他原来学习的中学教授拉丁文等课程。1713年他接触到了一些关于中国的著作，由此对汉学产生了浓厚的兴趣，并决定学习汉语。与德国著名语言学家拉克罗兹（Mathurin Veyssière de Lacroze, 1661—1739）的相识，不仅使他可以就语言学问题当面求教，同时还获得了进入收藏有汉学书籍和手稿的柏林图书馆读书的机会。1715年，他完成了一篇研究《马太福音》中

[①] Рафиков А. Х. Изучение Востока в Петровскую эпоху//Страны и народы Востока. Вып. 17. кн. 3. М. ,1975.

耶稣临死前在十字架上说的最后一句话（"Eli, Eli, lema sabachtani?"——阿拉美亚语，意思是："我的神！我的神！为什么离弃我？"）的论文。他以这篇论文成功通过答辩并赢得一定名气，结识了当时的许多大学者，其中包括著名的"哥德巴赫猜想"的提出者哥德巴赫（Christian Goldbach，1690—1764）。在这些人的帮助下，他获得了奖学金，得以继续在柏林、哈雷和莱比锡求学。其间他认识了彼得一世派往欧洲办差的一个叫罗德（Роде）的人，从他那里学习了蒙古语和通古斯语。1716年，拜耶尔获得了学士学位，次年又获得硕士学位。从1718年起，拜耶尔进入柯尼斯堡市立图书馆工作，其间还当过一所中学的副校长和校长，撰写了多种有关普鲁士历史的著作。[1]

1725年11月，拜耶尔收到于1721年前往俄国的贝尔芬格（Georg Bernhard Bilfinger，1693—1750）的来信，信中介绍了圣彼得堡优良的学术条件。[2] 哥德巴赫也于1725年在圣彼得堡任职，他在影响拜耶尔赴俄方面也发挥了重要作用。再加上有关圣彼得堡皇家科学院丰厚条件的种种信息，最终促使拜耶尔做出了去圣彼得堡发展自己学术研究事业的决定。1725年底，拜耶尔接到圣彼得堡皇家科学院的正式邀请，他被建议在古代历史、东方语言和历史学三个研究室中做出选择，如果他愿意，也可以担任专为沙皇叶卡捷琳娜一世（Екатерина I，1684—1727）本人服务的历史学家。他最终选择了古代历史和东方语言作为他未来的研究领域。12月3日，他与俄方签订了合同。按照合同规定，他在圣彼得堡皇家科学院的年薪为600卢布，俄方须免费向他提供住房、供暖和照明。1726年2月，拜耶尔举家来到圣彼得堡，成为圣彼得堡皇家科学院的院士。他对俄国政府所提供的待遇非常满足，并对圣彼得堡的藏书甚感满意。[3] 他在继续研

---

[1] Фролов Э. Д. Русская наука об античности: Историографические очерки. СПб., 1999. С. 63.

[2] Копелевич Ю. Х. "Рай для ученых"（о судьбах первых российских академиков）// Вопросы истории естествознания и техники. 1999. №1.

[3] Копелевич Ю. Х. "Рай для ученых"（о судьбах первых российских академиков）// Вопросы истории естествознания и техники. 1999. №1.

究古代历史的同时，还开始研究俄罗斯的早期历史，被认为是诺曼理论的奠基者。与此同时，他投入了很大的精力学习和研究东方语言，并在最后几年将汉语作为最重要的研究对象。正如俄学者所言："他在俄罗斯的主要的研究对象是东方语言，特别是汉语，其次是俄罗斯古代史和古希腊罗马文化。"① 1730 年，他出版了汉学著作《中文博览》。1738 年 2 月 10 日，拜耶尔病逝于圣彼得堡。

1. 早期汉学探索

自欧洲传教士踏上中国土地，便开始了认识、学习和研究汉语的过程。特别是在欧洲早期汉学史上，汉语一直是非常热门的研究课题。汉语繁难的笔画成为欧洲人学习的最大障碍，很多汉学家在编写字典的同时，积极探求汉字结构，期望能找到一种快捷的学习方式。在 17 世纪的德国，有一位叫阿·米勒（Adreas Muller，1630—1694）的东方学家，自小表现出了语言天赋，后来学习神学和近东语言。他曾利用柏林收藏的有关中国的图书编写了一些介绍中国的书籍和文章。1672 年，他根据基尔歇（Athanasius Kircher，1602—1680）的《中国图说》，编写了介绍西安大秦景教流行中国碑的著作——《中国碑刻》。1674 年，他声称发现了一种前所未有的中文学习方法，即所谓的"中文之钥"，表示一旦有人出资赞助，将立即公布于世。此说曾经引起学术界的轰动，莱布尼茨表现出浓厚兴趣，但也有许多人表示怀疑，甚至质疑他的学说是否亵渎了上帝。由于没有人愿意为阿·米勒提供经费，人们最终无法得见他的研究成果，手稿在他死后也不知去向，其发明的"中文之钥"成为不解之谜。阿·米勒严守"秘密"，勾起了许多人的遐想，也促使另一位汉学家继续寻找那把失却的"金钥匙"，他就是门泽尔（Christian Mentzel，1622—1701）。他本来是位医生，60 岁的时候才开始学习中文，但很快就完成了两本汉学著作，一本是《拉丁—中文词典》，另一本是《古今中国帝王年

---

① Фролов Э. Д. Русская наука об античности: Историографические очерки. СПб., 1999. С. 65.

表》。遗憾的是，门泽尔真正探索汉字结构规律的著作却由于缺乏汉字字模而只出版了前言部分。他根据明代梅膺祚的《字汇》和张自烈的《正字通》，以线条的数目和点的形式为基础，认为汉字由一定数量的偏旁部首组成。现代学者认为，门泽尔在某种程度上已经领悟到了汉字的奥秘。

拜耶尔在对中国历史语言发生兴趣后，曾仔细研究了阿·米勒、门泽尔和阳玛诺（Emmanuel Diaz Junior，1574—1659）等人的著作和手稿。他结合自己对宗教问题的研究，于1718年出版了第一本汉学著作——《中国日食》。此书主要讨论的是《圣经》中记载的耶稣遇难时的太阳无光、大地变黑现象是否就是中国典籍《通鉴纲目》中记载的发生在汉武帝时期的那次日食。通过研究，拜耶尔认为耶稣遇难时的场面，与中国汉代发生的日食在时间上并不吻合，只是由于耶稣会士们对汉语的一知半解以及牵强附会才导致了这个谬误的产生。在书的后面，拜耶尔还谈到了汉语语法，但还很不成熟，科学价值不大。①

2. 圣彼得堡期间的汉学研究

从1726年2月到1738年2月，拜耶尔在圣彼得堡主要从事了两个方面的研究，一是古代历史，这既是他的专长，也是他这个古代文物院士应该从事的领域。二是汉语以及中国文化。经过艰苦探索，他终于取得了显著的成绩，并成为欧洲汉学的先驱。

拜耶尔的《中文博览》包括前言和两卷正文。前言篇幅很长，详细回顾和分析了欧洲汉学所走过的历程，介绍了欧洲汉学发展史上重要人物和重要著作。他认为，欧洲汉学经历了两个发展阶段。第一个阶段为元代时期，也称使节时期，代表人物有柏朗嘉宾、鲁布鲁克和马可·波罗。柏朗嘉宾为意大利人，于1245年受教皇英诺森四世（Innocent IV，1243—1254年在位）派遣来华谒见贵由汗，回国后撰有《柏朗嘉宾蒙古行纪》。1253年，鲁布鲁克受法国路易九世（Louis

---

① 张国刚等：《明清传教士与欧洲汉学》，中国社会科学出版社，2001年，第23—26页。

IX，1226—1270）派遣出使蒙古汗廷，受到蒙哥汗接见，撰有《出使蒙古记》。意大利威尼斯商人马可·波罗于1275年来到中国，曾在元朝宫廷和外省担任重要官职，足迹遍及中国大部分省区，回国后在监狱中口述，由别人代笔写成著名的《马可·波罗游记》。拜耶尔认为，这些书籍大多描写中国地理和见闻，还没有对中国文化进行思考和研究，所以属于欧洲汉学的序幕时期。拜耶尔将葡萄牙传教士沙勿略（Francisco Javier，1506—1552）企图登陆中国而不幸去世的1552年作为欧洲汉学第二个阶段的开端。而后，西班牙奥古斯汀会士拉达（Martin de Rada，1533—1578）曾于1557年在中国获得100卷中文书籍并带到了菲律宾，后来又运回了欧洲。葡萄牙耶稣会士曾德昭（Alvare de Semedo，1585—1658）于1640—1642年在西班牙的马德里出版了《大中国志》。意大利耶稣会士卫匡国1654年从中国回到欧洲，1655年在阿姆斯特丹出版了附有当时被认为是欧洲最准确、最完备中国地图的《中国新图》。而后又有卜弥格（P. Michael Boym，1612—1659）和柏应理（Philippe Couplet，1623—1693）将中国的《大秦景教流行中国碑》拓片和许多其他图书带到欧洲。基尔歇、门泽尔和傅尔蒙对中国象形文字进行了可贵的探索。①

《中文博览》第一卷讲的是汉文文法。拜耶尔继承了卫匡国和柏应理的语法研究成果，借鉴了拉丁语的语法模式，对汉语进行了词类分解。拜耶尔对中国文学所知甚少，在这一部分中，他主要介绍了中国文字的书写和印刷方式，指出中国哲学著作语言具有简洁明快的特点。在第二卷中包括了他编写的一部由44个表格构成的简单的中文拉丁文字典以及一些中文文本的选读。拜耶尔用以编写字典的材料主要来源于阳玛诺编写的词汇表、门泽尔遗留的手稿以及大秦景教碑上的文字。他辑录了殷铎泽（Prospero Intorcetta，1625—1696）写的孔子生平，刊印了《大学》和《小儿论》的汉文文本和译文。冯维辛（Д. И. Фонвизин，1745—1792）在介绍自己的《大学》译本时曾对

---

① Lundbaek, Knud. T. S. Bayer(1694 - 1738): Pioneer Sinologist, Curzon Press, 1986, P. 39 - 101.

拜耶尔的译文给予了肯定："圣彼得堡院士拜耶尔首次刊印了汉语拉丁语著作，将《大学》收录进《中文博览》。拜耶尔从自 18 世纪就居住于北京的法国耶稣会士那里获得了汉语文本。译文受到了德国学术界的肯定，读者面不大。但是，这位圣彼得堡的院士做出了无可置疑的贡献，因为正是他首先将这部作品翻译成了欧洲学者所能理解的文字。"① 他还编写了中国帝王年号和官职名称表，介绍了中国的度量衡和纪年方式。从这本书可以看出，拜耶尔的中文研究有些凌乱，他的这部著作不是一部纯粹的汉语语言学著作，倒更像是一本包括了当时欧洲汉学研究成果的中国文化小百科，因此，拜耶尔称之为《中文博览》也算是名副其实。他自己称他编著《中文博览》的目的在于帮助未来的学者研究中国和汉语。② 该著作出版以后，很快就销售一空，但后来随着耶稣会士新的汉语论著的不断问世以及俄国第一批汉学家从驻北京传教团学成归来，拜耶尔的著作就没有机会再版了。

在对汉字的认识方面，拜耶尔基本上坚持了阿·米勒和门泽尔的观点，认为汉字在产生时其内部结构一定存在某种规律，但由于日久天长，人们渐渐淡忘了，现在该是重新发掘那种古老逻辑的时候了。关于汉字起源问题，他一反卫匡国等人所持的汉字来源于图画的说法，认为汉字来源于中国古老而神秘的符号，即《易经》中那些连着和断开的线。他设想汉字就是由这些笔画由简单到复杂，一级一级地构成的。他在书中一共列举了 9 个属于第一级的汉字："一"表示数字 1，"丨"表示上下联系，"ㄟ"表示潮湿，"亅"表示钩子、联系，"丿"表示最初的热，"丶"表示地位至上，居统治地位，"冂"表示侧面，"乚"也表示侧面，只是方向相反，"乙"表示一。当拜耶尔继续努力，期望将汉字纳入自己的构想时才发现，汉字的结构远不是他想象的那么简单。由于时代的局限以及他的学术背景影响，拜耶尔

---

① Фонвизин Д. И. Собрание сочинений в двух томах. Москва-Ленинград, 1959. С. 675.

② Пумпян Г. З., Федосеева М. В. Байер и русское востоковедение//Готлиб Зигфрид Байер-академик Петербургской Академии наук. СПб., 1996.

在汉语研究中试图寻找某种基督教的真理,认为汉字中蕴涵着对创世的记忆。他指出,女娲的"娲"字读音"Gua"与希伯来文中的"夏娃"一词发音相近。他进一步发挥说,"娲"字的右半边的意思是"咬",估计与夏娃吃禁果表达了同一件事情,换言之,女娲就是夏娃。这样,"他依然陷入了那个时代欧洲东方学家传统的窠臼,总是竭力去找寻解读汉语和中国文化这个神秘的泥沼后面的规律的那个'万能钥匙'"。①

同北京的耶稣会士的通信联系对拜耶尔的汉学研究产生了很大的推动作用,除了能与宋君荣、巴多明(Dominique Parrenin,1665—1741)、戴进贤(Ignace Kögler,1680—1746)、严嘉乐(Karel Slavicek,1678—1735)和徐懋德(André Pereira,1690—1743)等当时一流的汉学家就学术问题进行交流之外,他还可以不断得到他们赠送的中国书籍。1731年拜耶尔委托俄国商务专员郎喀(Лоренц Ланг,?—1746年后)给北京的耶稣会士带去了第一封信,并向他们赠送了自己的《中文博览》。1733年末,拜耶尔收到了戴进贤、严嘉乐和徐懋德的集体回信以及书籍、星象图和文房四宝等物。他们在信中首先对拜耶尔孜孜探索汉语奥秘的精神表示钦佩,同时提醒他中国文化博大精深,没有中国人或者长期在中国居住过的精通汉语的欧洲人指导,很难领悟汉语的真谛。赞赏之语的背后,实际上是对拜耶尔著作给予了否定。他们建议拜耶尔学习马若瑟(Joseph de Prémare,1666—1736)的《汉语札记》,告诫他不可以按照字典来学习语法。耶稣会士同时回答了拜耶尔的问题,内容涉及阴历闰年、汉语语法、汉字特点、麒麟、景教碑等。拜耶尔对汉语中"圣""西狩"以及"麒麟"的含义发生了浓厚兴趣。②巴多明在回信中坦言其对出自没有到过中国并且没有亲身感受过中国语言文字学者之手的著作从不置评。宋君荣在回信中肯定中国古籍中关于天文现象记载的可靠性,强调这些信息对欧

---

① 王海龙:《汉学的悲剧:西方汉学的回顾与反思》,《世界汉学》2003年第2期。
② [捷]卡雷尔·严嘉乐著:《中国来信(1716—1735)》,丛林、李梅译,大象出版社,2002年,第121—125页。

洲天文学家和历史学家具有重要意义。他尤其重视《周易》的天文学价值，并称自己正在翻译此书。到 1738 年拜耶尔去世，他一共给北京耶稣会士写了 14 封信，后者给他回信 18 封。在这些信中，拜耶尔与耶稣会士们就汉语语言学、中国历史、天文学、地理学等问题进行了详细的讨论，内容丰富，充分反映了欧洲汉学界最关注的研究对象，代表了欧洲汉学的最高水平。耶稣会士向拜耶尔赠送了许多汉籍。拜耶尔作为第一个与北京耶稣会士通信的圣彼得堡皇家科学院院士，带动了科学院其他学科的学者也同耶稣会士建立起通信联系。

在欧洲，拜耶尔的新著引起了学术界的兴趣，同时也遭到了一些学者的批评。1733 年，法国《学者报》上刊登了《中文博览》的概要。傅尔蒙在 1737 年出版的《论中国》中分析了拜耶尔的汉语语法观点，认为他没有指出汉字的读音和声调。其著作尽管篇幅庞大，但对读者而言却没有什么用处。[①] 对于傅尔蒙如此尖刻的批评，拜耶尔不仅欣然接受，而且丝毫没有影响他对前者的尊重。俄国汉学家比丘林在其为恰克图华文馆编写的《汉文启蒙》序言中称拜耶尔"对汉语结构的理解虽然不完整，但相当正确"，而在语法方面，其《中文博览》"作为欧洲的第一部这种性质的著作，无论在规则的总结上，还是在汉字的书写方面，都存在严重的不足"。[②] 除了学术意义之外，拜耶尔的《中文启蒙》还是欧洲第一部印刷有汉字、藏文和阿拉伯文的出版物，但当时只能刻板，还不能使用活字技术。[③]

完成《中文博览》之后，拜耶尔开始实施另一个宏大构想，编写一部大型的中拉词典，并付诸实施。在北京耶稣会士的帮助下，拜耶尔的词典编纂工作进展比较顺利，但可惜生前未能完成。词典手稿现存俄罗斯科学院东方文献研究所。原稿共 26 卷，后来遗失了 3 卷，

---

① Пумпян Г. З. , Федосеева М. В. Байер и русское востоковедение//Готлиб Зигфрид Байер-академик Петербургской Академии наук. СПб. ,1996.

② Бичурин Н. Я. Хань－вынь ци－мын. Китайская грамматика, сочиненная монахом Иакинфом. Пекин ,1908. C. VIII.

③ Чугуевский Л. И. Из истории издания восточных текстов в России в первой четверти XIX века//Страны и народы Востока. Вып. 11. M. ,1971.

现在只剩下23卷，每卷在110—376页之间。如果这部词典当时能够出版，其价值将超过《中文博览》，成为他对俄国以及欧洲汉学做出的最大贡献。拜耶尔编写这部词典时所参考的文献主要有巴多明的《汉语拉丁语词典》①、中国辞书《海篇》《字汇》以及阳玛诺编写的一部字典。② 1734年圣彼得堡皇家科学院大会曾讨论过该词典的出版问题，但限于当时的印刷水平，没有能够实现。

此外，拜耶尔利用北京寄来的材料，撰写了《论〈字汇〉》《论〈春秋〉》等研究文章。③ 拜耶尔对中国的现状也非常关注，他给先后6次前往中国的俄国商务专员郎喀提出了一系列问题，比如中国是否迫害基督徒、中国的新年是儒略历的哪一天等，请求后者解答。这些问题和答案至今还保存在俄罗斯科学院东方文献研究所的档案中。此外，拜耶尔的研究还涉及了蒙古学和满学问题，用拉丁文发表过《婆罗门文、唐古特文及蒙古文基本知识》《论满文》《卡尔梅克文入门》等。

1732年4月，为祝贺安娜（Анна Ивановна，1693—1740）女皇登基，清政府德新使团抵达圣彼得堡。6月6日，使团参观圣彼得堡皇家科学院，包括拜耶尔在内的许多院士都参加了接待工作，拜耶尔还用汉语与中国使团进行了交谈，将他的《中文博览》赠送给了中国客人。④ 这是他对中国文化和汉语苦苦思索了多年之后，第一次看到活生生的中国人，听到了活生生的汉语，从中国人言谈举止和衣着装

---

① 据费赖之所著《在华耶稣会士列传及书目》载，巴多明在北京曾将法国语言学家达内（Pierre Danet，1640—1709）之拉丁文词典译为汉语。达内曾经出版过两部词典，一为《拉丁高卢语词典》（初版于1673年），另一为《法文拉丁词典》（初版于1713年）。根据时间判断，巴多明所译者应为《拉丁高卢语词典》。
② Пан Т. А., Шаталов О. В. Архивные материалы по истории западноевропейского и российского китаеведения（К изданию работы В. П. Тарановича《Научная переписка Санкт-Петербургской Академии наук с иезуитами, проживавшими в Пекине в XVIII веке》. Санкт-Петербург-Воронеж, 2004. С. 56.
③ 郝镇华：《〈汉学先驱T. S. 巴耶尔〉简介》，《中国史研究动态》1987年第3期。
④ Радовский М. И. Посещение Петербургской академии наук китайскими гостями в 1732 г. //Из истории науки и техники в странах Востока. Вып. 2. 1961.

饰上体会了中华文明的魅力。他在 1734 年写给严嘉乐的信中说他曾经就一幅画的内容向中国使团秘书福卢（福禄）咨询。① 可以想象，这件事情对拜耶尔的汉学研究自有不同寻常的意义。

拜耶尔去世之后，圣彼得堡皇家科学院的汉学研究随之中断，一直到 1741 年罗索欣从中国学成归来后才又恢复。

拜耶尔是俄国汉学史上的一位特殊人物，是彼得大帝科学教育改革和西化的产物。长期以来，俄罗斯学术界对拜耶尔在俄国科学发展史上的地位众说纷纭。其中既有完全的否定，也有十足的肯定，当然也有一分为二，比较全面公允的评价。对拜耶尔等西欧科学家持完全否定态度的学者认为，彼得大帝全盘西化政策本身就有很多缺陷，而圣彼得堡皇家科学院也是一个早产儿，从国外聘请学者有损于俄罗斯民族的自尊心，况且，他们几乎都不懂俄文，也不愿意学习俄文，更谈不上用俄文撰写著作。同时，他们也没有很好地履行应尽的职责，没有为俄罗斯培养科学研究的接班人。斯卡奇科夫写道："他在圣彼得堡完成的中国研究著作对俄国汉学的发展未产生任何影响。"② 斯卡奇科夫还引用了普列汉诺夫（Г. В. Плеханов，1856—1918）的评价：被彼得一世请来的"那些学者，不是所有人都对科学怀有无私的热爱，也不全是真正的学者。他们自上而下地看待俄罗斯人，极力使后者依附于他们，把教育看成是他们的特权"。③ 斯卡奇科夫认为，拜耶尔在俄国所做的唯一有益的事情是用俄语在《对通报的历史、谱系及地理注释》上发表的文章以及他在《中文博览》中收录的比利时耶稣会士柏应理的文章，因为这些文章不仅体现了俄国政府对中国使团的重视，也满足了读者对"天朝"的兴趣。这种观点在苏联时期很有代表性，从其中不难感受到民族主义的痕迹。也有学者完全肯定德国科

---

① [捷]卡雷尔·严嘉乐著：《中国来信(1716—1735)》，丛林、李梅译，大象出版社，2002 年，第 136 页。
② Скачков П. Е. История изучения Китая в России в XVII и XVIII вв.// Международные связи России в XVII-XVIII вв. М. ,1966.
③ Скачков П. Е. Очерки истории русского китаеведения. М. ,1977. C. 54.

学家的作用，甚至断定他们是"俄罗斯科学的先驱"。① 维谢洛夫斯基在1864年科学院的一次大会上说："科学院从成立之日起就重视对东方的研究，其成员拜耶尔刻苦地研究了汉语、蒙古语、卡尔梅克语，甚至于藏语和古印度语。尽管这些著作从当今科学研究的角度看还存在许多缺憾，但无论如何都是我国对这些语言进行研究的绝佳文献。"② 这种观点遭到许多人的批评，认为抹杀了彼得时代之前俄国的科学成就。有的学者认为俄国从国外聘请学者还是非常必要的，对他们的成就给予了相对客观的评价。俄国历史专家别卡尔斯基（П. П. Пекарский，1827—1872）认为："对于一个不仅是教育，而且就连识字水平也很低的国家而言，在国家需要时不能产生几十位一流的学者，这没有什么好奇怪的，也不应损害到我们民族自尊心。""在被邀请到科学院工作的外国人中也有一些徒有虚名、无所事事的人和冒险家。这些远道而来的学者总是居高临下地对待他国，培养盲目效仿西方的风气。但在我们科学院聘请的学者中也不乏以其诚实的工作为俄罗斯做出巨大贡献者。"③ 塔拉诺维奇（В. П. Таранович，1874—1941）对拜耶尔的学术道路和汉学成就进行了研究，他为纪念拜耶尔逝世200周年撰写的论文《拜耶尔院士及其东方学著作》是俄罗斯第一篇拜耶尔东方学成就研究专论。这篇文章尽管没有发表，但却是拜耶尔研究的珍贵资料。塔拉诺维奇在总结了拜耶尔的东方学成就之后指出："拜耶尔最早为俄国包括汉语在内的东方语言理论研究奠定了基础，他对汉语给予了特别的关注。这种情况要求我们的东方学家，应该仔细研究拜耶尔东方科学发展史上的作用，就其在该领域的著作做出科学的评价。"④

---

① Фролов Э. Д. Русская наука об античности: Историографические очерки. СПб., 1999. С. 61.

② Пумпян Г. З., Федосеева М. В. Байер и русское востоковедение//Готлиб Зигфрид Байер-академик Петербургской Академии наук. СПб., 1996.

③ Фролов Э. Д. Русская наука об античности: Историографические очерки. СПб., 1999. С. 65.

④ Пумпян Г. З., Федосеева М. В. Байер и русское востоковедение//Готлиб Зигфрид Байер-академик Петербургской Академии наук. СПб., 1996.

笔者以为，在18世纪俄国落后的科学教育水平之下，俄国为快速提升自己的综合实力而引进西方的著名学者和先进的科学体制，不仅符合俄国的国情，更符合科学发展的规律。尽管他们受到某些俄罗斯学者的指责，但不应抹杀其对俄罗斯科学做出的重要贡献。拜耶尔作为当时圣彼得堡皇家科学院从事人文科学研究的学者，利用西方和北欧文献对俄罗斯历史进行了开创性研究，弥补了俄文文献的不足，为俄罗斯历史科学的发展做出了应有的贡献。他在引进欧洲汉学成就的同时，对东方语言，特别是对汉字构造规律进行了艰苦的探索，其著作为圣彼得堡皇家科学院赢得了世界声誉。他遗留下来的汉语词典手稿已经成为研究世界汉学史和圣彼得堡皇家科学院历史的重要资料。他与北京耶稣会士的通信和对中国文化的介绍促进了俄国社会对中国的了解。因此，拜耶尔应该在俄国汉学史上占有一席之地。

二、圣彼得堡皇家科学院与北京耶稣会士之交流

为了与西方列强争雄，彼得一世大力推行"西化"政策，在努力提高俄国军事实力的同时，非常注重引进西方的科学。17世纪至18世纪初期，各种科学研究机构在欧洲涌现出来，科学院成为继大学之后又一类型的研究基地。彼得一世在西方考察期间，不仅参观工厂、学习技术，同时也与欧洲的许多科研机构和知名科学家建立了个人联系。不久，彼得一世决定仿效西方某些国家的范例，在俄国建立自己的科学院，使其成为俄国的科学研究中心。为此，他曾征求过柏林科学院的创办人和院长莱布尼茨的意见，也曾咨询过霍尔大学（现马尔堡大学）教授克里斯蒂安·沃尔夫（Christian Wolff，1679—1754）。沃尔夫是当时具有世界知名度的学者，是莱布尼茨的学生和追随者，他在一封信中曾经将新建立的圣彼得堡皇家科学院称为"科学家乐园"。[①] 18世纪初期俄国科学发展非常落后，人才奇缺，尚不具备建

---

① Копелевич Ю. Х. "Рай для ученых"（о судьбах первых российских академиков）// Вопросы истории естествознания и техники. 1999. No1.

立科学院所需的一流人才。1721年，彼得派遣自己的图书管理员舒马赫（И. Д. Шумахер，1690—1761）前往法国、德国、荷兰和英国，考察那里的研究机构、大学、图书馆和博物馆，购买科学仪器及书籍，结识著名科学家并就邀请他们到俄国工作事宜进行洽商。在舒马赫决定聘请的第一批学者中，就有沃尔夫。后来由于俄方无力满足沃尔夫提出的条件而未果，但俄国努力振兴本国科学的决心给他留下了深刻的印象，他开始积极在欧洲为俄国物色有用之才。除了舒马赫以外，彼得的御医布鲁门托斯特（Л. Л. Блюментрост，1692—1755）在从国外邀请科学家方面也是一大功臣。他与许多欧洲学者保持书信联系。同时，俄国政府还在西欧国家的报纸上刊登广告，公开招聘赴俄工作的学者。俄国各界对彼得一世筹建科学院一事反映不一，有的叫好，有的认为时机不太适宜，因为很多计划在俄国当时的条件下很难实现，但彼得一世认为："……我先建磨坊，并下命令开始修运河。这会迫使我的后人把水引进已建成的磨坊。"① 彼得大帝的目的很明显，就是不管有多大困难，也要将科学院建立起来，即使他不能成功，后来的沙皇也将完成他的未竟事业。从1721年起，一些欧洲学者陆续来到俄国。1724年1月22日，彼得一世将布鲁门托斯特拟订的建立科学院的草案提交给了枢密院讨论。1725年，彼得去世。叶卡捷琳娜一世是年即位后，科学院正式开始运作，由舒马赫担任秘书。圣彼得堡皇家科学院为应邀来俄的西方学者（主要为德国学者）准备了很好的工作和生活条件。无论是有家眷的学者，还是单身汉，都得到了极好的安排。叶卡捷琳娜一世亲自接见了科学院成员。在以后的岁月里，西欧的科学家中很多人在俄国做出了巨大成绩。特别是数学家欧勒（Leonhard Euler，1707—1783）以及贝努利（Daniel Bernoulli，1700—1782）兄弟在力学、积分学、概率论等领域的成就使圣彼得堡皇家科学院在世界数学史上占有崇高的地位。

圣彼得堡皇家科学院的外籍学者们在来俄之前就小有名气，与欧

---

① [英]洛伦·R.格雷厄姆著：《俄罗斯和苏联科学简史》，叶式辉、黄一勤译，复旦大学出版社，2000年，第29页。

洲学术界联系密切。因此，科学院成立伊始就与欧洲各国的科研机构、大学以及各种科学学会建立了稳定的合作关系。实际上，尽管这些学者们在俄罗斯工作，但大都不用俄语写作，其学术研究始终是欧洲学术的有机组成部分。北京耶稣会士既是传教士，也是科学家，而且一直以翻译的身份活跃在中俄早期交往舞台上。斯帕法里、义杰斯、郎喀等使节来华期间与巴多明等耶稣会士建立了密切的联系。在中俄《尼布楚条约》谈判和签约过程中，徐日升和张诚作为翻译发挥了很重要的作用。俄国政府在给来华使节的训令中多次将与北京耶稣会士建立联系作为重要任务之一，有时不惜用重金收买。科学院的学者们熟知北京耶稣会士著作与书简对于欧洲历史、哲学、天文等学科的影响，对与耶稣会士建立学术联系抱有浓厚兴趣。自拜耶尔于1731年9月1日向北京发出第一封信之后，科学院的许多学者都与北京耶稣会士建立了书信联系。

圣彼得堡皇家科学院与北京耶稣会士的联系得到了俄国政府的支持。缅希科夫（А. Д. Меньшиков, 1673—1729）之后主导俄国内政外交的奥斯捷尔曼（А. И. Остерман, 1686—1747）不仅鼓励与北京耶稣会士通信，甚至还亲自写信，赢得了后者的信任。戴进贤、徐懋德和严嘉乐在联名给拜耶尔第一封信的回复中特别感谢了奥斯捷尔曼的关照和支持，称他为"学者们最大的资助人"。[1] 俄国来华使节、商队承担了往来书信的传递任务。但是，由于路途遥远，且没有规律，信件在途中往往要辗转很长时间才能到达收信人的手中。尽管如此，在大约50年的时间里，圣彼得堡科学院与北京耶稣会士至少通信145次，仅在圣彼得堡的档案之中，就保存着85封双方的来往信件。[2]

据俄罗斯学者塔拉诺维奇研究，除拜耶尔外，与北京有信件往

---

[1] [捷]卡雷尔·严嘉乐著：《中国来信（1716—1735）》，丛林、李梅译，大象出版社，2002年，第124页。

[2] Кулябко Е. С., Перельмутер И. А. Из научной переписки петербургских ученых XVII в.（обзор архивных материалов）//Страны и народы Востока. М., 1969. Вып. 8.

来的学者还有：天文学家德利尔（Joseph Nicholas Delisle〈Осип Николаевич Делиль〉，1688—1768）、医学家和动物学家德维诺（Johann Georg Duvernoy〈Иоанн Георг Дювернуа〉，1691—1759）、植物学家阿芒（Amman Johann〈Иоганн Амман〉，1707—1741）、物理学家黎赫曼（Richmann Georg Wilhelm〈Георг Вильгельм Рихман〉，1711—1753）、医学家兼物理学家克拉钦施泰因（Christian Gottlieb Kratzenstein〈Христиан Готлиб Кратценштейн〉，1723—1795）、植物学家赫本斯特雷特（Johann-Ernst Hebenstreit〈Иоганн Христиан Гебенштрейт〉，1703—1757）、物理学家齐格（Johann Ernst Zieger〈Иоганн Эрнст Цейгер〉，1720—1784）、1746—1765年间任科学院院长的拉祖莫夫斯基（Кирилл Григорьевич Разумовский，1728—1803）、历史学家格·米勒、动植物学家格梅林（Johann Georg Gmelin〈Иоганн Георг Гмелин〉，1709—1755）、地理学家克拉申尼科夫（Степан Петрович Крашенинников，1711—1755）等。与圣彼得堡科学院有书信和学术联系的北京耶稣会士有巴多明、戴进贤、严嘉乐、徐懋德、宋君荣、陈善策（Dominigue Pinheiro，1688—1748）、孙璋（Alxander De la Charme，1695—1767）、傅作霖（Da Rocha Felix，1713—1781）、刘松龄（Augustin de Hallerstein，1703—1774）、汤执中（Pierre D'Incarville，1706—1757）、魏继晋（Bahr P. Florian，1706—1771）、蒋友仁（Michael Benoist，1715—1774）、方守义（Dollières Jacques，1722—1780）、赵圣修（Louis des Roberts，1703—1760）、钱德明（J. J. M. Amiot，1718—1793）、韩国英（Pierre Marti Cibot，1727—1780）和金济时（Paul Jean Collas，1735—1781）等。[1] 从塔拉诺维奇整理的这个名单可以看出，圣彼得堡皇家科学院与北京耶稣会士的交流规模非常大。从信的内容来看，双方交流的领域也非常广泛，许多

---

[1] Пан Т. А., Шаталов О. В. Архивные материалы по истории западноевропейского и российского китаеведения (К изданию работы В. П. Тарановича 《Научная переписка Санкт-Петербургской Академии наук с иезуитами, проживавшими в Пекине в XVIII веке》). Санкт-Петербург-Воронеж, 2004. C. 50—51.

在当时属于学术前沿的问题在信中得到深入的讨论。圣彼得堡皇家科学院之所以有如此众多的自然科学学者乐于同耶稣会士保持学术联系,是因为后者中有许多人也是一流的自然科学研究者和译介者。

耶稣会士在北京钦天监担任的重要职务及其所从事的天文观测与舆图绘制工作早为欧洲学术界所知。法、德等国天文台一直与北京耶稣会士保持着密切联系并不断收到对方寄来的天文观测资料。法国著名天文学家德利尔在1725年应叶卡捷琳娜一世邀请来圣彼得堡之前就与北京的宋君荣联系密切。德利尔是圣彼得堡皇家科学院天文台的首任台长,他非常需要获得中国的天文数据。在北京,除了宋君荣以外,严嘉乐、戴进贤、徐懋德也是优秀的天文学家。德利尔在与他们的通信中就天文观测方法、数据和中国纪年等问题详加切磋。① 1747年德利尔离俄返法之后,科学院成员与北京耶稣会士的天文学通信曾经一度中断。1746年戴进贤卒,刘松龄奉旨补授钦天监监正。1754年,刘松龄利用圣彼得堡科学院医生叶拉契奇(Франц-Лука Елачич)随商队来京之际,委托他捎去给科学院成员的书信,双方的通信自此恢复。在圣彼得堡皇家科学院一方,与北京天文学家们展开学术交流的还有院长拉祖莫夫斯基和格·米勒等人。拉祖莫夫斯基对方守义关于金星凌日的观测记录尤为重视,并于1766年给方守义复信。18世纪70年代,主要由金济时进行与圣彼得堡皇家科学院的天文学交流。科学院其他学科的学者也对与耶稣会士的交流抱有热情。1734年郎喀来华前夕,植物学家阿芒、医学家和动物学家德维诺各自草拟了一个问题清单,希望北京耶稣会士给予解答。阿芒的问题包括大黄的采集、加工和使用方法,人参的生长环境与医疗用途,莫合烟在烧灼治疗中的使用,茶的采集与制作,中国南部樟树的外观与习性,天然与人工培植植物种子与标本,矿产、金属、颜料、毒药等。德维诺的问题主要有中国人是否解剖尸体,有无外科,动物种类与特点,中国人最长寿命是多少,老中青年饮食,有无遗传病等。而黎赫

---

① [捷]卡雷尔·严嘉乐著:《中国来信(1716—1735)》,丛林、李梅译,大象出版社,2002年,第138—141页。

曼将自己发明的电流测试仪器介绍给北京的耶稣会士。①

此外，图书交换也是双方交流的重要内容。从书信中我们获悉戴进贤、徐懋德、严嘉乐、方守义向拜耶尔和圣彼得堡皇家科学院赠送了多种重要的中国图书和天主教传教士作品，其中包括《律吕正义》《论语》《海篇》《字汇》《五经图解》《康熙字典》《五方元音》、巴多明的《汉语拉丁语词典》、南怀仁的《教要序论》、阳玛诺的《唐景教碑颂正诠》以及艾儒略（Jules Aleni，1582—1649）的著作。其他还有大秦景教流行中国碑帖、神兽麒麟图、《皇舆图》、南怀仁制造的地球仪以及文房四宝等。光是 1737 年郎喀就将方守义赠送的 64 种以及南堂赠送的 82 种图书和多种天文星象图带回圣彼得堡。在圣彼得堡收藏有大量耶稣会士的著作，其中很大一部分就是当年双方交流的成果。俄罗斯学者将其分门别类，仅以汉文著作为例，天文学方面主要有明代由徐光启和利玛窦合译希腊数学家欧几里得（Euclid，公元前 300 年前后）著作而出版的《几何原本》、艾儒略的《西学凡》、阳玛诺的《天文略》、汤若望（Jean Adam Schall Von Bell，1591—1666）的《浑天仪说》和《民历铺注解惑》、南怀仁的《新制仪象图》及《新制灵台仪象志》。② 此外，庞晓梅（Т. А. Пан，1955— ）还在圣彼得堡发现了《几何原本》满文本，但此本与汉文本在内容上并不一致，却与故宫所藏康熙皇帝曾经使用过的满文抄本一致。因此，她断定此满文本不是译自欧几里得的著作，而是译自 1671 年在巴黎出版的由巴蒂斯（Ignace-Gaston Pardies，1636—1673）所著之

---

① Пан Т. А.，Шаталов О. В. Архивные материалы по истории западноевропейского и российского китаеведения（К изданию работы В. П. Тарановича《Научная переписка Санкт-Петербургской Академии наук с иезуитами, проживавшими в Пекине в XVIII веке》）. Санкт-Петербург-Воронеж, 2004. С. 61 – 76.

② Пан Т. А.，Шаталов О. В. Архивные материалы по истории западноевропейского и российского китаеведения（К изданию работы В. П. Тарановича《Научная переписка Санкт-Петербургской Академии наук с иезуитами, проживавшими в Пекине в XVIII веке》）. Санкт-Петербург-Воронеж, 2004. С. 119 – 134.

《几何原理》。① 医学方面有南怀仁的满文本《吸毒石原由用法》等，宗教方面有利玛窦的《天主实义》、艾儒略的《万物真原》、孙璋的《性理真诠》、阳玛诺的《轻世金书》② 等。与此同时，在俄罗斯科学院东方文献研究所、俄罗斯国家图书馆等处还收藏有许多由耶稣会士完成的满文西学和神学著述。圣彼得堡皇家科学院也不断向北京耶稣会士赠送自己的著作和其他出版物。拜耶尔曾将《圣彼得堡皇家科学院评论》、阿布·哈兹·巴尕都尔（Абул Гази-Багадур，1605—1665）的《鞑靼史》、凯普费尔（Engelbert Kampfer，1651—1716）的《日本历史》、自己的《中文博览》以及其他汉学论文寄到北京。拜耶尔去世以后，为了维持与北京的通信，圣彼得堡皇家科学院将宋君荣选为荣誉成员，并于1740年将64种植物种子和3箱书刊分送给北京的三个修会。

北京的天主教传教士们还将自己的研究成果寄给俄国刊物发表。曾经在圣彼得堡皇家科学院出版物上发表成果的有戴进贤、宋君荣、刘松龄、金济时、韩国英、汤执中等。将著作寄到圣彼得堡还未及发表的有巴多明、宋君荣、蒋友仁和韩国英等。③

另外，由于北京与欧洲的海上交通不仅耗费时日，而且经常因为海难而难以到达目的地，因此，圣彼得堡就成为北京耶稣会士与本国教会以及学术机构进行联系的中转渠道。俄国使节和商队同时也将北京耶稣会士的书信通过科学院转到伦敦、巴黎、柏林和罗马等地。在俄罗斯科学院的档案中现在还保留着宋君荣、巴多明、严嘉乐、徐懋

---

① Pang T. A. Stary G. On the Discovery of a Printed Manchu Text Based on Euclid's "Elements"//Manuscripta Orientalia. Vol. 6, No 4, December 2000.

② 神修名著，传为金碧士(Thomas a Kampis)所著，1418年出版。1640年阳玛诺神父初译为中文，名《轻世金书》，后出现多种译名，如《效法基督》《师主篇》及《遵主圣范》等。

③ Пан Т. А.，Шаталов О. В. Архивные материалы по истории западноевропейского и российского китаеведения（К изданию работы В. П. Тарановича《Научная переписка Санкт-Петербургской Академии наук с иезуитами, проживавшими в Пекине в XVIII веке》）. Санкт-Петербург-Воронеж, 2004. С. 86-88.

德等寄往欧洲各地的书信抄件。

对于圣彼得堡皇家科学院而言，与北京耶稣会士的学术交流获益匪浅。通过交流，耶稣会士源源不断地将中国图书寄送到圣彼得堡，丰富了俄国的汉学藏书，为俄国汉学的建立创造了条件。通过交流，圣彼得堡科学院在历史、地理、天文和物理等领域不断获得新的科学资料，在一定程度上促进了科学研究。对于拜耶尔院士而言，假如没有与耶稣会士的学术沟通，恐难取得如此成就。在这一过程当中，俄国政府与北京耶稣会士建立了特殊的秘密关系，相互借用对方的势力，努力在中国这片土地上达到其各自的目的。可以说，在俄国科学界与北京耶稣会士学术交流的背后，隐藏着某种政治和宗教上的动机。

三、欧洲汉学著作之译介

中俄多数学者在认识18世纪俄国"中国风"形成过程或俄国汉学诞生背景时往往过多地将注意力集中于中俄关系发展以及俄国早期汉学家的贡献，尤其是在评价后者对于促成俄国"中国风"的作用时似有夸大之嫌。而美国学者玛格斯（Barbara Widenor Maggs）女士的著作为我们开辟了新的研究视野。她在其《俄罗斯与"中国之梦"：18世纪俄国文献中的中国》[1] 一书中系统梳理了18世纪在俄国翻译出版的各类中国题材的西方作品，分析了俄国民众的阅读习惯，通过翔实的资料说明了来自欧洲的中国题材著作在俄国的广泛影响以及对18世纪俄国"中国风"的形成所发挥的巨大作用。玛格斯女士的著作促使我们不能不对俄国"中国风"的成因进行重新审视，以获得对该问题更加客观和清晰的认识。

---

[1] 参见 Maggs, *Barbara Widenor. Russia and "Le Reve Chinois": China in Eighteenth-century Russian Literature*, Oxford: Voltaire Foundation at the Taylor Institution, 1984；[美]马格斯(B. W. Maggs)著:《十八世纪俄国文学中的中国》,李约翰译,台北:成文出版社,1977年。

玛格斯认为，18世纪被翻译到俄国的西欧中国题材作品主要有三大类别：

第一类是耶稣会士的著作。耶稣会士将中国文化大规模地介绍到欧洲，并对伏尔泰、莱布尼兹等欧洲启蒙运动代表人物的思想形成产生了重要影响。而后耶稣会士的作品随着欧洲思想家的著作一起于18世纪在俄国大量翻译出版。1774—1777年间，诺维科夫在圣彼得堡出版了杜赫德（J. B. Du Halde，1674—1743）的《中华帝国全志》，由泰尔斯（И. А. Тейльс，1744—1815）从法文译出。1780年，俄国《科学院通报》刊登一篇从钱德明著作中摘译的文章，名为《中国孝道》。同一年，诺维科夫在他承租的莫斯科大学印刷厂出版了曾对伏尔泰、孟德斯鸠（Charles Louis Montesquieu，1689—1755）认识孔子及其学说产生了重要影响的柏应理的著作《中国贤哲孔子》的俄文节译本，译者是一个姓谢格罗夫（Щеглов）的校对员。此作比较全面地向俄罗斯介绍了儒家思想。1786—1788年间，钱德明所著《北京传教士关于中国历史、科学、艺术、风俗习惯录》的第一卷至第三卷在莫斯科出版，译者为维廖弗京（М. И. Веревкин，1732—1795）。①两年后，维廖弗京又在莫斯科出版了他翻译的第十二卷，题为《孔圣传》。1788年，俄国人从格鲁贤（Abbé Grosier，1743—1823）的《中国概况》中摘录了有关中国军事的内容，编写成《中国军队及其编制》一书，显示了俄国社会对中国军事的特殊兴趣。1787—1788年，白晋（Joachim Bouvet，1656—1732）的《康熙皇帝》被翻译成俄文，收录进图曼斯基（Ф. О. Туманский）编写的《彼得大帝业绩文集》中。在被翻译成俄文的耶稣会士作品中，钱德明的著作和杜赫德的《中华帝国全志》在形成俄国的中国形象过程中所起的作用尤为明显。尤其是杜赫德的著作，其中收录了白晋、李明（Louis-Daniel le Comte，1655—1728）、刘应（Chaude de Visdelou，1657—1737）、洪若翰（Joannes

---

① Копотилова В. В. Издание китайских произведений представителями российской общественности(конец XVIII - первая половина XIX вв.)//Вестник Омского университета. 1998. Вып. 2.

de Fontaney, 1643—1710）等许多著名耶稣会士汉学家的作品。与 18 世纪耶稣会士作品在俄国不断出版形成鲜明对比，俄国东正教驻北京传教团中的传教士却几乎没有发表什么著作。

第二类来自西欧的中国题材作品是游记。18 世纪欧洲的许多中国游记被翻译成俄语，有的多次再版，其社会影响不亚于耶稣会士的作品，更比俄国使节以及俄国早期汉学家的作品影响广泛。英国海军上将安逊（Lord George Anson, 1697—1762）在 1740 年至 1744 年环球航行中两次到中国，于 1748 年出版《环球航海记》。1751 年此书在圣彼得堡翻译出版。这是俄国读者所能读到的第一部生动的中国游记。这部游记第一次以尖刻的口气猛烈批评中国官场的腐败以及国民的虚伪和自私。他将他的广东之行描绘成一段极其痛苦的回忆。这令步欧洲后尘刚刚兴起"中国风"的俄国社会惊诧不已。所以，在耶稣会士颂扬中国这片乐土的著作在俄国大量出现之前，俄国人已经从安逊那里获得了不良的中国形象。在安逊作品于俄国问世的 7 年前，耶稣会士张诚的那部著名的《鞑靼纪行》开始在俄国陆续刊出，1785 年又被《日历》杂志以《〈日历〉杂志文萃》为名结集出版，由在俄国工作的德国历史学家格·米勒加以注释和说明。张诚的游记虽然出版时间早了几年，但就影响力而言，远不如安逊的作品。1771 年，钱伯斯（W. Chambers, 1723—1796）的《论东方园艺》在圣彼得堡翻译出版。1782—1787 年间，法兰西学院教授拉阿尔普（Jean-Francois de la Harpe, 1739—1803）1780 年在巴黎编写出版的 22 卷《游记总汇》的俄译本在莫斯科问世。其中第十七卷和第十八卷收录了从前欧洲旅行者对中国的描述，从威尼斯商人马可·波罗、多明我会神父闵明我（Fernandez Mavarette, 1618—1686），到义杰斯和郎咯的游记，都包括在里面。同时，拉波特（Joseph de La Porte）的《旅游搜奇》也与俄罗斯读者见面。书中有关中国的内容主要来自耶稣会士的著作，但经过了作者的仔细编排和改造。这部书问世后大受欢迎，曾三次再版。1792 年，英国政府派特使马戛尔尼（George Macartney, 1737—1806）率领庞大使团访问中国，期望与中国建立稳定的外交和贸易关系，被乾隆皇帝拒绝。使团于 1794 年返回伦敦，随后便由其成员发表多种回忆录或游记。俄国人对马戛尔尼并不陌生，因为他曾在 1764—1767 年间做过英国驻俄国大使。马戛尔尼的侍仆安德逊（Aeneas Anderson）在 1795 年出版了有关这个英国使团的第一部游记《英使访华录》，第二年在圣彼得堡就出现了这本书的俄译本，名称为《中国及其人口、军队、警察及农业》，刊登在《政治期刊》上。1804—1805 年，副使斯当东（George Leonard Staunton，1737—1801）的《英使觐见乾隆纪实》1798 年的法文本也被译成俄文。1795 年，一部完成于 13 世纪的中国游记作品也被介绍到了俄国，这就是意大利方济各会士柏朗嘉宾的《柏朗嘉宾蒙古行纪》，5 年后重印。

第三类是西欧或俄国思想家和作家在耶稣会士著作和游记文学基础上创作的论著或文学作品。以孔子及儒家思想为代表的中国道德伦理和生活方式成为许多作品歌颂的对象。在这方面，伏尔泰的著述不仅最多，影响也最广。1756 年，伏尔泰的《光荣》被翻译成俄文，作者对法国历史学家博絮埃（Jacques-Benigne Bossuet，1627—1704）在其《世界史通论》中忽视中国感到不解。伏尔泰根据马若瑟 1735 年的《赵氏孤儿》法文译本，将其中情节移至 1215 年蒙古人攻克北京之后的成吉思汗时代，创作出著名的《中国孤儿》一剧。1755 年，《中国孤儿》在巴黎公演获得成功。1759 年，苏马罗科夫（А. П. Сумароков，1717—1777）从德文节译了《中国孤儿》，题为《中国悲剧〈孤儿〉之独白》，登载在由他主编的《勤劳蜜蜂》杂志上。1788 年涅恰耶夫（В. Нечаев）用诗体翻译了《中国孤儿》。1765 年，伏尔泰的著名长篇小说《查第格》在莫斯科出版，并在 1788 年和 1795 年再次印行。书中主人公由于受到一个中国哲人的教诲而最终解决了心中的疑团。伏尔泰的《巴比伦公主》在 1770 年被翻译到俄国，随后至少在 1781 年、1789 年、1805 年再版了三次。在这部小说中，中国皇帝被描绘成世界上最公正、最热诚和最开明的统治者。伏尔泰的著名史诗《亨利亚德》在 1777 年由俄国剧作家和诗人克尼亚日宁（Яков Борисович Княжнин，1742—1791）翻译成俄文在圣彼得堡出版。这个故事的主角就是孔子的弟子。1790 年，此作被格里岑（А. И. Голицын，1773—1844）公爵再次翻译成俄语，在莫斯科出版。1788 年，伏尔泰的《论人》由俄国著名的伏尔泰思想追随者及其著作出版者拉赫马尼诺夫（И. Г. Рахманинов，1750—1807）翻译成俄文，其中描绘了一位具有孔子般思想的中国学者抗议人类天性和能力遭受到的制约。1774 年，一部模仿伏尔泰著名讽刺戏剧《赣第德》的佚名法文作品《另一位赣第德，亦或真理挚友》被翻译成了俄文，书前附有鲁班（В. Рубан，1742—1795）的一首诗。

1772 年，德国作家魏兰德（Christoph Martin Wieland，1733—1813）以其创作的小说《宝鉴亦或浙江之统治者》驳斥卢梭（Jean-Jacques Rousseau，1712—1778）的文明与道德悖论。1781 年，小说被翻译成俄文在莫斯科出版。① 1778 年，一部叫作《美德之旅》的文艺作品刊登在莫斯科的《晨光》杂志上，后于 1782 年出版单行本，描写了一位中国王子随同自己的哲学家老师游历世界的故事。从 1779 年开始，一部名叫《中国偶像》的戏剧在皇村的中国戏院上演，原作者是意大利著名作曲家和剧作家拜谢罗（Giovanni Paisiello，1740—1816），译者是著名的十卷本《俄罗斯童话》的编写出版者列夫申（В. А. Левшин，1746—1826），仅在 1779 年《中国偶像》就印刷了两次。1788 年有人从欧洲出版的书中编译了《仁者与智者》，于 1788 年和 1792 年两次发表。英国诗人蒲柏（Alexander Pope，1688—1744）在《荣誉之殿》中赞扬"孔夫子独立崇高之处，教导人们行善方法"。② 此诗在 18 世纪下半期出现了两个俄译本，译者分别是俄国诗人赫拉斯科夫（М. М. Херасков，1733—1807）和作家里沃夫（П. Ю. Львов，1770—1825）。赫拉斯科夫还曾编译了狄德罗（Denis Dederot，1713—1784）三卷本的《〈百科全书〉选集》。狄德罗说："假如世界上有一个政体，或者曾经有过这样的一个政体，是值得哲学家们注意，同时又值得大臣们去了解的话，那么，毫无疑问，这就是那个

---

① 玛格斯女士认为此作为魏兰德 1781 年用俄文所作（参见 Maggs, *Barbara Widenor. Russia and "Le Reve Chinois"：China in Eighteenth-century Russian Literature*, Oxford: Voltaire Foundation at the Taylor Institution, 1984. P. 94. ），笔者以为是译作。

② Maggs, *Barbara Widenor. Russia and "Le Reve Chinois"：China in Eighteenth-century Russian Literature*, Oxford: Voltaire Foundation at the Taylor Institution, 1984. P. 83.

遥远的中国……"① 1791 年，法国作家卡斯其隆（Jean Castillon，1718—1799）编写的《中国、日本、暹罗、越南人等》被翻译成俄文，书中经常提到孔子的事迹以及中国帝王的趣闻逸事。1793 年，由英国人约翰斯通（Charles Johnstone，1719—1800）于 1775 年在伦敦创作出版的《朝圣者》在俄国有了俄译本。

在俄国，诗人杰尔查文（Г. Р. Державин，1743—1816）从维廖弗京翻译的钱德明的著作中获得了灵感，创作出了《英雄纪念碑》，其中写道："她永远明辨是非讲求真诚，无论何处也绝不奉承他人，啊！缪斯女神！你焕发了神情庄严的孔夫子的激情，他弹奏出婉转响亮的琴声，用教诲打动每个人的心灵。"② 拉吉舍夫（А. Н. Радищев，1749—1802）在 1802 年发表的《历史之歌》中称孔子这位"天人"的"金言"将照耀千秋万世："孔夫子啊！一位旷世奇人，你的金言是如此灿烂耀眼，历经了剧烈的风暴与纷争，无论朝代更迭，废兴存亡，你的思想永远绽射着光芒，历史的风云激荡百载千年，依然奋翮振翅，直冲霄汉，高高飞翔在皇天后土之间。"③ 大科学家罗蒙诺索夫（М. В. Ломоносов，1711—1765）在其创作的一首名叫《玻璃的用途》的训诲诗中，赞扬聪明的中国人用泥土创造出了与玻璃一样精美的瓷器艺术品："中国人的手艺，将光秃的山脊，变成美丽瓷器，吸引了无数人，不顾狂风巨浪，跨越重重海洋。"冯维辛甚至从法文翻译了《大学》，1779 年在圣彼得堡出版。1783 年，俄国女作家苏什科娃（Мария Сушкова，1752—1803）模仿孟德斯鸠 1721 年出版的《波斯人信札》的风格，创作了《一个中国人致在圣彼得堡公干的鞑靼人之信函》，借孔子的德行赞颂叶卡捷琳娜二世的功业。

这个时期，来自西欧的一种假托东方人的著作在俄国也非常流

---

① 汪介之、陈建华：《悠远的回响——俄罗斯作家与中国文化》，宁夏人民出版社，2002 年, 第 55 页。

② Державин Г. Р. Сочинения Державина. Часть вторая. СПб., В типографии Александра Смирдина, 1831. С. 272.

③ Радищев А. Н. Полное собрание сочинений в 3 т. М.; Л.: Издательство АН СССР, 1941. Т. 2. С. 454–455.

行，其代表为一部英文作品，书名为《人类生活机制》，其中充满了东方式的道德说教。作者是一个英国人，但却假托一位印度古代婆罗门，声称该书是孔子的著作，后来被翻译成了藏语。仅在18世纪，该书在俄罗斯就有4个译本，并不断再版，足见其受欢迎的程度。这4个译本分别是《人类生活之安排》《人类生活之经营》《中国哲人》和《智慧与道德宝典》。

以上罗列的只是18世纪俄国出版的中国题材作品中的一小部分。这些作品中的内容或者记录作者亲历见闻，或者出自欧洲文人笔下，大都文笔优美，故事生动，包含了丰富的东方文化信息。借着欧洲的"中国风"，这些介绍中国文化思想和异域风情的作品成为18世纪俄国的畅销书，其产生的社会影响甚至超过了列昂季耶夫等俄国汉学家的著作。18世纪俄国共出版有关中国的书籍和论文120余种，其中汉学家的著作只占约六分之一。不仅如此，汉学家的作品大都只出版一次，且印数较小。与之相比，有些欧洲作品不仅被翻译出版，而且发行数量更大，有的甚至同时拥有几个译本。此外，在圣彼得堡科学院工作的格·米勒、费舍尔、伊耶里格（И. Иериг，1747—1795）等德国东方学家的西伯利亚和远东地区历史以及中俄关系研究论著中关于中国的内容应该被视作俄国对中国所进行的最早的科学研究，不同的是，这里的研究主体是在俄国工作的德国科学家，其作品也通常是先有西文，再被翻译成俄文，或者最终也没有俄文版。这些人所写的大都是学术著作，主要针对学术界，研究范围局限于中国的边疆少数民族地区，其影响面自然不及来自西欧的中国题材作品。由此可见，无论是对于18世纪俄国中国观的形成，还是对于俄国汉学的诞生，欧洲中国题材作品都发挥了突出作用。

这一时期大量被介绍到俄国的欧洲中国题材作品体裁广泛，形式多样，有哲学论著、游记、哲理小说、诗歌和戏剧等。从时代上看，从马可·波罗所处的欧洲中世纪一直到欧洲启蒙运动时期，400多年欧洲积淀的中国信息在18世纪潮水般涌进俄国。这些作品内容庞杂，观点不一，耶稣会士和具有启蒙思想的欧洲知识分子在作品中通过赞美中国来达到其传教或抨击神学教条的目的，而航海家们则在自己的游记中表达了对中国闭关锁国政策的愤怒，对中国的阴暗面给予了更多的关注。与此同时，俄国使节、商人、传教士以及汉学家从各自不同的角度将中国知识传递给俄国社会。所以，18世纪的俄国在认识中国过程中获得的丰富信息在对许多关键问题的阐释上互相矛盾，莫衷一是，因而难以在俄国社会建构起清晰和明确的中国形象。到底谁讲出了事实的真相？哪位学者笔下的中国才是真正的中国？诸如此类的问题让俄国人困惑了近一个世纪。一直到19世纪上半期，俄国汉学奠基人比丘林以中国典籍为基础，结合自己留居北京13年中对中国社会的观察和思考，发表著述60余种，才为俄国从多角度、多层次绘制出一幅历史和现实中国的立体图景。

第三节 俄国"中国风"

在18世纪的欧洲，各国相继掀起了旨在反对封建专制和宗教束缚的"启蒙运动"。中国圣贤哲学学说与启蒙思想家们倡导的开明和理性产生了共鸣，大量富有浓郁东方情调的中国商品涌进了欧洲宫廷和社会，一股前所未有的"中国风"席卷欧洲，对西方社会和思想产生了深刻影响。稍后，在偏远落后的俄国也刮起了一阵"中国风"，其程度并不比欧洲逊色。但是，与欧洲相比，俄国"中国风"在源头和表现方式上有许多独到之处。

一、风自西来：欧洲"中国风"

经过康熙、雍正、乾隆等朝的励精图治和休养生息，中国呈现出国富物阜的繁荣景象，中国物产和文化犹如一枝红杏出墙，赢得西欧民众的追捧。中国瓷器上的图案被欧洲人认为是中国现实生活的真实写照，而中国人也努力在瓷器图案的选择和绘制上迎合欧洲人的审美情趣。他们按照西方商人的订单，不仅生产绘有中国传统图案的瓷器，而且也依照欧洲人提供的图样将欧洲人的肖像绘制在产品上，然后再饰以中国式的花边。欧洲人为精美绝伦的中国艺术所倾倒，与中国艺术巧妙结合起来的"罗柯柯"艺术风格盛极一时。西欧艺术中出现的这种极力模仿中国艺术的倾向，在各种制品、建筑和室内陈设方面表现出来。荷兰开始仿制中国瓷器，法国人在自己的瓷器产品上绘上具有东方风情的图案。此外，"中国格调房间"风行一时，用中国的漆器和绘画进行内部装饰成为时尚。在当时的语言中还出现了一个词"chinoiserie"，专门用来形容西方艺术中追求中国风格的新气象，翻译成汉语应当是"中国情调"或"中国风格"。

西欧在惊叹中国物质文明的同时，出现了将中国社会和制度理想化的倾向，而促使这种现象产生的推动力则是耶稣会士们的著作。他们极力赞美中国的思想和国家体制。在他们的笔下，中国是一个"圣人的国度"，皇帝通常都是哲学家，大臣们都是学者，而官员得到升迁的主要标准乃是他们的德能。这样，在欧洲人面前便展现出一个在社会、政治和道德等方面都远胜于西方的理想社会。法国启蒙思想家不失时机地将其作为同中世纪神学教条斗争的工具，期望借鉴中国的优秀思想在欧洲建立理性社会。他们从儒家典籍中找到了与启蒙运动宗旨相吻合的精神。伏尔泰在这方面扮演了极为重要的角色。他认为，中国的专制只是表面的假象，而事实上中国却是一个非常开明的君主社会。在他之后，又有卢梭、狄德罗等人也成为中国完美制度的歌颂者。[1]

这一时期中国题材作品在欧洲大行其道，影响深远。这些作品在俄国大量被翻译出版，极大地丰富了18世纪俄国的中国信息，其对俄国社会和思想的影响远远超过了俄国早期汉学家的著作。关于这一点，我们在前文中已有专门论述。总之，欧洲"中国风"是俄国"中国风"的主要源头。

---

[1] Самойлов Н. А. Россия и Китай//Россия и Восток/Под ред. С. М. Иванова, Б. Н. Мельниченко. СПб. ,2000.

二、风自东来：中俄贸易

1727年中俄签订《恰克图条约》，进一步规范了中俄贸易并使其达到了一个新的水平。根据条约规定，清帝国只允许俄国政府每三年派遣一个人数不超过200人的商队来北京贸易，但由于在恰克图和祖鲁海图实行免税贸易制度，中俄贸易总额因而较以前有了大幅度提高。商行、客栈如雨后春笋般在边境建立起来。恰克图也渐渐由一个人烟稀少之处变成人声鼎沸、车水马龙的商埠。1730年，对俄贸易的主力晋商在恰克图的对面建起一座供中国商人驻足的市镇，名叫买卖城。1762年，叶卡捷琳娜二世取消了国家对中俄贸易的垄断，允许私商与中国进行自由贸易。这项措施大大刺激了两国贸易的发展，为中国商品在俄国民众中间的传播奠定了基础。

与中国同西方的贸易相比，18世纪中俄两国贸易商品的种类有很大不同。在俄国的出口商品中，毛皮约占18世纪下半期俄国对华出口总额的80%，同时俄国商人在恰克图还用粗呢等商品交换中国货物。中国商人最愿意购买的商品是貂皮，每年需要200万到400万张。中国向俄国出口的主要商品先是棉布，而后又有丝绸、茶叶、瓷器、糖和大黄等。

中国棉布因为价格低廉，工艺先进，广受俄国民众的欢迎。从那时起，俄语中出现了两个词，一个是"даба"，是中文"大布"的译音。大布又称土布或粗布，属手工棉纺织品，是中国百姓制作服装所使用的主要材料。另外一个是"китайка"，直译为"中国货"，但它却并不指称其他物品，而只表示中国的"各色土布"的意思。从这两个同义词可以看出，在俄国人的心目中，中国货就是大布，土布就等于中国货，这充分反映了俄国民众对中国棉布的认可程度。由于丝绸价格比较昂贵，只有王公贵族才有能力享用，因而只限于在俄国上层社会流行，影响面不及普通的中国土布。俄国革命思想家拉吉舍夫写道："富裕人每天都穿中国棉布衣服，其他人在节庆时穿。"①

---

① Радищев А. Н. Полное собрание сочинений в 3 т. М. -Л. ,1938 – 1952. Т. 2. С. 12.

现在无论问任何一个俄罗斯人最喜欢的饮料是什么,他都会毫不犹豫地回答是"茶"。据俄罗斯史料记载,1638年,俄国贵族斯塔尔科夫(Василий Старков)携带大批贵重礼物出使蒙古的阿勒坦汗,后者回赠了沙皇锦缎、毛皮等许多礼品,其中有几包"干树叶"。这是沙皇第一次品尝到中国茶的芬芳。1665年,俄国使节别里菲里耶夫(Иван Перифериев)又一次将茶叶带回俄国。在向沙皇供奉之前,为防止不测,御医首先品尝了这种医书中没有记载的"草药"。当时沙皇正感肚子不适,饮茶后症状立刻消失。从此,俄国上层对茶叶的神奇功效赞叹不已。1679年俄国与中国签订了进口茶叶的协议,1689年以后商人们也开始涉足这一利润丰厚的交易。随着俄国同英国等西方国家贸易的发展,茶叶也从波罗的海各港口运进俄国。但是,茶叶在17世纪的俄国很长时间都是作为"醒脑"的药物供居住在城市的贵族饮用,普通百姓难得一见,这主要是由于价格昂贵,而且也不知饮用方法。随着《恰克图条约》订立后中俄贸易规模的进一步扩大,茶叶迅速成为俄国民众最喜爱的饮料。人们甚至将运送茶叶商队所走过的道路称为"茶叶之路"。中国商人将茶叶从产地先运至张家口,然后装车经过茫茫蒙古戈壁草原来到恰克图交易,俄国商人再将茶叶运到莫斯科以及其他城市出售。"茶叶之路"的贸易额一度仅次于"丝绸之路",饮茶的习俗逐渐从上层贵族中间流传到民间。茶叶贸易额逐年上升,并最终在19世纪超过棉布而成为中国对俄出口的最大宗商品。1750年(乾隆十五年)运到恰克图贸易的茶叶有21万公斤,而到了乾隆四十六年,数量达到40万公斤。18世纪末,西伯利亚等地的农民"宁愿要砖茶而不要钱,因为他确信,在任何地方他都能以砖茶代替钱用"。①

瓷器起初是作为装饰房间的艺术品传到欧洲的。早在18世纪以前,德、英等国国王和贵族不惜花费大量金钱,购置各种瓷器,甚至还建有专门的瓷器大厅。到了18世纪,西方贵族中附庸风雅的人越

---

① [俄]瓦西里·帕尔申著:《外贝加尔边区纪行》,北京第二外国语学院俄语编译组译,商务印书馆,1976年,第47页。

来越多，民间也开始销售供陈设用的瓷器和漆器。"瓷器热"和"漆器热"成为 18 世纪欧洲"中国风"的重要内容。究其原因，"一方面是瓷器进口量大增所刺激，另一方面则是盛行于当时欧洲的'罗柯柯'艺术风格推波助澜"。[1] 受法国文化影响至深的俄国上层社会也在 18 世纪掀起了收集瓷器和漆器之风。由于中俄之间所进行的主要是国家垄断下的商队贸易，从中国运来的商品自然也就首先落入了皇族成员和贵族手中。俄国普通民众最初得到的瓷器乃是驼队商人用来盛装糖和大黄等物的器皿。这种罐子大量涌进俄国，而且价格便宜，渐渐成为俄国人民的生活必需品。俄国政府为了在国内生产瓷器，在来华商队中安排专人学习中国制瓷技术。随着 18 世纪俄国逐渐掌握烧瓷技术，产品价格逐渐下降，瓷器餐具才进入普通俄国百姓家中。从中国瓷器之贵重，到俄国政府处心积虑地学习这门技术可以看出瓷器在当时的"热度"。

除棉布、茶叶、瓷器和漆器之外，中国生产的丝绸、糖、大黄同样成为俄国在 18 世纪大量购买的商品。中国商品进入俄国市场，在一定程度上促进了俄国社会对中国的了解，并在此基础上激发了对中国实用艺术的向往和追求，最终产生了一种全新的审美标准，助长了 18 世纪俄国的"中国风"形成。

三、风自上来：俄国宫廷

这股席卷俄国宫廷和社会的"中国风"与罗曼诺夫王朝两任君王的西化倾向有直接关系。一位是彼得一世，在俄罗斯历史上进行了前所未有的西化改革。另一位是叶卡捷琳娜二世，在任期间推行"开明专制"。受到西方"中国风"影响的这两位皇帝对中国的兴趣在一定程度上助推了 18 世纪俄国"中国情调"的兴起。

为了将俄国建成可以和西方列强平起平坐的帝国，彼得一世于 18 世纪初曾去西方国家学习先进的思想、军事和科学，回国后实行欧化

---

[1] 张国刚等：《明清传教士与欧洲汉学》，中国社会科学出版社，2001 年，第 37 页。

政策。他在荷兰时就见到过大量的中国和日本瓷器，曾参观过维也纳和哥本哈根等地的王公贵族的中国房间。彼得大帝正是在从丹麦返回俄国以后产生了要在俄国修建一处中国房间的想法。在彼得宫中，有两个按照中国风格布置的房间，一个叫"中国东厅"，另一个叫"中国西厅"。在他的授意下，画家们在彼得宫里出色地制作了具有中国风情的墙面，将收集到的各种中国物品作为陈设。在夏宫绿色办公室的玻璃柜中摆放着从中国运来的艺术品。可以说，彼得大帝一生都很钟情中国风物。郎喀作为彼得一世的特使几次前来中国，将中国皇帝的礼物以及其他各种中国风物运回俄国帝京。这些东西后来构成了珍宝馆的主要藏品。同时，彼得通过东印度公司为莫斯科大药房从中国定制了专用的药罐，这种特殊器皿迄今在俄罗斯各大博物馆都有收藏。药罐呈圆柱形，上面绘有俄罗斯帝国的标志——双头鹰。俄国东正教驻北京传教团成立以后，他还为自己从中国定制了一套紫砂茶具。此外，他的近臣缅希科夫、戈洛文（Ф. А. Головин，1650—1706）[①]、沙菲罗夫（П. П. Шафиров，1669—1739）和阿普拉斯金（Ф. М. Апраскин，1661—1728）也醉心于中国文物的收集和珍藏。在彼得一世统治时期，"中国格调"已经成为俄国艺术中的显著现象。

  叶卡捷琳娜二世是德意志的一个公爵之女，1745 年与彼得三世（Петр Ⅲ，1728—1762）结婚，1762 年参与宫廷政变，废除彼得三世而自立为王。她实行的是"开明专制"，一方面与西方启蒙思想家交往甚密，另一方面不断扩大贵族的特权和残酷镇压农民起义。叶卡捷琳娜二世执政年代通常被认为是俄国农奴制的鼎盛时期。与彼得大帝相比，叶卡捷琳娜二世在崇尚中国文化方面有过之而无不及。她在未登基之前，就喜欢阅读孟德斯鸠的著作，一度非常推崇共和制度。后来，她又对伏尔泰的思想着了迷，称后者为自己的老师。登基以后，为了加强君主专制，她宣称将实行"开明专制"，得到了伏尔泰等人的肯定和赞赏。她在与伏尔泰的通信中多次对中国的社会制度赞

[①] 俄国伯爵、彼得大帝近臣、海军上将和陆军元帅，1689 年代表俄国政府与中国签订中俄《尼布楚条约》。

赏不已。从 1764 年开始，叶卡捷琳娜二世下令在圣彼得堡建造博物馆，广泛收集世界各国文物，其中有许多是当时"中国风"的产物。18 世纪 70—80 年代，叶卡捷琳娜二世在夏宫修建了中国风格的蓝色客厅，同时仿建了中国剧院、中国桥以及其他亭台楼阁。除中国剧院在一次大火后仅存残垣外，其他景物都留存至今。后人评价叶卡捷琳娜二世"对中国文化的'崇尚之情'不过是她标榜自己实行'开明专制'的表演的一部分"，"把自彼得一世以来历代沙皇的'中国嗜好'发展到了一个新的水平……"[①] 从 18 世纪俄国沙皇及贵族收集的中国艺术品以及修建的中国风格建筑上，我们不仅能够感受到中国文化的魅力，也能体会到俄国工匠们的艺术再现。

　　受启蒙思想家将中国作为理性和道德的典范加以推崇的影响，叶卡捷琳娜二世相信中国圣人先哲的思想和道德的普世价值以及对于后世的教育意义。为了将亚历山大大公和康斯坦丁大公培养成理想储君，叶卡捷琳娜借用中国形象，专门为他们创作道德训诫故事。她创作的第一部中国题材作品名为《费维王子的故事》，1782 年由圣彼得堡皇家科学院印刷厂出版。这是一则具有浓郁中国风情的童话，其故事主旨如下：在遥远的西伯利亚有一个由中国人陶奥统治的王国。王后善良美丽，却体弱多病。国王和王后相亲相爱，生活幸福，但多年以来膝下无子。朝中大臣列舍梅斯尔从森林中请来了隐居的高士加通，向王后传授了养生之法。王后不仅病愈，而且很快诞下了王子费维。智慧的保姆没有娇惯王子，而是用各种方法锻炼他的体格与心智。为了增长见识，王子决定离家远游，父王母后极力阻止无果。列舍梅斯尔建议国王在答应王子远游前考验他是否具备了坚韧的性格和顽强的毅力。王子谨遵父王之命为枯树浇水，明知没有结果却矢志不渝。接着又抵御住了卡尔梅克使臣的利诱和威胁，捍卫了父王和王国的尊严。对企图谋害他的大帐汗国鞑靼人以德报怨，在引起父王震怒后，能恭顺地承受斥责，以顽强的精神战胜病痛。在列舍梅斯尔府上，当王子看到一位商人之女寡居娘家神情哀伤时，便将商人送给他

---

① 宿丰林：《十八世纪俄国的"中国热"》，《黑河学刊》1999 年第 2 期。

的礼物转送给这位女子作为嫁妆。当他听说自己的马夫落马受伤后，不仅亲往探望，而且在靴中暗赠金钱给他疗伤。即便对入侵其国土的金帐汗国，费维王子也能以仁爱之心相待。次年王子迎娶了王妃，生儿育女，白头偕老。在王子生活过的地方，他的美名一直流传至今。①

在这个故事中，有来自中国的圣明国君陶奥，智慧而忠诚的大臣列舍梅斯尔，处处充满了理性的光辉，彰显着道德的力量。在这种环境下，王子经受了一次次考验，最终成长为一位体格强壮、心灵高尚，具有儒家君子德行的完人。《费维王子的故事》在情节安排上稍显凌乱，好似将各种各样可能体现王子德行的事迹拼凑在了一起。从文学艺术角度看，显然不能说是一部优秀的作品。1786年，女皇又将这个故事改编成了四幕戏剧，由科学院印刷厂印行。② 这一次，她将皇后生病以及王子探访商人之家等情节删除，使主人公形象更加饱满生动。此剧由俄国著名作曲家帕什克维奇（В. А. Пашкович，1742—1797）作曲，于4月19日在圣彼得堡石头剧院首演，演员阵容强大，布景极尽奢华。1784年和1790年，《费维王子的故事》先后在德国和法国被翻译出版。

但是，叶卡捷琳娜二世并非盲目迷恋中国。这位侵略成性的俄罗斯帝国君主始终念念不忘向东方的扩张。面对乾隆朝的强硬政策，叶卡捷琳娜二世曾经试图发动对华战争。1764年8月叶卡捷琳娜二世亲自召集格里岑（П. М. Голицын，1738—1775）公爵、潘宁（Н. И. Панин，1718—1783）伯爵等7位重臣参加特别会议，讨论向黑龙江派遣远征军问题。③ 要不是俄土战争爆发，叶卡捷琳娜二世极有可能挑起与中国的战争，因为当时她确实"正要着手解决中国问题，已有六个团做好了准备"。俄土战争结束后，叶卡捷琳娜二世即

---

① Екатерина II. Сочинения императрицы Екатерины II. Произведения литературные. СПб. 1893. С. 373–380.

② Екатерина II. Опера комическая Февей, составлена из слов сказки, песней русских и иных сочинений. СПб. ,1786.

③ Трусевич Х. И. Посольские и торговые сношения России с Китаем (до XIX века). М. ,1882. С. 59–60.

下令在中俄边境备战，在西伯利亚部署俄国的正规军和非正规军，伺机发动侵华战争。但是，由于清朝在平定准噶尔之后，国力日盛，边防巩固，而且防俄之心从未懈怠，而俄国则连年穷兵黩武，国库空虚，兵员不足，无力在东西线同时开战，叶卡捷琳娜二世才未能立刻实现她征服中国的目标。然而，她对中国领土的图谋却是根深蒂固的。① 据诗人杰尔查文回忆说，叶卡捷琳娜二世生前曾对他说，她希望在临死之前看到土耳其人被赶出欧洲，也就是说，俄国的势力抵达世界的中心，同时希望能与印度建立贸易联系，或者说，从恒河中打捞金子，最后彻底制服中国的傲慢。② 为此，杰尔查文在1794年的一首名为《我的塑像》的诗中写道："我们占领世界中心，从恒河中打捞黄金，制服中国人的傲慢，好似雪松牢牢扎根。"③ 就连罗蒙诺索夫也曾给沙皇写过类似带有侵略意味的颂歌："让中国人、印度人和日本人，都在我们的法律前俯首称臣。"④ 可见，在18世纪俄国宫廷崇尚"中国风"的同时，以叶卡捷琳娜二世为代表的一些人将中国视为侵略的对象。这说明，与俄国宫廷"中国风"相伴的是俄国对远东战略利益的现实追求。

四、直观印象：中国使团

无论是来自西方的中国信息，还是来自东方的中国商品，中俄两国人民间的文化交流始终是间接地进行，这样难免在认识的过程中产

---

① 中国社会科学院近代史研究所：《沙俄侵华史》，第二卷，人民出版社，1978年，第39—41页。

② Объяснения на сочинения Державина, им самим диктованные родной его племяннице Е. Н. Львовой в 1809 году, изданные Ф. П. Львовым в четырех частях. Ч. 1. СПб. , 1834. С. 39.

③ Державин Г. Р. Сочинения Державина. Т. 1. СПб. , 1851. С. 221.

④ Maggs, Barbara Widenor. Russia and "Le Reve Chinois": China in Eighteenth-century Russian Literature, Oxford: Voltaire Foundation at the Taylor Institution, 1984. P. 108－109.

生许多偏差,而俄国商队和使团来华以及中国使团出访俄国,实现了两国人民面对面的交流。特别是清朝政府18世纪派往俄国的三个使团,在俄国的土地上展示了天朝大国的风范,使"书本上的中国"和"商品上的中国"的虚幻景象变得清晰,在俄国社会引起了一定的反响。

1712年,康熙派出以殷扎纳为首的使团,慰问驻扎在俄国境内伏尔加河下游的蒙古土尔扈特部,内阁侍读图理琛作为史官同行,来去共用了3年时间,行程约3万里,顺利完成使命。图理琛将所经过之地的风土民情详细地进行了记录,回国后写成一部翔实生动的游记作品——《异域录》。使团虽然没有去俄国的首都,所经之地大都是俄国的乡村城镇,但有俄国地方官迎来送往,"排兵列帜,鸣枪放炮,鼓吹迎接",其声势自不待言。在深刻全面了解俄国国情的同时,使团也自觉地宣传中国文化,在交流过程中将中国的历史、地理、官制、典章、物产、民族风情等信息传递给俄国人民。图理琛以其丰富的学识在这方面发挥了突出的作用,"以致于俄国官员向沙皇报告称图理琛为'天朝使者','知识高明'"。[①]

1729年,为祝贺彼得二世登基,雍正皇帝派遣托时和满泰率使团出使俄国,1731年1月到达莫斯科,新女皇安娜(1730年登基)接见了中国使团。托时乘坐女皇的车辇,使团成员另乘坐8辆轿式马车,浩浩荡荡进入克里姆林宫,雍正皇帝赠送给俄皇的礼品装在18个漆木箱子里,由士兵抬着走在马车前面。俄女皇为使团举行了三次欢迎仪式,场面宏大。随后,满泰率领一部分使团成员由莫斯科前往慰问土尔扈特部,最后在托博尔斯克与托时部会合,于1732年2月回到恰克图。

在托时和满泰使团还没有回到北京的时候,清政府又于1731年派出了德新使团,为的是回应俄国政府的咨文,前往祝贺新女皇安娜登基。1732年4月26日,使团到达亚历山大涅夫斯基修道院,等待进入圣彼得堡的指令。次日,俄国方面在海军部广场举行了隆重的欢

[①] 李明滨:《中国与俄苏文化交流志》,上海人民出版社,1998年,第53页。

迎仪式，步兵团击鼓奏乐，鸣放31响礼炮。28日女皇接见了清朝使臣，而后赐宴款待，晚上又邀请使团出席舞会并观看烟火。① 使团向女皇赠送了雍正皇帝的礼物，装满了19个大箱子，有玉石、瓷器、漆器、玻璃器皿、书房木器、首饰匣、香袋和各色锦缎等。6月6日，使团还参观了声名显赫的圣彼得堡皇家科学院，观看了科学家们的实验演示。据说使团成员曾对德国人当年赠送给彼得大帝的一个直径超过3米并可以自转的地球仪很感兴趣。此外，他们看到了彼得一世当年亲自用车床制造的物品。包括拜耶尔在内的许多院士都参加了接待工作，拜耶尔还尝试用汉语与中国使团进行交谈。圣彼得堡皇家科学院向中国使团赠送了科学院的学术刊物以及拜耶尔的《中文博览》。② 科学院印刷厂专门为中国使团访问科学院印制了精美的签名纸，特别用汉字印刷"大清雍正皇帝"几个汉字，有俄、满、拉丁文对照，德新、巴延泰和福卢在上面签名致谢，在俄罗斯科学院档案馆中至今保存着这份文件。③ 使团后来又到莫斯科访问，参观了那里的若干工厂，于8月乘坐100辆大车前往下新城、喀山等地，最后经托博尔斯克和恰克图回国。俄国为接待托时和德新使团支付了大量的车船食膳费用，接待规格高，声势宏大，在俄国社会产生了广泛的影响。

  俄国是中国使团出使的第一个欧洲国家。18世纪清朝政府派往俄国的三个使团，作为中俄文化交流的早期使者，经过长途跋涉，不仅深入细致地观察了俄国人民的生活，将俄国的政治、历史、地理和风俗介绍给中国人民，同时，通过与俄国各阶层人士的直接交往，特别是与俄国知识分子的接触，进一步激发了俄国社会对中国的兴趣，将一个直观、鲜明的"中国形象"带到了俄国民众面前。

  通过分析可以发现，与发生在18世纪的西欧"中国风"相比，

---

① Мороз И. Т. Первое китайское посольство в С. -Петербурге(1732)//Восточный архивю № 2(22).

② Радовский М. И. Посещение Петербургской Академии наук китайскими гостями в 1732 г.//Из истории науки и техники в странах Востока. Вып. 2. 1961.

③ Радовский М. И. Первая веха в истории русско-китайских научных связей//Вест. АН СССР. 1959. №9.

俄国"中国风"除具有与欧洲一样的特征外,还具备一些独到之处。首先,俄国"中国风"在时间上要比欧洲晚,源于彼得一世时期,兴盛于叶卡捷琳娜二世在位的18世纪下半期,而此时的欧洲"中国风"已呈颓势。究其原因,一方面是由于许多思想来自西方,俄国自然事事都要慢上一拍。另一方面是由于叶卡捷琳娜二世本人对中国文化的推崇。与此同时,这一时期恰克图贸易的进一步活跃以及中国商品的大量涌入,无疑也是造就俄国"中国风"的一大条件。其次,俄国"中国风"赖以产生的源头较多。这股风一方面随着法国启蒙思想传入自西而来,另一方面又随着中俄贸易的"茶叶之路"自东而来,最后在俄国帝京和其他大城市相会,从而形成了这股与欧洲相比有过之而无不及的"热浪"。此外,中俄两国的地缘关系以及密切交往,使俄国在获得中国信息和感受中国文化方面具有得天独厚的优势。俄国东正教驻北京传教团、来华商队以及中国使团出访俄国均对增进两国人民的相互了解发挥了重要作用。再次,俄国的"中国风"在18世纪俄国社会各阶层中具有不同的表现形式。俄国沙皇热衷于建造中国式园林、收藏中国文物、效法中国的封建统治方式,崇拜中国的儒家思想。贵族们偏爱中国的家具、陈设,喜欢饮茶,穿丝绸服装,同时在自己的府上布置中国风格的房间。普通民众则更喜欢中国生产的棉纺织品以及价格低廉的瓷器。也可以说,俄国上层社会注重的是中国物品的装饰性,而下层民众则更注重其实用性。最后,俄国"中国风"时期某些中国文化成分逐渐融入了俄罗斯文化,并产生了新的文化样式,成为俄罗斯民族文化不可分割的重要组成部分。茶叶文化自中国传入俄罗斯以后,经过几百年在俄罗斯文化环境中的传递和嬗变,已经发展成了一种独特的俄罗斯茶文化。除俄语中存在大量以茶叶为主题的谚语和俗语外,生活中产生了诸如"茶炊"这样独具民族特色的饮茶器皿以及独到的饮茶方式。

从表面上来看,18世纪的俄国"中国风"只是历史长河中刮过的一股"疾风",稍纵即逝,很快就烟消云散了。殊不知,正是在这一时期,许多优秀的中华文明成果传播到了俄国,在俄国民众中树立起优美而高大的中国形象。俄国"中国风"是中国文化向俄国的一次大输出，是俄国汉学诞生的有利背景，在中俄文化交流史上占据重要地位。

第四节 俄国早期汉学家

自 1715 年首批俄国传教士来京，到 18 世纪末，俄国一共派出了 8 届传教团。由于学生在来华前没有受过学术训练，成材率不高，罗索欣、列昂季耶夫、阿加福诺夫、安·弗拉德金和利波夫措夫堪称其中的佼佼者。而早期神职人员素质普遍低下，直到第八届才出现了格里鲍夫斯基这样一位在汉学领域有所建树的传教士。尽管第八届传教团在华期间跨越了 18 与 19 两个世纪，作为第八届传教团学生的利波夫措夫和作为领班的格里鲍夫斯基的著述也多完成于 19 世纪初，但其汉学研究的内容和方法更具有 18 世纪的特征。

一、罗索欣

罗索欣是由俄国东正教驻北京传教团培养的第一位汉学家，其丰富的译作具有无可怀疑的价值，但由于大都是手稿，其成就长期未受到后人的重视，就连著名东方学家巴尔托尔德院士在其著名的《欧洲与俄国的东方研究史》中也没有提到他的名字，在著名的《布罗克豪斯——艾弗隆百科辞典》中也只记载了寥寥数笔。尽管法国汉学巨匠伯希和（Paul Pelliot，1878—1945）早在 1925 年就提出了应该研究罗索欣的想法，但一直到 1945 年，由苏联学者塔拉诺维奇撰写的《伊拉里昂·罗索欣及其汉学著作》一文才在《苏联东方学》杂志上发表，勾勒了罗索欣一生的活动情况。20 世纪 50 年代至 70 年代，以斯卡奇科夫为代表的俄国汉学史研究专家通过发掘 18 世纪的历史档案资料，基本上梳理清楚了罗索欣的汉学成就，最终确立了其在俄国汉学史上的地位。

1. 北京生活

1714 年彼得大帝命令全国所有修道院开办初级学校，规定神职人员必须将 7 岁至 15 岁的孩子送到修道院学校接受一段时间的教育。1725 年伊尔库茨克主升天修道院建立了一所学校。与其他学校不同的是，为了适应中俄贸易对翻译人才的需求，这里还教授蒙古语。1727 年，在修道院修士大司祭普拉特科夫斯基（Антоний Платковский，?—1746）的主持下，这所学校更名为"蒙俄学校"，在校学生一般为 25 人，从邻近的三所修道院招收学生。罗索欣 1717 年出生在色楞戈斯克附近的希洛克村的一个神父家庭。1726 年进入主升天修道院附属学校读书。1728 年，普拉特科夫斯基被任命为第二届俄国东正教驻北京传教团领班，罗索欣与其他两位同学舒利金（Г. Шульгин，?—1736）和波诺马廖夫（М. А. Пономарев，1712—1738）由于学习出色而被指定为第二届传教团学生赴北京学习。

罗索欣到达北京后，进入国子监俄罗斯学，与中国监生获得同样的待遇。来华前学过蒙古语的经历对他的满语和汉语学习有很大益处。在俄罗斯科学院图书馆手稿部至今还保存着罗索欣在北京学习时的笔记本，扉页上写着"满语和汉语学习簿"以及年份"1730 年"。这表明罗索欣是在抵京后的第二年开始使用这个笔记本学习满汉语言的。笔记本实际上是一个会话手册，共有 52 篇课文，182 页，内容包括日常生活的各个方面，每页竖着分成三栏，分别写着俄语、汉语和满语的对应语句。从笔迹判断，其中汉语和满语显然是由一个中国人代写的，很可能就出自国子监的满汉助教之手。这是俄国东正教驻北京传教团学生流传于世的第一本学习材料。笔者以为，罗索欣这个学习簿乃是舞格寿平于雍正八年（1730 年）出版的《满汉字清文启蒙》译本。三槐堂刊行本中有作忠堂主人程远明题序，曰："《清文启蒙》一书，乃吾友寿平先生著述，以课家塾者也。其所注释汉语，虽甚浅近，然开蒙循序，由浅入深，行远自迩之寓意焉。况牖迪之初，非此晓畅之文，亦难领会。诚幼学之初筏，入门之捷径也……"① 罗索欣将这段前言也翻译了出来，但斯卡奇科夫误以为这是罗索欣自己所撰，因而将文中的"寿平先生"当作罗索欣的朋友。②

1735 年，18 岁的罗索欣被清政府聘为理藩院通译，从 1738 年起为内阁俄罗斯文馆教习。他与文馆培养的优秀学生富勒赫③共同致力于将斯莫特利茨基（Мелитий Смотрицкий，约 1578—1633）的《俄语语法》翻译成满语，称作《俄罗斯翻译捷要全书》。罗索欣回国后，第二届传教团学生阿列克塞·弗拉德金和富勒赫继续翻译，终于在 18 世纪上半期为中国学生编就了第一本俄语教科书。④ 教科书从内容上可分为三部分。在导论部分，富勒赫介绍了俄罗斯文馆成立的过程以及俄语字母的读音和书写方法。第二部分是语法，主要包括正字法、词法、句法等内容。第三部分是学生行为准则和俄语学习方法。⑤ 该手稿一共由 14 个本子组成，包括富勒赫序言、俄文字母和语法入门、"言语变易"（动词）、"助语"（连接词）、"文旨剖析"（文言解义）、"正面之语发明"（言语与动词分类）、"阳类单双单"（变格法）、"动之意"（前置词）、"总汇"（词汇搭配）、"文理用法"（文言使用规则）以及各种词形变化方式。有《清文启蒙》的摘译，还有"翻译读书要法"。⑥ 作为中国俄语教学历史上的第一部教科书，此书对于研究中国俄语教学与研究史、中俄文化交流史均具有重要意义。在

---

① 舞格寿平：《满汉字清文启蒙》，三槐堂刻本，清雍正八年。
② Скачков П. Е. Очерки истории русского китаеведения. М. ,1977. С. 42.
③ 俄罗斯文馆培养的俄语人才。史载富勒赫 1763 年曾经翻译俄国政府的公文，并接待俄国来京商队，其俄语水平由此可见一斑。见 Саркисова Г. И. Миссия российского курьера И. И. Кропотова в Пекин в 1762—1763 гг.（архивные материалы）//Восток–Россия–Запад：Ист. и культурол. исслед. : К 70 - летию акад. В. С. Мясникова. М. ,2001.
④ 肖玉秋：《清季俄罗斯文馆延聘俄人教习研究》，《史学月刊》2008 年第 12 期。
⑤ Волкова М. П. Первый учебник русского языка для китайских учащихся// Краткие сообщения Института народов Азии АН СССР. Т. 61. М. ,1963.
⑥ Попова И. Ф. Становление лексикографии китайского языка в России//Страны и народы Востока. Вып. XXXV：коллекции，тексты и их《биографии》. М. ,2014.

1772 年由启蒙思想家诺维科夫编写的《俄国文人历史词典》的"罗索欣"词条是笔者迄今所见最早的关于其生平的介绍:"伊万·罗索欣,曾为皇家科学院汉满文翻译,编写有《俄汉满文会话》。他将满人的历史翻译成了俄文。这些书的手稿藏于皇家图书馆。"①

　　1925 年,伯希和曾前往苏联调查那里的汉籍收藏情况,在列宁格勒发现了这部书的手稿并撰文介绍。伯希和意识到罗索欣虽名不见经传,但却是俄国汉学史上的重要人物,甚至产生了有朝一日为其立传的想法。他写道:"列宁格拉德古代文字博物院②(Likhačëv③ 旧藏)藏抄本,十四本(序一本,文十三本),题俄罗斯翻译捷要全书,写以满汉俄三种文字。前有 Fulohe 序,此人就是译此俄语文法的人,可以说是汉译第一部俄语文法本。他同拉里婉(Hilarion, Larion Rossokhin)④ 译前十本,同阿列克写(Aleksěĭ)译后三本。Rossokhin 未尝以东方学者名,我拟有一日为作一传。他出生于西伯利亚,在一七四〇年左右离北京,而在一七六一年殁于圣彼得堡。阿列克写就是 Aleksěĭ Leont'evič Leont'ev 曾在一七四二年赴北京,留居约十年左右。如此看来,Fulohe 译俄语文法为满汉文时,应在一七三五年至一七四五年间。"⑤

　　此外,罗索欣北京时期就已经完成了几部译作。《1730 年中国北京纪事》记录了当年发生在中国的两次日食,北京 9 月 19 日大地震死难者达 7 万之众,以及黄河决堤泛滥等消息。《1735 年中国钱粮交纳情况》完成于 1736 年,有"译自中国刊印书籍"的标注。另外有

---

① Новиков Н. И. Опыт исторического словаря о российских писателях. Из разных печатных и рукописных книг, сообщённых известий, и словесных преданий собрал Николай Новиков. СПб. ,1772. С. 191.
② 即列宁格勒古代文献博物院。——笔者注
③ 利哈乔夫,苏联历史学家、苏联科学院院士、列宁格勒古代文献博物院创办者兼馆长。——笔者注
④ 即罗索欣。——笔者注
⑤ [法]伯希和著:《俄国收藏之若干汉籍写本》,载冯承钧译《西域南海史地考证译丛》,第二卷,商务印书馆,1995 年。

一本没有标题的手稿，上面写着"1736年5月15日于俄罗斯文馆译自中国刊印书籍"，记录了中国的地皮税和人头税等情况。在北京期间，罗索欣得到了一份《皇舆图》，将所有的地理名称用俄语标出，1737年由郎喀带回俄国并呈献给沙皇，罗索欣为此获得了准尉军衔，年俸从130卢布提高到150卢布。有学者认为这是罗索欣的"第一部学术著作"。① 当罗索欣1740年离开北京的时候，已经很好地掌握了满语和汉语，对中国文化及百姓的日常生活有了比较深刻的认识，并获得了一大批珍贵的中国图书。

2. 翻译满汉典籍

在1741年，当时24岁的罗索欣随同俄国外务院信使绍库罗夫（М. Л. Шокуров）返回俄国，被外务院派往圣彼得堡皇家科学院担任通译，并负责汉语和满语的教学工作。这一年的3月22日②是俄国汉学发展史上一个具有里程碑意义的日子。罗索欣在这一天正式成为圣彼得堡皇家科学院的一名成员，开始了他的汉满语教学和翻译生涯，一直到1761年逝世。

自从罗索欣进入科学院的那一天起，翻译就成为他生命的主要旋律。1747年，罗索欣根据中国的各种历史典籍，编译完成了一部中国古代历史著作《中国历史》，书后有中国度量衡表、中国古代都城、中国各省名称及蒙古地区行政区划等附录。罗索欣曾要求将其出版，但科学院的批示却是：继续审查，暂不予出版。③ 1748年圣彼得堡皇家科学院的德国历史学家格·米勒提议科学院从法文翻译杜赫德的

---

① История отечественного востоковедения с середины XIX века до 1917 года. М., 1997. С. 77.
② Таранович В. П. И. Россохин и его труды по китаеведению//Советское востоковедение. 1945. Т. 3; Куликова А. М. Востоковедение в российских законодательных актах (конец XVII в. - 1917 г.). СПб., 1994. С. 70. 罗索欣进入科学院的时间还有另外一种说法，为1741年3月23日，参见 Скачков П. Е. Очерки истории русского китаеведения. М., 1977. С. 43.
③ Скачков П. Е. Очерки истории русского китаеведения. М., 1977. С. 49.

《中华帝国全志》，然后责成罗索欣进行注释。罗索欣完成了格·米勒交派的任务，但手稿又被存入了科学院的图书馆。该书只有有关中国丝绸织造一章于1757年刊登在《学术趣谈月刊》上，其中关于中国帝王谥号的注释为罗索欣所为。有人以为《中华帝国全志》为罗索欣所译，显然有误。①

1750年罗索欣完成了从1745年就开始翻译的《亲征平定朔漠方略》，于6月30日向科学院进行了汇报。《亲征平定朔漠方略》由温达等撰，记述了康熙十六年（1677年）六月至三十七年（1698年）十月平定蒙古准噶尔部噶尔丹叛乱的始末。罗索欣为这个大部头著作的翻译付出了艰辛的劳动。这部著作的2671页译稿保存在俄罗斯科学院的档案中。在提交译稿时所写的报告中他对作品的性质进行了评价，指出其中汇集了中国皇帝的诏书、大臣的奏折和各种法令等重要史料，有很大的出版价值。而且"在世界汉学史上，这是这部著作的第一个译本"。② 尽管如此，罗索欣的愿望还是没能实现，否则，这将成为18世纪俄国汉学的一项重要成就。列昂季耶夫在翻译《亲征平定朔漠方略》（俄译本名为《中国人关于1677到1689年与准噶尔人战争的报道》）时参考了罗索欣的遗稿。苏联学者沙斯季娜在研究了这部手稿后认为罗索欣的译文质量非常高。③ 苏联突厥史学家兹拉特金（И. Я. Златкин，1898—1990）在撰写其《准噶尔汗国史》时广泛地使用了罗索欣的译文。

早在北京时期，罗索欣就开始翻译《元史》，但他很快意识到，翻译纪传体的断代史尽管有益，但卷帙浩繁，颇耗时日，因而果断决定翻译朱熹改编司马光《资治通鉴》而成的编年体史书《资治通鉴纲目》，最后在1756年完成。现在保存在俄罗斯科学院东方文献研究所

---

① Таранович В. П. И. Россохин и его труды по китаеведению//Советское востоковедение. 1945. Т. 3.

② Скачков П. Е. История изучения Китая в России в XVII и XVIII вв.// Международные связи России в XVII–XVIII вв. М.,1966.

③ Шастина Н. П. Перевод И. Россохиным источника по истории монголов конца XVII в.//Ученые записи ИВ. Т. 6. 1953.

的 2900 页的译稿是这部重要中国历史著作的第一个欧洲语言译本。①可悲的是，这部译作遭到了同样的命运，被放入科学院图书馆的档案中。斯卡奇科夫写道："《资治通鉴纲目》译作中叙述的历史虽然截止到 1225 年，但如果能及时出版，一定能促进我国汉学的发展。因为冯秉正（Joseph Marie de Mailla，1669—1748——笔者注）译自汉语的法译本直到 1777 年至 1785 年间才在巴黎出版。"② 从罗索欣开始，《资治通鉴纲目》成为俄国传教团学习中国历史的首选书籍，后来比丘林和卡缅斯基都曾翻译过此书。

从 1750 年开始，罗索欣在翻译书目的选择上接受格·米勒的指导。格·米勒对罗索欣的学识和勤奋给予了充分的肯定，在自己的有关西伯利亚的著作中大量使用罗索欣的译作。1764 年，即罗索欣去世 3 年后，格·米勒在《学术月刊》上连载了罗索欣生前完成的译自满文图理琛《异域录》的《1714 年前往伏尔加地区晋见卡尔梅克汗阿玉奇的中国使团旅俄记》。《异域录》于 1723 年在中国印行，不久就由法国汉学家宋君荣译成了法文，③ 但有所删节。1732 年格·米勒又从法文译成德文。看到罗索欣的译本后，格·米勒意识到法文本和德文本存在的缺陷，因为他觉得宋君荣有可能将部分重要内容删掉了。格·米勒在为罗索欣的译作所做的注释中将罗的译本与宋的译本进行了比较，认为罗的译文在准确性和完整程度方面都超过了宋的译本。加恩（Cahen Gaston，1877—1944）也认为罗索欣的译本"译得极好"，"尤其可贵的是，一些地理名词和人名等等译成汉语时往往被歪曲得难以辨认，在此书中都音译成俄文"。④ 由于俄国读者无法看到政府有关中国使团访问俄国的文件，因此内容丰富、文笔优美的《异域

---

① Maggs, Barbara Widenor. Russia and "Le Reve Chinois": China in Eighteenth-century Russian Literature, Oxford: Voltaire Foundation at the Taylor Institution, 1984. P. 118.
② Скачков П. Е. Очерки истории русского китаеведения. М., 1977. С. 50.
③ 关于《异域录》在海外的翻译情况，参见周祚绍：《图理琛和〈异域录〉》，《东岳论丛》1994 年第 5 期。
④ ［法］加斯东·加恩著：《彼得大帝时期的俄中关系史（1689—1730 年）》，江载华、郑永泰译，商务印书馆，1980 年，第 124 页。

录》译文的发表引起了民众对中国的兴趣。另外,格·米勒在《论西伯利亚古代》一文中分析了宋君荣和杜赫德的汉语专有名词音译,认为罗索欣在《中国历史》中使用的译名最佳,称他为最有经验的翻译。格·米勒作为罗索欣的学术指导肯定了他的功绩,但却没有为出版罗索欣的其他著作尽力。① 因为当时在科学院占主导地位的德国科学家始终把罗索欣当作提供资料的翻译,认为在自己著作中大量使用他的手稿是天经地义的事情。

1754 年,一名叫叶列米·弗拉德金(Еремий Владыкин)的地形测量员随俄国商队来华,回国后将一部《八旗通志》②交给了俄国枢密院。枢密院于 1756 年将此书转交给科学院,要求抓紧时间将其译成俄语。俄国政府之所以重视这部著作,是因为俄国社会以及学术界对满族的起源非常感兴趣,他们"企图回答所有熟悉中国近百年史的人们百思不解的一个问题:像满族这样一个弱小民族怎么能够征服中国,并在它的基础之上建立一个庞大帝国呢?"③ 罗索欣按照《八旗通志》中的八志(旗分、土田、营建、兵制、职官、学校、典礼、艺文)和八表(封爵、世职、八旗大臣、宗人府、内阁大臣、部院大臣、直省大臣、选举)将俄文译本分成 16 卷。遗憾的是,1761 年罗索欣不幸去世,生前只翻译了第一、二、三、六、七卷。其余各卷由列昂季耶夫译出。作为俄国汉学家第一次翻译中国历史典籍的实践,误译和缺陷时有出现。比如,译者在开篇便将《御制八旗通志序》中的"禹贡"译成了"一位名为禹贡的皇帝",将《奉敕纂修八旗通志谕旨》中的"职方"当成了君子的名字。第十七卷是译者注释,是全书最有价值的一部分,也是罗索欣和列昂季耶夫对中国历史、地理和民族的研究成果。此卷共 323 页,其中 256 页出自罗索欣之笔。《八旗通志》俄译本是罗索欣同列昂季耶夫共同努力的结晶,同时成为两

---

① Скачков П. Е. Очерки истории русского китаеведения. М. ,1977. С. 51 – 52.
② 从年代上判断,罗索欣翻译的是《八旗通志初集》。雍正五年(1727)奉敕纂修,乾隆四年(1739)成书。
③ Мясников В. С. Становление и развитие отечественного китаеведения// Проблемы Дальнего востока. 1974. №2.

人规模最大的一部译作。

在翻译《八旗通志》的过程中，时任圣彼得堡皇家科学院院长的罗蒙诺索夫发挥了重要作用。后人在他的档案中发现了一份由他签名的送呈枢密院的报告，其中详述了科学院对翻译《中国历史》（即《八旗通志》）的意见。报告中还写道，1756年3月29日枢密院将商队带回的《中国历史》送到科学院，责成罗索欣翻译成俄语。9月17日又下令科学院将此书中内容同欧洲出版的同类书籍相比较，如已有欧洲语言译本，则不必耗费精力翻译如此艰深的文字。如果欧洲没有，则建议翻译为俄语。格·米勒教授经过查证，称此书出版不久，在欧洲还没有译本，是一部极其有价值的著作。报告中请求枢密院为罗索欣增加一名助手和一名抄写员，以便更好地完成工作。[①] 罗蒙诺索夫不仅对《八旗通志》的翻译非常关注，而且在该书的出版过程中反对德国学者提出的出版删节本的建议，使其成为俄国汉学史上最早出版的大部头中国历史译作。1762年，罗蒙诺索夫会同科学院院长拉祖莫夫斯基向枢密院提交报告，请求为列昂季耶夫及罗索欣遗孀和子女发放奖金。[②]

从罗索欣流传于世的手稿可以看出，他兴趣相当广泛，中国的一切都是他学习和研究的对象。据斯卡奇科夫和塔拉诺维奇研究，罗索欣留给后世的译稿包括《名贤集》《三字经》《简明赋役全书》《亲征平定朔漠方略》《乾隆帝即位诏书》《清文启蒙》《小儿论》《二十四孝》《时宪历》《薛文清公要语》《两小儿辨日》《译自〈一统志〉的

---

① Овчинников Р. В. "Рапорт" М. В. Ломоносова и других академиков в Сенат о переводе "Истории Китайского государства"//Исторический архив. 1961. №6.
② Разумовский К., Ломоносов М. В., Тауберт И. Доношение Канцелярии АН в Сенат о выдаче А. Л. Леонтьеву и семье умершего И. К. Россохина вознаграждения за перевод книги о маньчжурском народе. 1762 июля 18//Ломоносов М. В. Полное собрание сочинений/АН СССР. М.；Л.，1950－983. Т. 10：Служебные документы. Письма. 1734－1765 гг. М.；Л.：Изд-во АН СССР，1952. С. 256－257，688.

日本简史》以及待考原典的《中国花炮制作法》①《中国帝王年表》《历代年表》《清朝皇帝、军队及京城情况》《哲学问答》和《教学用课本、对话及词汇》等。②

  罗索欣为俄国汉学的建立做出了重要贡献,但其生活一直很窘迫,经常入不敷出。生活的需要迫使罗索欣在回到圣彼得堡后不久就向科学院出售了自己从中国带回的书籍,共计52种,科学院的中国图书数量由此增加了许多。罗索欣为这批书编写了原文和俄文书目。从这批书的清单中可以体会出罗索欣的治学兴趣。第一类是语言文学书籍,有辞书、文法、谚语、民歌以及文学作品。第二类是历史、地理书籍和游记,占总数的四分之一。第三类是自然科学书籍,主要为医书。我们现在知道这些书中包括《御制天下一统志》《大清律例》《金瓶梅》《水浒传》和《三字经》等。③ 与北京耶稣会士有联系的奥斯捷尔曼被流放后,罗索欣被令协助统计其财产,于1742年将其收藏的23种中文图书移交给科学院。1748年罗索欣又建议科学院从各处集得中国图书15种。④ 当圣彼得堡皇家科学院派遣叶拉契奇来华购买中国物品以补充在1747年火灾中的损失时,罗索欣亲自开列书单。1761年,罗索欣在久病之后去世,其遗孀请科学院买下她丈夫留下的55种汉满文书籍和两幅中国地图(一幅用汉语标注地名,另一幅为满语),以解她生活急用。科学院委托列昂季耶夫为这些书和地图估

---

① 1961年,斯塔利科夫(1919—1987)撰专文介绍了罗索欣的这部手稿。参见 Стариков В. С. Ларион Россохин и начало изучения китайской пиротехники в России//Из истории науки и техники в странах Востока. Вып. 2. М. ,1961.

② Скачков П. Е. Очерки истории русского китаеведения. М. , 1977. С. 47 – 48. Таранович В. П. И. Россохин и его труды по китаеведению//Советское востоковедение. 1945. Т. 3.

③ Горбачева З. И. Китайские ксилографы и старопечатные книги собрания Института востоковедения Академии наук СССР (Общий обзор)//Ученые записки ИВ АН СССР. Т. 16. М. ,1958;История отечественного востоковедения с середины XIX века до 1917 года. М. ,1997. С. 85.

④ Таранович В. П. И. Россохин и его труды по китаеведению//Советское востоковедение. 1945. Т. 3.

了价。这是罗索欣卖给科学院图书馆的第二批书，内容包括哲学、天文学以及实用科学，还有一本他翻译的中国象棋竞技手册。这些图书进一步充实了科学院图书馆的汉学藏书。此外，斯卡奇科夫还在档案中发现了罗索欣的一份手稿，上面列举了巴黎图书馆有藏而俄国需要购买的62种满汉典籍。[1] 可以说，罗索欣及家人卖给科学院的汉满文书籍以及他协助科学院购买的书大大充实了俄国汉学藏书，连同他的译稿一起为俄国汉学的建立奠定了基础。

罗索欣一生完成译作30余种，生前和身后一共发表仅5种。[2] 尽管如此，俄罗斯汉学界仍然充分肯定他为俄国汉学建立所做出的开拓性贡献。苏联汉学家斯特列尼娜（А. В. Стренина）说："18世纪俄国科学的所有领域都获得了发展。而当谈到世界东方学的最初发展时，一般都会提起一批西欧的学者，他们将中国形诸笔墨，翻译了中国的典籍。大家公认比丘林的著作是俄国东方学的奠基之作。但是，世人特别不应当忘记两位东方学巨匠——罗索欣和列昂季耶夫，他们是汉语大家，将毕生都献给了汉学研究。""罗索欣和列昂季耶夫创作了许多惊世作品，为俄国东方学做出了巨大贡献。"[3] 拉多夫斯基（М. И. Радовский）说："罗索欣是俄国汉学的先锋，是俄国第一个汉学家。他在圣彼得堡科学院20年的工作以及在此之前的活动使他无愧于这一评价。"[4] 但是，我们也应看到，罗索欣的作品大多是译作，这一方面与其在科学院的工作性质有关，同时也与其自身的素质有很大关系。正如塔拉诺维奇所言，我们不应期望一个在俄国连中学都没有毕业、仅仅学习了一点俄语语法和蒙古语基础的小孩能对中国

---

[1] Скачков П. Е. О неизвестных рукописях Лариона Россохина//Народы Азии и Африки. 1965. №1.

[2] Таранович В. П. И. Россохин и его труды по китаеведению//Советское востоковедение. 1945. Т. 3.

[3] Стренина А. В. У истоков русского и мирового китаеведения//Советская этнография. 1950. №1.

[4] Радовский М. И. Русский китаевед И. К. Россохин//Из истории науки и техники в странах Востока. Вып. 2. М. ,1961.

进行科学研究。①

毋庸置疑的是,罗索欣创造了俄国汉学史上的许多第一:他是彼得堡皇家科学院第一个满汉语通译,第一个从事了大规模的中国典籍翻译,第一个从事满汉语教学的俄国人,②第一次编写了满汉语教材,同时也是第一个以汉学为终身职业的俄国人。自罗索欣开始,俄国汉学告别了使节报告时期,进入了一个科学的发展阶段。所以说,罗索欣是当之无愧的俄国汉学第一人。③

二、列昂季耶夫

罗索欣最著名的译作是《八旗通志》,但他只翻译了16卷中的5卷就去世了。他的未竟事业由一位几乎与他同龄的汉学家所继承,这就是俄国汉学的另一位先驱人物——列昂季耶夫。

列昂季耶夫1716年出生于莫斯科的一个征兵办公厅书吏家庭,先在斯拉夫-希腊-拉丁语学校学习,后入舒哥(Чжоу Гe,？—1751)开办的满汉语班,1741年到外务院工作。1742年自愿参加第三届俄国传教团。在北京时期,他取代回国的罗索欣担任清朝理藩院通译,并在俄罗斯文馆教授俄语。1755年随同俄第四届传教团回国,

---

① Таранович В. П. И. Россохин и его труды по китаеведению//Советское востоковедение. 1945. Т. 3.
② 详见本章第五节。
③ 关于罗索欣是俄国汉学史上第一人的问题,俄罗斯学术界的认识比较统一。只有当代俄罗斯著名汉学史研究专家霍赫洛夫对此问题提出了质疑。他认为较罗索欣先来到中国的第一届俄国东正教驻北京传教团学生沃耶伊科夫(Л. Н. Воейков,？—1734)(中国史籍中称之为"鲁喀")是俄国汉学第一人。1732年沃耶伊科夫奉郎喀之命将耶稣会士巴多明神父编写的《汉语拉丁语词典》用俄文标出意思,改订成《三体字书》。据第二届传教团领班普拉特科夫斯基在一份报告中称沃耶伊科夫已经完成了词典的翻译工作,但不知他在临终前交给了何人,此书手稿至今未现于世。参见 Хохлов А. Н. Л. Н. Воейков-первый россиянин-китаист//Актуальные проблемы китайского языкознания. Материалы 7-й Всероссийской конференции по китайскому языкознанию. М., 1995.

次年被任命为外务院翻译。他终身在外务院工作，翻译了很多中国典籍。与罗索欣不同的是，列昂季耶夫的20多种译作和著作都有幸出版。18世纪俄国共出版有关中国的书籍和论文120余种，他的译著即占其中六分之一，许多是欧洲的第一译本，并有详尽注释。[①] 此外，他身后留有大量手稿，内容涉及中国历史、地理、政策、制度和哲学等。

1. 儒家典籍翻译

由于18世纪俄国在文化思想上深受法国的影响，加之俄国沙皇叶卡捷琳娜二世与伏尔泰、狄德罗等保持有密切的个人关系，因此欧洲启蒙思想家们崇尚中国文化的倾向对俄国一部分上层人士产生了感染作用。俄国读者开始对中国孔子以及其他哲学家们的思想产生兴趣。编译自西方传教士著作的关于中国古代思想的文章和书籍在俄国传播开来。俄国最著名的启蒙思想家诺维科夫反对农奴制度，抨击统治阶层的贪污腐败和落后保守，在其出版的讽刺杂志《雄蜂》和《饶舌者》上不断发表介绍中国传统思想文化的文章。为避开官方的审查，诺维科夫采取各种巧妙手法影射当局甚至沙皇，其中一种方式就是刊载译自国外"赞颂"皇权的文章。列昂季耶夫、阿加福诺夫和安·弗拉德金等俄国早期汉学家在俄国社会思想的熏染下，翻译和发表了不少宣扬儒家思想的作品，自主或不自主地成为俄国启蒙思想家们的"同道"。其中，列昂季耶夫是俄国第一个大量翻译中国古代思想典籍的汉学家。

列昂季耶夫首次将《易经》摘译为俄文。《易经》是中国儒家典籍，六经之一。《易经》虽属占卦书，但在其神秘的形式中蕴含着深刻的理论思维和朴素的辩证观念。例如，它承认事物存在着对立面，六十四卦由三十二个对立卦组成，其卦的爻象和爻辞反映了自然界和

---

① 列昂季耶夫著述目录参见 Лебедева Е. П. К библиографии трудов китаеведа А. Л. Леонтьева(1716–1786)//XVIII научная конференция《Общество и государство в Китае》. Ч. 3. М. ,1987.

社会生活中的"大人"和"小人"、吉和凶、得和失、益和损、泰和否、既济和未济等一系列对立统一的现象。《易经》不仅在中国哲学史上占有重要地位,而且在中国与西欧文化交流史上扮演过极其重要的角色。17世纪末18世纪初,德国科学家莱布尼茨与长居中国的耶稣会士白晋建立了书信往来,并从后者介绍《易经》八卦排列方式中获得了灵感,发明了如今应用于计算机科学的二进制。1722年来华的耶稣会士宋君荣也对《周易》做了深入研究,将之译成法文,并于1750年出版。列昂季耶夫曾与宋君荣曾在圣彼得堡见过面。在宋君荣的建议下,他第一个用俄语摘译了《易经》,名为《中国书〈易经〉中的阴阳》,1782年作为《大清会典》附录出版。列昂季耶夫对《易经》的评价非常高。他写道:"对于中国人来说,这本书非常重要,位列所有古代典籍之首。中国人将这部书奉为世界上一切科学的基础。1769年一位来到彼得堡的法国神父说,在全世界,没有比这本书更古老的,学者们非常盼望能够看到这部书的欧洲文字译本。我听他这样说,便斗胆将此书翻译成俄文,以飨学界。然而,我尽己所能,也只翻译了个开头,后面有大量线条和术语,难以译出。"关于阴阳,他在注释中写道:"任何事物都有阴阳两个方面,二者互为依存,密不可分。阴阳是万物产生和完善的根源。"① 作为一个外国人,在18世纪就能对《易经》有如此准确的理解,不能不让人信服他的中国文化认知水平。在俄罗斯,《易经》全文一直到20世纪30年代才由楚紫气(Ю. К. Щуцкий,1897—1938)翻译成俄文出版。不管列昂季耶夫的译文是否完整和准确,但他作为第一个向俄罗斯社会介绍中国古代阴阳辩证理论的汉学家,其在俄国汉学史上的地位是显而易见的。

列昂季耶夫还是《大学》和《中庸》的第一个从满汉语直接翻

---

① О двойственных действиях духа Инь Ян из кит. книги, И Гин называемой// Тайцин гурунь и Ухери коли, то есть все законы и установления китайского, а ныне манчжурского правительства. Перевел с манчжурского на российский язык Алексей Леонтьев. Т. 2. СПб,1782. С. 301, 305.

译的俄译者，并做了详细的注释。① 列昂季耶夫从《钦定日讲四书解义》武英殿刻本中翻译了这两部儒家经典，同时还翻译了康熙御序。《大学》发表于1780年，俄文书名即为《四书解义—哲学家孔夫子的第一部著作》②。在列昂季耶夫《大学》译本问世的前一年，圣彼得堡皇家科学院刚刚出版了俄国剧作家冯维辛译自韩国英法文译本的版本，但列昂季耶夫认为自己的译本质量更好，呼吁有兴趣的读者对两个译本进行比较。《大学》着重阐述了个人道德修养与社会治乱的关系，以"明明德""亲民""止于至善"为修养的目标，提出了实现天下大治的8个步骤：格物、致知、诚意、正心、修身、齐家、治国、平天下，而修身又是最根本的。从天子到庶人"皆以修身为本"，社会的稳定和发展与每个社会成员的道德修养存在密切的联系。《大学》中蕴含的思想同18世纪下半期俄国的社会思潮产生了某种程度上的共鸣。当时的一些社会精英在法国启蒙思想的影响下，希望通过教育，提高民众的道德水平，从而在俄国建立一种理想的社会制度。

　　列昂季耶夫翻译的另一部儒家典籍《中庸》同样由圣彼得堡皇家科学院于1784年刊行，俄文书名为《中庸即常经—中国哲学家孔子》③。《中庸》中的某些内容与俄国沙皇极力标榜的开明专制思想有一定相通之处，特别是其中宣扬的9条治国思想（修身、尊贤、亲亲、敬大臣、体群臣、子庶民、来百工、柔远人、怀诸侯）成为某些进步人士对沙皇的期望。这也正是列昂季耶夫的译作得以出版的原因

---

① 意大利耶稣会士利玛窦曾将中国的四书译成拉丁文寄回本国。比利时传教士柏应理主持翻译、编写的《中国贤哲孔子》1687年在巴黎出版，书中包括了《大学》《中庸》《论语》和《孔子传》等部分。

② Леонтьев А. Л. Сы шу геи, то есть четыре книги с толкованиями. Книга первая филозофа Конфуциуса. Перевел с китайского и манжурского на российский язык надворный советник Алексей Леонтиев. СПб, 1780.

③ Джун Юн, то есть закон непреложный. Из преданий китайского философа Кун Дзы. Книга вторая. Перевел с китайскаго и манжурскаго на российский язык коллегии Иностранных дел Канцелярии Советник Алексей Леонтиев. СПб., 1784.

之一。对于俄国汉学史而言，列昂季耶夫的功绩在于他第一个全文翻译了《大学》和《中庸》。尽管列昂季耶夫的译文现在看来有一定的缺陷，但他向俄国民众传播中国文化的功绩却是值得肯定的。在他的汉学译著中，"《大学》和《中庸》这些儒家经典的翻译无疑是列昂季耶夫翻译活动的巅峰之作"。①

1770年，他在《雄蜂》杂志发表了一篇名为《中国哲学家程子谏皇帝书》的译文。此文来自《宋朝诸臣奏议》，为时任磁州知事的程珦向宋英宗提交的奏折，原文题为《上英宗应诏论水灾》。该文从防治水患说起，纵论治国之道，特别从国君"立志""责任"和"求贤"几个方面提出了许多精辟见解。这篇奏折实际上是北宋时期理学家伊川先生程颐于宋治平二年（1065年）代父而作，原文近5000字，列昂季耶夫仅节译了后半部分，从"臣所以为尤先者有三焉，请为陛下陈之：一曰立志，二曰责任，三曰求贤"开始。程颐有关"立志"的论述是对叶卡捷琳娜二世"开明"政策夭折的讽刺，同时也是对她在制定新法典方面"始锐而不克其终"的谴责。这段话的原文是这样的："所谓立志者，至诚一心，以道自任，以圣人之训为可必信，先王之治为可必行，不狃滞于近规，不迁惑于众口，必期致天下如三代之世，此可谓也。夫以一夫之身，立志不笃则不能自修，况天下之大体非体乾刚健其能治乎？自昔人君孰不欲天下之治，然而或欲为而不知所措，或始锐而不克其终，或安于积久之弊而不能改为，或惑于众多之论而莫知使用，此皆上志不立故也。"② 为了让读者更好地明白列昂季耶夫译作的寓意，诺维科夫特意在后面加了一段按语，看似颂扬女皇，实则是一种极其辛辣的讽刺："由于我们伟大女皇的圣明治理、她对臣民的关怀备至和不倦的辛劳，由于她树立了良好的社会风尚和提倡科学艺术，更由于她知人善任、执法如山，她的恩情真如江河经地、无所不在。总之，由于她所有的不朽业绩，我们可以得出这样的结论：假如这位中国哲学家活到现在的话，他就不必写这篇劝告

---

① История отечественного востоковедения до середины XIX века. М. ,1990. C. 86.
② （宋）赵汝愚编：《宋朝诸臣奏议》，上海古籍出版社，1999年，第421—422页。

给皇上，他只要劝告皇帝步叶卡捷琳娜大帝的后尘就可以进入永恒之宫了。"①

列昂季耶夫另外一篇译作名为《雍正传子遗诏》，② 1770年7月发表在《饶舌者》杂志上。公元1735年8月23日，雍正驾崩，其子弘历于当日根据遗诏登上了大清皇帝的宝座，改年号为乾隆，这就是历史上的乾隆皇帝。《雍正帝遗诏》是雍正皇帝的遗嘱，开头自述其自即位以来作为皇帝的责任、作为与艰辛："惟仰体圣祖之心以为心，仰法圣祖之政以为政，勤求治理，抚育蒸黎。无一事不竭其周详，无一时不深其祗敬。期使宗室天潢之内，人人品行端方，八旗根本之地，各各奉公守法。六卿喉舌之司，纪纲整饬，百度维贞，封疆守土之臣，大法小廉，万民乐业。十三年以来，竭虑殚心，朝乾夕惕，励精政治，不惮辛勤，训诫臣工，不辞详复。虽未能全如期望，而庶政渐已肃清，人心渐臻良善，臣民遍德，遐迩恬熙，大有频书，嘉祥叠见。"，而"宝亲王皇四子弘历，秉性仁慈，居心孝友，圣祖皇考于诸孙之中，最为钟爱，抚养宫中，恩逾常格，雍正元年八月朕于乾清宫召诸王、满汉大臣入见，面谕以建储一事，亲书谕旨，加以密封，收藏于乾清宫最高之处，即立弘历为皇太子之旨也。其后仍封亲王者，盖令备位藩封，谙习政事，以增广识见，今既遭大事，著继朕登极，即皇帝位。仰赖上天垂佑，列祖贻谋，当兹寰宇乂安，太平无事，必能与亿兆臣民共享安宁之福"。③ 许多学者以为，列昂季耶夫选择翻译并发表此文旨在奉劝叶卡捷琳娜二世应将皇位禅让给已经年满16岁的儿子保罗一世（Павел I, 1754—1801）。苏联汉学家费什曼（О. Л. Фишман, 1919—1986）对此提出了不同看法，她认为，诺维科夫刊登列昂季耶夫这篇译文的目的有两个，一是对叶卡捷琳娜二世

---

① Чензыя китайского философа совет, данная его государю//Трутень. Лист VIII, 23 февраля 1770. Издание П. А. Ефремова. М., 1865. С. 271-272.
② 在列昂季耶夫发表这篇译文之前，早在1740年即有匿名作者在《日历》杂志发表了译自法文的《雍正帝遗诏》俄文译文。
③ (清)胤禛著，魏鉴勋注释：《雍正诗文注解》，辽宁古籍出版社，1996年，第219—220页。

及其宠臣和谄媚者进行隐蔽的批评，二是向读者介绍雍正这位创造了理想国度的中国皇帝。同时，《雄蜂》和《饶舌者》很快被勒令停刊也与列昂季耶夫作品无关。① 斯卡奇科夫也持此观点，根据是《中国哲学家程子给皇帝的劝告》和《雍正传子遗诏》两译文 1772 年又通过了俄国政府的书报检查，被列昂季耶夫收入了《中国思想》一书，1775 年和 1786 年又再版了两次。② 此外，列昂季耶夫非但丝毫没有因此事受到牵连，反而后来受叶卡捷琳娜二世之命翻译《大清会典》。

《德沛是汉人》一书出版于 1771 年。由于中国学者难以看到列昂季耶夫这部译著的俄文原本，所以一直无法确定其汉籍原典和作者。而俄罗斯学者推测这是列昂季耶夫根据一位中国注疏家对儒家典籍的阐释编译而成，内容主要源自《孟子》。这部译作在选材上被认为是不成功的，因为要想读懂《德沛是汉人》，必须要对儒家哲学的基本思想有大致的了解。在俄罗斯科学院东方文献研究所的卡缅斯基档案中存有一册《德沛是汉人》，在书的末尾处有卡缅斯基亲笔评语："此书难以理解之原因有三：其一，原作科学性值得怀疑；其二，过于言简意赅；其三，不像是哲学著作，因而那里（指俄罗斯馆中外书房——笔者注）没有收藏。"③ 可以看出，卡缅斯基认为列昂季耶夫错误地选择了原著，没有充分考虑到俄国读者的接受能力。经考证，笔者确定此书原典为《实践录》，作者是清代著名满族理学家德沛。德沛，清宗室，字济斋。初以亲藩世嫡例得封公爵，固辞不就，闭户读书十余年，曾任国子监祭酒。德沛对《周易》研究尤其细密，多发先儒之所未发。雍正十三年（1735 年）封镇国公，卒于乾隆十七年，追谥仪亲王，《清史稿》有传。德沛以其《易图解》《实践录》与《鳌峰书院讲学录》等著作成为清代理学"八旗学派"的代表人物。康熙末年学者、著名方志学家靖道谟在为《鳌峰书院讲学录》所作序

---

① Фишман О. Л. Китай в Европе：миф и реальность（XIII-XVIII вв.）. СПб., 2003. C. 375.

② Скачков П. Е. Очерки истории русского китаеведения. М., 1977. C. 73.

③ История отечественного востоковедения до середины XIX века. М., 1990. C. 87.

言中云:"制府大公祖济斋先生以天潢贵胄,孝友纯至,辞千乘之封,潜心斯道,读书三十余年,贯穿百家……其所著《易图解》《实践录》二书,穷探理窟,当代名卿大夫之序论详矣……先生发诸儒之所未发,而兹录又畅衍。二书中所包涵蕴蓄引而未发之理,有功天下后世不浅也。"① 由此一斑可在某种程度上窥到德沛著作在当时的社会影响。《孟子》卷十一"告子章句上"中以大体小体来区分心和耳目,认为大人保养大体,故而成为大人,而保养小体,只满足声色欲望,则只能成为小人。孟子的人性学说引起德沛的共鸣,他亲撰《实践录》一书加以阐发。他在序言中这样写道:"为学之道,先后不同,而取舍或异,然狂狷同见于夫子,中庸在每日难能。由此观之,学者之趋向,实多过不及之患焉。余少读儒书,莫知先务,偶于孟子论大体小体一章,稍有所得,遂躬行之,积三十年,实有益于身心,敢以伸于同好。"② 列昂季耶夫选择翻译《实践录》最主要的原因显然是这部著作本身是宣扬儒家义理的重要著作,同时,由于德沛是清宗室当中有名的基督徒,有可能与曾在俄罗斯文馆担任教习的列昂季耶夫相识。

《实践录》通篇引经据典,义理深奥,将之直接从汉语翻译为俄文更是需要相当的勇气和汉学知识。对于这一点,列昂季耶夫也有充分的估计,他在译者序中说:"我所翻译的这部书中蕴涵了睿智的思想,只有优秀的哲学家才能够翻译明白,而非像我这样不懂哲学术语的普通人。因此,在我的翻译中有不少生硬晦涩、语焉不详之处。我译此书的目的是为了向你们介绍中国人,介绍中国的学者如何阐释书中的问题。"③ 笔者试从原作中摘录一段,来说明该书之难译:"在学庸为道统之本,性理之源。惟孟子发源继本,能充其广大,极其精微。故欲极本穷源者,必自孟子以求以庸及学也。大学之道,在自明

---

① 德沛:《鳌峰书院讲学录》,清乾隆年间刻。
② 德沛:《实践录》,清乾隆元年刻。
③ К любопытному читателю. Депей китаец. Перев. с кит. на росс. яз. А. Леонтиевым. СПб. ,1771.

其明德，自得之。又推以及人以新之。而在止于至善也……学之言大者，非谓成人始当学而童稚未当学。乃孟子所谓从其大体为大人之大也。公都子问曰：'钧是人也，或为大人，或为小人，何也？'孟子曰：'从其大体为大人，从其小体为小人。'曰：'钧是人也，或从其大体，或从其小体，何也？'曰：'耳目之官不思，而蔽于物。物交物，则引之而已矣。心之官则思，思则得之，不思则不得也。此天之所与我者。先拉乎其大者，则其小者弗能夺也。此为大人而已矣。'夫心乃一身主宰。为性之官，非血肉之心，能主宰一身。实居心官之灵性为之主宰也。灵性者何？天命与吾之大体也。以心为性者，如人称君曰朝廷，非朝廷能主宰天下，居朝廷之君主之也。"① 除附录《风云雷雨说》外，列昂季耶夫几乎全文翻译了《实践录》一书。在翻译风格上，列昂季耶夫采取了逐句直译的方法，并按照原文思想层次重新排列段落。列昂季耶夫将原书名《实践录》翻译成《德沛是汉人》容易使读者误认为是一个中国人的传记。窃以为列昂季耶夫是想通过这个书名说明像德沛这样的清宗室满人在思想上已与汉人无异了。

列昂季耶夫于1772年出版了《中国思想》。这本书出版后广受欢迎，1775年和1786年又再版了两次。1775年的版本与1772年相同，都是206页。这本书中包含清朝皇帝和历代大臣的治国专论。引人注目的是，列昂季耶夫对雍正的治国思想非常重视，这从《中国思想》的内容编排上得到印证。1786年版一共收录译文28篇，其中从《上谕八旗》《大义觉迷录》等作品中翻译雍正言论8篇，其余选自《古文渊鉴》《世宗宪皇帝御制文集》《汉书》和《名臣奏议》等。列昂季耶夫将此前出版的《格言》和《德沛是汉人》收入了《中国思想》，并分别改名为《中国文人格言》及《汉人本性的大臣德沛》。他在序言中这样写道："我所翻译的中国著作，包括一位中国皇帝的道德训诫和许多中国文人就各种问题阐发的建议和论断，讨论如何造福百姓和国家……此外，我还将介绍中国文人的格言警句，以及一位

---

① 德沛:《实践录》,清乾隆元年(1736)刻。

名叫德沛的大官的关于灵魂不灭的哲学思想。"①《中国思想》的第一篇即取自《世宗宪皇帝上谕八旗》卷五,俄译名为《一位中国皇帝对军人所发的关于禁止军人生活奢侈浪费的旨意》。经笔者查对,实为雍正五年四月十三日雍正给管理旗务诸王及满洲文武大臣等的谕旨。该文开篇曰:"上谕自古人生,以节俭为本,盖节俭则不至于困穷,糜费则必至于冻馁,此理所必然者也。本朝满洲,素性淳朴,凡遇出兵行围,俱系自备,并无违误而生计各足,近来满洲等不善谋生,惟恃主上钱粮度日,不知节俭,妄事奢靡。"②雍正严厉批评八旗子弟不思进取,贪图享受,坐吃山空。第二篇为《这位皇帝向大臣们发布的有关像信任和使用满人那样信任并使用汉人的旨意》,实为《世宗宪皇帝上谕八旗》卷六译文。此文倡导"天之生人,满汉一理",反对"有意猜疑,互相漠视"。③ 同时,列昂季耶夫还将《孙子》的部分译文收入其中,标题译为《一位中国先生关于战争的论述》,是为《孙子兵法》的首次俄译,与钱德明的译文同一年问世,因而与后者一同成为世界上最早将《孙子兵法》介绍到欧洲的人。④ 他显然不只对孙子的兵书感兴趣,因为他同时还翻译了晁错的《言兵事书》,俄译名为《太子家令晁错向皇帝言兵事》。

列昂季耶夫还将《上英宗应诏论水灾》和《雍正帝遗诏》译文收录到《中国思想》中。但值得注意的是,前后两个版本的译文间存在很大差别。1770年刊登在《雄蜂》杂志上的《上英宗应诏论水灾》译文标题为《中国哲学家程子给皇帝的劝告》,而在《中国思想》中

---

① К любопытному читателю. Китайские мысли. Перев. с манж. на росс. яз. А. Леонтьев. СПб. ,1786.
② (清)鄂尔泰等修,李洵、赵德贵、周毓方等校点:《钦定八旗通志》第1册,吉林文史出版社,2002年,第192页。
③ (清)鄂尔泰等修,李洵、赵德贵、周毓方等校点:《钦定八旗通志》第1册,吉林文史出版社,2002年,第209页。
④ 钱德明为法国耶稣会士。1750年奉派来华,次年奉乾隆皇帝召进京。他翻译的《中国军事艺术》于1772年在法国巴黎出版,其中包括《孙子》《吴子》和《司马法》,因此被后人推崇为把《孙子》引向欧洲的第一人。

是《程子治国论断》。《雍正帝遗诏》在《饶舌者》杂志上的标题为《雍正传子遗诏》,而在《中国思想》中则为《雍正给大臣们的遗嘱》。此外,《中国思想》中的译文简洁凝练,可以感觉到是从文言直译而来,有时不免影响读者透彻理解文本思想,而在《雄蜂》和《饶舌者》杂志中的译文行文流畅,阐述明晰,好似编译而来,更适合大众阅读口味。因此,有苏联学者认为是诺维科夫修改了列昂季耶夫的译文,将原来显得有些生硬的奏折文体代之以生动活泼的报刊文风,甚至在需要的地方增加了许多文字,有时甚至增加一些段落。①

《中国思想》同时引起西方学术界的关注,1778年和1807年分别在德国的魏玛和德雷斯顿出版了德文和法文译本。

1778年,列昂季耶夫出版了他翻译的《圣谕广训》②,俄文书名为《雍正皇帝于雍正二年(1724年)颁布的针对兵民的训诫》,1819年再版。此外,列昂季耶夫还在1782年将《圣谕广训》的译文作为《大清会典》附录出版③。《圣谕广训》是雍正对康熙十六条圣谕的阐述和发挥。从吃饭穿衣的小事,到统兵治国的大计,雍正把一个中国历史上公认的圣贤皇帝的人生和治国经验全部囊括其中,欲为后人提供宝贵的统治指南。雍正皇帝将此书颁发天下学宫,使其成为入学士子必读的功课。对于外国人来说,此书以儒家思想为指导思想,阐述了中国封建社会的经济、社会制度和政治本质,是他们学习汉语、了解中国的一本好书。由于社会影响巨大,《圣谕广训》从刊行之日起

---

① Фишман О. Л. Китай в Европе: миф и реальность(XIII-XVIII вв.). СПб.,2003. C. 374.

② Юнчжэн, имп. кит. Китайския поучения, Изданныя от хана Юнджена для воинов и простаго народа, во 2 году царствования его (в 1724). Перевел с китайскаго на российской язык секретарь Леонтиев. СПб.,1778.

③ Поучения к народу, изданы ханом Юндженом, отцем нынешего хана Кяньлуна//Тайцин гурунь и Ухери коли, то есть все законы и установления китайскаго (а ныне манжурскаго) правительства./Перевел с манжурскаго на российской язык Коллегии иностранных дел надворной советник Алексей Леонтиев Т. 2. СПб.,1782. C. 315-377.

就受到欧洲人的青睐，努力将其翻译成西文。苏格兰传教士米怜（William Milne，1785—1822）1817年在伦敦出版了英译本。伯多禄（Pedro Nolasco da Silva，1842—1912）的葡译本直到1996年才由澳门基金会出版。这样看来，列昂季耶夫的《圣谕广训》当是出版最早的欧洲语言译本。列昂季耶夫并非全文译出，而是选译了其中的十条（敦孝悌以重人伦、笃宗族以昭雍睦、和乡党以息争讼、重农桑以足衣食、尚节俭以惜财用、隆学校以端士习、讲法律以儆愚顽、明礼让以厚风俗、务本业以定民志、训子弟以禁非为），略去了其余六条（黜异端以崇正学、息诬告以全善良、诫匿逃以免株连、完钱粮以省催科、联保甲以弭盗贼、解仇忿以重身命）。这种取舍态度也从一个侧面显示了译者更注重中国的道德伦理和治国方略。

《格言》是列昂季耶夫的另外一部译著，初版于1776年①，1779年再版，列昂季耶夫未就原本来源进行任何说明。但是，从内容看，不是《庭训格言》的译本，而是译者对中国名言警句的汇编，内容很丰富，涵括了为人处世、齐家治国等多方面，但没有按照题材进行分类编排，读起来显得杂乱。我们在其中还发现了《淮南子·兵略训》的译文："将者必有三隧、四义、五行、十守：所谓三隧者：上知天道，下习地形，中察人情。所谓四义者：便国不负兵，为主不顾身，见难不畏死，决疑不辟罪，二所谓五行者：柔而不可卷也，刚而不可折也，仁而不可犯也，信而不可欺也，勇而不可陵也。所谓十守者：神清而不可浊也，谋远而不可慕也，操固而不可迁也，知明而不可蔽也，不贪于货，不淫于物，不嚾于辩，不推于方，不可喜也，不可怒也。"②

列昂季耶夫从满语和汉语文本翻译了中国蒙古学读物《三字经》和《名贤集》，合编成《中国蒙学》一书，1779年由圣彼得堡皇家科

---

① Ге янь, то есть умныя речи: перевел с китайскаго на российской язык А. Л. / пер. А. Л. Леонтьев. СПб. ,1776.
② 刘安：《淮南子》，河南大学出版社，2010年，第522页。

学院出版。① 《三字经》的内容分为六个部分，重点各有不同。从"人之初，性本善"到"人不学，不知义"，讲述的是后天教育对于儿童成长的重要性；从"为人学，方少时"至"首孝悌，次见闻"，以黄香和孔融德行为例，强调儿童必须知礼仪，懂孝道；从"知某数，识某文"到"此十义，人所同"，介绍诸如数字、四时、四方、五行、六谷、六畜、七情、八音、九族、十义等方面的生活常识；从"凡训蒙，须讲究"到"文中子，及老庄"，列举四书、六经、三易、四诗、三传、五子等儒家典籍和部分先秦诸子著作，中国学术发展简史依稀可见；从"经子通，读诸史"到"通古今，若亲目"，浓缩了自伏羲神农至清代朝代鼎革的一部中国历史；而从"口而诵，心而维"至"戒之哉，宜勉力"，则强调只有勤奋刻苦学习，将来才能有所作为，实现"上致君，下泽民"的抱负。在俄国读者眼里，《三字经》已经不像是蒙童课本了，而是地地道道的中国文化百科词典。"《三字经》包含的那套中国封建伦理和道德说教，与所谓'开明专制'的政治气氛颇为协调，因此，俄国官方喉舌《圣彼得堡通报》即于次年发表书评，将这本'诗体箴言'推荐给俄国公众。"② 列昂季耶夫是继罗索欣之后俄国第二个翻译《三字经》的人，但罗索欣的译文未能发表，所以，列昂季耶夫的译本就成为俄国第一个正式发表的《三字经》俄译本了。对于《三字经》，列昂季耶夫以他所谓的"散文体"进行翻译，力求在意思上符合原文的前提下，尽量体现原作的韵律。尽管句子长短不一，但由于按照俄罗斯诗歌的韵脚排列，读来也有一定的诗味。当然，与半个世纪后比丘林《三字经》译本相比，列昂季耶夫译本在注释方面要逊色很多。这部中国传统蒙古学读物中蕴含的大量典故和谚语无论如何是翻译不出来的，必须依靠详尽的注释来解决。列昂季耶夫翻译的《中国蒙学》在 18 世纪末被鄂木斯克

---

① 第一个将《三字经》翻译成英文的是英国伦敦会传教士马礼逊(Robert Morrison, 1782—1834)。1812 年,他翻译的《中国文学经典汇集》在伦敦出版,内容包括《三字经》《大学》《三教源流》以及《太上老君》等。
② 蔡鸿生:《俄罗斯馆纪事》,广东人民出版社,1994 年,第 92 页。

亚洲学校和塔拉县中学用作汉语教材。①《名贤集》为我国流传很广的古代启蒙读物,主要辑录关于为人、治家、处世的四言、五言、六言、七言格言或谚语,列昂季耶夫的译文同样不俗。他将四言、五言、六言、七言句分而译之。对一些俄国人不易理解的中国人名及其他俄文中没有对应词的专有名词,列昂季耶夫采取了译音加注释的方法,如孟子、四书、曾子、周公、伏羲、藤萝、公卿、夫子、灵芝、和尚、红缨和泰山等。②

从列昂季耶夫这些译作的选材上不难发现,他对雍正皇帝和大臣德沛的思想和言论极为重视,视两者为中国皇帝和大臣的优秀代表。通过他的译文,俄国读者看到了一位勤政爱民、励精图治的皇帝和知识渊博、思想深邃的大臣形象,与俄国宫廷形成鲜明反差。列昂季耶夫通过自己的翻译以及注释第一次向俄国社会全面介绍了中国的哲学思想,为中国文化在俄国的传播做出了贡献。但是,由于时代的局限,列昂季耶夫在阐释中国文化现象时,仍然无法摆脱耶稣会士的"索隐"思维模式,即拉近孔子与上帝的距离,极力"寻找儒学与基督教学说的契合点"。③ 特别是在一些中国哲学术语的翻译上借用了基督教的概念,从而在某种程度上影响了翻译的准确性。当然,对于生活在18世纪的列昂季耶夫来说,要解决至今还没有找到完备答案的中国文化词汇外译问题,其难度可想而知。他一方面想准确地传达原文,另一方面又希望自己所翻译的深奥的中国哲学著作能为读者理解,这或许就是他总在每一部译作的"译者序"中特别要表达"无奈"的原因所在。

---

① Первых С. Ю., Раскевич Т. В. Программы комплектования этнографических коллекций ОГИК музея (анализ коллекций и перспективы сбора)//Известия Омского государственного историко-краеведческого музея . №8. Омск,2001.

② Букварь китайской состоящей из двух китайских книжек,служит у китайцев для начальнаго обучения малолетных детей основанием. Писан на стихах, и содержит в себе много китайских пословиц. Перевел с китайскаго и манжурскаго на российской язык прозою надворный советник Алексей Леонтиев. СПб. ,1779. С. 5 – 49.

③ Китайская философия:Энциклопедический словарь/Гл. ред. М. Л. Титаренко. М. ,1994. С. 166.

2. 大清律法翻译

18世纪的俄国社会一方面崇尚中国的传统思想，另一方面也对中国国家管理制度抱有浓厚兴趣。俄国政府特别希望了解中国的法律，以期对完善俄国的君主统治有所裨益。列昂季耶夫受政府之命，翻译了《大清会典》①。关于这一点，列昂季耶夫在卷首语中写道："皇帝陛下命我翻译中国典籍，特别是这部从伊尔库茨克寄来的包括了中国政府所有法令的著作，而译本将由皇帝办公厅出资付印。领旨后，我孜孜不倦尽己所能地翻译此书。幸沐皇恩，斗胆将译本首卷敬献给陛下。"《大清会典》是记述清朝典章制度的官修史书，又名《清会典》，初修于康熙二十三年，成书于康熙二十九年，共162卷，雍正、乾隆、嘉庆和光绪朝四次重修。列昂季耶夫所译为康熙朝满文本。他采用编译的形式，概述了162卷中85卷的内容。此书分三卷于1781—1783年由俄国政府出资印刷，成为俄国汉学史上的一部汉学翻译力作，对于俄国的清代法律研究具有重要的学术参考价值。在译者序言中，列昂季耶夫表示自知有大量的汉文和满文的职官、堂院、地名、度量衡以及其他中国特有历史文化词汇"无须译出，或根本译不出"②，为了方便读者理解，专门编写了一份常见术语表，附于第二卷之后③。

---

① Тайцин гурунь и Ухери коли, то есть все законы и установления китайскаго (а ныне манжурскаго) правительства/Перевел с манжурскаго на российской язык Коллегии иностранных дел надворный советник Алексей Леонтиев. Т. 1 – 3. СПб., 1781 – 1783.

② Предуведомление//Тайцин гурунь и Ухери коли, то есть все законы и установления китайскаго (а ныне манжурскаго) правительства./Перевел с манжурскаго на российской язык Коллегии иностранных дел надворной советник Алексей Леонтиев Т. 1. СПб., 1781.

③ Алфавит на китайския и манжурския названия, в книге сей находящияся, по буквам Российским, со объяснениями//Тайцин гурунь и Ухери коли, то есть все законы и установления китайскаго (а ныне манжурскаго) правительства./Перевел с манжурскаго на российской язык Коллегии иностранных дел надворной советник Алексей Леонтиев Т. 2. СПб., 1782. С. I–XXX.

《大清会典》俄译本 3 卷共计 85 章，其中第一卷包括 30 章，第二卷包括 21 章，第三卷包括 34 章。其中第二卷很特别，全书 408 页，《大清会典》的译文只占 299 页，其余是与中国法律不相干的附录：А. 关于中国医书《明医》中的人体内脏；Б. 中国书《易经》中的阴阳；В. 雍正帝《圣谕广训》。最后还有 30 页的《大清会典》汉满文专有名词列表。①

　　在耶稣会士们更多关注中国哲学思想的同时，俄国汉学家率先在欧洲大量翻译中国律法，而且多在政府的支持下进行。这说明俄国政府在对华关系方面从一开始就更多地考虑实际利益。正如玛格斯所言："根据高迪爱（Henri Cordier，1849—1925——笔者注）的《西人论中国书目》，18 世纪西欧谈到中国法律体制的只有 1783 年问世的《百科全书》中的'法理'那一部分，另外钱德明所著《北京传教士关于中国历史、科学、艺术、风俗习惯录》谈到了中国的医学制度著作和法律文献。而在俄国，通过列昂季耶夫翻译《大清会典》，中华帝国的许多法律制度得以为俄罗斯民众所了解，而且，这种翻译活动还得到了俄国政府的支持。"②

3. 中国史地著作翻译

　　与罗索欣合作完成翻译的《八旗通志》是列昂季耶夫最著名的译著之一，也是 18 世纪俄国汉学的杰出成就。罗索欣受命翻译《八旗通志》，在他 1761 年去世之前只翻译了第一、二、三、六、七卷。其余各卷由列昂季耶夫译出。第十七卷是译者注释，是罗索欣和列昂季耶夫对中国历史、地理和民族的研究成果。尽管俄国政府非常重视这

---

① Тайцин гурунь и Ухери коли, то есть все законы и установления китайскаго（а ныне манжурскаго）правительства. /Перевел с манжурскаго на российской язык Коллегии иностранных дел надворной советник Алексей Леонтиев Т. 2. СПб., 1782.

② Maggs, *Barbara Widenor. Russia and "Le Reve Chinois": China in Eighteenth-century Russian Literature*, Oxford: Voltaire Foundation at the Taylor Institution, 1984. P. 136-137.

部著作的翻译工作并计划在完成翻译后立刻付印，但其出版仍然颇费周折。1762 年，列昂季耶夫完成了《八旗通志》的翻译工作。在科学院任职的德国历史学家和语文学家施勒策尔（А. Л. Шлёцер，1735—1809）在审稿期间企图攫取罗索欣和列昂季耶夫的成果，极力阻挠该作在俄国出版，试图拿到国外发表，被罗蒙诺索夫院长开除。斯卡奇科夫认为，《八旗通志》的出版过程也是罗蒙诺索夫与科学院德国学者斗争的过程。① 《八旗通志》的出版工作持续了 23 年，到 1784 年才出版了最后的第十六和第十七两卷。至此，俄国早期汉学史上一部重要的译著终于得以问世。②

列昂季耶夫翻译的《亲征平定朔漠方略》出版于 1777 年，俄译本名为《中国人关于 1677 到 1689 年与准噶尔人战争的报道》③。他在前言中声称，为了照顾俄国读者的感受，在翻译过程中略去了冗长的战争细节描述。

《大清一统志简编》是列昂季耶夫的又一部译著④，出版于 1778 年，内容来自《大清一统志》。《大清一统志》为清朝官修地理总志，从康熙二十五年（1686）至道光二十二年（1842），前后编辑过 3 部：即康熙朝《大清一统志》、乾隆朝《大清一统志》和《嘉庆重修一统志》。列昂季耶夫所依据的原本为乾隆八年（1743）版。这部著作被誉为"内容最丰富最完善的地理总志"。列昂季耶夫避冗就简，将有

---

① Скачков П. Е. Очерки истории русского китаеведения. М. ,1977. С. 67.
② 1883 年美国传教士裨治文（E. C. Bridgman,1801—1861）在《中国丛报》刊登《八旗通志》和《大清一统志》的英文节译，是为这两部清代史地著作的最早西欧语言译本。
③ Леонтьев А. Л. Уведомление о бывшей с 1677 до 1689 года войне у китайцев с зенгорцами. /Выписал из китайской истории секретарь Леонтиев. СПб. ,1777.
④ Кратчайшее описание городам, доходам и протчему китайского государства, а при том и всем государствам, королевствам и княжествам, кои китайцам сведомы. Выбранное из Китайской государственной географии, коя напечатана в Пекине на Китайском языке при нынешнем Хане Кян Луне. Секретарем Леонтиевым. СПб. 1778.

关中国最重要的地理和经济信息翻译出来并汇集成书。他就书中有关东正教堂的记载做了这样的说明："一处在俄罗斯馆,俄国来人在那里落脚并居住,另一处在俄人街区,那里居住着阿尔巴津人的后裔。阿尔巴津人是被中国人俘虏到北京的,1689年戈洛文使节将他们留在了中国。这些人组成了一个兵营,被称为俄罗斯佐领,即俄罗斯兵营,现在依然被这样称呼。那里的教堂位于官地之上,同时收取地租。"① 这些信息无疑对中俄关系史研究具有一定的参考价值。

列昂季耶夫也对图理琛的《异域录》产生了兴趣。继罗索欣之后,他再次将其翻译成俄文,冠名曰《中国使臣出使卡尔梅克阿玉奇汗,附对俄国领土与风俗的描述》,于1788年在圣彼得堡出版了单行本②。但是,这部译稿显然不太成功,被加恩认为"毫无科学价值",原因是译者"将一些地理资料按系统排列,将一些谈话改成人物对话,数字往往弄错,困难的段落漏而不译,而且没有全译本(指罗索欣译本——笔者注)所具有的序言和跋"。③ 这种评价显然有失公允,因为列昂季耶夫将地名和人名作为小标题,使得内容层次更加清晰,而将使团与西伯利亚总督加加林以及使团与阿玉奇汗的对话分段单列,增加了译文的生动性和可读性。从俄罗斯读者的接受角度考虑,列昂季耶夫的这种适度改编应该是成功的。当然,也有苏联学者也认为,尽管列昂季耶夫的译本问世比罗索欣的译本晚18年,但还是罗索欣的译文水平更高,1978年被重新整理发表。④

---

① История отечественного востоковедения до середины XIX века. М.,1990. С. 89.
② Ту Ли Шень. Путешествие китайскаго посланника к калмыцкому Аюке хану, с описанием земель и обычаев Российских/перевел с манжурскаго на российской язык коллегии Иностранных дел Надворный Советник Алексей Леонтиев. СПб.,1782.
③ [法]加斯东·加恩著:《彼得大帝时期的俄中关系史(1689—1730年)》,江载华、郑永泰译,商务印书馆,1980年,第124页。
④ Русско-китайские отношения в XVIII веке. Материалы и документы. Т. 1. 1700-1725. М.,1978, С. 437-483.

4. 其他

基督教在华传播的历史与现状也是列昂季耶夫关注的课题。1764年，他从《京报》上翻译了1692年康熙皇帝发布准予传教上谕。这道"议奏"在西方被誉为《1692年宽容敕令》，传教士则称它标志着天主教在中国的"黄金时代"的到来。上谕曰："西洋人万里航海而来，现今治理历法、用兵之际力造军器火炮、差往俄罗斯，诚心效力，克成其事，劳绩甚多。各省居住西洋人并无为恶乱行之处，又并非左道惑众，异端生事。喇嘛僧等庙，尚容人烧香行走，西洋人并无违法之事，反行禁止，似属不宜。相应将各处天主教俱照旧存留，凡进香供奉之人，仍许照常行走，不必禁止。"① 但是，列昂季耶夫的译文发表后产生了一种效果，就是俄国读者就此以为耶稣会士一直都在帮助中国与俄罗斯为敌，竭力阻挠俄国传教士和使节与中国建立稳定的关系。与这篇文章一起，他还翻译发表了《大秦景教流行中国碑》，向俄国读者介绍基督教在中国的早期传播历史。此外，他将《天神会课》14 章中的 9 章从汉语翻译成俄语，于 1781 年以《天神课》为书名由皇家科学院印刷厂出版②。这本书前言的署名是：Пангоган в Пекине。笔者以为，Пангоган 应为潘国光的俄文译音。这说明，列昂季耶夫依据的原本作者为意大利耶稣会士潘国光（Francois Brancati, 1607—1671）1661 年出版的《天神会课》。译者将"天神会"简化为"天神"，显然有拒绝天主教之形而保留基督教教义之实的用意。这样，通过列昂季耶夫的翻译，"天神会之课"便成了"天神之课"，同时还增加了一个副标题"天神对答"。

1775 年列昂季耶夫出版了一本译自中国农书的小册子《论中国

---

① 许明龙：《中西文化交流先驱——从利玛窦到郎世宁》，东方出版社，1993 年，第 121 页。
② Бранкати Франческо. Тянь Шинь ко, то есть Ангельская беседа/Перевел с китайскаго на российской язык Коллегии Иностранных дел надворный советник Алексей Леонтиев. СПб. ,1781.

的茶和丝》①，记述了中国的耕作技术和丝绸织造过程。《论中国的茶和丝》分三个部分，第一部分写茶的生长过程和桑蚕技术，第二部分是46首中国歌谣，多与农业技术和生产经验相关。第三部分为医学知识，主要为茶、酒、醋、葱、蒜、姜以及鸡、鸭、猪、羊、牛肉的习性和药效。《万宝全书》由明代陈继儒纂辑，由清代毛焕文补辑后成包括天文门、地理门、人纪门、诸夷门、文翰门、农桑门、清字门、字体门、筹法门、爵禄门、时令门、画谱门、博弈门、茶经门、酒令门、梦解门、劝谕门、马牛门、通书门、铁笞门、风鉴门、数命门、笑话门、种子门、宅经门、堪舆门、筮卜门、对联门、医学门、祛病门等目次，图文并茂，语言浅近，是明清两代人民的生活百科全书，非常流行。对于外国人而言，此书确实是了解中国民众生活的绝好读本。列昂季耶夫从中选译了茶经门和农桑门的内容，介绍了采茶、炒茶、烹茶、烧水和茶具，讲述了育蚕的全过程。

列昂季耶夫第一个向俄罗斯人介绍了中国象棋，他于1775年出版了《中国象棋》一书。《中国象棋》译自《万宝全书》"八谱门卷之十三"。在《中国象棋》中，列昂季耶夫翻译了中国的象棋歌诀："将军不离九宫内，士止相随不出宫。象飞四方营四角，马行一步一尖冲。炮须隔子打一子，车行直路任西东。唯卒只能行一步，过河横进退无踪。"② 列昂季耶夫的这篇译作品在俄罗斯象棋史上也具有一定地位，被认为是出现最早的象棋专业文献。

为了帮助俄国读者更好地理解中国的一些专有名词，列昂季耶夫在《论中国的茶和丝》和《中国象棋》中还做了比较详尽的注释。玛格斯女士认为，尽管列昂季耶夫费了很多心血，但要用俄语准确地将富有特色的中国农业技术和象棋竞技规则表达出来，实非易事。除介绍中国农人生活和象棋艺术之外，这两部译稿还有另外一个意义，

---

① Уведомление о чае и о шелке: Из китайской книги Вань боу Кюань называемой./Перевел секретарь Леонтиев. СПб. ,1775.
② Леонтьев А. Л. Описание китайской шахматной игры. СПб. ,1775. С. 1 – 5. (明) 陈继儒纂辑、(清) 毛焕文补辑:《增补万宝全书》,清乾隆间刻.

就是比较早地向俄国社会展示了中国诗歌的实例。① 1782 年，在他《大清会典》俄译本第二卷的后面，收录了摘译的《明医》，首次向俄国介绍了中国医学中关于心、肺、肝、脾、肾五脏的机能及其与苦、辛、酸、甘、咸五味彼此相宜的关系。②

列昂季耶夫与罗索欣一样，是俄国 18 世纪最出色的汉学家和满学家，是俄国汉学的先驱。他的大部分著作都得以出版，一部分作品还不断再版，甚至被译成了欧洲文字，反映了俄国以及欧洲对中国兴趣的升温。俄罗斯汉学史专家都给予列昂季耶夫很高的评价。斯卡奇科夫说："列昂季耶夫完全可以称得上是 18 世纪最重要的汉学家。"③库利科娃和克恰诺夫写道："列昂季耶夫的著作为 18 世纪下半期俄国社会精神生活做出重要贡献"，④ 并认为他不仅在俄国，而且在欧洲汉学史上都占有一席之地。

三、阿加福诺夫

阿加福诺夫是列昂季耶夫翻译事业的直接继承者。他在托波尔斯克神学院学习期间被编入第六届俄国东正教驻北京传教团，时年 21 岁。1782 年返俄后在伊尔库茨克总督雅各比（И. В. Якоби，1726—1803）手下供职。5 年后回到圣彼得堡替代去世的巴克舍耶夫（Ф. Бакшеев，约 1737—1787），任俄国外务院满汉语翻译。

阿加福诺夫的《忠经》译本完成于其在伊尔库茨克和科雷万总督

---

① Maggs, Barbara Widenor. Russia and "Le Reve Chinois": China in Eighteenth-century Russian Literature, Oxford: Voltaire Foundation at the Taylor Institution, 1984. P. 106.

② О внутренних членах человеческих из Китайской книги Мин И называемой// Тайцин гурунь и Ухери коли, то есть все законы и установления китайского, а ныне манчжурского правительства. Перевел с манчжурского на российский язык Алексей Леонтьев. Т. 2. СПб, 1782. С. 301–313.

③ Скачков П. Е. Очерки истории русского китаеведения. М., 1977. С. 76.

④ История отечественного востоковедения до середины XIX века. М., 1990. С. 90.

雅各比麾下担任通译的1784年，出版于1788年①。在该书的封面和扉页上，阿加福诺夫直言其翻译《忠经》就是为了表达对雅各比的忠诚，是为了纪念伊尔库茨克总督管辖区的建立。他不仅将此书献给了雅各比，更在序言中一再强调自己对上司的赤胆忠心，尽显谄媚之态。《忠经》为汉朝马融所著，包括天地神明章、圣君章、冢臣章、百工章、守宰章、兆人章、政理章、武备章、观风章、保孝行章、广为国章、广至理章、扬圣章、辨忠章、忠谏章、证应章、报国章、尽忠章，共计十八章。阿加福诺夫使用了汉满两种版本作为底本，在翻译过程中相互参照，对正确理解原文的内涵起到了积极作用。通观整篇译文，语义明白晓畅，翻译手法灵活。

翻译中国皇帝的圣训，是阿加福诺夫译材选择的一大特征。经他译笔出版的就有《御制资政要览》《御制劝善要言》和康熙皇帝的《庭训格言》。他的这种翻译倾向与列昂季耶夫基本一致，具有比较鲜明的俄国启蒙时代特征。

《御制资政要览》简称《资政要览》，吕宫等奉敕纂辑，凡三十章，曰君道，曰臣道，曰父道，曰子道，曰夫道，曰妇道，曰友道，曰体仁，曰弘义，曰敦礼，曰察微，曰昭信，曰知人，曰厚生，曰教化，曰俭德，曰迁善，曰务学，曰重农，曰睦亲，曰积善，曰爱民，曰慈幼，曰养生，曰惩忿，曰窒欲，曰履谦，曰谨言，曰慎行，曰爱物。这是顺治帝为巩固清初统治，欲以圣贤修身之道教化臣民所刊布的若干种皇帝训诫之一。俄译本出版于1788年。在扉页上，他将此书献给了副国务大臣奥斯捷尔曼（И. А. Остерман，1725—1811）伯爵。阿加福诺夫依据满文本译出，对一些中国人物、典籍、器物和典故进行了为数很少且极其简略的注释，如对《诗经》的注释只有三个单词，翻译过来就是"古诗集"，而对"入海求药"的脚注是"始

---

① Джунгин, или книга о верности, Переведенная с манжурскаго и китайскаго языка на российский Государственной коллегии иностранных дел переводчиком Алексеем Агафоновым. В Иркутске, 1784 года, по открытии того наместничества. Москва, 1788.

皇曾往东海岛上寻找长生不老药"。① 这显然不是学术注释，只是为了减轻读者的阅读障碍。

《御制劝善要言》是"世祖章皇帝采择诸书中要语，辑为一编，以示劝掖，顺治十三年校刊"。其中共收录各类劝善格言二百六十六条，主旨是教化臣民克己复礼，行善积德，忠君报国，有满汉蒙古多种文本，流传甚广，仅"殿刻"便有两次。《世祖章皇帝御制序》曰："朕惟天道至善，即以其善赋之下民，故人之生无有不善。其或有不善者，皆因内蔽于私欲，外染于污习，至不能守其初心，遂悖乎天矣。因人之存心行事不同，是以上天鉴察，降以灾祥。其降祥者，固以显佑善人。其不得已而降灾者，亦以明戒下民，使之改过而迁于善也。从来报应昭昭不爽，讵不可畏哉！古人原天垂训，以教天下，正论嘉言，不一而足。但文之深者，或不易通。言之简者，又不能尽。朕恭承天命，抚育万方，深念上之教世，劝勉为先。人之立身，为善最乐。故取诸书之要者，辑为一编，名曰《劝善要言》"② 阿加福诺夫据满文本译出，翻译手法和风格与《忠经》和《资政要览》一致，同样于 1788 年出版③。身为俄国外务院通译的他将自己的译作献给了自 1781 年帕宁（Н. И. Панин，1718—1783）退休后事实上主管俄国外务院的别兹鲍罗德科（А. А. Безбородко，1744—1799）。

《庭训格言》是雍正帝追述并汇集其父康熙帝生前对诸皇子的训诫而成，共二百四十六条，包括读书、修身、为政、待人、敬老、尽孝、驭下以及日常生活知识和经验。阿加福诺夫的《庭训格言》俄译

---

① Манжурскаго и Китайскаго Шунь-Джихана книга - полезный и нужный образ к правлению. С Манжурскаго переведена Алексеем Агафоновым. СПб. ,1788. C. 4,73.

② （清）鄂尔泰、张廷玉等编纂：《国朝宫史》下，北京古籍出版社，1987 年，第 615—616 页。

③ Манжурскаго и китайскаго хана Шунь-Джия. Книга нужнейших рассуждений ко благополучию поощряющих. С манжурскаго переведена. Алексеем Агафоновым/Шунь-Джи. СПб. ,1788.

本译自满文，初版于1788年①，再版于1795年。译文义理再现准确，风格简洁明快，包括少量必要的人名、典籍和典故注释，可读性强。

1786年，阿加福诺夫在伊尔库茨克编写了《中国皇帝简明年表：摘自〈资治通鉴〉，并附从中华帝国发端至1786年的中国纪年和罗马纪年》，1788年在莫斯科出版。这一次他的献书对象变成了伊尔库茨克总督阿尔谢尼耶夫（М. М. Арсерьев，1735—1791）。他在序言中写道："我是根据一部名叫《通鉴》的汉文和满文历史著作进行翻译和摘编的，在页边上我还按照杜赫德的历史著作做了罗马纪年对照。"他认为，中国人"可能是亚述人种，因为在这种语言中有些说法来自亚述语，这个帝国的起源在时间上也与亚述相符"。② 从这一点上看，在中国人的起源问题上，他也受到了某些西方传教士汉学家影响。阿加福诺夫采用了表格方式，将中国自伏羲开始王朝世系清晰地列了出来，包括皇帝的在位时间以及对应的罗马纪年。

在北京学习期间，阿加福诺夫与巴克舍耶夫和帕雷舍夫（А. Парышев，约1737—约1809）共同编写了一部书，名为《大清国1772—1782年秘密行动、企图、事件和事变录》。这显然是一本情报记录总汇，其中却包含许多对中国历史研究颇有价值的信息，比如，清朝军队平定苗人叛乱，1777年山东暴动，1780年班禅六世进京，与汉人、满人、俄国逃亡者、随渥巴锡汗归来的土尔扈特人的谈话。2003年，莫斯科大学亚非学院的捷尔吉茨基（К. М. Тертицкий，1965— ）教授发表了这份文件的一部分。从给负责将文件带回俄国的第八届传教团监护官的附函中可以看出，传教团学生们千方百计收

---

① Манжурскаго и Китайскаго Хана Кан‑Сия книга придворных политических поучений и нравоучительных рассуждений, собранная сыном его Ханом Юн-Джином. Переведена с Манжурскаго Алексея Агафонова. - СПб. ,1788.

② Краткое хронологическое расписание китайских ханов из книги Всеобщего Зерцала с показанием летоисчисления китайского и римского от начала Китайской империи по 1786 год, переведенное коллежским переводчикомАлексеем Агафоновым в Иркутске 1786 года. М. ,1788. С. 7–8.

集中国情报，是受到了俄国政府相关部门的指示。① 此外，他还与巴克舍耶夫共同编写过一部《满俄合璧字汇》②。

在第十二届传教团学生戈什克维奇（И. А. Гошкевич，1814—1875）编写的一个书目中列举了阿加福诺夫的12种译作。此外，他可能还是《满族起源与现状》《中国札记》《中国古代哲学》《孔子生平及友人》等作品的译者。但这些著作只留其名，已不存于世。③

阿加福诺夫无疑是一位出色的汉籍翻译者，在题材和内容上是对列昂季耶夫著作的补充。从他翻译的作品来看，他同样是一个中国专制社会制度的崇拜者和歌颂者。由于受到西欧以及俄国"中国风"的影响，有机会将自己的译作发表出来。

四、安·弗拉德金

安·弗拉德金1761年出生于卡尔梅克人家庭，毕业于特罗伊茨克谢尔吉修道院哲学班。1781年以学生身份随第七届俄国传教团来华学习，在京居留14年，多次协助理藩院翻译俄国公文。与罗索欣和列昂季耶夫不同的是，他对满语学习非常用心，而对汉语不太重视。此人在北京期间就开始积极为俄国政府搜集各种有关中国的信息，绘制过北京地图，并就改善传教团学生汉满语学习效果和进行来华前培训问题向俄有关部门提交详细建议。1795年安·弗拉德金所写的一份给俄国政府的秘密报告中显示，他曾经与理藩院通译永庆（译音）交

---

① Журнал секретных действий, намерений, случаев и перемен, бывших в Тайцинском Государстве с 1772 по 1782 года//Восточная коллекция. 2003. зима.

② Словарь Манджурско-российский, сочиненный и написанный в Пекине трудами переводчиков Коллегии иностранных дел Фед. Ив. Бакшеева и Ал. Сем. Агафонова. 1781.

③ Адоратский Н. Православная Миссия в Китае за 200 лет ея существования: Опыт церковно-исторического исследования по архивным документам. Вып. 2. Казань, 1887. С. 279.

往甚密，通过教授对方俄语和向对方学习满语刺探情报。① 回国后安·弗拉德金被委任为外务院通译，并从事满汉语教学和教材的编写工作。1805年，安·弗拉德金作为翻译随同戈洛夫金（Ю. А. Головкин，1762—1846）使团来华，走到库伦时折回。而后一直任职于俄国外务院，1811年去世。

　　安·弗拉德金编写了几本教材，有《俄国幼学清文》（1804年完成）、《俄国幼学清文文法》（1804年完成）、《清文指南》。在《清文指南》中收录了《三字经》和《名贤集》，都从满文译成了俄文。他是5部满语词典的编者，其中《清汉词典》编于1803年，其余几部完成于北京时期。另外，他还翻译了《元史》和《薛文清公要语》。1808年安·弗拉德金曾把自己的一些作品提交给亚历山大一世（Александр Ⅰ，1777—1825），期望能够得到奖赏。这些作品包括两幅地图（中国地图、北京平面图）、3部汉满、俄汉词典、1805年完成的两部译稿《中国历代皇帝年表》和《中国皇帝法令集》（其中包括唐张九龄《金镜帝范》）。结果如何，现在不得而知。安·弗拉德金的另一大成绩是翻译了青心才人所著的《金云翘传》，是为俄国最早翻译的中国长篇小说。他的著译绝大多数是手稿，一生只发表了两篇译文。后人对安·弗拉德金的著译评价不一。1847年利波夫措夫认为，安·弗拉德金翻译的《元史》不值得关注，因为他所依据的满文本是1644年以前由逃亡的汉人从汉语翻译而成，与真正的满文原本相比，文字晦涩难懂。利波夫措夫对安·弗拉德金的《中国历代皇帝年表》评价也不高。斯卡奇科夫认为利波夫措夫对安·弗拉德金《元史》译文的评价有失公允，毕竟时代在发展，从安·弗拉德金翻译《元史》到利波夫措夫做出评价，已经过去了几十年，在这期间俄国的汉满语教学水平有了长足的发展，而以当时的水平去衡量前人的成就有欠妥当。② 安·弗拉德金之所以在俄国汉学史上具有一定的影响，

---

① Копия с рапорта Манджурскаго и Китайскаго языков ученика Антона Владыкинаом//Восточная коллекция. 2003. зима.
② Скачков П. Е. Очерки истории русского китаеведения. М., 1977. С. 82 – 83.

乃是因为他编写了俄国第一部满语语法教科书，是第一个编写满语教材的教师，因而被誉为俄国第一个满语语言学家。此外，他最早尝试翻译中国长篇小说的功绩也得到了俄国汉学界的肯定。斯卡奇科夫写道："编写首部满语语法、第一批教科书、满俄词典及其译作使安·弗拉德金成为俄国第一位满学家。"①

五、利波夫措夫

利波夫措夫 1770 年出生于俄国萨马拉省的利波夫卡村，后进入喀山神品中学，1794 年作为第八届传教团学生来华。这一届传教团的领班格里鲍夫斯基可以说是第一个有学问、肯钻研的修士大司祭，不仅自己勤于学习，而且也很重视对学生们的培养。1795 年他为学生雇用了私人教师，对利波夫措夫、卡缅斯基和诺沃肖洛夫（В. С. Новосёлов，1772—1824）等的满、汉语言学习发挥了积极作用。② 1808 年返俄后利波夫措夫被任命为俄外交部亚洲司译员，一直工作到 1841 年去世。

利波夫措夫正式出版的著作不多，而这并没有影响俄国学术界对其汉学修养的认可。他被认为是俄国最优秀的汉学家之一，与比丘林、卡缅斯基同为圣彼得堡皇家科学院通讯院士。他在俄国汉学史上之所以名气不大，主要是因为比丘林的成就和个人魅力太过突出了。在他发表的作品中，以满语文献为基础的翻译和研究占据了主导位置，因此，有时将他称为满学家。实际上他的汉语功底也不错，因为其规模最大的一部译稿《明史》就是从汉语翻译而来的。

在利波夫措夫正式出版的著作中，时间最早的当数 1818 年与卡缅斯基合作编写的《皇家科学院中国日本图籍目录》。这些书实际上

---

① Скачков П. Е. История изучения Китая в России в XVII и XVIII вв.// Международные связи России в XVII-XVIII вв. М.,1966.

② Августин(Никитин). Архимандрит Софроний(Грибовский)-начальник VIII-й Пекинской миссии//Миссионерское обозрение. №5(55). май 2000.

就是于当年成立的亚洲博物馆最初的藏书。两人不仅著录了当时俄国最重要的汉满文献收藏中心的藏书，而且还对其进行了详细的分类。他们将这里收藏的 279 种汉满典籍分为神学、哲学、道德、蒙古学、诗歌、历史、地理、天文、数学、法律、医学、自然、经济、军事、逸闻、故事、杂文、辞书等类，另著录舆图绘画 15 种。[1]

1820 年利波夫措夫在《西伯利亚通报》上连载了他翻译的七十一所著《土尔扈特投诚纪略》，俄文译名为《土尔扈特人迁徙俄国以及逃回准噶尔之经过》。利波夫措夫的这一选题与《西伯利亚通报》主编斯帕斯基不无关系，因为后者曾积极鼓励汉学家在自己的杂志上发表中国题材作品。[2] 七十一，字椿园，满洲人，1777 年著成《西域闻见录》。《土尔扈特投诚纪略》即是《西域闻见录》中的一篇，其中"记述土尔扈特西迁、东返始末较为详尽。虽然其中对其东返人数、回归路线的记述，有许多误谬之处，仍不失为研究土尔扈特蒙古历史的一篇较早的专题论述"。[3] 这部书不仅受到利波夫措夫的重视，比丘林在其《准噶尔和东突厥斯坦志》及《厄鲁特人或卡尔梅克人历史概述（15 世纪迄今）》也利用了其中的素材。紧接着，利波夫措夫于次年在《西伯利亚通报》发表了另外一篇文章《准噶尔概述》。1827 年利波夫措夫在《亚洲通报》上发表了《中华帝国大事纪略》。

1828 年，利波夫措夫在圣彼得堡出版了由满文翻译而来的《理藩院则例》。巧合的是，比丘林的《蒙古纪事》也于是年问世，其中

---

[1] Каталог китайским и японским книгам в Библиотеке Императорской Академии Наук хранящимся, по предпоручению господина Президента оной Академии Сергия Семеновича Уварова, вновь сделанный Государственной коллегии иностранных дел переводчиками Коллежскими асессорами: Павлом Каменским и Степаном Липовцовым, СПб., 1818; Тихонов Д. И. Из истории Азиатского музея//Очерки по истории русского востоковедения. Вып. 2. М., 1956.

[2] Копотилова В. В. Издание китайских произведений представителями российской общественности (конец XVIII – первая половина XIX вв.)//Вестник Омского университета. 1998. Вып. 2.

[3] 马汝珩、马大正:《漂落异域的民族——17 至 18 世纪的土尔扈特蒙古》,中国社会科学出版社,1991 年,第 10 页。

的第四章正是《理藩院则例》。据霍赫洛夫研究，比丘林所依据的是乾隆五十四年汉文本，而利波夫措夫的译文基础则是嘉庆二十三年满文本。两人的翻译方法很相似，都采用了编译形式，在内容上做了一定取舍，在结构上进行了某些调整。作为这部清朝治理蒙古、新疆、西藏等少数民族地区的专门法规的译者，利波夫措夫无疑为俄国汉学的发展做出了自己的贡献。然而，也有另外一种说法，即利波夫措夫的译稿并非出自他一人之手，因为早在比丘林和利波夫措夫的译本问世之前，在伊尔库茨克总督府任翻译的第八届传教团学生诺沃肖洛夫已经受西伯利亚总督斯佩兰斯基（М. М. Сперанский，1772—1839）之命开始翻译《理藩院则例》。由于诺沃肖洛夫 1824 年去世，其遗稿转交给外交部亚洲司，由利波夫措夫补译出版。①

真正使利波夫措夫扬名俄国和西方汉学界的作品是其《新约》满文译本。他在北京时期就开始了《新约》的满译工作。但是，由于传教并非当时俄国传教团的主要任务，且雅克萨战俘后裔少有懂得满文者，俄国圣务院对利波夫措夫的翻译并没有表现出太大兴趣。与此同时，积极向东方传教的大英圣书公会早在 1816 年就开始酝酿将圣经译成满文，但未能立即实施。1821 年，该会雇请利波夫措夫进行《新约》满译。1823 年，利波夫措夫出版了《新约》中的《马太传福音书》，印数 550 册，除有 7 册留在俄国外，其余均被运往英国。1826 年，《马太传福音书》在第一版基础上经完善后再次出版。② 另外，利波夫措夫在 1825 年完成了《新约全书》的翻译，其中包括从《马太传福音书》到《约翰默示录》共 27 篇。1832 年，伦敦会派传教士斯万（W. Swan）由贝加尔湖地区传教地前往圣彼得堡，进入圣务院抄录耶稣会士贺清泰（Rev. L. de Poirot，1735—1814）18 世纪末完成的满译《旧约》。1833 年，英国作家、旅行家博罗（George Henry

---

① Хохлов А. Н. Монголист Василий Новосёлов и его перевод 《Лифаньюань Цзэ-ли》//История и культура Востока Азии. Том 1. Новосибирск, 2002.
② Маньчжурские рукописи и ксилографы Государственной публичной библиотеки им. М. Е. Салтыкова-Щедрина: Систематический каталог/Сост. К. С. Яхонтов. СПб., 1991. С. 33.

Borrow，1803—1881）作为大英圣书公会的代表来到圣彼得堡学习满文，与斯万一起完成了贺清泰神父所译《旧约》的抄录。1835 年，博罗获准在圣彼得堡印刷由利波夫措夫完成的世界上第一个满文新约全本，印数 1000 册。① 1836 年，这批满译《新约全书》全部被送至伦敦的大英圣书公会。利波夫措夫的译本虽然都是由大英圣书公会出版的，但却是在圣彼得堡完成印刷的，因为当时这里"拥有希林格②男爵发明的世界上最好的满文字模"。③

此外，利波夫措夫还曾俄译过比丘林的汉文神学作品。比丘林为解决雅克萨战俘后裔学习东正教教义问题，对意大利籍耶稣会士潘国光的《天神会课》一书进行了改编并自费在北京刊刻了 400 册。俄国圣务院对比版《天神会课》很感兴趣，曾致函俄外交部请利波夫措夫翻译成了俄文，以便了解书中内容是否符合东正教义。1814 年利波夫措夫全文翻译了比丘林的《天神会课》改编版，俄译本改名为《正教教义》，并确定该作原为耶稣会士的著作。然而，无论是俄国圣务院，还是利波夫措夫，都不知道这样一个事实，即比丘林版《天神会课》和列昂季耶夫的《天神课》的底本都是潘国光的《天神会课》，而《天神课》早在 1781 年就已由圣彼得堡皇家科学院印刷厂出版。这样一来，潘国光的《天神会课》在俄国有了两个俄译本，同时还有一个汉语改编本，这也成为东正教在华利用天主教神学著作的例证。

在中国观方面，利波夫措夫与比丘林比较相似。首先是相信中国

---

① Walravens, Hartmut. Christian Literature in Manchu. Some Bibliographic Notes//Monumenta Serica(Journal of Oriental Studies). Vol. XLVIII. 2000；Пан Т. А., Шаталов О. В. Архивные материалы по истории западноевропейского и российского китаеведения（К изданию работы В. П. Тарановича《Научная переписка Санкт-Петербургской Академии наук с иезуитами, проживавшими в Пекине в XVIII веке》）. Санкт-Петербург-Воронеж, 2004. С. 133 - 134.

② П. Л. Шиллинг，1786—1837。希林格曾自译其名为"巴龙师令"，意为"希林格男爵"。——笔者注

③ Самойлов Н. А. Россия и Китай//Россия и Восток/Под ред. С. М. Иванова, Б. Н. Мельниченко. СПб., 2000.

史籍记载的真实性。他连载过一篇长文，题目是《中华帝国大事纪略》，记述中国朝代鼎革大事。① 针对耶稣会士将伏羲视为亚当第三子塞特的观点，利波夫措夫虽然认为中国的编年史尚需清晰而有力的佐证，但更愿意相信《尚书》的记载，认为中国古史始于尧帝，因为在这部书中没有提及尧以前的帝王，所以可以将唐尧即位的公元前2357年作为中国历史的开端，也就是在大洪水前9年，按希腊纪年法则是大洪水后的908年。② 此外，他赞赏中国的国家管理制度。针对俄国期刊《杂志集萃》翻译发表一篇出自一名美国人之笔的文章，他发表了一篇题为《一位多次去过北京的俄国人所写的关于中华帝国的认识》，为中国的司法制度大加辩护。对于美国人针对中国滥用死刑的指责，利波夫措夫回应道："中国并无每年颁布同一法律之例。那里对犯法之人进行处罚，但不处以极刑。因为只有杀人者、暴动者、叛国者以及欺压百姓的官员才可能被判死罪。然而，这样的罪行在中国极为罕见，因为那里法律严明，监督有力，学说和道德纯洁地保留至今。"对于美国人提到的中国的严刑峻法，利波夫措夫认为日丹诺夫斯基（Иван Ждановской）从法国《百科全书》翻译的《论中国的统治》③一书颇为可信，而孟德斯鸠对中国的污蔑有悖事实："世界上任何地方的统治都没有像中国那样充满仁爱，就连那些死刑犯（每年处斩一次），皇帝都要赦免十分之一、十分之二或十分之三，而且没有任何私心和偏袒，完全是出于皇帝作为全体百姓之父母的仁爱。"④

---

① Липовцов С. В. Краткое начертание достопамятных происшествий в Китайской империи//Азиатский вестник. 1827. Кн. 3. С. 129－144；Кн. 4. С. 185－198；Кн. 5. С. 233－251；Кн. 6. С. 290－312.
② Шаталов О. В. Представления о Китае в трудах западно-европейских и русских миссионеров второй половины XVIII века. Дис. на соиск. учен. степ. канд. ист. Наук. Государственный Педагогический институт им. А. И. Герцена. Ленинград. 1987. С. 139.
③ О китайском правлении. Взято из Энциклопедии, сочиненной собранием ученых мужей. Перевел с французскаго Иван Ждановской. М. ,1789.
④ Липовцов С. В. Замечания о Китайской империи, писанные одним россиянином, бывшим неоднократно в Пекине//Дух журналов. 1816. ч. 5. Кн. 28(12 июля).

在俄罗斯的档案馆中还收藏有利波夫措夫许多未出版的手稿。还在传教团学习期间，利波夫措夫就与卡缅斯基约定，由他翻译《明史》，后者翻译《元史》。斯卡奇科夫称 1816 年利波夫措夫将《明史》译稿呈献给了尼古拉一世（Николай Ⅰ，1796—1855），期望沙皇恩准出版。时任科学院院长的俄罗斯作家希什科夫（А. С. Шишков，1754—1841）对利波夫措夫的译稿给予了肯定，建议宫廷办公室予以出版。上命拨款一万卢布作为出版经费，最后因利波夫措夫去世而使出版工作夭折。[①] 此说令人费解，因为 1816 年是亚历山大一世当政，而利波夫措夫在 25 年之后才去世。此外，他编写有几部词典，其中《拉丁汉语词典》规模最大，用去稿纸 1210 页，收录汉译拉丁语词汇约两万个。他还翻译了樊腾凤的《五方元音》，俄译本名为《北京口音词典》，出版过一本《满语入门》，现已佚失。

作为传教团的成员，收集中国情报是利波夫措夫的重要任务。档案中就有他当年参加俄国与中国交涉以及收集中国情报时留下来的文件底稿。比如，在俄罗斯科学院东方文献研究所中有一份手稿名为《两艘俄国（噜咕国）商船抵达澳门》。1805 年，由克鲁逊什特恩（И. Ф. Крузенштерн，1770—1846）和里相斯基（Ю. Ф. Лисянский，1773—1837）率领的两艘俄国三桅战舰在未预先通知中国政府的情况下，突然破天荒地登上了澳门海岸，并成功进入广州交易，违反了只准俄人在恰克图和祖鲁海图贸易的规定。这就是我国史料中所称的"俄船来粤事件"。两广总督吴熊光曾奏请将"夷禀""交俄罗斯馆译汉"，承担这一任务的就是中国史籍中所称"四贴班"的利波夫措夫。尼阔赖也在其著作中记录了这件事情："学生们将克鲁逊什特恩和里相斯基递交给粤海关监督的呈文翻译成满文。"[②] 另外，他积极观察中国朝政，搜集重要事件，翻译相关文献，报告俄国外交部。嘉庆三

[①] Скачков П. Е. Очерки истории русского китаеведения. М.，1977. С. 132.
[②] Адоратский Н. Православная Миссия в Китае за 200 лет ея существования：Опыт церковно-исторического исследования по архивным документам. Вып. 2. Казань，1887. С. 353.

年，朝廷大考翰詹，试征平息川、楚、陕白莲教起义良策，洪亮吉撰写数千言的《平邪教疏》，力陈内外弊政，人争诵之。利波夫措夫即将此文译出，俄文名称为《洪亮吉致当今皇帝之父乾隆有关南方诸省暴乱缘由及根治方法的奏折》。利波夫措夫对这一译材的选择说明这确是一件轰动朝野的大事，具有很高的情报价值。

六、格里鲍夫斯基

在俄国东正教驻北京传教团早期历史上，领班大都是小俄罗斯人，即乌克兰人。第八届修士大司祭索夫罗尼·格里鲍夫斯基应该是最后一位来自小俄罗斯的领班。他出生于卢博内市，青年时期曾在基辅神学院学习，1872年到莫斯科学习医学，但很快失去兴趣，剃度出家，进入莫尔昌索夫罗尼修道院。1887年再度来到莫斯科，入读斯拉夫-希腊-拉丁语学校。1790年毕业后，在莫斯科大学附设教堂担任修士辅祭，同时作为莫斯科大学教师教授神学课程。1793年1月索夫罗尼被选为新一届传教团领班并晋升为修士大司祭。单从教育背景看，格里鲍夫斯基就比他的前任们更有学问，接受过正规的教育。

对于俄国汉学史而言，格里鲍夫斯基可谓功不可没。他在担任第八届传教士领班期间做了两件大事。第一是规范了传教团学生的学习，开始聘请私人教师到馆教授满、汉语言，并取得明显效果。卡缅斯基、利波夫措夫和诺沃肖洛夫都是这一届传教团的学生，前两人后来成为圣彼得堡皇家科学院通讯院士。第二是于1795年创建了俄罗斯馆中外书房，[①] 以积聚中外书籍，为学生和教士学习语言、研究汉学提供方便。他曾致函圣务院要求增加传教团的图书数量，同时将自己的藏书如《贝尔亚洲游记》、德国普芬道夫（Samuel von Pufendorf, 1632—1694）的《欧洲历史导论》等捐赠给中外书房，并从传教团

---

① 时人称传教团图书馆为"中外书房"，本书沿用此名。参见赵德本：《俄罗斯帝国驻华宗教代表团在华史迹》，《文史资料选辑第九十三辑》，文史资料出版社，1984年，第139页。

经费中拿出一部分用以购书。从此以后，俄国政府每年都有专款用于传教团购买书籍。① 此外，中国人也曾向该中外书房赠书，如1804年俄罗斯文馆提调官就把从恰克图抄写的《沃尔科夫新编词典》赠送给了中外书房。②

在学术上格里鲍夫斯基也有不少建树。俄国东正教驻北京传教团历史研究专家尼阔赖在著作中列举了由其完成的12种汉学作品：《本朝编年历史》《中国主要民族及其他》《政治述评补遗》《中国论集》《满汉州府、衙门、官吏、国家财政收入数量与项目》《耶稣会士详记》《雍正谕旨及内阁奏章》《叛贼李自成或明朝之覆灭》《中国地理概述》《中国节日以及汉满人许愿发誓方式》《俄罗斯文馆教习用俄文写的学生守则以及受驱逐基督教信徒给嘉庆皇帝的辩解信》和《嘉庆谕旨》。③

乌克兰汉学家韦博（В. А. Киктенко）近来在基辅的档案中发现了格里鲍夫斯基的另外一些手稿，包括《文件底稿》《19世纪头25年文稿集》和《索夫罗尼·格里鲍夫斯基札记》。据韦博考证，其中有很大一部分不是汉学著作，而是格里鲍夫斯基提交给外交部报告的底稿或传教团的文件，涉及中国政治、经济、地理、气候、民族和军事等诸多方面，说明他完成了俄国政府为其制定的刺探"那个遥远国家中各民族生活与活动"的情报并在"回国后向外务院汇报"的训令。④

格里鲍夫斯基生前没有发表过什么作品，去世后有三部遗稿问世，

---

① Кармановская И. Л. О библиотеке Российской духовной миссии в Пекине//XXI научная конференция《Общество и государство в Китае》. Ч. 2. М. ,1990.

② Кармановская И. Сокровища российской духовной миссии в Пекине//Проблемы Дальнего Востока. 1990. №5.

③ Адоратский Н. Православная Миссия в Китае за 200 лет ея существования: Опыт церковно-исторического исследования по архивным документам. Вып. 2. Казань, 1887. С. 344 - 350.

④ Киктенко В. А. Источники по истории российской духовной миссии в Пекине в фондах института рукописей НАН Украины//Украина-Китай: информационно-аналитическое обозрение. 2001. №1.

第一部是 1861 年由西伯利亚民族学家休金（Н. С. Щукин，1792—1883）发表的《大清帝国消息录》，完成于 1794—1808 年期间，首次发表于 1861 年。这部作品既不是日记，也不是纪行，而是针对有关中国政治、社会、经济、文化的 44 个问题所进行的实地调查。作者几乎没有参考任何中国文献，全部的信息采集于北京社会，来源于眼见耳闻，记录于实时实地。虽然该书在内容和结构上不成体系，甚至有些零散，但其中包含了嘉庆年间有关中国的丰富信息，正如作者开篇所言："这是一部关于中国（即今清帝国）的消息录"。作者在介绍基本情况的同时，也加入了自己的观察和思考，集中反映了他的中国知识和中国认识。

格里鲍夫斯基在其著作中也对中国的司法感到失望："欧洲人在其著作中对当今满清统治的赞赏不足为信。其中只有一些无关紧要的事实与实情有些相符，但也有一半是谎言。我有机会了解满人政权的司法情况，我在这里要写一下，他们是如何严格遵守法律制度的。"他接着详细讲述了在北京的遭遇，以此来说明中国司法的真相。1795 年他将传教团监护官伊古姆诺夫（Василий Игумнов）留给他作为传教团经费的毛皮赊售给了一个中国商人，而后者却没有按照约定的期限支付给他银子。格里鲍夫斯基派人告到理藩院，引用大清律法要求严惩中国商人，却被告知那些律法早已过时并遭到嘲笑。他不得已亲自前往"和大人"府上拦轿递状。和珅虽然接了状子，但并没有为他解决问题。他后来费了很大力气才终于追回了货款，本来期望那个与中国商人勾结起来骗他的清兵武官会受到惩处，不想反倒升了官。他认为："中国历史上未曾有过几个好皇帝，汉人以及现在的满人忘却了仁政爱民的学说。因此，目前中国没有丝毫的司法公正，关于这一点，我不仅多次听那些深通国事的人说过，而且还多次亲眼见到过。"此外，清代的酷刑也令他不寒而栗，尤其是将犯人肢解的凌迟之法，而株连制度则使无辜之人受罚更让他难以理解。①

---

① Софроний（Грибовский）. Известие о китайском, ныне маньчжуро–китайском государстве. М., 1861. С. 8–12, 63–67.

在中国人的民族性上,格里鲍夫斯基认为中国人是聪慧的,但也是傲慢的。他写道:"总的来说,中国人很聪明,非常擅长学习各种科学和艺术,如果有朝一日他们的皇帝想进行科学研究,按照欧洲的规章建立起科学院,并任命欧洲的教授在其中任职,以教授中国青年,那么,可以准确地说,中国人在对哲学或者艺术的认识上不会逊色于任何一个欧洲人。"他认为,向欧洲学习是中国人发展科学的必由之路,因为"就目前而言,中国人不能成为最优秀和最有学问的人,他们虽然将与生俱来的天赋用于研究本民族的历史、学说以及高超的艺术,但真理之光还很微弱。"① "整个欧洲都知道,中国人非常傲慢,他们不把其他民族当人看,至少认为其愚蠢之极……中国人认为只有自己才是仪表优雅智慧卓绝的民族。"②

对于中国的宗教信仰和风俗习惯,格里鲍夫斯基也进行了仔细的观察和批判,他认为有关佛祖和老子的传说都缺乏依据,称佛祖在临死前曾告诉自己的两个弟子,要他们不要将自己看作神,也不要把他的学说当真,因为其中充满谎言和欺骗。而老子在奉旨前往西方寻宝途中,因为年老力衰,不能前行,而又不敢回去复命,遂自缢于函谷关。同行者回去禀告皇帝,谎称老子骑青牛升天了。这些说法显然有悖于中国两千多年来的传说,很可能是格里鲍夫斯基自己编造出来的。对于汉明帝刘庄梦见金人而派人到西方取经的故事,格里鲍夫斯基认为这是蔡愔等人惧于路途艰险,在西行路上停下来,权且接受了天竺国的佛教。按照格里鲍夫斯基的逻辑,他们的目的地应该是欧洲,所要引进的应该是基督教。而且,他认为佛道两家,名称不同,但实质相通:"佛家认为世界的本源是空,而道家认为万物生于无。因此,佛祖和老子在世界起源问题上只是用词不同,因为空和无本来

---

① Софроний(Грибовский). Известие о китайском, ныне маньчжуро-китайском государстве. М., 1861. С. 70.
② Софроний(Грибовский). Известие о китайском, ныне маньчжуро-китайском государстве. М., 1861. С. 70.

就是一个意思。"① 如果说格里鲍夫斯基出于宗教立场不是故意诋毁佛道，那就只能认为他对中国宗教的认识非常浅薄。对于中国的民间宗教，格里鲍夫斯基感到非常不可思议，认为全部是愚昧和无知的迷信。1797 年（嘉庆三年）10 月 8 日，格里鲍夫斯基看到有 8 名清兵军官奉旨来到北京东城门外祭祀一根巨木。清朝皇帝建亭祭祀一块没有生命的木头的行为令他感到迷惑。格里鲍夫斯基所见到的巨木应该是位于北京广渠门外的明朝永乐年间所遗神木。乾隆曾下旨建亭保护，亭额为"东方甲乙木"，又修琉璃瓦碑亭，中立乾隆二十三年御制《神木谣》，每年春秋工部派员来此致祭。此外，每年农历七月初七这一天是我国汉族的传统节日七夕节，相传是牛郎织女鹊桥相会之日，所有的喜鹊都要飞上天去搭桥。然而，格里鲍夫斯基却在这一天看到院子里有两只喜鹊，认为中国的这些民间祭祀或崇拜是自欺欺人，徒遭欧洲人嘲笑。②

　　第二部出版的遗稿没有标题，详细叙述了中俄两国的最初交往、雅克萨战俘来京的经过以及俄罗斯佐领对东正教信仰的动摇和背弃情况，同时总结了包括他本人在内的各届传教团领班的活动，梳理了第一届至第八届传教团随行学生的名单。格里鲍夫斯基在撰写这部著作时利用了传教团中收藏的档案资料，其中包括斯莫尔热夫斯基（Феодосий Сморжевский）的《驻北京传道团之我见》。与斯莫尔热夫斯基相比，格里鲍夫斯基的作品更加系统，内容更加翔实，虽然也揭露了传教团中的黑暗面，但已经没有在斯莫尔热夫斯基作品中明显表露出的对传教团的"憎恨"，在叙述方式上，两人一脉相承，基本一致。格里鲍夫斯基的这部手稿曾数次易主，后来在王西里院士的遗物中被发现，由维谢洛夫斯基于 1905 年整理发表，冠名曰《修士大司祭索夫罗尼·格里鲍夫斯基的历史纪事（关于俄国人何时开始在北

---

① Софроний(Грибовский). Известие о китайском, ныне маньчжуро - китайском государстве. М. ,1861. С. 84 - 91.

② Софроний(Грибовский). Известие о китайском, ныне маньчжуро - китайском государстве. М. ,1861. С. 79 - 80.

京定居及北京之有俄罗斯东正教的情况报道）》。

　　第三部问世的作品是 1823 年刊于《西伯利亚通报》的《修士大司祭索夫罗尼·格里鲍夫斯基 1808 年自北京到恰克图行记》①。作者主要记录了他在结束北京传教团领班任期后，经过张家口、库伦等地返回俄国时在中国境内的见闻。由于这段旅程主要经过蒙古地区，因此，他的观察和记录重点也主要围绕蒙古人的社会生活状况。

　　长期以来，俄国学术界对格里鲍夫斯基的人品和汉学修养多有微词。同时代人比丘林形容他是一个"任性而固执的人"。尼阔赖说格里鲍夫斯基既不懂汉语，也没有学会满语，认为他的作品语言晦涩难懂，冗长絮叨，并非独立完成，而是借用了俄罗斯馆中外书房中收藏的斯莫尔热夫斯基、列昂季耶夫、阿加福诺夫、基督教传教士的手稿和出版物。究其原因，主要是格里鲍夫斯基在北京期间在要求传教团成员认真学习语言的同时，命令他们为自己翻译中国文献资料。比如卡缅斯基当时负责摘译《京报》，而利波夫措夫则担任各种法令的搜集和翻译工作。尼阔赖同时认为其著作中"包含了来自各方面的丰富信息。可以视为传教团所有成员，特别是学生一百年来活动的成果总结"。② 值得肯定的是，格里鲍夫斯基根据自己的所见所闻，对他人提供的素材进行了加工和思考，并得出了自己的结论，其作品开始具有某种研究性质，同 18 世纪传教团以翻译为主的汉学研究方式相比，已经有所变化，因而被视为"第一个根据长期观察和利用他人资料对清朝政治生活进行文字描述的传教士团领班"。③ 尼基福罗夫和霍赫洛

---

① Софроний(Грибовский). Путешествие архимандрита Софрония Грибовского от Пекина до Кяхты в 1808 г. //Сибирский вестник, издаваемый Г. Спасским. 1823 год. Ч. 1. СПб.

② Адоратский Н. Православная Миссия в Китае за 200 лет ея существования: Опыт церковно-исторического исследования по архивным документам. Вып. 2. Казань, 1887. С. 344.

③ 中国社会科学院文献情报中心编:《俄苏中国学手册》上册, 中国社会科学出版社, 1986 年, 第 27 页。

夫等当代汉学家甚至称其为"俄罗斯第一位中国历史专家"。①

第五节 满汉语教学

虽然俄国早在17世纪就不断派遣使节来华,但使团中并无满汉语翻译。我们从一些随团人员的姓氏发音判断,可以确定其中不乏世代居住在黑龙江流域的我国少数民族边民。在俄国人掠夺了他们的土地、森林、毛皮之后,一些人为了求生存,改变了宗教信仰,成为哥萨克。他们既懂得俄语,又可以讲满语、蒙古语等少数民族语言,因而成为中俄交往史上最早的翻译。《恰克图条约》签订之后,随着两国商业及外交往来的日益频繁,俄国政府对满汉语翻译人才需求更加迫切。就中俄文化交流而言,俄国东正教驻北京传教团是俄国第一个培养汉学人才的基地。传教团培养出了俄国第一批汉学人才,使俄国具备了在本土继续进行满汉语教学的条件。同时,18世纪俄国社会对中国兴趣的升温也为俄国的满汉语教学提供了土壤。在俄国外务院和皇家科学院的组织下,舒哥、罗索欣、列昂季耶夫和安·弗拉德金开创了俄国满汉语教学的先河。

一、外务院满汉语班

外务院是专门负责处理俄国对外关系的政府部门,因而最先感受到了对东方语言人才的需求,最早进行了培养东方语言翻译的尝试。1732年3月著名东方学家克尔（Г. Kepp, 1692—1740）被外务院录用为翻译和教师,教数名学生学习阿拉伯、波斯和土耳其语。在这些学生当中,最著名的当数1756年充当俄国来华信使的布拉季谢夫

---

① История отечественного востоковедения до середины XIX века. М., 1990. С. 267.

(В. Ф. Братишев, ？—1757 后)。通过签订《恰克图条约》，俄国政府尽管赋予了驻北京传教团培养中华语言人才的任务，但由于培养周期和成材率低等问题，仍然间或感到满汉语翻译的需求危机。从 18 世纪 30 年代末起，外务院先后数次开办满汉语班，尝试在本土培养对华外交翻译。

1. 第一位在俄国教授满汉语的中国人

俄国早在 18 世纪 30 年代就有了满汉语教学，教书者是个中国人。尼古拉·班蒂什—卡缅斯基（Н. Н. Бантыш-Каменский，1737—1814）在 1882 年出版的《俄中两国外交文献汇编（1619—1792 年）》中曾提到列昂季耶夫和卡纳耶夫（Андрей Канаев，1722—1755）："这两名学生早在 1738 年就被派到当时在莫斯科受过洗礼的中国人费奥多尔·扎加处学习满语。"① 而后，尼阔赖在其 1887 年出版的《东正教在华两百年史》一书中提到这个中国人在莫斯科做过列昂季耶夫的满语老师。② 斯卡奇科夫在此基础上继续发掘档案，于 1961 年在《远东问题》杂志发表题为《俄国第一位汉满语教师》的文章，钩沉出一段鲜为人知的早期中俄文化交流史实。

俄档案载，1733 年，也就是在满泰使团回国后的第二年，车凌端多布汗的姐姐委托从准噶尔部办差返俄途经其驻地的俄国少校乌戈利莫夫（Угримов）设法帮助"中国俘虏舒哥"转道俄国返回中国。到达托博尔斯克后，舒哥受到了沙皇政府的盘查。舒哥自称出身名门望族，此次前往中国是向清帝禀告准噶尔部情况，如清廷对噶尔丹策零用兵，车凌端多布汗及其姐姐将予以策应。俄国长期暗中支持准噶尔部叛乱，遂对车凌端多布汗的意图颇感不悦。安娜女皇亲自下令次年

---

① ［俄］尼古拉·班蒂什-卡缅斯基编著:《俄中两国外交文献汇编(1619—1792 年)》，中国人民大学俄语教研室译,商务印书馆,1982 年,第 276 页。
② Адоратский Н. Православная Миссия в Китае за 200 лет ея существования: Опыт церковно-исторического исследования по архивным документам. Вып. 1. Казань, 1887. С. 161.

将舒哥秘密押解至莫斯科。① 因为莫斯科常有土尔扈特人往来，故将其化名为"费多尔·布雷金"，有意绕远道于1736年将其转移到圣彼得堡。为摆脱沙皇政府监视，舒哥被迫加入东正教，以便取得俄国国籍。1737年9月11日，舒哥接受洗礼，教名为"费多尔"。同年娶一位皈依东正教的土尔扈特宫廷裁缝的女儿为妻。舒哥1738年在圣彼得堡期间就教过一位名叫伊利亚·伊万诺维奇·鲍里索夫（Илья Иванович Борисов）的人学习满汉语，但时间不长。舒哥曾经设法逃回中国，但没有成功。1738年他要求面见沙皇，希望把他派到中国边境，为俄国从中国招募工匠，购买货物，没有获得批准。以上是苏联汉学家斯卡奇科夫在外交部俄罗斯对外政策档案馆中所能找到的有关舒哥来历的材料。

当时俄国与中国的交往日益密切，有关贸易、逃人、领土等方面的交涉不断，亟需满语和汉语人才。因为派往北京传教团学习的学生还没有学成归来，所以就想到了利用舒哥开设一个满汉语培训班，培养2—3名翻译。1738年俄国外务院致函圣务院，称"在外务院目前有一位皈依东正教的外国人，名叫费多尔·舒哥，通满语。外务院认为应该让俄国人学习满语，这对与中国宫廷的公函往来必然大有裨益"。1739年6月19日，舒哥开办的满汉语班正式开学，学生是来自莫斯科斯拉夫-希腊-拉丁语学校的列昂季耶夫和卡纳耶夫。有关当时上课的情况可以从遗留下来的一本上课日志里获得一些信息。这个日志是一个有5页纸的本子，封面上写着"外务院列昂季耶夫和卡纳耶夫满语学习日志"，下有签名"费多尔·舒哥。1740年2月4日"。每页划分成日期、学习内容、星期三栏，页眉写着月份。日志记录了自1739年7月到1740年2月的学习情况。这段时间主要学习了满语。学习方法比较简单，从字母的发音和书写开始，背诵词汇，然后练习把满语的文章翻译成俄语。但他在教材方面遇到了很大的困难，因为没有诸如《三字经》《千字文》《百家姓》等中国蒙童读物。他为此

---

① Куликова А. М. Востоковедение в российских законодательных актах (конец XVII в. -1917 г.). СПб. ,1994. C. 82.

不止一次地要求外务院莫斯科办事处解决教材问题,甚至指出了获取这些书的途径。两位学生非常努力,很让舒哥满意。他们除学习满语外,每周还要去斯拉夫-希腊-拉丁语学校两次,学习拉丁语。1739年8月,舒哥向上级汇报说卡纳耶夫的满语已经与他相差无几,列昂季耶夫的满语书写水平较他还胜一筹。因为仅学会满语还不够,所以他们同时也学习汉语。① 当然,在短短一个多月的时间内学生们是不可能达到舒哥所说的水平的,他在这里有意夸大其词,可能是为了给学生们增加津贴。但由此可见,无论是老师,还是学生,都对满汉语的学习倾注了很大的精力。

1740年底,舒哥的满汉语班结业。1741年3月,舒哥和两名学生被调到圣彼得堡。列昂季耶夫和卡纳耶夫被编入第三届俄国驻北京传教团。1742年外务院一度计划把舒哥派到科学院作罗索欣的助手,但由于经费原因没有成功。1743年2月17日,伊丽莎白(Елизавета Петровна,1709—1761)女皇下令将舒哥提升为准尉,派遣到阿尔汉格尔斯克卫戍部队服役。② 1751年3月9日,舒哥去世。

舒哥的功绩在于,作为一个中国人开办了俄国历史上的第一个满汉语班,为中俄两国的早期文化交流做出了贡献。他的学生之一——列昂季耶夫成为18世纪与罗索欣齐名的汉学家,并继续在外务院从事满汉语教学。

由于俄国档案中只留下了舒哥的俄文名字(有 Федор Чжога、Чжоу Гэ、Джога 等形式),长期以来一直无法确定一个可信的译法。《俄中两国外交文献汇编(1619—1792年)》译者将之翻译成"扎加",笔者曾在以往发表的文章中依据《俄苏中国学手册》翻译为"周戈"。然而,这些音译方案都没有历史依据。为了能更加接近或符合史实,笔者在这里改用"舒哥"译法,不仅仅是因为此名与俄文发

---

① Скачков П. Е. Первый преподаватель китайского и манчжурского языков в России//Проблемы Дальнего востока. 1961. №3; Скачков П. Е. Очерки истории русского китаеведения. М. ,1977. С. 57–58.

② Куликова А. М. Востоковедение в российских законодательных актах (конец XVII в. -1917 г.). СПб. ,1994. С. 76,70.

音基本吻合,更主要的是出于以下考虑:

综合斯卡奇科夫提供的俄国档案记载,可以获得这样一些认识:第一,此人最有可能是蒙古人。他不仅能够与土尔扈特人交流,还娶了一位土尔扈特裁缝之女为妻,显示出他与土尔扈特人在语言和宗教信仰上是一致的。而且,他只能教授初级满语知识,粗知汉语,这说明其可能不是满人,更不可能是汉人。第二,此人通俄语,曾多次用俄文向上级提交报告,档案中还留下了他的手迹。① 假如他真是满泰使团留在土尔扈特部的联络员,那么,他的俄文在一年多时间里不大可能达到如此高的水平。显然,他被扣押前已在俄国留居多年。俄罗斯学术界多断定此人是中国政府派来的"奸细"。② 那么,此人到底是谁呢?

图理琛《异域录》载康熙谕旨曰:"尔等到彼,问阿玉奇汗无恙,欲将贝子阿拉布珠儿遣回,与尔完聚,调阿拉布珠儿人来,问俄罗斯国商人科密萨尔正在料理遣发,恰合朕意。伊竭诚差萨穆坦等请安进贡,朕甚嘉悯,特遣厄鲁特舒哥、米斯及我等各项人前来颁发谕旨,并赐恩赏。"③ 这里说的是康熙五十一年(1712)派太子侍读殷扎纳、内阁侍读学士图理琛、理藩院郎中纳颜、新满洲噶札尔图、新满洲米邱5人组成使团,前往伏尔加河流域慰问。除随从保驾的3名武官和22名家仆外,使团中还有两名厄鲁特人,一个叫舒哥,另一个叫米斯,两人均为阿拉布珠尔手下的土尔扈特部落人。④ 既然如此,舒哥、米斯就有可能不随使团返回中国而留在阿玉奇汗处,必要时可作为联络清廷的合适人选。

雍正初年,青海的和硕特蒙古罗卜藏丹津率部据青海叛乱,被清廷剿灭。继而,收留罗卜藏丹津的准噶尔部的噶尔丹策零又侵扰喀尔喀蒙古。1729年,清廷决定发兵征讨噶尔丹策零,拟南北两路夹攻。

---

① Скачков П. Е. Очерки истории русского китаеведения. М.,1977. С. 59.
② История отечественного востоковедения до середины XIX века. М.,1990. С. 77.
③ 图理琛撰:《异域录》,王锡祺辑《小方壶斋舆地丛钞》,上海著易堂,清光绪十七年。
④ 张体先:《土尔扈特部落史》,当代中国出版社,1999年,第76页。

为此，清政府以参加彼得二世（Петр II，1715—1730）即位大典为由，派出了托时使团。1731 年，中国使团分两路离开莫斯科。一路由托时率领回国，另一路由满泰带领，经萨拉托夫前往土尔扈特。阿玉奇汗之子车凌端多布汗跪接雍正敕书，表示愿意效命朝廷。11 月，满泰一路与托时在托博尔斯克会合，次年 2 月经恰克图回国。满泰使团到访土尔扈特部承担有两个重要使命："第一，告知准噶尔政权自噶尔丹至策妄阿拉布坦父子对邻部扩张与反清的事实；第二，清军进攻准噶尔时，能够得到土尔扈特的支援与配合。"① 清朝使团离开后的次年，由于时局变化，车凌端多布汗极有可能派遣熟悉路途的舒哥前往联络清廷。至于为什么车凌端多布汗的姐姐谎称舒哥是"中国俘虏"，乃是为了让俄国政府不加阻隔，放行其归国。因为俄国政府一直阻碍土尔扈特部与清廷接触，康熙四十八年（1709 年）萨穆坦在来华途中就曾在托博尔斯克被俄国当局扣留，并严加看守。② 这次扣押舒哥也是情理中事，唯一的差别就是俄国政府最后放行了萨穆坦。舒哥在被审时供认其是到中国通报有关车凌端多布汗准备在清廷攻打噶尔丹策零时予以策应之事，说明他确实担负有与萨穆坦一样的任务。俄国人对此心知肚明，枢密院 1733 年曾密令来华信使谢苗·彼得罗夫（Семен Петров）："须将中国人德扎乌嘎③押送至外务委员会，他是策楞敦多布的姐姐为向博格德汗汇报有关珲台吉的情况派去北京的，决不能将这个扰乱者送往中国。"④ 为了不给土尔扈特部带来麻烦，他隐瞒了自己的真实身份。不仅如此，为了能完成其肩负的秘密使命，舒哥委曲求全，加入东正教，教授满汉语，以赢得俄国人信任，伺机利用其他渠道前往中国。1738 年他主动要求前往中俄边境为俄国人办差即是一个证明。由此可以确定，舒哥与萨穆坦一样，都是土尔扈特

---

① 马汝珩、马大正：《试论〈雍正谕土尔扈特汗敕书〉与满泰使团的出使》，《民族研究》1988 年第 1 期。
② 马大正、郭蕴华：《〈康熙谕阿玉奇汗敕书〉试析》，《民族研究》1984 年第 2 期。
③ "舒哥"俄文拼写的另一种汉译形式。——笔者注
④ [俄]尼古拉·班蒂什-卡缅斯基编著：《俄中两国外交文献汇编（1619—1792年）》，中国人民大学俄语教研室译，商务印书馆，1982 年，第 243 页。

首领派来的贴身心腹。17世纪以来中俄之间虽有逃人经常相互越界，但普通的逃人绝不可能受到车凌端多布汗姐姐如此周详的照应。因此，笔者初步认定此人就是当年阿拉布珠儿的亲信——舒哥。

2. 列昂季耶夫的满汉语教学

外务院第二个满汉语班的创办者是列昂季耶夫。18世纪下半叶，列昂季耶夫在很长一段时间内是俄国外务院唯一的满汉语专家。而且，清政府从1855年开始以《恰克图条约》并没有规定俄方可以一直派学生来华学习为由，拒绝接受俄国学生。俄国政府对满汉语通译严重短缺感到忧虑，希望能在俄国培养，恰好列昂季耶夫也有这方面的愿望。他于1761年向外务院提交了一份报告，希望能从斯拉夫-希腊-拉丁语学校选拔3名学生跟随他学习满汉语，然后再将其派到中国。次年10月25日叶卡捷琳娜二世下旨选拔4名学生跟随列昂季耶夫学习汉语。1763年列昂季耶夫从诺夫哥罗德神学院和圣彼得堡神学院挑选了4名学生。他们是安东·伊万诺夫（Антон Иванов）、米哈伊尔·安基波夫（Михаил Антипов）、雅科夫·科尔金（Яков Коркин，1745—1779）和雅科夫·波梁斯基（Яков Полянский）。他同时还从斯塔夫罗波尔请来了一位皈依东正教的名叫阿尔杰米·瓦西里耶夫（Артемий Васильев）的中国人协助教授。据说，此人父亲是我国福建省的一个将军，他本人曾在镶黄旗供职。俄国政府派人查验他的身份，结果与他所言相符。只是不清楚，此人如何到了俄国。1763年5月，列昂季耶夫的满汉语班正式开学。有关当时上课的情况，现在只能从1764年11月15日列昂季耶夫的一份报告中获得一些线索。他写道，伊万诺夫和安基波夫学习了满语、汉字、会话和语法。因为此两种语言非常艰深，而他本人年事已高，所以请求外务院将他们派到北京或者中国边境。1765年安基波夫被派到中国边境，又学习了蒙古语。伊万诺夫进入政府部门供职。1768年科尔金被编入第六届俄国驻北京传教团，波梁斯基以后的命运至今不明。[1] 然而，另据20世纪80

---

[1] Скачков П. Е. Очерки истории русского китаеведения. М., 1977. С. 69-70.

年代库利科娃在档案中发现的列昂季耶夫的一份遗稿称，这 4 名学生中只有一名是可造之才，其他 3 名学习了一段时间就放弃了。①

3. 安·弗拉德金的满汉语教学

1798 年 1 月 12 日安·弗拉德金给外务院递交报告，建议挑选 3 或 4 名愿意学习满汉语的年轻人，由他负责教授，这些学生在国内打下一定基础后，再派往中国进一步提高，从而掌握所学语言。7 月 24 日保罗一世下旨每年拨专款 3000 卢布，用于在外务院培训汉语、满语、波斯语、土耳其语和鞑靼语翻译。② 这样，继列昂季耶夫的满汉语班之后，外务院又成立了一个满汉语班。与以往相比不同的是，安·弗拉德金所教学生不是来自宗教学校，而都是世俗人员。3 名学生分别是哈里托诺维奇（Т. Харитонович）、德兰切夫（Е. Дранчев）和杰涅西卡（А. Денеська）。8 月由于德兰切夫去世，补收外务院看门人之子西帕科夫（М. Д. Сипаков）。满汉语班于 1798 年 5 月开学，授课时间为周一至周六 9—12 时和 13—17 时，其中周三和周六为半日制。到 1800 年，学生们已经掌握了近 1000 个汉字，可以进行简单的满、汉、俄语互译。满汉语班使用的教学笔记本保存至今，上面写有从满汉文译成俄文的各种生活会话。满汉语班于 1801 年停办。从安·弗拉德金的两份有关学生成绩的报告看，他对学生的学习很满意。其中西帕科夫于 1805 年被编入比丘林领导的第九届传教团，于 1808—1821 年间在北京学习。③

---

① Куликова А. М. Новый документ об обучении русских китайскому и маньчжурскому языкам при российских миссиях в Пекине//Письменные памятники и проблемы истории культуры народов востока. XVIII годичная научная сессия ЛО ИВ АН СССР (доклады и сообщения) 1983 – 1985. Часть 1. М. ,1985.

② Куликова А. М. Востоковедение в российских законодательных актах (конец XVII в. -1917 г.). СПб. ,1994. С. 18.

③ Скачков П. Е. Очерки истории русского китаеведения. М. ,1977. С. 80 – 81.

二、皇家科学院满汉语班

1741年圣彼得堡皇家科学院满汉语班成立，罗索欣成为第一个讲授满汉语的俄国人。当时确定的培养目标是要使学生掌握汉字以及汉语口语，并逐渐了解中国的政治。为了锻炼学生的口语，罗索欣曾要求将舒哥调到科学院协助他工作。科学院起初批准了他的请求，并向俄国政府提交了报告。但当外务院已经表示同意时，1742年科学院又以缺乏经费为由，拒绝接受舒哥。1741年8月10日，从圣彼得堡卫戍学校选拔的4名学生来到科学院，开始跟随罗索欣学习汉语和满语。这4名学生是：沃尔科夫（Яков Волков）、萨维尔耶夫（Леонтий Савельев）、切克马列夫（Степан Чекмарев）和科列林（Семен Корелин）。①

在教学方法上，罗索欣采用了中国传统的教学方法，让学生先背诵《三字经》《千字文》和四书。他在教学中使用了亲自翻译的《三字经》和《千字文》俄文手稿，帮助学生理解汉语原文。为了方便学生学习汉语语音，他编写了一本《用俄文字母标注的汉语发音》，创造了俄国第一个汉俄译音方案。尽管后人指出罗索欣的汉俄译音方案不标准，掺杂了满语的发音，但作为俄国第一个汉语标音方案，其意义是不言而喻的。② 翻译中国蒙古学教材在罗索欣的教学过程中占有重要地位。档案中至今还保存着师生共同翻译的《二十四孝》《薛文清公要语》《潘氏总论》等手稿。在沃尔科夫翻译的四书的最后一页上写着："由雅科夫·沃尔科夫译成俄文。"他因此成为四书的第一个俄译者。显然，他不大可能独立翻译这样艰深的古汉语文献，一定受到了罗索欣的直接指导。关于学生的学习效果还可以从另外一份文件

---

① Куликова А. М. Востоковедение в российских законодательных актах (конец XVII в. -1917 г.). СПб. ,1994. С. 16.

② Дацышен В. Г. История изучения китайского языка в Российской империи. Красноярск,2002. С. 20.

中获得一些信息。沃尔科夫和萨维尔耶夫在1746年的一份报告中希望学习拉丁语和法语，以便阅读西方学者的中国典籍译著。由此可见，学生已经懂得借鉴西方汉学家的作品了。1750年，沃尔科夫、萨维尔耶夫和科列林联名上书，要求增加津贴，同时报告了他们的学习情况。他们已经背会了"许多汉语和满语的书籍。起初学习了识字课本和对话，而后背诵了包括四部分内容的四书和《三字经》，攻读了中国的各种历史著作，现在我们不仅能够阅读并理解这些书，而且还在学习翻译"。罗索欣希望把这几个学生派到中国去继续学习，但没有结果。在1755年计划派往中国的第五届传教团学生名单中并没有罗索欣的学生。在以后的俄国汉学发展史上也再没有看到他们的名字。他们很可能没有找到与专业对口的工作，另就他职了。[1]

罗索欣领导的满汉语班从1741年建立，到1751年关闭，存在了10年的时间，培养了4名学生。俄国第一次在本土依靠自己的教师培养了自己的汉学人才。

舒哥、罗索欣、列昂季耶夫和安·弗拉德金所开展的满汉语教学，为俄国19世纪在高等学府开办满汉蒙语专业积累了经验。但是，综观18世纪俄国的满汉语教学可以发现，尽管沙俄政府有时表现得非常重视满汉语人才的培养，但往往缺乏延续性，4次办学都是只培养了一届学生便停办。在教学内容和方法方面，由于"因袭中国传统教育方式，不能适应当时欧洲科学的发展水平"。[2] 另外，人才的培养与使用存在脱节问题，学生谋职困难。科学院和外务院长期以来只可容纳一名满汉语通译，大部分学生为谋生不得不放弃所学专业，只有少数人有机会被编入俄国东正教驻北京传教团继续深造。

---

[1] Скачков П. Е. Очерки истории русского китаеведения. М., 1977. С. 44-46.

[2] Дацышен В. Г. История изучения китайского языка в Российской империи. Красноярск, 2002. С. 21.

第六节　汉籍收藏[①]

拥有中国典籍收藏是汉学研究的基础和前提。自彼得一世时代起，俄国就开始重视东方国家图书的积累和收藏工作。有史料可查的俄国第一批中国图书获得于1730年，而后又经过俄国早期汉学家们的努力，终于使俄国汉学藏书在18世纪初具规模，为19世纪上半期俄国汉学的成熟奠定了文献基础。

一、皇家科学院图书馆

在俄罗斯历史上，是彼得一世最早建起了现代意义上的图书馆和博物馆，创办了规模庞大的科学院。1714年，彼得下令修建珍宝馆，其中附设了图书馆，旨在收集世界文物和图书。该图书馆是俄国历史上第一个向公众开放的图书馆，1718年正式启用。1724年，沙皇下令将珍宝馆和图书馆合并到新建立的皇家科学院。该图书馆仅在18世纪就更改了3次名称：1714—1725年称陛下图书馆或公共图书馆，1725—1747年为皇家圣彼得堡图书馆，1747年起更名为皇家科学院图书馆，一直沿用到1917年。

圣彼得堡皇家科学院建立之后，随着中俄接触和交流机会的增多，图书馆的中国图书收藏逐渐丰富。最早的中国图书由科学院的梅塞施密特于1720—1727年在西伯利亚考察期间获得，或许由于当时无人识得华文，所以没有著录于书目文献。史载科学院图书馆获得的第一批中国图书来自郎喀。他于1730年向图书馆赠送中国图书8种82册。因此，该年也被视为俄国中国图书收藏的肇始之年。几乎于同

[①] 本书第二章第六节、第三章第三节、第四章第六节以介绍俄国汉籍收藏为主，关于满、蒙古、藏文典籍及敦煌和西夏文书收藏情况详见第五章。

一时期，拜耶尔获得了北京耶稣会士赠送的一些汉语辞书和儒家经典。在郎喀协助下，科学院用自己的出版物与北京耶稣会士交换图书多年，具体数量不清楚。1741年，俄国汉学第一人罗索欣将52种图书交给图书馆，书单现在还保存在科学院的档案之中。次年，经由罗索欣整理编目的奥斯捷尔曼伯爵所藏23种中文图书被移交给图书馆。这些书基本上都是奥斯捷尔曼在执掌俄国内政外交时由北京耶稣会士所赠。1748年，在罗索欣的协助下，图书馆又从私人手中购得满文典籍15种。1754年，科学院图书馆收到郎喀曾经搜集的另一批图书。1756年科学院医生叶拉契奇受命从北京购回汉满图籍42种。1761年罗索欣遗孀将丈夫所藏55种中国图书卖给科学院图书馆。① 这是有史料可查的18世纪中国图书西传俄国的主要事例。

在整个18世纪，科学院图书馆的中国图书经过了数次编目和统计工作。1741年罗索欣首次编目，但该目录在1747年的珍宝馆大火中被焚毁。1766年列昂季耶夫编写了第二个书目。1776年科学院图书馆管理员巴克梅斯特尔（И. Ф. Бакмейстер，？—1788）发表了第三个书目。在这个书目中，编者写道："稀见的汉籍在欧洲被列入抄本之列，我们图书馆一共有202函汉语书，2800册。"② 别利亚耶夫（О. П. Беляев）在1793年出版的《彼得大帝藏室》一书中题为《皇家科学院藏书目录》的附表中指出当时共有汉满图书236种，2800册。③ 1794年，于科学院供职的德国人布塞（И. Г. Буссе，1763—

---

① Горбачева З. И. Китайские ксилографы и старопечатные книги собрания Института востоковедения Академии наук СССР (Общий обзор) // Ученые записки ИВ АН СССР. Т. 16. М. ,1958.
② Вахтин Б. Б. ,Гуревич И. С. ,Кроль Ю. Л. ,Стулова Э. С. ,Торопов А. А. Каталог фонда китайских ксилографов Института востоковедения АН СССР. Вып. 1. М. ,1973. С. 10.
③ Шафрановский К. И. , Шафрановская Т. К. Сведения о китайских книгах в библиотеке Академии наук в XVIII веке // Научные и культурные связи библиотеки АН СССР со странами зарубежного Востока：Сб. докл. науч. конф. б-ки АН СССР / Б-ка АН СССР. М. -Л. ,1957.

1835）根据列昂季耶夫的目录，在其出版的德文杂志《俄罗斯杂志》上又发表了一个目录《科学院藏汉满蒙日文图书》，但实际上只包括汉语和满语文献 202 种，其中汉语图书 176 种，满语图书 26 种，共计 2800 册，另有部分零散手稿。1998 年德国著名目录学家哈尔特穆特·瓦尔拉文斯（Hartmut Walravens，1944— ）在《华裔学志》重刊了布塞目录。

布塞将这些图书分成耶稣会士、哲学、政治与军事、历史与地理、天文学与几何学、医学和教科书七大类分别著录，其中每一类别的总数中包括了复本的数量。由于德文译音与汉语读音有一定差距，部分著作的汉语书名难以复原。现将瓦尔拉文斯所刊目录摘录如下：

（1）耶稣会士著作 22 种。主要包括《圣经直解》（阳玛诺译）、《超性学要》（利类思译）、《十诫直诠》（阳玛诺述）、《口铎日抄》（艾儒略撰）、《圣教浅说》（田类斯撰）、《圣事礼典》（利类思译）、《弥撒经典》（利类思译）、《圣母行实》（高一志译）、《圣教日课》（龙华民译）、《性学觕述》（艾儒略撰）、《七克》（庞迪我撰）、《天文略》（阳玛诺译）、《景教碑颂》（阳玛诺撰）、《万物真原》（艾儒略撰）、《德行谱》（巴多明著）、《天神会课》（潘国光述）、《拯世略说》（朱宗元）等。当然，布塞也出现了一些判断上的错误，如将宋代史学家郑樵的《天文略》也算在了耶稣会上的名下。

（2）哲学类 33 种，包括《实践录》、四书、《四书集注》《书经》《诗经》《满汉字诗经》、五经、《礼记》《菜根谈》《太上感应篇》《步元诗经》《文庙礼乐》《礼记大全》《易图解》《易经》《孔子家语》《小学》《避暑山庄诗》《圣谕十六条》《圣贤图赞》《国朝名公诗选》《千字文》《老子》。其中四书数量最多，共有 5 种。

（3）政治与军事类 33 种。有《大清律例》《中枢政考》《战国策》《兵法》《农政全书》《耕织图》《鹰论》《三字经》《吏部则例》《资治通鉴》《甲子会记》《六经图》《武经三子》《周礼》《格言辑要》《洪武宝训》《孝经》《朱子节要》《性理精义》《缙绅全书》《品级考》《大明会典》和《古文渊鉴》等。

（4）历史与地理类 59 种，主要有《春秋》《日讲春秋解义》《万姓统谱》《资治通鉴纲目》《资治通鉴》《通鉴直解》《盘古集》《皇明史概》《三国志》《明史》《金瓶梅》《平山冷燕》《水浒传》《史记》《历代年表》《历史纲鉴》《汉书评林》《北史》《南史》《周书》《西游记》《大清一统志》《皇舆表》《坤舆图说》《广舆记》《广舆图》《示我周行》《山海经》《通志》等。

（5）天文学与几何学类 17 种，如《浑天仪说》《方星图》《历象考成》《月令广义》《康熙八年四月初一日癸亥朔日食图》《宪书》《天文大成》《仪象考成》《算法全书》《数表》《新讲算法》《几何原本》等。

（6）医学类 13 种，包括《针灸大成》《本草纲目》《伤寒活人指掌》《本草蒙筌》《脉诀》《外科正宗》《类经》《医宗必读》《古今医鉴》《士才三书》等。

（7）教科书共计 36 种，大多数为《清文鉴》《清文启蒙》等满文教材，汉语词典不多，主要有《康熙字典》《正字通》《海篇》《篆字汇》等。①

布塞的分类与别利亚耶夫基本一致，只是将"神学著作"一类改为"耶稣会士著作"，表述更加明确。布塞和别利亚耶夫的统计数量之所以超过了巴克梅斯特尔，原因是两人将一些零散的本子也计算在其中了。这些本子当中有一部分是罗索欣未能发表的译稿，如《小儿论》《二十四孝》《薛文清公要语》《潘氏总论》《亲征平定朔漠方略》《资治通鉴纲目》《大清一统志》《千字文》《清文启蒙》《三字经》以及四书等。

早期俄国中国图书编目者习惯于将汉、满图籍著录在一起，统计结果相互间时有出入或矛盾之处。然而，这并不影响我们对这一时期的俄藏汉籍规模做出大体上的判断。以上仅仅涉及了汉满两种语言的典籍，实际上，俄国在 18 世纪同时开始收藏蒙古、藏等其他中国边疆民族语言图书。在科学院工作的德国东方学家和历史学家就曾为图

---

① Walravens, Hartmut. Chinesische und mandjurische Bücher in St. Petersburg im 18. Jahrhundert∥Monumenta Serica, Journal of Oriental Studies, Vol. XLVI (1998).

书馆收藏过远东和中亚民族文献。除上面提到的梅塞施密特外，伊耶里格于80年代3次向科学院捐赠自己的藏书，第一次为蒙古文献，第二次为汉语刻本，第三次为其他东方语言文献。①

在中国图书收藏过程中，圣彼得堡皇家科学院发挥了中心和组织者的作用。郎喀、拜耶尔、罗索欣、奥斯捷尔曼、叶拉契奇的收藏活动都与科学院有直接关系。中俄频繁的商队贸易、科学院与北京耶稣会士的学术联系以及俄国东正教驻北京传教团的建立均为中俄早期图书交流创造了必要的条件。然而，这种图书交流还处于一种偶然和无序的状态之中，难以形成一定的体系和规模。在所收藏的图书当中，哲学、历史地理、政治军事以及教科书是数量最多的类别，很大一部分属于罗索欣的藏书，这在一定程度上反映了他的学术重点，而神学和天文学著作多为皇家科学院与北京耶稣会士学术交流和图书交换的成果。此外，该时期中国图书收藏主要集中在18世纪上半期，也就是说，在郎喀和罗索欣等人去世以后，收集进程就明显放缓了。

二、最早的中国图书搜集者

在俄国早期中国图籍收藏史上，除拜耶尔和罗索欣以外，还有两个人做出了重要贡献。他们不是汉学家，也不懂得汉语，却利用多次往返中国的机会，受圣彼得堡皇家科学院之托，在北京耶稣会士的协助下，购买了大量汉满图书。他们就是郎喀和叶拉契奇。

1. 郎喀

为俄国获得第一批汉学藏书的不是汉学家，而是一位在俄国宫廷服务的瑞典人，他就是洛伦兹·郎喀。苏联学者沙夫拉诺夫斯基（К. И. Шафрановский，1900—1973）和沙夫拉诺夫斯卡娅曾发表文

---

① Тихонов Д. И. Из истории Азиатского музея//Очерки по истории русского востоковедения. Вып. 2. М. ,1956.

章，对这段历史进行了详细考证。①

　　洛伦兹·郎喀的出生年代不详，死于 1746 年后。由于他是彼得大帝御医阿列斯金（Роберт Арескин，1677—1718）的养子，因而受到彼得的关照，由彼得出资送到德国学习。学业完成后回到俄国，在宫廷担任秘书一职。从 1715—1737 年间，他先后 6 次来华，以俄国政府商务代表的身份在北京留居。郎喀出使中国是 18 世纪上半叶中俄关系上的重要事件。1776 年，由彼得堡皇家科学院图书馆管理员巴克梅斯特尔编写的书目中提到"图书馆中的第一批中国图书是由俄国驻中国代表郎喀于 1730 年从耶稣会士处获得并带回俄国的，共计 8 函 82 册"。② 此举为俄国汉学藏书做出了重要贡献。按照巴克梅斯特尔的说法判断，郎喀是于 1730 年将图书交给圣彼得堡皇家科学院的，那么，他获取这批图书的时间应该是他于 1727—1728 年第四次来华期间。俄国来华使节萨瓦 1727 年在返俄途中接到外务院的公文。一份文件的内容是俄国政府对萨瓦与清政府所进行的谈判表示满意，而在另一份文件中则列举了需要为圣彼得堡皇家科学院获取的中国书籍。当然，萨瓦并未为此事返回北京，而是将其转交给了留守在北京的郎喀。一向以办事干练而深受沙皇信任的郎喀顺利完成了任务并将书籍带回圣彼得堡。这份书单现收藏在俄罗斯外交部档案馆，原件为德文，翻译件为俄文。现将俄文件全文汉译如下：

---

① Шафрановская Т. К. , Шафрановский К. И. Приобретение в начале XVIII в. китайских книг российским резидентом в Китае Лоренцом Лангом//Страны и народы Востока. Вып. 1. М. , 1959; Шафрановский К. И. , Шафрановская Т. К. Сведения о китайских книгах в библиотеке Академии наук в XVIII веке//Научные и культурные связи библиотеки АН СССР со странами зарубежного Востока:Сб. докл. науч. конф. б-ки АН СССР/Б-ка АН СССР. М. -Л. , 1957.

② Шафрановский К. И. , Шафрановская Т. К. Сведения о китайских книгах в библиотеке Академии наук в XVIII веке//Научные и культурные связи библиотеки АН СССР со странами зарубежного Востока:Сб. докл. науч. конф. б-ки АН СССР/Б-ка АН СССР. М. -Л. , 1957.

中国人有两部著名的汉文词典,一部是《字汇》,另一部是《海篇》。①

耶稣会神父在中国也编写了若干种……

(1) 郭居静②神父,意大利人,以西洋字母音序编著《汉字四声字典》。

(2) 金尼阁神父,编有《西汉字典》,北京刊印。

(3) 曾德昭神父,1658年在他所编写的两卷词典于澳门印行后就辞世了。

(4) 恩理格③神父,于1676年亦曾刊印一部词典。④

在这个书单中包括了6部词典,其中只有两部是中国人编写的,其余4部都是耶稣会士的作品。这在一定程度上反映了耶稣会士在汉外双语词典编写领域的贡献和影响。《汉字四声字典》应该是郭居静与利玛窦合编的《西文拼音华语字典》,所收词条依照拉丁字母顺序排列。而《西汉字典》当是金尼阁所著的《西儒耳目资》,但此书刊印地并非北京,而是杭州。曾德昭和恩理格编写的词典分别是《字考—汉葡及葡汉字汇》和《文字考》。书单是圣彼得堡皇家科学院拟

---

① 这两部词典的名称拉丁文拼写分别为"Tacuhoei"与"Haipien",《彼得大帝时期的俄中关系史(1689—1730年)》一书的中文译者江载华、郑永泰认为可能是《康熙字典》和《玉海》。但从读音以及耶稣会士在早期词典编写中常见的参考书目判断,更可能是明梅膺祚的《字汇》以及一部名为《海篇》的字典。据计翔翔考证,明代以来出版的字典中有30余种书名中含有"海篇"字样,这里具体指哪一部,尚需考证。参见计翔翔:《十七世纪中期汉学著作研究——以曾德昭〈大中国志〉和安文思〈中国新志〉为中心》,上海古籍出版社,2002年,第132—133页。——笔者注

② Cattaneo Lazare,1560—1640。——笔者注

③ Christian Herdtricht,1624—1684。——笔者注

④ Шафрановская Т. К., Шафрановский К. И. Приобретение в начале XVIII в. китайских книг российским резидентом в Китае Лоренцом Лангом//Страны и народы Востока. Вып. 1. М.,1959;加斯东·加恩在其著作中也发表了这份文件。见[法]加斯东·加恩著:《彼得大帝时期的俄中关系史(1689—1730年)》,江载华、郑永泰译,商务印书馆,1980年,第354—355页。

订的，所以，我们有理由相信，这或许与当时在圣彼得堡皇家科学院任职的德国汉学家拜耶尔有关，甚至可以确定书单就出自拜耶尔笔下。因为拜耶尔是圣彼得堡唯一从事汉学研究的人，而且书单中列举的几乎全是汉语词典，这与拜耶尔当时的科学兴趣一致。因为他正在研究汉字以及汉语语法，期望能找到欧洲人所热切盼望得到的"中文之钥"。再者，书单的原件为德文，也为我们的推断提供了有力的佐证，因为拜耶尔虽然在俄国多年，却一直没有学习俄语。但是，也有学者认为这不是俄国的第一批汉满文书籍，因为在此之前梅塞施密特奉彼得一世意旨考察西伯利亚时带回过汉文书籍，但由于此说没有确凿证据支持，所以学界还是将1730年视作俄国汉学藏书奠基年。

郎喀在数次来北京期间，都与耶稣会士有比较密切的接触。这些耶稣会士不仅通晓汉、满语，而且，其中一部分人在康熙年间具有比较高的社会地位。耶稣会士们有意接近这位俄国沙皇的亲信，期望能通过他取得俄国政府的支持，允许耶稣会士通过俄国领土来华，而不必冒海上九死一生的风浪之险。为此，耶稣会士不仅在中俄谈判中为俄方出谋划策，而且在俄国购买图书上也给予了协助，有时还主动将他们在北京刊印的书籍出售给俄国人。在18世纪列昂季耶夫编制的科学院图书馆图书目录中就列举了22种耶稣会士在北京出版的汉学著作。

也正是郎喀直接促成了圣彼得堡皇家科学院成员与北京耶稣会士的通信。他不但亲转信件，而且经常提供有价值的建议。他虽然不是学者，但科学院实际上已经视其为中国问题权威。有时他还前往科学院，为包括拜耶尔在内的学者解答问题。在1734年的《圣彼得堡新闻》上曾经刊登了一则介绍郎喀在科学院的消息。他在那里查看了所藏的中国物品，听取了专家对两幅中国地图的比较（其中一幅为郎喀新近带回，另一幅为科学院藏品），拜耶尔查看了郎喀为他带回的中国书籍。但是，这则消息引起了郎喀的担忧，他担心清政府因此而对他产生怀疑，特别是可能会给向他提供了很大帮助的北京耶稣会士招致危险。因此，这份报纸在下一期上一改以往口气，说俄国政府禁止与北京耶稣会士通信,而且那份地图上画的也不过是一段蒙古边界。①这显示了郎喀外交经验的老道和为人的圆滑。

此外,科学院为了解决财政上的困难,积极向国外和周边地区推销自己的出版物。郎喀成为最有可能向西伯利亚和中国推销书籍的人选。在第一批交予郎喀来华销售的书籍中有德国医生兼旅行家凯普费尔的《日本历史》、科学院主要学术出版物《圣彼得堡皇家科学院评论》3卷、一部德语拉丁俄语词典、《布克斯鲍姆②院士对于在小亚细亚所发现植物的描述》3卷、拜耶尔的两本书(其中一本为《中文博览》)、科学院用法文出版的数学教科书(每种3套)。但是,我们现在很难确定郎喀到底在中国卖了多少书,卖给了什么人。因为只有那些至少懂得拉丁文或德语的人才有可能问津这些学术著作,而这样的中国人在18世纪似乎并不存在。另外,郎喀还将一些德文的非学术书籍送给巴多明、戴进贤和徐懋德等在北京的耶稣会士。郎喀后来又为圣彼得堡皇家科学院带回了多少中国书籍,我们暂时无法确知。现在只知道他在1736—1737年最后一次来华时为科学院带回了三大箱汉满文书籍。

郎喀除在俄国早期汉籍收藏上做出贡献之外,他数次来华也在其他方面对中俄文化交流产生了一定的促进作用。郎喀第一次来华是在1715—1716年间。从表面上看,他此次来华的目的很单一,主要是为彼得一世采办中国货物,因而长期为史学家们所忽略。殊不知,他此行除了向彼得一世显示其外交才华以及为后来俄国与清政府的谈判积累经验之外,还为促进早期中俄文化交流做了一些事情。理藩院曾致函俄方,说康熙皇帝希望俄国派遣一名优秀的外科医生来华。所以任职于圣彼得堡医院的英国人托马斯·加尔文(Т. Гарвин)受命随郎喀来到北京,但不久便返国了。当时加尔文借口自己水土不服和思

---

① Пан Т. А. ,Шаталов О. В. Архивные материалы по истории западноевропейского и российского китаеведения (К изданию работы В. П. Тарановича 《Научная переписка Санкт-Петербургской Академии наук с иезуитами, проживавшими в Пекине в XVIII веке》). Санкт-Петербург-Воронеж, 2004. С. 39 - 40.

② И. Х. Буксбаум,1694—1730。——笔者注

念母亲而要求遣返，康熙不仅恩准其请，还赏其金帛，"全其体面"。① 而一些俄国学者认为实际情形并非如此。据俄国东正教驻北京传教团历史研究专家尼阔赖研究，加尔文在北京成功地医好了康熙皇帝，因此得到了器重，逐渐变得骄傲起来。耶稣会士施以小恩小惠，从他手中骗取了所有的好药，尽管康熙皇帝很想留他在身边，但他仍不得不随郎喀返回俄国。② 另外，郎喀在首次使华过程中撰写的日记包含中俄外交、贸易以及中国地理学和民族学等方面的知识，是研究中俄关系和西伯利亚历史的重要资料。特别是他对长城、紫禁城、春节、元宵节的描述不仅准确，而且非常生动。同时，他还详细记录了他为彼得一世购买瓷制壁炉的过程："当我有机会单独与耶稣会士相处时，我问一位法国的神父，可不可以在北京购买到精美的瓷制壁炉，并请他给予协助。他答道，这件事很难办，因为他从来没见过这种东西，中国根本就不出产。他向我要图纸，我给他看了以后，他认为除非皇帝下严旨办理，否则是不可能办成的，没有人愿意承担这项工作。他立刻入宫，一小时后与一位清朝官员返回来，奉皇帝的旨意拿走了图纸。皇帝看到图纸后立刻通知我，叫我不要为此而担忧。皇帝说没有人制作这种东西出售，但将派一官员到制造瓷器的省里，命他们做一个炉子。皇帝钦命主管数学科学③的纪理安④神父先用木头制作一个模型让经办官员带去。那位官员出发前，我请他到我这里来，送给他几张貂皮，以便他更好地完成使命。这位官员当时答应1717年8月将带着这个壁炉回到北京。"⑤ 1721年，德国的韦伯（Ch. W. Webber）在法兰克福出版了德文本的郎喀日记（1738年再版），法文本于1725年在巴黎出版。韦伯是从郎喀本人那里获得了日

---

① 蔡鸿生：《俄罗斯馆纪事》，广东人民出版社，1994年，第72页。
② Скачков П. Е. Русские врачи при Российской духовной миссии в Пекине// Советское востоковедение. 1958. №4.
③ 这里指的是钦天监。——笔者注
④ Kilian Stumpf, 1655—1720。——笔者注
⑤ Шафрановская Т. К. Путешествие Лоренца Ланга в 1715-1716 гг. в Пекин и его дневник// Страны и народы Востока. М., 1961.

记,但在发表时有所删节。郎喀此行日记引起了西方学者的重视。1717年伏尔泰受俄国政府之邀撰写《彼得大帝时代历史》,对彼得一世与中国建立的商贸关系以及郎喀的活动给予了应有的重视。他写道:"此时康熙感到了自身的弱点,凭经验得知欧洲的数学家比中国的优秀,由此想象欧洲的医生也有可能比中国的强,因而下令通过从北京返回圣彼得堡的使节请沙皇派遣一位医生来华。当时在圣彼得堡有一名英国外科医生受命随同新使节郎喀前往中国。后者对这次旅行进行了描述。该使团受到了极其隆重的接待。英国外科医生认为康熙皇帝健康状况良好,并因为医术高超而受到尊重。跟随这个使团的俄国商队获利颇丰。"① 显然,在俄国政府提供给伏尔泰的研究资料中就有郎喀的日记。郎喀首次使华日记一直到20世纪才在俄国部分发表。②

1720年,郎喀以秘书身份随伊兹迈伊洛夫(Л. В. Измайлов,1685—1738)使团第二次来华,并在使团返国时被以俄国商务代表的身份留在北京达17个月。在此期间,他广泛晋接清朝官员,搜集有关中国各方面的情况。由于俄国在引渡逃人问题上背信弃义,清廷决定驱逐郎喀。③ 郎喀第二次来华的日记主要记述了同中国政府就中俄两国贸易问题进行的谈判。这些日记1725年在荷兰的莱顿发表,1727年又在阿姆斯特丹出版。随伊兹迈伊洛夫来华的英国医生贝尔(Джон Белл,1691—1780)1763年在苏格兰将郎喀日记连同自己写的游记一同发表,1766年法文本问世。1776年,贝尔的书被翻译成俄文在圣彼得堡出版,郎喀的作品《1721年郎喀先生在北京宫廷的

---

① Шафрановская Т. К. Путешествие Лоренца Ланга в 1715 – 1716 гг. в Пекин и его дневник//Страны и народы Востока. М. ,1961.

② Русско - китайские отношения в XVIII веке/Сост. Н. Ф. Демидова, В. С. Мясников. Т. 1: 1700 – 1725. Материалы и документы. М. , 1978. С. 487 – 497; Шафрановская Т. К. Путешествие Лоренца Ланга в 1715 – 1716 гг. в Пекин и его дневник//Страны и народы Востока. М. ,1961.

③ 沙弗拉诺芙斯卡娅认为郎喀被驱逐的直接原因是他曾试图与朝鲜贡使接触而触怒了清廷。见 Шафрановская Т. К. О поездках Лоренца Ланга в Пекин//Сов. китаеведение. 1958. №4.

日记》始与俄国读者见面，1822 年又在《北方档案》上发表。郎喀第二次出使中国的日记现藏德国柏林国家档案馆。1726 年郎喀随萨瓦使团第三次来华，参加中俄《恰克图条约》谈判。1727 年，郎喀率俄国政府商队第四次来华。在他的带领下，俄国首批来华的 3 名学生①来到北京，并在他的监督和协调之下开始了满汉语学习的历程。他同时为圣彼得堡皇家科学院购买了第一批中国图书。他此次使华所写日记于 1781 年由在圣彼得堡皇家科学院任职的东方学家帕拉斯用德文发表，19 世纪又出版了英文版本。1732 年，郎喀率领俄国商队第五次来京，并首次将圣彼得堡皇家科学院的出版物带到中国，俄国枢密院随后在 1734 年下令允许科学院在西伯利亚和中国销售他们的印刷品。在北京他从 3 月一直待到 9 月，参加了在地震中毁坏的北京东正教堂的重建，回国后即被任命为西伯利亚副总督。1736—1737 年，郎喀第六次来华，职务依然是商队领队。他在北京得到了传教团学生罗索欣的帮助。正是在这次，罗索欣将一张用俄文标注了地名的《皇舆图》托郎喀转交给了沙皇，并获得了奖励和提升。也可以这样说，由于郎喀的举荐，罗索欣在返国之前已达沙皇的圣听了。这次他完成了第四本日记，同样也是由帕拉斯发表的。但是，第三和第四本日记至今也没有翻译成俄文。郎喀游记无论在内容还是在文风上，可以说与斯帕法里一脉相承。他仔细地描述在与清朝官员交涉过程中遇到的困难，字里行间能感受到他的郁闷和不满。他对大部分与其打交道的中国官员都没有好感，指责他们冷漠、贪婪和无理。

此外，郎喀还留给后世一本《中华帝国描述》。全书共 14 章，用德文写成。他利用了同北京的耶稣会士纪理安交谈中获得的信息，参考了已有的介绍中国的书面资料，对中国进行了比较翔实的描述。郎喀没有能出版自己的著作，其中有 11 章被韦伯于 1721 年发表在他的著作之中，而其余部分由于内容主要涉及在华的基督教传教士，因而被删去。1961 年苏联汉学家沙夫拉诺夫斯卡娅节译了《中华帝国描

---

① 这 3 名学生是沃耶伊科夫、普哈尔特（Иван Пухарт）、特列季亚科夫（Федор Третьяков）。

述》，发表在《东方国家与民族》集刊上。在第一章中，郎喀介绍了中国国家的起源以及中国名称的来历。他赞叹中国从三皇五帝到如今的悠久历史，认为西方用以指称中国的"sina"来源于汉字"请"（实际上来源于"秦"）。而对中国的汉字，他认为外国人很难学会。第二章介绍的是中国的幅员以及周边地区，列举了中国行省、城市、山川、河流、桥梁、庙宇教堂的数目。第三章描述了北京的皇城。第四章介绍中国的国家管理体制。第五章讲述中国的人口和税收。第六章描绘了中国皇帝的服饰、国家代表图案以及名称。第七章记述了鞑靼人①如何征服了中国。在第八章中，作者介绍了康熙皇帝的统治方略，称康熙皇帝是一位"勇敢、聪明、狂热的猎手和技艺高超的射手。对人民非常亲善，对士兵要求严厉，但很慷慨"。他"鼓励与俄国人贸易。经常从国库中拨巨款给本国的商人用以支付，以便俄国人不因中国商户拖欠货款而感到为难。他对读书人很尊敬"。在第九章中，他基本正确地理解了中国的佛教、伊斯兰教和儒教，但没有提到道教。第十章介绍了中国的科学与艺术。他认为欧洲的科学比中国完善，而中国的科学却有更加悠久的历史。但对指南针是否由中国人发明表示了怀疑。他特别推崇中国人仿制物品的能力，认为已经达到了以假乱真的水平。第十一章介绍了中国的道德学说，他发现在中国的纲常理论下，人民生活安定祥和。第十二章的内容是关于基督教在中国的情况。第十三章讲的是1712年有人写给康熙皇帝的关于反对基督教神父的奏折。在最后一章中，他介绍了耶稣会士在中国用汉语刊印数学及其他领域科学书籍的情况，并最终弄清了"康熙皇帝及其皇子并没有接受洗礼"的事实。②

　　郎喀在西方接受过良好教育，具有较高的文化修养，他前后6次来华，曾经做过沙皇的采办、使团的秘书、商队的首领以及西伯利亚的副总督，丰富的经历以及很强的观察力使他在身后留下大量日记。

---

① 郎喀在其著作中称满族人为"鞑靼人"，而称蒙古人为"西鞑靼人"。
② Шафрановская Т. К. Путешествие Лоренца Ланга в 1715–1716 гг. в Пекин и его дневник//Страны и народы Востока. М. ,1961.

无论是日记,还是综述性著作《中华帝国描述》,其中都包含大量有关18世纪中国社会、政治、经济状况以及耶稣会士在华活动情况的描述,是研究早期中俄关系以及中俄文化交流史的重要素材。而对于18世纪的俄国汉学而言,他为圣彼得堡皇家科学院购买的第一批中国图书揭开了中俄图书交流的序幕,奠定了俄国汉学藏书的基础,推动了俄国汉学的诞生和发展。对于郎喀在中俄关系史上的地位,蔡鸿生先生的评价可谓入木三分:"郎喀的北京之行,无论对俄国商队史、俄国布道团史,还是俄国'汉学'史,都有深远影响。"[1]

2. 叶拉契奇

叶拉契奇是另一位为俄国中国文物和图书收藏做出过重要贡献的外国人。他是克罗地亚人,1740年左右来到俄国,1742年进入圣彼得堡陆军总医院学习医学,毕业后进入俄国医务衙门工作。他的医术并不高明,甚至一度被安排做接生医生。然而,他在3次随商队来华期间受命收集了大量中国风物和图籍,在俄国汉学史,尤其是圣彼得堡皇家科学院珍宝馆历史上留下了深深的足迹。

叶拉契奇的第一次在京时间为1745年12月15日到1746年6月6日。1744年,叶拉契奇请缨担任列勃拉托夫斯基(Герасим Лебратовский)商队的随队医生。俄国医务衙门为其制定的指令包括记录旅行日志,收集中国医药信息,获取琥珀、砖茶、人参及其制造或栽培技术等。叶拉契奇显然顺利完成了任务,因为从1748年1月25日起,他成为科学院的医生。

叶拉契奇第二次来华收获最丰。1753年他声称自己在上次来华时结识了耶稣会士并培植了一些关系,请求科学院批准他随阿·弗拉德金(Алексей Владыкин)率领的商队前往北京为珍宝馆搜集奇珍异宝。科学院为他制定了两份详细的指令。第一份是科学院会议于1753年3月29日做出的,其中条款多与搜集图书文献和加强与北京耶稣会士学术交流有关:"(1)按照汉语翻译(指罗索欣——笔者注)所

---

[1] 蔡鸿生:《评俄国"汉学"》,《中俄关系史论文集》,甘肃人民出版社,1979年。

提供的情况购买图书馆未藏的中国哲学和历史学书籍；（2）给神父们（即北京耶稣会士——笔者注）送去克拉西利尼科夫①的木星卫星测定结果，并询问他们有无相应的测定结果；（3）责成格里绍夫②教授将月球偏差测算结果转交给神父们并请他们回信；（4）如果神父们在北京进行磁偏差观测，请他们告知测定结果；（5）给耶稣会士带去他们没有收到过的科学院出版物。"第二份是由科学院办公厅主任舒马赫签署的，主要内容为一张中国文物和图书购置清单。清单中的文物和图书都是1747年珍宝馆失火时损失的藏品。180件被烧毁文物的材质、规格、颜色得到了细致的描述，同时还绘制了一些彩色草图。这些藏品大都是由俄国使节和商队从北京和西伯利亚地区陆续带回来的，有中国的小塑像、服装、鞋帽、兵器、乐器、玩具、烟草、茶叶、菜种、草种、矿石、珍禽、鱼、船模、箱匣、锁、扇子、笔墨纸砚、钱币等。科学院需要补充的书籍清单由罗索欣编制，其中包括对某些图书获取渠道的说明。③

叶拉契奇此次在京居留时间为1754年12月23日到1755年6月4日。叶拉契奇比较顺利地完成了科学院会议和舒马赫的指令。当然，多年以前通过各种渠道进入珍宝馆库藏的中国风物很难在短时间内觅齐，叶拉契奇不得不在科学院许可的范围内寻找替代品。他此行共花费白银469两，收集中国风物274件，数量和质量均超过了预期。经过叶拉契奇的努力，珍宝馆的中国文物非但没有减少，反而得到显著增加。现在看来，在他收集的文物当中，有不少珍品。比如，有一尊象牙雕刻的寿星像，一手持扇，一手执杖，神态自然，是珍宝馆的镇馆展品之一。2005年5月，珍宝馆有两件叶拉契奇当年带回的珍贵中

---

① Андрей Дмитриевич Красильников, 1705-1773。俄国天文学家、大地测量学家，最早对俄国进行了天文测定。——笔者注
② Grischov Augustin Nathanael, 1726—1760。天文学家，时任科学院教授。——笔者注
③ Пан Т. А., Шаталов О. В. Архивные материалы по истории западноевропейского и российского китаеведения（К изданию работы В. П. Тарановича《Научная переписка Санкт-Петербургской Академии наук с иезуитами, проживавшими в Пекине в XVIII веке》）. Санкт-Петербург-Воронеж, 2004. С. 45.

国文物失窃，引起俄罗斯社会的关注。一件是瓷制的园林雕塑，另一件则是脚踩鱼背的青铜神像，估计价值都在一万美元以上。沙弗拉诺芙斯卡娅认为叶拉契奇一共买到 42 种书，书目单子至今还保存在圣彼得堡的档案之中，其中包括《大明一统志》《史记》《资治通鉴》《资治通鉴纲目》《汉书》《南史》《北史》等。① 而塔拉诺维奇则认为叶拉契奇在北京购得图书 51 种，共 123 册，其中词典类 5 种 6 册，地理类 2 种 4 册，历史类 15 种 56 册，法令类 3 种 6 册，神学类 13 种 23 册，天文类 13 种 28 册。除收集文物和购买书籍之外，叶拉契奇还受命检验杜赫德《中华帝国全志》中信息的准确性。他尽管没有完成这一任务，但从北京耶稣会士口中得知，杜赫德著作并不能尽信。②

1763 年叶拉契奇随克罗波托夫（И. И. Кропотов，1724—1769）商队第三次来华，在京居留时间很短，自 7 月 17 日到 8 月 12 日。现在我们还不清楚他具体执行了俄国政府和科学院的什么指令，但有一点可以确定，就是将北京耶稣会士刘松龄和蒋友仁的信带回了圣彼得堡。

叶拉契奇是个普通的医生，但在俄国收藏中国文物和图书方面做了许多事情。俄罗斯科学院民俗学和民族学研究所（前身为珍宝馆）中的中国风物藏品数量很大，与叶拉契奇于 18 世纪奠定的基础不无关系。而俄罗斯科学院东方文献研究所收藏的汉籍善本中有许多也是叶拉契奇从北京带回来的。

---

① Шафрановская Т. К. Поездка лекаря Франца Елачича в 1753 – 1756 гг. в Пекин для пополнения китайских коллекций Кунсткамеры//Из истории науки и техники в странах Востока. Вып. 2. М.，1961.

② Пан Т. А.，Шаталов О. В. Архивные материалы по истории западноевропейского и российского китаеведения（К изданию работы В. П. Тарановича《Научная переписка Санкт-Петербургской Академии наук с иезуитами, проживавшими в Пекине в XVIII веке》）. Санкт-Петербург-Воронеж，2004. С. 48.

第七节 跨越语言障碍，翻译满汉经典

18世纪是俄国汉学的诞生期，其最显著的特征就是有了汉学人才教育基地并培养了本国的汉学家。1741年被誉为俄国汉学第一人的罗索欣从北京回国，3月22日进入圣彼得堡皇家科学院担任满汉语翻译，翻开了俄国汉学史的第一页。俄国第一批汉学家通过学习满汉语言，跨越语言障碍，开始阅读和翻译中国文化典籍。与前汉学时代来华使节在不懂语言的情况下所记述的旅行见闻相比，其著作在内容和形式上都产生了飞跃，俄国汉学自此诞生。

1689年中俄签订第一个国家间条约——《尼布楚条约》，解决了自17世纪以来影响两国外交和贸易关系发展的东段边界问题，为两个民族和平相处奠定了法律基础。而1727年签订的《恰克图条约》除进一步对两国贸易关系进行规范之外，还将向北京派驻传教团和选送一定数量学生随团来华学习满汉语言的内容写入其中。这些措施不仅对于发展两国间外交和贸易关系具有重要意义，同时也为两国间文化交流创造了条件。在两国关系相对稳定、贸易迅速发展、人员交往日益增多、相互了解逐步加强的大背景下，中俄间有意或无意的、官方的或民间的，或通过使团，或通过商队，或通过宗教人士的相互文化渗透呈现出了新的景象。俄国有关中国的信息迅速增多，中国乃至中国人的形象在俄国人的头脑中渐渐显现出来。

彼得一世的改革触及了俄国生活的所有方面，其中也包括汉学。彼得在全力向西方学习的同时，企望将俄国变成西方与中国贸易的桥梁。因此，与东方国家建立外交关系、研究其政治、经济和文化的任务就必然地被提上议事日程。但在签订条约、使节来访、商队贸易过程中，中俄之间的交流多依靠蒙古语通译或通拉丁文的耶稣会士。即使在18世纪初期，俄国国内还是找不到一个能够胜任汉语或满语翻译工作的人。由于充当翻译的耶稣会士在清廷担任要职，俄国人因此

经常心存疑虑，担心他们暗中出卖俄国的利益。这种情形使得俄国政府真切地感受到了包括汉语在内的东方语言人才的匮乏及其对外交活动的制约。彼得积极推动俄国的东方研究，重视对东方语言的学习，就连1700年任命托博尔斯克都主教时也不忘晓谕他赴任时带几位适合学习汉语的人。① 正如库利科娃所言："与西欧的东方学发端于闪学不同，俄国首先开始学习的是汉语、蒙古语和日本语。之所以如此，原因在于俄国的东方科学是为达到实际目的而产生的，其具体内容决定于历史现实。"②

1724年，圣彼得堡皇家科学院创立，标志着俄国在学习近代科学的道路上迈出了重要一步。科学院学科门类齐全，既研究自然科学，也研究人文科学。东方国家与民族的历史文化也是重要的研究内容之一。俄国政府从西方邀请东方学家到圣彼得堡工作，以加强和推动俄国东方学科的建立，为俄国的东方政策服务。拜耶尔因此而成为圣彼得堡皇家科学院第一位从事汉学研究的院士。长期以来，有些俄国学者在对拜耶尔的评价上，似乎显得有些苛刻，批评他没有学会俄语，没有用俄语出版著作，没有为俄国汉学研究培养接班人，从而质疑他对俄国汉学的贡献。当然，遭到这种批评的不只拜耶尔一人，而是在科学院工作的所有外国人。我们暂且不论导致这种看法的原因是民族自尊，还是对彼得大帝西化政策的否定，但无论如何都不应抹杀拜耶尔对俄国汉学的贡献，怀疑他在俄国汉学史上的作用。正是在圣彼得堡拜耶尔完成了他最重要的汉学著作《中文博览》。在郎喀的协助下，拜耶尔等学者与北京的耶稣会士建立了通信联系，互通学术信息，交流研究成果，促使圣彼得堡皇家科学院与欧洲汉学之间形成了最早的学术交流态势。除拜耶尔外，还有多位外国学者在西伯利亚历史、地理和语言研究过程中涉及中国问题。如梅塞施密特奉彼得一世之命率

---

① Рафиков А. Х. Изучение Востока в Петровскую эпоху//Страны и народы Востока. Вып. 17. кн. 3. М.，1975.

② Куликова А. М. Становление университетского востоковедения в Петербурге. М.，1982. С. 9–10.

领考察团对西伯利亚的历史、地理、民族、语言等方面进行了科学考察,返回圣彼得堡后将大量文物图籍交科学院收藏,其中有许多蒙古、藏文献。此外,还有格·米勒、费舍尔、伊耶里格等。近年来,在圣彼得堡皇家科学院工作的外籍东方学家的贡献开始引起俄罗斯学者的重视并得到肯定的评价,认为这些人在考察、著述之余,从西欧文字翻译了许多珍贵的东方学文献,为俄国图书馆和博物馆收集了最早的珍贵藏品,同时使俄国东方学界与欧洲建立了学术互动关系。[1]在俄国汉学的创建过程中,圣彼得堡皇家科学院发挥了重要作用,而这首先应该归功于拜耶尔等外国学者的努力。

此外,郎喀于1730年将从北京带回8函82册中国书籍交给皇家科学院图书馆,奠定了俄国汉学藏书的基础。而后,罗索欣多次向科学院出售自己的藏书,叶拉契奇奉命前往中国专门购置图书。到18世纪末,俄国的汉学藏书已初具规模,从而在图书资料上为这一学科的建立和发展创造了条件。

俄国的"中国风"应该是促使俄国汉学诞生的又一动力。我们知道,俄国的"中国风"在很大程度上是受了西欧"中国风"的影响,正所谓"火借风势"。同时,兴盛的中俄边境贸易,彼得一世西化政策和叶卡捷琳娜二世的开明专制,中国使团访俄等,都对这股风的产生起了推波助澜的作用。俄国社会在"中国风"时期呈现出的开明景象为汉学这门学术的诞生和成长创造了不可或缺的社会条件。需要指出的是,在"中国风"的吹拂之下,俄国社会对中国题材图书需求猛增。大量耶稣会士的著作、中国游记以及其他有关中国文学作品在这一时期被翻译出版,规模之多,数量之大,令人惊叹。就社会影响而言,欧洲的中国题材作品远远超过了俄国早期汉学家的著作。因此,西方汉学著作对于俄国18世纪中国形象的形成以及俄国汉学的发展发挥了重要作用。

---

[1] Эрлих В. А. Русскоязычные издания XVIII века о Востоке и Российские немцы//Немецкий этнос в Сибири: Альманах гуманитарных исследований. Новосибирск,2000. Вып. 2.

但是，对于 18 世纪的俄国汉学而言，最重要的事件还是传教团在北京的建立。在中俄文化交流史上，传教团具有双重的意义，其成员是俄国文化的载体或代表，同时也成为学习和传播中华文化的主体。17 世纪末，雅克萨战役后几十名俄国战俘被押解至京，其中有一位东正教神父随行。正是从俄国战俘来京的那一刻起，俄国的东正教文化也正式传到了北京。沙皇以此为契机，通过谈判在《恰克图条约》中将俄国向北京派遣传教团合法化，使向北京派遣学习满汉语言的学生一事成为定例。来华学习的俄国学生不仅能在中国的政治和文化中心长期居留，而且得到了中国最高学府国子监派教师到俄罗斯馆教学的待遇，衣、食、住等项开支均由清廷供给。俄国东正教驻北京传教团作为一个宗教团体，其成员中有许多来华学习满汉语言的世俗人员，这说明俄国政府从一开始就对这个传教团的功能有了综合考虑：它既是俄国政府的驻华代表机构、俄国圣务院的驻外宗教团体、俄国商队的货物集散地，同时也是俄国培养汉、满、蒙古、藏语言人才的海外基地。正是由于有了这个基地，俄国才培养了自己的第一批汉学人才。从 1727 年到 1808 年，共有 24 名学生在俄国东正教驻北京传教团学习，他们年龄大都在 18—22 岁之间，绝大多数都是东正教学校的学生。其中许多人学有所成，回国后进入圣彼得堡皇家科学院、俄国外务院以及中俄边境担任译员。与 19 世纪不同的是，18 世纪来华的俄国神职人员大都素质偏低，且其精力主要放在雅克萨战俘的宗教事务上，在汉学研究上有作为者很少。

罗索欣、列昂季耶夫、阿加福诺夫、安·弗拉德金、巴克舍耶夫、利波夫措夫和格里鲍夫斯基是俄国东正教驻北京传教团培养的第一批汉学家中的佼佼者。他们的科学活动促成了俄国汉学的诞生。在研究对象上，俄国汉学的先行者们首先将目光投向了中国的语言、历史、地理、哲学、律法等领域，对中亚地区①格外关注。中国边疆地区成为 18 世纪俄国汉学家的研究重点。即使到了 19 世纪，俄国汉学

---

① 俄国人所说的中亚地区包括的范围较广，包括了我国北部和西部民族聚居的广大地区。

仍然保留了这一传统。在这方面最重要的成就莫过于罗索欣与列昂季耶夫合译的《八旗通志》。此书的翻译和出版得到了圣彼得堡皇家科学院的支持和沙皇的资助。罗索欣一生勤奋，翻译和注解了近三十部中国书籍，其中包括《三字经》《千字文》《资治通鉴纲目》等，被誉为俄国第一个汉学家。他的许多译作为当时在彼得堡皇家科学院工作的德国科学家的西伯利亚、中亚和远东史地研究提供了极富价值的科学素材。列昂季耶夫是罗索欣出色的合作者和后继者，翻译了诸如《易经》《大学》《中庸》《实践录》《上谕八旗》《圣谕广训》《三字经》《大清律》《大清会典》《大清一统志》《异域录》《万宝全书》等重要典籍，他发表的作品占 18 世纪俄国有关中国文章的六分之一。特别值得一提的是，他发表于 18 世纪 70 年代的两篇文章《中国哲学家程子给皇帝的劝告》和《雍正传子遗诏》，不但宣扬了中国理想的社会制度，同时影射了俄国社会的不公。阿加福诺夫无疑是一位出色的汉籍翻译者，其作品在题材和内容上是对列昂季耶夫著作的补充。他译有《忠经》《御制资政要览》《御制劝善要言》和《庭训格言》等。从他翻译的作品来看，他同样是一个中国专制制度的崇拜者和歌颂者。他那宣扬中国儒家思想的译作为俄国社会了解中国以及俄国汉学的创立做出了贡献。安·弗拉德金编写了俄国第一部满语语法教科书，是第一个编写满语教材的教师，因而被誉为俄国第一个满语语言学家。今人研究发现，安·弗拉德金同样翻译了许多中国典籍，其中最引人注目的是他所翻译的中国小说《金云翘传》，是俄国最早翻译的中国文学作品。在学习语言的过程中，俄国早期汉学家开始编写第一批汉俄或满俄词典。耶稣会士在华出版的汉语拉丁语词典不仅成为他们学习语言的工具书，同时也是他们编写汉俄词典的参考书。他们在语言研究方面的另一个特点就是对满语非常重视，在某种程度上甚至超过了汉语，许多译作译自满语。这一方面是因为满语在中国的特殊地位，同时也与满语易学易懂有关。

如果从研究方法上来考察这一时期汉学家的著作，则可以发现其中大部分是译著。这也符合汉学这门学术发展的客观规律，因为译介活动是学术资料的积累过程，在一门学术建立的初期尤为重要，是进一步研究的基础。译介本身是对另外一种文化的学习和解读过程，而译著中作的注释就带有很大的研究成分了，或者可以说就是译者在原作基础上的研究成果。此外，他们在翻译过程中严格地尊重原文，努力完整而准确地传达中国文化的内容。尊重原文看似是一种翻译方法，实际上反映了译者对中国文化的尊重态度。某些欧洲早期汉学家随意篡改中国作品的现象在俄国汉学家身上很少能看见。他们通过自己的翻译活动对改变长期以来从西欧传到俄国的混乱的中国形象发挥了一定作用。

但在18世纪的社会背景之下，俄国早期汉学家的地位以及学术自主性受到一定的制约。他们并没有被认为是学者，而仅仅是翻译。即使是在科学院工作的罗索欣也是如此。后人今天通过阅读他的著述断定他是一位汉学造诣极高的学者，甚至对伏尔泰的中国认识提出过校正意见，[①] 但在实际工作中他只是在圣彼得堡皇家科学院工作的德国学者的助手。罗索欣在科学院的大部分翻译活动都受命于一位叫格·米勒的德国人。德国学者将罗索欣译自满汉文的资料运用于自己的著作之中，但却不提罗索欣的名字。因此在20世纪以前，俄国学术界对罗索欣的汉学成就所知甚少。生活在18世纪下半叶的列昂季耶夫的情况比罗索欣要好一些，原因是他在外务院任职，他所生活的年代正值叶卡捷琳娜二世统治时期，她所倡导的"开明专制"和俄国"中国风"正如火如荼，修建中国园林、收集中国物品构成了这一现象的物质层面，而在"精神文化方面，则宣扬儒家的政治思想和道德标准，力求把孔孟之道接嫁到沙皇制度上面去"。[②] 因此，他的译作不仅受到诺维科夫等俄国文化精英们的关注，而且得以发表在俄国的主要报刊上。

与耶稣会士相比，俄国早期汉学家们的著作在研究视角上有其独

[①] Саркисова Г. И. Вольтер о Китае и становление русского китаеведения//И не распалась связь времен: К 100-летию со дня рождения П. Е. Скачкова: Сб. статей. М., 1993.

[②] 蔡鸿生：《评俄国"汉学"》，《中俄关系史论文集》，甘肃人民出版社，1979年。

到之处。耶稣会士们研究中国历史文化的目的在很大程度上是探索在中国传教的途径。特别是其中的索隐派更是不遗余力地在中国史籍中寻找上帝的影子，穿凿附会司空见惯，这在一定程度上影响了其著作的科学价值。他们的作品虽然在形式上是世俗著作，但在内容上仍然带有明显的经院神学烙印。在他们的极力赞美之下，欧洲人头脑中形成了一个近乎完美，但却已扭曲的中国形象。另外，由于东正教性质的特殊性，俄国驻北京传教团一直接受着俄国政府外交和科学部门的领导。其成员在学习中华语言之外，必须对中国政治、经济、军事等信息进行记录、汇总并上报。这种观察视角使得俄国人在早期对中国的研究中摒弃了神学倾向，能够对中国的历史和现状做出比较客观的描述。第八届传教团领班格里鲍夫斯基在其《大清帝国消息录》中写道："（统治者）对中国人民进行敲诈勒索、严重的蔑视和难以忍受的奴役，对于另一个在精神上和军事上还没有如此衰弱的民族而言，这些因素一旦引起民众的愤怒，将产生强大的力量。即使在目前形势下也给皇帝造成了不小的阻力，他们的不满是正义的，因为被派到各省的那些巡抚们残酷压榨群众，夺取他们的财产，使他们的生命面临极大的危险。但要揭发出侵害者实属不易，甚至是不可能的。我说不可能，是因为现在的皇帝乾隆就极端贪婪，为他的臣子树立了一个致命的贪财榜样。"[1] 当然，18世纪俄国汉学家对中国的描述并非全部准确和公正，重要的是他们力求反映中国现实状况的做法与耶稣会士的刻意粉饰形成了鲜明的对照。

当然，18世纪的俄国汉学成就与同时代的耶稣会士的汉学著述相比，尽管个别著作具有较高的质量，但在数量以及题材的广泛性方面尚有较大差距。这一点从法国汉学家高迪爱的《西人论中国书目》中可以得到印证。一些西方学者认为，俄国人在北京虽然拥有耶稣会士所无法相比的稳固的法律地位以及优越的学习条件，但由于其"精神空

---

[1] Шаталов О. В. Китай в работах западноевропейских и русских миссионеров (вторая половина XVIII)//XVIII научная конференция 《 Общество и государство в Китае》. Ч. 2. М. ,1987.

虚，无所事事"，而最终导致了碌碌无为的结果，被法国汉学家甩在了身后。俄国东正教驻北京传教团研究专家沙塔洛夫（О. В. Шаталов，1958— ）对此提出了自己的看法。他承认叶卡捷琳娜二世的"开明专制"为18世纪俄国汉学的创立和发展提供了社会氛围，但传教团成员（首先是学生）所取得的成就却有些逊色。他认为有一系列因素导致了这种结果，其中包括资金的极度匮乏、中俄两国间贸易和外交关系的不稳定、《恰克图条约》对传教团人员数量的严格限制、学生们繁重的日常事务等。这些因素使得传教团成员用于学习和翻译的时间和精力极为有限，严重影响了传教团作为有关中国信息中心的功能的发挥。[1]

18世纪俄国汉学家在翻译中国典籍和介绍中国文化的同时，进行了俄国最早的满汉语教学，为俄国的汉学教育积累了一定经验，成为俄国汉学诞生的又一标志。首先是中国人舒哥于1739年在莫斯科开办满汉语班，历时两年。1741—1751年间，罗索欣在科学院也开办了一所满汉语班。18世纪下半期列昂季耶夫和安·弗拉德金先后在外务院尝试培养满汉语专才。这些满汉语班尽管命运不同，结局有别，甚至基本上都沿用了中国旧式教学方法，但有一点是可以肯定的，那就是为俄国本土的满汉语教育积累了经验，并促成了第一批教科书的诞生，为19世纪汉学进入大学课堂在教学方法、教材编写等方面做了铺垫。

我们在肯定俄国早期汉学家贡献的同时，也应避免无限扩大其在早期俄国认识中国过程中的作用。因为，相对于18世纪从西欧文字翻译过来的中国作品，俄国汉学家的作品只占很少部分，而且影响也远不能及。在整个18世纪，俄国一共发表有关中国题材的书籍和文章共120种，早期汉学家的作品只占六分之一，更多的作品没有能够发表，至今尘封在俄罗斯各档案馆中。俄罗斯著名汉学家索罗金感叹

---

[1] Шаталов О. В. Китай в работах западноевропейских и русских миссионеров (вторая половина XVIII)//XVIII научная конференция 《Общество и государство в Китае》. Ч. 2. М. ,1987.

道:"从我们汉学降生的那一日起,一种该死的困难就长期笼罩着它。有价值的著作和译作经常无法出版,对国家和世界汉学难有裨益。"[1]可以设想,如果罗索欣等汉学家的作品都能够在当时出版的话,那么,俄国就会在世界汉学史上占据更加重要的地位。

---

[1] Сорокин В. Ф. Два с половиной века российской синологии. 未刊稿。

第三章

19 世纪上半期：
俄国汉学之成熟

19 世纪上半期的俄国汉学走向成熟。俄国东正教驻北京传教团进一步显示了其作为俄国汉学人才培养基地的作用。比丘林顺应俄罗斯民族意识的觉醒，利用丰富汉籍全面介绍中国历史文化，努力去伪存真，重构俄国社会的中国形象。喀山大学蒙古、汉、满语教研室的建立标志着俄国成为欧洲汉学重镇。俄国汉学自此跻身于世界汉学之林。

第一节　著名汉学家

如果谈到这一时期的俄国汉学，比丘林无疑是中流砥柱式的人物。他所翻译和撰写的著作为俄国的中国各民族历史、地理、语言、法律和思想研究奠定了基础。与此同时，西维洛夫、卡缅斯基和列昂季耶夫斯基等也在不同领域有所建树。

一、比丘林

1808 年 1 月 10 日，第九届东正教驻北京传教团到达北京，领班就是后来成为俄国汉学奠基人的比丘林（又称亚金甫神父）。比丘林原名尼基塔·亚科夫列维奇·比丘林斯基（Никита Яковлевич Пичуринский），1777年出生于喀山省，1786年入喀山神品中学（1798年改名为喀山神学院）学习。他少年聪颖，记忆力超群，求知欲强，学习成绩优异，通拉丁语、法语和德语。1799年毕业后留校任教，先任语法教师，后教授修辞学。次年成为修道士，法号亚金甫（Иакинф）。1801年比丘林被任命为喀山约阿诺夫斯基修道院院长，1802年晋升为修士大司祭，出任伊尔库茨克主升天修道院院长和神品中学校长。1803年，比丘林因在修道院收留一个随他从喀山而来、假扮成见习修道士的女人而被削职，调到托博尔斯克修道院，由托博尔斯克都主教监督反省。1807年经戈洛夫金推荐，担任第九届俄国东正教驻北京传教团的领班。此届传教团成员包括3名修士司祭、两名教堂差役、4名学生和1名监护官。

在来华后的一段时间内，比丘林集中精力整顿教务。当时传教团成员纪律涣散，比丘林采取了严厉的惩罚措施，非但没有取得明显效果，反而招致属下不满。1811年沙皇政府忙于同拿破仑（Napoléon Bonaparte，1769—1821）作战，停止向传教团提供经费，比丘林不得不出卖或典当传教团的财产。比丘林曾试图保持雅克萨战俘后裔的东正教信仰，但收效甚微。自此，他对教务失去热情，而把几乎全部精力用于对汉语的学习和对中国的研究。同北京的耶稣会士的交往以及阅读欧洲汉学著作对其汉语学习和认识中国发挥了重要作用。他经常光顾南堂（宣武门堂）藏书楼，阅读曾德昭、冯秉正、杜赫德等人的著作。在语言学习上，比丘林一改此前俄国传教团重视满语学习的做法，而专攻汉语。原因是他发现大量满、蒙古语文献都译自汉语。[①]从《汉文启蒙》前言中可以看出，比丘林对西方传教团编写的汉语语言学著述了如指掌。比丘林在学习汉语的同时，开始编写词典，在中国先生的建议下翻译四书。而后，他又完成了《资治通鉴纲目》《大清一统志》等一批中国典籍的翻译。

---

① Скачков П. Е. Очерки истории русского китаеведения. М.，1977. С. 91-93.

1816 年，比丘林请求圣务院允许他在北京再留任 10 年，然而，他没有被任命为下一届传教团的领班。1820 年底，由卡缅斯基率领的第十届传教团抵达北京，监护官就是后来对比丘林的命运产生过很大影响的季姆科夫斯基（Е. Ф. Тимковский，1790—1875）。1822 年比丘林回到圣彼得堡后立刻受到圣务院审查。对他的指控主要有 12 年里没有去过教堂、变卖教堂财产、荒废教务以及对属下管理不善等。经过一年多的调查取证，1823 年比丘林被判终身监禁在当时作为俄国神职人员监狱的瓦拉姆修道院。由于俄国外交部急需汉语译员，经季姆科夫斯基推荐，比丘林于 1826 年 11 月 1 日获释。作为第十届传教团的监护官，季姆科夫斯基与比丘林一同从北京返回俄国，为他的学识所折服。同时，比丘林还将自己的手稿提供给季姆科夫斯基，作为后者撰写游记的资料。因此，比丘林与季姆科夫斯基建立了非同一般的友谊。此外，比丘林获释很可能还得到了一生钟情于东方文物收集与东方学研究的希林格男爵的协助。比丘林被安排住在圣彼得堡亚历山大——涅夫斯基修道院，每年可以从外交部领到 1200 卢布的薪金和 300 卢布的著作补贴。①

由于比丘林在监禁时期笔耕不辍，所以在获释后的较短时间内出版了大量著作。圣彼得堡皇家科学院对比丘林的作品非常重视，于 1828 年推选他为东方文献和古文物通讯院士，多次授予其杰米多夫奖金②。1831 年比丘林成为巴黎亚洲学会会员。同年，54 岁的他向圣务院申请脱离教籍，遭尼古拉一世驳回。比丘林的最后一部著作是 1851 年出版的《古代中亚各民族历史资料集》。1853 年 5 月 11 日，比丘林在亚历山大—涅夫斯基修道院去世，被安葬在修道院的墓地里。1865 年，他的朋友和同伴在墓地上竖起一块墓碑，上面雕刻有八个汉字："无时勤劳，垂光史册"。碑文虽然在用词上有失妥当，依然不妨碍我

---

① Скачков П. Е. Очерки истории русского китаеведения. М.，1977. С. 97 – 99.
② 1832 年到 1865 年圣彼得堡科学院用俄国贵族杰米多夫（П. Н. Демидов，1798—1840)的捐款颁发给发表科学、技术和艺术著作者的奖金，是俄国最高科学荣誉奖。

们体会后人对比丘林汉学成就的高度评价。①

比丘林的著述引起了俄国社会对中国历史文化的兴趣，为俄国汉学的发展奠定了基础。他在编写汉语词典和汉语教科书，翻译和撰写中国儒学、历史、地理、政治以及边疆少数民族史地著作方面均有建树。

1. 汉语研究

在北京时期，比丘林在汉语学习方面遇到的最大困难就是没有教材。尽管在此之前西方传教士已经编写出版了一些汉外词典，但对于俄国传教团而言，最需要的还是汉俄词典。传教团在过去的100多年时间里虽然时刻感觉到对词典的迫切需要，也不乏尝试者，但这样一部词典始终未能问世。比丘林一到北京就开始词典编写工作。与他人不同的是，比丘林力求使自己的词典既包括文言词汇，同时能将汉语中最积极的词汇收入进来，将活生生的口语作为词汇的主要来源。因此，他在阅读和翻译中国典籍的过程中，不断摘录所需词汇。与此同时，他穿上中国人的服装，自称"何先生"②，走街串巷，出入集市店铺，用手指着感兴趣的物品，请人用汉字写出名称，并记录下发音，然后将记录下来的字词同自己的汉语老师逐一加以验证。他经常与一位来自东定安村③的名叫丹尼尔（Даниил）的入教农民和会讲俄语的俄罗斯佐领阿列克塞·费多罗夫（Алексей Федоров）交谈，这在一定程度上帮助他很快掌握了汉语口语，促进了汉语词典的编写工

---

① Скачков П. Е. Очерки истории русского китаеведения. М., 1977. С. 89 – 123; Денисов П. В. Никита Яковлевич Бичурин: Очерк жизни и творческой деятельности ученого-востоковеда. К 200-летию со дня рождения. Чебоксары, 1977.

② "何先生"中的"何"字可能是比丘林法号"亚金甫"的希腊文写法"Hyakinthos"第一个音节译音。Чугуевский Л. И. Бичуринский фонд в Архиве Института востоковедения//Проблемы востоковедения. 1959. №5.

③ 现为北京市通州区觅子店乡东定安村。

作。① 他曾这样描写他编写词典的目的和过程："我们至今没有一本像样的满汉语词典。我决定用这样的方法编写一部汉语词典。购买所有矿物、植物和动物，所有不熟悉的东西都要看到实物和样子。然后学习或简单了解所有的手艺，一定要亲眼所见，准确理解同一汉字在不同情况下的含义，对各种事物有所认识。去年我收集了很多禽鸟、树木和花草，并在我的僧房旁种了一园子。除此之外，我还收集中国的词典和书籍。在我的词典中，在解析词义的同时，还要描述具有特殊外表和性质的东西，介绍各种宗教和礼仪、习惯和风俗、手艺和工具。"② 比丘林在来京4年后便编出了一本汉俄词典。在北京居留的十几年间，编写词典一直是比丘林最重要的工作之一。在俄罗斯的主要图书馆中，都收藏有比丘林编写的词典。他一生到底编写了多少词典，至今还没有定论。据俄罗斯学者数十年来的研究，现在可以确定比丘林编写了下列词典：《汉俄字典俄文韵编》《字汇简略》③《满汉俄词典》（译自《清文鉴》）、《满汉俄分类词典》《蒙汉俄词典》（译自一部蒙俄词典）、《满汉俄钟表术语词典》（分为"钟表类"和"修理钟表家伙类"两部分）、《汉语拉丁语字典》《汉俄音韵合璧字典》以及一部名为《三合语录》的会话词典等。④ 比丘林为编写《汉俄音韵合璧字典》付出了很大心血，不断充实词汇，参考了《康熙字

---

① Скачков П. Е. Очерки истории русского китаеведения. М. ,1977. С. 93.

② Тихвинский С. Л., Пескова Г. Н. Выдающийся русский китаевед Н. Я. Бичурин∥Новая и Новейшая история. 1977. №5.

③ 俄文名称为《简明汉俄字典俄文韵编》。

④ Скачков П. Е. Очерки истории русского китаеведения. М. , 1977. С. 416 ; Чугуевский Л. И. Бичуринский фонд в Архиве Института востоковедения∥Проблемы востоковедения. 1959. №5; Горбачева З. И. Рукописное наследие Иакинфа Бичурина∥Ученые записки Ленинградского государственного университета. №179. Серия востоковедческих наук. Вып. 4. История и филология стран Востока. Л. , 1954; Петров Н. А. К истории изучения китайского языка в России (Рукописные словари, хранящиеся в Архиве востоковедов Ленинградского отделения ИНА АН СССР)∥Дальний Восток: Сборник статей. М. ,1961.

典》，前后誊清4次。完成后的《汉俄音韵合璧字典》包括9卷，共1922页，全部词汇按照俄文字母顺序排列。虽然这些词典最终未能出版，但对于俄国汉学史而言，比丘林"编写汉俄词典的历史具有特别的意义"。① 但阿理克院士在一篇总结俄国汉学家词典编写成绩的文章中对列昂季耶夫斯基、王西里和巴拉第作品做了精到的分析，唯独没有提到比丘林的词典。②

《汉文启蒙》是比丘林最重要的汉语语言学著作。编写此书的直接动机是为了给他亲自创办的恰克图华文馆提供实用的汉语教材。《汉文启蒙》经比丘林数年修改、补充和完善，成为一本经典的汉语教科书。第一个版本写成于1830年以前，书名叫《汉语语法基础》，在圣彼得堡石印出版，印数很少。后来，比丘林在恰克图华文馆的教学中进行了试用。从1832年开始，比丘林对全书进行重新编写，1835年出版了新版本，名称叫《汉文启蒙或汉语语法》，并带到恰克图。1836年他完成《汉文启蒙》第二部分的编写工作，将新的内容融进以前的版本，于1838年出版了第三个版本。科波季洛娃（В. В. Копотилова）说："比丘林《汉文启蒙》于1828—1829年、1835年和1838年在圣彼得堡三次出版，令人信服地说明了一个事实，俄国一改以往对中国文化的狭隘兴趣，转而采用科学的研究方法。显然，东方学作为一个学科已经形成。俄国人对中国的兴趣和认识范围扩大了。"③ 70年以后的1908年，俄罗斯馆印字房将比丘林的《汉文启蒙》作为最好的汉语学习参考书在北京再次印行。

---

① Кузнецова Т. В. История создания русско-китайских словарей и учебных пособий за дальневосточными рубежами России//Гродековские чтения: Тезисы научно-практической конференции. Хабаровск, 19-20 декабря 1996. Ч. 2. Хабаровск, 1996.

② Алексеев В. М. О роли русской китаистики XIX в. в лексикографии//Краткие сообщения Института востоковедения АН СССР. 1956. №18.

③ Копотилова В. В. Издание китайских произведений представителями российской общественности (конец XVIII - первая половина XIX вв.)//Вестник Омского университета. 1998. Вып. 2.

比丘林编写《汉文启蒙》时参考了西欧汉学家的著作。他在《汉文启蒙》的序言中回顾了欧洲的汉语研究历史，对欧洲传教士和学者的汉语语法论著进行了简要而精到的评价。对于万济国（Francisco Varo，1627—1687）用西班牙文编写的世界上第一部汉语语法《官话文典》（1703年出版于广州），比丘林认为编者套用拉丁语法规则，极力说明没有词形变化的汉语如何表达拼音文字词形变化所产生的语法意义，此种方法势必阻碍对汉语某些实质问题的认识。他认为欧洲的第二部汉语语法是拜耶尔于1730年在圣彼得堡用拉丁文出版的《中文博览》。他赞赏这位在圣彼得堡科学院任职的德国学者通过学习前人汉学著作试图破解汉语语法奥秘的勇气，获得了对汉语结构的正确认识，但同时指出其著作有很多不完善的地方，而且和万济国的语法一样，只针对了俗话。继拜耶尔之后，傅尔蒙于1742年出版了《中国官话》。比丘林认为这是欧洲第一部用汉字印刷例句的汉语语法，对某些语法规则的总结非常准确，但在范例的选择和翻译上还存在一些错误。比丘林认为，马若瑟的《汉语札记》首先挣脱了欧洲语言观念的束缚，"深刻认识了汉语的特质，并准确地进行了阐释"，缺点是在选择例句时没有处理好书面语和口语的差别问题。比丘林称他没有机会看到马歇曼（Joshua Marshman，1768—1837）1814年出版的《中国言法》，因而无法做出评论，但他从雷慕沙（A. Remusat，1788—1832）的《汉文启蒙》序言中得知这本书不是直接研究汉语语法，而是对其翻译的《论语》进行文体特色分析。至于1815年问世的《通用汉言之法》，比丘林认为马礼逊用汉语表达英语所具有的语法规则，有时不得不使用一些汉语中极少使用的例句。比丘林对雷慕沙的《汉文启蒙》评价较高，对雷慕沙的天赋和勤奋深表钦佩。他指出，尽管雷慕沙的汉语知识是在法国自学的，但其对汉语的认识清晰而准确。同时他认为雷慕沙将其著作的前两部分称为"古文"和"官话"有欠妥当，因为"古文"应与"时文"相对，而"官话"则与"俗话"相对。比丘林提到的最后一部欧洲人汉语语法著作是公神甫（J. A. Goncalves，1780—1844）的《汉字文法》，介绍了该书的内容和其中丰富的文言和口语例句。在这8部欧洲汉语语法论著中，比丘林最看重马若瑟、雷慕沙和公神甫的著作。但他同时又指出:"如果将这 3 部著作放在一起比较,则马若瑟和公神甫的语法中的范例比雷慕沙的书中多,但后者在汉语规则的清晰阐释方面(尽管还不完整)超过前面那两部。头两部适合在中国学习汉语,而使用雷慕沙的著作可以在欧洲获得足够的汉语知识。"①

欧洲人的这些汉语语法著作为比丘林编写自己的汉语语法奠定了基础。他认为自己的主要任务应该是弥补前人的不足,优化内容和结构。他将《汉文启蒙》分成两个部分,第一部分介绍有关汉语文字和书写的基本知识,共 12 章,主要内容包括汉语、音韵、汉字、汉字的构成、汉字的书写、书写六体、正字与标点、发音、声调、部首、书法、相似字。作者在这里特别强调了汉字的多义性、声调、书写及方言问题。第二部分阐释汉语的语法规则,主要内容为词类,如名词、形容词、代词、动词、副词、前置词、连接词、感叹词以及实字和虚字的使用。在正文后面,作者附了 10 个附录,分别是笔顺表、六体表、讹误字表、异写字表、新旧字型对照表、偏旁部首表、异形偏旁表、汉语量词表、天干地支表、敬语表。为了方便俄国读者阅读欧洲汉学家的著作,比丘林编写了俄语、法语、葡萄牙语、英语译音与汉语译音对照表。为了适应恰克图商人对华贸易的需要,比丘林专门编写了包括 241 种货物名称的"恰克图俄国商品名录"和包括 118 种货物名称的"恰克图中国商品名录"作为附录(1908 年北京重印时这两个附录被略去)。与前人所编语法相比,比丘林的《汉文启蒙》在内容编排上力求重点突出,简洁实用,同时使用文言与口语范例来说明同一语法现象,使学生在学习中通过对比深刻认识汉语特性。比丘林称他在编写第二部分时主要参考了中国的辞书和教科书,清唐彪所辑撰之《读书作文谱》就是其中之一。经过查对,笔者发现比丘林有关"起语辞""接语辞""转语辞""衬语辞""束语辞""叹语辞""歇语辞"的论述,无论是概念还是范例都来自这部实用性很强的专

---

① Бичурин Н. Я. Хань－вынь ци－мын. Китайская грамматика, сочиненная монахом Иакинфом. Пекин, 1908. С. XIII.

论读书作文之法的著作。① 此外，《康熙字典》和《清文鉴》也是比丘林在书中经常提到的中国典籍。

比丘林在书中就汉语语言学的许多问题表达了自己的看法。他首先指出汉字的多义和同音现象非常突出，每个音都要表示多个概念。比丘林认定汉语中一共有 447 个音。他将汉字的声调称为"重音"，认为它们可以"解决大量同音字所带来的理解困难"。他将汉语词汇划分成 9 个词类，即名词、形容词、代词、动词、副词、前置词、连词、语气词和附加词。他同时认为，汉语词汇由于其在句中所处位置的不同，其词性也可能随之发生变化，比如"善"字在"至善"一词中是名词，而在"善心"中是形容词，在"善之"中成了动词。他指出，汉字虽然没有看得见的词形变化，但并不说明其没有变化。他创造性地提出了汉语词汇"意念变化"的概念："汉语没有因变格、变位而引起的词尾变化，却在性和数上存在意念变化，这与所有其他欧洲语言的语法规则不同。""汉字的意念变化是指汉语词汇本身意义的改变等同于其他语言中为表达动作、状态、事物间相互关系以及思想的相互联系而发生的词尾变化。"②

就比丘林的《汉文启蒙》，曾有人在《祖国之子》等杂志上发表过几篇书评。圣彼得堡皇家科学院院士、东方学家布罗塞（М. Ф. К. Броссе，1802—1880）在《亚金甫神父汉语语法分析》一文中对比氏著作的特点进行了研究。他认为这是继雷慕沙的汉语语法出版之后的又一本为作者带来很大荣誉的汉语语言学著作，是恰克图华文馆得以创建和发展的重要因素。俄国作家兼东方学家波列沃伊（Н. А. Полевой，1796—1846）在书评中写道："亚金甫神父的语法打碎了欧洲语法学家给汉语套上的枷锁，展现了一种轻松的方法。借助于这种方法可以很容易学会阅读、理解并翻译汉语文字。他在恰克图华文

---

① 唐彪：《读书作文谱》，岳麓书社，1989 年，第 97—104 页。实际上，这些概念早在宋朝时就由王鸣昌在其《辨字诀》中提出了。

② Бичурин Н. Я. Хань-вынь ци-мын. Китайская грамматика, сочиненная монахом Иакинфом. Пекин，1908. C. 18，38.

馆以实践证明了这一点，在那里学生极其轻松而迅速地学会了汉语。"①
1839 年，比丘林因《汉文启蒙》一书第二次获得圣彼得堡皇家科学院杰米多夫奖金。

比丘林的《汉文启蒙》在俄国人学习汉语过程中发挥了非常重要的作用。直到 19 世纪下半期俄国人才编写出另外一本汉语语法，这就是伊萨亚编写的《简明汉语语法》，但在科学性和系统性远不及比丘林的《汉文启蒙》。谢缅纳斯（А. Л. Семенас，1937—2007）指出："比丘林的著作是第一部科学的汉语语法。其中对汉语语法所发表的观点具有重要的理论意义。"②《汉文启蒙》虽然是比丘林为恰克图华文馆而编写，后来却成为喀山大学和圣彼得堡大学唯一的汉语语法教材。王西里显然充分肯定比丘林语法的价值，没有继续编写语法教材，而是将精力集中于提高学生的汉字学习效率上。这样比丘林的语法加上王西里的笔画体系使得俄国的汉语教学跻身欧洲前列。此外，这本书还被作为俄国东正教驻北京传教团成员来华前的语言培训教材，为培养俄国汉学家发挥了作用。

然而，除《汉文启蒙》之外，比丘林包括词典在内的其他汉语著作却始终无缘面世。当年他应俄国皇家地理学会之托撰写的《论汉语的正确发音》以及长达 100 多页对法国汉学家加略利（Joseph Marie Callery，1810—1862）③ 于 1841 年在澳门出版的汉语词典《字声总

---

① Хохлов Н. А. Н. Я. Бичурин и его труды о Монголии и Китае первой половины XIX в.（некоторые вопросы источниковедения）//Н. Я. Бичурин и его вклад в русское востоковедение：К 200 - летию со дня рождения. Материалы конференции/Сост. А. Н. Хохлов. Часть 1 - 2. М. ，1977. Ч. 1.

② Семенас А. Л. О《Китайской грамматике》Иакинфа（Н. Я. Бичурина）//Н. Я. Бичурин и его вклад в русское востоковедение：К 200-летию со дня рождения. Материалы конференции/Сост. А. Н. Хохлов. Часть 1 - 2. М. ，1977. Ч. 1.

③ 加略利，又称范尚人，法国人，原籍意大利。1836 年抵澳门，学习汉文和朝鲜文。1842 年返法，翌年被任为法国驻广州领事馆翻译。1844 年任法国特使拉萼泥翻译，并协助他与耆英签订《中法黄埔条约》。1846 年在澳门编辑成《法国使华团外交文件集》，现存 1879 年巴黎版《对华外交信录：1844 年 10 月 24 日中法黄埔条约谈判》。同时他还编写出版有一部《汉语百科辞典》。

目》的评论《汉语声调体系》现在依然收藏在俄罗斯喀山大学和科学院东方学研究所的档案馆中。①

在汉语研究领域，比丘林发明的汉俄文译音标准极富创意，尽管遭到同时代人列昂季耶夫斯基的质疑甚至批评，但他坚持在自己的译（论）著中使用自己的拼写方案。虽然距今已过去了近200年，这个拼写方案仍然受到学术界的关注。比丘林方案最明显的不同之处表现在对送气塞音的处理上，将 p、t、k 三个送气塞音拼写成 пх（пьх）、тх、кх，因为这几个音在俄语音节中拼读时并不送气。比丘林这样做的目的显然是要充分体现汉语的发音特点，在原有辅音的后面加上 x 作为送气塞音的标识。此外，在其他辅音以及元音的拼写处理上比丘林也与其他人有所不同。我们现在习惯使用的方案基本上是以巴拉第的拼音方案为基础发展而来的。因此，现代人在阅读比丘林作品时，会对其中大量人名、地名拼写感到不适或困惑。为了方便读者阅读比丘林作品，有人甚至特别编写了比丘林拼音方案与现在通用方案的对应表。

比丘林在汉语研究上的最大特点就是努力发现汉语与欧洲语言的不同之处，并加以剖析和梳理。"他的理论阐释在后代汉语语文学家的著作中得到了继续和发展。而他的汉字语音拼写方法为传统的俄语译音方法的形成奠定了基础。"② 比丘林的汉语研究著作对于发展俄国汉语教学和提升俄国汉学水平都发挥了深远影响。

2. 儒家典籍翻译与研究

在掌握了足够的汉字之后，比丘林开始翻译儒家经典四书。这说明他充分认识到了学习儒家经典对于研究中国的意义。这项工作尽管

---

① Петров А. А. Рукописи по китаеведению и монголоведению, хранящиеся в Центральном Архиве АТССР и в библиотеке Казанского университета// Библиография Востока. Вып. 10(1936). М. ,1937.

② Семенас А. Л. О《Китайской грамматике》Иакинфа（Н. Я. Бичурина）//Н. Я. Бичурин и его вклад в русское востоковедение：К 200-летию со дня рождения. Материалы конференции/Сост. А. Н. Хохлов. Часть 1－2. М. ,1977. Ч. 1.

花去了他数年时间，但却是对他汉语知识的有效检验，同时大大丰富了他对中国思想文化的认识，为他将来全面研究中国历史和文化奠定了基础。在比丘林的手稿中有数种四书译本，其中一个经过了细心的核定并加了译者注释，现保存在俄罗斯科学院东方文献研究所东方学者档案中。可以想见，比丘林翻译这部儒家经典的目的不仅仅是学习汉语，同时还准备将其介绍给俄国读者，但他的想法最后未能实现。戈尔巴乔娃认为，包括王西里和柏百福译本在内的所有现存译本都未必能够超越比丘林。① 米亚斯尼科夫和波波娃认为："比丘林第一个认识到中国注疏文献对于领悟中国历史与文化的意义，第一个尝试将能够反映孔子和朱熹这些著名注疏家思想体系的对四书的多层次注疏翻译出来以飨读者。"②

1829 年，比丘林石印出版了他翻译的《三字经》。全书共 83 页，除俄文译文外，收录了汉语原文，三分之二篇幅为注释所占。在前言中比丘林简要介绍了《三字经》的内容，指出他翻译此书的目的是要使其成为"阅读汉语译著的参考手册"，③ 并感谢希林格发明的汉字字模，使他得以刊印《三字经》的汉语文本。希林格的发明曾经令同样也在探索汉字印刷技术的法国汉学家雷慕沙赞叹不已。雷慕沙在给发明家的信开头处写了"龙不隐鳞，凤不藏羽"④ 八个汉字。⑤ 在翻译过程中，比丘林在准确传达原意的同时，尽力使译文在形式上也最

---

① Денисов П. В. Никита Яковлевич Бичурин: Очерк жизни и творческой деятельности ученого-востоковеда. К 200-летию со дня рождения. Чебоксары, 1977. С. 51.
② Мясников В. С., Попова И. Ф. О вкладе Н. Я. Бичурина (1777 – 1853) в развитие отечественной и мировой синологии//Вестник РАН. 2002. №12.
③ Белкин Д. И. А. С. Пушкин и китаевед о. Иакинф (Н. Я. Бичурин)//Народы Азии и Африки. 1974. №6.
④ 语出《后汉书·逸民传·陈留老父》："夫龙不隐鳞，凤不藏羽，网罗高悬，去将安所。"后人以"隐鳞藏彩"比喻潜藏待时，有所作为。
⑤ Чугуевский Л. И. Из истории издания восточных текстов в России в первой четверти XIX века//Страны и народы Востока. Вып. 11. М., 1971.

大限度地接近原文。① 《三字经》三字一句，句句押韵，思想凝练，寓意深刻，将意思翻译到位已属不易，要想使译文在意、声、形上都达到完美，谈何容易。无论如何，比丘林确实在这方面下了一些功夫，他尽量使用俄语中的三个实词来对应翻译汉语文本中三个字：

人之初　　Люди рождаются на свет
性本善　　Собственно с доброй природой
性相近　　По природе взаимно близки
习相远　　По навыкам взаимно удаляются②

但是，简洁的译语显然无法全面反映原文的深刻寓意，中国人耳熟能详的历史典故很难为俄国读者所理解。比丘林在翻译这一千余字的过程中，做了 103 条注释。他的注释并非简单的说明，而是引经据典，努力发掘其中蕴含的中国传统思想。比如，他对"人之初，性本善"做了这样的注释："此乃学说确立之基础，行为之开端，因此，应从人降生之刻开始讨论。人是上天所造。天对人的影响称为天性。人生而善良。人出生之后，最初做的事是认识自己的母亲，最初说的话是叫父亲。孟子曰：'孩提之童，无不知爱其亲也；及其长也，无不知敬其兄也。'③ 朱熹也认为人性本善良。汉字'性'指人的道德天性和世界万物之本质。按照中国人的理解，不良的教育能够使天性遭到破坏。'教'就是讲述行为规则。中国人也用这个字来指称其他民族的宗教信仰。"④ 如此详细的百余条注释，将《三字经》解析得

---

① 俄罗斯学者也开始关注这一点，但未详细分析："比丘林在译文中避免使用阐释性语言，极力保持汉语文言的节奏。"参见 Мясников В. С., Попова И. Ф. О вкладе Н. Я. Бичурина（1777－1853）в развитие отечественной и мировой синологии//Вестник РАН. 2002. №12.

② Бичурин Н. Я. Сань－цзы－цзин, или троесловие с китайским текстом/Пер. с кит. монахом Иакинфом. Пекин, 1908. С. 2－3.

③ 来自《孟子·尽心》。——笔者注

④ Бичурин Н. Я. Сань－цзы－цзин, или троесловие с китайским текстом/Пер. с кит. монахом Иакинфом. Пекин, 1908. С. 19.

细致而透彻，足见比丘林对中国文化理解之深，在俄国知识界引起反响也是情理中事。

《三字经》不仅简述了中国的历史发展进程，同时还宣扬了中国的哲学以及道德思想精髓。《三字经》在俄国的出版对俄国社会认识和了解中国文化起到了积极作用。与此同时，希林格发明的汉字字模也在欧洲引起反响，许多汉学家不相信如此精美的汉字印刷品会是在俄国完成。希林格汉字石印技术无疑也是19世纪上半期中俄文化交流的重要成果。别林斯基对比丘林的《三字经》译本非常熟悉，甚至可以在自己的评论文章中信手拈来运用其中的句子。他认为俄国作家萨维利耶夫—罗斯季斯拉维奇（Н. В. Савельев-Ростиславич，1815—1854）的《斯拉夫文集》尽管有700页的部头，包括了1500条注释，但却是一部空洞无物和无足轻重的著作。因此，他建议这位作家一定要看看比丘林翻译的《三字经》，认真体会一下"读史书，考实录，通古今，若亲目，口而诵，心而惟"的含义。[①] 波戈金（М. П. Погодин，1800—1875）在《莫斯科电讯》1829年第30期发表评论，鼓励比丘林继续翻译此类作品，认为这要比雷慕沙翻译中国小说更有意义。另外一个评论发表在《北方蜜蜂》杂志上，作者是列昂季耶夫斯基，他特别赞赏书中刊印的汉语原文。除此之外，在著名的《文学报》上也刊登了一篇由普希金（А. С. Пушкин，1799—1837）的好友、著名作家索莫夫（О. М. Сомов，1793—1833）撰写的书评，作者重点讲述了孟母三迁的故事，以此来说明教育和环境的关系。作者认为比丘林的译材选择非常成功，因为此书非常系统全面地介绍了中国文化。如此多的书评在俄国重要报刊上发表在某种程度上说明比丘林翻译的《三字经》在俄国社会引起的反响。"事实证明，这本中国传统的蒙古学小书，在俄国比在西欧留下了更深的历史痕迹。"[②] 由于此书为俄语

[①] Белинский В. Г. Славянский сборник. Н. В. Савельева-Ростиславича // Белинский В. Г. Полное собрание сочинений : В 13 т. Т. 9. Статьи и рецензии. 1845 - 1846. М. : Изд-во АН СССР, 1955. С. 213.

[②] 蔡鸿生：《〈三字经〉在俄国》，《百科知识》1987年第1期。

汉语对照,一直是恰克图华文馆、喀山大学和圣彼得堡大学的教科书。而且,此书也被作为俄国东正教驻北京传教团成员来华前培训的教材。同 18 世纪俄国汉学家译介儒家经典多依据满文本不同,比丘林的儒学译作和著述直接以汉文原典为基础,从而保障了信息传达的准确性。同时,他坚持全文翻译原典,甚至包括注疏家的解释。

比丘林在其中国问题研究的综合性著作中阐述了其对儒教的理解。他在《中华帝国详志》一书中专辟一节论述"儒教",重点介绍儒家礼仪和祭祀活动,而对儒家思想着墨不多。他认为儒学和儒教是两个不同的概念,其间又存在密切的联系:"儒教思想与其哲学关系密切,宣扬人性本善,心灵纯洁。人的精神本性里蕴涵着自然的法则,即中庸、正直、仁爱和公正。但教育、体格特质以及私欲可以使人偏离法则的正途,诱使其作恶,其本性就会蒙垢受污。但也不时会出现一些精神和体格特质不同寻常的人,他们同样无法回避自然的法则。他们在意识中始终以中庸处世,以正直为令,以仁爱为愿,以公正行事。这些人就是圣人,他们保持了与生俱来的纯洁心灵,与天交融。他们是天及自然法则的化身。"[1] 比丘林发现儒家所崇奉的神祇并不具备超自然的特质,而是尘世间的一些圣人或者是君子。他认为"君子品德优异,独善其身,所思所为都是善事。入此境界之后,人之灵魂必然纯洁,如同天神或者世界的普遍精神一样放射光芒"。[2] 俄罗斯当代汉学家科布泽夫对比丘林所说的"儒教"这一概念的内涵进行了深刻的剖析,认为在比丘林的意识中,儒学的宗教特性非常模糊。对于儒学中是否有神存在,他的观点远没有王西里鲜明。王西里在其《东方的宗教:儒、释、道》明确提出"儒学中不存在神"。[3]

---

[1] Бичурин Н. Я. Статистическое описание Китайской империи. М. ,2002. С. 82.

[2] Кобзев А. И. О термине Н. Я. Бичурина "религия ученых" и сущности конфуцианства//Н. Я. Бичурин и его вклад в русское востоковедение: К 200-летию со дня рождения: Материалы конференции/Сост. А. Н. Хохлов. Часть 1 - 2. М. ,1977. Ч. 1.

[3] Васильев В. П. Религии Востока: конфуцианство, буддизм и даосизм. СПб. , 1873. С. 160.

1844年，他还完成了一部介绍儒教的专论《儒教》，但由于资金不足而未能出版。1906年，俄国东正教驻北京传教团印字房出版了该书，作为俄国侨民了解中国文化的读本。《儒教》一书分12个部分，分别是"儒教起源""崇拜之人""祭服""祭器""祭坛与庙宇""准备祭祀""祭礼官""京城祭祀日""地方各省祭祀及私人祭祀"，第六、七、八部分为祭祀图例。书后附有"国子监"一文。俄国东正教驻北京传教团在出版此书时对比丘林的原稿进行了一点调整，略去了原来的《丰泽园演耕》，增加了一幅国子监图。① 在开篇"儒教起源"部分，比丘林认为，中国有6种宗教，即儒教、释教、道教、黄教（喇嘛教）、跳神（萨满教）、回回教（伊斯兰教）。对于儒教的概念，比丘林写道："可以说，这是政府的宗教，所有中国人的宗教，在一定程度上也是满人和蒙古人的宗教，因为中国所有为官者必须执行国家法律的规定。"同时，他指出了中国人对于宗教的特殊态度："中国人同样认为宗教的起源是神圣的，但与其他民族相比，他们对神性的理解完全不同。他们将宗教的产生根源归结为人本性的需要。"② 他将叙述的重点放在介绍孔子及古代圣贤的祭祀礼仪上面，并用大量的插图加以说明。显然，比丘林所说的儒教仅仅是儒家属于"礼"的那一部分，而不是儒学全部。在介绍北京国子监时，重点讲述了"辟雍"的设置及用途。比丘林将之翻译成 Педагогический институт，汉语意为"师范学院"。我们知道，国子监是元、明、清三代国家设立的为官府培养后备人才的最高学府，不是专门培养师资的，比丘林这样翻译或许是希望那些监生们能"垂范后世"吧！比丘林撰写《儒教》一书所依据的中国文献主要是《大清会典》，其中图例大都来自《大清会典图》。

就总体而言，比丘林是一位中国文化的肯定者和颂扬者，对儒家

---

① Скачков П. Е. О рукописном наследии Н. Я. Бичурина в Государственной публичной библиотеке им. М. Е. Салтыкова-Щедрина//Очерки по истории русского востоковедения. Вып. 2. М. ,1956.

② Бичурин Н. Я. Описание религии ученых//Конфуций: "Я верю в древность"/Сост. ,перевод и коммент. И. И. Семененко. М. ,1995.

思想亦然。1839 年，比丘林在《祖国之子》上发表《孔子开创的中国历史编纂学原则》一文，论证了"春秋笔法"的正统性。1832 年比丘林在《莫斯科电讯》上发表了他全文翻译的周敦颐的《太极图说》和《通书》，而后，在 1840 年出版的《中国，其居民、风俗、习惯和教育》一书中，比丘林重新收录了这两篇译文。

3. 中国历史、地理、法律、政治、风情和经济典籍翻译和著述

在中国史地和法律典籍翻译方面，比丘林做出了引人注目的成就。他有 3 种大部头著作的译稿，现收藏在俄罗斯的各图书馆中。

第一种是《御批资治通鉴纲目》（五十九卷本）。这是比丘林规模最大的一部译作，完成于驻北京期间，全书共 8000 页，俄文译名为《中华帝国历史，又称御批资治通鉴纲目（分为上、中、下三部分，译自汉语，十六卷）》。曾任第十届传教团监护官的季姆科夫斯基对比丘林及其《资治通鉴纲目》译稿大加赞赏："前任传教团领班称他将一部中国历史和地理全志翻译成了俄语。皇皇巨著，大有益处。他表示回国以后首先将完成这些译作的整理工作。"[①] 季姆科夫斯基帮助比丘林重获自由，除了惜才和感恩，也是为了抢救比丘林的汉学著作。这部手稿现保存在俄罗斯科学院东方文献研究所。比丘林在翻译过程中，得到了其中国先生的指导，这对他理解和把握原文具有重要意义。此外，传教团学生西帕科夫对比丘林的翻译工作也提供了帮助。[②] 比丘林申请继续在北京工作 10 年的目的之一，就是要彻底完成包括《资治通鉴纲目》在内的译作。潘克福（Б. И. Панкратов，1892—1979）认为这体现了比丘林对汉学研究的执著，而且，他显然认为自己的译稿还没有达到令人满意的程度，便放弃了出版念头，而

[①] Тимковский Е. Ф. Путешествие в Китай через Монголию в 1820 и 1821 гг. Ч. 2. СПб. ,1824. С. 22 – 23.

[②] Мясников В. С. Валаамская ссылка Н. Я. Бичурина//Проблемы Дальнего Востока. 1986. №1.

将其作为研究素材。① 苏联汉学界对比丘林这部巨著未能发表感到无限惋惜，曾经组织一流专家对其进行整理。杜曼从 1936 年即开始整理校对比丘林遗稿，1938 年克立朝（В. Н. Кривцов，1914—1979）和戈尔巴乔娃加入其中，后因第二次世界大战而中断。1951—1953年间，戈尔巴乔娃和潘克福等人最终完成了 16 卷手稿的整理和注释任务，并计划由阿理克主编出版。尽管如此，比丘林的这一皇皇巨著最终还是未能问世，其中原因也许是比丘林的译本并非百分之百的"足本"。②

第二种是《大清一统志》。在北京的最后几年里，比丘林进行了《大清一统志》的翻译，俄文稿译名为《大清帝国属地地理》，手稿现存在鞑靼斯坦中央档案馆。作为清代官修的地理总志，《大清一统志》详细记述了全国各省的地理、历史、风土、物产。在这部手稿上标有"1825 年"字样，而这正是比丘林在瓦拉姆修道院的时候，所以，后人断定比丘林是在被关押期间最终完成这部译著的。这部译稿后来成为比丘林撰写《中华帝国详志》的素材。

最后一种是《大清会典》。在恰克图华文馆任教期间，比丘林翻译了《大清会典》。1837 年他将手稿寄给了外交部亚洲司，并在附信中写道："有幸呈上我的三卷新作《中国法律》。同时我认为需要预先说明一下，这部著作是从中国政府 1818 年出版的一部类似的书中所做的摘录。我使用了原作的编排，因为这种编排方法所展示的律法清楚地反映了中国的世俗和宗教社会状况。在这部著作的后面还将附加：(1) 中华帝国地理全图（四大张）；(2) 中国中原地区军事、宗教形势图；(3) 正在北京订制着的 40 幅各式各样的图；(4) 从各个方面论述同一事物的文章目录。所有这些附录将在我回到圣彼得堡之

---

① Панкратов Б. И. Н. Я. Бичурин как переводчик // Проблемы Дальнего Востока. 2002. №4.

② Мясников В. С., Попова И. Ф. О вкладе Н. Я. Бичурина(1777-1853)в развитие отечественной и мировой синологии // Вестник РАН. 2002. №12.

后完成。"① 由此可以得知，比丘林所翻译的是嘉庆《清会典》，因为此典完成于嘉庆二十六年，正好是1818年。据霍赫洛夫考证，1826年以卡缅斯基为首的第十届俄国传教团通过在俄罗斯馆教汉语的佟姓先生获得了这部典籍。传教团管理委员会②决定将《清会典》重新装订后收藏于俄罗斯馆中外书房。第十届传教团将此典籍带回了俄国。由1832年《大清会典》被送至圣彼得堡，比丘林又立即投入翻译工作的这些环节上可以看出俄国人对这部中国法律总集抱有多么浓厚的兴趣。其实，早在18世纪80年代，列昂季耶夫就奉叶卡捷琳娜二世之命翻译出版了《大清会典》。而后，1831年第十届传教团成员沃兹涅先斯基(Н. И. Вознесенский, 1801—？) 又应拉德仁斯基（М. В. Ладыженский）之命根据《大清会典》编写了《中国治国简略》。在比丘林翻译《大清会典》的同时，还有一位俄国汉学家瑟切夫斯基（Е. И. Сычевский, 1806—1855）也在伊尔库茨克根据1764年的满文版本和1818年的汉文本翻译着这部典籍。瑟切夫斯基的译稿质量很高，甚至得到了巴拉第和王西里的肯定。比丘林的《大清会典》手稿现在保存在喀山的鞑靼斯坦中央档案馆，一共2268页。比丘林对手稿进行过仔细的修改，加进了大量注释，初稿完成后，又请人誊清，曾计划以《中国法律》为书名出版，但后来又改变了主意。比丘林在翻译过程中省略了一些细节性内容，重点翻译了清朝吏、户、礼、兵、刑、工等国家重要职能机关的作用和相关法律。③ 在撰写有关中国现实情势著作的过程中，比丘林始终将《大清会典》作为最重要参考文献。他利用《大清会典》译稿，"于1838—1848年间发表了10篇长文，出版了3部著作"，"如果将比丘林的译稿与其有关当代中国的著作、文章和

---

① Хохлов А. Н. Свод законов маньчжурской династии Цин - документальная основа публикации Н. Я. Бичурина о современном ему Китае//Бичурин Н. Я. Китай в гражданском и нравственном состоянии. М. ,2002.
② 俄国东正教驻北京传教团从第十届开始设立管理委员会，由3名成员组成，负责团内重要事宜的决策。
③ Хохлов А. Н. Об источниковедческой базе работ Н. Я. Бичурина о цинском Китае//Народы Азии и Африки. 1978. №1.

评论进行对比，可以确信《大清会典》几乎是这位俄国学者唯一的资料来源"。①

这3部未曾发表的译作为比丘林的汉学著作提供了坚实的文献基础。而且，通过翻译这些文献，比丘林迅速成长为一名优秀的汉学家。他是第一个批评西方汉学家曲解中国文献的俄国汉学家。在比丘林的所有著作当中，读者会感觉到他在努力准确地传达中国典籍中包含的丰富信息。正如潘克福所说："在比丘林看来，绝不允许让事实去适应预先设定的概念。只有准确了解事实真相之后才能做出结论和判断。比丘林翻译的目的就是要为进一步的科学研究准备高质量的素材。"② 这些译作尽管还没有达到令人满意的完善程度，但后人要超越也并非易事。实际上，俄罗斯汉学界至今没有放弃出版比丘林译作的念头。时任俄罗斯科学院东方学研究所圣彼得堡分所所长波波娃说："关于出版比丘林大部头译作和研究著作的问题在各个时期都曾讨论过，直到今天仍在考虑，因为这些著作在很多方面都没有失去其学术价值。此外，作为祖国文化组成部分及其高度发展的证明，这些著作应被看作是历史文献和翻译经典。"③

此外，比丘林为完成译著《北京志》倾注了很多心血。在该书中，比丘林详细介绍了紫禁城、皇城、内城、长安门外的名胜古迹、安定门、西直门、外城，书后附有他于1817年绘制的北京地图。相传比丘林为了绘制此图，走遍了北京城的大街小巷，徒步测量距离。

---

① Хохлов А. Н. Н. Я. Бичурин и его труды о Монголии и Китае первой половины XIX в. (некоторые вопросы источниковедения)//Н. Я. Бичурин и его вклад в русское востоковедение: К 200 - летию со дня рождения. Материалы конференции/Сост. А. Н. Хохлов. Часть 1-2. М. ,1977. Ч. 1.

② Панкратов Б. И. Н. Я. Бичурин как переводчик//Проблемы Дальнего Востока. 2002. №4.

③ Попова И. Ф. Изучение научного наследия Н. Я. Бичурина (1777 - 1853): История и перспективы//Классическое высшее образование. Достижения, проблемы, перспективы. Материалы международной научно - методической конференции 19-20 октября 1999 г. Владивосток,1999.

他还专门请了一位中国画匠帮他绘图。他在一封信中写道："一位中国画家已经为我绘了 4 年地图。重新绘制北京地图花了一年时间。"①他对书中的北京地图非常满意，在前言中做了特别说明："我想让读者相信的是，这幅平面图不同于在北京铺子中可以随便买到的地图，而是 1817 年的新图，经过精心的绘制。"② 此书于 1828 年在圣彼得堡出版，立刻引起俄国以及国外出版界的关注。几乎与俄文本同时在圣彼得堡出版了法文本。柯恒儒写了书评，给予了较高评价，但同时也批评作者没有列举汉语参考书目。据笔者考证，比丘林这部译作所依据的汉语文献是清人吴长元编著的《宸垣识略》。③ 关于这一点，也可在王西里的《中国文学史资料》中得到印证。王西里在介绍《宸垣识略》时说"亚金甫根据这部著作编写了《北京志》（1829 年由一个叫 Ferry de Pigny 的人翻译成了法文）"。④《宸垣识略》是一部记载北京史地沿革和名胜古迹的书，包括大内、皇城、内城、外城、苑囿、郊坰等 16 卷。⑤ 比丘林依据的本子为乾隆五十三年池北草堂刻本。比丘林到北京后第七年开始翻译此书，他没有将原书全部译出，而是根据欧洲人的兴趣删繁就简，并结合自己的亲历观察，增补注释而成。尽管比丘林将自己的作品称作译著，但严格说来，更像是编著。对于在北京长期居住并对中国文化深有研究的比丘林而言，介绍北京的历史和风情似乎不是难事。他之所以要翻译中国人的著作，正如他在前言中所说，是因为"与暂时在这里居住的外国人相比，当地

---

① Хохлов А. Н. Н. Я. Бичурин и его труды о Монголии и Китае первой половины XIX в. (некоторые вопросы источниковедения) // Н. Я. Бичурин и его вклад в русское востоковедение: К 200 – летию со дня рождения. Материалы конференции/Сост. А. Н. Хохлов. Часть 1 – 2. М. , 1977. Ч. 1.

② Бичурин Н. Я. Описание Пекина. СПб. , 1828. С. I.

③ 《俄苏中国学手册》中称比丘林《北京志》译作依据《镇元史略》译出，笔者在以前文章中也因袭此说，特在此致歉并更正。

④ Васильев В. П. Материалы по истории китайской литературы. Лекции, читанные заслуженным профессором С. – Петербургского Императорского университета В. П. Васильевым. СПб. , 1887. Приложения, С. 302.

⑤ 吴长元辑:《宸垣识略》，清乾隆五十三年池北草堂刻本。

人的著作无疑具有更高的可信度"。① 这是俄国乃至欧洲汉学史上第一部有关中国都城内容最为全面详尽的著作。

1840年,比丘林出版了《中国,其居民、风俗、习惯和教育》,介绍了许多中国文化知识、中国人的日常生活习俗以及清朝的国家管理体制。该书所用资料几乎全部来自《大清会典》,而且相当部分章节内容都曾经以单篇文章发表过,其中包括1827年出版的小册子《中国问题释疑》。② 1839—1840年间,他在《祖国纪事》杂志发表了3篇文章之后,即开始将以前所有文章整理成书,并增加了刑部、都察院等内容。该书出版后,先科夫斯基(О. И. Сенковский, 1800—1858)在其主持的《读书文库》1841年第14期发表评论说:"书的名称、作者的名字以及他以往出版的作品等情况促使我们期待他有更好的著述。"之所以如此,是因为比丘林写此书所面对的是广大社会读者,在某些专家看来,似乎有些太过浅显易懂。先科夫斯基写道:"我们汉学家的新作好像不是为专家所写,因为难以在其中找到新颖内容,但却可以大大满足那些急于了解中国知识的普通读者的好奇心。"③ 事实上最根本的原因在于书中内容大都发表过,对那些一直跟踪阅读比丘林著作的人来说,缺少新意。但是,孔气对比丘林的这部书给予了不同的评价,尤其赞赏他一改以往拘泥原文的习惯,写出了自己的思想,同时批评他过分相信中国人的观点:"这是亚金甫神父唯一一部没有逐字逐句地照翻原文而使用了自己语言的著作,这

---

① Бичурин Н. Я. Описание Пекина. СПб. ,1828. С. II.
② 1803年俄美公司派出了由克鲁逊什特恩和里相斯基率领的"希望号"和"涅瓦号"军舰,进行俄国历史上的首次环球航行,旨在打通前往北太平洋的海上通道,巩固和扩大俄国在这一地区的政治、军事和商业利益。克鲁逊什特恩带着俄国国务活动家、科学院荣誉成员威尔斯特(Вюрст〈Вирст〉Федор〈Фердинанд〉Христианович,1763—1831)提出的27个有关中国的问题启程,返国后发表文章予以解答。但由于克鲁逊什特恩和里相斯基只在澳门和广州做短暂停留,不可能对中国社会生活有深刻理解,因而答案中漏洞和错误甚多。比丘林于1827年发表了对克鲁逊什特恩文章的补正《中国问题释疑》,详细介绍了中国的商业、手工业及其他社会状况,显示了他作为俄国最权威的中国问题专家的影响和地位。
③ Скачков П. Е. Очерки истории русского китаеведения. М. ,1977. С. 115.

很难得……我们从中看到一位睿智、能干、有洞察力的亚金甫神父，他利用自己比俄罗斯学问更精通的中国学问，像中国文人那样对中国进行研究，而且对中国文人深信不疑。"① 这些评论促使比丘林重新审视自己第一部介绍中国文化著作的得失。他决定撰写另一部全新内容的著作《中华帝国详志》。

《中华帝国详志》于1842年在圣彼得堡出版。该书第一部分描写中原地区，具体章节为：边界及国名；自然条件；植物、动物及矿产；居民；宗教；教育；军事人才培养；民间工业；商业；度量衡及钱币；邮驿；国家税收；朝代更迭概述；当今行政区划；管理方式；刑律；兵力。第二部分描写了满洲、蒙古、东突厥斯坦和西藏地区，叙述方式与第一部分相近，只是相对简略一些。在书的附录中，比丘林翻译辑录了有关中国水路交通、茶叶生产以及黑龙江和朝鲜的概况。此书实际上是在《中国，其居民、风俗、习惯和教育》基础上补充完善而来。比丘林撰写此书的目的，是要为欧洲撰写一部最正确、最全面的中国概论。他对欧洲的中国研究很是不满，认为欧洲尽管已经描写中国两个世纪了，但在对同一事物的叙述和判断上仍然有诸多矛盾之处。他认为欧洲最好的两部中国概述性著作是格鲁贤1818年出版的《中国概况》和德庇时（Jonh Francis Davis，1795—1890）1836年出版的两卷本《中华帝国及其居民概论》，但在论述问题的深度和广度方面还有不少缺陷。② 因此，他决心利用中国文献写出一部准确而全面的综合性中国著作。比丘林显然达到了预设的目标。综观全书，不难发现其具备这样几个特点。一是内容全面。凡在清朝版图之内的所有地区的山川地理、风土民情、政治、经济、教育、军事以及行政管理等方面均被包罗其中。二是行文简洁，思想凝练。对于所论述问题，比丘林少有铺陈和考释，而是径奔主题，直告答案。三是

---

① Хохлов А. Н. Об источниковедческой базе работ Н. Я. Бичурина о цинском Китае//Народы Азии и Африки. 1978. №1.

② Бичурин Н. Я. Статистическое описание Китайской империи. М., 2002. С. 31-33.

条理清晰。全书好似一部中国百科全书，纲清目明，纵横关联，既可当作专著阅读，亦可作为工具书来查证，对于希望了解中国社会现实的俄国人而言，不啻为一本好书。喀山大学汉语教授西维洛夫推荐这部著作竞争科学院杰米多夫奖金，他写道："我认为在迄今所有关于中国的著述和汉语译作中，此书堪称又好又对。我之所以这样说，是因为作者赖以写作此书的文献资料信息准确，叙述清晰，在中国备受看重。《大清一统志》就属此类……书首中国历史概要即以中国著名历史学家朱熹的《资治通鉴纲目》为蓝本写成。"① 这部著作内容非常丰富，多年来一直是汉学家们重要的参考书。孔气评论道，此书"内容编排完美，无论从所述问题的重要性而言，还是从叙述的准确性和完整性来看，永远都是中国研究者的绝佳的案头必备书，没有其他欧洲语言著作与之相似"。② 书中所附中国地图更是得到了广泛的传播。比丘林因此书第三次获得了科学院杰米多夫奖金。据霍赫洛夫考证，比丘林写作《中华帝国详志》一书的主要素材来源于他完成翻译的《大清会典》和《大清一统志》。③

1844年11月，比丘林在一封写给波戈金的信中称他已经完成了《中国的民情和风尚》一书的撰写，希望能够有机会出版。此书直到1848年才问世，其中许多内容曾作为单独的文章在报章杂志上发表过。全书分四部分。第一部分题为"国家管理之基础"，包括导论以及国家体制、国家经济和国家司法程序三大内容。第二部分题为"国家刑法"，集中介绍清代刑名及实施办法。第三部分题为"教育与民生保障"，重点介绍中国的教育体制以及粮食供给机制。第四部分题为"中国人的社会及个人生活"，分述了宫廷礼仪和民间习俗。该书

---

① Хохлов А. Н. Н. Я. Бичурин и его труды о Монголии и Китае//Вопросы истории. 1978. №1.

② Хохлов А. Н. Н. Я. Бичурин и его труды о Монголии и Китае первой половины XIX в. (некоторые вопросы источниковедения)//Н. Я. Бичурин и его вклад в русское востоковедение: К 200 - летию со дня рождения. Материалы конференции/Сост. А. Н. Хохлов. Часть 1 - 2. М. ,1977. Ч. 1.

③ Бичурин Н. Я. Статистическое описание Китайской империи. М. ,2002. С. 21.

绝大部分内容来自《大清会典》，其中第二章主要来自"刑部"，第四章来自"礼部"。在该书的前言中，比丘林再次批评西欧汉学家对中国片面而不完整的描述，从而使欧洲学术界陷入迷途。他认为，《中华帝国详志》尽管对中国的法律体系进行了系统的概括，但却没有解释中国人的民族精神，而《中国，其居民、风俗、习惯和教育》虽然涉及中国的宗教和风俗等问题，但内容编排零散，存在许多疏漏。他撰写《中国的民情和风尚》就是要弥补以往著作的遗漏和缺憾。① 为了达到在俄国社会普及中国知识的目的，比丘林不仅对全书结构进行了精心设计，而且采用了问答或提纲式的写作方式。尤其在第一部分中，从第一个问题"中国皇帝是独裁者吗？"到最后一个问题"皇帝是否有权赦免或减轻处罚？"，比丘林对122个问题逐一回答，简洁而明确地对中国的国家管理体制进行了说明，颇有些《十万个为什么》的风格。该书出版后引起社会的广泛关注，共有6篇书评发表。别林斯基（В. Г. Белинский，1811—1848）在当年的《当代人》杂志第7期上发表文章，在赞扬比丘林新作优点的同时，对那些涉及中国法律的章节提出了严厉的批评，原因是比丘林未对这些律法在清王朝的实施情况进行说明，从而使叙述显得有些片面。别林斯基认为清朝的律法乍看上去似乎充满仁爱，可以保障各阶层人士的生活安康，"所有这些保障及法律写在纸上很冠冕堂皇，事实上却有利于受贿者聚敛财富，而行贿者备受欺凌"。② 此外，别林斯基反对滥用刑罚，对比丘林在书中所描绘的中国刑律中五花八门的刑罚很反感，认为残忍地对待犯人于事无补，反而会使人变得更加冷酷无情。

别林斯基反对比丘林在书中所表现出的将中国理想化的倾向，他更赞赏曾是俄国东正教驻北京传教团成员的科万科（А. И. Кованько，1808—1870）于1841—1842年在《祖国纪事》上以"德明"为笔名

---

① Бичурин Н. Я. Китай в гражданском и нравственном состоянии. М., 2002. С. 29–32.

② Хохлов А. Н. Об источниковедческой базе работ Н. Я. Бичурина о цинском Китае//Народы Азии и Африки. 1978. №1.

发表的总标题为《中国之旅》的 10 篇文章。在德明笔下，清朝官僚徇私舞弊，生活腐朽，国家机器锈迹斑斑。与比丘林的著述相比，他更愿意相信德明的描述，将其作为黑格尔历史哲学的最好注解。他在评论中这样写道："可敬的亚金甫神甫向我们展示的，更多的是朝服衮衮、典仪皇皇的官方中国；德明则为我们更多地展现了普通生活的中国，展现了在家里身穿便服敞胸露怀的中国。德明不隐瞒任何东西……他告诉我们，一切重要官职都是用钱捐的，也就是通过贿赂得来的。"① 显然德明的写实风格和观察视角与这位西方派代表人物的中国观念更加契合。

比丘林的《中国的民情与风尚》显然给别林斯基留下了太深的印象，以至于在 1848 年把这本书写入了 1847 年俄国文学综述，以便立刻将其作为反面的例证，抨击思想保守抵制改革的俄国贵族。② 同年，别林斯基本来是给俄国作家格列奇（Н. И. Греч, 1787 — 1867）的《巴黎来信及有关丹麦、德国、荷兰和比利时的札记》写书评，但在文章一开始又谈到了比丘林的著作："我们似乎已经逃离了中国，来到了巴黎，而我们依然觉得，我们还在中国……这并不奇怪，因为我们读了很多关于大大小小的竹板，夹挤男人的脚踝，女人的四根手指，用铁钳将人的身体撕裂成碎块，我们许久都未能将这些侮辱人的尊严和令人恐怖的东西从脑海中清除。我们在想，这些酷刑在防止犯罪方面收效甚微。他们只有进一步强化酷刑……我们满怀思绪，觉得还在和尊敬的亚金甫神父交谈。我们好不容易才明白过来，我现在可正带着格列奇先生的书在巴黎街头漫步消遣呢！换了一个地方打开书，我们又回到了北京……我们着手从头至尾通读这本书。循着令人

---

① Белинский В. Г. Китай в гражданском и нравственном отношении. Сочинение монаха Иакинфа. В четырёх частях. С рисунками. СПб. , 1848. //Современник. Том VII. СПб. ,1848. С. 48.

② Хохлов А. Н. Об источниковедческой базе работ Н. Я. Бичурина о цинском Китае//Народы Азии и Африки. 1978. №1.

尊敬的游历者的视角和观点,进行了一次真正的中国之旅。"①《中国的民情与风尚》一书对别林斯基产生的思想冲击由此可见一斑。对于别林斯基的严厉批评,比丘林没有像与柯恒儒那样起而论战,而采取了默然接受的态度。尽管如此,《中国的民情和风尚》以其新颖的内容和科学价值使比丘林再一次获得了杰米多夫奖金。1859 年出版的《先科夫斯基文集》第 6 卷上发表了先科夫斯基的评论。蒙古学家奥·科瓦列夫斯基就此书意义在圣彼得堡皇家科学院做了报告,称比丘林以问答的形式清晰地描述了中国的国家体制,纠正了长期在此问题上存在的误区,即使有些缺点,也是瑕不掩瑜。② 比丘林写作此书主要参考了《大清会典》,特别是有关清朝律法的内容,都是从这部书中摘译而来。

1844 年,比丘林编译出版了《中国农业》一书,内容包括田制、耕地、耙地、播种、肥料、培土、灌溉、收获和加工等方面。书后附录了 72 种中国农具图。在第一章《田制》中,比丘林介绍了区田、围田、架田、柜田、梯田、涂田和沙田等耕田类型。据霍赫洛夫研究,此作原稿并非比丘林所译,而是出自第十届传教团修士司祭、第十一届传教团领班魏若明(Вениамин Морачевич)③ 之手。魏若明在将《授时通考》译出后将手稿赠送给了比丘林。④ 这种说法有多大可信度,现在还无法确定。然而,经过与中国古代农书进行比对,笔者发现此书内容的来源更可能是明徐光启的《农政全书》或元王祯的《农书》。1842 年比丘林在给波戈金的信中称他马上要完成一部介绍

---

① Белинский В. Г. Парижские письма с заметками о Дании, Германии, Голландии и Бельгии. Николая Греча. СПб. 1847//Белинский В. Г. Полное собрание сочинений: В 13 т. Т. 10. Статьи и рецензии. 1846 – 1848 . М. :Изд-во АН СССР, 1956. С. 364 – 365.

② Хохлов А. Н. Об источниковедческой базе работ Н. Я. Бичурина о цинском Китае//Народы Азии и Африки. 1978. №1.

③ 汉语音译为"维尼阿明",汉名为"魏若明"。

④ Хохлов А. Н. Н. Я. Бичурин и его труды о Монголии и Китае первой половины XIX в. (некоторые вопросы источниковедения)//Н. Я. Бичурин и его вклад в русское востоковедение: К 200 – летию со дня рождения. Материалы конференции/Сост. А. Н. Хохлов. Часть 1 – 2. М. ,1977. Ч. 1.

中国农业的著作。他说他早就想写一本描述中国农业的书，但又觉得没有什么必要，无论对他或是读者都没有什么益处，因为中国位于北纬 24—40 度，而俄国在北纬 40—60 度之间，所以一直拖到现在。比丘林这本书的问世与当时俄国发展状况有一定联系。19 世纪 40 年代，俄国对粮食的需求增大，迫使地主们寻求更加先进的耕作方法，提高粮食产量。比丘林的《中国农业》应运而生。该书问世后立刻得到了社会的好评。一位匿名作者在《当代人》杂志发表文章，感谢比丘林在书中介绍了大量有价值的信息。当然也有人批评比丘林没有论及中国粮食的价格以及农业生产费用问题，没能深刻分析造成中国人贫困的原因。① 然从这部著作可以看出，比丘林非常关注中国的农业问题，重视中国农书的翻译。当他得知孔气将前往中国时，建议他学会汉语之后即可开始翻译《授时通考》。孔气不仅照办，而且还翻译了《尚书·尧典》和《尚书·禹贡》等典籍。

1838 年，比丘林完成了一部中国钱币学著作的翻译，译稿名为《中国钱币描述》。与其他译作不同的是，此书是比丘林从日语翻译而来。这是俄国历史上第一部全面介绍中国钱币历史的书籍。在比丘林以前，拜耶尔曾于 1737 年在柏林发表过介绍中国钱币的文章，内容涉及奥斯捷尔曼伯爵收藏的数十枚中国钱币中的 16 种。据俄罗斯艾尔米塔日博物馆工作人员伊沃奇金娜（И. В. Ивочкина）研究，比丘林此书译自日本著名钱币学家朽木昌纲②的《新撰钱谱》。这部著作成书于天明元年（1781 年），在欧洲钱币学界享有很高声誉，具有很高的科学价值。比丘林翻译此书，反映了他对俄国以及世界该学科发展的准确把握。比丘林在将此作手稿提交给圣彼得堡皇家科学院之后即得到了包括国民教育部长兼科学院院长乌瓦罗夫（С. С. Уваров，1786—1855）在内的众多学者的高度评价。但由于该书为纯粹的学术著作，而且附有大量钱币图案，有关部门担心难以收回印刷成本，最

---

① Скачков П. Е. Очерки истории русского китаеведения. М.，1977. C. 118－119.
② 1750—1802 年，字龙桥，著有《西洋钱谱》《泰西舆地图说》《和汉古今泉货鉴》《新撰钱谱》等著作。

后决定将手稿收藏于圣彼得堡皇家科学院图书馆。①

4. 有关中国边疆史地的翻译和著述

《西藏志》又译《西藏现状》，出版于 1828 年，是比丘林回到圣彼得堡后出版的第一部汉学译作。这本书的出版得到了与亚历山大一世和普希金关系密切的女诗人沃尔孔斯卡娅（Зинаида Волконская，1789—1862）的协助。这位贵族夫人在圣彼得堡的名流沙龙中与比丘林相识，为他的丰富学识所感染，慨然出资帮助这位名不见经传的僧人出版汉学著作。因此比丘林在扉页上题字，将此书献给沃尔孔斯卡娅。《西藏志》包括两部分内容，一是《卫藏图识》的部分译文，二是作者利用各种渠道获得的有关西藏历史、政治、社会和文化等方面的知识。书后附录了从成都到拉萨的道路图。《卫藏图识》是清人马揭和盛绳祖专为平定廓尔喀的入藏清兵编辑的一部了解卫藏情况的便携读物，包括图考上下两卷，识略上下两卷，蛮语一卷，共计五卷。图考部分介绍从成都进藏沿途的里程、驿站和风土人情，识略部分介绍西藏的宗教和历史，而蛮语部分收录藏汉对照的日常用语。为了帮助读者获得更好的阅读感受，对于以前不为俄罗斯社会所知的事件或词汇，他都做了注释。而这些注释"要么来自历史文献，要么借用了藏人告诉我的信息。"② 此外，比丘林纠正了过去因为从满文或者西文转译而导致的藏文译音失真走样的情况，采用了以驻京拉萨藏人的发音为基础的新的俄文译音方案。

这是俄国第一本介绍中国西藏的书，立刻引起了学术界的关注。同年在《莫斯科通报》《祖国之子》和《莫斯科电讯》等杂志都有评论发表。《北方蜜蜂》发表先科夫斯基就比丘林所有作品所进行的评

---

① Ивочкина. Н. В. Рукопись Н. Я. Бичурина《Описание киатйских монет》и ее место в нумизматике//Н. Я. Бичурин и его вклад в русское востоковедение: К 200-летию со дня рождения. Материалы конференции/Сост. А. Н. Хохлов. Часть 1-2. М., 1977. Ч. 1.

② Бичурин Н. Я. Описание Тибета в нынешнем его состоянии. С картой дороги из Чен-ду до Хлассы. Перевод с китайскаго. СПб., 1828. С. XII-XIII.

论。先科夫斯基对比丘林的《西藏志》大加赞扬，概述了书的内容。他认为此书不仅为俄国带来了荣誉，同时也属于整个欧洲。他祝愿作者以其勤奋和智慧继续撰写中国历史和地理著作。1829年，《西藏志》被柯恒儒翻译成法语并加了注释，在巴黎出版。柯恒儒认为比丘林在翻译《卫藏图识》时很好地理解了原文，但他最大的错误在于将鲁祝华当成是《卫藏图识》的作者。因为此书的作者实际上是马揭和盛绳祖，而鲁祝华只是写了此书的序言。① 此外，孔气也在一份手稿中对这部作品进行了评论："比丘林的翻译异常准确，但太拘泥于原文，译者迫使自己用作者的口气说话，这一点对他的风格造成了很大损害，也影响了思想的鲜明性。""我们不能不感谢译者在脚注中所做的丰富注释，这充分展示了他对中国的深刻了解。"② 比丘林对西藏有如此深刻的了解并能在返回俄国帝京后首先出版藏学著作，证明西藏问题一直是他在中国期间最为关注的问题之一。据说比丘林在翻译过程中得到了北京一位叫作钦喇嘛（译音）的高僧的大力帮助。③ 除阅读诸如《卫藏图识》等有关西藏的历史文献之外，与西藏人以及曾经在西藏生活过的汉族人广泛接触也成为他获取西藏信息的重要渠道。俄国东正教驻北京传教团驻地俄罗斯馆所在的东江米巷，自明朝开始就是对外交往和与边疆少数民族联系的活动中心，朝鲜馆、蒙古馆以及专供内扎萨克来京人员居住的内馆均在此处。藏人来京后大都居住在蒙古馆，比丘林很容易与他们接触，从而了解西藏的历史、地理和风土人情。尽管英国外交官早在18世纪末期就开始潜入西藏，但在19世纪以前，欧洲人对于西藏神秘的历史和文化始终是隔雾观花，不得要领，更多的是传说和想象。长期以来，学术界公认匈牙利藏学家亚历山

---

① Скачков П. Е. Очерки истории русского китаеведения. М. ,1977. С. 100.

② Хохлов А. Н. Н. Я. Бичурин и его труды о Монголии и Китае первой половины XIX в. (некоторые вопросы источниковедения)//Н. Я. Бичурин и его вклад в русское востоковедение: К 200 - летию со дня рождения. Материалы конференции/Сост. А. Н. Хохлов. Часть 1 - 2. М. ,1977. Ч. 1.

③ Тимковский Е. Ф. Путешествие в Китай через Монголию в 1820 и 1821 гг. Ч. 2. СПб. ,1824. С. 236.

大·乔玛·德克勒希（Csoma de Koros Alexander，1784—1842）的著作是西方藏学的滥觞，标志着西方人开始具有对西藏的理性认识。殊不知，在乔玛1834年完成其《藏英词典》和《藏语语法》之前，比丘林的《西藏志》早在圣彼得堡出版，"比丘林实际上是他们①的先驱"，②"超越了其所处的时代"。③ 有学者甚至将比丘林《西藏志》的问世视为"俄国汉学从此独立，并开辟了自己的发展道路"④ 的标志。比丘林并未因《西藏志》出版而停止对西藏问题的研究，而是积累了更多资料，于5年后推出了另一部内容更为丰富、视野更为开阔的藏学研究著作《西藏青海史（公元前2282—公元1227）》。

1833年，比丘林在圣彼得堡出版了《西藏青海史（公元前2282—公元1227）》（简称《西藏青海史》）。这是一部大部头的著作，分为上下两卷。书中内容主要译自《廿三史》《资治通鉴纲目》和《大清一统志》等文献。此书分两部分，分别介绍了西夏国和西藏的历史及其与中原的关系。书后附有一个补充说明，着重介绍了中国的纪年方法、中国历史朝代次序，度量衡等，另有《唐蕃会盟碑》译文、《黄河源记》等文章。在这部著作的前言中，比丘林表达了他对中国历史文献的翻译观念："为了向学术界完整传达原著的文本，我非但未进行任何补充，甚至没有改变语言风格"，这是因为"古代历史著作的译文应极其清晰准确。如果有人引用，微小的增译或改变都可能引发困惑，或者导致错误的结论。"⑤ 在这样的翻译理念之下，比丘林

---

① 指乔玛与俄国藏学家齐比科夫(Г. Ц. Цыбиков，1873—1930)。——笔者注
② Кореняко В. А. Лицом к Востоку. Научный подвиг Никиты Яковлевича Бичурина∥Встречи с историей. Вып. 2. М. ,1988.
③ Зейнуллин М. Непревзойденный Бичурин∥Татарский мир. 2003. №4.
④ Тихонов Д. И. Русский китаевед первой половины XIX века Иакинф Бичурин∥Ученые записи Ленинградского университета. 1954. 179. сер. Вотовед. наук. Вып. 4.
⑤ Бичурин Н. Я. История Тибета и Хухунора：с 2282 года до Р. Х. до 1227 года по Р. Х. : с картою на разные периоды сей истории∕переведена с китайского монахом Иакинфом Бичуриным. Ч. 1. СПб. ,1833. C. V.

的译文信字为先，史料价值更加凸显，因而也具有了更加长久的生命力。此外，他在这本书的最后附录了一份西北地区古今地名对照列表，不仅介绍了每个地名的起源，而且提供了古今演变形式，对于一些同音地名还加注了汉字以示区别，如"悉洲""熙洲""西洲""扶洲""府洲""廓洲"等。①

同先前出版的《西藏志》相比，这是一部真正全面系统介绍西藏和青海地区历史的著作，其所提供的信息的准确性和完整性也是空前的，问世后引起了东方学家们更大的关注。先科夫斯基首先在《北方蜜蜂》杂志发表评论，认为此书结构安排和语言风格虽然不尽如人意，但仍不失为一本值得历史爱好者关注的著作。格里高里耶夫（В. В. Григорьев，1816—1881）在《传闻》杂志上撰文说比丘林的这部译作虽然不是严格意义上的西藏和青海历史著作，只是那两部中国史书中有关这两个地区资料的综合，但依然对历史学家们有很大的参考价值。波列沃伊在《莫斯科电讯》发表文章，称该书是一个重要的里程碑，告诫读者在阅读此书时务须细心阅读，深刻领会。伊·施密特院士认为比丘林的译作将给科学院带来荣誉。②

1828 年，比丘林在圣彼得堡出版了两卷本的《蒙古纪事》，引起学术界的重视。《蒙古纪事》是比丘林重要的蒙古学著作，全书共分 4 章。在第一章中收录了他 1821 年 5 月 15 日至 8 月 1 日从北京返回恰克图时所做的日记。他以翔实的资料描述了蒙古的地理概况。第二章介绍了蒙古的地理位置、行政区划、自然条件、管理机制、风俗习惯、文化教育、与中原的关系以及鞑靼人的来历等问题。在第三章中比丘林根据中国史料（主要为《资治通鉴纲目》）叙述了蒙古民族自远古时期到 1653 年的历史，也是他用力最多的一部分。第四章是《理藩院则例》摘译。比丘林由此成为第一个关注并翻译汉文《理藩

---

① Бичурин Н. Я. История Тибета и Хухунора с 2282 года до Р. Х. до 1227 года по Р. Х., с картой на разные периоды сей истории. Ч. 2. СПб., 1833. С. 221, 228-229.

② Скачков П. Е. Очерки истории русского китаеведения. М., 1977. С. 104-105.

院则例》的欧洲学者。① 内容翔实、取材多样是此书最鲜明的特点之一。既有日记，也有历史，还有律法，对蒙古的现实、历史及与中央政府的关系做了详尽的阐释。为了达到这样的效果，比丘林显然付出了很多努力，他在前言中称果断放弃了来华途中信息欠准的日记，而在回国途中重新加以记录。② 在该书出版的同时，其中的个别章节在俄国的几个刊物上发表。在《蒙古纪事》出版的当年，他被圣彼得堡皇家科学院选为通讯院士。《蒙古纪事》很快就被翻译成了法文和德文，在欧洲出版。

在这部书中，比丘林解决了当时欧洲汉学界最为关注的几个蒙古学研究问题。一是蒙古人的起源问题。通过研究中国历史文献，比丘林批判了西方的东方学家们关于蒙古人起源的错误观点。他认为西方学界在解决蒙古人起源问题时过分注重其语言属性，然后妄加猜测，绝对相信所谓"权威"的看法。他将蒙古人的起源问题分成了蒙古民族起源和"蒙古"名称来历两个部分来研究。他认为蒙古民族起源于公元前2500年前，而蒙古王朝于公元9世纪建立，12世纪初进一步壮大，13世纪初建立了蒙古帝国。蒙古民族自古以来就是一个统一的民族，在中亚地区居住，祖祖辈辈曾有过各种各样的名称：鞑靼、契丹、回鹘、突厥、鲜卑、匈奴等，而"蒙古"这一名称则起源于13世纪蒙古帝国兴起时。此外，比丘林还研究了19世纪上半期历史学家们最为关心的民族起源问题之一——谁是13世纪的鞑靼人。他认为鞑靼民族的名称来源于汉语中对后期蒙古各民族的统称——"鞑靼"。他认为以可信的材料进行客观的研究，才是唯一正确的方法。③

比丘林的另一蒙古学成就是从《元史》和《资治通鉴纲目》中

---

① Хохлов А. Н. Духовная миссия и в Пекине и начало Российского монголоведения（Путешествия и труды Н. Я. Бичурина）//Монголовед О. М. Ковалевский: биография и наследие(1801 – 1878). Казань, 2004.

② Бичурин Н. Я. Записки о Монголии, сочиненные монахом Иакинфом. Т. 1. Ч. 1 – 2. СПб. ,1828. C. I-VI.

③ Шастина Н. П. Значение трудов Н. Я. Бичурина//Очерки по истории русского востоковедения. Вып. 2. М. ,1956.

翻译了大量有关蒙古历史的资料，最后编写成了《成吉思汗家系前四汗史》，并于1829年在圣彼得堡出版。他从《元史》中只选择有关成吉思汗、窝阔台汗、贵由汗和蒙哥汗的章节（即其中的《太祖记》《太宗记》《定宗记》和《宪宗记》）译出，而后利用《资治通鉴纲目》的相关内容进行增补，必要时加以说明。比丘林的说明很有价值，在对这两部汉文史籍所述史实进行解释并表达自己看法的同时，也对西方汉学界或俄国社会在该问题上的错误认识加以澄清。比丘林注意到了中国史籍中在描述四夷时表达方式的不一致，利用《辽金元三史语解》和《大清一统志》等书加以补正，并在著作后附录了详细的地名人名索引，同时提供了满语和汉语发音形式。蒙古前四汗历史是元朝历史的第一阶段，至今受到史家的重视。比丘林之所以只选择前四个蒙古汗来研究，是因为"和林的这前四汗曾经统治蒙古人及其土地，他们是按照蒙古的律法登基的，是由王公大臣推举出来的，被视为蒙古人的大汗"①。他认为蒙哥汗以后蒙古帝国发生了分裂，蒙古人在中原的统治以及元朝的建立翻开了蒙古人历史新的一页。他的这部译作至今仍是这些中国历史典籍的唯一俄译本，每一位蒙古历史学家以及每一位描写13—15世纪蒙古人的作家都要不同程度地参考该书。②遗憾的是，这部译作当时没有引起俄国人的重视，没有书评发表。相反，"在比丘林的《成吉思汗家系前四汗史》及其他著作问世之后，瑞典著名蒙古学家多桑③不得不修订自己于1824年出版的《蒙古历史》"。④ 直到苏联时期，历史学家雅库鲍夫斯基

---

① Бичурин Н. Я. Записки о Монголии, сочиненные монахом Иакинфом. Т. 1. Ч. 1–2. СПб., 1828. C. XV.

② Шастина Н. П. Значение трудов Н. Я. Бичурина//Очерки по истории русского востоковедения. Вып. 2. М., 1956.

③ D'Ohsson (1780—1855)，其蒙古学巨著《蒙古历史》早在20世纪30年代就以《多桑蒙古史》为名在我国出版，后又多次再版。[瑞典]多桑著：《多桑蒙古史》，冯承钧译，中华书局，1935年、1936年、1957年、2001年和2004年。——笔者注

④ Хохлов А. Н. Н. Я. Бичурин и его труды о Монголии и Китае//Вопросы истории. 1978. №1.

（А. Ю. Якубовский，1886—1953）才对这部著作进行了仔细研究。他指出比丘林翻译的《成吉思汗家系前四汗史》可以与多桑的蒙古史著作相得益彰，通过阅读两位学者的作品，读者可以全面地了解蒙古帝国以及成吉思汗。①

1829年，比丘林出版了另一本边疆少数民族史地研究作品《准噶尔和东突厥斯坦志》。在该书中比丘林以《西域传》《前汉书》《西域闻见录》和《西域同文志》等汉语典籍译文为基础，介绍了西域的历史和现状。目录如下：前言；古代地理名称解释（按字母表顺序排列）；准噶尔历史地理描述。书后附录了古代地理名称索引以及同19世纪地理名称的对照表。这实际上就是一部中国西域地区的历史。他在序言中这样写道："在中国典籍中，准噶尔和东突厥斯坦有一个总称，那就是西域。这个词，我们不曾使用过，乍看上去不太好理解，所以这本书的书名就换成了我们更常用的词汇了。"② 这是俄国第一部研究中国西部地区历史的著作，不仅内容新，而且前所未有地全部使用了中国典籍的记载。同年，波列沃伊在其主编的《莫斯科电讯》上发表评论文章，给予这部书极高的评价。他说："在巴黎、伦敦、维也纳比我们这里更热烈地谈论着亚金甫神父的著作"，"亚金甫神父熟知中亚的历史和地理，选择的科研课题正是我们欧洲人最感兴趣而又知之甚少的问题"。③ 就是在这部书中，比丘林第一次在世界上提出了"东突厥斯坦"的概念。他认为，对于俄国人而言，中国史籍中的"西域"概念不容易理解，应将欧洲人所谓的"布哈拉突厥斯坦"称作"西突厥斯坦"，而把"中国突厥斯坦"叫作"东突厥斯坦"。他接着解释道："东突厥斯坦就是中国人所谓的回回部，他们将整个中亚地区称作西域。"显然，无论是欧洲人所说的"中国突厥斯坦"，还是中国人所称的"回回部"，都说明新疆地区是中国的领土。他一方

---

① Якубовский А. Ю. Из истории изучения монголов периода XI–XIII вв. // Очерки по истории русского востоковедения. М.，1953.

② Бичурин Н. Я. Описание Джунгарии и Восточного Туркестана в древнем и нынешнем состоянии. Переведено с китайского. СПб.，1829. С. III.

③ Скачков П. Е. Очерки истории русского китаеведения. М.，1977. С. 102.

面说"在中国历史上对西域的发现与欧洲历史上发现美洲具有同样重要的意义",并承认这些地区在汉武帝时期就纳入了中国的版图,另一方面又非常露骨地写道:"需要改变'中国突厥斯坦'这个我们已经采用的称呼,因为'东突厥斯坦'不可能永远在中国的统治之下。"① 由此可以看出,历史上并不存在"东突厥斯坦"这样一个国家,"东突厥斯坦"只不过是比丘林用以与中亚西部地区相区分的地理概念,反映了俄国企图模糊该地区主权归属的阴谋,非常明显地暴露了沙皇俄国企图蚕食我国西部领土的野心。

1834年出版的《厄鲁特人或卡尔梅克人历史概述(15世纪迄今)》同样引起俄国科学界的好评,荣获了圣彼得堡皇家科学院杰米多夫奖金。在该书出版的前一年,他在《内务部杂志》第3期发表了同名文章。比丘林在前言中称此书为关于卡尔梅克人的一部早期编年史。在撰写过程中他利用了《新疆识略》《西域闻见录》等汉籍,同时广泛参考了历史学家费舍尔、雷奇科夫(П. И. Рычков,1712—1777)和汉学家利波夫措夫、列昂季耶夫、罗索欣的著作和译文。② 该书分为准噶尔卡尔梅克人和伏尔加河卡尔梅克人两大部分,介绍这两个蒙古部落分支相同而又不同的历史和命运,以及与中原王朝和俄国的关系。该书受到诸如俄国内务部部长勃鲁多夫(Д. Н. Блудов,1785—1864)和国民教育部长利文(К. А. Ливен,1767—1844)等人的赞赏。他们致函外交部亚洲司司长罗多菲尼金(К. К. Родофиникин,1760—1838),对比丘林的新著给予高度评价。③ 外交部首先将比丘林的著作送给这些俄国高官阅读,说明比丘林的这部书对于沙俄政府处理1628年西迁至俄国的土尔扈特部事务有非常重要的意义。俄国汉学界普遍认为比丘林的这部著作同他以前的作品相比,独立研究的比重加大,翻译的比

---

① Бичурин Н. Я. Описание Джунгарии и Восточного Туркестана в древнем и нынешнем состоянии. Переведено с китайского. СПб. ,1829. С. XIII.

② Санчиров В. П. Предисловие//Бичурин Н. Я. Историческое обозрение ойратов или калмыков с XV столетия до настоящего времени. 2-е издание. Элиста,1991.

③ Хохлов А. Н. Н. Я. Бичурин и его труды о Монголии и Китае//Вопросы истории. 1978. №1.

重减少。难怪比丘林署名时在"亚金甫神父"后面加了一个"撰"字。1835年，先科夫斯基在《读书文库》第11卷发表题为《卡尔梅克人、厄鲁特人、维吾尔人——评比丘林的〈厄鲁特人或卡尔梅克人历史概述〉》的文章，称比丘林的书是"最出色的著作"，建议他出版法文、英文或拉丁文版，以扩大在欧洲的影响。普希金在创作《普加乔夫起义》时便参考了比丘林的这部著作，并给予了高度评价。随着该书的出版，比丘林翻译和介绍中国边疆史地文献的相对集中的一个阶段结束，将研究重点转到了中原地区的历史和文化，直到19世纪40年代后期才又回到这个题目上。

《古代中亚各民族历史资料集》是比丘林的最后一部著作。1846年，进入垂暮之年的比丘林忍受病痛的折磨，开始为此书收集资料。经过几年锲而不舍的努力，他终于在1851年出版了这部有关中亚各民族历史的集大成之作，为自己的中国研究画上了句号。此书要目如下：前言；中国人的历史著作；匈奴；乌桓；鲜卑；柔然；回鹘；契丹；居住在中国东部的民族；西部中国。比丘林此书在写作方式上依然采用编译方式，将中国历代正史中部分四裔传进行了俄译，而后编排成书。比丘林在书中再次批评了西方汉学家在蒙古人起源问题上的错误结论，可见亚洲民族起源问题始终是比丘林最为关注的问题之一。据说，为了研究突厥民族起源问题，比丘林甚至在暮年开始学习突厥语。① 这部书使他再次获得了杰米多夫奖金。该书出版后，很多杂志发表了出自学界权威笔下的书评。休金高度评价《古代中亚各民族历史资料集》的学术价值，圣彼得堡大学教授卡泽姆别克（К. А. Казем-Бек，1802—1870）批评比丘林未能对中国典籍进行批判性分析，有时曲解西方文献的内容。苏联汉学家杜曼认为比丘林此作最大的特点在于作者翻译了大量的中国文献，在当时的欧洲汉学界无有比肩者，他利用的中国史书包括《史记》《尚书》《资治通鉴》

---

① Денисов П. В. Никита Яковлевич Бичурин: Очерк жизни и творческой деятельности ученого-востоковеда. К 200-летию со дня рождения. Чебоксары，1977. C. 117–119.

《周书》《隋书》和《魏书》等。第二个特点是此书历史跨度超过一千年，详细概述了从公元前 2 世纪到公元 9 世纪中国边疆少数民族的历史及相互联系。第三个特点是涉及的地域广阔，包括蒙古、东北、朝鲜、日本、新疆、中亚、西伯利亚、阿尔泰等地区。① 1950—1953 年苏联科学院民族学研究所再版了该书。

比丘林在中国边疆少数民族史地研究中广泛使用了汉语文献，收集并翻译了一大批珍贵资料。由于当时的考古学和人类学还很落后，不能为他的研究提供辅助材料，所以汉语典籍就成为丰富而又可信的资料来源。他以汉语文献为基础的中国边疆少数民族史地研究方法对俄国满、蒙、藏学的发展做出了重大贡献。

5. 与普希金等文化精英的交往

比丘林是帝俄时期与俄国文化界关系最为密切的汉学家，与同时代的俄罗斯文化精英确立并长期保持着学术上的交往和私人间的友谊，并对后者的创作和思想产生过一定影响。

与普希金的友谊构成了比丘林汉学研究历程中特别引人注目的一页。他与这位被誉为俄罗斯诗歌"太阳"的伟大诗人一直保持着良好的个人关系，并得到诗人的赞赏。他的一些著作甚至对普希金的思想和创作活动产生过某种影响。"在普希金了解中国的过程中，著名的 Н. 比丘林（亚金夫）发挥了头等的作用。"② 据普希金研究专家们确认，比丘林和诗人最初的相识和接触发生在 1828 年，即他从瓦拉姆修道院获释返回圣彼得堡之后。波戈金在回忆奥多耶夫斯基（В. Ф. Одоевский，1803/1804—1869）家的文学沙龙时热情地描绘了比丘林与普希金的友谊，说在这里"快乐的普希金与长着一双中国式小眼睛的亚金甫神父相遇"。比丘林"在学术界备受尊敬。所有的著

---

① Думан Л. И. О труде Н. Я. Бичурина《Собрание сведений о народах, обитавших в Средней Азии в древние времена》// Н. Я. Бичурин и его вклад в русское востоковедение: К 200-летию со дня рождения. Материалы конференции / Сост. А. Н. Хохлов. Часть 1-2. М., 1977. Ч. 2.

② [苏]阿列克谢耶夫著：《普希金与中国》，高森译，《国外文学》1987 年第 3 期。

名文学家都视之为朋友。他与普希金相识,并经常去他那里"。① 比丘林孙女莫列尔(Н. С. Моллер)回忆说,《西藏志》刚出版,比丘林就把它送给了普希金,上面有这样的题字:"献给我所仰慕的亚历山大·谢尔盖耶维奇·普希金,译者敬赠。1828 年 4 月 26 日。"② 1829 年《三字经》出版以后,比丘林同样立刻送给了普希金,他在扉页上写道:"赠给亚历山大·谢尔盖耶维奇·普希金,译者。"在普希金主编的《文学报》上发表的《三字经》书评最为深刻,曾有普希金研究专家认为是普希金亲作,后来确定作者为索莫夫。③ 比丘林在恰克图期间,还不断将稿子寄给《文学报》发表。在普希金的藏书中,有数种比丘林亲赠的汉学著作。

在创作历史题材长篇小说《普加乔夫起义》时,普希金使用了比丘林著作提供的素材。比如,普希金从比丘林的《厄鲁特人或卡尔梅克人历史概述(15 世纪迄今)》中获得了有关卡尔梅克人的历史信息,而从《准噶尔和东突厥斯坦志》中了解了生活在伏尔加河流域和乌拉尔地区的巴什基尔人、鞑靼人、楚瓦什人以及其他在普加乔夫起义队伍中浴血奋战的民族。在普希金循着普加乔夫的足迹去考察并感受那次波澜壮阔的农民起义之前,比丘林的著作已经为他在历史知识方面提供了必要的准备。在《普加乔夫起义》一书中,普希金不无感激地指出:"正是亚金甫神父为我们提供了有关卡尔梅克人逃亡的最为真实和公允的信息,他以深厚的知识和诚实的作品使我们与东方的关系变得如此清晰。兹以感激的心情从他尚未出版的书中引用一段有

---

① Денисов П. В. Никита Яковлевич Бичурин: Очерк жизни и творческой деятельности ученого-востоковеда. К 200-летию со дня рождения. Чебоксары, 1977. С. 90.

② Моллер И. С. Иакинф в далеких воспоминаниях его внучки//Русская старина. 1888. кн. VIII, кн. IX.

③ Белкин Д. И. А. С. Пушкин и китаевед о. Иакинф (Н. Я. Бичурин)//Народы Азии и Африки. 1974. №6.

关卡尔梅克人的文字。"① 可以说，是比丘林的著作帮助普希金在小说中对草原民族进行了成功的描写。

普希金研究者们还确信，正是比丘林激发了普希金对中国的兴趣并使他产生了前往天朝帝国的愿望。他在1829年创作的一首无题诗中写道：

> 我们走吧，朋友②，无论是到哪里，
> 只要你们想去的地方，我都愿意
> 到处跟着，只要和那骄人儿离远：
> 是不是要到遥远的中国长城边，
> 或者喧腾的巴黎，或者那一处：
> 塔索已不再歌唱午夜的船夫
> 古城的繁华已在灰烬下安睡，
> 只有柏树林子还散发香味？③

1830年，比丘林随同希林格考察团前往俄中边境考察。普希金立即表达了随团出行的愿望，并得到了希林格的同意。希林格希望普希金担任考察团秘书一职。普希金在给第三厅厅长的信中写道："我现在没有家室，也无公职在身，我拟去法国或意大利旅行。如果不能得到准许，我请求允许我随即将出发的使团前往中国。"遗憾的是，他的请求被沙皇拒绝了。几天后，他收到了宪兵司令的回信："陛下无法满足你出国的请求，认为这既浪费钱财，也耽误正事。至于你想随使团去中国的想法，同样无法实现，因为团中所有职位均已确定人选，如果由别人顶替，则须先照会北京宫廷。"④ 普希金的中国之旅虽

---

① Пушкин А. С. Собрание сочинений в 10 томах. М.：ГИХЛ,1959 – 1962.. Т. 7. С. 117 – 118.
② 这里的"朋友"一般被理解为希林格和比丘林。——笔者注
③ 普希金著，查良铮译：《普希金抒情诗选》（下），译林出版社，1991年，第300页。
④ Денисов П. В. Никита Яковлевич Бичурин： Очерк жизни и творческой деятельности ученого-востоковеда. К 200-летию со дня рождения. Чебоксары, 1977. С. 93 – 94.

然未能成行，但他对中国的认识和理解却日渐加深，并多次在诗句中提到中国人和中国事物。俄罗斯最伟大的诗人与俄国汉学奠基人之间的友谊在俄国汉学史以及中俄文化交流史上留下了一段佳话。

除普希金以外，比丘林与俄国其他著名作家也保持着良好的关系，并有可能对他们的创作产生过影响。皇家公共图书馆馆长奥列宁（А. Н. Оленин，1763—1843）致函国民教育部，要求聘任比丘林为图书馆荣誉馆员，整理馆藏汉满文书籍。在这座图书馆里，比丘林认识了当时同为馆员的俄国著名寓言作家克雷洛夫（И. А. Крылов，1769—1844）。除在图书馆的合作之外，两人也曾在茹科夫斯基（В. А. Жуковский，1783—1852）家里会面。在比丘林19世纪40年代的书信中经常出现克雷洛夫的名字。克雷洛夫早在18世纪就创作出《卡伊巴》《精灵邮包》等具有东方风情的作品。后来，他创作了寓言《三个乡下人》，再次融入了有关中国的内容。此外，先科夫斯基创作了中国题材小说《秦忠或作家荣誉》和《女中楷模》，奥多耶夫斯基创作了长篇乌托邦小说《4338年》等。

但是，在评价比丘林作品对俄罗斯作家的影响问题上，也不可想当然地抬高或放大。就普希金而言，他自皇村时代起就大量阅读了伏尔泰等启蒙思想家对中国多有赞颂的作品，而且他所读的汉学论著也不全是比丘林的作品。在他的藏书中还有杜赫德的《中华帝国全志》、儒莲译的《赵氏孤儿》、列昂季耶夫的《四书解义》译作等。[①] 因此可以说，比丘林、列昂季耶夫等俄国汉学家、欧洲汉学家以及启蒙思想家的著作在普希金了解中国历史文化过程中都发挥了作用。

比丘林一生笔耕不辍，完成了大量有关中国历史文化的译著和著作，引起广大民众对这个神秘东方大国的兴趣，对俄国社会重新认识中国发挥了重要作用。米亚斯尼科夫认为，比丘林是第一个突破汉学圈子的俄国汉学家，成为19世纪三四十年代的公众人物；比丘林大器晚成，成就斐然，51岁开始发表作品，在有生之年发表著述60余

[①] 戈宝权：《中外文学因缘——戈宝权比较文学论文集》，北京出版社，1992年，第56—57页。

种，另遗有几乎同样数量的手稿；比丘林改变了俄国汉学家以翻译满文文献见长以及研究中国现实的传统，转而利用汉语典籍对中国及其周边地区的历史和现实进行缜密探讨。① 潘克福说："作为一个译者，比丘林促进了俄国汉学的发展，使其摆脱了狭隘的功用范畴，并将之提升到科学水平。""他选择了最急需、最有价值的中国文献，按照所确立的目标，将其翻译成了俄语，从而保障了一系列东方学科的发展。"② 斯卡奇科夫说："在俄国社会思想史上，比丘林具有重要意义。他通过大量题材各异的汉学著作以及对出版物中有关这个国家不实信息进行尖锐公正的批评，激起俄罗斯社会广大民众对中国历史和文化诸多鲜为人知方面的关注，促使他们重新审视来自西方的错误中国观。"③ 吉洪诺夫（Д. И. Тихонов，1906—1987）说："正如其他东方学科一样，18世纪末19世纪初的俄国汉学刚刚开始起步。译自汉语的作品开始问世，杂志上不时刊登有关中国的文章。但所有这些著作缺少一个共同的思想，自比丘林起才开始对中国汉族和中亚各民族历史文化进行深刻而全面的研究。""我们无须美化或贬低比丘林，在看待他的著作时应该考虑时间因素，要顾及具体的历史时期。不能要求他用唯物主义思想正确地理解历史问题。他的功绩在于介绍了大量中国典籍，使俄国读者了解了中国，以自己的文章或著作驱散了社会对于中国和东方民族的错误概念，坚决地在西欧学者面前捍卫了俄国科学的尊严。"④

　　比丘林是一个非常尊重并崇尚中国文化的汉学家，这与同时代的某些欧洲汉学家不同。他在研究中国历史文化的过程中，坚持中华文明的

---

① Мясников В. С. Творческое наследие Н. Я. Бичурина и современность∥Проблемы Дальнего Востока. 1977. № 3.

② Панкратов Б. И. Н. Я. Бичурин как переводчик∥Проблемы Дальнего Востока. 2002. №4.

③ Скачков П. Е. Очерки истории русского китаеведения. М.，1977. С. 122.

④ Тихонов Д. И. Русский китаевед первой половины XIX века Иакинф Бичурин∥Ученые записи Ленинградского университета. 1954. 179. сер. Вотовед. наук. Вып. 4.

独特性，反对在西方流行一时的中国文化埃及起源说。但与此同时，比丘林走向了另一个极端，即对中国文人的著述笃信不疑，并用之与欧洲学者论战。从别林斯基开始，比丘林就被批评在其作品中有将中国现实理想化的倾向。巴纳耶夫（И. И. Панаев, 1812—1862）后来回忆道：比丘林"通常都是在奥多耶夫斯基的书房脱下自己的上衣，只穿一件类似神品中学制服的长衫，便开始口若悬河，宣传中国，把中国的一切都捧上天"。① 对于比丘林迷恋中国这一点，米亚斯尼科夫不无感慨地说："看来，也只有这样的学者才能够成为俄国汉学的奠基人。"②

比丘林是19世纪上半期俄国最杰出的汉学家，是公认的俄国汉学奠基人。他在生前就已经受到俄国文化界和欧洲学术界的肯定。在俄国，普希金，别林斯基、奥·科瓦列夫斯基、波戈金、波列沃伊、先科夫斯基，格里高里耶夫是比丘林著作的最早评论人，在欧洲，比丘林的许多作品被翻译出版，加上他与西方汉学家的学术争论，更使其声名鹊起。许多人直言比丘林是当时欧洲最杰出的汉学家。王西里院士早在19世纪就写道："我们逝去的那位汉学家的功绩是如此之大，其著述如此丰硕，以至于我们无法对那些在任何作品中都难以避免的不足妄加评论，而且，这些作品所阐述的对象不仅普通读者没有概念，就连学术界也知之甚少。"③ 格里高里耶夫称比丘林"执欧洲汉学牛耳"，别林斯基说他的著作是"真正的宝库"。④ 巴尔托尔德院

---

① Белкин Д. И. Китаевед Н. Я. Бичурин и русские писатели конца 20-х-начала 40-х гг.//Н. Я. Бичурин и его вклад в русское востоковедение: К 200-летию со дня рождения. Материалы конференции/Сост. А. Н. Хохлов. Часть 1 - 2. М., 1977. Ч. 1.

② Мясников В. С. Избрание отца Иакинфа (Бичурина) в Академию Наук (к 220-летию со дня рождения)//История Российской духовной миссии в Китае: Сборник статей/Ред. коллегия: академик С. Л. Тихвинский и др. М., 1997.

③ Денисов П. В. Никита Яковлевич Бичурин: Очерк жизни и творческой деятельности ученого-востоковеда. К 200-летию со дня рождения. Чебоксары, 1977. С. 130.

④ Горбачева З. И., Тихонов Д. И. Из истории изучения Китая в России//Советское востоковедение. 1955. №3.

士在1923年指出，由于有了比丘林的重要著作，"俄国汉学早在1851年和1852年就已经超过了西欧汉学"。① 阿理克称比丘林"是俄国第一位汉学大家"。② 斯卡奇科夫认为"其著作使俄罗斯汉学屹立于世界汉学之巅"。③ 法国汉学家儒莲推崇比丘林为"欧洲最权威的汉学家之一"。④ 1978年克立朝撰写了描写比丘林一生的长篇传记小说《亚金甫神父》。费德林为该书写了后记，高度评价了比丘林的汉学成就，称比丘林为"自由思想僧侣"。⑤

对于比丘林这样一个汉学大家，虽然在中俄学术界已有不少研究成果问世，但依然有许多空白点需要填补，特别是要对其汉学译（论）著文本进行扎实细致的分析，以期对这位俄国汉学奠基人的贡献做出更为全面的评判。

二、西维洛夫

在俄国汉学史上，西维洛夫占有举足轻重的地位。1837年，喀山大学首先在俄国建立了汉语教研室，西维洛夫成为俄国历史上第一位汉语教授，同时成为继雷慕沙之后的欧洲第二位汉语教授。

西维洛夫1798年出生于奔萨省的一个诵经士之家。1810年入奔萨省神品中学。1818年入外科医学院学习。后又对医学失去兴趣，转而进入亚历山大—涅夫斯基修道院神品中学学习。1819年剃度为僧，

---

① Макаровский А. И. Архимандрит Иакинф Бичурин-православный миссионер и русский синолог (к 150 - летию со дня кончины)∥Церковный вестник. 2003. №6 - 7.

② Алексеев В. М. Труды по китайской литературе: В 2 кн. М. ,Кн. 1. 2002. С. 49.

③ Скачков П. Е. Значение рукописного наследия русских китаеведов∥Вопросы истории. 1960. №1.

④ Мясников В. С. Основоположник русского китаеведения: К 200 - летию со дня рождения Н. Я. Бичурина∥Известия Сибирского отделения АН СССР. 1978. №1. Серия общественных наук. Вып. 1.

⑤ Федоренко Н. Т. Судьба вольнодумного монаха∥Кривцов В. Н. Отец Иакинф. Л. ,1988.

取法名丹尼尔（Даниил）。1820年参加第十届俄国东正教驻北京传教团，为修士司祭。1831年返国之后，西维洛夫被晋升为修士大司祭，任莫斯科兹拉托乌斯特修道院院长。

西维洛夫在莫斯科期间，与思想开明的喀山学区督学官穆辛—普希金（М. Мусин-Пушкин，1795—1862）相识。穆辛—普希金正在积极配合喀山大学校长洛巴切夫斯基（Н. Лобачевский，1792—1856）致力于东方语言学科的建设。西维洛夫出色的汉语修养得到穆辛—普希金赏识，被后者推荐为喀山大学汉语教授的理想候选人。1837年5月11日，汉语教研室成立，俄国历史上史无前例的大学汉语教学拉开了序幕。

还在汉语专业建立之前，西维洛夫便将自己在北京收藏的哲学、宗教、历史、文学、辞书及舆图等方面汉籍156种出售给了喀山大学图书馆，利波夫措夫对这些图书的价值给予了很高评价。王西里推测其中的耶稣会士早期著作可能来自北京南堂。①

西维洛夫的学术兴趣主要集中在汉语、中国哲学宗教和中国历史三个方面。到1844年离职，他尽管只在喀山大学工作了7年时间，但在汉学研究上仍取得了一些成就。可以推测，他的翻译和研究活动首先是为了满足教学的需要，即在教授汉语的同时，向学生传授最基本的中国历史文化知识。

比丘林《汉文启蒙》的出版给西维洛夫的汉语教学带来了方便。西维洛夫在此基础上开始为学生编写《汉语文选》，并于1839年完成。该文选作为俄国汉学史上的第一部汉语文选，得到了蒙古学家阿·瓦·波波夫（А. В. Попов，1808—1865）和突厥学家卡泽姆别克的肯定。两人认为西维洛夫的《汉语文选》在当时的条件下"对学习这种语言的人来说是非常有益的教材"。但是，由于西维洛夫采取了与比丘林不同的人名和地名译音方式，《汉语文选》受到比丘林的批评。比丘林希望编者严格按照《康熙字典》中释义来修改《汉语文

---

① Кармановская И. Л. Сокровища российской духовной миссии в Пекине// Проблемы Дальнего Востока. 1990. №5.

选》后面所附的词汇表。① 俄国汉学权威的意见使穆辛—普希金只得要求西维洛夫做出相应修改，否则将难以出版。西维洛夫根据比丘林的意见进行了修改，并交比丘林再次审定。比丘林而后在《祖国纪事》上发表评论给予《汉语文选》充分肯定，但最后还是没有能够出版。西维洛夫曾编写过数部词典，主要有在道光十年完成并附有汉语译文的《拉丁词典》以及《拉汉词典》《华俄常用词词典》和《法汉满语词典》等。②

从在喀山大学工作的第一年起西维洛夫便开始发表汉学著述，其中《明心宝鉴》译文是西维洛夫最早正式发表的作品。1837 年《喀山大学学报》连续两期刊登了西维洛夫节译的《明心宝鉴》。这部明末蒙学读物内容丰富，网罗百家，杂糅三教，语言通俗流畅，流传甚广，是当时最受外国汉语学习者青睐的入门教材之一。高母羡于 1590 年前后就将《明心宝鉴》翻译为西班牙文，使其成为第一部被译为欧洲文字的汉籍。③ 西维洛夫选择《明心宝鉴》作为翻译对象，显然也是出于汉语教学的需要。

在世界汉学史上，如果不算耶稣会士早期的拉丁文译本，那么法国的雷慕沙曾在 1823 年节译过《道德经》，没有发表，而第一个法文全译本应是 1842 年出版的儒莲译本。在西维洛夫之前，俄国汉学家未曾翻译和研究过《道德经》。1828 年，西维洛夫在北京期间完成了俄国历史上第一个译本，由此成为俄国老子和道教研究的奠基人。在 1818 年俄国政府给第十届传教团的指令中，明确规定司祭必须研究中国的道教，并寻求反驳其论据。可以断定，西维洛夫选择翻译《道德经》多少与这一指令有关。然而，这一重要译稿未能在当时问世，似乎也没有引起后来汉学家的关注，直到 1915 年才由一位名叫扎莫

---

① Хохлов А. Н. Д. Г. Сивиллов – руководитель первый в России кафедры китайского языка//Актуальные вопросы китайского языкознания: Материалы VI Всерос. конф. (Москва, июнь, 1992). М. ,1992.

② Скачков П. Е. Очерки истории русского китаеведения. М. ,1977. С. 192,194.

③ 刘莉美：《当西方遇见东方——从〈明心宝鉴〉两本西班牙黄金时期译本看宗教理解下的偏见与对话》,《中外文学》2005 年第 10 期。

泰洛（Ив. Замотайло）的学者发表于《奥德萨图书学会通报》，次年又出版了单行本。西维洛夫虽然是《道德经》俄译第一人，但却不是第一个发表者。1894 年侨居俄国的日本人小西增太郎（Конисси Масутаро，1862—1940）第一次在俄国发表《道德经》俄文译本，1913 年又在大文豪列·托尔斯泰（Л. Н. Толстой，1828—1910）的帮助下出版了单行本。

扎莫泰洛为译文撰写了序言，对西维洛夫译稿完成的时间和特点做了初步介绍。西维洛夫将《道德经》俄译本冠名为《道中之德抑或老子之道德哲学》，将正文分成 70 章。西维洛夫没有逐字逐句地翻译，而是采用了一种阐释性的翻译方法，放弃了对译文外在形式的追求，而力图准确传达老子的思想核心。为凝练中心内容，西维洛夫给每一章加了一个标题，如将"道可道"一节题为"道之实质与含义"，将"天下皆知美之为美"一节题为"人应效法自然，努力克服虚荣"等。在最后一章的注释中译者这样写道："此最后一章包含了老子学说的实质或者是这种学说的浓缩。遗憾的是，并非所有中国人都能理解其意，某些中国人困于字面意思，甚至不能正确领会作者的思想。我有幸得到了这位先师著作的新注疏本，该文本注疏者睿智聪慧，没有因袭许多老子注家的观点，而是极力探求真理，追踪作者的思想。因此，我的译文不追求字面意思相符，尽管谈不上流畅优美，但贴近了这位古代中国哲学家的精神。"[1] 通过翻译《道德经》，西维洛夫非但没有找到所谓的"反驳证据"，倒是完全为老子的思想所折服了。刊发者扎莫泰洛不是汉学家，而是一位哲学研究者。他试图在序言中论述儒道思想的精髓，结果落入了索隐主义的窠臼，牵强附会地将儒家五经比喻为摩西五经、视伏羲为雅各伯，认为《易经》在中国享有与《旧约》同样的地位等。[2]

---

[1] Замотайло И. Неопубликованный перевод Дао－дэ－цзина архимандрита Даниила (Сивиллова)∥Известия Одесского библиографического общества. 1915. Т. 4. Вып. 5.

[2] Петров А. А. Философия Китая в русском буржуазном китаеведении∥Библиография Востока. Вып. 7. 1934.

儒家经典是西维洛夫重要的翻译对象，遗有四书、《诗经》和《尚书》等译稿。到达喀山大学不久西维洛夫便向书报检查委员会提交了自己翻译的《诗经》《尚书》和《孟子》。1855年他又将《诗经》《尚书》《孟子》连同此前完成的《道德经》译稿寄送给外交部亚洲司。西维洛夫的儒家经典译作尽管没有出版，但无疑在教学过程中发挥了重要作用。佐梅尔（Н. Зоммер，1824—1847）1841年入喀山大学，1845年毕业，直接受教于西维洛夫，其在宋代理学研究上的成就从一个侧面说明了西维洛夫在儒家学说方面的教学效果。

在研究儒道的同时，西维洛夫也非常重视对佛学和中国基督教的研究。他翻译有《金刚经》和利玛窦的《天主实义》，手稿现存鞑靼斯坦中央档案馆。[1] 此外，他在北京期间，还翻译了《正教鉴》《圣更纳底百言》《早课经》《晚课经》《谢恩祝文》《下堂祝文》《圣王达味第一歌词》《饭前祝文》《饭后祝文》等宗教文献。[2] 在翻译儒、释、道以及基督教文献的基础上，西维洛夫完成了《中国儒释道三教简述》一书，系统阐述了在中国最有影响的几大思想体系的历史和精神。

从1837年到1839年，西维洛夫在《喀山大学学报》上连载了他依据张居正的《帝鉴图说》编译的《中国通史》，依次介绍了中国上古时期的帝王世系，从三皇（伏羲、神农、黄帝）五帝（少昊、颛顼、帝喾、尧、舜），到夏朝（禹、启、太康、仲康、相、少康、予、槐、芒、泄、不降、扃、廑、孔甲、皋、发、癸）和商朝（成汤、太甲、武丁、盘庚、祖乙等）。他在译者序言中详细介绍了中国历史著

---

[1] Петров А. А. Рукописи по китаеведению и монголоведению, хранящиеся в Центральном Архиве АТССР и в библиотеке Казанского университета// Библиография Востока. Вып. 10(1936). М. ,1937.
[2] Маяцкий Д. И. , Завидовская Е. А. О научной деятельности архимандрита Даниила(Сивиллова) и его переводах православных сочинений: по материалам рукописей из собрания Санкт - Петербургского университета. Вестник Новосибирского государственного университета. Серия: История, филология. 2022;21(4).

作的编纂传统以及与欧洲史书的不同，并且以世界历史的视野对中国历史、哲学和艺术等方面进行了对比说明。①

综观西维洛夫的汉学研究，如同其在喀山大学的教学活动一样，在多方面具有开拓意义。然而，由于其大部分译作未能进入后人学术视野，迄今对他在俄国汉学史上作用的评介多停留在其作为俄国首位汉学教授层面。

三、卡缅斯基

巴维尔·伊万诺维奇·卡缅斯基 1765 年出生于下诺夫哥罗德的一个神父家庭。1787 年毕业于当地的一所神品中学，他在那里熟练地掌握了拉丁语和古希腊语，学习了诗歌、修辞、哲学、神学、地理和数学。而后在巴拉赫纳县办学校当了 3 年教师。1791 年进入莫斯科大学学习，系统地学习了逻辑学、数学、世界通史和自然法。一年后被分配充任圣彼得堡育婴堂学监助理。1793 年，由于对生活现状不满，卡缅斯基自愿作为学生随第八届俄国东正教驻北京传教团前往中国。在北京期间学习满汉语言，主要从满文翻译了大量书籍，成为中国通，同时帮助理藩院翻译来自欧洲的拉丁文信函。14 年以后的 1808 年，卡缅斯基离开北京回国，被任命为外交部亚洲司八等文官，继续从事中国典籍的翻译和词典编纂工作，逐步成为著名的满、汉学家。1819 年当选为圣彼得堡皇家科学院东方文献和古文物通讯院士，随之成为巴黎亚洲学会会员、哥本哈根北方古物学会会员、俄国科学艺术爱好者自由协会会员。同年出家，取法号彼得（Петр），晋升为修士大司祭。1820 年，卡缅斯基被任命为第十届传教团领班，开政府官员担任领班之先，1831 年返回俄国。其间完成了一些译作和日记，同时在传教团内营造了较好的汉满语言学习环境。他所领导的传教团成为有史以来培养汉学家最多的一届，为俄国汉学的发展做出了贡献。

---

① Всеобщая история Китая/пер. с кит. ар. Даниила//Ученые записки, издаваемые императорским Казанским университетом, Книга II. 1837－1939.

俄罗斯学者对卡缅斯基汉学成就的研究不太充分，甚至有些片面，这或许与"比丘林神父事件"有关。1822 年，第九届传教团领班比丘林回到俄都，受到圣务院法庭审判。接替比丘林的卡缅斯基从北京写信回国，历数比丘林在北京期间的种种失职行为，比丘林因此而被关押在瓦拉姆修道院 3 年之久。长期以来，比丘林一直被作为俄国汉学奠基人而大受推崇，研究著述层出不穷，而卡缅斯基却被视为与比丘林相对立的反面形象。在一些历史题材的小说及电影剧本中，卡缅斯基被刻画成一个令人厌恶的造谣中伤者，这显然不符合历史事实。王西里院士对卡缅斯基的评价应该是比较准确的，称"他是一个到处受人尊敬、品德完美、但缺乏远见的老人"。① 克恰诺夫博士等在 1990 年对卡缅斯基的功过进行了反思："在卡缅斯基的科学活动后面，要么就是一些不光彩的事情，要么就隐藏着某种秘密。有一种传闻，说卡缅斯基不太懂汉语。而这仅仅是个传说，这不仅是因为卡缅斯基长期居留中国，而且还由于他身后遗有一部俄汉词典以及几本会话手册。正是卡缅斯基领导的传教团培养的学生数量最多，他们从中国回国后都能用这些语言从事实践工作。"紧接着，他们分析了导致偏颇认识的另一原因："作为比丘林的同时代人，当他率领传教团从中国归来的时候，比丘林已经极其成功地进入俄国科学界，而且享誉国际汉学界。比丘林在某种程度上掩盖了卡缅斯基的光芒，同时也掩盖了利波夫措夫、列昂季耶夫斯基的光芒。"② 这应该是一个比较客观的评价，对于促进卡缅斯基研究有一定指导意义。

卡缅斯基一生都未中断汉学研究，翻译和撰写了许多作品。但遗憾的是，他的译作和著述大都未能发表，手稿保存在俄罗斯各档案馆。后人通过研究卡缅斯基的手稿，粗线条地勾勒出了他的科学活动

---

① ［俄］维谢洛夫斯基编:《俄国驻北京传道团史料》第一册,北京第二外国语学院俄语编译组译,商务印书馆,1978 年,第 83 页。
② История отечественного востоковедения до середины XIX века. М., 1990. С. 270.

情况。①

1. 汉学成就

卡缅斯基在他第一次以学生身份在北京学习期间就开始了中国历史典籍的翻译。他在译材选择上与比丘林等同时代汉学家并无明显差别，即主要集中在中国历史方面。由于他的满语比汉语要好，所以他的译作多译自满语。他翻译的第一部书是《通鉴纲目（止于明代）》。此外，他从满文全文翻译了《元史》中的《本纪》，冠名曰《蒙古成吉思汗世系业绩史》。这本书在选材上与比丘林的《成吉思汗家系前四汗史》一样，而在比丘林译作问世后，不再具有学术新意和出版必要。在他赠送给皇家公共图书馆的手稿中包含了《北京使节出使西藏谒见第巴桑结、出使准噶尔谒见噶尔丹、策妄阿拉布坦诸汗记》《明亡清兴，或叛民李自成生平》、皇帝的诏书以及其他一些中国史料。另外还遗有《论土尔扈特人逃离萨拉托夫草原》和图里琛《异域录》译文等手稿。卡缅斯基尽管完成了不少历史译作，却鲜有出版者。他在1823年发表有《俄国使节斯帕法里来京纪要》一文。1906年，他写于1831年的《阿尔巴津人札记》在北京印行。此书乃卡缅斯基应监护官拉德仁斯基之命所撰，追述了俄罗斯佐领的历史，尽可能详尽地介绍了雅克萨战俘后裔的生活现状、正教信仰以及对俄罗斯的意义。然而，对于俄罗斯佐领的早期历史，他只能从《八旗通志》等典籍获取相关信息，将来京的第一位东正教神父的名字错写为"德米特里"。②

卡缅斯基在传教团做学生时就开始编写《汉蒙满俄拉丁词典》五语词典，最后在圣彼得堡完成。回国后他在外交部亚洲司工作了12年，

---

① Скачков П. Е. Очерки истории русского китаеведения. М., 1977. С. 123 - 133; Шаталов О. В. Архимандрит Петр (Каменский) и десятая российская православная миссия в Пекине//Православие на Дальнем Востоке. СПб., 2001. Вып. 3.

② Каменский П. И. Записка Архимандрита Петра о Албазинцах. Пекин, 1906. С. 2.

其间一直继续编写词典,这在某种程度上耽搁了他整理发表其他方面的译著。由于俄国当时非常缺少这样一部工具书,其编写工作得到了亚洲司的大力支持。亚洲司还致信法国汉学家小德金(Chrétien-Louis-Joseph de Guignes,1759—1845)和雷慕沙,询问在法国印刷词典的可能性。1817年6月2日,沙皇亚历山大一世批准了《八等文官卡缅斯基编写的汉语词典印刷原则》呈文,拨出印刷费13.99万卢布,并责成东方学家希林格负责出版事宜。在俄国学者格列奇(Н. И. Греч,1787—1867)印刷所试印了卡缅斯基词典的第一页。然而,由于卡缅斯基被任命为第十届传教团领班,词典出版事宜搁浅。后人以为卡缅斯基词典未能出版还另有隐情。在俄罗斯科学院东方学研究所档案中发现了一篇书评,作者便是比丘林。他称词典中有大量缺陷,指责编者没有认真对待汉语词组的满语译文。比丘林的评价是否公正,还有待进一步研究,不排除这是他对卡缅斯基的报复行为。此外,雷慕沙对词典采用词汇分类结构提出异议,认为有必要增加字母索引,以便查阅。① 对于不懂汉语的希林格来说,在欧洲享有盛名的两位汉学权威的意见不可能不发生影响。此外,政府的拨款计划未能完全落实。所有这些,都可能是卡缅斯基词典出版夭折的重要原因。多年心血付诸东流对卡缅斯基从事汉学研究的热情造成一定打击。他曾在日记中表达了自己的无奈甚至绝望:"哎!中国呀!你占用了太多的宝贵时间。懵懵懂懂地为你忙活了27年,聊以自慰的是,这些时间都毫无目标地耗费在工作上了。如果没有这一点,无论用多少眼泪都无法抵消那些损失。"② 因为手稿已经散失,卡缅斯基到底用了什么样的参考文献,现在还不清楚。康·雅洪托夫(К. С. Яхонтов,1966—)根据现存的印刷页判断卡缅斯基的五语词典很可能是对《四体合璧清文鉴》之类的中国多语辞书的翻译。③

---

① Скачков П. Е. Очерки истории русского китаеведения. М. ,1977. С. 124 - 126.
② Чугуевский Л. И. Из истории издания восточных текстов в России в первой четверти XIX века//Страны и народы Востока. Вып. 11. М. ,1971.
③ Яхонтов К. С. Китайские и маньчжурские книги в Иркутске. СПб. ,1994. С. 9.

他还编写了另外几本汉语工具书:《俄华例句详解大辞典》《汉满例句详解成语辞典》《汉语发音词典》(又名《五方元音》,估计是根据我国清代樊腾凤所著北方民间官话韵书《五方元音》编译而成)、《按发音或声调排列的汉语词典》《俄汉神学术语与基督教典籍语句词典》。① 他编有一部《俄汉医药辞典》,编写材料主要来源于《本草纲目》等中国医学著作。此外,他受西伯利亚总督斯佩兰斯基之托将第八届传教团学生诺沃肖洛夫按照蒙古字母顺序编排的《三合便览》蒙古文部分加上汉、满对应译文并翻译成俄文。②

卡缅斯基对俄国汉学图书的收藏做出了贡献。1818 年,他与利波夫措夫共同为圣彼得堡皇家科学院图书馆的汉、满、日文书编目,出版了《皇家科学院中国日本图籍目录》。在担任第十届传教团领班期间,他积极购买汉满蒙古语书籍。1831 年他从中国带回了大批图书,将其中的 100 多本分赠给圣彼得堡神学院、外交部亚洲司、皇家公共图书馆以及伊尔库茨克和尼布楚的学校,将一部《康熙字典》赠给了莫斯科大学图书馆。

卡缅斯基还为俄国《红楼梦》版本收藏做了许多工作。第十届俄国驻北京传教团监护官季姆科夫斯基来华时承担有购买中国典籍的任务,作为对中国情况非常熟悉的满汉语专家卡缅斯基自然就成为他的"参谋"。在季姆科夫斯基购买的图书中,有两套《红楼梦》,这是他在北京购买的唯一一种中国小说。卡缅斯基很重视这部小说。如今,在圣彼得堡大学图书馆所藏的《红楼梦》"萃文书屋"版本上有卡缅斯基用 18 世纪旧式笔体所做的题字:"此乃道德批评小说,宫廷印书坊印制,书名为《红楼梦》,意即'红楼之梦'"。卡缅斯基在这里一语揭示了一桩红学研究中的疑案,直言所谓的"萃文书屋"版本实际上为宫廷印书坊所印,也就是"武英殿修书处的木活字版摆印的伪

---

① Скачков П. Е. Очерки истории русского китаеведения. М.,1977. С. 131;Петров Н. А. К истории изучения китайского языка в России(Рукописные словари,хранящиеся в Архиве востоковедов Ленинградского отделения ИНА АН СССР)//Дальний Восток:Сборник статей. М.,1961.

② Яхонтов К. С. Китайские и маньчжурские книги в Иркутске. СПб.,1994. С. 8.

全本",清人称为"殿板"。① 页眉上由卡缅斯基亲手所做的标记大都是个别词汇的译文,这说明他很用心地读过这本书,而书上的其他俄文笔迹则说明卡缅斯基曾将书借给过其他人阅读。在俄罗斯科学院东方文献研究所所藏的《红楼梦散套》也出自卡缅斯基的藏书,因为书上有他的题字:"中国小说《红楼梦》中的曲赋,依照中国词牌名排列。"② 可以想见,卡缅斯基获得的版本以及根据他的建议而由季姆科夫斯基购买的版本是俄国最早的《红楼梦》收藏。饶有兴趣的是,卡缅斯基在中国收集的图书也流传到了欧洲其他国家。如位于德国魏玛的德国古典作品图书馆中就藏有著名的《芥子园画传》(乾隆壬寅仲春月金阊书业堂镌珍藏),上面盖有"卡缅斯基藏书"字样的印章。据李福清先生考证,此为当年俄国公主嫁给德国太子时的陪嫁。③

与此同时,卡缅斯基对俄罗斯馆中外书房的建立和发展做出了重要贡献。有人认为这个图书馆就是卡缅斯基于 1795 年所建,并且曾"像呵护襁褓中的婴儿那样"去经营。④ 但是,现在大多数人的观点是,卡缅斯基所在的第八届传教团领班格里鲍夫斯基直接主持了中外书房的建立工作。在担任第十届领班期间,卡缅斯基对该图书馆的发展投入了很大精力。由于俄国政府的重视,传教团工作所需经费获得保障。卡缅斯基积极组织购买了大量满汉文图书,一些难以购到的书(主要是神学内容的)则请人抄写,有复本的书则将复本运回俄国。他在一封信中写道:"罗马传教士对我很有好感,准我抄写各种汉语基督教神学书籍,一部分刊印的书籍有完整的收藏。我抄写了汉语和满语圣经各两份,其中一份留在我们的图书馆,另一份寄回圣务院,

---

① 周汝昌:《〈红楼梦〉笔法结构新思议》,《文学遗产》1995 年第 2 期。
② 参见[俄]李福清著:《〈红楼梦〉在俄罗斯》,阎国栋译,《红楼译评——〈红楼梦〉翻译研究论文集》,南开大学出版社,2004 年。本次引用时对译文有所修改。
③ 李福清先生在 2002 年 8 月 28 日给笔者的来信中作如是说。
④ Краткая история русской православной миссии в Китае, составленная по случаю исполнившегося в 1913 г. двухсотлетнего юбилея ее существования. Пекин, 1916. С. 92.

交皇家圣经协会使用。"① 卡缅斯基对图书积累的重视，使其成为俄罗斯汉籍收藏的奠基人之一。

出于传教需要，卡缅斯基积极组织传教团成员翻译各种宗教书籍。由于西方传教士翻译的基督教教义书籍在市面上难以购得，卡缅斯基便要求传教团成员致力于东正教书籍的翻译。在这方面西维洛夫的表现尤为突出。他翻译了《东教宗鉴》等东正教神学书籍数种。卡缅斯基在北京将利玛窦的《天主实义》翻译成了俄语。1820年，斯佩兰斯基在伊尔库茨克将自己翻译的金碧士的《遵主圣范》以及拉丁文原本赠送给卡缅斯基。卡缅斯基对此书非常推崇，将其翻译成了满语和俄语，作为对《天主实义》的补充。此外，卡缅斯基在外交部亚洲司工作期间翻译了《太上感应篇》，1812年发表在《国民教育部杂志》上。如《太上感应篇》的翻译和发表时间，卡缅斯基可谓世界第一。德国的库尔茨（Heinrich Kurz，1805—1873）1830年曾翻译《太上感应篇》。理雅各（James Legge，1814—1897）1891年在牛津出版了译著《中国圣书：道教经书》，其中收录了他翻译的《太上感应篇》。《太上感应篇》的主要思想为"天人感应"和"因果报应"，以儒家道德规范和道、释宗教规戒为立身处世之准则。1824年他翻译了《大秦景教流行中国碑》，俄译文名为《唐太宗时期建立的基督教在中国传教碑》，48页手稿现保存在俄罗斯国家图书馆手稿部。

1815年卡缅斯基在《自由经济学会著作集》中发表有插图的《中国植物：人参》一文。在第八届传教团当学生期间，他为俄国以及西方汉学家的作品写过一些评论。引人注目的是卡缅斯基对法国耶稣会士钱德明著作的评价："耶稣会士钱德明的中国札记是没有灵魂的作品，尽管他在学问上声名远播，可他那些著作实际上不仅枯燥无味，而且有害无益。"② 此外，他遗留下来的许多日记也是研究19世纪上半期中俄关系的珍贵资料。

---

① Шаталов О. В. Архимандрит Петр（Каменский）и десятая российская православная миссия в Пекине//Православие на Дальнем Востоке. СПб. ,2001. Вып. 3.

② Шаталов О. В. Архимандрит Петр（Каменский）и десятая российская православная миссия в Пекине//Православие на Дальнем Востоке. СПб. ,2001. Вып. 3.

2. 卡缅斯基与第十届传教团

19世纪初，俄国政府加强对驻北京传教团的管理，对第十届传教团给予了特别的重视。1818年，有关部门为传教团拟订了新的指令，对传教团工作的许多方面做出重大改革。卡缅斯基参与了新指令的制定工作，再加上他曾有在第八届传教团做学生的经历，被沙皇政府确认为担任第十届传教团领班的最佳人选。由于领班只能由神职人员担任，他为此剃度出家。卡缅斯基在出发前受到了沙皇亚历山大一世的接见，显示了俄国政府对新一届传教团的重视程度。

1818年新指令详尽的内容以及相关的精神与物质鼓励政策使得俄国驻北京传教团的汉学研究状况从此得到根本改观。由卡缅斯基领导的第十届传教团共有成员10人，其中7人学有所成，为俄国汉学的发展做出了不同程度的贡献，其中修士司祭西维洛夫和医生沃伊采霍夫斯基更是成为俄国大学汉学教育的开山鼻祖。两位教堂差役沃兹涅先斯基和索斯尼茨基（А. И. Сосницкий，1792—1843）也有著述。沃兹涅先斯基回国后进入圣彼得堡大学学习。他撰写了《17世纪东突厥斯坦史》，根据《大清会典》写成《中国经济概览》（1831年）一书。索斯尼茨基精通汉语口语，回国后经卡缅斯基推荐成为亚洲司职员，1840年起任喀山大学汉语教研室口语会话教师。他的主要著作为《中国杂俎》《中国人口》（1828年）、《土地庙记闻》（1828年）和《汉语文选》等。三位学生中的两位后来成为著名的汉学家，这就是列昂季耶夫斯基和克雷姆斯基。前者将俄国历史学家卡拉姆津（Н. М. Карамзин，1766—1826）的三卷本《俄国史》翻译成汉文，是为首次尝试向中国介绍俄国历史。他所编写的《汉满拉丁俄语词典》非常有名，其中所列的参考书目有10余种之多。克雷姆斯基1831年回国途经恰克图时接替比丘林担任华文馆教员，任教近30年，为俄国培养了一批商务翻译实践人才，著有《孔学义解》。监护官季姆科夫斯基也是一位汉学家，素有俄国汉学"族长"之称，回国后同比丘林长期保持来往。他所写的《1820年和1821年经过蒙古的中国游记》于 1824 年出版，后被译成了英、法、德等文字，另外还撰有《俄中关系史略》（1848 年）。

为使已经完全中国化了的雅克萨战俘后裔恢复其祖先的东正教信仰，卡缅斯基使用慈善救济的方式诱惑他们放弃中国传统信仰，甚至搬到北馆的圣尼古拉教堂居住。卡缅斯基办了一所雅克萨人子弟学校，期望将俄罗斯佐领子弟培养成未来的俄国东正教布道者。1822 年学校招收 10 名雅克萨战俘子弟入学，并每月提供 1 两半银子的生活费。俄国政府拨款 1500 卢布用以维持这所学校的开支。卡缅斯基在 1823 年 2 月 2 日致圣务院的信中写道："为了感召阿尔巴津人摆脱偶像崇拜，我们在圣母升天教堂①开办了一所学校。""上学的孩子们将逐渐成为其父辈最好的老师。"② 此外，卡缅斯基还结合中国实际对某些宗教仪式进行了简化或改造，如在施洗时只淋湿受洗者的头部，在斋戒期允许食用某些食物，神父必须刮脸剃头，日常生活中穿戴中国服饰，用汉语做弥撒等。

综上所述，卡缅斯基在第十届传教团领班岗位上取得的成绩远胜于他的汉学成就。"我们几乎只能通过卡缅斯基的手稿来评判他对俄国汉学做出的贡献。"③ 在中国 20 余年的居留经历以及汉学著作使人无法怀疑他在汉学上的修养，尽管他的著作远没有比丘林多，但俄国学术界对他的学术水平还是给予了肯定，推选其为圣彼得堡皇家科学院通讯院士。但是，比丘林的学术打压、传教团事务以及其他后人未知的因素使他无法在汉学领域有大作为。俄罗斯学者正在抛弃固有思维模式，深入发掘档案，重新审视卡缅斯基一生的活动，探讨他本人

---

① 即圣尼古拉教堂。——笔者注

② Шаталов О. В. Архимандрит Петр (Каменский) и десятая российская православная миссия в Пекине//Православие на Дальнем Востоке. СПб. , 2001. Вып. 3.

③ Скачков П. Е. Значение рукописного наследия русских китаеведов//Вопросы истории. 1960. №1.

在传教、汉学等方面的作为。①

四、列昂季耶夫斯基

"从俄国东正教驻中国传教团中走出了许多汉学家，其中就包括扎哈尔·费奥多罗维奇·列昂季耶夫斯基。与自己的同时代人、他'永久'的对手比丘林不同，他的地位一直是次要的。但在19世纪，他的名字却广为专家们所知。列昂季耶夫斯基被认为是一位学者、旅行家、收藏家和翻译家。他被归入最著名的俄国汉学家之列。在中国语言、文学、历史、地理以及经济领域，他具有广博的知识。"② 在俄罗斯2001年《今日亚非》杂志上刊载的一篇文章中，作者对列昂季耶夫斯基做出了如此评价。

列昂季耶夫斯基1799年1月25日出生在雅罗斯拉夫尔的一个公证人家庭。少年时在雅罗斯拉夫尔中学学习。因成绩优异，毕业后被选送到圣彼得堡大学的前身——圣彼得堡师范总院数学系学习。他上大学的时候正值第十届驻北京传教团筹备时期。为提高传教团成员素质，俄国政府首次在大学中选拔赴北京学习的学生。列昂季耶夫斯基自愿报名参加。1819年，列昂季耶夫斯基离开圣彼得堡，一年后来到北京。在北京期间，他学习了汉语和满语，两年后晋升为十等文官，担任团里的翻译，1827年起担任总务一职。与此同时，他还兼任理藩院通事，帮助翻译中俄政府来往公文。中国人称他为"乐先生"。他利用与清朝官员的密切关系，四处活动，刺探消息，为恰克图海关关长、西伯利亚总督和外交部亚洲司撰写了许多报告，内容涉及清朝多方面的情报，受到上级的赞赏。传教团领班卡缅斯基评价他是"最勤奋的官吏，一定大有前途"。他1831年回到俄国，经卡缅斯基推荐，

---

① Дацышен В. Г., Чегодаев А. В. Архимандрит Петр (Каменский), М.; Гонконг, 2013.
② Гавристова Т. М., Шубина С. А. Выдающийся знаток Китая З. Ф. Леонтьевский - ученый, дипломат, коллекционер//Азия и Африка сегодня. 2001. No 1.

进入俄国外交部亚洲司担任译员，一直到 1866 年退休。其间在 1838 年担任过圣彼得堡圣诞学校的历史和地理老师，50 年代曾为圣彼得堡商业学校领取俄美公司助学金的学生讲授汉语。1868 年，列昂季耶夫斯基回到故乡雅罗斯拉夫尔，1874 年 7 月 21 日去世。

列昂季耶夫斯基的主要活动集中在 19 世纪中叶，正是俄国汉学从单纯翻译汉满典籍向以对原始材料进行批评性转述为主要形式的科学研究转变的时期。列昂季耶夫斯基的科研活动同样反映了未分科状态下古典汉学时代的特点。他兴趣非常广泛，精通满汉语言，对文学、历史、地理、经济、民族学、钱币学和考古学等学科均有涉猎，留下很多著述。

1. 编纂词典

列昂季耶夫斯基对汉语和满语的学习非常用功。他在日记中记录了在北京的学习过程，其中有很多地方涉及国子监助教的教学情况。由于俄国没有出版过汉语词典，以往传教团成员编写的词典手稿也都被编者本人带回国，列昂季耶夫斯基只能借助于西方传教士的作品学习。在这方面，驻节北堂的葡萄牙遣使会士高守谦（Vervissimo Monteiro da Serra）给予了很大帮助，除为列昂季耶夫斯基介绍满语教师外，还将北堂所藏之满法词典赠送给俄国传教团。也就是在这个时候，列昂季耶夫斯基开始编写自己的词典。

俄罗斯科学院东方文献研究所档案馆中收藏有列昂季耶夫斯基编写的 3 部词典。第一部是《汉满拉丁俄语词典》，共 15 卷。第二部名为《拉丁中国语词典》，共 699 页。第三部为《汉满俄语词典》，又称《汉夷通解》。列昂季耶夫斯基对《汉满拉丁俄语词典》花了许多心血，共用去纸张 3500 多页，付出了 3000 多卢布的代价，最终在他离开北京前基本上完成了这部当时欧洲最为详尽的汉外语词典的编写。他在 1824 年 1 月 31 日的日记中写道，钦天监监正毕学源（Gaetano Pires Pereira，1763—1838）主教"对我由 160 个本子构成的汉语词典手稿非常感兴趣。我对他说，这是我的汉语词典手稿，我正在不断地将有关汉语的看法写入其中"。① 回到俄国以后，列昂季耶夫斯基对词典进一步加以完善。他所采用的汉字部首排列法后来广为流传并成为当今汉外词典最有效、最方便的汉字排列方法。最引人注目的是，编者在词典前言中列举了他在编写过程中使用过的参考书，包括中国最为流行的《康熙字典》、1813 年由小德金在巴黎整理出版的《汉字西译》（又称《字汇拉定略解》②）、柯恒儒 1819 年在巴黎出版的《汉字西译补》《清文典要大全》《清文鉴》《清文汇书》《清文补汇》《清汉文海》以及一部由比丘林在其中国先生（佟、马、黄、林、赵、李等姓）指导下编写的汉俄词典等。③ 这样，列昂季耶夫斯基罗列出了 19 世纪俄国汉学家在编写词典时有可能参考的几乎全部书籍，这里既包括中国印行的各种汉、满语词典，也有西方传教士编写的西文词典。据斯卡奇科夫考证，俄国汉学家在编写词典时所使用的参考书数量无一能出列昂季耶夫斯基之右。除这些词典之外，列昂季耶夫斯基说他在中国生活的 10 年间，极力从平时的阅读中和与别人的交谈中捕捉从前没有人注意到的语汇，从未遗漏过任何对该词典有价值的材料。

  苏联汉学奠基人阿理克对列昂季耶夫斯基的这部词典评价甚高。他认为："即使能对充斥于手稿部（比如莫斯科和列宁格勒）的大量未出版的汉俄和俄汉词典视而不见，无论如何也不能不提及由勤奋的俄国汉学家列昂季耶夫斯基编写、现收藏于苏联科学院东方学研究所的多卷本《汉满拉丁俄语词典》。" "毫无疑问，这部词典如能出版（特别是在巴拉第辞典问世之前），对当时亟需这种词典却又求之无门的俄国汉学家必然大有裨益。因为王西里编写的汉俄词典首先在问世时间上与这部词典不相吻合，而且在完整性方面也显逊色，而列昂季耶夫斯基词典在这方面必能有所弥补。"阿理克列举了列氏词典的优

---

① Шубина С. А. Русская Православная Миссия в Китае (XVIII - начало XX вв.). Диссертация на соискание ученой степени кандидата исторических наук. Ярославль, 1998. С. 225.

② 编者为意大利方济各会传教士叶尊孝 (Basilio Brollo de Gemona, 1648—1706)。

③ Скачков П. Е. Очерки истории русского китаеведения. М., 1977. С. 135.

点，认为其中的拉丁文部分可以使其成为国际通用本，比卫三畏（S. W. Williams，1812—1884）1844年的《英华韵府历阶》、翟理斯（H. A. Giles，1845—1935）的《华英字典》等欧洲人编写的词典更加优秀。他认为列昂季耶夫斯基之所以能够编写出这样优秀的词典，原因在于其汉语修养甚高，特别是文言文水平很好，翻译卡拉姆津的《俄国史》就是明证。"俄、英、美等国汉语词典编写者中还没有人具备这样的语言水平"。① 《19世纪中叶前俄国东方学史》这样评价列昂季耶夫斯基的词典："列昂季耶夫斯基的词典不仅是文言文的珍贵源泉，同时也是口语的宝库。这部巨著若能出版，必然会成为汉学家和满学家们很好的帮手，即便是现在，也能够作为阅读汉语古文的参考书。"②

《拉丁中国语词典》完成时间不详，词条按照拉丁字母顺序排列，汉字释义使用口语词汇。《汉夷通解》完成于1830年，参考文献非常完备，每个汉字都提供了篆、楷、行等多种写法，同时给出了拉丁文释义和丰富的同义词。③

此外，列昂季耶夫斯基曾为俄国的两部百科全书撰写过大量词条。一部为1837—1849年间由军人和文学家协会在圣彼得堡出版的《军事百科辞典》，列昂季耶夫斯基撰写词条近百个。另外一部是俄国著名出版商普柳沙尔（А. А. Плюшар，1806—1865）于1834—1841年间出版的《百科辞典》，其中有大批词条出自列昂季耶夫斯基之手。列昂季耶夫斯基被这两部大型百科全书邀请撰写有关中国的词条，足以说明当时知识界对于他的看重。他撰写的词条语言明快，浅显易懂，内容涉及中国的自然、气候、领土、行政区划、政治、国家管理

---

① Алексеев В. М. О роли русской китаистики XIX в. в лексикографии//Краткие сообщения Института востоковедения АН СССР. 1956. №18.

② История отечественного востоковедения до середины XIX века. М., 1990. С. 272.

③ Петров Н. А. К истории изучения китайского языка в России (Рукописные словари, хранящиеся в Архиве востоковедов Ленинградского отделения ИНА АН СССР)//Дальний Восток:Сборник статей. М., 1961.

机制、社会结构、民族关系、经济和国防等。

2. 俄书汉译

列昂季耶夫斯基的汉语修养甚高,这一点在北京时就得到了认可。俄罗斯馆监督曾对列昂季耶夫斯基的汉满语水平大加赞赏。1823年理藩院邀请他为俄罗斯文馆教习舒敏讲授俄语,并帮助翻译公文。与同时代其他汉学家不同的是,列昂季耶夫斯基不仅仅将中国的典籍翻译成俄语,同时还从事俄罗斯名著的汉译工作,在这方面最突出的成就就是他在北京时期把俄国著名历史学家卡拉姆津的《俄国史》译成了汉语,名曰《罗西亚国史》①,首次试图系统地向中国介绍俄国历史。斯卡奇科夫称列昂季耶夫斯基因此获得了清朝政府授予的"Го ши"称号。②

1968年,苏联汉学家别什季奇（С. Л. Пештич, 1914—1972）和齐一得在《亚非民族》杂志上发表了题为《卡拉姆津汉语版〈俄国史〉》一文,详细介绍了在苏联各图书馆发现的译著手稿,其中一份为草稿,藏于列宁格勒大学东方系图书馆,另外3份誊清稿分别藏于列宁格勒大学东方系图书馆、国立萨尔蒂科夫—谢德林公共图书馆和苏联科学院亚洲民族研究所列宁格勒分所手稿部。草稿一共有9个本子,糊有黄纸封皮,装在中国函套之中,上面写着:"卡拉姆津历史1—3卷,列昂季耶夫斯基译"。与当时中国汉字行文方式不同的是,译文有标点符号,专有名词用红笔加了着重号。保存在亚洲民族研究

---

① Китайские рукописи и ксилографы Публичной библиотеки: Систематический каталог/Сост. К. С. Яхонтов. Ред. Ю. Л. Кроль. СПб. , 1993. С. 56.

② 见 Скачков П. Е. Очерки истории русского китаеведения. М. , 1977. С. 136。孙越生将"Го ши"翻译成"国师"（见中国社会科学院文献情报中心编:《俄苏中国学手册》,上册,中国社会科学出版社,1986年,第58页）。李福清先生认为是"国士"（见 Boris L. Riftin. The Study of Chinese Classical Literature in Russia. Reprinted from Asian Research Trends: A Humanities and Social Science Review. №12（2002）. The Centre for East Asian Cultural Studies for Unesco. The Tokyo Bunko, Tokyo. P. 54）。

所列宁格勒分所手稿部的一份手稿尺寸较其他都大出许多，黄色丝绸封皮，有红色的标签，上书金色大字："卡拉姆津历史1—3卷，列昂季耶夫斯基北京译"。两位作者认为，这极有可能是献给中国道光皇帝的。他们同时还断定，无论是初稿，还是誊清稿，都是经中国人之手书写的，从草稿中改动过的地方看，显然经过了中国人的润色。列昂季耶夫斯基曾将一份译稿通过奥尔登堡斯基（П. Г. Ольденбургский，1812—1881）王子晋献给尼古拉一世，并为此获得一枚钻石戒指的奖赏。①

列昂季耶夫斯基译稿并非对卡拉姆津《俄国史》的全译，而是根据需要做了取舍。如第三卷的第四章至第七章就略去未译，注释和文献介绍也被删除。对于书中有关蒙古西征历史等中国人熟知的内容，列昂季耶夫斯基可能认为没有翻译的必要。列昂季耶夫斯基所译《罗西亚国史》是俄国汉学家为在中国传播俄国文化进行的可贵尝试。

3. 其他著述

19世纪20年代，列昂季耶夫斯基编写了一本叫作《中国御前大臣简介》的书，介绍了当时清朝内阁中包括军机大臣曹振镛、穆彰阿、户部尚书王鼎和管理钦天监事务的工部尚书敬征等21位大臣的履历。这部手稿共50页，保存在俄罗斯科学院东方文献研究所。此书并非科学研究，而是列昂季耶夫斯基所收集到的情报。由于信息译自清朝政府刊印的书籍，所以这些大臣们都被描述得如圣贤一般。

19世纪20—30年代，中俄贸易获得快速发展，为俄国商人服务成为这一时期汉学家的重要工作。在比丘林教授恰克图商人子弟学习汉语的同时，列昂季耶夫斯基于1831年受传教团监护官拉德仁斯基之命购买了《示我周行》一书，后又翻译成俄语。《示我周行》是一

---

① Шубина С. А. Русская Православная Миссия в Китае (XVIII - начало XX вв.). Диссертация на соискание ученой степени кандидата исторических наук. Ярославль, 1998. С. 226.

部由清代鹤和堂为商贾编著的路引类著作,中国国家图书馆藏最早版本为康熙三十三年(1694年)富春堂本。列昂季耶夫斯基所依据的版本刊印于1783年,在俄罗斯科学院东方文献研究所有藏。① 书名来自《诗经》中的"小雅",辑有水陆路引144条,同时还包括各省的商品价格以及税务方面的信息。1833年他又在《商人》杂志第10期上发表了《商业价目表中中国茶叶各品种名称》。

中国文学作品翻译是列昂季耶夫斯基的另一汉学研究领域。除18世纪安·弗拉德金翻译《金云翘传》而首开翻译中国文学作品之外,俄国汉学家在这方面做的工作微乎其微。1834年列昂季耶夫斯基在圣彼得堡出版了一本小书,名为《满文诗歌散文体译文》。此书译自满语,由俄国诗人赫沃斯托夫(Д. И. Хвостов, 1757—1835)伯爵润色。1835年,此作又在《传闻》杂志发表。列昂季耶夫斯基没有指明原书作者,只是说原作是他在北京的一位杨姓朋友所赠,内容是对关外满人祖先功勋的赞颂。此作的重要意义在于,这是俄国人翻译中国文学作品的最早尝试之一。译作引起了俄国著名文学评论家别林斯基的注意,但他没有正面就其内容和思想加以评价,而是对作品的诗体感兴趣:"扎哈尔·列昂季耶夫斯基先生对赫沃斯托夫伯爵的翻译感到高兴,让我们分享他的快乐吧!"② 1835年,他在圣彼得堡又发表了另外一部中国文学译作——《旅行者》。列昂季耶夫斯基称他译自一部汉语中篇小说。从题目上看,这似乎是一本中国游记,实际上他所翻译的乃是元代剧作家王实甫的《西厢记》。但据李福清先生考证,列昂季耶夫斯基翻译时依据的本子并非剧本形式的《西厢记》,而更像是一部小说。虽然人物、内容和情节与《西厢记》极其相近,

---

① Горбачева З. И. Китайские географические сочинения из коллекции рукописей и ксилографов Ленинградского отделения Института востоковедения АН СССР//Страны и народы Востока. Вып. 1. М. ,1959. 除《示我周行》外,这里还收藏有《商贾备览》(1792年刊印)、《重订商贾备览》(1822年刊印)、《天下路程图》(18世纪刊印)、《天下路程》(18世纪刊印)、《天下水陆路程》(18世纪刊印)、《用行备览》(18世纪刊印)等明清商人地域编著。

② Белинский В. Г. Полное собрание сочинений. Т. 1. М. ,1953. С. 258.

但文体却是小说。1836 年,在《读书文库》上发表的书评中写道:"这是中国的巴尔扎克的小说和创作。""这部小说独具一格,使我们倾倒仰慕,赘述它的内容势将剥夺读者阅读时应得的兴趣。圣者崇尚兼美,译本可以说是两美并焉,巧妙构思令人兴味盎然。与此同时,《旅行者》以他的观察向我们描绘一幅遥远异国人民的风情习尚的画面和思想观念;以及写景状物的绵密笔触都是精美绝伦、真实细腻的。""能不能给我们多提供一点中国的中篇小说和长篇小说呢?它们确实要比法国的小说更好。我们期待着列昂吉耶夫斯基对这样的呼声会做出反应,所有的女读者在读了他的译本《旅行者》之后都和我们有一样的呼声。"① 舒碧娜说:"列昂季耶夫斯基的译作不仅思想传达准确,而且具有很强的文学色彩。"②

此外,列昂季耶夫斯基还在《北方蜜蜂》杂志上发表一系列文章,有《大清(中国)军队概览(一个俄国目击者的记述)》(写于1824 年 11 月 3 日,1832 年第 266 期及第 267 期)、《中国通信。京城(大清国首都)来信》(1832 年第 292 期)、《大清人(中国人)对俄国的看法》(1832 年第 282 期)、《北京杂记(Ф. И. С 来信)》(1832 年第 218 期)、《中国婚庆仪式》(1832 年第 189 期)等。在其他书刊上发表了:《黄海》(《祖国之子》1842 年第 3 卷)、《中国牌子(附石印画)》③(《俄国皇家考古学会东方部著作集》1856 年第 2 卷,《俄国皇家考古学会简报》1856 年第 9 卷)、《未曾发表的中国奖牌描述》(《圣彼得堡考古钱币学学会简报》1850 年第 2 卷)。1834 年,列昂季耶夫斯基在圣彼得堡出版了他翻译的《大秦景教流行中国碑》。

---

① [俄]李福清:《古典小说与传说(李福清汉学论集)》,中华书局,2003 年,第 260—261 页。
② Шубина С. А. Русская Православная Миссия в Китае(XVIII - начало XX вв.). Диссертация на соискание ученой степени кандидата исторических наук. Ярославль,1998. С. 249.
③ 此作研究对象为乾隆五十年千叟宴上乾隆皇帝赐给出席者的银牌。1859 年王西里也撰文研究过此牌,指出列昂季耶夫斯基在确定牌子年代和解释来历方面有误。

这是俄国继列昂季耶夫和卡缅斯基之后的第三个景教碑译本，理解和表述更加准确，后来被阿列克些（А. Н. Виноградов，1847—1919）①收入其《东方圣经史》一书。

列昂季耶夫斯基还为同时代其他一些汉学家的著作写过评论。1839年，他撰文评论了利波夫措夫编写的满语词典，发表于《祖国纪事》1839年第6卷上。1848年9月，他就比丘林的《论汉语的正确发音》一文写过一篇评论，反对比丘林的汉俄译音方案。比丘林在其著作中采用了自己创造的汉语专有名词译音规则，特别是在对送气塞音的处理上独具一格，比如将 kai、ken、ji、jing、xuan 拼写为 кхай、кхынь、ги、кин、хюань。列昂季耶夫斯基认为比丘林的译音采用了中国南方方言的发音方法，甚为不妥，建议采用汉学家们比较认可的 кай、кэнь、цзи、цин、сюань 来标识类似的汉语音节。此文招致了比丘林的嫉恨，受到后者多年的压制。从性格上讲，列昂季耶夫斯基是一个沉默寡言、为人随和的人，《北方蜜蜂》杂志的编辑称他"完全是一个学者：谦逊、宽容、善良，谈论问题时非常简洁明了，沉着而平淡，没有愚蠢的学究气；他的讲述生动而令人愉悦，有时则文采飞扬"。② 面对比丘林的反驳，列昂季耶夫斯基一直以沉默应对。比丘林虽然似乎在辩论中占了上风，被认为是无可争辩的胜利者，但历史证明了列昂季耶夫斯基的正确性。因为，我们目前使用的汉俄译音规则与列昂季耶夫斯基的意见基本一致。列昂季耶夫斯基所建议采用的这套规则不仅能够准确地标识以北京话为基础的普通话发音，而且得到了巴拉第的继承和发展。

列昂季耶夫斯基从北京开始就有记日记的习惯。这些日记反映了许多有关传教团鲜为人知的事情，内容涉及俄国东正教传教团成员与

---

① 汉语音译为"维诺格拉多夫"，法号为阿列克西（Алексий）。此处依据俄罗斯伊尔库茨克国立大学科学图书馆所藏《主日八调赞词》光绪甲申年（1884）刻本署名，参见 Яхонтов К. С. Китайские и маньчжурские книги в Иркутске. СПб.，1994. С. 68.

② Гавристова Т. М.，Шубина С. А. Выдающийся знаток Китая З. Ф. Леонтьевский-ученый, дипломат, коллекционер // Азия и Африка сегодня. 2001. №1.

西方天主教传教士的关系,中国南方省份和台湾的民乱、票号钱庄倒闭、吉林汉人移民、黄河水灾、俄罗斯文馆等,是研究清朝政治、社会状况以及中俄两国关系的珍贵史料。在俄罗斯科学院东方文献研究所保存着他在北京时期的日记《1820—1830 年日记(部分)》。斯卡奇科夫在其《俄国汉学史纲》中引用了列昂季耶夫斯基日记中有关传教团汉满语教学的一些记载。列昂季耶夫斯基说,"公费"先生,即理藩院指定的先生,不能尽职尽责,而雇佣私人先生又很难。他在 1822 年 9 月 30 日的日记中这样写道:"政府指定的满语教师从 1 月至今没有来过馆内。""就连用专款雇佣的老师(姓李)也很少来,无论赠送他什么礼物都无法让他恪尽职守。""为了尽快掌握满语,我用自己的薪俸以 6 个银卢布的价格请了一位叫福奇(译音)的满语教师,以便与他每日练习口语。"

4. 中国风物收藏与俄国第一个中国民俗展览

自 1827 年起,列昂季耶夫斯基担任传教团的总务,负责前往理藩院领取传教团人员的"廪饩"。为与清政府官员晋接,列昂季耶夫斯基将传教团提供的各种礼物赠送给有用之人。除为完成上级指令而进行的情报刺探工作之外,他也积极为传教团和圣彼得堡皇家科学院购买书籍,为此亚洲司每年拨专款 500 银卢布。在这方面,有学者认为他最突出的事迹乃是获得了于嘉庆二十六年完成编撰的《清会典》。[1] 但关于这一点,也有俄罗斯学者提出了不同看法。霍赫洛夫通过研究档案材料,认为是一位佟姓的教书先生帮助传教团获得了《清会典》。[2] 笔者以为,列昂季耶夫斯基经常与清朝政府官员接触,所以不能排除他在获取这部重要的清朝律法总揽过程中起到了一定作用。

---

[1] Гавристова Т. М., Шубина С. А. Выдающийся знаток Китая З. Ф. Леонтьевский-ученый,дипломат,коллекционер//Азия и Африка сегодня. 2001. №1.

[2] Хохлов Н. А. Н. Я. Бичурин и его труды о Монголии и Китае первой половины XIX в. (некоторые вопросы источниковедения)//Н. Я. Бичурин и его вклад в русское востоковедение:К 200－летию со дня рождения. Материалы конференции/Сост. А. Н. Хохлов. Часть 1－2. М.,1977. Ч. 1.

此外，他还同卡缅斯基一道，为东方文献收藏家希林格男爵购买书籍。由于列昂季耶夫斯基具有深厚的汉、满语言文化修养，加之手中又有政府提供的充足资金，因而购买了大批有价值的刻本和抄本。他曾经按照希林格的要求在北京雇人为《清文鉴》制版，显示了后者对这本满文教材的重视以及准备在俄国刊印的愿望。同时，从列昂季耶夫斯基写给希林格的一封信中，今人获知后者曾请他在北京购买一套《甘珠尔》："没有装订的京版《甘珠尔》售价为 1500 两银子，现在肃亲王有一套装订精美的本子要出售，要价 3500 两。如果以 800 两的官价从武英殿购买，则必须上奏皇帝，而为此需要支付 400 两。藏文版的现在就有，用西藏纸印刷，纸质薄而发灰，四指①宽，一俄尺长。"② 这些珍贵的图书后来于 1835 年和 1838 年分两次运回了俄国，交亚洲博物馆收藏。

尽管 18 世纪席卷欧洲的"中国风"早已逝去，但俄国贵族对具有浓郁东方风情的中国物品的兴趣依然如故。他们用中国扇子、瓷器、屏风、家具装饰居所，衣柜中挂着丝绸锦缎服装。与此同时，俄国政府指令规定列昂季耶夫斯基应对中国地理等方面进行综合研究，"并可根据个人爱好钻研绘画"。③ 正因为如此，他在中国极力收集一切能展示中国文化的实物，诸如绘画、地图、衣裤鞋帽、装饰品、钱币等。列昂季耶夫斯基将大批"异国珍品"带回俄国，并在他位于圣彼得堡瓦西里岛的居所开办了一个"中国珍稀物品展览室"，公开展览。这一想法和做法可谓大胆、新颖，引起了不小的轰动。《北方蜜蜂》1832 年第 191—193 期刊登题为《俄国东正教驻北京传教团卸任成员列昂季耶夫斯基中国珍稀物品展览室》的文章，介绍了列昂季耶

---

① 古罗马长度单位 digit，相当于四分之三英寸。——笔者注
② Шубина С. А. Русская Православная Миссия в Китае (XVIII - начало XX вв.). Диссертация на соискание ученой степени кандидата исторических наук. Ярославль, 1998. С. 234.
③ Нестерова Е. В. Российская духовная миссия в Пекине и начало русско - китайских контактов в сфере изобразительного искусства // Православие на Дальнем Востоке 275-летие Российской духовной миссии в Китае. СПб. , 1993.

夫斯基收藏的中国绘画作品、日常生活用品和朝鲜服装。1832 年列昂季耶夫斯基把自己收藏的中国物品赠送给民族学博物馆，而绘画作品等则于 1868 年以 75 卢布的价格卖给了皇家公共图书馆。[①] 列昂季耶夫斯基是俄国收藏中国绘画作品第一人，对中俄美术交流的意义不言而喻。而其藏品数量之大，题材之广泛，在当时乃至当代都备受关注。藏品清单于 1993 年被康·雅洪托夫列入《公共图书馆中文抄本和刻本目录》。[②] 1999 年在他的故乡雅罗斯拉夫尔艺术博物馆还展出了部分藏品。

第二节　汉学教育

自 18 世纪以来，尽管圣彼得堡皇家科学院和外务院进行过数次满汉语教学尝试，但大都断断续续，终未形成规模。这与当时俄国汉学及俄国教育的水平不无关系。进入 19 世纪以后，随着俄国科学和教育的发展，出于对外政治、经济交往和扩张的需要，俄国政府对东方语言人才的培养更加重视。而长期以来作为俄国汉学人才唯一培养基地的俄国东正教驻北京传教团已不能满足日益密切的中俄关系发展的要求。与此同时，以比丘林为代表的俄国汉学在这一时期走向成熟，研究水平显著提高，图书收藏不断增加，为在俄国境内培养中华语言翻译人才准备了相对充足的条件。恰克图华文馆的建立和喀山大学蒙古、汉、满语言课程的设置开启了俄国汉学人才培养的新纪元。

[①] Васильева О. В. Собрание китайских рисунков З. Ф. Леонтьевского//Исследование памятников письменной культуры в собраниях и архивах Отдела рукописей и редких книг ГПБ. Сборник научных статей. Л.，1988.

[②] 详见第四章第六节。

一、恰克图华文馆

　　由于与中国密切的贸易联系，西伯利亚成为俄国对中华语言人才需求最为迫切的地区。早在1725年，在伊尔库茨克主升天修道院就办过蒙古语学校，罗索欣曾在这里学习。随着恰克图互市的兴起，培养汉语翻译，与以晋商为主的中国商人顺利沟通成为俄国商人和西伯利亚地方政府的共同愿望。1773年伊尔库茨克省办公厅曾办过汉语和蒙古语培训班，1788年甚至下令在伊尔库茨克省和科雷万省的学校必须开设华文课程。① 但是，这些举措终因没有合格的教师和合适的教材而落空。与此相反，在恰克图对面的买卖城，中国店铺的伙计们都会讲蹩脚的、掺杂中文的俄语，"他们发不出R的音，只好用L的音来代替；当遇到俄语中常出现的两个辅音连在一起的时候，他们便在两个辅音之间插入一个元音"，② 尽管"只有恰克图的居民能听懂他们的话"，③ 但这多少使得俄国商人感到在与中国人交易中处于不利地位，意识到了培养汉语翻译的紧迫性。

　　比丘林1821年从北京归来途经恰克图时，当地商人代表尼·伊古姆诺夫（Н. М. Игумнов, 1782—1867）就曾经要求他在这里开办一所华文馆。1830年，比丘林参加希林格科学考察团，从圣彼得堡出发再次前往恰克图。他在给外交部亚洲司的一份报告中介绍了他此行的工作计划：编写一部详细的汉语语法；请中国人帮助抄写他编撰的部首分类词典；为正在撰写的文章收集更多的资料；按照俄国地图和

---

① Хохлов А. Н. Кяхтинское училище китайского языка и его роль в подготовке китаистов//XVII Научная конференция《Общество и государство в Китае》. Ч. 2. М., 1986.
② [德]米勒、[德]帕拉斯著：《西伯利亚的征服和早期俄中交往、战争和商业史》，李雨时译，商务印书馆，1979年，第28页。
③ [俄]瓦西里·帕尔申著：《外贝加尔边区纪行》，北京第二外国语学院俄语编译组译，商务印书馆，1976年，第50页。

中国地图印证俄中边界；学习蒙古语；教授汉语。① 可见，在圣彼得堡的这些年，比丘林一直没有放弃在恰克图创建华文馆的念头，并将这件事情作为此次前往恰克图的重要任务之一。

1831年1月10日，应恰克图商人的要求，比丘林在这里开设了一个华文馆，学生人数起初有10名。② 开课10个月以后举行了第一次测验，希林格、回国途经恰克图的第十届传教团成员、当地官员和商人都应邀出席。学生们较好地回答了考官的问题，朗读了商业内容的课文，并表演了汉字书写。所有考官都对华文馆学生的表现感到满意。有趣的是，一直到1832年11月俄国政府才正式决定成立这所实际上已经存在了近两年的恰克图华文馆。这一天亚洲司得到了沙皇的批示，确定华文馆隶属俄国财政部外贸司，受恰克图海关的直接领导；恰克图商人每年提供1500卢布支持办学；招收各个阶层会读写俄语以及有算术基础的子弟入学；学生免费接受汉语教育，但不享受任何补贴；不确定学习期限，汉语水平优异者即可获得毕业证，如本人愿意，也可放弃继续学习；学生免服税民兵役等。③ 恰克图华文馆建立后，曾受到伊尔库茨克省省长和外交部亚洲司司长柳比莫夫（Н. И. Любимов，1808—1875）的视察，1839年买卖城的扎尔固奇也数次光临华文馆参观。

教学之余，比丘林积极为华文馆编写亟需的汉语教材和工具书。除完善《汉文启蒙》外，他还将中国的满、汉、蒙语合璧辞书《三合便览》翻译成俄文。在恰克图华文馆任教18个月后，比丘林因故回到圣彼得堡。1831年，第十届俄国东正教驻北京传教团返俄途经恰克

---

① Скачков П. Е. Очерки истории русского китаеведения. М., 1977. С. 108.
② 一说为12名。Хохлов А. Н. Н. Я. Бичурин и его труды о Монголии и Китае первой половины XIX в. (некоторые вопросы источниковедения) // Н. Я. Бичурин и его вклад в русское востоковедение: К 200-летию со дня рождения. Материалы конференции / Сост. А. Н. Хохлов. Часть 1–2. М., 1977. Ч. 1.
③ Хохлов А. Н. Кяхтинское училище китайского языка и его роль в подготовке китаистов // XVII Научная конференция《Общество и государство в Китае》. Ч. 2. М., 1986.

图，应当地商人要求，学生克雷姆斯基留下做翻译并在华文馆授课。1834年1月11日恰克图海关关长致信亚洲司，要求比丘林至少再来华文馆任教2年，以恢复华文馆的秩序，出版他编写的汉语语法著作。1835年2月初，俄外交部长通知恰克图，称沙皇已经同意任命比丘林和九级文官克雷姆斯基为恰克图华文馆教师。而后，比丘林又一次来到恰克图，随身携带了他刚刚问世的第二版《汉文启蒙》。1835年5月华文馆又一次隆重地举行了开学典礼。是年，华文馆共招收了22名学生，来自商人和小市民家庭，年龄从7岁到21岁不等。

这次比丘林为华文馆制订了详细的教学计划：

恰克图华文馆教学计划

（1）课程分4年完成。

（2）除节假日外，每天上午9—12时为上课时间，由教师根据需要支配，用以教学或练习书写。

（3）第一年讲解汉语语法，并将每一语法规则与俄语中相应规则加以对比。通过这种对比一方面要弄清汉语与俄语的差异，另一方面要学会如何在用汉语表达思想时处理好这些差异。因此，入学者必须预先学习俄语语法，否则将难以进行两种语言的对比。

（4）第二年复习汉语语法，并将其规则运用到口语当中，通过这种方式更加清晰地领会汉语结构或重要特性，以便更好地用汉语表达思想。为此，学生们将学习浅显的对话，并须预先按照汉语语法规则将这些对话翻译出来。对话的内容应贴近恰克图的商人阶层。

（5）第三年学生练习由他们预先亲自翻译的扩展对话，并布置一些浅易的文章令其回家翻译，然后按照汉语语法规则分析学生的译文。在分析过程中，每个学生都应自己认清翻译中发生错误的原因。因此，第三年的任务主要是在运用过程中复习汉语语法。

（6）第四年除练习汉语会话外，最终掌握交际过程中使用有汉语短语的长句,同时将注意力集中于表达色彩上的差异。

第四年的经典教育包括汉语书面语言特点分析以及汉语俄译练习。商人阶层学生需要学习的课程到此结束。

亚金甫神父[①]

可以看出,这份教学计划,从教学内容到教学方法都做了明确的规定。在教学内容上充分考虑了恰克图商人的实际需求,尤其重视汉语商务口语实践能力的培养。在方法上循序渐进、突出重点,注重温故而知新,通过俄汉语言的对比来认识汉语语法的特性。在比丘林之前,无论是舒哥、罗索欣,还是列昂季耶夫和安·弗拉德金的汉满语班都没有制订过系统的教学计划(当然也不排除没有流传下来的可能)。所以,比丘林的这一具有一定科学性的教学计划无疑为俄国汉语教学法的形成奠定了基础。

1836年9月,比丘林致信亚洲司,说他的《汉文启蒙》第二部分的编写工作已经接近尾声,在恰克图华文馆的教学工作也即将期满。因为要回圣彼得堡整理两年来在恰克图完成的著作,比丘林拒绝了恰克图商人的挽留。档案中没有保留下来亚洲司的回信,我们只知道比丘林又在恰克图待了一年。在写给亚洲司的另外一封信中他写道:"我愉快地服从亚洲司要我1837年继续留在恰克图的指令,因为我优秀的学生们也一致希望如此,以便进一步完善汉语水平。我认为有必要向亚洲司汇报的是,我在这两年内为办好恰克图华文馆做了大量工作。华文馆开学后我非常重视教材建设,除我出版的汉语语法外,我还编写了18组内容符合当地情况的会话;将恰克图进出口商品名录翻译成汉语;重新编写了汉语语法第二部分;将一部四卷本的汉语字典译成了俄文。明年需要整理这本词典中的俄文词汇,按字母

[①] Хохлов А. Н. Н. Я. Бичурин и его труды о Монголии и Китае первой половины XIX в. (некоторые вопросы источниковедения)//Н. Я. Бичурин и его вклад в русское востоковедение: К 200 – летию со дня рождения. Материалы конференции/Сост. А. Н. Хохлов. Часть 1 – 2. М. ,1977. Ч. 1.

表排列顺序，简化汉语检字方法。"① 信中所说的比丘林编写的符合当地情况的俄汉对照口语手册至今下落不明。当然，这些信同时也表明比丘林当时继续留在恰克图并非出自本意，与他的科研计划不甚合拍。

　　1838 年初，比丘林回到圣彼得堡，恰克图华文馆由克雷姆斯基负责。12 月 18 日，华文馆举行了公开考试，一批优秀学生脱颖而出。1841 年克雷姆斯基向俄国财政部汇报了华文馆根据比丘林拟订的教学计划所进行的教学情况。后人从这个报告中得知，克雷姆斯基除讲授汉语外，还教授代数、俄语和宗教教义。克雷姆斯基在恰克图华文馆工作了近 30 年。据克雷姆斯基的学生、曾到过中国汉口的列别捷夫（И. Р. Лебедев）说，克氏的教学方法非常简单，就是背诵比丘林编写的汉语语法。② 尽管如此，我们不能低估他对于恰克图华文馆的作用。自比丘林离开恰克图后，他一直负责华文馆的工作，每年都能培养一批汉语翻译人才，在一定程度上为恰克图地区对华贸易做出了贡献。1854 年，克雷姆斯基曾被任命为俄国外交部亚洲司七等翻译，1856 年参加了东西伯利亚总督穆拉维约夫（Н. Н. Муравьев，1809—1881）组织的黑龙江武装航行，成为他生命中不光彩的一页。

　　克雷姆斯基一生只出版过一部著作，但却足以使他在俄国儒学研究史上占有一席之地，这就是由俄国东正教驻北京传教团于 1906 年在北京出版的《孔学义解》。作者在书中并未简单停留在对儒家著作的翻译上，而是经过细心的阅读和揣摩，简略总结了儒家的世界观。全书包括 13 部分，分别为孔子生平、孔子论天、神及心、孔子的道德学说、论勇敢、论欲望、论人的地位、夫妇责任、兄弟义务、论友情、论主仆义务、论教育、儒家典籍。这部著作文风简约，通俗易懂，很可能就是他为华文馆编写的教材。在最后一部分"儒家典籍"中，除四书五经外，还增加介绍了《小学》和《孝经》两种著名的

---

① Скачков П. Е. Очерки истории русского китаеведения. М. ,1977. С. 112.
② Скачков П. Е. Очерки истории русского китаеведения. М. ,1977. С. 113.

蒙古学书。① 该作与比丘林的《儒教》从完全不同的角度阐释了儒家学说的实质及其在中国的影响，基本上可以代表 19 世纪上半期俄国的孔学研究水平。可以想见，克雷姆斯基用比丘林的《汉文启蒙》教授汉语，用自己的《孔学义解》教授中国文化，提升了恰克图华文馆的教学水平。

1861 年，克雷姆斯基去世，恰克图华文馆的教学从此中断。1867 年恰克图华文馆关闭。俄国政府之所以决定不再继续保留这所汉语学校，一是因为中俄《北京条约》签订之后，俄国可以更方便地直接派学生来华学习汉满语言，二是因为 1855 年在圣彼得堡大学建立了汉语专业，俄国境内汉语人才的培养中心发生了转移。

恰克图华文馆培养出一些优秀的汉语翻译人才，比如，舍维廖夫（М. Г. Шевелев，1830—1903）、列别捷夫、尼·涅恰耶夫（Н. М. Нечаев，?—1859）、伊·季亚诺夫（Иван Диянов）和英·季亚诺夫（Иннокентий Диянов）兄弟、希什马廖夫（Я. П. Шишмарев）、奥索金（М. О. Осокин）以及朱拉乌廖夫（А. И. Журавлев）等。舍维廖夫做过俄国东正教驻北京传教团翻译，曾经长期在汉口等地做俄国茶叶公司代理人，1880 年组织了庙街至汉口间的航运，参加过中俄《瑷珲条约》和《北京条约》的签署，1886 年珲春勘界时作为翻译曾与清朝的吴大澂谈判。季亚诺夫兄弟俩从 1854—1857 年在克拉斯诺亚尔斯克商人库兹涅佐夫（П. Кузнецов）手下供职。英·季亚诺夫 1864 年还编成一本汉俄字典。绝大多数毕业生都在毕业后成为俄国对华贸易商行的翻译，对促进俄国在恰克图贸易发挥了作用。

恰克图华文馆在进行汉语教学的同时，积累了大量汉语图书。除比丘林外，尼·伊古姆诺夫、魏若明等先后赠书。同时，由于恰克图与买卖城鸡犬相闻，与中国商人关系密切，很容易获得中国刊印的各种图书。

总之，恰克图华文馆首次在俄国拟订了科学而详细的汉语教学计

---

① Крымский К. Г. Изложение сущности конфуцианского учения. Пекин, 1906. С. 42–43.

划，催生了俄国第一部优秀的汉语教科书《汉文启蒙》，积累了教学经验，对俄国汉语教学和汉学研究都产生了长远影响。

二、喀山大学

19世纪上半期，随着高等院校的相继建立，俄国科学和教育事业得到了进一步发展，"在高等学校教授和学习东方语言成为18—19世纪初俄国整个教育体制改革的重要部分"。[①] 汉语与其他东方语言学科一道进入大学课堂，除了境外的俄国东正教驻北京传教团，俄国本土汉学教育基地也开始创立，其先锋便是俄国老牌知名学府——喀山大学。

从18世纪到19世纪初期，俄国几次计划创建东方学研究及教学机构，但由于各种原因，均未能实现。1733年，圣彼得堡皇家科学院院士、时任俄国外务院翻译的阿拉伯学家克尔提出建立亚洲学院的方案。1802年一位叫波多茨基（И. Потоцкий，1761—1815）的公爵向外务院递交了一份报告，建议在圣彼得堡建立一所东方学院，名称为"亚历山大亚洲学院"。1810年乌瓦罗夫伯爵再次提出设立亚洲学院的方案。1820年，西伯利亚总督斯佩兰斯基曾委托前往中国的第十届传教团监护官季姆科夫斯基在北京购买辞书和教科书，以便在伊尔库茨克开办学习汉、满、蒙、藏、日等语言的高等学校。尽管后来季姆科夫斯基买到了部分书籍并带到了伊尔库茨克，但亚洲语言学校依然未能建立起来。1823年又有人提出过在外交部亚洲司建立教学机构的设想，同样无果而终。1829年，圣彼得堡大学先科夫斯基教授向校务委员会提出建立东方语言教学机构的意见，并建议邀请比丘林和利波夫措夫来大学教授汉语和满语。同年9月，一个由比丘林、弗连（Х. Д. Френ，1782—1851）、先科夫斯基、伊·施密特等人组成的委

[①] Валеев Р. М. Преподавание восточных языков в Первой Казанской гимназии// Монголовед О. М. Ковалевский: биография и наследие (1801-1878). Казань, 2004.

员会，负责拟订包括汉、满、藏语在内的东方语言教学方案，但由于种种原因而没有进一步落实。1832年利文公爵提议圣彼得堡大学设立讲授东方语言的东方部，但没有提到学习汉、满、藏语言。① 这样，俄国关于建立东方语言教学机构的争论持续了将近一百年时间，却没有一个计划得以实现。之所以如此，是因为在18世纪和19世纪初中国还未成为俄国对外关系的重点，对汉满语人才的需求尚不甚突出。此外，俄国东正教驻北京传教团的存在缓解了俄国对中国信息和翻译人才的需求。

为建立喀山大学东方语言专业付出努力的首先是喀山大学校长洛巴切夫斯基。他一贯重视东方学研究，致力于将喀山大学建成全俄东方学研究中心，其计划得到了思想开明的喀山学区督学官穆辛—普希金的支持。早在1769年喀山第一中学就建立了鞑靼语学习班，由哈里芬（С. Хальфин，1732—1785）担任教师，同时开办了可以印刷鞑靼、波斯及阿拉伯语的印刷厂，成为"喀山大学东方学教育形成之基础"。② 1804年喀山大学设立了东方语言教授和鞑靼语讲师的职位。1807年学校正式建立东方语言教研室并邀请弗连主持，但教授的语言仅限于阿拉伯、波斯和土耳其语。弗连1817年到圣彼得堡之后，由雅尔措夫（Я. О. Ярцов，1792—1861）和艾德曼（Ф. И. Эрдман，1793—1863）继任。1812—1819年哈里芬在这里教授鞑靼语。喀山大学之所以能够成为俄国最早进行东方语言教学的高等学府，还有一个重要原因就是其独特的地理位置和文化氛围。喀山很久以来都是俄国与东方国家贸易的中心，来自伊朗、土耳其、中亚、中国蒙古甚至中原地区的商贾云集于此，对东方语言人才有较大需求。③ 1833年，穆辛—普希金向俄国国民教育部指出："喀山地处俄国欧洲部分和亚

---

① Скачков П. Е. Очерки истории русского китаеведения. М.，1977. С. 189 – 192.

② История отечественного востоковедения с середины XIX века до 1917 года. М.，1997. С. 119.

③ Хохлов А. Н. Д. Г. Сивиллов – руководитель первый в России кафедры китайского языка//Актуальные вопросы китайского языкознания: Материалы VI Всерос. конф.（Москва，июнь，1992）. М.，1992.

洲部分交接处，是东方商品的集散地，包括鞑靼人在内的亚洲人纷至沓来，其中有许多人在布哈拉地区接受过良好教育。在这里可以不用多少开支就可以轻松地将东方语言学习的理论和实践两个方面结合起来。"①

1. 蒙古语专业

在清代中国使用人数最多的几种语言中，喀山大学最早进行了蒙古语教学的尝试。1833年7月25日，俄国以及全欧洲第一个蒙古语教研室在喀山大学成立，奥·科瓦列夫斯基成为首任主任。这位波兰人青年时代因参加由波兰诗人和革命家密茨凯维奇（А. Мицкевич，1798—1855）在维尔诺大学创立的秘密团体"道德社"而遭逮捕，1824年10月被判流放喀山，在沙皇督学官的监管下进入喀山大学学习东方语言。奥·科瓦列夫斯基在这里系统学习了鞑靼语。此时，俄国政府出于商业和政治上的目的，计划在喀山大学培养蒙古语翻译，得到了洛巴切夫斯基校长的支持。1828年，喀山大学派遣已经毕业的奥·科瓦列夫斯基和正在完成最后一年大学学业的阿·波波夫前往伊尔库茨克，师从著名的蒙古语翻译亚·伊古姆诺夫（А. В. Игумнов，1761—1834）学习4年蒙古语。奥·科瓦列夫斯基广泛与当地的布里亚特人接触，学习蒙古口语，同时努力搜集蒙古文献，领悟蒙古历史文化精髓。1829年他前往库伦进行考察，1830年8月自愿作为秘书随第十一届传教团来华完善自己的蒙古语知识。在北京期间，奥·科瓦列夫斯基除学习蒙古语外，还学习了当初未曾列入计划的藏语、汉语和满语。他对藏语的学习予以特别的重视，因为藏语对学习蒙古语和阅读蒙古、汉语文献非常有益。1831年6月，奥·科瓦列夫斯基随第十届俄国驻北京传教团离开北京。以洛巴切夫斯基为首的大学委员

---

① Валеев Р. М. Формирование и развитие казанского университетского востоковедения: разряд восточной словесности Казанского университета (1807-1855)//Монголовед О. М. Ковалевский: биография и наследие (1801-1878). Казань, 2004.

会经过讨论，决定将奥·科瓦列夫斯基和阿·波波夫在后贝加尔的学习时间延长到1832年12月1日。①

1833年初，奥·科瓦列夫斯基和阿·波波夫结束了在布里亚特蒙古人中间的生活返回喀山。两人顺利通过俄国第一本蒙古语语法的作者、圣彼得堡皇家科学院院士、德国人伊·施密特为他们组织的考试。7月25日，俄国教育部下令在喀山大学成立蒙古语教研室，奥·科瓦列夫斯基被聘为副教授。1835年喀山大学决定将阿拉伯语、土耳其语、鞑靼语、波斯语和蒙古语专业划归哲学系。奥·科瓦列夫斯基积极地投入了蒙古语教研室的创办工作，制定蒙古语教学大纲，编写蒙古语教材。

1835年他编写的第一部教材《蒙语书面语简明语法》问世，立刻得到专家们的好评。伊·施密特称奥·科瓦列夫斯基以浅显易懂的形式向初学者提供了最基本的蒙语语法知识。该书一共202页，分导言、词法和句法等几部分，对许多蒙古语语言学问题提出了科学的阐释。在奥·科瓦列夫斯基的这本语法之前，伊·施密特曾在1831年用德文出版过一部蒙古语语法，次年又翻译成俄语出版，首次将俄国的蒙古语研究纳入科学轨道。俄罗斯学者就奥·科瓦列夫斯基的语法教材评价道："我们不能要求第一本教材就能够运用语言学普遍理论，就能够讨论蒙古语与其他语言的相互影响问题，并考虑到语言发展的规律和源头。而奥·科瓦列夫斯基的《语法》提出了这些问题，因而将蒙古语研究提高到了新的高度，即研究历史语音学、历史词法学、蒙古语与突厥语、波斯语、阿拉伯语、俄语、印欧语言的相互影响。"② 奥·科瓦列夫斯基编写的第二部教材就是著名的《蒙文文选》。该书的选材工作同样是在布里亚特蒙古完成的。1836年第一卷付梓，次年第二卷面世。第一卷共450页，包括了各种各样的蒙古语

---

① Шамов Г. Ф. Научная деятельность О. М. Ковалевского//Очерки по истории русского востоковедения. Вып. 2. М. ,1956.

② Кульганек И. В. Труды и учебные пособия О. М. Ковалевского по монгольской филологии//Монголовед О. М. Ковалевский: биография и наследие (1801 - 1878). Казань,2004.

文章并根据难易程度进行了编排。首先是名言和格言,用于初学者阅读和进行语法分析,其次是 10 篇有关道德和宗教的风格明快、语言简练的小说和神话故事,最后是《蒙古律例》片段和嘉庆皇帝遗诏。第二卷主要收录了释迦牟尼故事以及有关佛教在西藏、蒙古和中原传播的文章。《蒙文文选》中所辑录的范文全部取自原文,未做任何更改,这也是奥·科瓦列夫斯基编写该书时所坚持的一条重要原则。他反对外国的一些东方学家擅自把自己不懂的词语或不符合自己制定的语法规则的语言现象删除的做法。书后附有翔实的语言和历史知识注释、人名和物品索引以及蒙古历史年表等。《蒙文文选》本为教学目的而出版,但其意义绝不止于此。著名东方学家格里高里耶夫称不仅此书是一部好教科书,而且它的问世是学术界的一件大事。圣彼得堡皇家科学院对奥·科瓦列夫斯基的《蒙文文选》给予了充分的肯定并授予他杰米多夫奖金。1837 年 12 月他被选为通讯院士,[①] 1840 年成为莫斯科大学俄国历史和古代文物学会会员。法国汉学家儒莲曾致信喀山大学索要奥·科瓦列夫斯基的著作,后来同他建立了长期的学术联系。1839 年他被推选为巴黎亚洲学会的荣誉会员。法国同行邀请他访法,以便商讨出版他的蒙古学著作。19 世纪中叶的柏林大学也曾使用过奥·科瓦列夫斯基的教材。

《蒙俄法语词典》是奥·科瓦列夫斯基另一部重要的蒙古语言学著作,直到今天仍不失科学价值。1841 年《蒙俄法语词典》开始排印,1844 年出版第一卷,1849 年出版最后的第三卷。奥·科瓦列夫斯基极力要编写一部活的蒙古语词典,反映蒙古人生活中最积极的词汇。他从与蒙古人的交谈中以及他们的谚语、故事、神话、民歌中捕捉具有活力的单词,同时运用了当时可以找到的几乎所有资料,包括他在蒙古旅行时和在北京期间搜集的各种词典抄本和刻本,北京刊印的所有藏语和蒙古词典、各种蒙古佛教文献、格斯尔英雄史诗、萨囊彻辰的著作、清政府的各种法令及其他。亚·伊古姆诺夫把自己编写的蒙古语

---

① 1847 年 11 月圣彼得堡皇家科学院历史语言学部推荐他为东方语言学编内院士,但没有得到尼古拉一世的批准。

词典手稿毫无保留地送给了奥·科瓦列夫斯基。此外，奥·科瓦列夫斯基还参考了伊·施密特和匈牙利藏学家乔玛编写的《藏英词典》以及俄国驻北京传教团成员诺沃肖洛夫和卡缅斯基编译的《三合便览》手稿。① 他的新作一问世便受到了俄国以及外国东方学家的高度评价。圣彼得堡皇家科学院授予该书全额的杰米多夫奖金。伊·施密特称这是圣彼得堡皇家科学院自设立杰米多夫奖金后获得全额奖金的最优秀的著作之一。在1893—1895年戈尔斯东斯基（К. Ф. Голстунский，1831—1899）的《蒙俄词典》问世之前，奥·科瓦列夫斯基的词典一直是词汇量最大、编写最为成功的蒙古语词典。1933年《蒙俄法语词典》还曾在我国上海再版。即使在当今的蒙元历史研究中，还可以经常见到学者们利用奥·科瓦列夫斯基权威的蒙古语词汇释义。由白寿彝主编的《中国通史》称"这部辞典收词完备，质量上乘，至今仍是学习古蒙古文的重要工具书"。② 1982年和1993年中国台湾南天书局先后两次再版这部重要的工具书，以满足学术研究之需。

奥·科瓦列夫斯基对蒙古文学史也有研究，一直为学生讲授这门课程。1845年他通知督学官他已经完成了三卷本《蒙古文学史》的写作，但不知由于什么原因最后未能出版。同时，奥·科瓦列夫斯基还研究蒙古的历史、地理、民族和宗教问题，19世纪30—50年代撰写了一系列文章，发表在《喀山通报》、普柳沙尔的《百科辞典》和《国民教育部杂志》上。

《蒙古历史》是奥·科瓦列夫斯基在蒙古历史方面留存于世的最为重要的著作。第一卷的标题是《蒙古历史导论》，由作者亲自誊清的17个编了号的笔记本组成。前半部分论述了蒙古历史的分期问题，详细探讨了地理环境对古代蒙古人生活的影响。后半部分介绍了从远古到公元3世纪的中国历史。根据阿·彼得罗夫（А. А. Петров，

---

① Кульганек И. В. Труды и учебные пособия О. М. Ковалевского по монгольской филологии//Монголовед О. М. Ковалевский: биография и наследие (1801 - 1878). Казань, 2004.

② 白寿彝总主编：《中国通史》第十三册，上海人民出版社，2015年，第135页。

1907—1949）的观点，此卷完成于 1843 年。第二卷讲述了自 1206 年至 19 世纪的蒙古历史，共由 33 个笔记本构成，完成于 1856 年。此卷同样分为两部分：1206—1368 年和 1368—1691 年。最后单独描述了蒙古在大清版图内的历史。书后附有蒙古大汗和王公世袭表。①

奥·科瓦列夫斯基在佛教研究领域同样有突出的成就，最为重要的佛教著作当数《佛教宇宙论》。此作于 1835—1837 年间由《喀山大学学报》连载刊出，对许多重要的佛教问题做了精辟的阐述。他认为佛教产生于公元前 6—公元前 5 世纪的印度。佛教产生的原因是婆罗门在对吠陀教的某些教义的解释上持有不同看法，同时，也可能因为当时印度出现了一些新生事物，圣人的语言已经不足以解释这些新的概念和现象，需要构建新的思想。他对佛教对蒙古文化发展的促进作用给予了充分的肯定，认为佛经以及佛教徒宣扬的众生平等的思想对亚洲游牧民族性格产生了重要影响。他在 1835 年发表于《喀山通报》上的《蒙古苦行僧》一文中写道："性情剽悍的民族自从在佛祖面前屈膝跪倒，其生活就开始变得平静，仇视消失了，进攻也不那样凶暴残忍了。""佛教徒宣扬的灵魂轮回转世说也促进了思想的发展。"②他的佛教研究著作还有《佛教史》《佛教历史年表研究》《西藏佛教改革家宗喀巴生平》《班智达传》和《西藏达赖喇嘛传记》等。

1855 年，俄国政府将喀山大学东方语言专业合并到新组建的圣彼得堡大学东方语言系，因此时正好科氏被任命为喀山大学校长，所以未能前往帝京。1860 年 2 月，奥·科瓦列夫斯基因未能及时防止喀山大学的学生运动而被解职。两年后他前往波兰华沙总校任世界通史教授，而后在由华沙总校基础上成立的华沙大学历史语言学系担任系主任，一直到 1878 年辞世。

由奥·科瓦列夫斯基领导的喀山大学蒙古语教研室，培养了俄

---

① Петров А. А. Рукописи по китаеведению и монголоведению, хранящиеся в Центральном Архиве АТССР и в библиотеке Казанского университета// Библиография Востока. Вып. 10(1936). М.,1937.

② Шамов Г. Ф. Научная деятельность О. М. Ковалевского//Очерки по истории русского востоковедения. Вып. 2. М.,1956.

国第一批学院派的蒙古学人才，为俄国蒙古学的发展做出了重要贡献。19世纪俄国著名蒙古学家王西里、班扎罗夫（Д. Банзаров，约1822—1855）、格姆鲍耶夫（Г. Гомбоев，1822—1863）、鲍博罗甫尼科夫（А. А. Бобровников，1821/1822—1865）和戈尔斯东斯基都出自其门下。正如俄罗斯学者所言："喀山大学蒙古语教研室和蒙古学家奥·科瓦列夫斯基的遗产昭示了俄国以及欧洲大学蒙古学研究新阶段的到来。"①

2. 汉满语专业

1837年喀山大学汉语教研室的建立是俄国科学史上的一件大事，说明俄国本土的汉语教学从支离破碎、缺乏连贯性的学习班和学校转移到高等学府，开始有计划地培养汉语人才。随着1844年满语课程的开设，喀山大学成为真正意义上的俄国东方学研究中心。

1837年5月11日，尼古拉一世下旨在喀山大学建立汉语教研室，并"责成兹拉托乌斯特修道院修士大司祭丹尼尔主持"，以便"为北京传教团培养翻译和学生"。② 由此可以看出，当初建立汉语教研室的目的并非完全直接为俄国国内相关部门培养翻译，而是为了给驻北京传教团输送后备人才，以更好地发挥其作为俄国汉学人才主要培养基地的作用。可以说，这与1818年发布指令整顿传教团活动的思路一脉相承。

西维洛夫在其制定《汉语教学大纲》中提出应该重视汉语语法、声调、偏旁部首的学习，建议为汉语文献加注标点符号，规定使用比丘林的《汉文启蒙》作为教材，同时辅以欧洲汉学家的著作。③ 西维

---

① Тулисов Ежи, Валеев Р. М. Основные этапы жизни О. М. Ковалевского: Вильнюс, Казань, Варшава//Монголовед О. М. Ковалевский: биография и наследие(1801 – 1878). Казань,2004.

② Куликова А. М. Востоковедение в российских законодательных актах (конец XVII в. - 1917 г.). СПб. ,1994. С. 219.

③ Хохлов А. Н. Китаист Д. П. Сивиллов и его русские переводы древнекитайской классики//Общество и государство в Китае. 2014. № 1.

洛夫编写的《汉语文选》的内容得到了比丘林的肯定，但其中的汉俄译音方式受到后者的批评。这是俄国第一部汉语文选。除教授汉语之外，他每周还为学生们开设4小时的中国历史课程。1844年，他因病辞去教师职务，前往后贝加尔地区在布里亚特人中传教，1871年在那里去世。① 尽管西维洛夫的汉语教学生涯不长，但却为俄国第一个高等汉语教学基地创始人，在俄国汉学史上具有无可取代的地位。②

西维洛夫的继任者沃伊采霍夫斯基1793年生于基辅省利波韦茨克县，由基辅神学院进入外科医学院，1819年毕业。1820年，沃伊采霍夫斯基自愿加入第十届驻北京传教团，担任医生职务，开始学习汉语和满语。尽管沃伊采霍夫斯基医生到达北京的消息有许多人知道，但却很少有人找他看病，原因是中国人向来对西医有成见。直到他医好了一个被认为患有绝症的中国天主教徒的病以后，才渐渐有了名气。特别是在他治愈礼亲王③之弟全昌的瘰疬症后，更是名声大噪。1829年（道光九年）11月14日，全昌向他赠送了一块牌匾，上书"长桑妙术"四个大字。④ 相传长桑君为扁鹊的师傅，全昌将沃氏比作长桑，喻其医术之高超。一时间求医问药者络绎不绝，其中不乏达官贵人。他凭借其医术逐渐赢得了北京人的信任。同时，他对防治1820—1821年间发生在北京的霍乱做了一些事情。

1831年沃伊采霍夫斯基回到俄国，被任命为外交部亚洲司医生。西维洛夫辞职后，沃伊采霍夫斯基来到喀山大学。1844年汉语教研室改称汉满语教研室，他在讲授汉语的同时，为学生开设满语课程。因

---

① Скачков П. Е. Очерки истории русского китаеведения. М., 1977. С. 193 – 194；История отечественного востоковедения до середины XIX века. М., 1990. С. 123.
② 关于西维洛夫的学术活动详见本章第一节。
③ 名全龄，道光元年袭爵礼亲王，道光三十年去世。
④ 关于沃伊采霍夫斯基获赠匾额上所书文字，《俄苏中国学手册》认为是"鹊仙妙术"（上册，中国社会科学出版社，1986年，第23页），实际上应为"长桑妙术"，见 Скачков П. Е. Русские врачи при Российской духовной миссии в Пекине// Советское востоковедение. 1958. №4.

此，沃伊采霍夫斯基成为俄国历史上第一个满语教授。在汉语教学上，他没有放弃西维洛夫的汉语教学方案，继续使用比丘林的《汉文启蒙》和雷慕沙的《汉文启蒙》作为教材，同时辅以自己编写的材料。他为学生讲解古汉字和新汉字的书写方法和差别，与学生一道将四书中的片段译成俄文。在满语教学上，他编写了《满语语法规则新编》作为教材，阅读课则主要使用《清文启蒙》、满文本四书等材料，同时每周还为学生开设4个小时的满族历史课程。此外，他还编写了《汉满语初学课文》《语言实践用佳作辑录》等。沃伊采霍夫斯基在北京曾编写过一本《满汉俄词典》，共有3卷，现在只有51页保存在喀山大学图书馆。[1] 后人评价说："沃伊采霍夫斯基为俄国东方学所做出的最大贡献便是在喀山大学开创了满族语言和文学的教学。"[2]

除西维洛夫和沃伊采霍夫斯基之外，还有3位教师曾经在喀山大学教授汉语。索斯尼茨基曾是第十届传教团教堂差役，1840年起任喀山大学汉语教研室口语会话教师，一直到1843年去世。而后，鲁什科（С. М. Рушко）接替索斯尼茨基教授汉语口语，成为"喀山大学毕业生中最早做汉语教师的人"。[3] 他在学期间就编写了一部两卷本的《汉俄词典》，毕业后获得了汉语学士学位并被任命为讲师。但他在这里只工作了一年，沃伊采霍夫斯基到来后，他便因经济和健康原因离职了。沃伊采霍夫斯基请另一位汉语专业毕业生拉杜辛（И. А. Ладухин，1823—1857）担任汉语讲师。[4] 拉杜辛出身贫寒，学习勤奋，1841年在洛巴切夫斯基校长的协助下才得以进入喀山大学哲学系第一专业

---

[1] Петров А. А. Рукописи по китаеведению и монголоведению, хранящиеся в Центральном Архиве АТССР и в библиотеке Казанского университета// Библиография Востока. Вып. 10(1936). М., 1937.

[2] История отечественного востоковедения до середины XIX века. М., 1990. С. 124.

[3] Хохлов А. Н. Ладухин: судьба таланта в старой России//Проблемы Дальнего Востока. 1991. №4.

[4] Дацышен В. Г. История изучения китайского языка в Российской империи. Красноярск, 2002. С. 36.

(即东方语专业）学习。1845 年毕业后同时在喀山第一中学教授汉语，1849 年他为 4—7 年级学生制订了一份详细的满语学习计划，准备使用德国满学家汉斯·嘎伯冷兹（贾柏莲）（Hans Conon von der Gabelentz，1807—1874）1832 年出版的满语教材《满语基础》，得到了洛巴切夫斯基的支持。① 1852 年他编写出了一部汉俄简明词典。该词典有个特点，即学生可以随着掌握汉字数量的增多而自己往其中加词。1855 年他随同喀山大学东方语言专业调到圣彼得堡大学，做了图书馆管理员，次年获准随同第十四届传教团前往北京。途经恰克图时，拉杜辛利用传教团休整期间前往黑龙江考察当地情形并学习满语，不慎坠河淹死。

1850 年 11 月 7 日，沃伊采霍夫斯基去世，校方决定聘请刚从北京学成归来的王西里为编外教授，代替沃氏的职位，教授汉语、满语、中国历史和中国文学课程，喀山大学汉满语教学自此进入一个新的发展阶段。王西里在喀山大学进行了丰富多样的汉学教学实践。在 1851—1852 学年度，王西里为汉满语专业一年级学生讲授汉语语法和满语语法，翻译和分析四书，阅读浅显易懂的满语文章，为三、四年级学生讲授中国历史典籍、中国文学史和国家法令的翻译，同时讲授满语翻译。他选用比丘林的《汉文启蒙》和雷慕沙的《汉文启蒙》作为汉语语法教材，1853—1854 学年度又补充了英国汉学家马礼逊的《通用汉言之法》。他选择汉斯·嘎伯冷兹的《满语基础》以及中国的《清文启蒙》作为满语教材。进入高年级之后，学生还要学习外交文书和清朝律例的翻译。为了让学生能够更加全面地掌握汉满语言，王西里还锻炼学生将汉语《西厢记》中的片段译成满文。1853—1854 学年度，王西里首次在欧洲开设了满族文学史课程，1854—1855 学年度他又增开了中国历史课和满族历史。②

---

① Хохлов А. Н. Ладухин: судьба таланта в старой России//Проблемы Дальнего Востока. 1991. №4.

② Хохлов А. Н. В. П. Васильев в Нижнем Новгороде и Казани//История и культура Китая: Сборник памяти академика В. П. Васильева/Под ред. Л. С. Васильева. М., 1974.

为了提高学生的口语水平，1853年，他邀请能够进行汉语会话的阿布-卡里莫夫（И. Абу-Каримов，1800—1865）来喀山大学教授汉语口语。此君生于甘肃，后来到俄国，曾充任喀山第一中学督学并在那里教汉语。王西里认为喀山大学学生"能够向土生中国人学习汉语实践知识在欧洲是绝无仅有的现象"。① 喀山大学每年都要举办一次旨在鼓励学生独立从事科研活动的论文竞赛。为提高汉满语专业学生研究中国各民族的兴趣，王西里于1854年提议以《金朝与中国周边少数民族的关系》为题进行论文竞赛，他列举的参考文献中有《金史》《通鉴纲目》（汉、满文本）和《满洲源流考》等典籍。②

教学之余，王西里开展了卓有成效的科研活动。他撰写并试图出版自己的中国文学史笔记，写过一篇叫《论中国的货币流通》的文章。他发表的第一篇论文是于1851年刊登在《喀山通报》上的《苜蓿草》。1852年，他在《国民教育部杂志》上发表了《中亚及中国版图内的山脉》一文，对中亚的概念进行了界定。由于他的论文以鲜为人知的汉语材料写成，立刻引起了俄国学术界的重视。同年10月23日，他被选举为俄国皇家地理学会成员。

王西里积极充实学校的藏书。早在北京时期他就曾委托外交部亚洲司的官员带书给母校。回到喀山后，他又将自己收藏的许多中国书籍赠给了校图书馆。1854年10月他提议聘请与他一同在驻北京传教团学习过的杂哈劳担任喀山大学的通讯员。他认为时任俄国驻伊犁领事的杂哈劳精通汉满语言，可以帮助喀山大学图书馆获得更多的汉满文书籍。

1854年，王西里被聘任为喀山大学汉满语教研室的编内教授。同

---

① Валеев Р. М. Формирование и развитие казанского университетского востоковедения: разряд восточной словесности Казанского университета (1807 - 1855)//Монголовед О. М. Ковалевский: биография и наследие (1801-1878). Казань, 2004.

② Хохлов А. Н. В. П. Васильев в Нижнем Новгороде и Казани//История и культура Китая: Сборник памяти академика В. П. Васильева/Под ред. Л. С. Васильева. М. ,1974.

年尼古拉一世给枢密院下令,除喀山大学保留鞑靼语专业外,对俄国其他所有院校的东方语言教学实施合并,成立圣彼得堡大学东方语言系。这样,喀山大学的蒙古汉满语教学停止,其教师、学生和部分图书也转到了圣彼得堡大学。

3. 教学效果与就业状况

喀山大学汉学教育的重要性在于其开创意义,而其教学规模基本上停留在低水平状态,学生人数呈逐年减少趋势。东方语言专业1848年42名,1849年35名,1850年33名,1851年29名,1852年16名。而毕业人数又仅相当于入学人数的42%。造成这种状况的主要原因,一是专业比较难学,学习时间长,一般需要4—5年才能够毕业。二是难以找到专业对口的工作。如汉满蒙古语专业,只有位于中俄边境的中俄贸易地区需要为数不多的翻译,而在地处俄国欧洲部分的大中城市,使用这些人才的机构极少。为了让东方语言专业的毕业生不至于失业,有关部门只好安排他们去中学当俄语教师。从1837年到1850年,46名公费学生中只有14名找到了专业对口的工作,22人被分配到中学担任俄语教师,9人留在大学继续深造。此外,翻译薪酬偏低也是阻碍教学发展的原因。①

当然,喀山大学汉满语专业的毕业生中也不乏成绩优秀、立志汉学研究的人才,鲁什科、拉杜辛、佐梅尔、阿尔捷米耶夫(А. Артемьев,1820—1874)和奥果罗德尼科夫(Е. Огородников,1816—1884)是其中的佼佼者。鲁什科和拉杜辛在前文中已经介绍过了。佐梅尔1841年进入喀山大学汉语专业学习,1845年毕业,获得汉语学士学位,留校攻读硕士学位。喀山大学计划在佐梅尔完成硕士学位论文答辩后将他派到圣彼得堡、巴黎访学,并于1849年随俄国传教团赴中国学习。但是,这位成绩出色的年轻人在1847年染霍乱病逝。他在生前已经完成了硕士学位论文的写作,题为《论中国新哲学的原理》。苏联汉学家阿·彼得罗夫研究了佐梅尔去世后才得以发表的学位论文,认为

---

① Скачков П. Е. Очерки истории русского китаеведения. М. ,1977. С. 198 - 199.

他是一位前途无量的学者，是俄国汉学史上第一个对宋代理学进行研究的汉学家，所使用的材料也极为丰富，对前人以及欧洲学者的有关译作进行了批判性分析。① 从佐梅尔的研究能力可以在一定程度上管窥喀山大学的教育水平。阿尔捷米耶夫 1837 年入汉语专业，1841 年以优异成绩毕业，获得汉语学士学位，留在大学图书馆担任馆员助理，而后获得俄国历史学硕士学位。他的主要著述是他的学士学位论文《略论俄国对中国的认识》。此外，他还有《喀山来信：关于沃伊采霍夫斯基的生平》等文章发表。奥果罗德尼科夫从喀山大学汉语专业毕业后进入俄国内务部统计委员会工作，就俄国历史、地理和统计发表过一些作品，编有一部汉俄词典。②

喀山大学蒙古语教研室前后一共存在了 22 年，汉语教研室存在了 18 年，满语教学持续了 11 年。科瓦列夫斯基、阿·波波夫、西维洛夫、沃伊采霍夫斯基、索斯尼茨基、鲁什科、拉杜辛、王西里、阿布-卡里莫夫先后在这里任教，为俄国高等院校汉学教育的建立和发展做出了不同程度的贡献。随着喀山大学汉满蒙古语专业迁往圣彼得堡，俄国汉学教育进入了以王西里为代表的新阶段。

喀山大学开创了俄国高等院校汉学教育的先河，改变了俄国汉学教育主要局限在驻北京传教团的状况，实现了从单一僧侣汉学到僧侣与高等学校汉学并存的局面，在汉学人才培养、教材建设以及在创建作为 19 世纪下半期俄国汉学中心之一的圣彼得堡大学东方语言系的过程中做出了重要贡献。然而，由于政府机构和商界对中华语言人才的需求相对较小，大批学生毕业后谋职困难，在一定程度上牵制了汉学教育的发展。但是，其存在的历史证明了俄国大学开设中华语言专业的可能性与必要性，推动了俄国汉学以及中俄文化交流的发展。

---

① Петров А. А. Философия Китая в русском буржуазном китаеведении// Библиография Востока. Вып. 7. 1934.
② Скачков П. Е. Очерки истории русского китаеведения. М.，1977. С. 199.

第三节　汉籍收藏

作为俄国汉学成熟必要条件之一的汉籍文献收藏在19世纪上半期有很明显的增长，达到了相当的规模。收藏机构由18世纪单一的科学院图书馆发展为该时期多个单位共同集藏的局面。除亚洲博物馆之外，还有喀山大学、外交部亚洲司、俄罗斯馆中外书房、皇家公共图书馆以及伊尔库茨克和恰克图的中华语言教学机构。收藏行为逐渐从以零星的个人捐赠演变为由政府出资而进行有计划成系统的搜购。在这一过程当中，格里鲍夫斯基、比丘林、希林格、季姆科夫斯基、卡缅斯基、奥·科瓦列夫斯基和王西里等人发挥了重要作用。

一、亚洲博物馆

到18世纪末，圣彼得堡皇家科学院图书馆的汉满文藏书已经达到200余种2800册的规模。这些图书为俄国汉学的发轫创造了必要的条件。罗索欣、列昂季耶夫等早期汉学家的大部分译作所依据的底本就来自这批图书。随着珍宝馆和图书馆中的藏品逐渐增多，科学院开始考虑将其分成数个部门，以方便管理、展览和使用。受到俄法战争的影响，该计划一直到1818年才得以实现。是年11月11日，科学院院长乌瓦罗夫指示在珍宝馆内建立专门用来收藏东方文物和文献的"东方藏室"，由弗连任管理员。而后，原藏于科学院图书馆的东方语言图书、欧洲东方研究文献以及东方文物均被移交给了新成立的东方藏室。这个东方藏室从成立之初就被人们称作亚洲博物馆。

19世纪初亚洲博物馆的汉语图书数量获得了一些增长。1818年，卡缅斯基和利波夫措夫出版共同为亚洲博物馆的中国和日本图籍编制的一个目录，其中共著录汉文图书 210 种。德国学者瓦尔拉文斯于 2001 年重新刊登了这个书目。与 1794 年布塞的版本相比，卡缅斯基和利波夫措夫在很多方面都有了明显的改进。首先，两名编者对布塞目录没有进行简单的增补，而是重新进行了编排和分类，将汉籍由原来的 7 大类细分成了神学、哲学、道德、蒙古学、诗歌、历史、地理、天文、数学、法律、医学、自然、经济、军事、逸闻、故事、杂文 17 类。与此同时，该书目中单独记录了 69 种满文书和 15 种舆图。满文典籍的分类与汉文书一致。其次，将布塞书目中归类不准确的书籍进行了调整，如将《朱子节要》从布塞的政治与军事类别中移到了哲学类别，将《西游记》从历史与地理类归入故事类。然而，编者依然将《三国演义》和《水浒传》列入历史类，这在一定程度上显示了俄国人对中国小说认识的不足。最后，编者补充了前人目录中未著录的图籍。神学类增加了《圣约瑟传》（马若瑟撰）、《善生福终正路》（陆安德撰）、《真福直指》（陆安德撰）、《提正编》（贾宜睦撰）、《畸人十篇》（利玛窦撰）、《天主降生言行纪略》（艾儒略撰）、《圣体要理》（艾儒略撰）、《妄推吉凶辩》（南怀仁撰）、《四字经》（艾儒略撰）、《主教缘起》（汤若望撰）、《主制群征》（汤若望撰）、《熙朝定案》（南怀仁撰）、《红票》①等。哲学类增加了《睡答画答》《御制朋党论》《薛文清公要语》《圣谕广训》《黄石公素书》《潘氏总论》。教科书类增加了《西学凡》《西儒耳目资》等。历史类增加了《吴越春秋》《元史》等。地理书增加了《湖广通志》《安陆府志》《云南通志》等。数学类增加了《八线表》和《算法统宗》等。医学类增加了《疗马集》等。军事类增加《武经》等。②

1835 年亚洲博物馆的中国文献藏量几乎翻了一倍，这主要得益于希林格的大批赠书。这位贵族科学家一生钟情东方学，不惜花费巨额

---

① 康熙向罗马教廷发出的以满、汉、拉丁三种文字写就并盖有红印的敕文。
② Walravens, Hartmut. Der Bücherkatalog von Kamenskij und Lipovcov: Ein Beitrag zur Frühgeschichte von Sinologie und Mandjuristik in Russland//Zeitschrift der Deutschen Morgenländischen. Gesellschaft Band 151-Heft 2 2001.

金钱，委托俄国传教团成员在北京为其购置中国图书，并且积极收购俄国东方学家藏书。1835 年，即在去世前两年，他将自己所藏的 314 种共计 2600 册汉、满、蒙古、藏图书捐赠给了亚洲博物馆，其中包括汉籍 252 种（据布罗塞统计），或 323 种 1813 册（据多恩〈Б. А. Дорн，1805—1881〉统计）。这是亚洲博物馆历史上获得的数量最大、质量最优的一批中文图籍。他去世后的次年，其家人又将第二批希林格藏书捐赠给亚洲博物馆，数量和质量都不在第一批之下。比丘林曾经受邀对希林格的这批书进行编目整理，其手稿现在还没有被发现。据布罗塞回忆，"希林格男爵的第二批藏书中最丰富的为历史、地理和法律文献。有一套中国总论式的著作非常好，有 300 册之多，有 87 种 699 册中国通史类著作，两部 6 种语言合璧的地理辞典以及大量满、汉、蒙辞书。此外，还有厚厚 50 种总计 300 册的雍正谕旨，大量舆图，带满文译文的优秀汉语长篇小说，传教士著作的刻本与抄本，许多用中国印刷术刊印的书籍很为藏书家所珍视"。[1] 王西里写道："俄国拥有一位东方文献收藏家，他就是已故的希林格男爵，科学院所有的重要宝藏都得益于他的努力。他不惜金钱与精力，不仅收藏东方图书，而且搜集反映东方生活的文物。遗憾的是他的足迹没有越过后贝加尔地区，必须委托他人在北京购置实物与书籍。此外，男爵尽管求知心盛、知识渊博，但不懂得东方语言，需要借助他人的眼光审视一切。"[2] 王西里显然对希林格不通中国语言感到遗憾，而这并没有影响到男爵选择书籍，因为希林格总是请内行人帮助他。西帕科夫、卡缅斯基、列昂季耶夫斯基、沃兹涅先斯基、安文公（Д. С. Честной，

---

[1] Горбачева З. И. Китайские ксилографы и старопечатные книги собрания Института востоковедения Академии наук СССР (Общий обзор)//Ученые записки ИВ АН СССР. Т. 16. М. ,1958.

[2] Васильев В. П. Записка о восточных книгах в С. -Петербургском университете //Русский вестник. XI. 1857.

1801—1866）① 这些汉学家都曾为他在北京精心选书。②

俄国早期汉学家的个人收藏也是希林格藏品的重要来源。希林格藏书中的蒙古文献主要来自俄国最早的蒙古学家之一——亚·伊古姆诺夫。1830年，他从亚·伊古姆诺夫手中购买了其一生精心收藏的70种蒙古文献以及部分手稿。与此同时，他收购了帕雷舍夫和诺沃肖洛夫身后遗留下来的满、汉、蒙古文藏书和手稿。这些藏书也非常丰富，均为这些汉学家从事汉学研究所使用的基本文献。比如，根据当年的书单，在希林格的藏书中，属于帕雷舍夫的有《古文渊鉴》《御制增订清文鉴》《禅真后史》《大清太祖高宗圣训》《大清太宗文皇帝圣训》《大清世祖章皇帝圣训》《大清圣祖仁皇帝圣训》《大清世宗宪皇帝圣训》《清文启蒙》《满汉合璧三字经注解》《御制清凉山新志》《金瓶梅》《好逑传》《音汉清文鉴》《西游记》《满汉合璧孝经》《满汉合璧名贤集》和《清语易言》等重要的满文文献。③

此时亚洲博物馆获得了一批中国医书。布罗塞1840年所编书目中的医书绝大多数都是后任喀山大学满语教授的沃伊采霍夫斯基提供的。这些书中包括了中国古代最重要的医学典籍，如《黄帝内经素问》《黄帝素问灵枢合纂》《图注难经》《王叔和图注难经脉诀》《详订医宗必读》《医学启蒙汇编》《医方集解》《大生编》《窦太医外科全书》《女科经编》《外科证治全生集》《痘疹正综》《绣梓图详外科正综》《傅氏眼科大全》《本草纲目》和《本草万方针线》等。④

---

① 汉语音译为"切斯特诺伊"，汉名为"安文公"，法号为阿瓦库姆（Аввакум），中国史籍中亦称之为"阿瓦枯玛"。
② Попова И. Ф. Китайская коллекция Санкт-Петербургского филиала института востоковедения Российской Академии Наук，载2006年《中俄社会科学论坛"中俄关系:历史、现实与未来"国际会议论文集》，未刊。
③ Яхонтов К. С. Китайские и маньчжурские книги в Иркутске. СПб., 1994. С. 15-20.
④ Горбачева З. И. Китайские медицинские труды в коллекции Ленинградского отделения Института народов Азии Академии Наук СССР//Страны и народы Востока. Вып. 2. М., 1960.

在亚洲博物馆众多的藏书中，80 回的《红楼梦》抄本特别值得一提。它是由第十一届传教团学生库尔梁采夫（П. Курлянцев, ? —1838 年后）于 1832 年带回俄国的，1962 年被苏联中国文学研究专家李福清发现，并与孟列夫于 1964 年撰文介绍，轰动红学界，被定名为"列藏本"。"列藏本"存 78 回，是脂批本、庚辰本等版本的合抄本。中华书局于 1986 年影印出版该抄本，李福清和孟列夫亲撰序言，记述"列藏本"《红楼梦》的发现过程。

亚洲博物馆成立以后，在弗连的主持下，逐渐从一个东方文物和图书的收藏之所变成了同时具有研究功能的机构。他曾经邀请比丘林对这里的藏品进行鉴别、整理和编目。随着中俄之间交往的日益密切以及俄国皇家地理学会东方部的成立，从中国、西伯利亚和远东地区返回的俄国外交官、商人和考察队源源不断地将中国各民族文物和语言文献送进博物馆的收藏。亚洲博物馆成为俄国中国文物和图书的重要收藏地。

二、喀山大学

随着蒙古、汉、满语三个专业的相继成立，喀山大学成为 19 世纪上半期欧洲最重要的汉学研究中心之一。喀山大学的汉学藏书从一开始就是围绕汉学教育和研究而展开的，其中，奥·科瓦列夫斯基、西维洛夫、沃伊采霍夫斯基和王西里做出了突出贡献。

在建立喀山大学蒙古教研室之前，奥·科瓦列夫斯基曾于 1828—1832 年底在后贝加尔地区的布里亚特人中间学习蒙古语，并随第十一届传教团到过北京。在北京期间，第十届传教团的沃伊采霍夫斯基医生对奥·科瓦列夫斯基收集图书提供了很大帮助。沃氏因医术高明而享誉京城，所到之处均会受到礼遇，可以进入官办的刊印作坊去购书，有时甚至可以按重量成捆购买。此外，四世敏珠尔呼图克图也提供了很大帮助。在他的协助下，奥·科瓦列夫斯基得以直接进入北京寺院的藏经楼抄写珍本。奥·科瓦列夫斯基最后为喀山大学带回汉、藏、蒙古、满文书籍 189 种共 1433 册，内容涉及东方国家历史、哲学、宗教和法律等领域，还从中国带回了一些绘画、服装、家什、祭品、面料、笔墨纸砚、各朝代的钱币等。① 由于喀山大学的蒙古、汉、满藏书基础非常薄弱，奥·科瓦列夫斯基非常重视收集相关语言的文献，以为建设专业和从事研究进行准备。他收集最多的蒙古语书籍，主要是学习语言所必需的各种辞书，而后是佛教文献。王西里说："奥·科瓦列夫斯基搜集净了市面上的蒙古语刊本，我们必须仔细鉴别，才有可能从北京的书店中补购到一些，但充其量也不过三四种。"② 占第二位的是藏文书籍，最后才是满语和汉语。奥·科瓦列夫斯基尽管到过北京，但他的兴趣并不在汉满语文献上。奥·科瓦列夫斯基曾经就他所收集的图书编写了一个目录并在 1834 年正式出版，其中包括 189 种蒙古藏满汉梵典籍。俄罗斯学者乌斯宾斯基（В. Л. Успенский）于 2004 年在《科瓦列夫斯基生平与遗产》一书中重刊了该目录，为进一步研究喀山大学的汉学藏书提供了方便。另外，在立陶宛首都维尔纽斯奥·科瓦列夫斯基的档案之中保存了一些由他的家人在其身后捐赠的图书。这些曾经在喀山大学陪伴奥·科瓦列夫斯基的书中有许多珍贵的刻本和抄本，比如汉文书有《耶稣基利士督我主救者新遗诏书》《新遗诏书》、香港英华书院和上海墨海书馆印刷的《旧约全书》、比丘林改编潘国光著述而成的《天神会课》以及《钦定大清会典》《仪象志》《新制灵台仪象志》《黄道总星图》《增补万宝全书》等，满文书有《主制群征》《性理真诠》和《西厢记》等，蒙古文书有《药师经》《新刻校正买卖蒙古文同文杂字》等，还有一些藏文典籍，共计 59 种。③

西维洛夫于 1837 年成为俄国历史上第一位汉语教授。他将自己所有的藏书一次性以 4000 卢布的价格出售给学校，为喀山大学图书

---

① Шамов Г. Ф. Научная деятельность О. М. Ковалевского//Очерки по истории русского востоковедения. Вып. 2. М. ,1956.

② Васильев В. П. Записка о восточных книгах в С. -Петербургском университете //Русский вестник. XI. 1857.

③ Alexeev K. V. Yachontov K. Kowalewsky's collection of Chinese, Manchu, Mongolian and Tibetan books in Vilnius//Петербургское востоковедение. Вып. 1. СПб. ,1992.

馆的汉语藏书奠定了基础。这批图书一共有 156 种，内容丰富。① 据王西里说，西维洛夫的藏书多为诸子经典和哲学文献，其中耶稣会士著作占有重要地位。王西里认为这些基督教书籍尽管"翻译不太成功，但作为稀见之品，颇有收藏价值"。与西维洛夫一样，沃伊采霍夫斯基于 1844 年在喀山大学教授满语后即将所藏图书出售给学校。

为喀山大学中国文献收藏做出最大贡献的是 1850 年从北京归来的王西里教授。王西里于 1840 年来到北京，喀山大学每年向他提供 700 卢布，一半用来雇佣教师，另一半用来购买书籍。王西里实际上花费了将近 5000 卢布，购买了大量图书。他的老师奥·科瓦列夫斯基收集的主要是蒙古文献，王西里所购买的主要为藏、满、汉语典籍。他写道："这里所有的藏文书和大部分的满文书都是我购置的。"至于喀山大学的汉语藏书，王西里认为其"无论是规模、价值、还是品种都超过了其他文字文献，甚至超过了许多欧洲语言文献"。② 为了给喀山大学"淘"到好书，王西里经常在琉璃厂的书铺中仔细寻觅。他的好友、满学家杂哈劳总是与他同行，为亚洲司图书馆购买图书。王西里在北京居留期间为喀山大学收集了 849 种 14447 册珍贵的抄本和刻本图书。③ 他甚至收集到了康熙皇帝第十七子果亲王允礼收藏的许多有关密宗佛教的书籍，如五世达赖喇嘛的《密幻传》、思吉翰节尔的《佛陀十二行赞》、元代僧人八思巴的《彰所知论》的蒙古文译本以及《丹珠尔》三卷本蒙古文抄本等不可多得的珍品。这些书 1999 年被乌斯宾斯基收入其在东京出版的《圣彼得堡大学图书馆所藏蒙古文抄本和刻本目录》。与众不同的是，王西里特别关注中国文学作品。他写道："其他图书馆中很少收藏中国诗歌和短篇古文佳作，只有几部小说和戏剧……我无权将这些从我的藏书中剔除出去，因为

---

① Валеев Р. М. Казанское востоковедение：Истоки и развитие. Казань, 1998. С. 147.

② Васильев В. П. Записка о восточных книгах в С.-Петербургском университете // Русский вестник. XI. 1857.

③ Шубина С. А. Русская Православная Миссия в Китае (XVIII - начало XX вв.). Диссертация на соискание ученой степени кандидата исторических наук. Ярославль, 1998. С. 211.

无论是哪种著作迟早都将丰富我们对这个国家的理解，对认识东方智慧的全面发展很有必要。"① 他一共收集到125种小说、弹词和剧作，这里还不包括《汲古阁六十种曲》。单是历史演义就有：《开辟演义》《东周列国志》《东西汉演义》《三国演义》《东西晋全志》《梁武帝全志》《北史演义》《隋唐演义》《说唐全传》《杨家将演义》《续杨家将》《忠烈全传》《征西全传》《飞龙传》和《英烈传》等。② 奥·科瓦列夫斯基和阿·波波夫在对这些书进行鉴定后指出："王西里先生不只考虑自己的研究领域，还考虑了将要使用图书馆的几代人的研究。他带回的满文图书，加上图书馆原有的藏书，几乎囊括了可以在中国找到的所有满文书籍。藏文典籍中包括了一些稀世珍本，大部分不是在北京刊印的。所以，如果政府决定在喀山大学开设藏语教研室的话，未来的教师会在我们的图书馆为他们的著作找到珍贵的科研材料，足够他们使用许多年。王西里带回的蒙古语书籍相对较少，但也丰富了我们的图书馆。希望王西里能就我们现有的汉、满、藏文书籍进行系统的编目。出版这样的书目可以向国外的东方学家简要地介绍我校藏书，扩大学术联系。"③

1853年，王西里开始为喀山大学图书馆所藏的汉、满、藏文书籍编目。这些书中的绝大部分（827种）是王西里从北京带回的。④ 王西里在整理喀山大学藏书的同时，产生了要把俄国其他机构，特别是圣彼得堡皇家科学院和外交部亚洲司所拥有的汉满蒙古书籍也编入他的目录的想法，为此专门于1854年去圣彼得堡工作了一段时间。

---

① Васильев В. П. Записка о восточных книгах в С.-Петербургском университете // Русский вестник. XI. 1857.
② [俄]李福清：《俄国汉学史——以中国文学研究为中心》，未刊稿。
③ Хохлов А. Н. В. П. Васильев в Нижнем Новгороде и Казани // История и культура Китая: Сборник памяти академика В. П. Васильева / Под ред. Л. С. Васильева. М., 1974.
④ 827种中不包括蒙古文图书。参见 Хохлов А. Н. В. П. Васильев в Нижнем Новгороде и Казани // История и культура Китая: Сборник памяти академика В. П. Васильева / Под ред. Л. С. Васильева. М., 1974.

1855年这些书被转到圣彼得堡大学东方语言系图书馆。王西里在回忆他本人收集的中国图书时不无自豪地说："仅1851年我一次运回的图书，就使我校图书馆不仅可以和同行相媲美，而且在丰富性上有所超越。"①

三、外交部亚洲司

1718年彼得一世下旨创建外务院，开始录用东方语言人才。1796年，该院成立了专门处理与亚洲国家关系的亚洲事务处。1802年，外务院更名为外交部，1819年亚洲事务处改为亚洲司。为培养东方语言翻译人才，亚洲司于1823年创办了一所东方语言学校——东方语言教学部。亚洲司从成立之日起即重视收集东方语言图书。与其他机构相比，亚洲司在获得中国图书方面拥有无可比拟的优势。它不仅有资金上的保障，而且还有传教团这样一个专业化的常驻北京机构长期而不间断地为之进行图书搜寻和购置工作。1857年王西里就此写道："亚洲司在购书方面不吝惜金钱。在过去的35年中，该机构每年拨付购书款500卢布。这样，即使不算以往所购图书以及以上我们提到的中国政府的礼物②，亚洲司图书馆已经花了近17000银卢布。对于中国而言，这个书目非常巨大，因为那里的书籍非常便宜。"③

在传教团中，许多人都为亚洲司图书馆购置过图书。季姆科夫斯基是第十届传教团监护官，其在北京期间的重要任务之一便是为亚洲司买书。他在回国以后发表的《1820年和1821年经过蒙古的中国游记》中记录了他购书的过程以及所购图书目录和价格。他为亚洲司一共购买图书20种，汉文书有《日讲易经》（3两）、《三国志》（11

---

① Васильев В. П. Записка о восточных книгах в С.-Петербургском университете // Русский вестник. XI. 1857.
② 指道光二十四年（1844）理藩院赠给俄国的藏文大藏经《甘珠尔》和《丹珠尔》。——笔者注
③ Васильев В. П. Записка о восточных книгах в С.-Петербургском университете // Русский вестник. XI. 1857.

两)、《红楼梦》(8两)、《六经图》(5两)、《西域闻见录》(5两)、《文庙祀典考》(5两)、《朱子全书》(5两)、《康熙字典》(18两)、《助字汇》(1两1钱7厘)、《玉堂字汇》(6两半)、《道光元年黄历》(6钱),满文书有《诗经》(3两)、《古文》(12两)、《通鉴纲目》(10两)、四书(3两)、《清文鉴》(6两5钱)、《三合便览》(5两)、《小学》(2两5钱)、《乾隆内府舆图》(20两)等。① 季姆科夫斯基在1830年担任亚洲司司长之后,继续对传教团成员购买图书给予了支持。比丘林在北京期间荒废教务,而将全部精力用于汉学研究。他所收集的中国图书数量之多,令人惊叹,包括了诸如四书、《三字经》《资治通鉴纲目》《金史》《辽史》《元史》、十三经、廿二史、《大清一统志》等中国最重要的哲学、历史典籍。季姆科夫斯基回忆说,比丘林回国时所携庞大行李的主要部分就是为亚洲司、公共图书馆和伊尔库茨克亚洲语言学校购买的书籍,重量达到了400普特,装了12只大箱,还有一箱手稿、一箱颜料和6大卷地图。光是到恰克图的运费就花了750银卢布,装满了15只骆驼。"从前8届驻北京传教团在100年间也没有带回像第九届这样如此数量的珍本。"② 比丘林将这些书中的大部分交给了亚洲司图书馆以及公共图书馆。

到19世纪中期,俄国外交部亚洲司的汉、满、蒙古、藏文献收藏已达到相当的规模。1843年安文公编写了《亚洲司图书馆藏汉满蒙藏梵文图籍目录》,但其中书名使用的是俄文拼音。在1844的第二版中编者做了改进,所有书籍均用原文著录,按照汉、满、蒙古、藏、梵5种文字分成5类,第六类为地图与天象图。安文公一共著录图籍609种,其中汉文395种、满文60种、蒙古文42种、藏文75种、梵文16种,地图与天象图19种。安文公因此而被晋升为修士大

---

① Тимковский Е. Путешествие в Китай через Монголию в 1820 и 1821 годах. Ч. 2. СПб. ,1824. С. 390 – 394.

② Макаровский А. И. Архимандрит Иакинф Бичурин-православный миссионер и русский синолог (к 150 – летию со дня кончины)//Церковный вестник. 2003. №6 – 7.

司祭并成为圣彼得堡宗教事务所和宗教裁判所的成员。① 然而，安文公并没有将亚洲司所藏全部汉籍纳入目录，因为在他后来编写的《亚洲司图书馆汉满蒙藏图书、抄本及地图目录补编》中又著录了 340 种汉籍，其中包括 8 种地图。到 1864 年亚洲司中国图书并入亚洲博物馆之前，其汉籍收藏已经达到 1000 余种。如果将俄罗斯馆中外书房作为亚洲司图书馆的海外分馆来看待的话，其汉籍藏量在俄国乃至欧洲都是最多的。

四、俄罗斯馆中外书房

俄国东正教驻北京传教团自组建以来就重视中国图书收藏。每届领班换班时都要进行馆藏图书交接。但是，由于其成员素质偏低以及经费不足，18 世纪基本上没有形成规模，以常用的神学著作居多。直到 1794 年受过良好教育的第八届传教团领班格里鲍夫斯基到达北京之后情况才有了明显改善。格里鲍夫斯基于 1795 年在俄罗斯馆内创建了中外书房，以为僧侣和学生研究中国之用。他将自己收藏的《贝尔亚洲游记》和德国普芬道夫的《欧洲历史导论》捐赠给中外书房，并号召其他人效仿，为扩充藏书做出了贡献。除俄国人外，还有中国人捐赠。如 1804 年俄罗斯文馆提调官就把从恰克图抄写来的《沃尔科夫新编词典》赠送给了中外书房。除了收藏中国图书，格里鲍夫斯基也重视收集传教团成员的手稿。很快，他的行动受到了外务院的赞赏，并得到了资金上的支持。进入 19 世纪以后，俄罗斯馆中外书房的图书收藏量有了明显增长。1818 年 7 月 27 日沙皇亚历山大一世下令明确规定传教团必须尽可能利用专项拨款为俄罗斯馆中外书房收集图书和地图。第十届领班卡缅斯基用拨款购买了大量汉满语图书。道光十八年（1838 年）在京的最后一名葡萄牙传教士毕学源去世，生前

---

① Августин(Никитин). Архимандрит Аввакум(Честной) - миссионер, дипломат, востоковед//Миссионерское обозрение. 2002. №7. 笔者把文中所说的各语种典籍及舆图数相加，得总数为 607 种，与作者统计的 609 种有出入。

将南堂堂产契据交第十一届传教团领班魏若明代管，其中也包括那里丰富的藏书。这些书被尽数转移到了俄罗斯馆中外书房。据外交部俄罗斯对外政策档案馆保存的目录统计，共计3345种。1860年英法联军入侵北京，经法国与俄方交涉，这批图书由签订中俄《北京条约》的俄方全权代表伊格纳季耶夫（Н. П. Игнатьев，1832—1908）转交给罗马天主教会。实际上，俄国人并没有全部移交，而是将部分书籍扣留了下来，一些天文学领域的专业书籍运回了圣彼得堡并转交给圣彼得堡天文台。1842年俄国政府拨专款13500卢布修建新的中外书房馆舍，改善了原来比较简陋的储藏条件。目前外交部俄罗斯对外政策档案馆还保存有1823年的《驻北京传教团收藏的俄文及外文书目》和《驻北京传教团图书馆收藏及1850年转交给新一届传教团的汉满蒙藏文图书目录》，从中可以大体窥见俄罗斯馆中外书房19世纪上半期的规模。①

值得一提的是，俄罗斯馆中外书房曾收藏有汉文和藏文大藏经——《甘珠尔》和《丹珠尔》。汉文版大藏经为第十一届传教团修士辅祭佟正笏（Поликарп Тугаринов，1799—1868）于1833年所获。1838年离京时他以30俄磅银子的价格卖给了俄罗斯馆。而在佟正笏担任第十二届传教团领班期间俄罗斯馆又获得了珍贵的藏文版《甘珠尔》和《丹珠尔》，并成就了中俄文化关系史上的一件大事。第十二届传教团成员王西里在《圣彼得堡大学东方书籍札记》一文中对这件事进行了介绍，俄罗斯学者霍赫洛夫在档案中发现的佟正笏给俄国政府的报告详细记录了中国政府赠书的起因。② 王西里写道："为了学习藏语，我到北京后就极力寻找《甘珠尔》和《丹珠尔》。西藏商人经常将这些书运到北京出售给蒙古人，但印刷和纸张质量都很糟糕，看不清字迹。同时我打听到可以得到宫廷印字坊刊本，质量要好得多。

---

① Кармановская И. Л. Сокровища российской духовной миссии в Пекине// Проблемы Дальнего Востока. 1990. №5.

② Хохлов А. Н. П. И. Кафаров: Жизнь и научная деятельность (Краткий биографический очерк)//П. И. Кафаров и его вклад в отечественное востоковедение: К 100-летию со дня смерти. Материалы конференции. Ч. 1. М. ,1979.

我甚至在皇宫北花园的大殿中见到过刻板。需要向理藩院提出申请，传教团领班给予了协助。此时我们得知《甘珠尔》和《丹珠尔》已经印过了，刻板已经损坏且有丢失。但中国政府对我们很友好，从北京的一位呼图克图藏书中送给我们一套。"① 结合佟正笏的报告，我们大致可以勾勒出实际情形：王西里因为学习藏语和研究佛教而想到向理藩院索购藏文《甘珠尔》和《丹珠尔》，1844 年 1 月佟正笏通过俄罗斯馆监督提出了要求。理藩院用 2000 两银子从雍和宫购得一套，并于 5 月 13 日下午将经卷用 5 辆大车运抵俄罗斯馆。经道光皇帝批准，经卷无偿赠予俄罗斯馆。② 清人何秋涛《朔方备乘》记载："道光二十五年，俄罗斯国王表言《丹珠尔》经乃佛教所重，而本国无之，奏求颁赐。上命发雍和宫藏本八百余册赐之。越数月，其国王因肄业换班学生进京，乃尽缮俄罗斯所有书籍来献，凡三百五十七号，每号为一帙，装饰甚华。有书有图，惟通体皆俄罗斯字，人不尽识，当事者议发还之。或曰斯乃所以为报也，却之转拂远人之情，则奏请收存于理藩院，以俟暇日将翻译焉。于是军机处存注档册，例须先译书名，乃得其三百五十七号之书目，好事者争相传录。"③ 长期以来，学术界因袭何秋涛观点，认为赠经书发生于道光二十五年（1845年），原因是"俄罗斯国王表言"，俄国方面索要的只是《丹珠尔》，这显然与事实不符。比较而言，倒是《筹办夷务始末》的记载更接近事实："道光二十四年据住京俄罗斯达喇嘛佟正笏呈，恳请领唐古忒干珠尔经丹珠尔经各一部，曾经奏明颁给只领等因。"④

可以说，"北京传教团以及个别成员佛教经典收藏的增加进一步

---

① Васильев В. П. Записка о восточных книгах в С.-Петербургском университете // Русский вестник. XI. 1857.
② Хохлов А. Н. П. И. Кафаров: Жизнь и научная деятельность（Краткий биографический очерк）// П. И. Кафаров и его вклад в отечественное востоковедение: К 100-летию со дня смерти. Материалы конференции. Ч. 1. М., 1979.
③ 何秋涛：《朔方备乘》卷三十九，光绪三年畿辅通志局刊。
④ 宝鋆等修：《筹办夷务始末（同治朝）》卷六十六，台北：文海出版社，1971 年。

促进了传教团的佛学研究"。① 其中表现最突出的除王西里外，还有巴拉第。他们两人都有数量可观的佛教文献收藏，并进行了卓有成效的佛学研究。在王西里 1850 年回国以前，除藏文大藏经外，俄罗斯馆中外书房中光是佛教经典就藏有 700 余种。

在俄国政府的支持下，经过几届传教团半个多世纪的努力，到 19 世纪中期，俄罗斯馆中外书房的藏书已经达到相当的规模，不仅可以满足团内的汉学研究之需，同时还将复本源源不断地运回国内，转交给其他汉学教育与研究机构。

五、皇家公共图书馆

皇家公共图书馆正式创立于 1814 年，但实际上早在数年前就已存在。根据康·雅洪托夫 1993 年出版的馆藏汉文典籍目录，大致可以看清公共图书馆中国文献收藏的历史脉络。在 1808—1812 年度的图书馆总结报告中称已藏有 3 种满文书和 32 种汉语典籍，主要来自杜勃罗夫斯基（П. П. Дубровский，1754—1816）的收藏。这位外交官生前一直在收集东方文献，于 1805 年将自己的藏品赠送给了公共图书馆。现在能够确定的杜勃罗夫斯基赠书有《坤舆万国全图》《易经直解》《孟子》《新锲重订补遗音释大字日记故事大成》《金刚经》《大方广圆觉修多罗了义经略疏》《太上感应篇》《万物真原》《天神会课》（潘国光版本）、《圣教要理》《圣教日课》《好逑传》《金兰筏》以及多封中国基督徒的信件等。1817 年亚历山大一世将从一位官员手中收购的图书赠送给图书馆，其中包括第六届传教团学生巴克舍耶夫编写的《满俄词典》。1822 年第九届传教团学生西帕科夫将自己收藏的自《皇清职贡图》中描摹的 57 幅彩色中国东北和沿海地区民族肖像以及 88 幅中国服饰水彩画以 450 卢布的价格卖给了公共图

---

① Хохлов А. Н. В. П. Васильев в Нижнем Новгороде и Казани//История и культура Китая: Сборник памяти академика В. П. Васильева/Под ред. Л. С. Васильева. М.,1974.

书馆。1823年该馆购买到一些中国图书，其中有满文书9种。①

1821年季姆科夫斯基在北京为公共图书馆购置了31种汉满文典籍和地图，另有中国风俗图多种。这些图书包括《通鉴纲目》（10两）、《平定准噶尔方略》（满文，30两）、《平定准噶尔方略》（汉文，30两）、《八旗通志》（26两）、《康熙字典》（18两）、《日讲四书》（满文，3两）、《日讲四书》（汉文，8两）、《授时通考》（8两）、《皇朝礼器图式》（15两）、《御制翻译四书》（汉满文合璧，10两）、《皇清开国方略》（满文，25两）、《妙法莲花经》（汉文）、《楞严经》（汉文）、《道德经》（汉文，4两5钱）、《性理精义》（满文，1两5钱）、《西域闻见录》（5两）、《异域录》（满文，1两5钱）、《皇清职贡图》（汉文，6两）、《万年书》（1两）、《御制四体清文鉴》（清蒙藏汉合璧，8两5钱）等。②

1832年卡缅斯基向公共图书馆赠送了33种文献，包括汉、满文图书及其本人手稿数种。汉文典籍有《重订广舆记》（道光四年）、《异域琐谈》（抄本，嘉庆十五年）、《皇清职贡图》《示我周行》《坤舆图说》《熙朝新语》（道光丙戌）、《新增万宝元龙杂字》《幼学必读使用杂字》《道德经妙门约注》（嘉庆四年）、《三才一贯图》（康熙六十一年）、《钦定吏部处分则例》《钦定礼部则例》《钦定中枢政考八旗》《钦定中枢政考绿营》《乾隆五十五年八旬大庆万寿胜典之全图》《万寿胜初集》《农书》《尔雅音图》《真道自证》（康熙辛丑）、《哀矜行诠》《醒世迷编》（抄本）、《轻世金书》《圣经直解》《早课经》（稿本，1827年由西维洛夫于北京翻译）、《涤罪正规》《天学集解》（抄本）、《天主圣教诸书经典名》《熙朝特典》《世祖章皇帝上谕》《熙朝定案》《景教流行中国碑颂正诠》《涤罪正规》等。卡缅斯基对部分基督教文献给予了特别的关注并留下了珍贵的题记。如《哀矜行

---

① Китайские рукописи и ксилографы Публичной библиотеки: Систематический каталог/Сост. К. С. Яхонтов. Ред. Ю. Л. Кроль. СПб. ,1993. С. 8–12

② Тимковский Е. Путешествие в Китай через Монголию в 1820 и 1821 годах. Ч. 2. СПб. ,1824. С. 381–386.

诠》末页注有"卡缅斯基抄于古北口"字样,其书单中第 30 号由 3 种抄本构成:一是《超性俚啥》,云间许类斯撰,老楞佐圣所刊,包括《天主耶稣七言绝句》和《圣母玛利亚五言绝句》两种,末页上注有"约瑟夫亲王抄自家藏,彼得·卡缅斯基修士大司祭 1831 年校对";二是《拯世略说》,末页上注有"嫡系亲王约瑟夫抄自家藏,彼得·卡缅斯基修士大司祭 1831 年校对";三是《圣思语录》,末页上注有"亲王约瑟夫抄自家藏,彼得·卡缅斯基修士大司祭 1831 年 3 月 21 日校对。该亲王祖先曾因信奉基督而受害。他家大人多,尽管德行高尚,仍被剥夺了许多优渥。现在阿尔巴津子弟学校教书"。我们知道,康熙时期曾有宗室苏努、德沛以及国戚佟国器、佟国维等人入教受洗。这个在俄罗斯馆雅克萨战俘子弟学校供职的约瑟夫极有可能就是苏努的后人,因为这个家族一直到嘉庆年间仍然坚定地固守着自己的信仰。另外,卡缅斯基对艾儒略的《涤罪正规》尤为珍视,做了这样的题记:"1822 年 11 月 20 日为丰富教授阿尔巴津人基督教义的资料,上帝通过我的朋友周彼得将这本基督教道德无价之书赐给我。上帝,请继续施与我仁慈。"①

公共图书馆中国文献收藏在一定程度上得益于馆长奥列宁的社会影响力。在许多书上至今还有捐书者给奥列宁的题字,如汉文《历代帝王次纪》《三才一贯图》以及满文本《二十四孝》等。他邀请因出版《西藏志》和《蒙古纪事》而名声大噪的比丘林为公共图书馆的中国图书编写书目,并聘他为荣誉图书管理员。比丘林于 1829 年底完成了书目编写工作。有学者评价说:"与卡缅斯基和利波夫措夫的书单式目录不同,这是俄国汉学史和满学史上的第一个评介式书目,后来成为公共图书馆出版东方文献目录的坚实基础。"② 其中著录了

---

① Китайские рукописи и ксилографы Публичной библиотеки: Систематический каталог/Сост. К. С. Яхонтов. Ред. Ю. Л. Кроль. СПб.,1993. C. 124.
② Патрушева М. А. О рукописи Н. Я. Бичурина《Реестр китайских и маньчжурских книг,находящихся в имп. Публичной библиотеке》//Н. Я. Бичурин и его вклад в русское востоковедение: К 200 – летию со дня рождения. Материалы конференции/Сост. А. Н. Хохлов. Часть 1 – 2. М.,1977. Ч. 1.

40种汉文书和13种满文书,已知汉文书中有《西域闻见录》、《皇清职贡图》、《直隶各省舆地全图》(嘉庆二年)、《沿海防卫指掌图》、《首善全图》、《通鉴直解》、《新刻开天辟地盘古至今历代帝王姓氏年号全图》、《钦定万年书》、《历朝捷录》、《东华录》(抄本)、《平定准噶尔方略前编》、《平定准噶尔方略正编》、《平定准噶尔方略续编》、《易经直解》(醉耕堂本)、《毛诗郑笺》、《御制日讲四书解义》、《性理精义》、《金刚经》(康熙丁未)、《妙法莲花经妙解》、《大方广圆觉修多罗了义经略》、《楞严经集注》、《道德经注解》(嘉庆八年致和堂)、《道德经妙门约注》(嘉庆四年)、《救世我主耶稣新遗诏书》、《天神会课》(潘国光本)、《圣教要理国语》、《圣教日课》、《大清搢绅全书》(嘉庆辛巳文盛堂)、《大清中枢备览》(嘉庆辛巳文盛堂)、《皇清礼器图式》、《钦定授时通考》、《诸仪象弁言》、《刘春沂佐沂选丙寅年金水通书》、《衣德堂重订本草纲目》和《康熙字典》等,满文书中有《四书集注》、《清文五朝圣训》、《二十四孝》、《钦定满洲祭神祭天典礼》、《皇清开国方略》、《资治通鉴纲目》、《八旗通志初集》、《异域录》、《御制满蒙文鉴》和《满汉俄罗斯合璧翻译文鉴》(稿本)等。[1]

1836年有收藏东方文物爱好的俄国驻瑞典大使苏赫捷林(П. К. Сухтелен,1751—1836)公爵向公共图书馆捐赠多种汉籍,现在知道的有《大学》、《中庸》、《吴郡名贤图传赞》、《真道自正》、《新遗诏书》、《钦定户部则例》、《农政全书》、《本草备要》和《正字通》等。

综观19世纪上半期公共图书馆的收藏,多由偶然的捐赠和收购而形成。向图书馆提供中国文献的汉学家中以卡缅斯基最为突出。这些书中绝大多数为汉、满文儒家典籍和历史文献,同时耶稣会士宗教著述也是收藏重点。然而,如果与同时代圣彼得堡的其他中国文献藏书中心相比,公共图书馆的汉籍收藏量是最少的。王西里指出,就汉语文献而言,公共图书馆的收藏相对贫乏,这些书主要收藏在俄国外

---

[1] Китайские рукописи и ксилографы Публичной библиотеки: Систематический каталог/Сост. К. С. Яхонтов. Ред. Ю. Л. Кроль. СПб. ,1993.

交部亚洲司图书馆、亚洲博物馆以及圣彼得堡大学东方语言系。①

六、伊尔库茨克与恰克图

在俄国早期中国文献收藏历史上，作为西伯利亚行政和军事中心的伊尔库茨克以及作为中俄贸易中心的恰克图不仅是中国书籍向俄国流传的必经之地，而且也是重要的收藏地。俄国商队、传教团、考察队、外交信使都将伊尔库茨克和恰克图作为研究中国和收集中国图书的桥头堡。

到18世纪末，伊尔库茨克具备了进行中国文献收藏的最基本条件。首先，1782年，伊尔库茨克博物馆和伊尔库茨克公共图书馆建立。其次，这里出现了培养中华语言翻译的学校，出现了第一批教授和学习中华语言的教师和学生。1791—1794年间伊尔库茨克国民总校曾经教授过蒙古语。这所学校后被改造成为伊尔库茨克男子中学。1822年，伊尔库茨克神品中学邀请亚·伊古姆诺夫教授蒙古语。第三，许多汉学家曾在这里工作和生活。1782年，第六届传教团的三名优秀学生来到伊尔库茨克任职。其中巴克舍耶夫在这里任职至1787年，然后调到圣彼得堡接替于1786年去世的列昂季耶夫的满汉语翻译之职，完成了俄国历史上第一部《满俄词典》的编写。阿加福诺夫在这里工作了5年，完成了《忠经》的翻译和《中国皇帝简明年表》的编写。帕雷舍夫在这里工作了一生，直到1809年去世，身后留下的大量藏书被希林格男爵收购。第八届传教团学生诺沃肖洛夫在这里从事了《理藩院则例》的俄译，按照蒙古文字母顺序重新编排《三合便览》，还将圣经的部分章节翻译为满文。然而，有关1810年之前伊尔库茨克的图书收藏情况，学者们还没有发现可信的档案资料。从国民总校校长伊·米勒（И. Миллер）1810年发表的一篇文章当中，后人获悉当时学校已经收藏了少量汉满文献。

---

① Васильев В. П. Записка о восточных книгах в С.-Петербургском университете // Русский вестник. XI. 1857.

19世纪二三十年代，伊尔库茨克的中国文献藏量有了明显增长。在1821年1月所写的日记中，季姆科夫斯基留下了这样的记录："时刻肩负西伯利亚总督斯佩兰斯基将军阁下的嘱托，在北京为正在重建的伊尔库茨克亚洲语言学校购买汉文和满文书籍。今天我与彼得修士大司祭就如何完成任务进行了交谈。按照他的意见，我将所需书目交给了学生西帕科夫，同时交给他10俄磅白银作为购书款。"① 1821年，受西伯利亚总督斯佩兰斯基之托，季姆科夫斯基按照诺沃肖洛夫拟订的书单在北京为伊尔库茨克亚洲语言学校购买了多种图书：《钦定大清会典》（满文，40两）、《八旗通志初集》（满汉文本各一，26两）、《大清律例》（满汉文本各一，10两）、《元史》（满文，1两7钱）、《红楼梦》（1两5钱）、《御制四体清文鉴》（9两）、《御制满珠蒙古汉字三合切音清文鉴》（7两）、《御制增订清文鉴》（6两）、《清文汇书》（1两2钱）、《三合便览》（5两）、《日讲四书》（3两）、《圣谕广训》（5钱）、《清文启蒙》（3钱）、《徐氏三种》（2钱）、《满汉合璧三字经注解》（2钱）、《小学集注》（2两5钱）、《一百条》（2钱）、《初学指南》（7钱）、《钦定理藩院则例》（蒙古满语各一部，40两）。② 1832年，第十届传教团领班卡缅斯基将一批藏书和书稿赠送给俄国各地学校和图书馆，其中也包括伊尔库茨克学校管理局和伊尔库茨克男子中学。他一共赠送给伊尔库茨克学校管理局几十种图书，其中包括《三合便览》《三合语录》《抄本初学指南》《万物真原》《天神会课》《天主实义》《天主教要》《历代帝王年表》以及多种佛典、舆图等，共计35种，另有拉丁文珍本30种。③

自1831年起，恰克图华文馆便成为恰克图城最主要的中国图籍收藏、使用和研究中心。比丘林不仅是该华文馆的创立人和首任教

---

① ［俄］李福清著：《〈红楼梦〉在俄罗斯》，阎国栋译，《红楼译评——〈红楼梦〉翻译研究论文集》，南开大学出版社，2004年。

② Тимковский Е. Путешествие в Китай через Монголию в 1820 и 1821 годах. Ч. 2. СПб. , 1824. С. 394 – 396.

③ Яхонтов К. С. Китайские и маньчжурские книги в Иркутске. СПб. , 1994. С. 20 – 21.

师，同时也是首位向华文馆捐赠图书的人。此后，又不断有人赠书。1835年尼·伊古姆诺夫将25种汉满蒙古文书籍赠送给华文馆，其中包括《大清会典》《理藩院则例》、数种汉语词典等。这批书构成了恰克图华文馆汉学藏书的基础。1835年，比丘林将自己的一种著作以及一部多处标注了满汉文的科学院词典赠送给克雷姆斯基。1840年第十二届驻北京传教团成员涅米罗夫（И. М. Немиров，1810—1877）将13种汉籍送给恰克图华文馆图书馆。① 1842年魏若明将22种147册历史、法律、儒学图书赠送给恰克图商人，甚至还有3种尺牍和一部叫《林兰香》的小说。1845年恰克图商人又将这些书转交给了华文馆。1855年色楞格斯克修道院修士大司祭丹尼尔（西维洛夫）将其在北京搜集的31种312册书赠送给恰克图华文馆，其中包括《诗经大全》《春秋》《韵府拾遗》等。② 1859年华文馆毕业生尼·涅恰耶夫在北京去世后，其图书由恰克图商人购得并赠给了华文馆。

伊尔库茨克和恰克图与我国相邻，在获取中国文献上比其他地区更加方便。然而，由于这里的中华语言教育多出于实用目的，在一定程度上影响到了所搜集图籍的构成，即蒙古学读物偏多。

第四节　确立学科地位，位列汉学大国

19世纪前半期是俄国争夺欧洲大陆霸权、民族意识空前增强、农奴制面临深刻危机、社会文化生活发生巨大变化的时期。1812年，俄国在反拿破仑的卫国战争中取得胜利。1815年，在沙皇亚历山大一世倡议下，俄、普、奥三国皇帝缔结了"保卫正统主义和基督教义"的

---

① История отечественного востоковедения до середины XIX века. М.，1990. С. 190-191.

② Дацышен В. Г. История изучения китайского языка в Российской империи. Красноярск, 2002. С. 33.

"神圣同盟",俄国俨然以"欧洲宪兵"自居。而在国内,废除农奴制成为当时俄国社会最尖锐的问题。反拿破仑卫国战争的胜利、西欧卢梭和孟德斯鸠的社会政治理念以及俄国启蒙主义学者拉吉舍夫反对农奴制的思想对一批先进的贵族青年产生了重要影响,十二月党人于1825年举行起义,要求进行资本主义性质的立宪改革。由于寡不敌众且缺乏广泛的群众基础,这次起义很快失败,但却对俄国民众民主意识的觉醒起到了重要的推动作用。尼古拉一世统治时期既是俄国历史上的"专制制度统治的顶点",也是意识形态斗争最为激烈以及俄罗斯民族文化的形成阶段。在思想领域产生了相互对立的"西欧派"和"斯拉夫派";在文学领域,"批判性和反对农奴制的基调,成了俄罗斯文学的典型特征";[①] 在绘画和音乐领域,人民性和剖析人的内心世界成为艺术家的创作追求。至于与中国的关系,自《尼布楚条约》签订以后,一直到第一次鸦片战争,双方间虽有小的摩擦不断发生,但未对两国关系产生根本影响。中俄两国基本上履行了条约所规定的"永敦睦谊"原则,大体上相安无事。加之俄国忙于欧洲战事,国内局势动荡,因而一时对亚洲事务无暇顾及。中俄恰克图边境贸易获得快速发展,来自恰克图的货物税收已经占到了俄国关税总额的15%—20%,输入中国的工业品一度占到俄国出口工业品的47.7%。中俄边境贸易构成了19世纪上半期中俄关系发展的主要方面之一。

正如俄国所有东方学科一样,汉学作为一种具有较强实用目的学科,总是与国家的对外政策有着紧密的联系,同时也会受到国内社会思想的影响。那么在这种背景之下,俄国汉学的情况又如何呢?

以罗索欣和列昂季耶夫为代表的俄国第一批汉学家,在彼得大帝欧化改革以及叶卡捷琳娜二世开明专制时期,顺应时代召唤,掀开了俄国汉学史的第一页。但相比之下,屈指可数的几位俄国早期汉学家,虽然殚精竭虑,辛勤著述,但就作品所产生的社会影响而言,远不如来自欧洲的中国信息。而传播这些信息的耶稣会士为达传教之目

[①] [俄]М. Р. 泽齐娜、Л. В. 科什曼、В. С. 舒利金著:《俄罗斯文化史》,刘文飞、苏玲译,上海译文出版社,1999年,第183页。

的，向欧洲传递了一个经过加工和美化、与现实中国有一定距离的中国形象。加上伏尔泰等欧洲启蒙学者的进一步宣传，加速了这个中国形象在整个欧洲大陆的传播。特别是当列昂季耶夫去世之后，在俄国的报刊上刊载的有关中国的信息，经常不是出自汉学家之手，而是从西文转译和改编而来。这样，正本清源，纠正不准确的信息，恢复被扭曲的中国形象就成为时代赋予19世纪上半期俄国汉学家的任务之一。圣彼得堡皇家科学院、喀山大学、俄国皇家地理学会等科研和教学机构对西伯利亚和远东地区研究的开展，迫切需要汉学家利用中国典籍，提供准确而丰富的中国历史、地理、社会、政治等方面的信息。这说明俄国科学本身的发展也需要俄国汉学同步推进。兴盛的中俄贸易对汉语人才需求的急剧增长，使得在俄国培养汉语人才的问题重新提上日程，直接促成了恰克图华文馆和喀山大学汉满语教研室的建立。此外，俄罗斯的民族文化氛围不可避免地为这一时期的俄国汉学打上深深的烙印。在放弃西化政策，崇尚民族精神的历史氛围中，发展具有鲜明俄罗斯民族特性的俄国汉学成为历史的必然选择。

经过比丘林、卡缅斯基、列昂季耶夫斯基、奥·科瓦列夫斯基、西维洛夫、沃伊采霍夫斯基等汉学家努力，具有鲜明俄罗斯特色的俄罗斯汉学在19世纪上半期不仅确立，并迅速发展到了相当高的水平，得以与欧洲汉学并驾齐驱，在世界汉学史上写下了重重一笔。俄国汉学到底具有哪些特色呢？从研究对象而言，俄国汉学家将18世纪俄国汉学传统发扬光大，继续把目光投向我国的边疆地区，致力于蒙古学、藏学、满学等学科。对于产生这种现象的动因，俄罗斯学术界一直讳莫如深。实际上，俄国汉学的这种研究取向，首先是受到了俄国社会一向关注中国边疆地区局势的影响。自18世纪以来，中国和俄国各自为了特定的战略目标而维持和发展着两国关系。中国首先考虑的是融洽民族关系，稳定边疆局势，几次出兵征讨发生在蒙古和新疆地区的叛乱，努力排除俄国对这一地区的影响。俄国方面则始终企图插手这些地区的事务，以期将其对该地区的影响作为处理对华关系的筹码。俄国报刊上经常刊登清朝政府平定边疆叛乱的消息从一个侧面反映了民众的兴趣所在。同时，俄国非常重视对华贸易，《恰克图条约》签订以后，蒙古地区成为中俄贸易的主要据点，伴随着对贸易的关注，中国边疆地区自然也就进入了俄国人的视野。俄国汉学家重点研究满蒙藏学进一步说明了俄国社会的这种"传统兴趣"。从深层次上讲，这种兴趣证明了沙俄政府历来觊觎中国边疆领土的野心，俄国汉学家们的学术倾向在某种程度上是俄国政府对华政策取向的折射。但从表面上似乎看不到这一点，有时甚至会感到在其中发挥作用的更多的是个人因素。比如，比丘林的第一部著作是在一位女贵族个人资助下出版的，奥·科瓦列夫斯基是因为不得已才走上蒙古学研究道路的，而喀山大学首先创办蒙古语专业，则是得益于洛巴切夫斯基的远见卓识、贸易的需求以及当地鞑靼人与蒙古人的历史渊源。但是，比丘林在《准噶尔和东突厥斯坦志》一书中首次在世界上将"布哈拉突厥斯坦"改称作"西突厥斯坦"，而把"中国斯坦"叫作"东突厥斯坦"，并且声称这样做是因为"东突厥斯坦"不可能永远在中国的统治之下，就赤裸裸地说明了这一点。当然，关于俄国人研究中国边疆地区的动机还可以继续讨论下去，但俄国在 19 世纪上半期借助有利的地缘优势和国内东方民族聚居的独特条件，确实在中国边疆地区研究中建树不凡，达到了世界先进水平。其次，全面介绍中原地区历史、文化、社会是这一时期俄国汉学的又一内容。比丘林依据中国文献撰成《中国的民情和风尚》与《中华帝国详志》等书，对中国的各个方面做了详细而生动的描述，有利于丰富 18 世纪以来俄国社会由于过多关注满族历史以及应时翻译儒学著作而产生的中国认识，传播了中华文化，获得了社会的广泛赞誉。第三，这一时期的汉学家更加注重汉语词典的编写，以期迅速提高俄国人汉语学习效率。比丘林的《汉俄音韵合璧字典》、卡缅斯基的《汉蒙满俄拉丁词典》、列昂季耶夫斯基的《汉满拉丁俄语词典》使俄国汉学在词典编纂学领域迈出了坚实的一步。第四，编写汉语教科书，研究汉语语法是这一时期俄国汉学的另一亮点。比丘林编写的《汉文启蒙》不仅为恰克图华文馆提供了教材，同时也是喀山大学、圣彼得堡大学长期使用的汉语教科书。西维洛夫的《汉语文选》和沃伊采霍夫斯基的《满语语法规则新编》也是俄国大学最早使用的汉满语专业教材。第五，儒学经典的译介继续占有相当的比重。比丘林翻译了四书和《三字经》，在《中华帝国详志》中专辟一章介绍儒教，出版有《儒教》一书。西维洛夫首次大规模地进行了儒家经典的翻译工作。他一人完成了四书、《诗经》《尚书》和《道德经》的翻译。而克雷姆斯基则撰写的《孔学义解》，成就了一部优秀的中国文化普及读本。

在研究方法上，这一时期的汉学家们更加成熟。由于他们在国内大都接受过大学教育，具备了较强的综合、分析与判断能力，所以在利用汉、满、蒙古、藏语言资料方面更加自如和灵活，突破了18世纪汉学家忠实翻译原典的汉学研究模式，而开始顺应俄国学术界和读者的需求，有选择地转述其中内容，然后按照自己的意愿重新编排起来。因此，如果从研究方法上考虑，可以将这一时期的汉学称为"转述时期"。这一点在比丘林身上表现得尤为明显。可以说，比丘林的绝大部分著作都是编译而成。比丘林有关中国社会、政治、律法方面的著述大部分来自他基本上全文译出的《大清会典》手稿，[①] 有关中国历史的内容主要来自他全文译出的《资治通鉴纲目》和《大清一统志》等手稿，有关中国社会思想的内容则来自他翻译的四书手稿。[②]此外，此时的俄国学术界也逐渐意识到中国汉语典籍浩如烟海，其中蕴含着极其丰富的信息，对于俄国历史学、地理学和东方学而言，汉籍中有关西伯利亚和中亚历史的记载翔实而可靠，可以有效地弥补研究资料方面的缺憾。在资料的运用上，汉学家们逐步从18世纪的主要依赖满语转向主要利用汉语材料。俄国汉学家们对汉语典籍的重视在某种程度上反映了俄国学术发展的需求。这些特征表明，俄国汉学在研究方法上较18世纪前进了一大步。

在汉学教育方面，与18世纪相比，汉学人才培养的规模和质量都有很大的提高，第一，俄国东正教驻北京传教团继续发挥着重要作

---

① Хохлов А. Н. Свод законов маньчжурской династии Цин – документальная основа публикации Н. Я. Бичурина о современном ему Китае//Бичурин Н. Я. Китай в гражданском и нравственном состоянии. М. ,2002.

② Мясников В. С. ,Попова И. Ф. О вкладе Н. Я. Бичурина(1777 – 1853) в развитие отечественной и мировой синологии//Вестник РАН. 2002. №12.

用。特别是从第十届开始,这种情况表现得更加明显。1818 年的新指令对传教团的作用进行了重新定位,所有传教团学生到北京后必须学习汉满语言,并根据自己的特长从事一个领域问题的研究。俄国政府开始从高等院校和神学院选拔优秀大学生作为传教团的世俗人员,提高了传教团成员的薪俸,还对他们的官职和未来的前途做出了明确的规定。来华前所有人均须学习一定的汉语基础知识。从第十一届至第十三届,比丘林一直负责传教团成员启程前的汉语培训。由此,俄国来华僧俗人员的学习条件得到显著改善,学习目标更加明确,语言学习和汉学研究效率明显提高。另外,在传教团内成立管理委员会,避免了传教团领班独断专行,从管理上保证了指令内容的有效实施。第二,在俄国本土开始建立高质量的汉学人才培养基地。比丘林为满足恰克图贸易对汉语翻译人才的需求而开办华文馆,编写了《汉文启蒙》以及会话教材,并亲自授课。他所制订的俄国汉学史上第一份详细的教学计划为俄国汉语教学法奠定了基础。喀山大学在 1833 年建立蒙古语教研室,1837 年建立汉语教研室,1844 年开始满语教学,首次将汉学教育引入大学课堂,为俄国汉学从僧侣时期向学院时期的转变开辟了道路。首任蒙古语教授奥·科瓦列夫斯基、汉语教授西维洛夫以及他的继任者沃伊采霍夫斯基为开创俄国大学汉学教育做出了自己的贡献。喀山大学的汉语专业虽然比法兰西学院的中国及鞑靼—满洲语言文学讲座晚了 23 年,但依然使俄国成为第二个在大学建立汉语专业的欧洲国家。理雅各于 1876 年成为英国牛津大学中国语讲座的首任教授,而德国直到 1909 年才产生了第一位汉文教授福兰阁(Otto Franke,1863—1946)。喀山大学不仅开创了俄国大学汉学教育的先河,而且还培养出了 19 世纪下半期俄国汉学的领军人物——王西里。当然,恰克图华文馆和喀山大学的汉学教育与俄国东正教驻北京传教团有着紧密的渊源关系,正是后者为这两所学校输送了第一批汉、满语教师——比丘林、克雷姆斯基、西维洛夫、沃伊采霍夫斯基和王西里。

俄国汉学界的一部分人认为,以比丘林为代表的俄国汉学在 19 世纪中期赶上并超过了欧洲。一些杰出汉学家的涌现,一批有价值汉学著作的问世，比丘林与柯恒儒的学术争论，比丘林的著作迅速在欧洲翻译出版，比丘林利用汉籍解读中国边疆少数民族起源，以及奥·科瓦列夫斯基编写的蒙古语教材被欧洲大学使用等事实，说明俄国汉学确实已经发展到了一个前所未有的高度。从1723年雍正禁教到1846年废止禁教令，西方传教士在华活动沉寂了一个多世纪，在一定程度上影响了欧洲的汉学水平。相反，俄国传教团却在《恰克图条约》的保障下，稳稳立足于北京，且从1818年开始更把研究中国作为其首要任务，因此俄国在汉满语学习、汉学研究方面赶上或超过欧洲是顺理成章的事情。除此之外，俄国汉学藏书也达到了相当的水平。1818年俄国建立第一个旨在收集、整理东方语言文字书籍和东方国家文物的东方学研究中心——亚洲博物馆。博物馆成立以后即收到圣彼得堡皇家科学院赠送的全部中国图书，而后不断收到汉学家以及东方文物书籍收藏者捐赠的藏品。同时，在喀山大学、外交部亚洲司、俄罗斯馆中外书房、皇家公共图书馆、伊尔库茨克与恰克图都有相当数量的汉学藏书。希林格男爵毕生斥资收藏中华语言文献，比丘林、卡缅斯基、列昂季耶夫斯基、季姆科夫斯基、奥·科瓦列夫斯基和王西里等都从中国带回了大量的中国典籍。仅比丘林一人带回俄国的图籍，就超过了前8届传教团所得的总和。继法国之后，俄国成为第二个将汉学引入大学课堂的欧洲国家，这同样令欧洲汉学同行刮目相看。此外，希林格发明了汉字字模并成功印刷了比丘林翻译的《三字经》，也使法国的雷慕沙赞叹不已。种种迹象表明，在19世纪上半期，俄国实际上已经成为欧洲的第二大汉学研究重镇。

对于这一时期的俄国汉学，著名俄国汉学史研究专家斯卡奇科夫称之为"比丘林时期"，[①] 之后又有许多学者对此表示赞同。俄罗斯科学院远东研究所的米亚斯尼科夫和伊雅达（А. С. Ипатова，1933—2021）指出："比丘林的名字是俄罗斯汉学史上一个时代的象

[①] Скачков П. Е. Очерки истории русского китаеведения. М. , 1977. С. 89; Скачков П. Е. "Бичуринский период" русской синологии//Проблемы Дальнего Востока. 1975. №1.

征。""他是一位天才的学者,具有渊博的知识和广泛的科学兴趣。他大大超越了同时代的众多欧洲汉学家,为东方国家的研究做出了重要贡献。"[1] 比丘林虽然在他 51 岁时才出版了第一部汉学著作,但他在余生中出版译著和论著 14 种,发表论文数十种,内容涵盖中国以及中亚地区、西伯利亚和远东地区历史、地理、文化等诸多领域。此外,还有大量的手稿没有发表,比如他翻译的《资治通鉴纲目》《清会典》和四书等。当然,后人对他的高度评价不仅仅是由于他发表著作的数量多,而且还基于这样一些事实:俄国汉学正是由于比丘林的杰出贡献才得以在欧洲汉学史上占据重要的地位;俄国汉学自他开始成为一门被社会和学术界承认和尊重的学术,他多次获得科学院的杰米多夫奖金,还在 1828 年被选为科学院通讯院士;比丘林有很强的论战本领,对于与自己观点相左的本国同行总是加以批判,甚至是压制。卡缅斯基、列昂季耶夫斯基、先科夫斯基虽然也都是很有造诣的学者,而一旦他们在学术界表达了不同于比丘林的观点,立刻会招致后者的攻击。事实证明,比丘林并非永远正确,有时起而捍卫的是错误观点。但不管比丘林是否正确,他凭借自己的声望和论辩之术,总是能够赢得最终的"胜利"。这样,在比丘林的光芒下,其他汉学家的才华没有能够得到尽情的发挥。比丘林因此成为那个时代俄国汉学界的弄潮儿。

笔者认为,无论从哪个角度而言,比丘林都无愧于俄国汉学奠基人的称号。首先,比丘林曾经制订过一个详细的科研计划,将自己的学术活动分成两个阶段。在第一阶段他将介绍西藏、蒙古、满洲、新疆等中国边疆地区,而后再介绍中国中原地区的社会、历史和文化。他在生前基本上完成了自己的出版计划,将丰富的中国知识介绍给了俄国社会。当然,由于比丘林著作主要是编译中国典籍,有时不免脱离现实,给人一种美化中国社会的感觉,这一点也曾遭到别林斯基的批评。其次,比丘林是俄国第一个从利用满文资料转向主要依靠汉语

---

[1] Мясников В. С., Ипатова А. С. История российского китаеведения (до 1917 года). 未刊稿。

典籍从事研究的汉学家。俄国著名历史学家，圣彼得堡大学教授维谢洛夫斯基这样评价比丘林："他从真正意义上为我们奠定了研究中华帝国及其藩属地区的基础，激发了社会对远东的兴趣，证明了丰富的汉语典籍对于中亚研究是何等重要，为其他汉学家的工作开辟了道路。"① 再次，比丘林突破相对封闭的汉学境域，成为19世纪上半期著名的公众人物。比丘林的汉学著作在社会各个阶层中都产生了一定影响，对提升俄国民众对中国的兴趣产生了重要作用。吉洪诺夫写道："比丘林的汉学研究进展顺利不仅仅得益于他精通汉语，熟知中国文献，而且在很大程度上是因为俄国进步社会阶层和学术界对中国兴趣的提升。比丘林看到了这种兴趣并极力用其丰富的著作予以满足。"② 除了我们提到的他同普希金、别林斯基等社会名流的交往之外，其他具有进步思想的民众也对比丘林的著作抱有浓厚兴趣。彼得拉舍夫斯基派③成员斯佩什涅夫（Н. А. Спешнев，1821—1882）在一封于1852年12月24日写给他在后贝加尔的母亲的信中写道："我想获得亚金甫神父的所有著作，其中也包括他的汉语语法。"④ 比丘林著作在当时的影响由此可见一斑。最后，比丘林将纠正当时弥漫于欧洲以及俄国的有关中国的大量不准确的信息作为自己的学术动机。他在文章中写道："我习惯于只写切合实际的东西，坦诚相告，而且使用最简短的语言。"⑤ 这正好适应了那个时代俄国民族情绪高涨的气氛，他通过批判欧洲汉学著作以及与欧洲同行论辩，为俄国汉学甚至于俄国学术界争得了荣誉。比丘林因此也被当代的俄罗斯汉学史研究者冠

---

① Мясников В. С. Творческое наследие Н. Я. Бичурина и современность//Проблемы Дальнего Востока. 1977. No 3.

② Тихонов Д. И. Русский китаевед первой половины XIX века Иакинф Бичурин//Ученые записи Ленинградского университета. 1954. 179. сер. Вотовед. наук. Вып. 4.

③ 1845—1849年在圣彼得堡出现的俄国进步知识分子派别。

④ История отечественного востоковедения до середины XIX века. М., 1990. С. 304.

⑤ Мясников В. С. Творческое наследие Н. Я. Бичурина и современность//Проблемы Дальнего Востока. 1977. No 3.

之以"爱国主义者"和"反对欧洲中心主义"的斗士称号。

总之，经过比丘林等俄国汉学家的努力，19世纪上半期成为俄国汉学史上的重要转折期。俄国汉学无论从研究对象、研究方法以及汉学教育等方面都进入成熟阶段，为未来俄国汉学的发展奠定了基础、指明了方向。

第四章

19世纪下半期到十月革命前：俄国汉学之发展

在俄国对外政策、中俄关系、俄国社会思想以及欧洲近代科学发展和演变等一系列因素的影响下，19世纪下半期俄国汉学无论在翻译、研究的对象和方法上，还是在教学方法方面，都获得了长足进步。俄国汉学研究基地从过去的主要以俄国东正教驻北京传教团为依托发展为由大学、传教团、外交机构、侨民以及专业学会共同参与的多元化局面。中华语言图书收藏进一步丰富。俄国汉学在发展中又迈出了近代化的步伐。

第一节 学院派汉学家

19世纪下半期，俄国汉学从比丘林时期的以僧侣为研究主体，转向以世俗人员为主要研究力量，学院汉学得到迅速发展。1855年成立的圣彼得堡大学东方语言系以及1899年创建的海参崴东方学院成为这一时期俄国最重要的汉学研究基地，涌现出一大批学院派汉学家。

一、王西里

对于19世纪下半期的俄国而言，王西里无疑是成就最大的汉学家。他以渊博的学识、浩繁的著述、执着的探索以及强烈的批判精神对俄国汉学教育和研究产生了深远的影响，造就了俄国汉学史上的第一个汉学学派。

王西里1818年2月20日生于俄国历史名城下诺夫哥罗德，1828年进入下诺夫哥罗德市中学，1832年毕业。1834年王西里进入喀山大学语文系东方班，在新组建的蒙古语教研室学习蒙古语和鞑靼语，成为喀山大学教授、蒙古学俄国学派奠基人奥·科瓦列夫斯基的学生。1835—1839年他跟随一位布里亚特蒙古喇嘛学习口语，与此同时，还开始学习藏语。1837年通过了题为《佛教文献之精髓》的学士学位论文答辩并留校工作。同年喀山大学汉语教研室成立，他开始跟随第一任教研室主任西维洛夫教授学习汉语。根据老师奥·科瓦列夫斯基的建议，王西里主要从事包括佛教在内的东方思想研究。奥·科瓦列夫斯基为喀山大学搜集的蒙古语藏书成了王西里从事佛教研究的主要资料。1839年他以《论佛教的哲学原理》一文通过硕士学位论文答辩。王西里获得蒙古语硕士学位在当时来说是一件备受瞩目的大事，《祖国纪事》杂志为此发表了一篇题为《第一个蒙古语文硕士》的文章，其中写道："1839年12月23日，瓦西里·巴甫洛维奇·瓦西里耶夫通过了硕士学位论文答辩并被授予蒙古语硕士学位，这在俄国是前所未有的事情。"[①] 之后不久，他又获得了鞑靼语硕士学位。为了创办藏语教研室，喀山大学决定派王西里赴中国学习。1839年11月王西里被编入第十二届俄国东正教驻北京传教团，赴华学习藏语、汉语和梵文。在研究方法上，老师奥·科瓦列夫斯基临别赠

---

① Горбачева З. И., Пертов Н. А., Смыкалов Г. Ф. Русский китаевед академик Василий Павлович Васильев (1818 - 1900)//Очерки по истории русского востоковедения. Вып. 2. М., 1956.

言，希望他在科学研究中时刻保持头脑冷静，公正无私，既不能做"中国的爱国者"，也不能做"中国的鄙视者"。① 老师的嘱托和提醒对王西里形成卓尔不群的汉学研究思想发挥了重要作用。

1840年10月，王西里来到了中国。现存俄罗斯科学院档案馆的王西里北京日记是他在北京时思想和生活的真实写照。传教团封闭的环境与王西里自由不羁的个性发生了严重冲突，使他时刻感觉压抑和沉闷。然而，与他同居一室、同样痴迷于佛学的巴拉第却未对传教团的生活表现出过任何不满。阿理克认为，王西里在北京期间的所谓不幸遭遇，在很大程度上是由其愤世嫉俗的性格所至。② 期间他广泛涉猎了中国、印度以及藏传佛教的典籍，就许多汉学问题进行研究并收集了大批材料。在北京，他从原来喀山大学的蒙古学家和佛学家成长为一个兴趣广泛的汉学家。

1850年，王西里返回阔别10年的俄国，接替不久前去世的汉学家沃伊采霍夫斯基主持喀山大学汉满语教研室。1852年他被选为俄国皇家地理学会会员，1857年被选为俄国皇家考古学会会员。1855年彼得堡大学东方语言部更名为东方语言系，喀山大学东方学专业被合并，王西里随即到圣彼得堡工作。他在彼得堡大学终其一生的科研和教学活动取得了辉煌的成就，使他成为具有世界知名度的大学者。1864年12月14日，王西里以一篇题为《元明两朝关于满族人的资料》的论文顺利地通过答辩，获得东方语言博士学位。他是俄国第一个进行博士学位论文答辩的汉学家。由于王西里的杰出成就以及在世界东方学界享有的崇高声誉，1866年他被选为圣彼得堡皇家科学院通讯院士，1886年成为正式院士。当时的彼得堡皇家科学院主要由德国学者把持，俄国学者当选院士比较困难。王西里的世界知名度使科学院不能不接受他。1900年4月27日王西里去世。王西里是俄国汉学

---

① Хохлов А. Н. В. П. Васильев в Нижнем Новгороде и Казани//История и культура Китая: Сборник памяти академика В. П. Васильева/Под ред. Л. С. Васильева. М., 1974.

② Алексеев В. М. Наука о Востоке: Статьи и документы. М., 1982. С. 57.

史上继比丘林之后又一位划时代的大师，他的去世昭示着俄国汉学一个时代的结束。

王西里精通汉语、满语、蒙古语、鞑靼语、梵文、藏语、突厥语等东方语言。他博学多能，著述浩繁，在中国历史、地理、语言、文学和宗教等领域均有不凡的建树。

1. 中国历史地理研究

王西里有关中国历史地理的著作主要出版于19世纪50—60年代，他的研究经常是比丘林中国历史研究课题的延续或拓展。1859年，他在《俄国皇家地理学会东方部著作》中刊出了《10至13世纪中亚东部的历史和古迹》。1861年该作又出版了单行本。此作正文由七部分组成，分别为契丹历史、契丹历史补议（据《契丹国志》）、室韦补论、奚部补译、胡峤述旅（据《契丹国志》）、女真或金朝历史、金朝覆灭，附录为《辽志》《金志》和《蒙鞑备录》（译自《古今说海》本）译稿。王西里在《10至13世纪中亚东部的历史和古迹》前言中写道，比丘林之所以将中国边疆民族的历史写到唐朝或者10世纪初，原因是中国的正史中只包含了这么多资料。王西里认为比丘林在其著作中没有研究契丹人以及后来取而代之的女真人、满族人的历史，因而有必要弥补这一缺憾，对这300多年的历史进行概括性的介绍。在史料的选择上，王西里认为《辽史》《金史》《元史》等官修史书所反映的是契丹、女真和蒙古立国之后的历史，并且吸收了中原的思想和文化，因而只能算是对中国历史的补充，不如私家史著更能反映这些民族的特点。[①] 王西里在这部著作中首先致力于拓展文献使用范围，以便对古代中国汉族以外的民族历史进行客观生动的描述，尤其注重对比丘林遗漏历史阶段的考察。此外，王西里在该书中确立了契丹、女真和蒙古三个民族的历史联系，并强调了这种研究方

---

① Васильев В. П. История и древности восточной части Средней Азии от X до XIII века, с приложением перевода китайских известий о киданях, чжурчженях и монголо-татарах. СПб. ,1861. C. 5.

法的重要性。他认为契丹、女真"这两个王朝的历史是中亚历史最重要的事实之一。不了解这些我们就无法理解成吉思汗及其所统帅的蒙古人出现的原因,无法了解在中国文献中能够找到多少有关他们的信息"。① 对于契丹历史而言,王西里是欧洲第一位真正意义上的研究者。据沙斯季娜研究,在王西里之前,欧洲对契丹历史的研究,除了柯恒儒写过一些小文外,另外就是安文公未曾发表的一些契丹资料,"只有王西里做了大量工作,从中国文献中爬梳出许多契丹历史信息,并且附录了一些译文。这些译文尽管短小,但反映了这个已经消失的民族的风俗习惯和生活条件。当今研究表明,契丹人与蒙古人在民族起源上很相近"。② 王西里的研究目的也不似比丘林那样只是向俄国学术界传递中国文献中的相关信息。对他而言,"重要的是要进行历史的总结,发现这些国家在游牧世界中出现的总体规律以及迅速战胜邻族的原因"。③

苏联著名蒙古历史研究专家蒙库耶夫(Н. Ц. Мункуев,1922—1985)指出:"与我国当今某些所谓的综合性蒙古学和汉学著作相比,王西里的《10 至 13 世纪中亚东部的历史和古迹》的优点在于作者完整翻译出了主要的文献,以支持自己的结论。王西里第一个将《辽志》《金志》和《蒙鞑备录》翻译成欧洲语言。"④ 当然,后来的研究者在王西里的译本中发现了一些错误。冈察洛夫(С. Я. Гончаров)

---

① Васильев В. П. История и древности восточной части Средней Азии от X до XIII века, с приложением перевода китайских известий о киданях, чжурчженях и монголо-татарах. СПб. ,1861. С. 3.

② Шастина Н. П. В. П. Васильев как монголовед//Материалы по истории и филологии Центральной Азии. Вып. 4. У. -У. ,1970.

③ Кожин П. М. "Шелковый путь" и кочевники (Некоторые вопросы средневековой этногеографии Центральной Азии) [Значение трудов В. П. Васильева]//XXII Научная конференция《Общество и государство в Китае》. Ч. 3. М. ,1991.

④ Гончаров С. Я. "Цзинь чжи" (Описание государства Цзинь) в переводе В. П. Васильева (К оценке источника и перевода)//XXII Научная конференция《Общество и государство в Китае》. Ч. 3. М. ,1991.

通过对比汉语版本和俄文译文，发现这些问题产生的原因是汉语版本的讹误。如王西里所依据的宇文懋昭所著《金志》中的"自咸州东北分界，入宫口主"和"年限满日，则逐便，不得依旧为百姓"两句在《四库全书·钦定满洲源流考》和《四库全书·三朝北盟会编》中则为"自咸州东北分界入山谷"和"年限满，则逐便，不妨依旧为百姓"等。①

1863年王西里出版了第二部满族历史研究专著——《元明两朝关于满族人的资料》。此作首次发表于1858年，而后在1863年作为博士学位论文再次出版。该书篇幅不大，只有75页，重点考察了元明两朝满族的历史。王西里在前言中高度评价了满族在人类历史上的突出地位："亚洲没有任何一个民族拥有像满族那样的重要地位。从12世纪中期起，满族已经具备了世界历史意义，无论如何都不能将其从人类历史中删去。满人不仅拥有自己的国家，而且还统治着中国、蒙古、准噶尔、突厥斯坦和西藏。"对于满族在东亚所创造的辉煌业绩，实际上早在18世纪就曾引起了叶卡捷琳娜二世的兴趣，下令翻译过《八旗通志》。但在一个世纪之后，欧洲对于满族早期历史的认识依然存在很多空白。王西里认为其原因在于中国人在撰写中亚地区历史时只"记录与中国历史有必然联系的史实"。出于对满族崛起原因的强烈兴趣，历史学家们的"思绪不由自主地到达了他们曾经生活的国度"。然而，要探索满族的起源又谈何容易，无论是元朝，还是明朝，都没有保留下太多的相关资料。王西里认为，对于中国历史文献，要仔细甄别其真伪，不可盲目相信，全盘接受，而要以批评的态度谨慎使用。他认为中国的史书记载存在不实之处，而且多出于政治原因。他说："政府改变历史真相的行为使人对整个中国历史产生了怀疑。众所周知，这里最好的例子就是所谓的正史。编写史书在中国历来都是国家行为。新朝代总是认为有责任为前朝编写历史，这样它

---

① Гончаров С. Я. "Цзинь чжи" (Описание государства Цзинь) в переводе В. П. Васильева (К оценке источника и перевода) // XXII Научная конференция 《Общество и государство в Китае》. Ч. 3. М. ,1991.

就有可能对一些人所共知的事实施加影响。大家都以为中国的一切都是公正的，但在历史方面却有讹误。"[1] 在这本书中，他还以具体的事例说明了官方歪曲历史的政治原因。他在研究满族人起源时发现在《明史》中没有相关的记载，认为这是由于清朝政府出于政治目的不想收集或保留类似的信息，因为在明朝时期满族人的地位是微不足道的，难以展示满族人高贵的血统，而闭口不谈满族人在明朝时的情况正好可以在百姓心中树立起清朝凌驾于其他朝代之上的形象。[2] 作者在书中秉承自己怀疑正史，利用私家史著的研究方法。他在这里又一次强调："乍一看中国完整的历史典籍，一定会产生这样的想法，这里一切都有记载，懂汉语的人只需要阅读卷帙浩繁的史书并从中汲取所需信息就够了，但事实上绝非如此。中国史书奇怪的编排方法迫使研究者不得不为搞清一个事件而阅读所有的有关书籍。"[3] 即使是在专门探究满族起源的《满洲源流考》中，有关元明两朝满人的信息也极其有限，而且不能尽信。现在看来，王西里的观点不无道理。我们知道，清朝统治者为炫耀其先世渊源久远、部族众多的发祥历史，在《满洲源流考》中有意对清朝前期的历史加以虚饰和隐瞒，对女真各部与明王朝的隶属关系加以隐讳，特别是讳言明朝统治下建州三卫的史实。王西里认为圣彼得堡大学收藏的明代徐日久所撰之《五边典则》是一部揭示满人入关前历史的好书。他这种重视私家史著史料的研究方法，对于他完成《元明两朝关于满族人的资料》发挥了重要作用。

在地理研究方面，他撰写了一系列论著。1852年，他在《国民教育部杂志》上发表了《中亚及中国版图内的山脉》，篇幅虽然不大，

---

[1] Васильев В. П. Сведения о маньчжурах во времена династий Юань и Мин. СПб. ,1863. С. 4－7.

[2] Горбачева З. И. , Пертов Н. А. , Смыкалов Г. Ф. Русский китаевед академик Василий Павлович Васильев（1818－1900）//Очерки по истории русского востоковедения. Вып. 2. М. ,1956.

[3] Васильев В. П. Сведения о маньчжурах во времена династий Юань и Мин. СПб. ,1863. С. 15.

内容却很充实。巴尔托尔德说："在俄国的科学文献中认为首先对中亚作如此描述的是李希霍芬①，殊不知早在李希霍芬著作问世前25年王西里就已经作了的描述。"② 1855年，他写了《论满洲火山的存在》一文，描述了1720年在东北发生的火山喷发。康熙六十年（1721）吴振臣在《宁古塔纪略》中记载了黑龙江五大连池火山喷发的情景："离城东北五十里有水荡，周围三十里。于康熙五十九年六、七月间，忽烟火冲天，其声如雷，昼夜不绝，声闻五、六十里。其飞出者皆黑石、硫磺之类。经年不断，竟成一山，兼有城郭。热气逼人，三十余里，只可登远山而望。今热气渐衰，然隔数里之中，人仍不能近。天使到彼查看，亦只远望而已。嗅之，惟硫磺气，至今如此，亦无有识之者。"这段人类历史上最早的火山记载之一引起了王西里的注意，并促使他将相关内容加以摘译并单独发表。1857年至1858年间，王西里利用清代著名历史地理学家齐召南所著、被称作"清代《水经》"的《水道提纲》编写了《流入阿穆尔河主要河流介绍》一文，并在《俄国皇家地理学会通报》上发表。《中国地理概况》于1868年作为《汉语文选》第一卷的附录出版，该作展示了王西里在中国地理研究上的造诣，不但提纲挈领地介绍了中国的地理，而且回顾了研究历史，同时收入了游记性作品，内容翔实，形式生动，成为俄国中国地理教科书的样板。在《中国文学史纲要》中有一章为《中国人的科学发展——历史与地理著作》，王西里在这里论述了中国地理科学的发展历史，对中国的主要地理著作做了分析，介绍了古代徒步旅行者的游记作品。此外，王西里还写过一些属于中国地理研究范畴的小文章，比如《关于1844—1846年古伯察和秦噶跸的西藏之旅》《关于挑选赴中国旅行者的建议》和《苜蓿草》等。

王西里还翻译了许多重要的中国历史文献，同样主要是围绕满族

---

① B. Richthofen, 1833—1905, 德国地理学家。——笔者注
② Горбачева З. И., Пертов Н. А., Смыкалов Г. Ф. Русский китаевед академик Василий Павлович Васильев (1818 - 1900) // Очерки по истории русского востоковедения. Вып. 2. М., 1956.

历史这个中心议题而展开。早在 1857 年，王西里就发表了两部重要译作，一是《满洲志》，译自是清代官修地方志书《盛京通志》，二是吴振臣所著《宁古塔纪略》。1883 年，王西里翻译了魏源《圣武记》，俄文名曰《大清初期对蒙古人的安抚》。《圣武记》成书于 1842 年，叙述了清朝开国到道光年间的军事历史及军事制度，包括清初建国、平定三藩、绥服蒙古、扶绥西藏等重大事件，旨在激励清朝统治者振兴武备，抵抗外来的侵略。在王西里的中国地理译著中，1881 年出版的《军机大臣马思哈出巡北部边疆日记》占有重要地位。此书译自马思哈的《塞北纪程》，记康熙二十九年马思哈随驾亲征准噶尔事，描述了马思哈的军队经张家口、戈壁滩，最后与其他军队会师的经过。该书没有直接描写军事行动，而是对沿途的地形、气候、植物和动物详加记录。王西里的另外一部地理译作是《西藏地理》。此书是被誉为西藏睁眼看世界第一人的驻京敏珠尔活佛于 1820 年完成的《世界广论》中西藏部分的俄译。我们知道，学习藏语是喀山大学赋予王西里来华的最重要任务，目的是为了在他回国后创建藏语教研室。尽管这一计划未能实现，但王西里在跟随奥·科瓦列夫斯基研究佛教的同时，对西藏的历史和文化给予了特别的关注。王西里是在研究佛教传入中国问题时对《世界广论》产生兴趣的。他还计划将敏珠尔活佛的著作同玄奘的《大唐西域记》和义净和尚的《大唐西域求法高僧传》进行对比，研究西藏以及与之接壤的印度和尼泊尔的地理，但没有如愿。以上列举的王西里的历史地理译作，只是单独发表的那一部分。此外，他还不同程度地翻译过《魏书》《辽史》《金史》《元史》《辽志》《金志》《蒙鞑备录》《读史论略》《如意宝树史》《春秋》等。① 这些译作与王西里的史地研究论著一道构成了王西里的清朝研究系列。

与比丘林不同的是，王西里除了重视私家史著以外，在其研究中还善于运用碑铭等历史遗存实物作为历史文献的补充。1859 年王西里

---

① Смолин Г. Я. Академик В. П. Васильев как исследователь источниковедения истории Китая//Восток-Запад:Историко-литературный альманах. М. ,2002.

发表《中国千叟宴银牌》。王西里撰写此文，是为了回应列昂季耶夫斯基以及德国汉学家硕特（Wilhelm Schott，1807—1889），指出其在确定牌子年代和解释来历方面犯了错误。1877年王西里发表《1877年8月在保加尔村发现的10世纪末11世纪初中国精美钱币》，1896年又发表了《阿穆尔河特林碑①铭考》。

绘制中国历史地图也是王西里历史研究的一个特色。他在北京时期就开始了这项工作并视之为学习中国历史和地理的有效方法。关于这一点，有他在1854年的回忆可以证明："为了方便阅读汉文典籍……我着手为每个朝代单独绘制一张地图……起初我自费雇人对当时中国仅有的最详细、最大的地图《大清天下全图》②进行刻板……如此这般印了很多。"③ 在他回国之前，已经完成了12个中国朝代的历史地图的绘制。后来他参与编辑了马图索夫斯基（З. Л. Матусовский）的《中华帝国地理述评》及所附地图。

以上事实说明，在王西里的研究中，实证主义史学的特征已经非常明显。因此，不能将王西里对史料的怀疑和批判精神以及对私家史著和其他所有能够还历史本来面目的实物给予同样重视的原因仅仅归结为个人性格。我们知道，以德国历史学家兰克（Leopold Von Ranke，1795—1886）为代表的实证史学在19世纪的西方史坛占据主导地位，该学派最大的特色莫过于对原始史料，尤其是文字史料的严格考订和批判。王西里研究中国史地的特点就是谨慎使用中国史书，以批评的眼光看待其中陈述的史实。他认为中国历代官方编写的史书有刻意美化本朝统治者的倾向，可能对有损本朝的事实闭口不谈或加以篡改。从这一点上而言，王西里身上显然具有强烈的兰克色彩。当

---

① 即奴儿干永宁寺碑。1854年，俄国皇家地理学会西伯利亚分会调查团在元朝和明朝时期之奴儿干地区发现了明成祖永乐十一年（1413年）所立之《永宁寺记》碑。碑文记载明朝政府派遣太监亦失哈等人招抚奴儿干及东海苦夷（库页岛）之事，说明该地区很久以前便是中国的领土。——笔者注

② 很可能是《大清中外天下一统全图》或《大清万年一统天下图》。——笔者注

③ Хохлов А. Н. Пекинский дневник В. П. Васильева//XXII Научная конференция 《Общество и государство в Китае》. Ч. 3. М. ,1991.

然，兰克史学偏重史实的客观叙述，不提倡草率做结论，这又与王西里的写作风格正好相反。

尽管王西里掌握的中国文献资料比同时代其他汉学家要多，运用的第一手材料极为丰富，但却极少做注释工作。他写东西非常自由，随心所欲地表达着富有创见的思想。这些思想一个接着一个，有时也自相矛盾。比如在中华民族的起源问题上，他一直坚持中国人自古至今就是亚洲东部的主人，但后来又根据汉字与古埃及的象形文字可能有某种联系的猜测，推测中国人有可能来自埃及。

另外值得一提的是王西里编写的《圣彼得堡大学东方书籍札记》。这篇长文与其说是目录，毋宁说是王西里对于19世纪50年代以前俄国中国文献收藏历史的回顾，着重介绍了不为学术界所知的圣彼得堡大学东方语言系所收藏的重要蒙古、藏、汉、满文献。喀山大学东方语言专业合并到圣彼得堡大学东方语言系之后，其藏书也一并运来，圣彼得堡大学的藏书规模随之显著扩大。王西里觉得有必要向学术界做一介绍。他从圣彼得堡大学东方语言系的藏书过程说起，进而对中国宗教、历史、地理和文学名著进行评介，同时对中国道嘉年间的中国书籍刊印现状进行分析。正如斯莫林（Г. Я. Смолин，1930—2011）所言，这是对中国文献遗产的概述性分析，实际上反映了王西里后来文献研究的基本立场。① 这篇文章由三部分组成，第一部分主要介绍了圣彼得堡大学的蒙古文和藏文文献的收集过程，他对奥·科瓦列夫斯基在北京停留的几个月中尽其所能找到的所有蒙古文典籍感到惊讶，对圣彼得堡大学能拥有整个欧洲唯一的藏文版《丹珠尔》感到自豪。他同时发现当时北京的蒙古人和满人忘记了本民族的语言，而只阅读汉语书籍，少数民族文字书籍的刊印呈现出萎缩的状态。作者在第二部分中介绍了喀山大学汉语文献的收藏历史和构成，重点探讨了儒家典籍的成书过程和内容。第三部分概述了中国的历史、地理文献以及文学作品。在这里，王西里介绍了中国历史文献的分类方法及代

---

① Смолин Г. Я. Академик В. П. Васильев как исследователь источниковедения истории Китая//Восток-Запад: Историко-литературный альманах. М., 2002.

表著作，尤其推崇司马迁及其《史记》。他认为记录历史是中国文字的第一功能，在儒家的五经当中有三种属于史书（《尚书》《春秋》《诗经》）。他称司马迁为中国史学之父和东方的希罗多德（Herodotus）。至于著名的《资治通鉴纲目》，王西里认为其"对中国的主要意义在于对人物和事件进行了众所周知的等级次序分明的评价，因此，对中国人而言，《资治通鉴纲目》就如同埃及人的死后审判一样"。① 文章在用俄文发表以前已经两次用法文发表，一次在1856年圣彼得堡皇家科学院的《科学院论丛》法文版上，另一次是1857年于巴黎法兰西学院全文刊出。

2. 汉语研究

欧洲自17世纪以来就开始了对汉语的研究，涌现出诸如阿·米勒、马若瑟、拜耶尔、傅尔蒙、雷慕沙、马礼逊、柯恒儒、公神甫等汉学家。但到19世纪中期，一代代学人苦苦追寻的那把"中文之钥"还是不见踪影，对于汉语和汉字的内在规律始终缺乏科学而统一的认识。一部分学者否认汉语中有语法和语法形式存在，另一部分人则努力将印欧语言的语法规则套用到汉语中来。王西里就此写道："人们正在极力套用屈折语的古典规则来解释汉语中不存在的东西，而不是其具备的东西……无论如何，汉语研究至今还没有超出套用外语规则的阶段，无非是将其他语言的语法翻译成汉语。"② 而对于汉字结构的认识更是众说纷纭，莫衷一是。

从1837年成立的喀山大学汉语教研室到1855年创建的圣彼得堡大学东方语言系，俄国的汉语教育一直是依靠比丘林的《汉文启蒙》。这本"速成"教材尽管是当时欧洲最优秀的汉语语法教材之一，但对欧洲人如何快速记忆汉字仍然没有给出令人满意的答案，而这个问题

---

① Васильев В. П. Записка о восточных книгах в С.-Петербургском университете // Русский вестник. XI. 1857.

② Семенас А. Д. Значение трудов В. П. Васильева по китайской лингвистике // XXII научная конференция《Общество и государство в Китае》. Ч. 3. М., 1991.

恰恰是横亘在欧洲汉语学习者面前最大的顽石,"俄国亦没有一本具备系统性的汉语教材"。①

王西里早在北京学习期间就已经立志要攻克这一难题。回国以后,王西里先成为喀山大学的汉语教授,而后又成为圣彼得堡大学东方语言系汉语专业的创始人。汉语教学的现实需要促使他必须要为俄国人乃至欧洲人制定出一套最有效、最科学的汉字学习方案。他认为,中国人可以依靠私塾先生的帮助笨拙而低效率地记忆汉字,而欧洲人必须具备独立、高效学习汉字的能力,否则,汉语教育和中国研究将无从谈起。他对欧洲学者们试图从汉字部首中挖掘出掌握中文"钥匙"的做法不以为然,认为因循守旧是导致其长期在此问题上徘徊不前的最重要原因,因此决定从汉字本身的特质入手,深入分析,创造一套更适合于逻辑记忆的新理论。他为此付出了几乎一生的时光。他写道:"每年我都要花几个月的时间考虑汉字排列的各种方案,我觉得这是头等重要的事情,好似在给汉字创立字母表一样。"②

1866年,王西里在圣彼得堡出版了他的第一部汉语语言学著作《汉字解析》,次年又推出与之配套的《汉字笔画系统——首部汉俄词典试编》。1898年和1884年,这两部书由伊万诺夫斯基编辑,以《汉字解析》为名分上、下两册在圣彼得堡重新出版。《汉字解析》的出版标志着俄国的汉语语言学研究和汉语教学同时进入了一个新的时期。从19世纪60年代一直到20世纪初,《汉字解析》始终是圣彼得堡大学东方语言系无可替代的汉语教材,为俄国汉语教育以及俄国汉学的发展做出了重要贡献。曾任北京大学研究所国学门导师的伊凤阁对王西里的著作极为赞赏,称其为"欧洲论述汉语语音、词法和文

---

① Горбачева З. И., Петров Н. А., Смыкалов Г. Ф. Русский китаевед академик Василий Павлович Васильев (1818 – 1900)//Очерки по истории русского востоковедения. Вып. 2. М., 1956.

② Семенас А. Д. Значение трудов В. П. Васильева по китайской лингвистике//XXII научная конференция《Общество и государство в Китае》. Ч. 3. М., 1991.

字的第一部专著"。①

王西里在《汉字解析》中首先阐述了他对汉字特性的认识。对于古汉语书面语与口语问题，王西里强调，"汉语口语与书面语有很大差别"，但"并不能认为我们这里论述的是两种不同的语言。汉语书面语形成于口语，如果将二者分离得太远，书面语就失去了得以形成的条件。没有口语根本无法对书面语进行研究，而没有书面语口语也不能够得到发展"。② 相对于口语而言，他认为书面语最主要的特点在于用一个单音节词所表达的概念往往能够概括口语数个音节所构成的词。这一特征被王西里反复强调，他在形声字部分里举出"娶""䯂""駟"，认为这几个字正是书面语与口语之间存在某种关系的突出体现，在口语里，表达"娶"这个概念时至少需要两个词——"取"和"女"，表达"四匹马"的概念时则需要"四""马"两个词，表达"大耳"这一意义也至少需要"大"和"耳"这两个词，而在书面语中则将字形融合并将语音简化。他由此得出结论："形声字是口语的简化形式，或者说当某个字形已经以偏旁部首形式加入到形声字中后便不再有发音的必要。"③ 显然，在简单认为汉语是单音节语言的传统看法之外，王西里注意到了汉语语音简约化的特征。

王西里从未对汉语有语法这一问题产生过质疑。在王西里看来，汉语自然是有语法的，只不过是采取了与拼音文字完全不同的思维和逻辑模式而已。他在一篇题为《论汉语的特点》的未刊文章中说："人和人是没有差别的，如果说欧洲人的大脑和中国人的大脑都是一样的构造，怎么会前者的思维中有语法，而后者的思维中没有，况且

---

① Иванов А. И. В. П. Васильев как синолог∥Известия Российской Академии Наук. Петроград,1918.
② Васильев В. П. Анализ китайских иероглифов, составленный для руководства студентов профессора СПб-го университета. СПб. ,1866. С. 1.
③ Васильев В. П. Анализ китайских иероглифов, составленный для руководства студентов профессора СПб-го университета. СПб. ,1866. С. 73.

他们已经几千年来一直用这种语言思考和表达思想。"① 他在著名的《中国文学史纲要》中写道："说到语法，现在流行的观点是汉语既无变格，也无变位，这只能令一些懒于思考者感到惊讶……不变格也能讲出或听懂这样一些话，如 дом отца，люблю отца，скажу отцу 以及 даю，дам，дал② 等。请相信，即便没有变格和变位，中国人照样也有这样的概念……汉语属于世界上最丰富并且最没有被破坏的语言。"③ 而在《汉字解析》中谈到相关问题时，他指出，人类早先创造语言的时候，一个词或者说一个音节所包含的意义范畴可能会十分宽泛或者说不具体。"这种不具体既可能是语法上的，也可能是词汇上的"。而这种"语法上的不具体性"或者说是"抽象性"在汉语以外的语言中必须通过添加词缀而改变词性才能实现。他认为，"汉语的词性是抽象的，不具体的，只有所谓的'词根'，就如同俄语词'дело'（意为'事情'，名词）、'делать'（意为'做'，动词）、'дельный'（意为'能干的'，形容词）、'дельно'（意为'能干地'，副词）中共同的词根'де'一样"。但"这样并不妨碍理解，因为无论是在口语中还是在书面语中都存在确定性、数、格等的手段"。他举了一个"善"字来说明问题：善（добро）——爱善（любить добро）——善人（добрый человек）——善善（одобрять добро）——善爱（хорошо любить）。④

汉语音韵问题是王西里的重要考察对象。他认为欧洲人在建构其汉语语音体系时大多依据的是南方口音，而王西里在翻译汉语语音时，依据的是清代道光年间满族人裕恩所编的一部韵书《音韵逢源》，这部书记录了当时北京话的语音。采用北京官话口音给汉字注音，这

---

① Горбачева З. И., Петров Н. А., Смыкалов Г. Ф. Русский китаевед академик Василий Павлович Васильев（1818 - 1900）// Очерки по истории русского востоковедения. Вып. 2. М.，1956.

② 这几个俄语词组中有名词变格和动词变位现象。——笔者注

③ Васильев В. П. Очерк истории китайской литературы. СПб.，1880. С. 12.

④ Васильев В. П. Анализ китайских иероглифов, составленный для руководства студентов профессора СПб-го университета. СПб.，1866. С. 70.

也是王西里教材的特色之一。他将南方口音与北方口音的主要特点进行了对比，探求了其间的差别。王西里总结了中外学者对汉语音节数目的统计，并进行了南北音节数目的统计与比较，得出了北方音节数目少于南方音节数目的结论。北方音节的数字来自威妥玛（Thomas F. Wade，1818—1895）的《语言自迩集》（420个音节）、《音韵逢源》（461个音节）以及比丘林的《汉文启蒙》（444个音节），南方音节数字主要来自卫三畏的《英华韵府历阶》（700个音节）及波乃耶（James Dyer Ball，1847—1919）的论著（617个音节）。

王西里在《汉字解析》中综合"六书"理论及欧洲前贤的研究成果，指出汉字不应被称作"象形字（иероглиф）"，而应"称之为'组合字（комбинация）'，至少这样会更正确些"。① 他将汉字分为三大类，认为象形字和指事字、会意字和转注字、形声字（音似字）和假借字完全可以两两合并，分成三大类。王西里的"三书"理论与我国唐兰先生后来所提出的"象形""象意""形声"的"三书"说②有着共通之处。王西里对形声字的阐释占去了教材的大部分篇幅。他认为形声字是汉字最有发展潜力的部分，因此它的数量最为庞大，并由此推断，向直接表音文字过渡是汉字发展的最终趋势。王西里视笔画为构成汉字的基本元素，认为欧洲人没能真正认识汉字笔画的组合方式。这成为王西里创制其汉字笔画系统的思想原动力。他认为汉字有独体字和合体字之分，其构成并不是不成系统和无章可循。他强调，独体字的数量是有限的，通过掌握合体字的组合规律可以实现对汉字的连贯记忆。

王西里在书中提出了"字根理论"。他说："只有对'字根'进行深入研究，才可以最终确定汉语中语音间的亲缘和通转关系。"③ 王西里认为同根的每一组字都有一个共同的本义，在编撰字典时应考虑

---

① Васильев В. П. Анализ китайских иероглифов. Ч. 1. 2-е изд./Под ред. А. О. Ивановского. СПб. ,1898. С. 25.
② 唐兰:《中国文字学》,上海古籍出版社,2001年,第66页。
③ Васильев В. П. Анализ китайских иероглифов. Ч. 1. 2-е изд./Под ред. А. О. Ивановского. СПб. ,1898. С. 126.

将这样的"同根字"尽量编在一起。王力在《同源字论》中说:"凡音义皆近,音近义同,或音同义近的字,叫作同源字。"① 这样看来,王西里不考虑字形而将音义相近字排列在一起,这种近乎列字族的做法就是与中国国学大师相比也是颇有见地并富有创新意义的。当然,王西里简单归列"同根"字做法的科学性也是值得怀疑的。王力在《新训诂学》里称:"但这是颇危险的一条路,因为声音尽管相近甚至于相同,也不一定是同源。"② 然而,对于外国人来说,王西里的"字根"理论很容易被接受,有助于认识汉字笔画的组合"规律",显著提高汉字学习效率。

《汉字解析》下册《汉字要素》在1867年首版时名为《汉字笔画系统——首部汉俄词典试编》,实际上是王西里依据他创造的汉字笔画系统编排的一部汉语词典。王西里分析了当时中国和欧洲流行的各类词典所依据的检索系统,认为最好的字典应该是与他同时代的法国汉学家加略利于1841年在澳门出版的根据语音系统编写的《字声总目》。这部字典由于考虑到了外国人在独立学习汉语过程中遭遇到的诸如查字、读音、书写等方面的困难,并为解决这些问题设计了几种不同的方案,因而受到欢迎。当时的《中国丛报》曾载:"这本字典与迄今为止出版的任何字典都不同,汉字是按其语音或基本成分排列;因此,它用近1500个小组代替了《康熙字典》中的214个部首。其释义用拉丁文和法文,并且进行了大的合并。"③ 尽管王西里认为加略利字典的检字法还有不完备之处,比如仅以汉字声旁做检索字,大量的非形声字无法列入,但《字声总目》确实给了王西里很多启发,如"起笔归属原则"等。王西里在总结和克服其中不足的基础上开始构思自己的汉字排列体系,经过不断探索,最终提出了自己的汉语词典编写原则,即从笔画到独体字再到合体字。世界上第一部按笔画系

---

① 王力:《同源字论》,《中国语文》1978年第1—4期。
② 王力:《新训诂学》,《开明书店二十周年纪念文集》,中华书局,1985年。
③ 汤开建等主编:《鸦片战争后澳门社会生活记实:近代报刊澳门资料选粹》,花城出版社,2001年,第189页。

统检索的汉俄词典由此而生。

　　王西里提出他的汉字编排系统的特点在于词典中的汉字先依照其笔画系统进行笔画分类，而后再按照音韵体系加以排列。他以《康熙字典》为依据，借鉴了其他欧洲汉学家的观点，最终归纳出构成汉字的 19 个最基本的笔画。王西里相信，按照这个系统，掌握 6000 字至 12000—13000 字是没有问题的。[1] 王西里独创了自己的笔画归类原则，即以位于汉字最下或右下的笔画作为归类的根据。这种硬性的统一规则与偏旁部首系统比起来省去了判断偏旁部首的麻烦。王西里举例说："偏旁部首在汉字中的位置时上、时下、时在中间，毫无章法：'不'、'世'、'上'属于'一'部，'丹'、'主'属于'丶'部，'也'、'九'属于'乙'部。"[2] 偏旁部首系统为东汉许慎所创，他在《说文解字》中将汉字分为 540 部，《康熙字典》中部首也有 214 个之多。复杂的笔画和繁琐的偏旁部首分类给查阅词典造成很大困难，况且对于一个外国人而言，数出一个汉字的笔画都非易事。而在不知道汉字读音的情况下按音韵系统编排的字典显然也帮不上忙。王西里笔画系统的创立无疑可以使这些难题迎刃而解。

　　王西里一生都未曾终止对其笔画系统的修改。在 1866 年版的《汉字解析》中，他以南宋郑樵《通志》的 20 个笔画为基础，归纳出 7 组共 8 个主要笔画，即（1）一，（2）丨，（3）丿，（4）亅，（5）乚，（6）㇏、丶，（7）𠃊。每一组笔画下还有附属笔画，王西里一共列举了 31 个笔画。他认为所有这些笔画的基础就是上述的 8 个笔画，而且将之视为汉字构成以及记忆的基础。到了 1867 年，他在《汉字笔画系统——首部汉俄词典试编》中确定了 19 个基本笔画，即"一、丨、乚、𠃌、丿、𠃍、㇏、𠃊、亅、𠃍、一、丶、丶、乙、乚、㇉、乚、乙、ㄥ"。王西里后来又不断修正笔画划分原则，旨在使之更富有

---

[1] Васильев В. П. Анализ китайских иероглифов. Ч. 1. 2-е изд./Под ред. А. О. Ивановского. СПб. ,1898. С. 11.

[2] Васильев В. П. Графическая система китайских иероглифов. Опыт первого китайско-русского словаря. Составлен для руководства студентов. СПб. ,1867. С. III.

逻辑性，更方便汉语学习者运用。笔画的有限性，规律性和高重复性是促使他采用笔画系统编排词典的最重要的动因之一。

王西里在《汉字笔画系统——首部汉俄词典试编》中确定了基本笔画下各级附属笔画的排列顺序，并在前言的凡例中列出。其排列规则总的来说服从于视觉感受，尽量将看上去类似的结构（笔画、偏旁部首或字）放在一起。各派生笔画下的汉字按韵排列，先排与首字同音同调的字，而后按"平、上、去、入"排列同音不同调的字。同韵字按照声旁在内、右、下的顺序排列，与首字不同韵但类似的字排在最后。这样，同音字、音近字、形近字就被最大限度地排在了一起。这种排列方法不仅方便初学者检字，更有助于初学者记忆汉字。由此可见，王西里的笔画系统不单是一种汉字检索手段，其直接目的是服务于他在圣彼得堡大学所从事的汉语教学工作。这种注重在教学过程中实际运用的特点在1884年出版的《汉字解析》下册——《汉字要素》中表现得更加明显。从形式上看，这确乎是一部"词典"，明确的教学目的促使编者尽收汉字"要素"，即构成汉字的"组件"，而不重收字数量，注重所收字的相互关系，在释义上尽可能解析汉字的构成，帮助学习者进行联想记忆。

王西里对自己创造的笔画系统非常自信，他写道："词典中的词条按照一种全新的、无论怎么说都是唯一能使汉语更加易学的体系排列（还有其他一些优点，如首次采用北京口音，是第一部汉俄词典）"① 1895年，垂垂老矣的王西里依然对自己的系统满怀深情，言语中荡漾着一股"一览众山小"的气魄："对于我而言，汉字系统是我最珍视的成果。试想中国人至少研究了两千五百年自己的文字，现在欧洲人也在研究。这种文字之所以难学，就是因为缺乏一个体系。但是，我也不敢保证它能被接受，因为这只是我的发明。"② 的确，王西里系统不仅在检索方面克服了单纯按照语音体系或部首系统编纂汉

---

① Васильев В. П. Очерк истории китайской литературы. СПб., 1880. C. 25.
② История отечественного востоковедения с середины XIX века до 1917 года. М., 1997. C. 323.

外词典给使用者特别是欧洲汉语学习者造成的不便，将语音系统和笔画系统有机地结合起来，同时又为汉语初学者提供了学习汉字的有效逻辑思维模式，不仅具有很强的实用性，而且也具有一定的科学性。

王西里的《汉字解析》是他近半个世纪心血的结晶，目的是将汉字的组合逻辑化以帮助俄国人乃至欧洲人记忆汉字，被圣彼得堡大学东方语言系接受并成为学生学习汉语的主要教材。他建构的汉字笔画系统也被建议在其他东方学教学机构中用来教授汉语。王西里视"三书"为汉语学习者认识汉字的基础，将研究汉字笔画当作加深对汉字局部结构认识的有效手段，同时对在汉字中占绝大多数的形声字进行重点阐释，以便巩固学习者对字形组合、字音变化的理解。他编排的字典不重字多，而重常用，不重义全，而重常用义以及与形、音、义相近字加以比较。王西里的弟子、俄国著名汉学家格奥尔吉耶夫斯基对在圣彼得堡大学东方语言系学习生活的回忆在某种程度上可以反映王西里创造的笔画系统在教学实践中的突出效果。在为汉语专业新生所上的第一节课上，王西里说："先生们，你们想要做的事情是一件非常难的事情。但话说回来，世界上的任何事情，如果不得要领，都会很难。正确的方法和优良的体系能使任何困难降到 minimum。如果遇上糟糕的老师来教，汉语很难，而且是无以复加地难；我有一个学生，他只学了一年，汉语水平就达到了可以不借助词典而阅读任何书籍的程度。"格奥尔吉耶夫斯基又写道："总的来说很难。对于一个新手确实不是一件轻松的事情：这些汉字，你是一边死记，一边遗忘；今天你背会了20来个，等到明天检查，剩下的就不是20来个了，而只有2个……经过长时间的努力，我总算进入了角色；连续不断的演练以及王西里对汉字的分析发挥了作用，目前能记住汉字不是因为汉字的形象进入了你的视网膜，而是由于构成汉字的各个部分反映了汉字的历史并在某种程度上昭示着它的意义——概念，总之，可以理解了。"[①] 可以说，王

[①] Хохлов А. Н. С. М. Георгиевский：К 100－летию со дня смерти выдающегося китаеведа∥XXV Научная конференция《Общество и государство в Китае》．М．，1994.

西里建构在笔画系统之上的"笔画→独体字→合体字"的汉字记忆系统和解析式的汉字释义方法为俄国培养了一批杰出的汉学家,在某种程度上为造就王西里学派发挥了重要作用。

根据王西里的笔画系统,孟第于 1891 年编写了《汉俄画法合璧字汇》,罗森贝尔格(О. О. Розенберг,1888—1919)于 1916 年在东京出版了《根据笔画系统编排的汉语词典》,郭质生 1935 年于莫斯科出版了《简明汉俄词典》。由鄂山荫教授生前主持编写并于 1983—1984 年出版的规模最大的四卷本《华俄大辞典》,依据的依然是王西里制定的汉字笔画系统。直到今天,每一个学习汉语的俄国人都会感受到词典中使用的王西里系统给他们带来的方便。苏联汉学奠基人阿理克充分肯定了王西里创造的汉字排列方法,认为该法对学习汉字具有重要的实用价值:"在中国和欧洲新的汉字排列法发明者'磁场'未形成之前,王西里的汉字笔画系统长期是帮助汉字记忆和逻辑判断的佼佼者。这一方法培养了许多人,其中包括年迈的笔者,并且促使了我们的青年至今还在使用的新词典的诞生。"[1] 与此同时,他认为王西里的方法尽管对外国人学习汉字和检索汉字具有实践上的方便性,然而由于是凭空假设,闭门造车,因而缺乏科学基础,"不是科学体系"。[2]

王西里在对汉语的认识上有时也提出一些自相矛盾的观点。比如他一方面强调汉语产生和发展的独立性,另一方面又同意德金(Joseph de Guignes,1721—1800)的错误观点,认为汉字源于埃及文字。德金曾将汉字同埃及文字对比后得出结论,认为中国人是远古时期迁徙到东亚地区的埃及人。王西里说,即使汉语的发展历史是独立的,也不能排除中国人跟埃及有过接触。显然,他的观点充满矛盾,缺乏科学论证,更像是猜测。

此外,1887 年,王西里与彼得堡皇家科学院院士、突厥学家拉德洛夫和彼得堡皇家科学院通讯院士、伊朗学家扎列曼(К. Г. Залеман,

---

[1] Алексеев В. М. О роли русской китаистики XIX в. в лексикографии//Краткие сообщения Института востоковедения АН СССР. 1956. №18.
[2] Алексеев В. М. Наука о Востоке:Статьи и документы. М. ,1982. С. 60.

1849—1916）共同编写了以俄语字母为基础的《语言学通用字母表》，为俄国学者在译介东方国家文献时提供了统一的译音规范，避免了随意的杜撰。该表中的满语、蒙古语、藏语的标音规则均是由王西里制定的。

王西里还编写了两部重要的满语教材。1863年他编写了《满语入门文选》，是俄国历史上第一部正式出版的满语教材，内容主要包括常用口语句型以及一系列中俄关系史文件。教材中的57条对话中有40条来自《清文启蒙》，17条来自《壹百条》，中俄关系文件主要为斯帕法里出使中国，戈洛文、萨瓦、克罗波托夫[1]、穆拉维约夫和普提雅廷（Е. В. Путятин，1804—1883）等与清朝政府的交涉过程和相关文献。1866年他石印出版的《满俄词典》篇幅不大，但很实用。他在前言中写道："我将辞书中至今未曾遇到的句子编入了词典，有的地方指出了与汉语词的亲缘关系，这个问题至今没有人关注过。"[2]

3. 中国文学研究

王西里是俄国第一位中国文学史专家。早在北京时期，王西里就萌发了对中国文学的兴趣，千方百计搜寻文学作品。奥·科瓦列夫斯基写道，无论是古书，还是诗集、小说都逃不过王西里的眼睛。回到俄国以后，他首次于1851年在喀山大学开设了中国文学史课程，成为世界汉学史上将中国文学史引入大学课堂的第一人。1855年，他继续在圣彼得堡大学开设此课程，到1900年去世前一直没有中断。1857年，王西里在《圣彼得堡大学东方书籍札记》一文中涉及了一些中国文学作品，成为他后来编写中国文学史专著的前奏。他对圣彼得堡大学重视收藏中国文学作品并拥有其他图书馆无法望其项背的125种长短篇小说感到高兴。

---

[1] 1768年签订中俄《修改恰克图界约第十条》的俄国全权大臣。
[2] Сорокин Ю. А. Академик В. П. Васильев как маньчжуровед//Восточная филология. Характерологические исследования. М. ,1971.

1880年王西里出版了在世界汉学史上划时代的著作——《中国文学史纲要》，为俄国汉学赢得极大荣誉，因为这是包括中国在内的世界上第一部中国文学史著作。但是，长期以来国人并不知道王西里文学史的存在，公认翟理斯为该领域的鼻祖。郑振铎写道："但文学史之成为'历史'的一个专支，究竟还是近代的事。中国'文学史'的编作，尤为最近之事。翟理斯（A. Giles）的英文本《中国文学史》，自称为第一部的中国文学史，其第一版的出版期在公元1901年。中国人自著之中国文学史，最早的一部，似为出版于光绪三十年（1904年）的林传甲所著的一部。"① 后来他又专门为翟氏著作写过书评。在《中国文学史纲要》中，王西里这样写道："到目前为止，还没有一部用欧洲语言写成的中国文学概论。我们至多也就知道伟烈亚力的那一份来自《四库全书》简明（不是完整的）目录的枯燥书单②。"③ 伟烈亚力将中国典籍按经史子集四部排列，既没有对中国文学作品的内容进行分析，也未对其意义加以评价，算不得文学史。另据张国刚先生的研究，德国汉学家硕特于1854年在柏林出版了《中国文学述稿》一书。④ 硕特的著作内容包括中国经典、道教文献、佛教文献、荀子等思想家、国家与民族学、统计资料、历史著作、语言学著作、手工业技术书籍、文艺作品等13章。此作已经具备了中国文学史的架构，但在内容上更像是各种汉籍书目的罗列，缺乏对作品内容和意义的分析。而且，作者所参考的文献大多是欧洲汉学家的译作，而非中文原典。单就出版年代上而言，硕特的《中国文学述稿》应该被视为是世界上第一部中国文学史著作。而王西里的《中国文学史纲要》尽管出现在硕特之后，但却是第一部由精通汉语的欧洲人对中国文学的历史进行系统考察并就每个发展阶段的作品和作家进行科学评论的通史著作。从这个意义上而言，王西里的文学史应该被视作

---

① 郑振铎：《插图本中国文学史》，北京出版社，1999年，第2页。
② 这里指英国传教士伟烈亚力（Alexander Wylie，1815—1887）在1867年于上海出版的《中国文献纪略》。——笔者注
③ Васильев В. П. Очерк истории китайской литературы. СПб.，1880. C. 24-25.
④ 张国刚：《德国的汉学研究》，中华书局，1994年，第24页。

世界上第一部真正意义上的中国文学史。如果将 19 世纪—20 世纪初世界上出版的中国文学史类著作按照出版年代排列起来，应该是这样的次序：硕特的《中国文学述稿》（1854 年）、伟烈亚力的《中国文献纪略》（1867 年）、王西里的《中国文学史纲要》（1880 年）、古城贞吉的《支那文学史》（1897 年）、翟理斯的《中国文学史》（1897 年）[①]、笹川种郎的《支那历朝文学史》（1898 年）、顾鲁柏（Grube Wilhelm，1855—1908）的《中国文学史》（1902 年）。

《中国文学史纲要》是科尔什（В. Ф. Корш）与李克尔（К. Л. Риккер）主编的《世界文学史》的一部分，与古埃及和古印度文学合编为第一卷，1880 年又出版了单行本。全书由 14 章组成：开宗明义（第一章）；中国人的语言与文字（第二章）；中国文字和文献的古老性问题以及中国人的看法（第三章）；儒学发展的第一个阶段・孔子及其实际贡献・三部最古老的儒家文献：《诗经》（中国精神发展的基础）、《春秋》《论语》（第四章）；作为儒家道德基础的家庭伦理——《孝经》・儒家的宗教与政治——《礼记》・儒家执政意愿的表达——《书经》（第五章）；孟子（第六章）；儒学发展的第二个阶段（第七章）；非儒思想家・道家（第八章）；佛教（第九章）；中国人的科学发展・史地著作（第十章）；中国人的律学（第十一章）；语言学・评论・古董（第十二章）；中国人的雅文学（第十三章）；俗文学・戏剧及中长篇小说（第十四章）。

这些章节标题比较清晰地展示了王西里撰写这部文学史的构思，这就是从分析儒家思想对中国历史和文化的巨大影响着手，兼论其他宗教与哲学流派，将哲学、历史、宗教、自然科学、文学等领域的文献尽收其中，将所有这一切无一例外地纳入了文学的范畴。中国古代文献一般分为经史子集四类，其中只有"集"才算是现代意义上的文学作品。在《中国文学史纲要》全书 163 页的篇幅中，只有 13 页（《中国人的雅文学》和《俗文学・戏剧及中长篇小说》两部分）所

---

① 1897 年翟理斯的《中国文学史》首先作为戈斯（E. W. Goss）主编的《世界文学简史丛书》第十种在英国出版，1901 年出版了该书的单行本。

论述的对象属于现代文学作品范畴。

王西里将中国的经史子集各类文献全部纳入考察视野,并将其作为中国文学的有机组成部分,因此乍看上去像一部中国文化典籍史。实际上这是一种错误的认识。其一,这部《中国文学史纲要》当初是科尔什主编的《世界文学史》(共15卷)的一部分,与古埃及和古印度文学合编为第一卷。王西里领受的任务就是写文学史,而不是什么文化典籍史。其二,王西里坚信,世界各民族的文学从内容到结构都存在巨大差异,所以,"有必要坚持一种次序,即异域文学赋予其作品的一种层次",① 而中国文学的这种层次便是以儒家经典为基础,包括历史、哲学以及雅文学和俗文学等各种著作的整体。他很清楚读者"可能希望我先讲或多讲所谓的雅文学,介绍一些史诗……希望我多讲讲戏剧、长篇小说、中篇小说、演说术等等"②,但是,鉴于中国文学的特质,他无法"抛开儒学而先言他",因为儒学渗透到了中国人的血液之中,并深刻影响了中国的政治、思想和文学。而对于此前对中国文学少有了解的俄国读者而言,首先需要认识作为中国文学精神内核的儒家学说,同时也要对同样对中国文学的发展产生过深刻影响的佛教和道家经典有所认识。俄罗斯汉学家郭黎贞(К. И. Голыгина)认为,王西里"意识到树立文学发展总体理念的重要性,并在某种程度上将这一思想体现在中国文学史教程之中。该教程以《中国文学史纲要》为名,成为东方学家科尔什主编的《世界文学史》丛书中的一种"。在王西里看来,"古代和中世纪书面文学的构成很广泛,不仅包括历史和哲学典籍,还包括俗文学。"③ 换言之,《中国文学史纲要》的结构和内容是王西里独特的中国文学史观的反映。

可这是一种什么样的文学观呢?他所理解的文学显然不是西方语言中的"文学"概念,而更像是古代中国的"文学"概念,确切地

---

① Васильев В. П. Очерк истории китайской литературы. СПб.,1880. С. 11.
② Васильев В. П. Очерк истории китайской литературы. СПб.,1880. С. 9–10.
③ Духовная культура Китая. Том 3. Литература. Язык и письменность. Главный редактор М. Л. Титаренко. М.:Восточная литература,2008. С. 177–179.

说，更像是儒家的"文学"观。我们知道，"文学"一词最早出现在《论语》中，为孔门四科（德行、言语、政事和文学）之一，其初始意义为文章和博学。"文学是指有文采的语言作品，即今天意义上的文学；同时，文学也指人的博学，即今天意义上的学识或学术，如哲学、历史、语言等。"① 由此可见，王西里对中国文学的理解在很大程度上与过去中国人对"文学"的认识是相近的。其实，王西里对中国文学的基本观点早在该书问世前20多年就已经形成了。在《圣彼得堡大学东方文献札记》一文中，他在分析了儒释道回经典以及史地文献之后写道："这还不是我们通常所理解的'文学'一词的所有含义，还应包括雅文学，读者还想了解诗歌辞赋戏剧小说。而且很多人也希望我们从头到尾都讲这些内容。但不幸的是，我们已经极其深刻地受到中国人的文学观念的影响。对于一个在东方历史中占据显著地位的有数千年历史的民族而言，如果仅仅研究其诗歌和小说，简直是不可想象的事情。"② 也就是说，在迎合读者趣味还是尊重中国文学特质的问题上，王西里选择了后者。

当然，王西里中国文学史观的形成还有一个不容忽视的原因，那就是在他生活的时代，俄国的中国文学研究还是一片未开垦的处女地，对中国文学作品的翻译和批评基本上没有，加之文学史研究从对象、内容到方法都没有定型，作为一门学术尚未最终形成，撰写中国文学史的时代并未真正到来。苏联汉学家艾德林（Л. З. Эйдлин）也认为："即便王西里是一位全身心研究中国文学的汉学家（我们知道他本人是反对这种做法的），在中国文学还没有得到充分研究的情况下，他也难以写出一部中国文学史来。"③ 从这个意义上说，王西里的中国文学史似乎就像一个早产的婴儿，注定会有许多先天的不足。受

---

① 王一川：《文学理论》，四川人民出版社，2003年，第15页。
② Васильев В. П. Записка о восточных книгах в С. -Петербургском университете // Русский вестник. XI. 1857.
③ Эйдлин Л. З. К девяностолетию выхода в свет первого очерка истории китайской литературы［В. П. Васильева］// Страны и народы Востока. Вып. 11. М. ,1971.

到时代的局限，作为婴儿之父的王西里注定写不出符合现代人观念的一部中国文学史，而只能撰写他自己所理解的中国文学史。即便是国人林传甲 1904 年出版的《中国文学史》同样难免概念不清、内容庞杂的弊病，与今天文学史的书写方法相距甚远。

在 19 世纪下半期，王西里的中国文学研究在方法上同样具有鲜明的独特性。首先，王西里是在充分肯定中国文学在世界文学体系中的独特价值和重要地位的前提下来撰写这部简明中国文学史著的。他认为："在创造精神以及表述的典范性和科学性上，中国文学确乎逊色于希腊文学和罗马文学。然而，较希腊和罗马文学的那些遗产而言，可以说，中国文学在规模上和内容的丰富性上更胜一筹。"他坚信："在不远的将来，中国文学无疑将在欧洲文化的大潮中得到充实与新生，吸收欧洲的思想、知识以及丰富的精神内涵。"① 今天看来，他的预言是正确的。

其次，王西里的中国文学研究以深入解读汉文原典为基础，对欧洲汉学家的成果持否定或怀疑态度。王西里开篇便声明自己在写作过程中"将不会转述摘录其他欧洲学者著作中的文字"，因为他认为"征引那些自身尚需受到批判、说明、补充或者驳斥的文章，实在是得不偿失"。他的中国文学知识完全来自其对中国文学原典的阅读，他的问题和结论已经在 30 年的教学过程中经过了反复的思考。他声称"我所提及的著作，没有一本是我未曾读过的"。② 自王西里开始，翻译和解读中国经典文本成为俄国汉学最重要的研究方法之一，并在 20 世纪初得到了阿理克（В. М. Алексеев）院士的继承和发展，最终造就了圣彼得堡汉学学派。

再次，王西里的研究充满强烈的怀疑和批评倾向。他不仅质疑中国上古史的真实性，质疑中国文献经典的古老性和原始性，甚至也否定孔子本人的学术贡献，认为"他所传下来的著作只是一个抄写员的

---

① Васильев В. П. Очерк истории китайской литературы. СПб. ,1880. С. 7.
② Васильев В. П. Очерк истории китайской литературы. СПб. ,1880. С. 13.

劳动成果",① 是"坐享其成"。王西里不仅不相信欧洲人的论断,而且质疑中国历代注疏家的解读,认为"任何注疏都不是无懈可击的,而且还很可能将我们引入歧途。"② 他观察问题的角度往往出人意料,思想火花不断迸溅,语言风格犀利,大有"语不惊人死不休"的气魄。但是,他的这种无视前人及同时代人研究成果的"自信"或"自负"也招致了诸如葛兰言（Marcel Granet）、马伯乐（Henri Maspero）、顾鲁柏等汉学家的诟病。顾鲁柏在其《中国精神文化：文学、宗教、祭祀》一书中评论道"王西里用俄文撰写的著作以令人惊讶的独立思考见长。这位出色的汉学家博学多才,是同行中的佼佼者,特别是在中国古典文献的阐释方面,他的观点极其激进。由于其极端的怀疑和批判风格,有时又不免陷入批评无力的境地。"③ 甚至他的学生苏联汉学领袖阿理克院士也认为老师的研究方法好似"将一根棍子弯曲得吱呀作响直至折断"④ 一样。王西里自己把这一研究方法定义为"从中国人提供的事实中获得自己的认识"⑤。而对于他那些尚需小心求证的大胆猜想,他不仅"希望有人能关注",更"希望他们将这些观点彻底推翻"。因为在他看来,只有这样才能"赢得一位真正学者的光荣"⑥。

可以说,在中国的文学作品当中,王西里评价最高且用功最多的就是《诗经》了。他不仅自己翻译和研究《诗经》,而且还用大量课时向学生教授《诗经》。在《中国文学史纲要》中,他从《诗经》中选译了大量诗歌（160 篇风歌中的 128 篇）插入文中,与其他作品形成鲜明对照。王西里此前曾编写过三卷《汉语文选》,其中第三卷为

---

① Васильев В. П. Очерк истории китайской литературы. СПб.，1880. С. 59.
② Васильев В. П. Очерк истории китайской литературы. СПб.，1880. С. 121.
③ Грубе В. Духовная культура Китая. Литература, религия, культ/Пер. П. О. Эфрусси. СПб.，1912. С. 79－80.
④ Алексеев В. М. Наука о Востоке：статьи и документы. М.，1982. С. 165.
⑤ Духовная культура Китая. Том 3. Литература. Язык и письменность. Главный редактор М. Л. Титаренко. М.：Восточная литература，2008. С. 177.
⑥ Васильев В. П. Очерк истории китайской литературы. СПб.，1880. С. 121－122.

《诗经》，于1868年出版。也就是说，在圣彼得堡大学东方语言系汉语专业学生的阅读课程中，《诗经》占去了三分之一的比重。1882年他又出版了《汉语文选第三卷释读》，对《诗经》中的诗歌进行了逐字逐句的解读和翻译。

王西里认为《诗经》是中国精神文化的根基，应给予特别的重视。他在《中国文学史纲要》中说："无论在中国文学当中，还是在这种文学的重要现象儒学当中，我们都赋予《诗经》以独特的价值。"① 他认为《诗经》展现了远古时期中国人民最真挚和最朴素的情感，重要的是尚未受到儒家思想的浸染。他说："在如此远古的年代，即便是孔子生活的年代，难道还有哪一个民族能对自己的日常情感和民众（所谓的苦难的同类）生活进行如此生动而清晰的表现？"② 他在《汉语文选第三卷释读》序言中这样写道："我们不似中国那样认为《诗经》的编写者是圣人君子，而是凡夫俗子。这样思考问题也算不得亵渎圣物。这些歌谣是人民创作的，令人愉快的是，我们面对的是真正的人，而不是那些戴着面具的伪君子。从这里我们可以看到，中国人同样有一颗单纯、友好、充满人性的心灵，有与我们一样的悲欢离合之情。"③ 在他看来，《诗经》就是中国文学发展的源头，其所反映的人民朴素而真挚的情感使之具有了全人类的价值。

王西里按题材将《诗经》中的风歌分为女性之歌、男性之歌、嘲讽之歌、赞美之歌、哭诉之歌、官吏之歌、生活之歌，这种题材分类方法有助于俄国读者更加深刻地认识《诗经》的文学价值以及"题材相同的歌曲在各诸侯国中呈现出不同的形态"④。他写道："我们在这里可以看到情歌，有希望出嫁的少女之歌，有迷恋美人的情郎之歌，有情人约会，也有弃妇哀怨，还有夫妇、情人和亲人的离别之诉。"对于某些题材诗歌产生的社会背景，王西里也有自己的理解。他写

---

① Васильев В. П. Очерк истории китайской литературы. СПб., 1880. С. 123.

② Васильев В. П. Очерк истории китайской литературы. СПб., 1880. С. 67.

③ Васильев В. П. Примечания на третий выпуск китайской хрестоматии. СПб., 1882. С. X.

④ Васильев В. П. Очерк истории китайской литературы. СПб., 1880. С. 67.

道:"说起离别之苦,在孔子之前的几个世纪和孔子身后的数百年里,这是令国力疲弱的连年战争和武力扩张的自然结果",而"这些惆怅哀怨所反映的是当时的社会和政治情况"①。王西里发现来自各诸侯国的风歌在语言和思想上都存在着某种联系,由此断定这些诗歌在诸侯国分立前就已经形成。而且,正是由于这些诗歌清晰地展现了各诸侯国人民之间的联系,因而对重建并巩固各地区的联系发挥了作用。

对于《诗经》的来源,王西里进行了深入的思考。他对孔子的贡献不以为然,认为他"即便不是抄录者,至多也只是个编订者"②,贡献非常有限。对于孔子删诗之说,他也半信半疑。他说,孔子既然从不敢擅改先贤圣人的著作,为何唯独要删诗？他也不同意某些中国文人的"献诗说",不相信各诸侯国会将可能暴露自己为政疏失的民歌呈献给朝廷。王西里对中国古代注家对《诗经》中诗歌意义的阐释充满戒心。他认为毛苌的注疏多有牵强附会之嫌,为了证明其古老性而虚构了史实,其目的是让儒家学说赢得统治地位。

此外,王西里从《诗经》看到了研究中国民歌的重要性,呼吁学界开展研究:"如果有人能关注中国当代的民歌会是一件很有意义的事情。似乎到目前为止还没有人哪怕是依据出版物研究过中国的当代民歌。我们的图书馆中藏有一本名为《霓裳续谱》的民歌集。但我们不敢保证自己有能力去研究。此外,在中国各地不可能不存在属于该地区的独具特色的歌谣。不能指望中国的学究们做这件事。他们对什么都无所谓,也不想了解民众,只想让民众学习他们的书。"③ 他的这一愿望很快得到了弟子伊万诺夫斯基（А. О. Ивановский）和伊凤阁（А. И. Иванов）的响应。前者在1893年发表了《满洲北部的汉族民歌》一文,开中国民歌研究之先河,后者首次倡议对中国民歌进行比较研究并得到了胡适的支持。④

---

① Васильев В. П. Очерк истории китайской литературы. СПб., 1880. С. 65.
② Васильев В. П. Очерк истории китайской литературы. СПб., 1880. С. 63.
③ Васильев В. П. Очерк истории китайской литературы. СПб., 1880. С. 67.
④ 李福清:《论五四时期的中国歌谣学研究》,《江海学刊》1990年第1期。

总之，王西里第一个确立了《诗经》在中国文学史上的崇高地位，第一个向俄国读者展示了《诗经》中描绘的中国古代丰富多彩的生活和志趣，第一个对中国历代学者对《诗经》的解读进行了反思。俄罗斯学者认为王西里对《诗经》的翻译和解读"至今仍不失其价值"①。正是王西里对《诗经》翻译和研究的开创性贡献奠定了俄罗斯《诗经》研究的基础。

　　在《中国文学史纲要》的十四章中，只有最后两章所论述的对象属于现代意义上的文学作品的范畴。一章论雅文学，另一章讲俗文学。所谓雅文学，就是中国的诗文，而俗文学则指戏曲和小说。王西里对中国文学作品的这种分类方法，一直为俄罗斯汉学界沿用至今。他承认自己未能通读所有的雅文学作品，因而只能对这一问题进行浮光掠影式的考察。经过在北京的长期学习和生活，他对中国人对于雅文学的崇敬程度有深刻的体会。他认为："中国人敬重雅文学的程度可能远胜于我们。他们视雅文学为一个人的最高修养，是其学识和道德的标志。"② 他发现中国文人都是出色的文学家，因为科举考试的内容就是按照固定的题目作一篇优美的文章，而三年一度出现的状元文更是士子们争相一睹的范文。

　　他意识到，要想真正理解中国的文学作品并不容易："如果是作文，作者须将自己的思想寓于字内，如果是作诗，则似乎将思想寓于字外，需要到诗外去探寻诗意，因为一个字便足以让你想起一个典故，有神话的，有历史的，也有家庭生活等方面的。而这也正是我们认识中国诗歌的难点所在。"③ 他认为中国人极为重视文章的修辞，即便是"任何一小篇议论、训示、札记、谕旨、表疏、贺词、诏诰、书信、序文、墓志、悼文、祭文，都是散文体的雅文。"④

　　然而，当王西里要介绍《诗经》以后的中国诗歌时却感到非常困

---

① Духовная культура Китая. Том 3. Литература. Язык и письменность. Главный редактор М. Л. Титаренко. М. : Восточная литература, 2008. С. 177 – 179.
② Васильев В. П. Очерк истории китайской литературы. СПб. ,1880. С. 305.
③ Васильев В. П. Очерк истории китайской литературы. СПб. ,1880. С. 307.
④ Васильев В. П. Очерк истории китайской литературы. СПб. ,1880. С. 309.

难。中国历代诗人所创作的诗歌汗牛充栋，天才诗人不可尽数，他实在不知从何说起："我们不可能将这些诗尽数列出，同样无法介绍这些诗人及生平。我们都了解并高度评价普希金、涅克拉索夫和科里佐夫的短诗，可中国在两千年间诗人层出不穷，达数千人之众。而这也正是让我们最为犯难的地方。"王西里对"赋"这种中国"特殊的诗歌形式"兴趣浓厚，进行了重点介绍。他发现这种诗歌有些像俄罗斯的无韵诗，"具有独特的音步，可以不受韵的约束，无需时刻严格遵守对仗句中字数相等的要求"。①

令王西里感到有趣的是，在中国被视为俗文学的小说和戏曲，在俄罗斯却是"最称得上是雅文学的文学类别"。然而，"这种文学受到了中国人的完全蔑视，我们在任何学术目录中均找不到此类书籍和作品的踪影，因此也难考其源流和作者。尽管有许多作者的名字也为人所知，但有时却是虚构的，这是因为作者耻于承认这种在中国学究们眼中的粗俗之事是他所为。中国文人甚至难以启齿说他曾经读过某些名剧作或名小说"。② 在中国古典小说中，他最看重的是《红楼梦》《聊斋志异》和《金瓶梅》。在简要介绍《红楼梦》的故事梗概（这也是这些小说情节在俄国的首次介绍）之后，王西里写道："如果您想认识至今不为我们所知的中国上层社会的生活，就只能是通过阅读小说来实现"。③ 他认为，"若论语言之文雅以及叙事之简洁，则聊斋志怪小说（《聊斋志异》）颇受推崇。"④ 在他看来，《金瓶梅》实在是一部出色的现实主义杰作，因此对其内容的叙述也最为详细。他说："中国人认为《金瓶梅》是最伤风败俗的小说。此书书名由小说中的三个女人（潘金莲、李瓶儿和春梅）名字中的一个字组成。提起这部小说，腐儒们都会摇头，但是，可能没有哪位会放过一睹为快的机会。对于我们而言，《金瓶梅》揭示了中国人的内心生活，暴露了

---

① Васильев В. П. Очерк истории китайской литературы. СПб. ,1880. С. 311.
② Васильев В. П. Очерк истории китайской литературы. СПб. ,1880. С. 313,315.
③ Васильев В. П. Очерк истории китайской литературы. СПб. ,1880. С. 323.
④ Васильев В. П. Очерк истории китайской литературы. СПб. ,1880. С. 321.

他们肉欲横流和下流龌龊的一面。"① 《金瓶梅》可能是王西里最喜欢读的一部中国小说，他在北京时期就开始阅读了，并在日记中记下了自己的感受："这是一部最自由的长篇小说，无论是福布拉斯（法国作家库弗来〈Jean Baptiste Louvet de Couvray〉《德·福布拉斯骑士》一书的主人公——笔者注）的奇遇，还是科克（Charles-Paul de Kock，法国小说家、剧作家——笔者注）经常使用的情节，都无法与这部并非反映中国幻想，而是描绘中国现实的作品相比。"② 而且，王西里在那时已经感受到中国小说中的外来因素，说"可能就与外部因素存在某种久远的渊源或联系。"这比郑振铎提出相似观点早了几十年。③ 对于一位生活在19世纪的外国学者而言，能有这样的卓见，实属难能可贵。

在戏曲部分，他研究了中国戏曲的起源，并介绍了《西厢记》剧情。王西里对中国戏剧的作品介绍尽管较少，但所发的议论却很精辟。他认为中国的小说戏剧在发展过程中尽管吸收了外来的文化，但"中国人都不是简单的模仿者。这个民族的独立精神至今未失，总是以自己的眼光审视一切陌生和外来事物，并按自己的观念改造一切。这就是戏曲和长篇小说的故事均具有中国风格并表达中国人世界观的原因。"④ 最令他印象深刻的是，中国民众对民间戏剧的喜爱程度。他发现，他在北京期间（道光二十年至二十九年），城里一共有13座戏园子，而戏班子有约150个，而"凡是大一点的村子一年当中至少也要请一次戏班子来唱戏"⑤。他认为中国文人对戏剧的鄙视，正是"儒学极力捍卫其思想控制权的立场"⑥ 的结果。

---

① Васильев В. П. Очерк истории китайской литературы. СПб. ,1880. С. 323.

② Хохлов А. Н. Пекинский дневник В. П. Васильева∥XXII Научная конференция 《Общество и государство в Китае》. Ч. 3. М. ,1991.

③ Эйдлин Л. З. К девяностолетию выхода в свет первого очерка истории китайской литературы［В. П. Васильева］∥Страны и народы Востока. Вып. 11. М. ,1971.

④ Васильев В. П. Очерк истории китайской литературы. СПб. ,1880. С. 317.

⑤ Васильев В. П. Очерк истории китайской литературы. СПб. ,1880. С. 315.

⑥ Васильев В. П. Очерк истории китайской литературы. СПб. ,1880. С. 315.

艾德林教授发现，《中国文学史纲要》在论述诗歌时只举了一个例子，那就是苏轼的《花影》：重重叠叠上瑶台，几度呼童扫不开。刚被太阳收拾去，却教明月送将来。令人难以置信的是，俄国诗人费特（А. А. Фет，1820—1892）在1856年翻译发表过此诗，意大利耶稣会士晁德莅（Angelo Zottoli，1826—1902）于1882年在上海出版的《中国文化教程》中引用的还是这首诗。这首宋诗缘何得到三位学者的一致好评，还是一个谜。① 但有一点可以相信，王西里对中国诗歌的研究不像他在其他领域那样精深。

作为俄国19世纪下半期古典汉学的代表人物，在汉学没有分科的时代，他无法将精力全部用于中国文学史这一个领域。科尔什与李克尔主持出版的《世界文学史》给王西里提供了一次机遇，促使年迈的他调动记忆中的中国文学知识，匆匆草就了这部著作。对于这部作品，王西里本人也并不十分满意，并坚信"随着时间的推移，将会有不止一部这样的著作问世。未来也不会仅有一位学者从事中国文学研究，而将有许多人襄赞其事"。② 笔者以为，在评价王西里的《中国文学史纲要》时，要以历史的目光给予客观的评价，肯定它在国际汉学史上的里程碑地位，切不可以现代人的视角求全责备。因为是"时代与作者的个性决定了世界汉学史上第一部中国文学史著作的方向"。③

1887年，王西里石印出版了根据中国文学史课程讲义编写而成的《中国文学史资料》。此书由三部分组成，第一部分叫"中国文学史资料"，第二部分为"中国文学史附录"，第三部分为"书目"。同其《中国文学史纲要》一样，这也是一部包罗万象的文学史。"中国文学史资料"部分是该作的正文，但几乎没有涉及现代意义上的文学作

---

① Эйдлин Л. З. К девяностолетию выхода в свет первого очерка истории китайской литературы [В. П. Васильева] // Страны и народы Востока. Вып. 11. М.，1971.
② Васильев В. П. Очерк истории китайской литературы. СПб.，1880. С. 1-2.
③ Эйдлин Л. З. К девяностолетию выхода в свет первого очерка истории китайской литературы [В. П. Васильева] // Страны и народы Востока. Вып. 11. М.，1971.

品，我们从其中的10个章节名称就可以大体了解到什么样的"文学作品"在他的心目中具有更重要的意义。这些章节是：（1）纯粹的儒家典籍作者；（2）新儒学；（3）朱子；（4）新儒学著作概述；（5）非儒学哲学家；（6）道教；（7）道教历史；（8）著名道教哲学家；（9）佛教；（10）宇宙观。如果从这些标题上看，照现代的标准，很少有人会认可其是文学史资料，更像是哲学史资料。而王西里在这里并没有将阐述的重点放在哲学思想层面，而是着重介绍了儒释道三大哲学宗教流派的著名学者及其作品。显然，在王西里看来，那些哲学家和高僧名道都是作家，而他们的作品自然也是文学作品了。在"中国文学史附录"中，王西里介绍了佛教在中国流传的历史，主要包括佛教在中国南部的流传、寺庙的修建、经书翻译、显灵传说、西天取经、元代《佛祖通载》等内容。"书目"部分包括15类书籍的名称、版本及内容简介。15类书籍中包括了佛教经籍16种、道教经典5种、儒家汉籍46种、诸子百家28种、历史著作108种、地理著作108种、则例25种、辞书与书目24种、类书14种、医书与农书等57种、雅文学作品（散文、诗歌）32种、图册、音乐与书画类书籍15种、长中短篇小说与戏剧131种、丛书19种、舆图25种。王西里对属于所谓的雅文学的几部作品给予了特别的关注，用较多的笔墨加以评介。首先是《聊斋志异》，他认为这部短篇小说集"语言优美，叙述精巧，因此在中国极受推崇，版本甚多"。他称《第一才子书》（《三国志》）"受到大家一致认可，故事构造艺术高超，文风骈俪"。对于《红楼梦》，王西里给予了更高的评价，他写道："在中国，《红楼梦》写得如此之好，如此动人，以至于必然要产生许多续书。""从前中国人读的是志怪小说、英雄小说、历史小说、斗智小说或淫书，不曾见到过对家庭生活的娓娓描述以及优美平和的语言。"[1] 此外，王西里在书中加了一个所谓的"补充"，指明是对《中国文学史纲要》的补

---

[1] Васильев В. П. Материалы по истории китайской литературы. Лекции, читанные заслуженным профессором С.-Петербургского Императорского университета В. П. Васильевым. СПб., 1887. С. 365-370.

充,内容主要涉及地理、中国律法、农书和自然科学书籍等内容。可以说,《中国文学史资料》进一步证明了王西里独特的中国文学观,即在中国文学史上占主导地位的是宗教、哲学、历史和地理文献,而雅文学只不过是其中的一个组成部分,而且始终受到前者的深刻影响。

总的来说,王西里对中国文学的评价还是相当高的。他在一篇未曾发表的文章中写道:"中国的文学遗产比我们祖先留给我们的要多,更超过了欧洲民族的文学遗产。"他认为未来的中国文学,当与欧洲文学接触后,将在保持自己民族特色的同时,摆脱儒家思想的桎梏。他在《中国文学史纲要》中还写道:"在不远的将来,中国文学无疑将在欧洲文化的大潮中得到充实与新生,吸收欧洲的思想、知识以及丰富的精神内涵。但即便如此,中国文学的新时期不会像其他非欧洲民族文学那样与过去的历史被一条鸿沟所分割,这是由于新的观点、新的要求将仅仅是过去一些方面的延续。"[①]

4. 中国宗教研究

王西里非常重视对宗教的研究,将其视为认识人性最重要的手段。最能全面体现王西里中国宗教观的著作当属他在 1873 年出版的《东方的宗教:儒、释、道》。王西里批评欧洲的中国宗教研究著作要么就是部头大,要么就是使用学术术语太多,使得普通读者难以接受。因此,他决定在《东方的宗教:儒、释、道》中采取通俗语言,完全摒弃繁琐的注释和说明,简明扼要、通俗易懂地阐释东方宗教的实质。与此同时,我们从王西里的开场白中也能感受到他对俄国学术环境的无奈:"笔者多年研究这个课题,而在这里只能做个通俗的介绍。对笔者而言,写作大部头的著作或许更加容易,但经验说明学术界目前并不需要。"此外,他写作此书还为了进一步说明宗教对于人类发展的重要意义以及东方宗教研究对于俄国统治东方民族的现实价值。他特别谈到了俄国在沟通东西方文明过程中应该发挥的重要作

---

① Васильев В. П. Очерк истории китайской литературы. СПб. ,1880. С. 2.

用。王西里认为，要实现所谓的"教化东方是俄罗斯的使命"这一口号，必须先认识中国社会的思想土壤——宗教。全书分为三章，分别是儒教、佛教和道教。作者以生动、轻快的笔触对在中国以及东亚盛行的三大思想体系的精髓和表现方式进行了描述，用大众可以理解的语言阐释了最复杂的哲学宗教实质。为了帮助读者更好地认识儒、释、道精神，他不时地将其与基督教、伊斯兰教的思想和作用加以对比，对中国人的多神崇拜现象给予了特别的关注。他就此写道："这一切证明，东方的宗教并没有控制人的心灵，那不是信仰，而只是一种信任，很容易动摇或改变方向。"[1] 他那强烈的怀疑主义思想在这部书中再次得到充分的体现。他一如既往地漠视前人所有的研究成果，只想表达个人的观点。在他眼中，中国的经典文献可谓漏洞百出，经不起推敲。他不断地表示怀疑，又在缺乏令人信服的证据的情况下武断地做出结论。因此，这部被学术界寄予厚望的专著令奥登堡等东方学家大为失望，批评他"对原始文献的鄙视，极端的教条主义，还有他自己也曾坚决反对的先入之成见。当他在《东方的宗教：儒、释、道》一书中重新研究他曾经感兴趣的问题时，已经完全不能接受他人的成果，对他自己的观点未能进行新的验证，结果使这部从各方面看来都很好的书没有被学术界所接受"[2]。

王西里对于儒学的研究主要反映在《东方的宗教：儒、释、道》一书中。他首先提出了儒学是否是宗教的问题，并认为这可能是由于个人的判断标准不同而产生不同的答案。他说："儒学与其他宗教有很大不同，即使与东方的宗教相比也有差别，因为后者总是与西方的宗教有某些相似之处。"[3] 他从分析《春秋》《尚书》等儒家典籍产生的过程入手，试图拨开笼罩其上的迷雾，对儒学的起源以及孔子作为

---

[1] Васильев В. П. Религии Востока: конфуцианство, буддизм и даосизм. СПб., 1873. С. 1-2.

[2] Ольденбург С. Ф. Памяти Василия Павловича Васильева//Материалы по истории и филологии Центральной Азии. Улан-Удэ, Вып. 4. 1970.

[3] Васильев В. П. Религии Востока: конфуцианство, буддизм и даосизм. СПб., 1873. С. 16.

缔造者所发挥的作用进行了详细分析。在儒家典籍当中，王西里先后完成了《论语》和《诗经》的翻译，前者刊登在《汉语文选第二卷释读》上，后者发表在《汉语文选第三卷释读》中。王西里视《论语》为汉学专业学生必读书，将其作为圣彼得堡大学汉学专业四年级的必修课。王西里认为，儒家经典十三经最终形成于11世纪，孔子的作用只是通过阅读当时宫廷收藏的典籍和档案获得了写作的本领，并且将之加以推广。他只编写过两部著作，一是《诗经》，二是《春秋》。儒家将历史给予了人民，并且从道德和礼仪出发对其中的某些史实进行了阐释。此外，《中庸》中的思想使儒学成为一种"比任何已知宗教更具宗教色彩"的宗教。"如果说佛教还将人与神加以区分的话，而儒家的圣人看上去就是我们所称的上帝或创世者，神天仙地赐福给人间与其活动直接相关。"在王西里看来，宋明理学是一种新的宗教，在使儒家学说更加系统化的同时，受到了佛教和道教的影响。他不承认中国存在具有形而上学特征或者逻辑严密的哲学体系。[1]

　　王西里是一位杰出的佛教研究者，以至于学术界公认其佛教研究的学术价值最高。[2] 按照尼基福罗夫的说法，王西里"与所谓的南方佛教研究者相反，研究了北方宗教，为后来的学者指明了道路"。[3] 王西里开始研究佛教问题主要是受到了老师奥·科瓦列夫斯基的影响。学习蒙古语必须要具备一定的佛教知识，否则就难以阅读充满佛教思想的蒙古语文献。所以在王西里早期的科学活动中佛教研究占据重要地位。他的学士学位论文《佛教文献之精髓》就是利用老师从雍和宫获得的《金光明经》蒙古文本完成的。王西里介绍了《金光明经》在《甘珠尔》中的地位，并对其结构和内容进行了分析。而他的硕士学位论文《论佛教的哲学原理》的研究对象为三部蒙古文本的佛教文

---

[1] Китайская философия: Энциклопедический словарь/Гл. ред. М. Л. Титаренко. М., 1994. С. 50.

[2] Завадская Е. В. В. П. Васильев-родоначальник буддологии в России//История и культура Китая: Сборник памяти академика В. П. Васильева/Под ред. Л. С. Васильева. М., 1974.

[3] Никифоров В. Н. Советские историки о проблемах Китая. М., 1970. С. 12.

典，同样是奥·科瓦列夫斯基自北京购得。为了深刻参悟佛学思想，王西里重点对佛典中的概念加以分析和考证，这在欧洲佛学研究刚刚起步的时候显得尤为必要。沙斯季娜写道："假如王西里的硕士学位论文当时能够出版，东方学界就能够提早50年了解佛教哲学的北方形态——喇嘛教。"① 后来，王西里利用在北京居留的近10年时间，掌握了对于佛教研究至关重要的藏、梵、汉、满等语言，得以阅读大量佛教文献，获得了对这一庞大的宗教体系的深刻认识。他在北京期间就编著了鸿篇巨制《佛教及其教义、历史和文献》。作者计划将此书编成一部包容所有佛教知识的佛教百科全书。他在1857年出版的《总论卷》的序言中写道："面前的这本佛教总论只是我著作的一小部分，只是一个导论，这里简要介绍的内容在后面还要展开论述。这部书包括以下内容：（1）《翻译名义大集》阐释的佛理；（2）佛教文献述评；（3）印度佛教史；（4）西藏佛教史；（5）玄奘印度游记。各部分间有机联系，囊括几乎所有的佛教知识。"② 王西里在佛教研究方面的计划庞大，但当他1850年回国后才发现，俄国人对他的研究几乎没有兴趣，没有任何一家机构愿意出版卷帙浩繁而又如此专业的著作。最终，王西里只出版了《佛教及其教义、历史和文献》的《总论卷》和《印度佛教史》（1869年）。这两卷后被翻译成了德文和法文，并被视为欧洲佛学研究的最高成就，大大超越了之前所公认的佛学研究。③ 在《总论卷》中，王西里将包括世友的《异部宗轮论》、鸠摩罗什所译《龙树菩萨传》在内的许多佛典翻译成了俄文。我国有学者指出王西里的佛学译文中也存在错误，如他在翻译《龙树菩萨传》时将其中"弱冠驰名，独步诸国"

---

① Шастина Н. П. В. П. Васильев как монголовед//Материалы по истории и филологии Центральной Азии. Вып. 4. У. -У. ,1970.

② Горбачева З. И., Пертов Н. А., Смыкалов Г. Ф. Русский китаевед академик Василий Павлович Васильев（1818 - 1900）//Очерки по истории русского востоковедения. Вып. 2. М. ,1956.

③ Завадская Е. В. В. П. Васильев-родоначальник буддологии в России//История и культура Китая: Сборник памяти академика В. П. Васильева/Под ред. Л. С. Васильева. М. ,1974.

一句中的"独步诸国"翻译成了"一人独自去诸国游历"。① 《印度佛教史》为王西里从藏文翻译而来，原作者为藏族学者多罗那他。

但是，这一小部分发表的作品完全不能代表王西里在佛教研究领域的成就。他从中国带回的内容包括佛教文献译文、摘录、述评的数千页手稿最终也未能发表，有的已经散失。王西里的佛教研究不适应那个时代的要求，不能不说是个悲剧。他绝望地写道："时光飞逝，我的研究方向也越来越让我失望，已经不指望能很快出版我的著作了。随着时间的流逝，我那在前些年本属新鲜的作品变得过时和不合时宜了。一个学者在封闭环境中付出的科学劳动就这样无声无息地付之东流了，无法为俄国学者争取荣誉，也无法向世人说明俄国人也能为科学做出贡献，而且，多年的劳动白白浪费难道不值得可惜吗？"② 在王西里的佛教研究手稿中，规模最大的为《佛教术语词典》。该词典主要是王西里对梵藏合璧《翻译名义大集》（或称《大分解辞汇》）的俄译。《翻译名义大集》是赤祖德赞赞普在位时期为厘定佛经译语而编写的一部规范梵藏翻译的工具书，完成于公元814年（唐宪宗元和九年）。元代在原书词条后增添了蒙古文，清代又补译了汉文，成为梵藏蒙古汉对照的写本。③ 王西里在1855年发表的《喀山大学图书馆藏部分佛教历史典籍》一文中叙述了他发现、研究并翻译《翻译名义大集》的过程。除了《丹珠尔》中的版本外，他还在北京获得了两个抄本，其中之一是一位与俄国东正教驻北京传教团有密切交往的俞大人（译音）④ 去世后留下的。这位俞大人很有佛学修养，对其中的部分词条释义进行了修正。他写道："我在北京获得俞大人的《翻译名义大集》抄本后，即放下手中所有的工作，满腔热情地开

---

① 高山杉：《欧洲人佛书翻译丛谈》，《读书》2004年第11期。
② Горбачева З. И., Пертов Н. А., Смыкалов Г. Ф. Русский китаевед академик Василий Павлович Васильев (1818 – 1900)//Очерки по истории русского востоковедения. Вып. 2. М., 1956.
③ 尹伟先：《藏语文词书编纂简史》，《中国藏学》1995年第1期。
④ 疑为清代著名学者俞正燮。因其撰写《俄罗斯佐领考》和《校补海国纪闻》，有可能与俄罗斯馆发生接触。

始对其进行研究和翻译。"① 由此可见，王西里对这个世界上唯一的梵藏蒙古汉对译写本非常珍视，并为能成为其拥有者而兴奋异常。王西里获得这个抄本的时间不是有些学者认为的 1853 年，而是他自己所说的"离开北京前夕"，即 1850 年 5 月 2 日之前。王西里参考了众多藏汉词典，比如宋僧法云编的《翻译名义集》、明代一如所编《三藏法数》等，为原本没有释义的词条进行了阐释。按照王西里的设想，他的《佛教术语词典》应收录 9565 个佛教词条。在王西里的档案中保留有该词典的两卷手稿，第一卷 1205 页，第二卷 922 页，但不是每一页都完成了，有些页的释义部分还空着，只有梵文术语及其藏、蒙古、汉语译文。从已完成的数目非常庞大的词条看，大部分释义准确，内容丰富。王西里在去世前两周曾经建议圣彼得堡科学院出版这部词典，但没有被核准。

王西里遗留下来的另一部手稿名为《佛教文献述评》，共由两部分组成。第一部分是《佛教各流派文献述评》，主要参考了章嘉呼图克图的著作。这部分同样没有完成，只写了小乘、有宗、空宗和律宗 4 章，收录了大量译成藏语和汉语的梵文佛经。如此详细的佛教经典也许在高迪爱的《西人论中国书目》中可以找到，但如此深刻的研究和详细的论述在 19 世纪的欧洲汉学家中恐怕只有王西里能够做到。在第二部分中翻译了 1654 年由智旭和尚编撰的《阅藏知津》。这部书对中国佛教典籍进行了详细的分析，是一本材料极为丰富的佛教著作。王西里的《西藏佛教史》的手稿同样具有重要价值。该书主要记述了 1746 年以前西藏发生的政治与宗教事件，根据藏传佛教格鲁派学者松巴堪布的《如意宝树史（印藏汉蒙古佛教史如意宝树）》第二部分写成。书后附录了由王西里按照欧洲纪年方法翻译的松巴堪布编写的历史年表。作为西藏人撰写的西藏史，这是成书年代最近的一部（1747 年），对其进行翻译和研究不仅对俄国佛学研究具有重要意

---

① Семичов Б. В. Буддийский терминологический лексикон академика В. П. Васильева//Материалы по истории и филологии Центральной Азии/СО АН СССР. Бурят. фил. Ред. Б. В. Семичов. Улан-Удэ, Вып. 4. 1970.

义，而且还证明王西里是俄国第一位研究西藏历史文献的人。据苏联学者研究，王西里对《如意宝树史》的兴趣源于他的老师奥·科瓦列夫斯基。奥·科瓦列夫斯基曾经请布里亚特喇嘛将这部书从藏文译成蒙古文，以便研究。但遗憾的是："尽管王西里比达斯[①]早约30年开始研究《如意宝树史》，但由于未能发表，第一的桂冠便戴到了这位印度学者的头上。"[②] 还有一部手稿叫《玄奘印度游记》，是王西里对玄奘《大唐西域记》的全文翻译。如果当时能够出版，那么第一个将这部重要著作译成欧洲文字的荣誉非王西里莫属。此外，他还翻译了印度佛教中观派的主要论著《百论》等大量佛教文献，现在都收藏在俄罗斯科学院东方文献研究所。[③]

  王西里反对在佛教研究中盲目翻译佛教文献，而是主张摘录最能反映佛教思想精髓的著作。他说："我们已经表达过这样的思想，我们不需要有关佛教徒头脑中琐碎之事的长篇大论，我们不需要翻译所有的重要佛典，而仅需要从中摘取最重要的内容，准确地理解曾经左右人们头脑的最重要思想，领会其对人类生活的意义，搞清楚这些思想是否对我们的思维有新的启示，或者仅仅是已有思想的重复。"[④] 他警告不要用一本偶然得到的或特意选择的佛教著作来进行佛教研究，而要博览各种语言的佛教经典。王西里在佛教研究上远远走在了其欧洲同行的前面，除了正确的研究方法和不懈的努力之外，掌握了佛教文献的几乎所有载体语言应该是其取得成功的最重要因素之一。

[①] Sarat Chandra Das, 1849—1917。达斯乃为印度人研究西藏佛教的先驱，1902年著成《藏英辞典》，1908年校订了《如意宝树史》。——笔者注

[②] Пубаев Р. Е. Академик В. П. Васильев - первый исследователь тибетской исторической литературы в России//Востоковедные исследования в Бурятии. Новосибирск, 1981.

[③] Гроховский П. Л. Буддологическое наследие В. П. Васильева (по материалам СПбФ Архива РАН)//Человек. Природа. Общество. Актуальные проблемы. СПб., 2002.

[④] Завадская Е. В. В. П. Васильев-родоначальник буддологии в России//История и культура Китая: Сборник памяти академика В. П. Васильева/Под ред. Л. С. Васильева. М., 1974.

王西里一直强调从历史发展的角度研究佛教的必要性，认为不搞清其历史渊源就难以理解任何发展阶段的佛教。他认为佛教产生于公元纪年初，其根源不在印度中心，而是在印度的西北方向。佛教得以向东扩张是因为来自西方的精神力量占了上风。佛教传播的历史显示了佛教理论或者信条与佛教实践或佛法领悟向佛教的原始基础"道德"或"禁欲"的统一过程。他特别强调了佛教的实践主义和调和主义，指出其辩护者不惜背离佛典教示而极力适应某种历史传统。王西里认为西方学者研究佛教的目的在于发掘佛教与基督教之间的相通之处，以便对前者的作用加以夸大或贬低。① 可见，王西里已经不是一位普通的佛教研究者，而是可以为这门学问提出问题并确立发展方向的领军人物。

王西里在19世纪上半期所研究的佛学课题，直到19世纪末20世纪初才成为其他国家学者研究的对象。奥登堡写道，如果王西里的著作当时能够及时出版，俄国的佛教研究至少能向前推进30年。② 尽管王西里的许多重要著述手稿已经散失，然仅凭上述保留下来的作品同样可以认定王西里是19世纪俄国佛教研究的泰斗。虽然他未能全部出版自己的著作，但仅凭出版的那一小部分就已经为俄国及世界汉学的发展做出了重大贡献。

王西里的道教研究同样具有开拓意义。他对道教的研究主要集中在《中国文学史资料》《中国文学史纲要》以及《东方的宗教：儒、释、道》中。在这些书中，王西里都用了很大的篇幅介绍中国的道教思想，不仅介绍了作为一种哲学的道家学说，而且详细分析了后期作为宗教的道教基本教义。在俄国汉学史上，王西里是第一个对道教进行过深入思考的汉学家。首先，他研究了道教的历史发展过程，按照陶奇夫（Е. А. Торчинов，1956—2003）的观点，这在世界科学史上

---

① Китайская философия: Энциклопедический словарь/Гл. ред. М. Л. Титаренко. М. ,1994. С. 50.

② Ольденбург С. Ф. Памяти Василия Павловича Васильева//Материалы по истории и филологии Центральной Азии. Улан-Удэ, Вып. 4. 1970.

具有开创意义。其次，王西里对早期道教文献版本进行了考证。再次，他所翻译的《道德经》片段，显示了其对道家哲学问题的深刻理解。"道可道，非常道；名可名，非常名……"，王西里据此认为"老子的话充满了这样的思想或比喻，以便解释抽象的概念……"陶奇夫以为，这句话中所包含的意思很耐人寻味，《道德经》中的形象语言在某种程度上说明中国古代抽象哲学术语的不发达。但是，王西里对于长期以来学术界关注的道教核心概念"道"的内涵并没有给予特别的关注，只在《中国文学史资料》中用了很少的笔墨，忽略了对《淮南子》《抱朴子》等重要道教经典的研究。最后，王西里研究了"实用型"道教所宣扬的长生不老术，如炼丹、气功等。王西里也是国际汉学史上最早对道教人物进行详细介绍的学者，在《中国文学史资料》和《东方的宗教：儒、释、道》中，讲述了八仙、张道陵、东方朔等的生平与故事。作为一个出色的佛学专家，王西里详细探讨了佛教对道教的影响问题。他认为，佛教对于后期道教的祭祀方式、《道藏》的构成以及许多古代道教经典的内容与结构都产生了很大影响。同时，他在《中国文学史纲要》中认为全部的道教文献都是"谎言"，在《东方的宗教：儒、释、道》中又断言"构成道教基础的全部是迷信"，这些观点显然不全面甚至有些武断。① 尽管如此，王西里对于俄国道教研究的贡献不能受到怀疑。"在 20 世纪 90 年代以前，王西里的著作是俄罗斯有关后期道教唯一的信息来源。"② 俄罗斯学者归纳了王西里道教研究的几个特点，一是研究资料丰富，二是质疑《道德经》作者，三是将道家思想同时视为学说和宗教，四是强调佛教对道教的影响，五是提出了研究《道藏》的课题，将北宋时期张君

---

① Торчинов Е. А. Труды В. П. Васильева и актуальные проблемы изучения даосизма//XXII Научная конференция《Общество и государство в Китае》. Ч. 3. М. ,1991.

② Китайская философия：Энциклопедический словарь/Гл. ред. М. Л. Титаренко. М. ,1994. С. 50.

房辑录的《云笈七签》纳入研究范畴。①

5. 王西里汉学学派

王西里在《中国文学史纲要》中写道："我不希望我们用巨大的劳动取得的那些结论、观点和研究方向随风而逝……。尽管有些人仍然鄙视我们的东方研究，但它不会终止。我的后继者将会出现，通过参考我的观点，发展、完善和检验我的言论，他们的研究要轻松一些。"② 关于王西里汉学学派是否存在的问题俄罗斯学术界曾经存在分歧。奥登堡院士和巴尔托尔德院士及伊凤阁教授在20世纪初对之持否定态度并为许多人长期接受。③ 产生如此认识的原因主要是19世纪末20世纪初圣彼得堡大学汉学呈现衰微态势，而同期的西欧汉学却大踏步向前，后代汉学家对王西里所开创的传统渐渐失去信心，转而开始向西方借鉴新的研究方法。苏联时期尼基福罗夫也提出"王西里事实上没有留下自己的学派，因为他的学生都回到了比丘林的老路上去了"。④ 而维·彼得罗夫认为王西里并没有建立自己在学术传承上的学派，而只是开创了具有50余年历史的圣彼得堡大学汉学教育学派。他写道："王西里学派具有清晰的继承性，但这种继承性并非表现在对学术问题的研究上（因为其代表人物都是各行其是），而是表现在汉语教学原则上，因此，该学派只能说是一个大学学派。王西里学派代表人物共同的一点就是仅仅视汉语为研究佛教、中国历史、哲学或

---

① Филонов С. В. Изучение даосизма в России и за ее пределами: Некоторые вехи и итоги. Благовещенск: Амурский государственный университет, 2000. Амурское востоковедение. [Электронный ресурс]: Официальный сайт кафедры китаеведения АмГУ. (http://vostok.amursu.ru/AUDITORIUM/rabfil1.htm)(01.03.2000).

② Васильев В. П. Очерк истории китайской литературы. СПб., 1880. С. 25.

③ Горбачева З. И., Пертов Н. А., Смыкалов Г. Ф. Русский китаевед академик Василий Павлович Васильев (1818 – 1900)//Очерки по истории русского востоковедения. Вып. 2. М., 1956.

④ Никифоров В. Н. Советские историки о проблемах Китая. М., 1970. С. 12.

者现状时不可或缺的一种工具,还没有被看作是学术研究的对象。"①然而,随着时间的推移,俄罗斯汉学界大多数学者越来越确信,王西里桃李芳菲,在圣彼得堡大学近 50 年的教学生涯中培养了几代汉学家。而且,其丰富的著作和深厚的思想得到了后世汉学家的继承和发展,完全具备了作为一个学派的特征。

阿理克不仅承认王西里学派的存在,而且还多次对这个学派的特点、创始人的作用以及帝俄汉学的成败得失进行深刻的反思,以期提醒同时代及未来的汉学家在继承传统的同时,摈弃旧俄汉学弊病。阿理克将王西里学派称为俄罗斯汉学的第一个学派,而将自己所领导的苏联汉学学派称为第二个学派。他认为,第一学派"在很多方面都是正确和出色的",形成了诸多特色。其一,王西里如同当时的欧洲汉学家一样,将佛学研究视为"学术探索的主要课题"。其二,在研究方法上突破了比丘林以单一汉语文献为基础的研究方法,将汉、满、蒙古、藏、梵、日等多种亚洲语言作为研究工具,并从语言和内容等方面进行比较。其三,该学派以思想的独到性见长,极少附和欧洲学者甚至中国文人的观点,从而不断引发诸如顾颉刚、葛兰言(Marcel Granet,1884—1940)、马伯乐(Henri Maspero,1883—1945)等东西方学者的批评。其四,将中国客体化,不允许研究者在对研究对象的评价上言过其实。其五,严格要求学生,注重语言基础训练。这五条应该是王西里学派的积极方面,对保障俄国汉学发展水平以及提升其在国际汉学界的地位发挥了重要作用。但与此同时,该学派也存在许多现在看来是致命的缺陷,主要包括,其一,强烈的怀疑主义和批评主义研究方法,以至"有时将一根棍子弯曲得吱呀作响直至折断,离学术还有很远的距离"。王西里将这种方法或对待研究对象的情绪传递给了自己的部分弟子,但未得到普遍认同。② 其二,与俄国东正

---

① Петров В. В. Китайская филология в Петербургском-Ленинградском университете // Точность-поэзия науки:Памяти Виктора Васильевича Петрова:Сб. ст. СПб.,1992.

② Алексеев В. М. Наука о Востоке:статьи и документы. М.,1982. С. 165 – 167.

教驻北京传教团的汉学家缺乏学术上的借鉴，使圣彼得堡的汉学教育封闭于由王西里创建的教学模式之中。其三，轻视欧洲汉学家成果，拒绝接受来自西方的新方法和新思想。这些不足严重制约了王西里学派在学术研究上的发展，脱离了欧洲汉学发展进程，成为19世纪末20世纪初陷入危机的主要原因。

王西里学派构成了19世纪下半期俄国汉学家的主体，其研究方向、研究方法和研究成果基本上代表了这一时代俄国汉学的发展面貌。这是一个正在经历近代化进程的具有鲜明的俄国特色的古典汉学学派。他们接受过王西里倡导的多语种、多学科训练，以博大精深的中国语言、历史、文化为研究对象，注重原典研究，善于独立思考，反对盲目迷信欧洲汉学权威。王西里学派的中坚力量主要由其弟子构成，如格奥尔吉耶夫斯基、伊万诺夫斯基、柏百福、莫纳斯特列夫（Н. И. Монастырев，1851—1881）、德密特（П. А. Дмитриевский，1852—1899）、波兹德涅耶夫（А. М. Позднеев，1851—1920）、科斯蒂列夫（В. Я. Костылев，1848—1898）、斯梅卡洛夫（Г. Ф. Смыкалов，1877—1955）、鲁达科夫（А. В. Рудаков，1871—1949）和屈纳等著名汉学家。

伊万诺夫斯基在一生短短的40个春秋中写了一系列著作。他继承王西里的中国研究方法，参照老师的博士学位论文《元明两朝关于满族人的资料》的构思，于1889年完成了题为《元、明、清各朝的云南异族人（附词汇和石印地图两幅）——中国西南部异族历史资料》的博士学位论文，对中国西南部少数民族进行了深入的研究。他的《满语文学史概论》是以王西里的《中国文学史纲要》为样板写成的。柏百福1870年毕业于圣彼得堡大学东方语言系，一生主要在外交领域工作，后回到母校任教。他翻译的张穆的《蒙古游牧记》以及由他补编出版的巴拉第遗著《汉俄合璧韵编》使其名噪一时，并在19世纪末成为俄国最有影响的汉学家之一，被彼得堡皇家科学院选为通讯院士，成为王西里学派的中坚人物。蔡鸿生先生指出："在沙俄'中国通'两代人的交接中，院士王西里是把衣钵传给通讯院士柏百福的。"① 莫纳斯特列夫 1870 年入圣彼得堡大学东方语言系，师从王西里。1875 年以《春秋》为题通过汉语硕士学位论文答辩，后到一家中学教授史地课程。由于卷入一起政治案件而被流放到克拉斯诺亚尔斯克，1881 年在当地一所中学郁郁而终，时年仅 30 岁。1876 年，他出版了所翻译的《春秋》，同时出版了《〈春秋〉注》。1999 年，俄罗斯"东方文献"出版社将莫纳斯特列夫的这两部作品合二为一，以《春秋》为题再次印刷，显示了学术界对莫译《春秋》学术价值的认可。德密特 1871 年进入圣彼得堡大学东方语言系，1875 年毕业，获得汉满蒙古语专业学士学位，历任俄国驻汉口、天津、汉城和上海领事，利用汉籍从事朝鲜历史的研究，成为著名的朝鲜学家。1883 年出版了根据一位日本学者的朝鲜历史著作写成的《译员笔记》一书，1888 年翻译汉籍《朝鲜志》，俄版书名为《朝鲜地理》。波兹德涅耶夫 1876 年毕业于圣彼得堡大学，1881 获硕士学位，1883 年获博士学位，1884 年成为圣彼得堡大学教授。1899 年受命组建海参崴东方学院，在突破圣彼得堡大学人才培养模式上做了许多有益的尝试。其《蒙古及蒙古人》是俄国蒙古学名著。科斯蒂列夫 1874 年从圣彼得堡大学毕业，后成为俄国著名的日本学家，其主要著述为《日本历史概述》。斯梅卡洛夫 1902 年从圣彼得堡大学东方语言系毕业，曾任列宁格勒大学东方系汉语教研室主任，主要著作有《汉语语法》和《中国地理概况》。鲁达科夫和屈纳分别于 1896 年和 1900 年毕业于圣彼得堡大学东方语言系，后都在海参崴东方学院任教，属于王西里最后的弟子。

在王西里学派中，格奥尔吉耶夫斯基是一个非常个性化的人物。他虽然是王西里的亲传弟子，但只是在诸如反对欧洲中心论等方面部分地接受了老师的思想。其对中国传统文化的价值以及中国社会的发展方向等方面的认识与王西里的观念不仅反差大，有时达到了对立的程度。蔡鸿生先生指出："当然，不应该将这个'人材辈出'的学派看成只会唱一个调子。其实，'行西法'的主张固然为王西里及其嫡

---

① 蔡鸿生：《俄罗斯馆纪事》，广东人民出版社，1994 年，第 128 页。

传弟子柏百福所津津乐道,但格倭尔儿耶甫司克(即格奥尔吉耶夫斯基——笔者注)则更致力于鼓吹'守旧制'乃中国之上策。可见,瓦西里耶夫学派的代表人物,对西方文化和传统文化在中国应以何者为主导,并不存在共识。但这并不妨碍它在俄国汉学界举足轻重,并领风骚数十年。"[1]

笔者以为,王西里学派为俄国的汉学做出了杰出贡献,将俄国汉学推进到一个新的高度。与西方汉学相比,这个汉学学派在各方面都形成了自己的特色。在某种程度上,他们的汉学研究与西方汉学形成了相互补充的格局。比如在中国史地研究方面,受本国在华利益以及民众兴趣的影响,西方更重视中国的沿海及内地,而俄国却将研究的重点放在中国边疆地区。在研究方法上,王西里汉学学派注重依靠汉满蒙藏文原本进行独立的翻译和研究,并在此基础上产生自己的研究成果,而对于外国汉学研究成果则了解或借鉴不够。王西里学派代表了19世纪下半期的俄国汉学,同时也为20世纪俄国汉学的进一步发展积累了经验并准备了人才。

综上所述,王西里院士是19世纪下半期俄国最著名的汉学家。很久以来王西里在学术界被认为是一个佛教研究者。就连《苏联大百科全书》中也只介绍了他的语言学和佛教研究著作,殊不知王西里在汉学的许多领域均有不凡的建树。他是一个百科全书型的汉学宗师,代表了那个时代汉学研究的特点。他不仅是一个语言学家,同时还是杰出的文学家、历史学家、地理学家和东方思想学家。他的所有著作都是以第一手的汉语、蒙语、藏语、满语典籍为基础,通过深入的研究和分析而完成的。当然,王西里的学术观点有时自相矛盾,这对评价其言论和著作造成一定的困难。他创立的王西里学派对俄国汉学史产生了深远的影响。

---

[1] 蔡鸿生:《俄罗斯馆纪事》,广东人民出版社,1994年,第130页。

二、格奥尔吉耶夫斯基

格奥尔吉耶夫斯基是俄国汉学史上一位很有分量的人物。他通古博今，才华横溢，虽然英年早逝，但却为俄国汉学的发展做出了重要贡献。

格奥尔吉耶夫斯基 1851 年出生在科斯特罗马的一个神父家庭，1861 年进入科斯特罗马中学学习，1868 年以全科 5 分的优异成绩毕业，被校方授予金质奖章。后进入莫斯科大学历史语文系学习，毕业时获得学士学位。他先是在科斯特罗马实科中学做了两年俄语与历史教师，而后由于对省级教师的地位和微薄薪水感到不满，决定改学汉语，期望以此来改变自己的生活状况。他当时相信，掌握这样一种艰深的语言不仅可以扩展他的中国知识，而且还有可能去游历这个他在莫斯科大学期间就已经耳熟能详的国家。关于格奥尔吉耶夫斯基为何突然决定去学习汉语，也有人说是受到了当时在莫斯科大学任教的著名东方学家巴·彼得罗夫（П. Я. Петров，1814 — 1875）的影响。巴·彼得罗夫先在莫斯科大学语文专业毕业，后又到圣彼得堡大学东方语言系学习，通梵文、波斯、阿拉伯、土耳其等东方文字，也曾学习过汉语，是当时学术界很有影响的人物。尊重东方文化是巴·彼得罗夫的最大特点，他甚至从不将东方语言与其他语言进行对比研究，而是将其作为单一的研究对象。他博学多才，自称收藏有 100 多种语言的书籍。格奥尔吉耶夫斯基在莫斯科大学学习期间，经常去听巴·彼得罗夫教授的课。从格奥尔吉耶夫斯基与巴·彼得罗夫极其相似的求学道路和治学风格来看，这种看法还是有一定根据的。

1875 年格奥尔吉耶夫斯基来到俄国东方学教育的中心——圣彼得堡大学东方语言系。作为汉满语专业一年级的学生，他在写给好友斯维尔别耶夫（А. Д. Свербеев，1835 — 1917）[①] 的信中描绘了他在东方

[①] 出生于莫斯科贵族家庭，1856 年毕业于莫斯科大学，1878 年为萨马拉省省长，此前担任格奥尔吉耶夫斯基家乡科斯特罗马省的副省长。

语言系最初的学习生活,对我们了解19世纪后期俄国汉学教育状况很有参考价值。他在信中依次描绘了圣彼得堡大学的三位著名教授,惟妙惟肖,非常生动。他写道:"第一堂课。格里高里耶夫走进教室,坐到讲台上,然后开始说:'先生们,你们到这里来干什么?是来学习东方语言吗?这是一件困难的事情,非常难;想在未来为自己在外交部谋一个职位?你们错打了算盘,谋一个职位谈何容易;你们想拿着奖学金舒舒服服地过大学生活?你们没有什么奖学金,什么也得不到。赶快到其他系去,到其他学校去,这里不仅学习非常难,而且难觅出路……'第二天来的是汉语教授孟第,对学生讲的还是那番理论:'先生们,你们对将要做的事情考虑好了吗?因为你们要学习的语言既无语法,又无字母,只有一个严酷的事实,就是它拥有4万个象形文字。现在还来得及,到其他地方去学其他专业吧。'经过两位老师的警告,本来有8名学生,现在只剩了4名……"只有德高望重、气宇轩昂的王西里谆谆告诫学生,只要按照他发明的汉字记忆方法认真学习,就能很快掌握汉语。[1] 从格奥尔吉耶夫斯基的信中可以得到这样的启示:首先,19世纪70年代,俄国政府部门对汉语人才的需求不大。其次,大部分学生进入东方学系学习的目的不是为了科学,而是为了将来能在政府机关谋一体面的肥缺。最后,东方语言系的教授们开门见山对学生学习汉语大泼冷水,除了向学生介绍俄国汉学学科现状以外,也充分估计到了汉学道路之艰难,以便将意志薄弱者或追求仕途者"吓跑",提前"净化"汉学队伍。

1880年,格奥尔吉耶夫斯基从圣彼得堡大学东方语言系毕业,旋即进入了莫斯科的一家叫作"波特金氏"的贸易公司。这是一家与中国进行茶叶贸易的俄国商行。因业务所需,他于次年被派到中国,1882年回国。期间他到过上海、北京、天津、汉口、张家口和福州等

---

[1] Хохлов А. Н. С. М. Георгиевский: К 100-летию со дня смерти выдающегося китаеведа//XXV Научная конференция《Общество и государство в Китае》. М., 1994.

地。时任俄国驻上海领事的帕捷林（И. В. Падерин）在写给俄国驻华公使馆翻译柏百福的一封信中记录了格奥尔吉耶夫斯基当时的情况："他在上海待了一周，我们没有见到他。这位先生在莫斯科大学和彼得堡大学学习过。在彼得堡大学上的是东方语言系。他完成了两个大学的学业。听说格奥尔吉耶夫斯基可以非常流利地用汉语阅读和交谈。是波特金家族介绍他来汉口的，目的是为了学习生意，如果不行，则学习汉语。这是个全新的现象……在汉口等地，特别是在福州，商人们在依靠自己半通不通的汉语经营。再者，一家大公司的一位认真的商人懂得这个国家的语言并且能够用智慧的双眼审视俄国人在中国的贸易，这无论如何都是一件好事情。我们的大学毕业生很少有人经商，格奥尔吉耶夫斯基是个例外。"[①] 帕捷林的信提供了这样一个信息，那就是尽管俄国外交部等部门职位有限，而俄国商界还是非常需要汉语翻译人才的。帕捷林的信同时也说明给贸易公司做翻译对于汉语专业学生的吸引力似乎并不大。

　　格奥尔吉耶夫斯基放弃了茶叶公司的工作，返俄后再次进入圣彼得堡大学东方语言系。1885 年，格奥尔吉耶夫斯基抱病完成了题为《先秦史》的硕士学位论文，并顺利通过答辩。他被王西里视为讲授远东国家历史课程最合适的人选。1886 年格奥尔吉耶夫斯基成为圣彼得堡大学东方语言系编外副教授并开始为学生授课。1889 年，他完成了博士学位论文的写作，题为《对反映古代中国人民生活史的象形文字的分析》。1890 年 39 岁的格奥尔吉耶夫斯基成为圣彼得堡大学东方语言系的编外教授。1893 年，他出国收集道教研究资料，遍访伦敦、巴黎和柏林各大图书馆。在回国途中，不幸于 7 月 26 日因病猝逝于法国的梅茨。在《家庭》杂志刊登的一则悼文中写道："繁重的工作摧垮了格奥尔吉耶夫斯基的身体。今年 3 月他出国，计划在威斯巴登（德国城市——笔者注）治疗，同时到伦敦、巴黎和柏林研究与道教

---

① Хохлов А. Н. С. М. Георгиевский: К 100 - летию со дня смерти выдающегося китаеведа//XXV Научная конференция《Общество и государство в Китае》. М., 1994.

相关的问题,但却在梅茨英年早逝。"①

格奥尔吉耶夫斯基留给后世几部重要的汉学著作。

第一部是他的硕士学位论文《先秦史》,1885 年在圣彼得堡出版。在书的内封面上工整地写着八个汉字:"书不尽言,言不尽意"②。这句话显示了作者立志在前人研究成果的基础上将中国历史研究继续推向前进的决心。该书一共有 6 章,分别是:(1) 从创世至周朝之实用历史;(2) 从周朝至春秋之实用历史;(3) 从春秋至战国之实用历史;(4) 从战国至公元 221 年秦统一帝国之实用历史;(5) 中国历史文献之特点以及欧洲汉学家之中国古史观;(6) 中国古史之内容以及秦始皇统一中华帝国之条件。格奥尔吉耶夫斯基在前 4 章的标题中使用了"实用历史"一词,旨在说明其先秦史研究的内容和方法。"实用历史"这个概念主要有三个层面的含义,一是指国家政治史,即以国家事务为主线,二是叙述历史的方法以确立历史事件间相互联系及因果关系为主,三是指研究历史的目的乃是获得现实的收获或启示。古希腊历史学家波利比奥斯(Polybius,公元前 208—公元前 126 年)首次将自己的罗马历史巨著《通史》称为 pragmatikh istoria(实用历史),意在表示其为一部以政治历史事件为主轴,注重探究其中原因及后果,并在此基础上获得某种启示的著作。综观格奥尔吉耶夫斯基的《先秦史》,作者很可能受到了波利比奥斯史学思想的影响。诚如格奥尔吉耶夫斯基自己所说:"在前 4 章中,我们主要叙述了古代中国的政治历史。"③ 他在充分研读和利用中国史籍基础上,借用欧洲的史学方法,努力建构一部前所未有的《先秦史》。在第五章中,作者试图对先秦史或中国古史的分期问题做出阐释。为此,他从欧洲的中国历史研究著作以及中国的古代典籍中节选了相关的段落,以方

---

① Хохлов А. Н. С. М. Георгиевский: К 100 - летию со дня смерти выдающегося китаеведа//XXV Научная конференция《Общество и государство в Китае》. М., 1994.

② 语出《周易·系辞上》:"子曰:书不尽言,言不尽意。然则圣人之意,其不可见乎?子曰:圣人立象以尽意,设卦以尽其情伪。系辞焉,以尽其言。"

③ Георгиевский С. М. Первый период китайской истории. СПб.,1885. С. 185.

便读者对该问题获得更加全面的认识。他认为最好的中国历史著作出自欧洲人之手。他首先直接用法文引用了冯秉正1777年至1785年出版于巴黎的十三卷本《中国通史》中的片段，然后指出了冯氏著作的不足：一是人名、地名等专有名词没有附加汉字写法，读者无法分辨文中的多音字。二是没有将历史地名在当今地图上标注出来，读者难以确定事件发生的确切地点。三是忽略了许多重要的历史事件，同时却又过分详细地描写了战争过程，保留了冗长的独白和对话。四是未能对中国的社会生活、宗教及文学进行相对系统而完整的介绍。至于杜赫德的《中华帝国全志》同样具有上述不足。格奥尔吉耶夫斯基在自己的著作中克服了前人的不足，在人名地名后标注了汉字，尽力确定历史地名的演变，省略了战争细节及独白对话，对孔子、孟子、老子、庄子、荀子、孙子、屈原、李斯等历史文化名人逐一进行了介绍。他依次摘录、摘译、评介了《竹书纪年》《春秋》《尚书》《左传》《史记》《绎史》《资治通鉴》《三皇记》《资治通鉴纲目》《通鉴外记》和《路史》等，断定古代中国人在古史分期上并不一致。至于欧洲汉学家，同样在该问题上存在很大分歧。他认为，巴拉第、孔气、古伯察（Evariste-Regis Huc，1813—1860）、米怜、格雷（John Henry Gray）、德庇时、斯当东、密迪乐（Thomas Taylor Meadows，1815—1868）、卢公明（Justus Doolittle，1824—1880）、童文献（P. H. Perny，1818—1907）等人的著作将中国的晚期历史介绍到了欧洲，而对古代时期均一笔带过。比丘林、杂哈劳、杜赫德、加略利、裨治文、薛力赫（Gustave Schlegel，1840—1930）、卫三畏、儒莲、雷慕沙和贝勒等致力于中国古代历史个别问题的研究，但依然存在许多缺陷，要么过分拘泥于中国原始文献，缺乏批评精神，要么只对自己感兴趣的问题发表论据不足的评论。在欧洲汉学家中，他认为冯秉正、钱德明、韩国英、郭实猎（Charles Gutzlaff，1803—1851）、理雅各、李希霍芬、马若瑟和王西里等对中国古史进行了较为系统的研究。他在这里特别对王西里在中国文字起源、儒家典籍产生、秦始皇焚书坑儒等问题上的观点发出了质疑，并用很大的篇幅，提出7条意见加以辩驳和论证。① 我们知道王西里不仅是格奥尔吉耶夫斯基的老师，而且是东方语言系主任以及该论文答辩委员会成员之一。格奥尔吉耶夫斯基能够直面批评自己的老师，从一个侧面反映了这位年轻人的学术品格以及以王西里为首的圣彼得堡汉学界宽松的学术氛围。《先秦史》的第六章实际上是一个总结，探讨了秦始皇得以统一中国的原因和条件："综上所述，我们可以得出一个结论，那就是在我们所研究的中国历史阶段内展开了两个进程：统一（民族的、语言的、物质文化的、领土行政的、道德的、文字的、哲学思想的）演变为多样，多样又逐渐回归到统一（但内容已发生变化）。秦始皇能够统一中华帝国的原因在于其恰好在统一进程行将完结时登上历史舞台。他不仅没有阻碍这一进程，而且利用前人遗留下来的所有手段予以推动。由于秦始皇的个人品格无法成为民众生活的核心（比如厌恶为精英人士所同情并符合人民志趣的儒学），因而秦王朝的政权无法得到巩固。"②

《先秦史》出版之后，彼得堡的一家报纸写道："他在自己的论文中证明，欧洲人以及中国人自己叙述的中国古代历史不是完全可信的，只有在找到具有重要意义的考古实物之后才能令人信服。"③ 这句评论虽看似简单，却是19世纪下半期王西里、格奥尔吉耶夫斯基等人将俄国汉学在研究方法上引向近代化的体现，实证主义史学方法已见端倪。他虽然在编制上属于汉语教研室的教师，但实际上已经成为

---

① Георгиевский С. М. Первый период китайской истории. СПб., 1885. С. 185 – 236.
② Георгиевский С. М. Первый период китайской истории. СПб., 1885. С. 321.
③ Хохлов А. Н. С. М. Георгиевский: К 100 – летию со дня смерти выдающегося китаеведа // XXV Научная конференция《Общество и государство в Китае》. М., 1994.

"科研和教学兴趣完全集中于中国历史领域的第一个学院派汉学家"。① 尼基福罗夫则视格奥尔吉耶夫斯基"是俄国第一个真正的中国历史专家",认为"俄国首位职业历史学家的出现是中国历史研究从汉学学科中进一步分化和独立的标志"。② 圣彼得堡大学蒙古学家波兹德涅耶夫称《先秦史》为"俄罗斯东方文献中最令人兴奋的成就",并列数了格氏著作的优点:比前人(梅辉立③、杜赫德、卜铁④、郭实猎等)著作的资料更加丰富,对年代问题认真关注,明智地删节了各种征战细节,从保持历史真实的角度果断省略了人物不可靠的对话和独白,考证了历史地名的现代名称。⑤ 阿理克也对格奥尔吉耶夫斯基的贡献给予了肯定,但对他倚重西方汉学家的作品感到遗憾,认为"梅辉立、理雅各、艾约瑟⑥的著作从来都不是权威的参考文献"。⑦

格奥尔吉耶夫斯基的《先秦史》是俄国汉学史上第一部专门研究秦之前中国历史的力作,为世界汉学的发展做出了重要贡献。我们知道,中国的先秦史研究始于 20 世纪初的罗振玉和王国维,其学号称"罗王之学",因为"20 世纪以前的历代专制王朝统治的时期,对于先秦史的研究,从来就是同经学纠缠在一起的,或者是作为经学的附庸出现的。作为独立的先秦史或上古史研究,是随着近代西方史学思潮传入中国才开始的"。⑧ 从这个意义上讲,格奥尔吉耶夫斯基甚至走

---

① Смолин Г. Я. В. П. Васильев и преподавание истории Дальнего Востока в Петербургском университете во второй половине XIX в.//История и культура Китая:Сборник памяти академика В. П. Васильева/Под ред. Л. С. Васильева. М. ,1974.
② Никифоров В. Н. Советские историки о проблемах Китая. М. ,1970. С. 15.
③ William Frederick Mayers,1831—1878,英国外交官、汉学家。
④ M. G. Pauthier,1801—1873,法国汉学家。
⑤ История отечественного востоковедения с середины XIX века до 1917 года. М. ,1997. С. 277.
⑥ Joseph Edkins,1823—1905,英国汉学家。——笔者注
⑦ Алексеев В. М. Наука о Востоке:Статьи и документы. М. ,1982. С. 163.
⑧ 沈长云:《先秦史研究的百年回顾与前瞻》,《历史研究》2000 年第 4 期。

到中国人的前面了。

第二部是他于1888年出版的《中国的生活原则》，全书分为12章：（1）人死后灵魂继续存在的原始信仰；（2）祠堂；（3）祠堂（续）；（4）婚姻；（5）嫡长制、家长制、家族；（6）多神教的发展以及对祖先祭祀的排挤；（7）哲学对原始信仰及古老生活原则的破坏；（8）儒学与孔子；（9）儒家学说；（10）经书中的儒家思想。经书对于统治帝国的意义；（11）中国文献所体现的儒家学说发展；（12）用法律将儒家原则纳入生活。从中可以看到，作者将研究重点放在了中国的灵魂不灭、祖先祭祀、长幼礼序、多神宗教、儒家学说等中国文化思想和现象上，其中儒家学说占去了5章的篇幅。格奥尔吉耶夫斯基在前言中首先对"东方"和"西方"的概念提出了质疑。他提醒西方人在对自己的进步沾沾自喜的时候，不要忘记他们也曾有过中世纪的黑暗、野蛮和愚昧，假如没有现在被他们视为东方的古希腊文明，何谈当今的西方文明。西方人确信中国历史前进的脚步已经停止，不是因为中国没有进步，而是因为中国的历史悠久而绵延不绝，难以发觉其前进的步伐。欧洲人之所以认为中国的一切都已过时还在于他们习惯于将中国的社会现实与欧洲中世纪社会形态进行对比，比如由中国的宫廷制度联想到《圣经》中的亚述王，由中国的祖先崇拜联想到希腊罗马的橄榄树崇拜，由中国的家长制联想到罗马的家长制（Paterfamilias），感到今天的中国简直就是昨天的欧洲。19世纪下半期，在对中国的认识方面，即使在俄国汉学界也存在两种截然不同的观点。一派认为"中国腐朽了，完全失去了活力，这个庞然大物很快将在西方的重压下崩溃"，而另一派则认为，"中国是一块深陷地中的巨石，四千年来经受了无数次击打，非但没有破裂，甚至纹丝未动，多次被掘，根基仍固，每一次更加深陷土中，并将那些自不量力的徒劳者压在下面"。[①] 格奥尔吉耶夫斯基指出，在俄国汉学家当

---

① Георгиевский С. М. Принципы жизни Китая. СПб., 1888. С. XII-XIII.

中，前一种观点以王西里为代表，后一种观点以孔气为代表。① 格奥尔吉耶夫斯基由此道出了写作该书的动机："俄国民众对中国的认识非常模糊，并不了解王西里教授雅俗共赏的著作（《东方的宗教：儒、释、道》《中国文学史纲要》），更不用说比丘林的著作了。"他认为欧洲已经出版的许多著作所介绍的中国民情风俗，多属中国文化的"细枝末节"，仍然无法回答中华民族是否具有历史性的问题，结果导致了黑格尔（Wilhelm Friedrich Hegel，1770—1831）等学者对于中国历史的误读。格奥尔吉耶夫斯基认为"不管这些细枝末节的问题多么有趣，我们认为都是次要的。我们首先应该认清构成天朝大国子民生活基础的原则"。②

格奥尔吉耶夫斯基在书中将"孝"视为中国生活原则的核心或精髓，因为孝事亲实际上深深根植于中国人的社会存在及社会意识当中，是中国社会进步和抵御西方影响的保障。这种原则有可能随着多神教的发展而遭到破坏，或受到某种不同于原有思维方式的哲学思想影响，而使祖先祭祀退居次要地位。孔子将孝纳入了自己的思想体系，并使其在实践中成为人们生活的哲学信条。格奥尔吉耶夫斯基相信，随着孝事亲思想的不断完善，中国文化进步的脚步将继续向前。他以为，祖先祭祀是中国人表达爱和培养责任感的重要方式，只有孝亲爱人才有可能获得人生的幸福。与此同时，格奥尔吉耶夫斯基对理学禁欲思想持反对态度，认为其与孔子学说有抵触。③

格奥尔吉耶夫斯基对以儒家思想为核心的中国人数千年来形成的生活理念和生活方式给予了肯定，并在结语中通过具体的数据说明洋务运动开始之后中国在军事、工业、通讯、交通、贸易等领域取得的明显进步，以此证明古老的帝国正在焕发生机，向光明的未来前进，

---

① 格奥尔吉耶夫斯基称王西里的观点主要反映在《东方的宗教：儒、释、道》以及《亚洲现状——中国进步》中，而孔气的观点主要反映在《中国概况》一书中。参见 Георгиевский С. М. Принципы жизни Китая. СПб. ，1888. C. XIII.
② Георгиевский С. М. Принципы жизни Китая. СПб. ，1888. C. XIX.
③ Китайская философия：Энциклопедический словарь/Гл. ред. М. Л. Титаренко. М. ，1994. C. 63 – 64.

而儒家学说并不是中国进步的绊脚石。饶有意味的是，格奥尔吉耶夫斯基不仅在俄国宣传自己的思想，与意见相左者辩论，而且还向中国人发表自己的主张，告诫后者不要轻易放弃自己的传统文化。1887年，清朝户部主事缪佑孙出使俄国，在其回国后撰写的《俄游汇编》卷八中记载了1888年3月27日格奥尔吉耶夫斯基向他赠书的情况："偕佘威烈甫①……访俄之华文塾师瓦西理（即王西里——笔者注），又同访格倭尔儿耶甫司克（即格奥尔吉耶夫斯基——笔者注），其人能通十余国文字，曾游欧、亚二洲，在华数年。博览中国书籍，能晓其大义。赠所著译中学书一巨册，极称纲常大义为中国根本，又旁及古载籍，所读书则五经、四书、家语、老墨庄列、国策、国语、资治通鉴、三国志、路史、阙里、文献考、太平御览、册府元龟、渊鉴类函、陔余丛考、五礼通考、颜氏家训、温公家范、文公家礼、历代名臣奏议、古文渊鉴、经义考、毛西河全集诸书，颇知考证古事、笃信孔孟。谈次谓中国开辟最早，至今能守旧制，欧洲诸国所不及也。"②格奥尔吉耶夫斯基赠送给缪佑孙的"中学书"就是《中国的生活原则》，格氏在书后汉字注释中列举了他所参考过的中国古典文献书名，缪佑孙日记所列书目仅是其中的一部分而已。

　　此书出版后引起的反响更大，报纸和杂志上发表了大量书评。赞扬者有之，泛泛介绍者有之，强烈反对者也不少。其中反对或批评的声音要远超过赞扬。伊万·托尔斯泰（И. И. Толстой，1858—1916）伯爵1888年在《欧洲通报》发表文章《一部论中国与中国人的新书》，对格奥尔吉耶夫斯基的观点提出了最严厉的批评，他指责作者对中国盲目热爱，只看到了中国人生活好的一面。伊万·托尔斯泰伯爵是俄国著名的钱币学家和考古学家，时任俄国皇家地理学会秘书，拥有广泛的社会影响。格奥尔吉耶夫斯基在权威面前没有退缩，于次年出版《伊万·托尔斯泰伯爵与〈中国的生活原则〉》一书予以辩护。他的同事伊万诺夫斯基和1890—1891年间随同俄国皇太子（后

---

① 即舍维廖夫，参见第三章第二节。——笔者注
② 蔡鸿生：《俄罗斯馆纪事》，广东人民出版社，1994年，第122—123页。

来的尼古拉二世，Николай II，1868—1918）来中国游历并且撰有《东方哲学》一书的乌赫托姆斯基（Э. Э. Ухтомский，1861—1921）也对格奥尔吉耶夫斯基的观点提出批评。与此同时，也有学者对格奥尔吉耶夫斯基的新著给予了肯定，圣彼得堡大学教授维谢洛夫斯基认为这是研究亚洲民族祖先崇拜最好的著作。专门研究大文豪列·托尔斯泰东方文化情结的施弗曼（А. И. Шифман，1907—1993）在其《托尔斯泰与东方》一书中称托翁曾经阅读过《中国的生活原则》。①然而，在当时的社会背景之下，《中国的生活原则》作为一部对大部分中国问题研究者固有观点进行抨击的著作，很难获得后者的喝彩。格奥尔吉耶夫斯基的著作一直到苏联时期才得到比较公正的评价。阿·彼得罗夫在1934年发表的《俄国资产阶级汉学家的中国哲学研究》写道："尽管书中存在一些错误和不足，该书依然是革命前俄国汉学中国思想研究领域最优秀的著作。"②

格奥尔吉耶夫斯基的另一部著作为出版于1892年的《中国人的神话观和神话》。该作是俄国历史上第一部论述中国神话的著作，他也因此而成为国际汉学界从事这个领域研究的鼻祖。作为一名中国古代史研究者，格奥尔吉耶夫斯基不可避免地要对中国神话观念以及神话人物进行思考。尤其是中国的上古史，经常是神人难分。这也正是20世纪初以怀疑传说神话古史为主的疑古派史学产生的原因之一。可以说，格奥尔吉耶夫斯基的神话研究是其先秦史或中国文化史研究的有机组成部分。

他撰写此书所依据的文献主要有《尚书》《诗经》《礼记》《搜神记》《太平御览》《太平广记》《文献通考》和《三才图会》等。按照李福清先生的研究，格奥尔吉耶夫斯基在书中主要研究了中国人的神话观念及其演化过程，依次介绍了混沌开辟、阴阳理论、五行、自然的"天"的概念演变为"天帝"等观念。格奥尔吉耶夫斯基用一

---

① Шифман А. Лев Толстой и Восток. М.，1960. С. 52.
② Петров А. А. Философия Китая в русском буржуазном китаеведении// Библиография Востока. Вып. 7. 1934.

章的篇幅论述中国的星宿神话，分析了中国人关于天地之间事物对等存在的思想，分别介绍了太阳神话（羲和、后羿）和月亮神话（嫦娥、吴刚、玉兔、蟾蜍等）。在其他章节中还谈到了与自然现象（陨星、雷、虹等）及动植物相关的神话观念，介绍了中国人崇奉的形形色色的守护神，如灶王爷、各种娘娘等。最后一章专论远古时期的帝王。①

在这部书中，作者提出了许多至今仍有价值的思想。他在前言中即提出把区分与分析神话观与神话的关系作为研究重点之一。格奥尔吉耶夫斯基强调"必须考虑'神话观'和'神话'两者之间的差别：前者形成于广大民众中，而后者为个人及其集团所构造"。② 可以说，格奥尔吉耶夫斯基是世界上最早提出"神话观"概念的学者之一，他认为所谓神话观乃是某种宇宙观的基础，存在于神话故事产生之前，也就是说，先有神话观，而后才有神话，神话观是神话产生的基础。此外，他认为中国的神话非常丰富，有许多涉及神话的典籍，但内容大都支离破碎，相互矛盾，有必要进行全面的梳理和系统的研究。③格奥尔吉耶夫斯基承认存在中国神话历史化和中国历史神话化的现象。神话历史化作为一个学术概念20世纪20年代才从欧洲引入我国，始于以顾颉刚为代表的古史辨派提出的"古史神话层累观"。该派质疑经书中的伪古史，认为夏以前的古史系统并非史实，而是神话，"三皇""五帝"的故事系统，盘古、伏羲、神农、黄帝、颛顼、帝喾、尧、舜、鲧、禹等全应看作是后人将神话历史化了的结果。而在此前30多年，格奥尔吉耶夫斯基就已经在他的《中国人的神话观和神话》这部专著中明确地提出了这一观念："中国古代文化与文明的开创和传播人物是伏羲、神农、黄帝、帝喾、尧和舜这样的说法，产生于民间，是在民间神话观基础之上形成的一些神话；舜统治时期

---

① [苏]李福清著：《中国古典文学研究在苏联（小说·戏曲）》，田大畏译，书目文献出版社，1987年，第6—7页。
② Георгиевский С. М. Мифические воззрения и мифы китайцев. СПб.，1892. С. V.
③ Георгиевский С. М. Мифические воззрения и мифы китайцев. СПб.，1892. С. XI.

中华文明就已经达到鼎盛之说实为儒家之虚构。"① 他断言伏羲、神农、黄帝、帝喾、尧、舜等帝王形象，都是在神话观念的基础上形成于民间的神话形象，后来被孔子加工塑造成了垂范后世的理想帝王。② 格奥尔吉耶夫斯基对中国神话中"上帝"或"天帝"的形象以及这一形象的由来和演变做了详尽的介绍和分析。他认为："古代中国人头脑中的'上帝'是一个模糊的概念，一方面与'天'混同在一起，难以区分，另一方面又具有人的特征，他监督天下，惩恶扬善，有喜怒哀乐，能看能听能说话。总之，中国人神话观中的'上帝'还是一个没有完全达到神人同形的形象。"③ 与此同时，格奥尔吉耶夫斯基还探讨了儒、释、道与神话之间复杂而矛盾的关系。他认为尽管孔子对神话的基本态度是"子不语怪、力、乱、神"（《论语·述而》），然而有文献显示，孔子同时相信部分神话传说，并加以宣传。在儒家反对神话的前提之下，无论是孔子本人，还是其后继者均致力于对某些神话进行"合理化"解释，直至将中国古神话历史化，其目的自然是为了创立和维护儒家学说。④ 格奥尔吉耶夫斯基提出了中国古代神话与较晚出现的道家神仙小说之间的关系。他发现道家文人常常对神话传说情节进行敷衍铺陈，写成小说，而后再传入民间，丰富神话的内容，对民众的神话观产生影响。⑤ 格奥尔吉耶夫斯基认为，佛教的传入同样起到了丰富中国神话观和神话的作用，为民间神话和道教神话创造提供了素材，而佛教神话本身也逐渐融入了中国人的神话宝库，比如，道教中四海龙王的形象就是受到了佛教的影响。在研究方法上，格奥尔吉耶夫斯基也有所创新。首先，他对中国神话故事进行了

---

① Георгиевский С. М. Мифические воззрения и мифы китайцев. СПб., 1892. С. 116.
② [苏]李福清著：《中国古典文学研究在苏联（小说·戏曲）》，田大畏译，书目文献出版社，1987年，第7页。
③ Георгиевский С. М. Мифические воззрения и мифы китайцев. СПб., 1892. С. 10.
④ Георгиевский С. М. Мифические воззрения и мифы китайцев. СПб., 1892. С. 116–117.
⑤ Георгиевский С. М. Мифические воззрения и мифы китайцев. СПб., 1892. С. IX.

分类。其次，他在研究中广泛使用了文本研究和语言学研究的方法。

郭黎贞写道："对中国传统文化的统一性及文学传统的特殊意义的认识激发了对神话的兴趣。中国直到20世纪初还没有出现作为系统科学的神话学。俄罗斯第一部、也是世界第一部研究中国神话的论著是格奥尔吉耶夫斯基的《中国人的神话观和神话》。他研究的特点除了对神话分题材进行研究之外，还努力探寻神话创作的原始根源。他在论著中特别注意了神话的语言学层面，这种研究方法被后来的研究者们遗忘了，直到20世纪90年代，在斯特拉塔诺维奇、杨希娜、李福清和克拉芙佐娃的著作中才有所体现。格奥尔吉耶夫斯基关于神话和天象之间有关联的论点也同样被遗忘。尽管格奥尔吉耶夫斯基的著作也存在一些不足之处，但仍不失其价值。他是汉学研究领域礼仪神话方向的先驱。"①

1890年出版的《研究中国的重要性》是格奥尔吉耶夫斯基汉学研究的巅峰之作，也是俄国第一部中西文化比较巨著。该书具有明显的论战性质，旨在驳斥欧洲社会的中国认识模式，扭转欧洲人头脑中模糊、错误和片面的中国形象，为中国悠久的历史、辉煌的文化以及光明的未来进行辩护，激发俄国知识界抛弃陈念，重新审视被长期误读的中华帝国。

全书论述围绕欧洲盛行的用以专指"落后""停滞""腐朽""保守""虚伪"的"中国形态"（китаизм）概念而展开。就欧洲人对中国的种种曲解和谬误一一进行了剖析和驳斥，其中也包括黑格尔和康德（Immanuel Kant，1724—1804）的观点。这两位德国哲学家异口同声地认为中国处于人类历史发展的低级阶段，其观点对欧洲中国观的形成和巩固产生了很大影响。格奥尔吉耶夫斯基在前言中开宗明义，直达主旨："试问，哪位学者不知道'中国形态'一词？哪个人的头脑中不由这个词联想到因循守旧、停滞萧条、静止不前？从上学起我们就被灌输了一种看法，即中国是一块历史化石。这种思想伴随着我

---

① [俄]郭黎贞著：《俄罗斯中国古典文学研究概览》，阎国栋等译，《汉学研究》第九集，中华书局，2006年。

们开始生活,并在阅读书籍和与周围人交谈过程中得到加强。任何人都视'中国是停滞王国'这一公式为无可辩驳的公理。""但是,试问中国缘何被认为是停滞的王国,又该如何理解'停滞'二字,恐怕我们无法得到清晰、准确和令人信服的答案。"考虑到俄国知识界已经为这种观点所左右,一时难以摆脱,格奥尔吉耶夫斯基决定"对'中国等于停滞'这一公式加以批判,并通过最新的研究澄清正在被'欧洲现象'迷们扼杀的'中国形态'的真正含义,说明欧洲人,特别是俄罗斯人,应该如何对待中国。"① 格奥尔吉耶夫斯基分析了欧洲中国观及其演变历史。他从欧洲最重要的几部世界通史入手,考察了其中对中国历史的关注程度。他发现在1885年莫斯科翻译出版的德国历史学家韦贝尔(Georg Weber, 1808—1888)的宏著《世界通史》中,中国历史的篇幅只有5页,而在斯罗萨(Friedrich Christoph Schlosser, 1776—1861)的九卷本《世界通史》,对中国的描述仅仅占了7页。格奥尔吉耶夫斯基认为导致这种现象的原因首先在于这些著作的作者都是欧洲人,并且将欧洲置于世界历史的中心位置。即使是早期汉学家,由于自身的学术修养缺陷以及研究领域的局限,也无法将中国史籍中看上去枯燥的事件罗列加工成符合欧洲历史学家纂史标准并能为其所用的中国历史著作。汉学家从来没有对中国是落后的代名词的思想进行过全面而深刻的研究。②

全书包括前言、结语、附录和12个章节。从章节标题能够大体窥见该作的结构和主旨:第一章:欧洲中国观及其历史;第二章:具有陈旧与停滞成分的中国形态;第三章:中国形态并非完全是停滞;第四章:欧洲缺乏对文明与进步实质的明确认识;第五章:作为理性进步结果的中国形态;第六章:作为道德进步结果的中国形态;第七章:作为国内政治进步结果的中国形态;第八章:作为法律进步结果的中国形态;第九章:作为经济进步结果的中国形态;第十章:研究中国进步史对抽象意义上的社会科学的重要性;第十一章:中国在继

---

① Георгиевский С. М. Важность изучения Китая. СПб. ,1890. Предисловие.
② Георгиевский С. М. Важность изучения Китая. СПб. ,1890. С. 1–9.

续进步，中国逐渐获得世界政治地位；第十二章：研究中国进步史对评价西方进步成果及预测其命运的重要性；结语：近几十年来英国人和美国人比俄罗斯人更加热心于中国研究。由此不难发现，作者试图推翻西方世界已经确立的中国形象话语系统，用中西文明对比的方法，对被所谓的文明世界否定的中国文明形态逐一加以分析，发掘其精髓，展望其未来，极力重塑西方的中国形象，让中国重新赢得应有的地位。从研究方法上看，该作不失为一部优秀的中西文化对比研究专著。作者在书中引用大量中西文献，将中华文明与欧洲文明放在人类历史进程中加以审视，发现其中异同，剖析各自实质。在这本书中，格奥尔吉耶夫斯基一反当时盛行的观点，指出中国并非停滞不前，而是一个活生生的肌体，是一个正在取得进步和政治地位越来越重要的国家。他相信中国有光明的未来，为此写道："我们确信中国将不断进步，实力将进一步增强。我们不仅不允许中国被西方或美国长期统治，而且确信将来世界上政治强国在采取任何行动之前都要考虑两个相互奉行和平友好政策国家①的意见。"② 在书的末尾，格奥尔吉耶夫斯基表达了对所写著作寄予的希望："综上所述，我们希望我们的作品能够赢得俄罗斯读者的青睐，促使他们关注中国、中国人和汉学研究。我们同时希望俄罗斯读者为了俄罗斯的世界意义，抛弃成见，用别种目光审视历史悠久、人口众多并与我们友好相处的中国。俄中友谊将成为世界和平的保障，造福天下所有的部落和民族。"③ 在19世纪末西方中国形象陷入最黑暗的时期，一个年轻的俄国汉学家能在遥远的涅瓦河畔为中国而呐喊，并在俄国侵华的高潮时期呼唤中俄友谊，为全世界人民祈福，现在看来，颇有些振聋发聩的警世意味。

在这部书中，格奥尔吉耶夫斯基对俄国汉学的学科发展现状提出了自己的观点。19世纪下半期，正是汉学分科开始的重要时期。他力图为汉学研究确定明确的目的，指出汉学家应该帮助社会树立对中国

---

① 指中国和俄罗斯。——笔者注
② Георгиевский С. М. Важность изучения Китая. СПб. ,1890. C. 270 – 271.
③ Георгиевский С. М. Важность изучения Китая. СПб. ,1890. C. 271.

民众的新看法，因为中国是一个"历史悠久、人口众多的国家，它同我们的友谊将来可以保障全世界的和平，造福地球上的一切种族和民族"。他同时认为，无论是俄国的还是欧洲的汉学发展状况，都不能适应现实提出的任务。"作为一门完整的学科来说，汉学还不存在，因为它没有明确的目的，没有牢固的基础，也没有成熟的研究方法；汉学依然同单纯的翻译混为一谈，同将汉语译成某种欧洲语言的技巧视作一回事。""汉学不应当被看作是一种科学，而应当看成是多种科学的综合。"① 他为汉学指出了一条正确的发展道路，这就是对汉学进行分科研究，构建具有近代意义的俄国汉学。

此外，格氏在汉语研究上也颇有心得，出版有两部专著，一是1889年作为博士学位论文答辩的《对反映古代中国人民生活史的象形文字的分析》，二是1888年出版的《汉语字根构成及中国人的起源问题》（此书于2006年在俄罗斯再版）。作者在《汉语字根构成及中国人的起源问题》序言中宣称此书主旨是要解释一系列值得深思的问题，如"缘何汉语字典中有如此多的汉字？汉字中蕴涵着多少有关汉语本身的信息？""希望通过分析汉语的字根来确定其成分，研究其性质"，"在语言学研究基础上得出几个有关中国人起源和民族学成分的结论"。② 作者充分发挥其通晓多种语言的优势，将其他语言与汉语从语音上进行对比，以期确定其间的亲缘关系。阿利安语、拉丁语、俄语、梵文、教会斯拉夫语、希腊语、英语、法语、德语甚至哥特语都成为汉语的比较对象。此法从一开始便失却了科学基础，例证牵强，结论武断，这是该作不成功的最主要原因。其实，这种方法其老师王西里已经使用过，王西里在1872年发表的《论汉语和中亚语言的关系》一文中试图解读汉、满、蒙古、突厥语在结构上的对应关系。可见，在对汉字的某些认识上，格奥尔吉耶夫斯基与老师是一脉相承的。

---

① Георгиевский С. М. Важность изучения Китая. СПб. ,1890. С. 8.
② Георгиевский С. М. О корневом составе китайского языка в связи с вопросом о происхождении китайцев. СПб. ,1888. С. 4.

格奥尔吉耶夫斯基在接受王西里思想的同时，对许多问题的认识与老师的观点相左，成为王西里"乐章"中的不和谐"音符"。比如，王西里认为孔孟思想是导致中国落后的主要原因之一，而格奥尔吉耶夫斯基则认为儒学恰恰是中国进步与发展的动力所在，"极称纲常大义为中国根本"。他不遗余力地批判流行于西方的欧洲中心主义论调，极力推崇中国独特的历史与文化。王西里认为中国人是中国这块土地上的原住民，而格奥尔吉耶夫斯基则认为中国人是从中亚来到了黄河流域，批驳了英国汉学家艾约瑟关于中国人来自西方传说中的诺亚方舟停靠地阿拉腊山的说法，反对用宗教来解释科学的做法。王西里习惯于用批评的目光看待中国事物，而格奥尔吉耶夫斯基却宁愿相信中国的一切。在将现实中国理想化方面，较比丘林更胜一筹。他甚至认为中国没有阶层之分，更多的是自由、平等与友爱。他赞赏中国没有政党的社会管理机制，建议向中国人学习他们的家庭秩序和其他生活原则。① "据伊万诺夫斯基讲，他写最后两部著作《研究中国的重要性》以及《中国人的神话观和神话》就是为了向读者介绍他所热爱的中国，动摇业已形成的有关这个永远停滞的王国的看法。"② 俄国著名旅行家普尔热瓦尔斯基（Н. М. Пржевальский, 1839—1888）因为几次成功来华探险和旅行，成为当时名噪一时的人物。此人具有强烈的殖民主义思想，是俄国扩张主义政策的鼓吹者。他蔑视中国人民，认为中国没有可以称颂的东西，叫嚣用大炮和枪弹改造中国僵化的制度，送去欧洲文明的种子。当他在中国西部看到中国依然用长矛和大刀来装备军队时，断定中国不堪一击。格奥尔吉耶夫斯基起而反驳，认为中国正在对军队进行改组和现代化，双方因此在报刊上展开了辩论。这场辩论"促进了俄罗斯社会更好地理解清帝国所面临的现

---

① История отечественного востоковедения с середины XIX века до 1917 года. М., 1997. С. 276.
② Хохлов А. Н. С. М. Георгиевский: К 100 - летию со дня смерти выдающегося китаеведа//XXV Научная конференция《Общество и государство в Китае》. М., 1994.

实问题,包括如何建立按照欧洲模式训练和武装的新军",① 同时也清楚地反映了格奥尔吉耶夫斯基与众不同的中国观。

笔者以为,格奥尔吉耶夫斯基虽然是王西里的学生,但在他世界观的形成阶段,莫斯科大学以及东方学家巴·彼得罗夫同样对他产生了某种影响。在他进入圣彼得堡大学东方语言系时,其世界观已经初步形成。从他写给朋友的信中,我们看到他已经具备了对问题做出独立判断的能力。因此,格奥尔吉耶夫斯基崇尚中国传统文化和反对欧洲中心主义的思想,与其说是受到王西里的影响,毋宁说是他独特的求学道路和鲜明的个性使然。

格奥尔吉耶夫斯基是俄国汉学史上一位很特殊的人物。他在俄国汉学发展的低潮时期为圣彼得堡大学东方语言系汉满语专业注入了活力。他冷静思考俄国汉学的命运,首次在俄国提出汉学应是多学科总和的见解,为汉学的近代化指明了道路。他在短暂的一生中完成了数部汉学专论,向俄国民众系统介绍了中国古代历史、象形文字、儒家学说、神话传说及神话观念,捍卫中国文化尊严,反对欧洲中心论,在俄国社会产生了广泛的影响。

三、伊万诺夫斯基

在王西里的众多弟子当中,伊万诺夫斯基可谓最令老师满意和最寄予厚望的一位。他1863年出生于普斯科夫省,1881年中学毕业后进入圣彼得堡大学东方语言系学习。他虽然身为贵族子弟,但没有丝毫的养尊处优习气,学习异常刻苦,经常"睡觉的时候都不脱衣服,还要穿上挤脚的靴子,为的是早早起来用功"。1885年毕业后被留校准备晋升教授。他很快确定了自己的硕士学位论文题目,忘我地投入写作过程。即使他的同学和好友奥登堡邀他参加大学生业余学术活动

---

① Хохлов А. Н. С. М. Георгиевский: К 100-летию со дня смерти выдающегося китаеведа//XXV Научная конференция《Общество и государство в Китае》. М., 1994.

时，也被他拒绝。他用了两年的时间通过了硕士学位论文答辩，又用了两年通过了博士学位论文答辩。伊万诺夫斯基对汉学的痴迷和学业上的迅速进步令正在物色接班人的王西里感到振奋和鼓舞。显然，在王西里心中，与同样勤奋而出色、但在思想上与他相左的格奥尔吉耶夫斯基相比，伊万诺夫斯基更符合接班人的标准。他立刻提议由伊万诺夫斯基担任汉满语教研室主任。然而，这位未曾出国考察且被视为"乳臭未干"的年轻人有背常规的迅速升迁遭到东方语言系同行的反对和质疑。王西里不得已于1890年春派遣他前往中国东北地区考察。东方语言系为伊万诺夫斯基制定的指令内容丰富，他不仅需要提高汉、满语水平，而且还需研究中国的诗歌、农业、商业等方面的现状。他从圣彼得堡出发，经过西伯利亚进入我国东北，途经瑷珲、漠河、墨尔根、齐齐哈尔、兴城、吉林、沈阳、山海关，于途中记了十大本日记，其中包括索伦族和达斡尔族的语言材料，于1891年4月初到达北京。一个月后启程经张家口回国。由于时间不足，伊万诺夫斯基未能完成临行前交付给他的所有任务，考察结果被孟第、波兹德涅耶夫和格奥尔吉耶夫斯基认定为不合格。王西里不得不上书校长和国民教育部长为爱徒申辩。在老师的斡旋下，伊万诺夫斯基在1894年被聘为编外教授，1899年成为编内教授。但好景不长，1900年王西里的去世让伊万诺夫斯基非常悲痛，紧接着他又遭受了中年丧子的打击，大病一场，精神失常，1901年被学校解聘，两年后死于疯人院。[1]

无论对于圣彼得堡的汉学教育，还是对于俄国汉学研究，伊万诺夫斯基都做出了不小的贡献。他非常崇拜老师王西里，无论在教学上还是在学术上都以老师为榜样，决心继承老师的衣钵，光大圣彼得堡大学的汉学事业。与王西里一样，除英、法、德等欧洲语言之外，他也懂得汉、满、蒙、藏、梵等多种东方语言，学术视野开阔，观点鲜

---

[1] История отечественного востоковедения с середины XIX века до 1917 года. М., 1997. С. 278–287; Скачков П. Е. Очерки истории русского китаеведения. М., 1977. С. 234–235.

明。仔细分析伊万诺夫斯基的学术经历和著作目录，可以发现他的研究主要集中在两个方面，一是对中国西南少数民族历史的研究，二是对满族语言和文化的探索。

1. 中国西南少数民族历史研究

硕士学位论文是伊万诺夫斯基第一次对汉学专门问题进行系统探讨。受老师的影响，他最初计划以中国佛教研究为题，但他在阅读俄国汉学先贤著作的时候发现比丘林、王西里等人的中国历史著作主要关注中国的北部边疆地区，即使在比丘林的《古代中亚各民族历史资料集》当中，也不曾包含中国南部民族。与此同时，他发现中国典籍中包含着非常丰富的学术信息，遂决定弥补比丘林等人留下的学术空白，将某些中国史书上所称的南蛮作为研究对象。此外，他认为可以通过研究少数民族起源及其与汉族的亲缘关系进而解决中国人的起源问题。南部民族众多，资料无数，决定暂时舍弃广东、广西和台湾等省，而只将西南的湖北、湖南、贵州、云南、四川等地纳入考察视野。他于1887年出版硕士学位论文《中国西南部异族历史资料（云南、贵州、四川及部分湖广地区）》。伊万诺夫斯基将尽可能全面系统地发掘、整理和翻译相关中国文献作为其著作的主要任务，全书包括两个部分，第一部分为宋朝以前，第二部分为元、明、清三朝。在资料方面，《通志》《文献通考》和《续通志》是主要译材来源，同时参考《唐书合钞》《旧唐书》《新唐书》《宋史》《通鉴纲目》《通鉴辑览》《四川通志》《贵州通志》《云南通志》《蛮书》《历代地理志韵编今释》《读史方舆纪要》《方舆类纂》《历代帝王年表》《历代纪元编》《历代职官表》《大清一统志》和《皇朝职贡图》等，欧洲文献主要使用了德礼文（Marie Jean Léon d'Hervey de Saint Denys，1823—1892）的《外国侨民在华分布》以及戴孚礼（Gabriel Deveria，1823—1892）的《中国安南边界》。因为地名人名太多，伊万诺夫斯基为避免读者混渵，特请圣彼得堡大学汉语讲师苏忠用汉字标出。①

伊万诺夫斯基的博士学位论文在内容上是硕士学位论文的继续，专门研究云南地区的少数民族，题为《元、明、清各朝的云南异族人（附词汇和石印地图两幅）——中国西南部异族历史资料》，其写作方法和思路与硕士学位论文大体一致，只是将内容限定为云南一省，并且按照元、明、清三朝分别叙述。内容依然以中国文献译文为主，经作者进行编排后而成为一部对云南少数民族进行系统描述的著作。除了继续使用前述中国文献之外，又增加了杨慎的《滇载记》和《滇记》、谢肇淛的《滇略》、毛奇龄的《云南蛮司志》等。在确定地理名称时使用了几种西文文献，如英国人贝德禄（Edward Colborn Baber, 1843—1890）著《中国西部旅行及考察》中的 14 张彩色地图以及谢立山（Sir Alexander Hosie, 1853—1925）的《中国西南游记》。与此同时，王西里建议使用的《皇朝中外一统舆图》对伊万诺夫斯基的研究发挥了很大作用。伊万诺夫斯基的翻译极其忠于原文，只是在影响语意时才加入自己的词汇。在某些字的翻译上也颇下功夫，如将汉语中"贼"字根据上下文的要求翻译成了不同的形式，而当译文无论如何也不能完整表达原意时，就直接使用汉字。因为苏忠赴中亚探亲未归，他改请日本教师黑野良文帮助书写汉字。②

伊万诺夫斯基的这两部著作详细地摘录并翻译了中国文献中有关西南少数民族的记载，填补了俄国中国边疆史地研究的空白，具有重要的学术价值。由于中国北部边疆一直是俄国政府、社会和学术界关注的重点，伊万诺夫斯基的中国西南部民族历史研究没有产生太大的影响。然而王西里对他的研究给予了充分的肯定，在 1893 年写给国民教育部部长的信中写道："伊万诺夫斯基的著作是在系里的催促下

---

① Ивановский А. Материалы для истории инородцев Юго - Западного Китая (губерний Юнь нань, Гуй чжоу, Сы чуань и отчасти Ху гуан). СПб., 1887. С. III-XI.

② Ивановский А. О. Юньнаньские инородцы в период династий Юань, Мин и дай цин (с приложением словаря и двух литографированных карт). Материалы для истории инородцев Юго-западного Китая. СПб., 1889. С. IX.

完成的，以便他在获得毕业证后前往中国。他的作品在某些方面无疑具有难以避免的不足……但是，就整体而言，这些著作的基础非常扎实，是对给著名汉学家亚金甫神父带来荣誉的那些著作的继续。亚金甫神父出版的《古代中亚各民族历史资料集》是向俄国学术界提供信息的唯一来源。欧洲人在他之后曾经尝试过类似的工作，但没有人能够完成。伊万诺夫斯基继续了亚金甫神父的工作，提供了中国西南异族的资料，为的是弥补亚金甫神父《古代中亚各民族历史资料集》所没有包括的内容。因为俄国学者对这些西南异族不像对中亚民族那样感兴趣，因而不愿给予伊万诺夫斯基著作像亚金甫神父著作那样的评价。而他的著作本身具有更多的优点。在亚金甫神父的著作中没有任何补充和注释。伊万诺夫斯基在自己的著作中使用了汉字标注、校勘和汇编文献手法。"①

2. 满族语言文化研究

伊万诺夫斯基不仅汉语修养好，其满文造诣也很高，是继扎哈劳和王西里之外俄国最著名的满学家。在他前往中国东北旅行的指令当中，提高满语水平是他最重要的任务之一。他在经过满洲地区时购买了大量满文书籍，搜集语言民俗素材，记录民间歌谣。在回国后的述职报告中，他称自己发现"索伦人是大通古斯部落的一个分支，有4种不同的名称，阿穆尔地区俄人称之为'玛涅格尔人'，汉人称之为'栖林'②，满人称为鄂伦春，俄语中'ороньчо'一词来自满语，还有叫索伦人的，但词源不明"。王西里称赞他为世界上唯一的满语专家，"完全能够研究所有的满洲问题，利用所有的汉语文献"。③

伊万诺夫斯基的满学著作主要有 3 部。1893 年他出版《满语文选》第一辑，1895 年出版第二辑。第一辑为满文文章，内容包括萨

---

① История отечественного востоковедения с середины XIX века до 1917 года. М., 1997. С. 280 – 281.
② 或麒麟。二词意思均表"野人"。——笔者注
③ История отечественного востоковедения с середины XIX века до 1917 года. М., 1997. С. 286.

尔浒大战、贝勒尚善移书三桂、嘉庆遗诏、公文私函等。第二辑为用俄文字母标音的满文文章，并附有汉语对照文本。引人注目的是，伊万诺夫斯基将4篇《聊斋志异》故事（《狐谐》《白莲教》《雷曹》和《小猎犬》）收录其中，同时收录了拉德洛夫1862年在伊犁地区记录的锡伯族方言故事。附录由中国衙门、行政区划、文武官职名称以及汉、满文词汇索引等内容构成。①《满语文学史概论》问世于1893年，是伊万诺夫斯基1887—1888学年的讲义，其中对满文文献进行了分类，基本上采用了安文公的分类方法。这本书的主要内容包括：满文的产生和篆字馆早期出版物；汉语对满文文献的影响以及满语对蒙古语的影响，《清文启蒙》分析；古典书籍；佛教和道教著作；萨满教条例《钦定满洲祭神祭天典礼》；哲学书籍；历史书籍、地理书籍；法制；文学。《满语文学史概论》是以王西里的《中国文学史纲要》为样板编成的，是对满文文献进行综合阐述的一次有效尝试。他的《满洲学1：索伦语和达斡尔语范例》出版于1894年，主要收录了他于1890年在中国考察时收集到的语言材料，旨在说明索伦语和达斡尔语与满语的亲缘关系。②

此外，他还在《俄国皇家考古学会东方部通报》上发表了一些有关满洲历史文化的文章，如《满洲的铜币》和《满洲北部的汉族民歌》等。《满洲的铜币》一文发表于1893年，对满洲地区市面流通的铜钱的种类和价值进行了详细介绍。作者发现，在齐齐哈尔将军和吉林将军统辖的满洲东部和北部流通大钱、京钱、东钱，而且用"虎"字来表示980个钱，490个钱为一吊。而在满洲南部的沈阳一吊钱为162个铜钱，辽阳为160个。为了流通方便，满洲地区还流行一种叫作"帖子"的钱票。在靠近俄国的一些市面上也流通"卢布"。作者详细叙述了满洲各地的汇率和特点。与此同时，伊万诺夫斯基介绍了

---

① Оглавление первого и второго выпусков/Ивановский А. О. Маньчжурская хрестоматия. Тексты в транскрипции СПб. ,1895.

② Пашков Б. К. Вклад русских ученых в изучение маньчжурского языка и письменности//Краткие сообщения ИВ. 1956. Т. 18. Языкознание.

从流通的铜钱中挑拣出来的唐、五代、宋、辽、元、明各代铜钱，但对其真伪表示怀疑。他还发现当时中国东北地区有许多朝鲜、日本和越南铜钱流通，并对其来历进行了探究。在他所收集的铜钱中有51枚是日本宽永年间铸造的，另有铸着"常平"字样的朝鲜铜钱以及上书"景兴""景盛""光中""安法""太平"和"嘉隆"等字的越南钱币。这些信息对于研究清末东北地区的金融市场无疑具有很高价值。①

在《满洲北部的汉族民歌》一文中伊万诺夫斯基记录了满人聚居地区流传的汉人歌谣。他发现满人尽管也有本民族语言的民歌，但很少唱，却"对汉人的歌曲极其热爱"，而且"所有汉人的东西对该地区的普通百姓都具有很强的影响力"。他在分析这些汉人歌谣流传路径的同时，亲自记录了许多汉语歌谣，并在本文中发表了其中两首。第一首是瑷珲城的一位清朝官吏所唱，因其文化程度不高，所写歌词中有许多白字。伊万诺夫斯基试图改正，但仍有许多错字。笔者略做更正，抄录如下："姐儿在房中泪扑簌，埋怨爹妈好糊涂。哎哎！儿子大了媳妇娶，姑娘长大许配丈夫。为奴年长十八岁，过了新春二十多。东庄姐姐倒比奴大，怀抱娃娃她也寒苦。西庄妹妹倒比奴小，她也惮凌②俏皮丈夫。妈妈你好糊涂，妈妈你好糊涂，哎哎呔！"另一首歌谣为盲人算命先生为伊万诺夫斯基算命时所唱："头运交在东南方，二运交在西南方，三运交在西北方，四运交在东北方。算命之人二十八，此人命运二两八钱。要问这命好不好，天经地义俄国文墨人。你要命好心也好，你就富贵直到老。久后一日掌兵权，一品都统做几年，话说此处住一住，往后再说也奉承。"③ 这些当时传唱的歌谣对于中国的民俗学研究显然具有一定价值。如果与中国现代倡导收集歌谣的第一人刘半农1918年1月底在北京大学首倡歌谣运动相比，伊万

---

① Ивановский А. О. Медная монета в Маньчжурии//Зап. Вост. Отделении Императорского Русского Археологического Общества. Т. 7. 1893.

② "惮凌"，原文如此，未得其解。

③ Ивановский А. О. Китайские песни в Северной Маньчжурии//Зап. Вост. Отделении Императорского Русского Археологического Общества. Т. 8. 1893.

诺夫斯基无疑走在了前面。

3. 其他著述

在汉文学研究领域，伊万诺夫斯基同样做出了自己的贡献。1889年他出版自己编写的《汉语文选》，强调要研究中国的"雅文学"。次年，他又发表了《中国人的雅文学（中篇小说、长篇小说和戏剧）》一文，专论"雅文学"问题，对俄罗斯汉学界确定这一术语的内涵起到了关键作用。正如郭黎贞所说："伊万诺夫斯基在书中提出的观点成为俄罗斯汉学研究的基本信条，即从广泛意义上去理解中国文学的构成……后来，'雅文学'这一术语主要被用来表示属于'高雅文学'（文、古文）的功能体裁和文学—哲学体裁。"①

伊万诺夫斯基还撰有许多论文，内容涉及佛教、考古等多个方面。自 1887 年起，他连续在《俄国皇家考古学会东方部通报》上发表文章，主要有《斯帕法里出使中国（满文）》《藏译〈与弟子书〉》《托木斯克大学考古博物馆所藏中国文物考》《藏译〈菩萨本生鬘论〉评析》《再论喀什佛洞》《〈集量论〉（藏文典籍）——评介与文献》《论佛教之忏悔》《纪念戈尔斯东斯基》等。此外，他还在比利时出版的杂志《博物馆》上发表了《佛像传说》和《绥服西藏》等文章。

伊万诺夫斯基在汉学领域的成就还反映在他为俄国著名的八十六卷本《布罗克豪斯——艾弗隆百科辞典》撰写词条方面。19 世纪 80 年代，俄国学术界因不满从德文翻译的百科全书而决定组织本国学者编写出版《布罗克豪斯——艾弗隆百科辞典》，圣彼得堡大学东方语言系的伊万诺夫斯基、波兹德涅耶夫、格鲁姆—格尔日迈洛（Г. Е. Грумм-Гржимайло，1860—1936）、维谢洛夫斯基等加入编纂队伍，与门捷列夫（Д. И. Менделеев，1834—1907）、索洛维约夫（В. С. Соловьев，1853—1900）等学界名流共同为新辞书撰写具有俄

---

① [俄]郭黎贞著：《俄罗斯中国古典文学研究概览》，阎国栋等译，《汉学研究》第九集，中华书局，2006 年。

罗斯本国特色的词条。伊万诺夫斯基撰写的"中国"词条篇幅极大，翻译成汉文也有近10万字，详细介绍了中国的疆域边界、山川地形、气候、动植物、居民与民族构成、农工商金融、度量衡、国家行政机构、财政、步兵、水军、教育、法律、历史、语言和文学等。在伊万诺夫斯基之前，西维洛夫和王西里都开设过中国历史课程，但讲义未能保留下来，因此，他所撰写的这个词条就被后人视为出自帝俄汉学家笔下并"留存至今的第一篇中国历史概论"，"作者梳理了中国历史史实，没有试图太多地加以阐释"。他将汉朝衰微的原因归结于后宫专权，而李自成起义的起因则是近臣和宦官弄权。① 在"中国"词条中，伊万诺夫斯基提出的"中国雅文学"具有"伪古典"性质的观点很有创见。他认为中国"雅文学在中国比在欧洲更受关注，只是概念与当今有所不同。这些概念多具有伪古典性质，即只有用精美的语言写就的作品才算是雅文学（关于精美语言的概念符合欧洲文学史上伪古典时期的特征）。其中原因是中国的书面语言远比口语丰富，只有使用书面语汉语才能够达到相对的美"。② 此外，孔子、道教、满洲、北京、沈阳、白河、朝鲜、卡尔梅克人、俄国东正教驻北京传教团等词条也出自伊万诺夫斯基笔下。他在写作这些词条时广泛参考了俄国和欧洲的相关汉学文献，在一定程度上是对欧洲汉学界某些个案问题研究成果的浓缩或总结。

　　伊万诺夫斯基广读博览，"他也似瓦西里耶夫一样懂许多种语言：有满语、蒙古语、藏语和梵文，当然远远没有达到瓦西里耶夫的水平"。③ 种种迹象表明，伊万诺夫斯基是将老师王西里作为自己在汉学研究中追随的偶像，而王西里显然也从这位年轻人身上看到了自己的影子，极力扶持这个最有可能继承其衣钵的弟子。然而，时代的进步和世界汉学的发展不可能使伊万诺夫斯基成为王西里的绝对翻版。在

---

① Никифоров В. Н. Советские историки о проблемах Китая. М. ,1970. С. 41.
② Китай, государство в Азии//Энциклопедический словарь Ф. А. Брокгауза и И. А. Ефрона. Т. XV. СПб. ：Брокгауз-Ефрон. 1895. С. 220.
③ ［俄］阿列克谢耶夫著：《1907年中国纪行》，阎国栋译，云南人民出版社，2001年，第273页。

他作为汉学家的成长过程中,奥登堡也发挥了有益的作用,使其在王西里开创的汉学研究基础上有所突破。诚如阿理克所言:"奥登堡对他的朋友和我的老师伊万诺夫斯基的影响很说明问题。他使后者摆脱了王西里院士的致命理论,引领其得见源头活水。在佛教研究上他与伊万诺夫斯基携手合作,假如不是可怕的疾病让伊万诺夫斯基英年早逝,他一定能使其由一个天才的汉学家变成一位大学者。"① 尽管如此,伊万诺夫斯基仍然在19世纪末的俄国汉学史上写下了自己的一笔。

四、鲁达科夫

鲁达科夫②1871年出生于巴库省连科兰城。1891年从首都中学毕业,而后进入圣彼得堡大学东方语言系汉满蒙语专业,跟随汉学家王西里、蒙古学家波兹德涅耶夫和满学家伊万诺夫斯基教授学习。1896年毕业当年被派往北京继续完善其汉语及中国历史文化知识。1899年返俄后即到新成立的海参崴东方学院任教,成为俄国新汉学基地的创始人之一。圣彼得堡大学学术委员会根据他于1903年在海参崴出版的《吉林省中国文化史资料(1644—1902)》而授予他硕士学位。他为学生开设过的课程有东方历史、东方地理及民族学、汉语、满语、中朝日三国现代历史、满洲社会、经济及文化历史等。1905年鲁达科夫被命代行院长之职。从1906年到1917年,鲁达科夫一直担任东方学院院长一职。1917年4月因健康原因而辞职。三年后,国立远东大学成立,东方学院并入其中成立东方系,鲁达科夫被聘为汉语教授。1939年国立远东大学关闭后,他开始为苏联太平洋舰队翻译培训班讲授汉语,并在这里一直工作到1949年去世。苏联著

---

① Алексеев В. М. Наука о Востоке: Статьи и документы. М., 1982. C. 13.
② 鲁达科夫在其收藏的《三合圣谕广训》扉页上自题汉名为"禄德国福"。参见 Волкова М. П. Описание маньчжурских ксилографов Института востоковедения АН СССР. Выпуск 1/М. П. Волкова. Прил. сост. Т. А. Пан. М., 1988. C. 40.

名汉学家、司马迁《史记》的俄译者、曾聆听过鲁达科夫授课的越特金（Р. В. Вяткин，1910—1995）先生回忆道："阿波利纳里·瓦西里耶维奇（鲁达科夫的名字及父称——笔者注）的课不仅传授丰富的汉语知识，而且还有丰富的中国历史文化知识。他经常对我们学生讲述他在中国的旅行，描述那个国家和风俗……正是在那些时刻，我们心中萌生了对自己职业的热爱，产生了研究这个国家和民族的兴趣。"①

鲁达科夫著作的素材大都来源于他的中国之旅。他的第一部著作是1901年出版的《义和团及其对远东最新事件的作用》。这本书既是他目击东北义和团运动的记录，同时揭示了这个具有鲜明排外色彩的秘密社团的主要特点，分析了其内部组织形式。1900年俄国军队借口镇压义和团参加八国联军，悍然占领东北三省。鲁达科夫就在这一年5月来到东北，在两个月的时间里，搜集了许多义和团的传单。是年8月他再次来华，在珲春地区搜集编写教材所需的公文函件，9月随俄军来到齐齐哈尔，进入黑龙江将军衙门查阅有关义和团的公文函件。这样，他为其著作收集了丰富而又珍贵的第一手研究资料。他在身后留下的一篇自述中写道："我那时在齐齐哈尔的衙门中找到了一些有关义和拳的秘密材料，清楚地说明中国政府曾参与这一运动。我将这些汉语文件及译文附在了我的著作《义和团及其对远东最新事件的作用》的后面。"② 他发现"大拳民的思想具有强烈的吸引力，甚至正规部队，自他们的军事长官而下，也在极力掌握这种思想，无数炮台营垒成了新运动庇护者设坛的地方。咒语和军号、战鼓的声音交织在一起"。鲁达科夫在这里指的是盛京副都统兼育字军总统晋昌部下的爱国官兵与义和团联合抗俄的史实。③ 这本书迎合了当时俄国社会了解这些神秘起义者的迫切心理，在学术界引起了一定反响。苏联

---

① Вяткин Р. В. Аполлинарий Васильевич Рудаков//Народы Азии и Африки. 1971. No4.
② Серов В. М. Становление Восточного института（1899 - 1909）//Известия Восточного института Дальневосточного государственного университета. 1994. No1.
③ 佟冬：《沙俄与东北》，吉林文史出版社，1985年，第385页。

著名汉学家尼基福罗夫说："鲁达科夫的专著大概是 20 世纪初俄国汉学家有关中国内部历史的唯一著作,至今不失其价值,是每个义和团研究者的必备参考书。""他极力成为一个客观的评论者,承认起义者为理想献身的精神,赞赏他们高尚的道德,反对政府方面对起义的领导,谴责帝国主义者的政策,但却不敢批评沙皇的政策。"①鲁达科夫写道:"西方商人剥削者和传教士在燕尾服和黑色长袍掩盖之下,使中国对其做出了错误的判断。中国在向西方复仇。"②

1901 年 5 月鲁达科夫又一次前往中国东北地区。他此行的目的是研究奉天皇宫的图书和档案收藏。据俄国学者研究,英国汉学家庄延龄(E. H. Parker, 1849—1926)曾言在奉天藏有一批欧洲文献,是 13 世纪蒙古人远征欧洲时所得。当时传说这批文献已被俄国政府运到了海参崴东方学院。由于东方学院并没有收到过这样一批藏书,遂派出鲁达科夫到奉天探察事情原委。文溯阁是乾隆皇帝于 1782 年专为贮存《四库全书》所建成的全国七阁之一,是奉天皇宫图书的最大收藏地。鲁达科夫和他的同事对这里的藏书进行了仔细的著录。他后来写道:"从 5 月 1 日到 9 月 1 日,我是奉天图书馆考察团的成员,与我同为考察团成员的还有彼·施密特(П. П. Шмидт, 1869—1938)以及正在准备晋升教授职称的屈纳。通过这次出差,我们搞清了,在奉天图书馆没有任何欧洲文字的抄本文献。"③鲁达科夫利用此次中国之行所收集到的资料完成了《皇宫以及奉天的藏书》以及《奉天图书馆藏重要汉籍目录》两篇文章,发表在 1901 年的《东方学院学报》上,第一次向俄国读者介绍了清朝盛京皇宫所藏的珍贵文献。④

鲁达科夫的《吉林省中国文化史资料(1644—1902)》依据的

---

① Никифоров В. Н. Советские историки о проблемах Китая. М. ,1970. С. 26.

② Макаренко В. В том числе и тибетский язык//Дальневосточный ученый. №5. 17 марта 2004.

③ История отечественного востоковедения с середины XIX века до 1917 года. М. , 1997. С. 61.

④ Вяткин Р. В. Аполлинарий Васильевич Рудаков//Народы Азии и Африки. 1971. №4.

资料主要为《吉林通志》。1900年庚子事变期间沙俄乘机派兵侵占东北地区，俄军首领格罗捷科夫（Н. И. Гродеков，1843—1913）掠得全套《吉林通志》。为了更加全面地认识吉林地区的情况，他派人将书送给海参崴的鲁达科夫，希望他能翻译出来，并提供了200卢布经费。鲁达科夫译出后，结合自己的观察结果写成了这部书。其中的具体章节为：土地问题；居民；中国移民的土地；官地与旗地；开荒；军屯；米店；货币问题；税收与厘金；矿业；商业；军事力量发展史。可以说，"完成此作并非出自鲁达科夫本人的意愿，而是由政界提议，同时得到了东方学院领导的支持"。后来，鲁达科夫又利用去中国考察的机会，实地研究了中国的农业，回国后写成《吉林省土地问题》。接着，他又写了《吉林省经济生活条件》一文，分析了吉林省的货币流通、矿业以及甲午战争前与朝鲜的贸易情况。①《吉林通志》译文和后来撰写的论文构成了鲁达科夫著作中的"吉林研究系列"。

此外，鲁达科夫还编写了许多汉语学习教材，主要为汉语会话和应用文之类。他对汉语语言学理论问题关注不多，比较重视提高言语实践能力，同时发掘语言背后的历史文化内涵。以1904年出版的《官话指南》为例，其体例与卜郎特（Я. Я. Брандт，1869—1944）的教材非常相似，由对话、词汇释义、对话译文几部分组成。鲁达科夫编写的其他教材还有《中国皇家海关公文》（1901年）、《中国戏剧及小说》《汉语公文范例》（1905年）、《汉语草书指南》（1907年）、《文案汇编》（1908年）、《中文官方商务会话》《威妥玛官话学习体系指导》（1910年）和《最新汉语公文及法令范例》（1912年）等。②其中《威妥玛官话学习体系指导》是鲁达科夫根据威妥玛的《语言自迩集》改编而成的。

---

① История отечественного востоковедения с середины XIX века до 1917 года. М.，1997. С. 61 - 62.
② Дацышен В. Г. История изучения китайского языка в Российской империи. Красноярск，2002. С. 107 - 108.

五、彼·施密特

彼·施密特于1869年出生于拉脱维亚，后入圣彼得堡大学东方语言系学习汉、满、蒙、卡尔梅克语言。毕业后同鲁达科夫一道被派往中国进修。在中国度过的3年时光对彼·施密特的帮助极大，使其加深了对中国的了解，结识了一些著名欧洲汉学家。他详细记录了自己的旅途见闻，不断写文章寄回俄国发表，其中也不乏对中国历史命运的思考。他有幸成为于1898年才告创立的北京大学前身京师大学堂的第一批教师之一，担任俄文课教学工作。1899年，当他在中国学习期满时，京师大学堂曾挽留他继续在中国执教。但由于俄国政府已命他赴海参崴新成立的东方学院担任教授，故而未能留在北京。回到俄国后，他即投入了东方学院汉满语教学工作。1902年，他以《官话语法试编》一书而获得圣彼得堡大学硕士学位。彼·施密特在东方学院工作期间出版了大量汉满语教材。他的著作结合了汉语学习理论与实践，为俄国汉学实践学派的创立做出了贡献。从1920年起一直到去世，彼·施密特在拉脱维亚大学任教，讲授语言学课程。他根据亲自观察所得发表了一系列语言学论文，内容涉及居住在俄国境内的涅基达尔人、乌利奇人、鄂罗奇人、那乃人的语言。此外，他还撰写了不少研究拉脱维亚人语言、民族学和民俗学的文章。①

《官话语法试编》是彼·施密特影响最大的一部汉语语言学著作，1902年出版第一个版本。作者在前言中认为西方人虽然编写过很多汉语教材，但都不大能满足俄国的需要。狄考文（Calvin Mateer, 1836—1908）的《官话类编》和戴遂良（Wieger Leon, 1856—1933）的《汉语口语入门》均以某地方言为基础，威妥玛的《语言自迩集》语法解释简略。他认为最好的汉语语法书是阿恩德（Karl Arendt, 1838—1902）的《中国官话指南》，只是例句稍显老旧。彼·施密特

---

① История отечественного востоковедения с середины XIX века до 1917 года. М., 1997. С. 65–66.

决定自己重新编写汉语语法,对前人总结的语法规则进行整理、反思、补正,同时选用最鲜活的语言材料作为例句。他反对在大学里将汉语实践与理论对立,因此在书前面加了105页的"汉语学习语言学导论",占了全书一半的篇幅,分13个问题(汉语在其他语言中的地位;方言;音组首辅音;音组尾元音;元音及其变化;官话的形成;字根;声调与音长;重读;文字;偏旁部首;字典体例;汉字拼读)系统地评价了欧洲主要汉语语法研究者的观点,阐述了他个人的思考。① 这也是彼·施密特语法与其他实践语法最大的不同之一。正文部分分64课,除词法和句法之外,重点讲解了诸如"打""发""放""弄""开""起""到"等口语中使用频率高且意义繁复的动词。此书出版以后即成为海参崴东方学院的教材。然而,彼·施密特对汉语语法的思考在博士学位论文答辩会上遭到了某些老一辈汉学家的质疑。孟第批评他在证明汉语中有语法存在方面证据不足,肯定了他关于汉语中有词缀的独特看法,柏百福认为作者将其他语言的语法套用在汉语上,太过生硬和离谱。1915年彼·施密特出版了《官话语法试编》增订本。与老版本相比,新版本在内容上做了明显的补充和更新。序言中增加了对汉语的形态分类、谱系分类、官话的形成等内容,后面增加了附录和阅读课文。编者希望新版语法书同时能够方便汉语自学者使用。② 对于俄国汉语教学史而言,《官话语法试编》标志着俄国的汉语语法研究和教学告别了比丘林语法时期,进入了一个新的时代。作为海参崴东方学院汉语专业一年级的语法教材,此书对培养汉语翻译实践人才贡献良多。

此外,彼·施密特还著有《中国古籍》(1901年)、《汉语学习语言学导论》(1901年)、《初级汉语文选》(1902年)、《汉语入门阅

---

① Шмидт П. П. Опыт мандаринской грамматики с текстом для упражнений. Пособие к изучению разговорного китайского языка Пекинского наречия. Владивосток, 1902. Предисловие.

② Шмидт П. П. Опыт мандаринской грамматики с текстом для упражнений. Пособие к изучению разговорного китайского языка Пекинского наречия. Изд. 2-е. Владивосток, 1915. Предисловие.

读》《官话语法文例》（1902年）、《彼·施密特教授1907—1908学年度汉满语语法讲座概述》（1908年）、《满语课本》（1908年）、《中国政治结构讲义》（1911年）等教材。

六、屈纳

屈纳1877年出生于梯弗里斯（今格鲁吉亚首都第比利斯），后随全家迁到圣彼得堡。其父曾任圣彼得堡玛利亚剧院乐队指挥。1896年屈纳以优异成绩从圣彼得堡第三中学毕业，进入圣彼得堡大学东方语言系，1900年毕业。在学生时代屈纳就对科学研究表现出浓厚的兴趣，从1897年开始独立研究东亚地区的历史、地理、经济和文化。屈纳大学毕业论文为《日本历史地理概略》，毕业后即参与了俄国第一部三卷本的朝鲜历史著作《朝鲜志》的编写工作，其中《朝鲜简史》一章出自他的笔下。1902年，经圣彼得堡大学维谢洛夫斯基教授推荐到海参崴东方学院工作。1909年获得硕士学位，学位论文题目是《西藏地理记述》。1935年5月未经答辩获得历史学博士学位。1925—1955年任列宁格勒东方学院、列宁格勒大学教师。其中，1900—1902年、1909年、1912年、1913年、1951年在中国、日本和朝鲜进修，1905—1906年在奥地利学习，1934—1955年任苏联科学院民族研究所东亚和东南亚室主任，1942—1945年间任哈萨克苏维埃社会主义共和国中央历史档案馆、国立萨尔蒂科夫—谢德林公共图书馆馆员。屈纳是俄国著名东方学家和东亚历史学家，一生著述浩繁，共400多种，曾多次获得苏联的各种勋章和奖章。①

屈纳是一位非常有才华的学者，精通多种语言，除了德、法、英、荷、意等西方语言外，他还能够使用汉语、日语、藏语、朝鲜语、满语等东方语言。出色的语言天赋为他在东方学研究中广泛利用原始文献及西方汉学成就提供了可能。其学术兴趣非常广泛，除中国

---

① Зенина Л. В. Николай Васильевич Кюнер（К столетию со дня рождения）// Народы Азии и Африки. 1978. №1.

以外，朝鲜、日本也在其学术视野当中，并都有学术专著出版。即使是在汉学研究领域，其学术触角也涉及了中国历史、地理、政治、经济、国际关系等多个方面，兼顾藏学、蒙古学等多个领域。笔者在这里只就其最重要的汉学论著做一简单介绍。

《西藏全志》是一部在俄国藏学史上占有重要地位的著作。这本书分两卷，一卷名叫《西藏地理记述》，另一卷叫《西藏民族学记述》。在《西藏地理记述》中，屈纳描述了历史上在西藏进行的所有探险和旅行活动，在《西藏民族学记述》中叙述了西藏的资源、经济、民族等方面的情况。屈纳在前言中交代了他撰写这部巨著的动机："本书旨在对欧洲及俄国文献中有关西藏地理、民族、政治、文化以及宗教、经济生活诸方面的现有信息进行一次尽可能全面的批判性概述，因为1903—1904年间被欧洲人称为'Тибет'的这个地方已成为欧洲国家亚洲政策中最重要的内容之一了。"同时，他详细回顾了欧洲藏学所经历的几个重要历史阶段，高度评价了比丘林《西藏志》对于丰富欧洲贫乏的藏学知识所具有的重要意义。① 在20世纪初的国际汉学界，能够完成此任务的恐怕只有这位掌握17种欧亚语言的俄国人了。尼基福罗夫写道："在十月革命前的历史学家中，屈纳最称得上是比丘林传统的继承人了：他同样注重中国民族地区和周边国家的研究，对地理和物质层面感兴趣，而不去关心思想发展史，就连叙述方式也一样。但是，在革命前的著作中，屈纳利用了大量经过仔细甄别的西方文献，直接使用的中国文献较少，而比丘林和王西里与他正好相反，主要利用了汉语文献。"② 霍赫洛夫认为，屈纳的这部著作在材料上是对比丘林和王西里著作的补充，是一部名副其实的藏学力作。③

屈纳的另一部重要的中国历史研究著作是《远东国家现代史》。

---

① Кюнер Н. В. Описание Тибета. Ч. 1. Вып. 1. Владивосток. 1907. С. I.
② Никифоров В. Н. Советские историки о проблемах Китая. М.，1970. С. 27.
③ Хохлов А. Н. Н. В. Кюнер：интерес к истории национальных окраин цинского Китая∥Китая и Россия в Восточной Азии и АТР в XXI веке. Ч. 2. М.，1995.

在该书的第一部分中作者详细考察了有关文献史料。在研究现代史时如此注重史料的收集和整理，说明屈纳已经成为一位成熟的学者。在第二部分中屈纳介绍了从 16 世纪到 1842 年间中国的对外关系，着重阐述了中国与葡萄牙、西班牙、荷兰、法国、美国、瑞典等国的关系。此外，作者特别详细地回顾了中俄关系的发展历程，并附录了俄国东正教驻北京传教团历史。在第三部分中研究了 1842 年以后中国与亚洲、欧洲大国的关系，介绍了中国国内发生的重大历史事件。尼基福罗夫认为，与《西藏全志》相比，《远东国家现代史》是一部"纯粹的历史学著作"。[1]

《中国现代政治史概述》出版于 1927 年，对中国社会进行了多角度的观察和思考，是屈纳在中国现代史研究方面的重要著作。全书包括如下内容：国家与居民；中国的社会构成；自然条件；生产力；经济；日常生活；帝国时期的政治体制；中华帝国的最后年月；1912—1926 年的中华民国史。在这部书中屈纳清楚地表达了他对中国民主革命的观点。他认为，中国的改革应该循序渐进地进行，应该允许慈禧太后和袁世凯平稳地推行改革，而康有为和孙中山妨碍了他们行事。在有关中国同帝国主义关系的问题上，屈纳显然受到欧洲学者观点的影响。他认为袁世凯在外国人面前具有很好的信誉，肯定中国近代洋务运动的领袖人物盛宣怀将中国铁路转交给外国资本的计划，将美国和法国看作是中国革命的同情者。[2] 由于此书史料丰富，一直到 20 世纪 40 年代末，始终是苏联历史学家们的重要参考资料。此外，屈纳在每一章后面附录的相关书目至今仍具有参考价值，因为其中不仅列举了书籍，而且还有报刊文章。尽管这部书没有受到任何批评，但屈纳似乎已经明白他书中表达的某些观点与当时倡导的马列主义历史观有相悖的地方。因此，1927 年以后，他放弃了对中国现代史的研究。

此外，他于 1950—1953 年间主持再版了比丘林于一个世纪前出

---

[1] Никифоров В. Н. Советские историки о проблемах Китая. М., 1970. С. 28.

[2] Никифоров В. Н. Советские историки о проблемах Китая. М., 1970. С. 106 - 107.

版的《古代中亚各民族历史资料集》。他对照汉语原典对比丘林的译文进行了修订，补充了详细的注释并撰写了导言。

第二节 传教士汉学家

19世纪下半期，俄国东正教驻北京传教团不再承载研究中国的任务，其工作重点转移到在华传播东正教上来。然而，这个机构的汉学研究并未就此终止。与以往不同的是，传教团成员在继续传统课题研究的同时，还增加了对传教团在华历史的研究，进行了大规模的东正教经籍汉译和刊印工作。在该时期常驻北京的俄国汉学家当中，巴拉第的学识、成就和影响最引人注目。阿列克些、尼阔赖、恰索夫尼科夫等在传教团历史研究上颇有成效，而固礼、伊萨亚、法剌韦昂和英诺肯提乙等则在经书翻译方面表现突出。

一、巴拉第

巴拉第1817年出生于地处今俄罗斯鞑靼斯坦的契斯托波耳市。1827年进入神品中学读书，1832年进入喀山神学院，1837年转入圣彼得堡神学院，1838年毕业后当了对外学术局办公室的文牍员。1839年自愿参加第十二届俄国东正教驻北京传教团为助祭，取法号巴拉第（Палладий），以后出版的著作多以这个法号署名。在外交部亚洲司的一手操办下，巴拉第与其他传教团成员一道接受了来华前的语言培训，获得了对汉语和满语的基本认识。教他们汉语的老师是大名鼎鼎的比丘林，用的教材就是1838年出版的那部《汉文启蒙》，满语教师为利波夫措夫。1840年1月，巴拉第随传教团从喀山启程来华。在同行的喀山大学蒙古语硕士王西里的帮助下，巴拉第在途中就开始学习蒙古语和藏语。到达恰克图之后，巴拉第利用休整待命的时间跟随克雷姆斯基继续学习汉语。1840年10月传教团到达北京。从此，巴拉第开始跟随中国先生学习语言。1846年奉召回国担任下一届传教团的领班。1847年，巴拉第回到圣彼得堡，当年选定了新传教团成员，其中大部分来自圣彼得堡神学院。1848年，巴拉第升任修士大司祭。新成员在比丘林、巴拉第的带领下学习汉语，所用教材为比丘林编写出版的俄汉对照《三字经》，满语则由安文公讲授。1849年9月，巴拉第领导的第十三届传教团来到北京，一直到1859年5月才回国。1860年他被任命为俄国驻罗马大使馆教堂住持。1864年俄国政府又派他担任第十五届来华传教团的领班。1878年巴拉第患病，获准经海路回国。10月2日在法国大使馆医生的陪同下启程前往欧洲，于12月5日到达法国马赛，次日心脏病突发猝死他乡。1879年2月，按照圣务院的命令，巴拉第被运到尼斯俄人公墓下葬。

巴拉第在中国长期居留，担任过两届俄国东正教驻北京传教团的领班。由于俄国传教团承担着宗教、外交等多重使命，所以，巴拉第在华活动一直同沙皇政府的对华政策有着密切联系，他的汉学研究只是其在完成政府指令后的次要行为。他第一次作为助祭来华时主要从事了佛教研究。第二次以传教团领班身份来华所经历的10年，正值中国第二次鸦片战争，西方列强相继侵入中国，太平天国起义爆发，沙皇俄国乘中国内忧外患之机，趁火打劫，逼迫中国签订了中俄《瑷珲条约》及《天津条约》，割占了中国黑龙江以北60余万平方公里土地，利用外交手腕得到了西方通过武力才取得的在华特权。巴拉第在俄国这次侵华活动中扮演了重要角色，他广泛收集中国的政治经济情报，为东西伯利亚总督穆拉维约夫的武力侵夺和普提雅廷狡诈的外交活动出谋划策。咸丰三年（1853）十月底，穆拉维约夫根据巴拉第提供的关于中国事态的详细情报，制定了旨在侵占黑龙江北岸的所谓武装"航行"黑龙江计划。可以说，在这10年中，他几乎没有从事过像样的汉学研究。巴拉第第三次来华时，中俄《北京条约》已经签订，俄国在华建立了公使馆，东正教驻北京传教团的外交功能随之削弱，主要从事布道事业。在此期间，巴拉第主要编写了使他蜚声国际汉学界的《汉俄合璧韵编》，同时对中国边疆史地、中国伊斯兰教和基督教在华历史进行了研究。对于巴拉第为沙俄侵华帮凶的事实，我国学界已有定论，不再赘述。作者将在下文中主要考察巴拉第在汉学研究方面的成就。这对俄国汉学史和中俄文化关系史研究都很有必要。

1. 中国宗教研究

第一次来华期间，巴拉第、王西里以及戈尔斯基（В. В. Горский, 1819—1847）共同沉湎于佛教研究，从汉语、蒙古语和藏语翻译了大量佛教经籍。第十二届传教团领班佟正笏在一封信中写道："巴拉第正在不断地取得显而易见的进步，以罕见的热情沉湎于佛教典籍的浩瀚大海。从早到晚都在啃佛典，又是抄写，又是翻译，总之，很有建树。"① 据王西里回忆，巴拉第在第一次来华期间总共阅读了750卷汉文佛藏。② 1843年，巴拉第完成了第一篇论文，题目是《中国佛教诸神及其造像概略》，介绍了佛教最重要的神及其标志物，配以亲自绘制的插图。同年，佟正笏将这篇文章寄回了亚洲司，以便由圣彼得堡科学院做出评价。1844年，巴拉第完成了另外一著作，名为《迦毗罗的学说》，该文译自汉语《丹珠儿》中的《金七十论》，共120页，没有发表，但上面用红色墨水和铅笔所做的改动说明作者当时曾经准备将其发表，手稿现存莫斯科的外交部俄罗斯对外政策档案馆。《金七十论》在《大正藏》第五十四卷，是印度教数论派经典《数论颂》的译本，由陈真谛译为汉文。巴拉第在文章的引论部分写道："这部篇幅不大的经典叙述了迦毗罗体系。《金七十论》在梁朝时就由天竺三藏真谛带到了中国，并由其翻译成了汉语。根据三藏真谛留下来的论著，可以看出他熟知印度的哲学流派，很显然，他拥有许多珍贵的著作……但他只翻译了其中介绍迦毗罗学说体系的这一部。除了翻译胜论派和其他迦毗罗哲学研究资料的玄奘外，三藏真谛没有了后继

---

① Скачков П. Е. Очерки истории русского китаеведения. М., 1977. С. 151.
② Скачков П. Е. Академик В. П. Васильев о П. И. Кафарове//Советское китаеведение. 1958. №4.

者，在中国佛教经典中也没有内容较之更加全面的书了。"① 外交部亚洲司收到这部译作后交安文公和比丘林评论。两位汉学权威给予了肯定的评价。1852年，该书稿通过了书报检查，但还是未能出版。1852年，他在《俄国驻北京传教团成员著作集》第一卷中发表了《佛陀传》。这是他正式发表的第一部佛教译作，所依据文献主要为《大藏经》中的资料。《佛陀传》发表后不久便被翻译成德文。接着在1855年问世的《俄国驻北京传教团成员著作集》第二卷中发表了《古代佛教史略》。巴拉第的这些佛教译作说明他的研究重点在佛教早期历史，致力于向俄国读者介绍中国佛教产生的历史、佛祖的生平和业绩以及佛教仪式。佛陀入灭百年前后，西方系统的长老比丘耶舍巡化至东方毗舍离，见跋耆族比丘收受信徒的金银供养，认为有违戒律，双方遂起争执，在毗舍离进行第二次结集，又名七百结集。在《古代佛教史略》中巴拉第认为，第二次结集的"主持者于会议结束时制定的规则后来成为信条，成为检验佛教世界新著作和新观点正确性和重要性的标准"，② 对佛教的发展产生了至关重要的影响。

在《俄国驻北京传教团成员著作集》出版后不久，俄国的主要报刊上就俄国的特别是巴拉第的佛教研究发表了数篇书评。休金在《国民教育部杂志》发表文章评论《古代佛教史略》，称"巴拉第神父在其学术论文中出色地介绍了佛教自佛祖圆寂至今所发生的所有变化……""我们不想赘述巴拉第神父的论著，因为这是古代印度宗教研究者的事情。我们只想说，这篇论述佛教流传的文章非常精彩，展示了作者的博学和睿智。毋庸置疑，在这篇文章之后还将有介绍释迦牟尼学说

---

① Хохлов А. Н. П. И. Кафаров: Жизнь и научная деятельность (Краткий биографический очерк)//П. И. Кафаров и его вклад в отечественное востоковедение: К 100 - летию со дня смерти. Материалы конференции. Ч. 1. М. ,1979.

② Абаева Л. Л. Замечания П. И. Кафарова о раннем буддизме и некоторые проблемы современной буддологии//П. И. Кафаров и его вклад в отечественное востоковедение: К 100 - летию со дня смерти. Материалы конференции/Отв. ред. и сост. А. Н. Хохлов. Ч. 3. М. ,1979.

的第三篇文章"。① 1854 年，一位署名"Д"的作者在《莫斯科人》杂志发表的文章中写道："《著作集》前两集中最重要的研究成果是关于佛教的。佛教是所有哲学研究者感兴趣的学说，对于俄罗斯人来说尤其重要，因为很多佛教徒就是俄罗斯臣民，是我们的同胞。许多作者在谈到卡尔梅克人时也论及他们所信奉的佛教，但那些信息都不够准确，都是可笑而贫乏的。在《著作集》中我们看到了在中国研究佛教文献的专家的论断：巴拉第神父的《佛陀传》和《古代佛教史略》以及固礼神父的《中国佛教徒的发愿受戒仪式》。对于科学而言，特别是对于俄国科学而言，这 3 篇大文章是非常重要的成果。在俄国，我们迄今（除了比丘林神父有关中国的著作）仅知道两种论述该问题的作品：一种是已故伊·施密特院士为百科辞典写的词条（第七卷中的《佛与佛教》）以及奥·科瓦列夫斯基教授的《佛教宇宙论》（喀山，1837 年）。"与此同时，评论人也对巴拉第等人的佛教著述提出了批评："伊·施密特和奥·科瓦列夫斯基根据蒙古文献研究佛教，巴拉第和固礼神父根据汉语文献研究佛教，因此，这些著作各有其价值，同时也带有片面的印记；我们只能从中了解到蒙古人或者汉人对这种学说的看法，而不是其实质。对这种信仰的产生和发展进行历史研究，还需要参考其他佛教文献，特别是梵文文献，就像布诺夫②的

---

① Хохлов А. Н. П. И. Кафаров: Жизнь и научная деятельность (Краткий биографический очерк)//П. И. Кафаров и его вклад в отечественное востоковедение: К 100-летию со дня смерти. Материалы конференции. Ч. 1. М. ,1979.

② Burnouf Eugène,1801—1852,法国佛学研究奠基人。1844 年出版《印度佛教史导论》，对佛传及佛教义理有独到见解，且对《般若经》《楞严经》《华严经》《金光明经》和《法华经》等大乘经典的内容作了提要分析，具有划时代意义。这种主要依据梵文佛典，并参考汉文与藏文的版本，采取分析抉择的方式，为西人研究佛学开创了一条新路。后来布诺夫又将《妙法莲华经》由梵文译成法文。由于他开研究佛学风气之先，故又有"欧洲佛学研究之父"的美名。——笔者注

《印度佛教史导论》。"① 这一论断在某种程度上预示了俄国佛学研究在王西里之后转而倚重梵文文献的趋向。

巴拉第的佛学著作同样引起了国际汉学界的关注。作为英国19世纪下半期最权威的佛教研究专家、曾经写过《释教正谬》和《中国佛教》等著作的艾约瑟博士在《北京信札》中认为，在驻京俄国传教团的作品中，巴拉第关于佛教的文章最值得深入研究。亚金甫、王西里，伊尔库茨克的一位主教，还有伊·施密特，都调查过佛教，但巴拉第对佛教哲学流派及各流派的差异和渊源所做的考察，其深度非上述诸人可比。②

以上佛教研究成果都是巴拉第在1846年奉召回国前完成的，以后陆续发表。实际上，从这次离华之时起，他已经彻底放弃了一度痴迷的佛教研究，而且再也没有回头。就连与他同住一室的好友王西里也不知道什么原因。③ 临行前，他将自己所有佛教译文手稿赠送给了王西里，可见其态度之坚决。一方面，从俄国传教团的性质考虑，不排除巴拉第是为了配合俄国侵略我国北疆地区转而研究蒙古学和东北地区的可能，另一方面，这一时期中国舆地学的兴起以及与何秋涛等人的交往对其学术兴趣的转移也可能发挥了某种影响。

巴拉第在其晚年又对中国的汉语伊斯兰教文献产生了兴趣。他在该领域一共发表了三部著作。第一部名为《中国的穆斯林》，1866年发表于《俄国驻北京传教团成员著作集》第四卷。文中概述了伊斯兰教传入中国的过程和发展历史，介绍了中国穆斯林的宗教和生活习俗，并对一些重要的民族学问题提出了自己的观点。他写道："将中

---

① Хохлов А. Н. П. И. Кафаров: Жизнь и научная деятельность (Краткий биографический очерк) // П. И. Кафаров и его вклад в отечественное востоковедение: К 100－летию со дня смерти. Материалы конференции. Ч. 1. М. ,1979.

② Panskaya, Ludmilla. Introduction to Palladii's Chinese literature of the Muslims. Canberra,1977. P. 32.

③ Скачков П. Е. Академик В. П. Васильев о П. И. Кафарове // Советское китаеведение. 1958. №4.

国的穆斯林称作鞑靼人是何其谬误,似乎所有的穆斯林都是鞑靼人。鞑靼人是突厥部落的一支,无论在起源上,还是在语言方面,都跟中国的穆斯林没有任何共同之处。中国穆斯林即便从前曾经受到过突厥部落的影响,但这种影响早已为中国大量的穆斯林居民所淹没,并且没有留下任何痕迹。"① 第二部著作是《伊斯兰教汉文文献——对中国伊斯兰教教徒刘介廉编汉文伊斯兰教文集〈御览至圣实录〉的编译》。在俄驻华公使馆医生贝勒的帮助下,这部译稿1877年发表于《俄国皇家考古学会东方部著作集》第十七卷。《御览至圣实录》实际上就是《天方至圣实录》,由清初回族学者刘智(介廉)所著,记述了穆罕默德一生62年间的大事,纲目体,按年编次,共20卷。此书于雍正二年(1724年)完成,是刘智的最后一部巨著。他在世时虽未刊印,但后来刻本很多,流传甚广,除俄文本外,还有英、法、日等几种文字的译本。巴拉第翻译此书是受圣彼得堡大学教授,著名东方学家格里高里耶夫之托,因为后者在为该书撰写的前言中留下这样一段说明:"1864年秋天,当巴拉第神父前往北京之际,我请他关注一下欧洲一无所知的中文伊斯兰教文献,向我们介绍一下中国穆斯林出版的著作内容。应我之请求,我们令人尊敬的汉学家寄来了面前正在付印的这部著作。"巴拉第首先介绍了《御览至圣实录》书名中"御览"两字的来历:"此书刊印于1785年,是从一位穆斯林处查抄到的,被当作坏书与其他书一起送进宫里,但后来发现没有问题,便退还给主人。书坊商人借机在书名前加上了'御览'二字。"巴拉第的翻译非常忠实原文,因为他认为:"圣书中句句圭臬,字字珠玑,不敢增删。我的注释和观点都附在文后。"② 巴拉第的第三部伊斯兰教

---

① Палладий(Кафаров П. И.). О магометанах в Китае//Труды членов Российской духовной миссии в Пекине. Т. 4. Пекин, 1910.
② Палладий (Кафаров П. И.). Китайская литература магометан: изложение содержания магометанского сочинения на китайском языке, под заглавием Юй Лань Чжи Шен Ши Лу(т. е. высочайше читанное жизнеописание Святейшего), составленного китайским мусульманом Лю-Цзе-Лянь Архимандрита Палладия Кафарова. Elibron Classics, 2001. С. 3 - 4.

著作是他的遗稿,书名还是《伊斯兰教汉文文献》,发表在《俄国皇家考古学会著作集》1887 年第十八卷上,共 334 页。这本书的手稿由 7 个笔记本构成,是中国主要伊斯兰教文献的译文,由尼阔赖神父于巴拉第死后在传教团档案中发现。其中只有《御览至圣实录》的译文已经在 1877 年发表。阿拉伯学家罗津(В. Р. Розен,1849—1908)和尼阔赖神父分别为该书撰写了前言和导论,回顾了这部书稿的发现历史并简要介绍了伊斯兰教文献,称巴拉第利用了当时仅有的 30 种汉文伊斯兰教文献中的 25 种,其中包括王岱舆(真回老人)的《正教真诠》《清真大学》和《希真正答》,张时中的《四篇要道》,马注所撰《清真指南》,马伯良的《教款捷要》,伍遵契的《归真要道》,张忻的《清真教考》,刘智的《天方性理》《天方典礼》《天方至圣实录》《五功释义》和《天方三字经》,余浩洲的《真功发微》,金北高的《清真释疑》,舍起灵的《归真必要》和《研真最语》,蓝煦的《天方正学》,以及作者佚名的《天方尔雅》《省迷真原》和《普批百条》等。1977 年,潘斯卡娅(Ludmilla Panskaya,1915—?)与莱斯利(Donald Daniel Leslie,1922—2022)共同对巴拉第的中国伊斯兰教著作进行了研究,在澳大利亚出版《巴拉第〈伊斯兰教汉文文献〉介绍》一书。作者介绍了俄国东正教驻北京传教团和巴拉第的生平,分析了他的中国伊斯兰教研究作品,翻译了罗津和尼阔赖所撰前言与导论,最后附有著作目录及注释。[①]

此外,巴拉第还对基督教传入中国的历史进行了研究。1872 年在《东方文集》第一卷发表了《基督教在中国的古老痕迹》。他在文中提供了大量有关祆教,摩尼教和犹太教的资料信息。在撰写该文过程中,巴拉第不仅参考了西欧学者的研究成果,而且利用了 29 种汉文书。但他仍然认为材料不足,无法就这一问题进行全面而系统的研究。伯希和在《中亚及远东基督教徒研究》一书中评价道:"巴拉第

---

① Panskaya,Ludmilla. Introduction to Palladii's Chinese literature of the Muslims. Canberra,1977. 参见高桂莲:《国外回族伊斯兰教研究概述》,《回族研究》1999 年第 4 期。

修士大司祭发现了《至顺镇江志》，当时被认为是无名氏之作，其实这是俞希鲁的作品。《至顺镇江志》中的记载多次印证了马可·波罗的叙述。"① 1875 年，巴拉第在《教务杂志》上用英文发表了《13 世纪蒙古与中国的基督教遗迹》，内容与 1872 年《东方文集》的俄文稿子多有重复，后来阿列克些在其《东方圣经史》中将巴拉第这一英文版本翻译成俄文发表。

2. 蒙元史和中西交通史研究

在中国蒙元史和中西交通史研究方面，巴拉第同样取得了重要成就。他对蒙古历史的研究至今为历史学家们所看重。特别是他对《元朝秘史》的翻译和研究，使他成为俄国蒙古历史研究的大家。《元朝秘史》又名《蒙古秘史》，是蒙古史传文学作品，成书于 1240 年，原文不传，作者佚名。传世的汉文音译本系明代火原洁、马沙懿黑二人翻译成汉语，后来收入《永乐大典》十二先元字韵之中，得以保存流传。清代张穆从《永乐大典》中抄出 15 卷《元朝秘史》的全部汉文总译，这部书在清末广泛流传，为众多学者所利用。19 世纪传入外国，先后被译为俄、德、日、法、土耳其、捷克等多种文字，各国学者撰写专著和论文，对这部中世纪游牧民族中罕见的古代典籍给予高度评价。俄译本《元朝秘史译注》（即《蒙古关于成吉思汗的古老传说》）发表于 1866 年《俄国驻北京传教团成员著作集》第四卷，译者为巴拉第，原文依据《永乐大典》中的汉译本。据霍赫洛夫研究，巴拉第所译《元朝秘史》文本为清代学者何秋涛于 1847 年所赠。② 巴拉第的译文准确、文笔优美，做了 660 条注释，并撰有前言，介绍了

---

① Pelliot Chrétiens d'Asie Centrale et d'Extréme Orient, T'oung Pao XV, 1914, P. 637. 转引自 Panskaya, Ludmilla. Introduction to Palladii's Chinese literature of the Muslims. Canberra, 1977. P. 34.

② Хохлов А. Н. П. И. Кафаров: Жизнь и научная деятельность (Краткий биографический очерк)//П. И. Кафаров и его вклад в отечественное востоковедение: К 100 – летию со дня смерти. Материалы конференции. Ч. 1. М. ,1979.

《元朝秘史》的成书历史以及万光泰、钱大昕、徐松、张穆和何秋涛等学者的校勘和研究工作。从前言中可以看出，巴拉第为翻译《元朝秘史》付出了艰辛的努力，他写道："在我将《元朝秘史》翻译为俄文的过程中，尽可能地忠实于原文。为了能够彻底理解文本，我运用了语文学以及其他一些力所能及的方法，与其说是为了弄清《元朝秘史》和其他传说是否一致，毋宁是要阐释其中所述事件的原委。"① 格里高里耶夫评论道："除了文中的晦涩和独到之处得到解释之外，注释中还包含了有关蒙古人这段古代历史的许多新信息。这些信息都是令人尊敬的译者从中国文献中获得的，而欧洲研究该问题的学者还没有利用过这些文献。这使注释具有了专著的意义，鉴于目前我们对于蒙古的认识水平，它应该是一部非常出色的专著。"②

此外，在1865年的书信中，巴拉第表示一直期望能获得翰林院的怪文本（汉字蒙古语本），曾委托俄国驻华公使予以协助，并希望将来由精通蒙古文的王西里继续研究。③ 我国学者道润梯步说："俄国僧正帕剌的兀思，居中国京师中，从连筠簃丛书得了《元朝秘史》，同治五年译成俄文出版了。其后，同治十一年，得十五卷明本，知其所译汉文本，为此蒙古文的摘译，此本已成为彼得堡大学的藏书。于是十五卷本《秘史》传播海外了。"④ 这样说来，巴拉第在1872年得到了汉字蒙古语本。后来，《永乐大典》在义和团运动中被焚毁，中国便没有了汉字蒙古语本。1934年，法国汉学家伯希和将苏联科学院

---

① Палладий (Кафаров П. И.). Старинное монгольское сказание о Чингис-хане (Юань-чао-ми-ши)//Труды членов Российской духовной миссии в Пекине. Т. 4. Пекин, 1910.
② Хохлов А. Н. П. И. Кафаров: Жизнь и научная деятельность (Краткий биографический очерк)//П. И. Кафаров и его вклад в отечественное востоковедение: К 100-летию со дня смерти. Материалы конференции. Ч. 1. М., 1979.
③ Хохлов А. Н. Кафаров и его эпистолярное наследие//П. И. Кафаров и его вклад в отечественное востоковедение: К 100-летию со дня смерти. Материалы конференции/Отв. ред. и сост. А. Н. Хохлов. Ч. 2. М., 1979.
④ 道润梯步：《新译简注〈蒙古秘史〉》，内蒙古人民出版社，1979年，第5页。

所藏的《元朝秘史》影印本赠给了当时的北平图书馆,我国著名历史学家陈垣先生1934年发表文章对其进行了考证,断定此本是由巴拉第于1872年从北京得到并带回俄国的。① 实际情况是,1876—1878年间波兹德涅耶夫在中国考察时曾在北京停留,巴拉第将自己收藏的《元朝秘史》汉字蒙古文本交给了波氏。波兹德涅耶夫按照巴拉第的嘱托将《元朝秘史》带回圣彼得堡,交给了圣彼得堡大学图书馆。关于这一点,巴拉第在其给格里高里耶夫的信中留下了记录:"利用这位蒙古学家在这里的机会,我立刻将蒙古文注音本交给了他。我很高兴把书交到一个行家手中。"②

《元朝秘史译注》受到后世国内外学者的高度重视。苏联科学院通讯院士雅库鲍夫斯基指出:"如果谈到《元朝秘史》及其这部历史文献对别列津③所产生的影响,不能不想起巴拉第·卡法罗夫所翻译的成吉思汗时期蒙古历史所起的作用。他继承了亚金甫·比丘林的传统,树立了科学工作的典范,其价值至今尚存。他的《元朝秘史》不是由他所不知的蒙古原文翻译而来,而是译自汉语的《元朝秘史》。"④ 他的译文在将近80年的时间里丰富了好几代历史学家的知识,与波斯(今伊朗)史学家拉希德丁(Rashid ad‑Din,1247—1318)的著作以及中国历史典籍《通鉴纲目》共同成为俄国蒙古王朝起源研究的基本文献。《伯希和遗稿丛刊》中对巴拉第翻译的《蒙古

---

① 陈垣:《元秘史译音用字考》,《陈垣学术论文集》第二集,中华书局,1982年,第108—109页。另外,蒙库耶夫认为伯希和向北平图书馆赠送列宁格勒藏《元朝秘史》影印本是在1933年。参见 Мункуев Н. Ц. П. И. Кафаров и некоторые проблемы изучения《Тайной истории монголов》// П. И. Кафаров и его вклад в отечественное востоковедение: К 100‑летию со дня смерти. Материалы конференции. Ч. 2. М. ,1979.

② Хохлов А. Н. Кафаров и его эпистолярное наследие// П. И. Кафаров и его вклад в отечественное востоковедение: К 100‑летию со дня смерти. Материалы конференции/Отв. ред. и сост. А. Н. Хохлов. Ч. 2. М. ,1979.

③ И. Н. Березин,1818—1896。——笔者注

④ Якубовский А. Ю. Из истории изучения монголов периода XI‑XIII вв. //Очерки по истории русского востоковедения. М. ,1953.

秘史》也赞叹不已："这部直至窝阔台统治时期的编年史，在14世纪下半叶就已被译成通俗汉语，伟大的俄国汉学家巴拉第的全译本也有50年历史了，但霍渥士①直到巴拉第的译本出版后才知道有这部编年史，而伯劳舍②先生根本就不知道此书的存在。巴拉第还指出，蒙古文的《元朝秘史》有好几种中文抄本（而非译本）传世。"③美国哈佛大学蒙古学家柯立甫（Francis Woodman Cleaves，1911—1995）在其所译英文版《蒙古秘史》前言开头说："1866年，大主教鲍乃迪在《俄国北京东正教会教士作品集》中以《关于成吉思汗的古代蒙古传说》为标题，发表了《元朝秘史》汉字总译的俄译文，这项工作为西方《蒙古秘史》的一系列研究奠定了基础。鲍乃迪对蒙文《蒙古秘史》汉字总译本的流传做过经典性论述，其某些方面后来为洪煨莲《〈蒙古秘史〉流传考》一文所增补或取代。关于蒙古文原文汉字音译本的流传情况，鲍乃迪没有论述。"④当今俄罗斯蒙古史专家们认为巴拉第翻译的《蒙古秘史》即使在译自蒙古文的译本出版后依然不失其科学价值。在巴拉第之后，苏联著名蒙古学家科津（С. А. Козин，1879—1956）于1941年发表了译自蒙古文的译本。1962年，潘克福影印出版了汉文版的《元朝秘史》并写了序言。

巴拉第的第二部蒙古学译作是译自《皇元圣武亲征录》的《中国关于成吉思汗的古老传说》，1877年发表在《东方文集》上。《皇元圣武亲征录》又名《元亲征录》《元圣武亲征录》《圣武亲征录》，不著撰人姓氏。这是一部已经失传的蒙古文史籍，现仅有译自蒙古语的汉语译本存世。全书由两大部分组成，一部分叙述成吉思汗通过征战

---

① H. H. Howorth，1842—1926，英国著名蒙元史研究专家，曾利用欧洲前人著作，穷数十年之功，撰写出《9至19世纪蒙古史》四卷。——笔者注
② E. Blochet，1870—1937，法国东方学家，著有《拉施都丁蒙古史导论》，刊有《史集》第二卷波斯原文校勘本（1911年）。——笔者注
③ Panskaya, Ludmilla. Introduction to Palladii's Chinese literature of the Muslims. Canberra, 1977. P. 33.
④ F. W. 柯立甫著:《〈蒙古秘史〉英译本前言》，于默颖编译，《蒙古学信息》1997年第2期。

将蒙古诸部联合在统一政权之下而称大汗的历史,另一部分描写成吉思汗和窝阔台对外征讨,主要是征金、南宋的历史。巴拉第是第一个对其进行研究的欧洲人。巴拉第译文所依据的原稿《皇元圣武亲征录》抄本原属于何秋涛,后者花 10 年时间进行研究,但因缺乏资金而无法刊印。巴拉第从何秋涛处得到了这部抄本,翻译成俄语并加了注释。他写道:"何秋涛研究了数年,依然无法彻底解释清楚……他本来计划刊印校注过的《亲征录》,但作为一个穷书生,他积聚不到足够的印刷资金。在我行将离开北京之际,我从何秋涛处获得了他亲手抄录并校勘过的《亲征录》。"① 巴拉第将《元朝秘史》书名俄译为《蒙古关于成吉思汗的古老传说》,而将《皇元圣武亲征录》俄译为《中国关于成吉思汗的古老传说》,证明其对蒙古早期历史研究、特别是成吉思汗崛起问题的重视,显示他将这两部文献视为实现其研究目标的"双璧"。

　　巴拉第的第三部蒙古学译作是《长春真人西游记译注》,发表于 1866 年《俄国驻北京传教团成员著作集》第四卷。这部书记述丘处机应成吉思汗之召,于元太祖十五年至十九年(1220—1224)西域途中的见闻,作者为随行弟子李志常。该书分上、下两卷,上卷述丘处机西游经历,下卷述丘处机讲道及东归住持天长观事。卷前收录丘处机挚友孙锡所作《长春真人西游记·序》,卷后为附录,收成吉思汗致丘处机的诏书、圣旨,燕京行尚书省石抹公谨请丘处机住持天长观的奏疏,侍行门人十八弟子和蒙古护持四人之名录。《长春真人西游记》是研究丘处机及全真道的重要著述,也是我国 13 世纪上半叶的一部重要的中西交通史文献。此书可与晋代法显的《佛国记》、唐代玄奘的《大唐西域记》相媲美,对研究元史、西域史、地理、民俗等均有参考价值,在世界中世纪的地理游记中,也占有重要地位。在译本前言中,巴拉第介绍了全真教的起源和教义,叙述了丘处机拜见成

---

① Мункуев Н. Ц. П. И. Кафаров и некоторые проблемы изучения《Тайной истории монголов》//П. И. Кафаров и его вклад в отечественное востоковедение: К 100-летию со дня смерти. Материалы конференции. Ч. 2. М. ,1979.

第四章　19世纪下半期到十月革命前：俄国汉学之发展 | 389

吉思汗的缘由、《长春真人西游记》的成书历史以及文本的真伪问题。他所做的有150页之多的600条注释，反映了他对这部游记的研究心得。格里高里耶夫高度评价了巴拉第所做的注释："……巴拉第神父基于对道教的专门研究而为《长春真人西游记》所做的注释，显然是任何一位西欧汉学家都无力完成的工作。"① 在巴拉第之前，只有钱大昕等少数学者对这部重要的史籍有所关注。而巴拉第则成为"第一个将这部重要的13世纪蒙古历史文献介绍到俄国和欧洲的学者"。② 他说他之所以要将这部著作翻译成俄文，是因为"长春真人不仅是一位旅行家，而且彻底领悟了道家学说，同时像大多数有学问的道士以及所有的文人一样是一位诗人"。他对中国文人忽略佛道思想研究感到非常遗憾："令人惊讶的是，近来热衷于搜寻古老典籍的中国学者没有注意到《道藏辑要》这部书。迄今为止，道家和佛教著作研究在中国还是儒生未曾涉足的领域。中国学术的局限性已经达到这种程度。"③ 在巴拉第之后，俄国公使馆医生贝勒博士又将《长春真人西游记》翻译成了英文，但在内容上多有删节，而且参考了巴拉第的译本。而后，英国的韦利（Arthur Waley, 1889—1966）在1931年也翻译了这部典籍，但将原本中长春真人所著的诗都删去了。据蒙库耶夫研究，"巴拉第的译本是目前世界上唯一的《长春真人西游记》全译本。尽管需要根据最新的汉学和蒙古学研究成就加以修订和补充，但

---

① Хохлов А. Н. П. И. Кафаров: Жизнь и научная деятельность (Краткий биографический очерк)//П. И. Кафаров и его вклад в отечественное востоковедение: К 100-летию со дня смерти. Материалы конференции. Ч. 1. М. ,1979.

② Мункуев Н. Ц. П. И. Кафаров и некоторые проблемы изучения《Тайной истории монголов》//П. И. Кафаров и его вклад в отечественное востоковедение: К 100-летию со дня смерти. Материалы конференции. Ч. 2. М. ,1979.

③ Палладий(Кафаров П. И.). Си ю цзи, или описание путешествия на Запад// Труды членов Российской духовной миссии в Пекине. Т. 4. Пекин,1910.

依然不失其价值"。① 伯希和再次对巴拉第表示了钦佩："巴拉第善于把握重要的历史材料，他翻译的全本《长春真人西游记》于 1866 年出版。之后，贝勒在其《基于东亚史料的中世纪研究》中也给出了此书的一个译本，但他的译本不如巴拉第的译本全面，在很大程度上，他的译本与其说是从中文译出的，毋宁说是从俄文译出的。"② 中国学者陈开科 2004 年撰文就近代诸家所记《长春真人西游记》的发现经过、外译历史及版本以及巴拉第译本特点等问题进行了详尽的分析，有益于帮助我们深刻认识这位汉学巨匠的学术成就。③

巴拉第的蒙古早期历史翻译与研究得到了中国学者的肯定："这个时期在蒙元史史料研究方面贡献最大的当推汉学家卡法罗夫·巴拉第神甫……他将极其重要的三部蒙元史汉文史料译成了俄文。"④

巴拉第的另外一部蒙古学译作是《中国人张德辉在 13 世纪上半叶的蒙古游记》，发表在《俄国皇家地理学会西伯利亚分会论丛》1867 年第 9—10 卷上。张德辉，字耀卿，金末为御史台掾。元定宗二年（1247 年），忽必烈（世祖）召见，进讲儒术，推荐儒士。元宪宗二年（1252 年），又与元好问觐见忽必烈，请求黜免儒户兵赋。忽必烈即帝位，为河东宣抚使，迁东平路宣慰使。至元三年（1266 年）参议中书省事。巴拉第的这篇译文译自张德辉应召赴漠北的《纪行》并加了注释。

1869 年，俄国皇家地理学会请求圣务院允许派遣巴拉第前往南乌苏里江地区进行民族学考察。他从北京出发，经过东北地区到达海兰泡，然后沿黑龙江顺流而下，又溯乌苏里江而上，到达南乌苏里地区。

---

① Мункуев Н. Ц. П. И. Кафаров и некоторые проблемы изучения《Тайной истории монголов》//П. И. Кафаров и его вклад в отечественное востоковедение: К 100-летию со дня смерти. Материалы конференции. Ч. 2. М.，1979.

② Panskaya, Ludmilla. Introduction to Palladii's Chinese literature of the Muslims. Canberra, 1977. P. 33 – 34.

③ 陈开科：《浅析巴拉第·卡法罗夫译注〈长春真人西游记〉》，《中俄关系的历史与现实》，河南大学出版社，2004 年。

④ 白寿彝总主编：《中国通史》第十三册，上海人民出版社，2015 年，第 135 页。

他在那里一共待了一年的时间，其间向俄国皇家地理学会寄回了大量报告，在《俄国皇家地理学会公报》1871 年第 7 卷第 2、3、6、7 册上发表了《南乌苏里地区的民族学考察（修士大司祭巴拉第书信）》。1873 年 1 月 17 日，俄国皇家地理学会决定授予巴拉第小金质奖章，以表彰他在学会出版物上发表的有关中国民俗与地理内容的文章。

1872 年，巴拉第在《东方文集》第一卷上发表了《14 世纪在中国的俄国俘虏》一文，介绍了元朝时期被蒙古大军从罗斯掳到中国的罗斯人的情况，追述了中俄两国的最初交往。这篇文章是巴拉第阅读了《元史》后写成的。《元史》记载了俄国人的消息，如"辛未，置宣忠扈卫亲军都万户府，秩正三品，总斡罗思军士，隶枢密院"等。这些记载曾经令俄国学术界大为惊讶，并对中国史籍的价值深感钦佩。1894 年，《活的古代》杂志发表了巴拉第《14 世纪前半期在中国的俄国移民》一文。他写道："总的来说，与其他民族相比，中国人不大防备俄国人。应该指出的是，两国不仅存在地理上的关系，而且也存在历史的联系，很久以前，俄罗斯的灵魂就在天朝帝国游荡……在令我们痛苦的蒙古统治时期，俄罗斯人的名字就已经出现。俄国和俄国人在蒙古统治时期的中国被称之为斡罗思、阿罗思、斡罗斯，有时叫兀鲁思。"① 1902 年，《俄国皇家考古学会公报》第 38 卷上发表了巴拉第的文章《修士大司祭巴拉第评马可·波罗的华北之行》。

此外，作为俄国皇家地理学会的成员，巴拉第密切关注中国舆地学者的研究成果，并及时寄回书评。他以《中国新著》为文章名称，以"北京通讯员（Пек. Kopp.）"为署名，在《俄国皇家地理学会通报》上发表一系列文章。1868 年发表文章介绍了俞浩的《西域考古录》、张穆的《蒙古游牧记》以及斌椿访俄随想诗作。1872 年又发表了《乌鲁木齐（中国流放官员笔记）》，评述董恂所辑《江北运程》，1873 年著文分析宋潜说友纂修的《咸淳临安志》和清毛祥麟所撰之《墨余录》。

1848 年，在筹组第十三届传教团来华期间，受俄国外交部亚洲司

---

① Вершинский А. Стража императора Китая//Техника-молодежи. 1994. №4.

指示，巴拉第译了清代著名思想家魏源所著的《圣武记》，但直到1907年才在北京刊印。① 俄国外交部对此书之所以重视，主要是因为其中论及了俄罗斯，如"康熙乾隆俄罗斯盟聘记""雍正两征厄鲁特记"等卷。不仅如此，俄国外交部认为在这部书中，中国人眼中的俄罗斯形象发生了根本的改变，正如1844年，佟正笏在给亚洲司的信中所称"此书对于我们很有意义，因为这几乎是中国人第一次在书中将俄罗斯看作是一个与中国完全平等的大国"。② 另外，在巴拉第的手稿中还有不少清代学者著作的译文。他曾经摘译了由清代名臣徐继畬所著并被誉为晚清第一部介绍西方各国历史地理情况的著作《瀛环志略》以及由璧昌所著之《守边辑要》。1850年，巴拉第在《俄国皇家地理学会普通地理学论丛》上发表《中国及其属地的商路》，1857年在《俄国驻北京传教团成员著作集》第三卷中发表《天津和上海间的海运》，显现了他对于地理学及中国商道的兴趣。

巴拉第虽然是国际蒙元史研究的先行者，但由于其作品都用俄文发表，因此在国际汉学界的影响远不及与他同时代的俄国驻华公使馆医生贝勒。贝勒研究蒙元历史的兴趣源自英国汉学家玉尔（Henry Yule，1820—1889）的《契丹及通往契丹之路》和《马可·波罗书》两部著作，于1888年辑成《基于东亚史料的中世纪研究》，其中收录了他翻译的耶律楚材的《西游录》、乌古孙仲端的《北使记》《长春真人西游记》《常德西使记》《辽史·天祚帝本纪附耶律大石传》《元史·耶律希亮传》等，引起西方世界关注，名噪一时。③

---

① Палладий(Кафаров П. И.). Извлечения из китайской книги: Шен - ву - цзи // Известия братства православной церкви в Китае. 1907. № 52 - 53.

② Хохлов А. Н. П. И. Кафаров: Жизнь и научная деятельность (Краткий биографический очерк) // П. И. Кафаров и его вклад в отечественное востоковедение: К 100 - летию со дня смерти. Материалы конференции. Ч. 1. М., 1979.

③ Bretschneider, Emil. Medieval researches from Eastern Asiatic sources Fragments towards the knowledge of the geography and history of Central and Western Asia, from the 13th to the 17th century. London: 1888.

3. 编纂辞典

俄国正式出版的第一部汉俄双语词典应该是王西里于19世纪60年代出于教学需要所著的《汉字笔画系统——首部汉俄词典试编》。这部词典以王西里独创的笔画体系以及语音体系而闻名于世，并为俄国的汉语教育做出了巨大贡献。但是，对于日益深化的国际汉学研究以及培养高层次人才而言，王西里的词典无论在词汇量还是在信息量上都已不能满足需求。作为在中国居留时间最长并对中国历史文化有着深刻研究的巴拉第显然意识到了这一点，他将自己生命的最后时光用来编写一部内容尽可能完备的大型汉俄辞书。从1871年起，也就是在完成南乌苏里地区考察回到北京之后，巴拉第开始编写《汉俄合璧韵编》，并为此付出了7年多的心血。在编写过程中，巴拉第参考了《康熙字典》《正字通》《诗韵音义注》《韵综》《佩文韵府》《骈字类编》《谐声品字笺》和《字贯》等中国辞书，同时还使用了安文公和公神甫的字典手稿。可惜的是，他生前终究未能完成这项巨大的工程，就客死马赛了，手稿留在了北京。他曾在一封写给朋友的信中说："我的健康很糟糕，看来今年是完不成辞典了；如果能够完成，而且上帝能让我的身体得到一些康复，我将把它带往欧洲，那里会更方便出版这类东西。而且，那里认识我的人很多。"[①]《汉俄合璧韵编》的手稿由法剌韦昂花了一年时间加以抄写誊录，最后由柏百福完成编纂并出版。在出版过程中得到了前俄驻华公使倭良嘎哩（А. Е. Влангали）以及外交部亚洲司司长季诺维耶夫（И. А. Зиновьев，1835—1917）的鼎力协助。沙皇亚历山大三世（Александр III，1845—1894）为在北京出版《汉俄合璧韵编》拨了专款。柏百福是王西里的弟子，1870年从圣彼得堡大学毕业后被分配到俄国外交部亚洲司工作。1886年起担任俄国驻北京总领事。他得到了巴拉第留在北京的辞典手稿，加以补充和完善，最后于1888年由北京同文馆出版了两卷本的《汉俄合璧韵编》。柏百福为这部辞典的出版付出了6年的辛劳。然而，他对

---

① Скачков П. Е. Очерки истории русского китаеведения. М.，1977. С. 178.

辞典进行的"补充"也招致不少非议，有人认为他损害了辞典的原貌。柏百福的老师、俄国汉学巨匠王西里院士在得知柏百福没有依照他发明的笔画原则排列字词后，感到非常惋惜。阿理克院士也认为柏百福的"补译"是不成功的，建议辞典再版时"用特殊的字体印刷巴拉第完成的部分，以免与柏百福的那部分混淆"。① 但是，假如没有柏百福的努力，巴拉第的辞典也许会永远停留在手稿状态，那将是俄国汉学的重大损失，这已成为大部分俄国汉学研究者的共识。

辞典封面上写："汉俄合璧韵编。掌院修士巴第遗编，象胥上士柏百福补译。素餐垫人李寿轩、金台业儒甄云甫参校。北京同文馆排印。"分上、下两卷，1300余页，由前言、正文和偏旁索引三部分组成。柏百福在前言中简要介绍了巴拉第的生平以及著作。正文收录11868个汉字，按照俄语字母表依韵排列，最后附有检字表、部首表以及繁难字检字表。这是俄国历史上为数不多的正式出版辞典之一，同时也是俄国在中国境内印刷的第一部大型汉俄辞典。

辞典中的词组搭配选例非常丰富，比如在"天"字下列举了天子、天王、天家、天颜、天辟、天朝、天禁、天阙、天诰、天旨、天诏、天浮、天苑、天使、天下、天然、天性、天象、天体、天时、天年、天高、天眼、天耳、天父、天地、天狗、天猪、天牛、天羊、天鼠、天道、天命、天运、天化、天符、天数、天德、天常、天伦、天情、天至、天民、天人、天帝、天醉、天君、天书、天籙、天篆、天隙、天府、天师、天堃、天灶、天妖、天裂、天开、天台、天真、天竺、天穿、天表、盖天、浑天、瓮天、皇天、长天、云天、昊天、金天、西天、晴天、先天、后天、补天、通天、冰天、配天、祭天、享天、参天、戾天、民天、所天、则天、承天、经天、昕天、洞天、在天、叩天、木天、谈天、漏天、诸天、二天、四天、六天、九天、回天、晓天、听天、应天、占天、着天、凉天、青天、上天、钧天、景天、形天、窥天、冲天、周天、弥天、圣天、敬天、旻天、苍天、普

---

① Алексеев В. М. О роли русской китаистики XIX в. в лексикографии // Краткие сообщения Института востоковедения АН СССР. 1956. №18.

第四章　19世纪下半期到十月革命前：俄国汉学之发展 | 395

天、江天、水天、法天、光天、尧天、统天、御天、体天、畏天、顺天、事天、瞻天、靓天、擎天、格天、戴天、簫天、扪天、方天、真天、神天、黄天、衣天、绿天、黑天、移天、不天、天炊象、天门开、天开眼、圣天子、告天子、叫天子、绍天明、见天日、眇天末、游天房、平天下、小有天、宗动天、恒星天、西梵天、大罗天、兜率天、酒色天、二八天、焰摩天、三战天、大西天、小西天、尺五天、离恨天、天地长子、天行地止、天长地久、浮天载地、父天母地、无天无地、有天无日、青天白日、参天贰地、射天笞地、踢天踏地、指天誓日、九执大天、二十诸天、二十八天、上大罗天、文虹竟天、洒酒祭天、白日经天、弓矢三天、物畏其天、色究竟天、天地君亲师，共 196 个词组。再如，辞典在"道"字下列举了道德、道泰、道检、道理、道人、道家、道民、道士、道官、道路、道途、天道、地道、九道、黄道、同道、赤道、祖道、孔道、甬道、複道、午道、交道、峤道、弛道、间道、栈道、阁道、活道、清道、唱道、除道、科道、董道、发道、乱道、左道、邪道、东道、外道、入道、大道、莊道、神道、顺道、六道、不道、周道、古道、通道、远道、长道、夹道、假道、避道、北道、鸟道、既道、乾道、坤道、志道、考道、常道、善道、直道、要道、守道、修道、望道、闻道、危道、当道、学道、论道、乐道、悟道、世道、行道、问道、霸道、说道、法道、上道、下道、微道、他道、违道、失道、权道、漫道、漫道、火道、步道、不道人、子午道、内道口、外道口、龙尾道、黄道吉日、王道吉日、有道之家、有道之士、火居道士、作舍道傍、再作道理，共 105 个词组。从这两个例子不难看出这部辞典收录词汇之丰富，同时也能够发现，巴拉第所收词汇多为书面语，有的甚至非常冷僻，日常口语词汇微乎其微。阿理克说："由巴拉第和柏百福编写的词典收录了汉语中最艰深的字，连参加过考试的举子都不能尽知，却忽略了一些'普通'词汇，认为不应将其收入词典。"[①] 巴拉第的目的显然不是要编

[①] ［俄］阿列克谢耶夫著：《1907 年中国纪行》，阎国栋译，云南人民出版社，2001 年，第 25 页。

普通的汉语学习工具书，而是竭力要使其成为一部"学术辞书"或"中国文化百科全书"。

此外，在词条的释义上，该辞典与普通词典有很大不同。巴拉第发平生之所学，尽可能地在词汇本义之外提供详尽的中国历史、地理、宗教、哲学、文学、艺术、民俗等方面的知识。他希望《汉俄合璧韵编》能够表达他对中国各方面的看法，应该容纳有关中国的各种知识，重点解释中国哲学和宗教方面的问题，从而赋予其中国文化百科全书的性质。1877年他在写给奥斯丁—萨肯（Ф. Р. Остен-Сакен，1832—1916）男爵的信中这样写道："也许我的想法并不明智，要赋予辞典百科性质，即融合有关中国的各种知识，特别要透彻反映哲学和宗教体系。"[1] 为了更好地说明《汉俄合璧韵编》词条的释义特点，我们不妨再从中摘取两个例子。比如"虎"字，巴拉第的俄文释义是："虎，山中之王。由于脖子短粗而无法立即掉头，因此与之在曲折之处相遇并不危险。虎不吃醉酒之人，而是等其苏醒后再进攻。虎是三、四品武官的图案。"[2] 再如"人"字："人。相传泥捏而成。其理性超越天地。佛教认为人在三个方面超过天神，一是能够修行，二是可以记住过去，三是能够完善道德。其四肢对应四时，五脏对应五行，九窍对应九解，三百六十六节象征三百六十六日。"[3] 对于诸如"天""道""佛"等宗教哲学词汇的解释，更是洋洋洒洒千言，宛如一篇篇信息丰富、观点鲜明的学术论文。

这部巨著的出版成为俄国汉学界乃至国际汉学界的一件大事。时任同文馆总教习的美国著名汉学家丁韪良（W. A. Martin，1827—1916）不仅为在同文馆印刷辞典提供积极协助，而且在1889年8月

---

[1] Хохлов А. Н. Кафаров и его эпистолярное наследие//П. И. Кафаров и его вклад в отечественное востоковедение: К 100 - летию со дня смерти. Материалы конференции/Отв. ред. и сост. А. Н. Хохлов. Ч. 2. М. , 1979.

[2] Палладий(Кафаров П. И.) и Попов П. С. Китайско-русский словарь. Т. 1 - 2. Пекин, 1888. С. 117.

[3] Палладий(Кафаров П. И.) и Попов П. С. Китайско-русский словарь. Т. 1 - 2. Пекин, 1888. С. 228.

10 日的《中国时报》发表书评《巴拉第和柏百福的辞典》。他写道："今年俄罗斯汉学史上产生了一部杰出的作品。该辞典的第一作者是一位著名学者，他将自己科学研究生命的最后 8 年奉献给了它的编写……尽管辞典一般都有过时的时候，但这一部在短时间内不会被超越和遗忘。"① 这部辞典在 19 世纪末享誉欧洲，成为各国汉学家重要的研究工具书之一。法国汉学家"沙畹对巴拉第·卡法罗夫编写的词典给予了高度评价，当中国的词典也不能提供帮助时，卡氏的词典经常是'最终的论据'"。② 阿理克在巴黎学习时发现，伯希和甚至要求法兰西学院的学生认真学习俄语，目的只是为了能够使用巴拉第的辞典。在伯希和眼里，巴拉第是 19 世纪最杰出的汉学家，其辞典当然也是最棒的。伯希和非常尊敬、欣赏巴拉第，他为此经常在著述中批评某些不合格的俄国学者，说他们忘记了俄罗斯是巴拉第的祖国，应以此鞭策自己不断进步。③ 20 世纪专门研究俄国汉语研究史的谢缅纳斯写道："当其他辞典（包括中国的详解词典《辞海》）难以对阅读历史文献有所帮助时，囊括了丰富信息的《汉俄合璧韵编》的百科性质使之成为无可替代的帮手。""巴拉第辞典无论在材料的丰富性还是在词条的专业性上都远远超过了与其同时代的翟理斯和顾赛芬④词典。"⑤

4. 编辑出版《俄国驻北京传教团成员著作集》

巴拉第担任第十三届和第十五届传教团领班时，倡议、组织并编

---

① W. A. P. M. Palladius and Popoff's Dictionary, The Chinese Times, Aug. 10th, 1889.

② [俄]阿列克谢耶夫著:《1907 年中国纪行》，阎国栋译，云南人民出版社，2001 年，第 274 页。

③ Panskaya, Ludmilla. Introduction to Palladii's Chinese literature of the Muslims. Canberra, 1977. P. 36.

④ F. Séraphin Couvreur(1835—1919)，法国汉学家。——笔者注

⑤ Семенас А. Л. П. И. Кафаров как лексикограф//П. И. Кафаров и его вклад в отечественное востоковедение: К 100 - летию со дня смерти. Материалы конференции/Отв. ред. и сост. А. Н. Хохлов. Ч. 1. М. ,1979.

辑出版了一部在国际汉学界产生广泛影响的集刊——《俄国驻北京传教团成员著作集》，全书共 4 卷，在圣彼得堡印行。第一卷出版于 1852 年，刊登了 5 篇文章，分别是：戈尔斯基的《满洲王朝的肇始与最初业绩》和《当今中国清王朝始祖和满族民族名称的由来》、杂哈劳的《中国人口历史评述》、戈什克维奇的《中国人脂粉调制方法》、巴拉第的《佛陀传》。1855 年出版第二卷，所刊 6 篇文章为：杂哈劳的《中国的土地所有制》、巴拉第的《古代佛教史略》、戈什克维奇的《论中国算盘》、固礼的《中国佛教徒的发愿受戒仪式》、明常（А. А. Татаринов，1817—1876）① 的《中医》、奥沃多夫（Илларион Оводов，1827—1857）的《中国与西藏关系史概论》。第三卷于 1857 年出版，篇目有：晃明（М. Д. Храповицкий，1816—1860）② 的《明朝灭亡大事记》、茨维特科夫（Петр Цветков，? —1855）的《中国制盐业之我见》③、戈什克维奇的《山药（土豆）栽培》和《御膳用香（早熟）稻米》、明常的《中国麻醉术及水疗法评介》、茨维特科夫的《一个中国人关于长崎的札记》《关于中国的基督教》④《7 世纪景教碑》和《中国人的家庭礼仪》⑤、巴拉第的《天津和上海间的海运》、戈什克维奇的《香港》和《养蚕》、茨维特科夫的《论道教》、叶夫拉姆比（Евлампий，1822— ?）的《军机处关于纸币的奏折》14 篇。第四卷于 1866 年出版，所刊 3 篇文章全部出自巴拉第之笔，有《元朝秘史译注》《长春真人西游记译注》和《中国的穆斯林》。不过，有研究者证明，第四卷的编辑者是王西里，而非巴拉第。⑥

这部集刊的意义在于它是俄国十月革命以前第一本汉学连续出版

---

① 汉语音译为"塔塔里诺夫"，汉名为"明常"，中国史籍中也称"明长""他他哩纳甫"或"他他哩诺幅"。
② 汉语音译为"赫拉波维茨基"，汉名为"晃明"。
③ 根据《户部则例》《两淮盐法志》、李兆洛《皇朝经世文典》撰成。
④ 根据魏源《海国图志》撰成。
⑤ 根据《文公家礼》撰成。
⑥ Скачков П. Е. Очерки истории русского китаеведения. М. ,1977. С. 170.

物，所刊文章极具科学价值。德国人卡尔·阿伯尔（Car Abel）和阿·梅克伦堡（F. A. Mecklenburg）将前3卷译成德文，编成两卷，一卷为文章，另一卷为插图，于1858年在柏林出版。特别是叶夫拉姆比的《军机处关于纸币的奏折》近年来又引起了我国学者的注意，原因是该文所论述的是清朝主管钱法堂的户部右侍郎王茂荫的一份奏折，而马克思在《资本论》中引用过俄国汉学家的这篇作品。实际上，早在1989年蔡鸿生先生就已经在《历史研究》第4期上发表的《俄罗斯馆与〈资本论〉中的王茂荫》一文中进行了缜密的考证。王茂荫在奏折中疏论钞法利病，倡导实行币制改革，建议发行纸币并缓和货币危机。他认为发行纸币利大于弊。从前多认为叶夫拉姆比翻译了王茂荫的两份奏折，即咸丰元年九月初二的《条议钞法折》以及咸丰四年三月初五的《再议钞法折》。笔者查对原文，发现叶夫拉姆比的文章并非纯粹的译文，而是论文，论题便是王茂荫于咸丰四年三月初五所上之《再议钞法折》。①作者在文章开头即全文征引了咸丰皇帝于同日发给户部的谕旨，对王茂荫只关心商人利益，而不顾及国家利益的做法大加斥责："王茂荫由户部司员，经朕荐擢侍郎，宜如何筹记万全，乃于钞法初行之时，先不能和衷共济，只知以专利商贾之词，率行渎奏，竟置国事于不问，殊属不知大体。复自请严议，以谢天下，尤属胆大。设使朕将伊罢斥，转得身后指使，百计阻挠，如是欺罔，岂能逃朕洞鉴耶？著恭亲王奕䜣，亲王衔定郡王载铨严行审议具奏。"②接着作者翻译了王茂荫的《再议钞法折》，起首为"向来钞法，唐、宋之飞钱、交子、会子，皆有实以运之。元废银钱不用而专用钞，上下通行，为能以虚运实。明专以虚责民，以实归上，势遂不行。巨元年所奏，皆以实运虚之法。今时势所迫，前法不行，议者虽专于受钞时设法，然京师放多收少，军营有放无收，直省州县有收无放，非有商人运于其间，则皆不行。非与商人以可运之方、能运之利，亦仍不能行"。随后，叶夫拉姆比将王茂荫提出的4条改革措施

---

① 王茂荫：《王侍郎奏议》卷六，清光绪间刻本。
② 《清文宗实录》卷一百二十三，咸丰四年三月丁未。

(钱钞可兑换现钱，银票可以兑换白银，商号可以用宝钞兑换白银，允十典当行业交易出入搭用宝钞）分而译出，介绍了军机处对每一条意见的反应。① 叶夫拉姆比的这篇文章引起了马克思的注意，他在《资本论》的一条注释中写道："清朝户部右侍郎王茂荫向天子［咸丰］上了一个奏折，主张暗将官票宝钞改为可兑现的钞票。在1854年4月的大臣审议报告中，他受到严厉申斥。他是否因此受到笞刑，不得而知。审议报告最后说：'臣等详阅所奏……所论专利商而不便于国。'（《帝俄驻北京公使馆②关于中国的著述》，卡·阿贝尔博士和弗·阿·梅克伦堡译自俄文，1858年柏林版第1卷第47页及以下几页）。"③ 王茂荫因此而成为马克思在《资本论》中提到的唯一中国人。

这部集刊出版后即在俄国引起了一定反响。一位匿名作者在《莫斯科人》杂志1853年第21期和1854年第11期上撰文对驻中国传教士们的著作进行了评论。作者特别推崇巴拉第所著的《佛陀传》，认为此文内容丰富、行文简洁，风格明快，应引起学界足够重视。圣彼得堡大学东方国家历史教授格里高里耶夫于1866年在《俄国皇家地理学会公报》上发表评论，高度评价该集刊的价值。他赞赏该集刊的前几卷能够在西欧被翻译出版。他写道："我们的东方学家，特别是汉学家的著作，几乎是欧洲人所阅读并认为有必要翻译的唯一的俄国人的作品。""我们无法根据这些著作对他的学问评头论足，从中只可以看到作者头脑中的光芒和心中的热情。凡与他本人相识的人都不会怀疑巴拉第神父是一流的学者，在欧洲无人堪与比肩。眼前的这一卷《著作集》确实说明了这一点。这里所有的文章都极具科学价值。""要想读懂这些作品，需要进行长期的特别训练，否则它们终究将成

---

① Евлампий. Доклад комитета об ассигнациях//Труды членов Российской духовной миссии в Пекине. Т. 3. Пекин, 1910.
② 此处翻译有误，应为"俄国东正教驻北京传教团"。——笔者注
③《马克思恩格斯文集》，第五卷，人民出版社，2009年，第149—150页。

为无钥之锁。"① 当然，也有学者对《俄国驻北京传教团成员著作集》提出了批评意见。1857年，俄国东方学家别列津在《祖国纪事》第2期上发表书评，批评集刊第三卷中文章的作者们所使用的语言不是科学语言，对所翻译的原始文献缺乏批评精神。评论者认为大部分文章所研究的问题欧洲人已有相关作品发表，行文方式也受到前辈学者的深刻影响，特别是受比丘林的影响极深，翻译多，分析少。

1866年5月俄国外交部亚洲司将《俄国驻北京传教团成员著作集》第四卷晋献给沙皇亚历山大二世，建议继续出版东方文献集刊，并将名称改为《亚洲丛刊》，获得批准。巴拉第在北京得知消息，称此举为"最近几十年来的 desideratum（最迫切需要的）"。他写道："有多少有关我们与东方关系的文献在等见天日！前往东方国家的旅行者和公职人员留下的无数生动的描述将为集刊增色。"他甚至计划将俄国人的使华报告和游记都翻译成汉语，因为"总理衙门非常看重这类文献"。② 但是，由于各种原因，这一计划未能实现。

5. 巴拉第拼音

统一而规范的汉字译音规则是准确传达中国信息的重要条件之一。英国汉学家威妥玛所创造的汉字罗马字拼音方案至今仍为台、港、澳以及许多国家所使用。从罗索欣制定俄国汉学史上第一个汉字基里尔字母译音方案，到比丘林与列昂季耶夫斯基关于译音规则的争论和结怨，充分说明汉字专有名词译音标准在俄国认识中国过程中的重要性。19世纪下半期，巴拉第在其汉学著述中遵循的汉字译音规则以其准确、简明等特点赢得了学界认可。这个方案继承了前人的成

---

① Хохлов А. Н. П. И. Кафаров: Жизнь и научная деятельность (Краткий биографический очерк)//П. И. Кафаров и его вклад в отечественное востоковедение: К 100-летию со дня смерти. Материалы конференции. Ч. 1. М., 1979.
② Хохлов А. Н. Кафаров и его эпистолярное наследие//П. И. Кафаров и его вклад в отечественное востоковедение: К 100-летию со дня смерти. Материалы конференции/Отв. ред. и сост. А. Н. Хохлов. Ч. 2. М., 1979.

果，取长补短，达到了比较完善的程度，与现在的普通话汉语拼音比较吻合。因此，有时也直接将这个方案称为"巴拉第拼音"。从下面这个表的示例中，可以看出巴拉第译音与比丘林译音的差别。①

巴拉第译音与比丘林译音对照表

汉语拼音	比丘林译音	以巴拉第译音为基础的现代基里尔字母汉字译音
k	кх	к
p	пх，пьх	п
t	тх，тьх	т
j	г	цз
c	цс	ц
g	гк	г
d	дт	д
w	ву	у
b	бп	б
x	х	с
e	е	э
ei	ей	эй
eng	сн，ын	эн
en	ень	энь
iao	ияо	яо
ie	ей	э
o	уо	о
ou	еу，эу	оу
u	ву	у
ue	ио	юэ

通过对比可以发现，巴拉第摈弃了比丘林为表示汉字送气塞音而

---

① Примечания//Бичурин Н. Я. Статистическое описание Китайской империи. М.，2002. C. 435 – 436.

特别发明的在声母之后加"x"的做法，改变了比丘林的一些韵母拼写方法，使标音更加准确和简单，与列昂季耶夫斯基的方案相似。

实际上，巴拉第的学术兴趣和学术成就还不止这些。在他的研究计划中，还包括将汉人的宗教与少数民族宗教进行对比，探究大诗人屈原的生平与创作以及对道教典籍进行批判。尤其令人感兴趣的是，巴拉第也能触景生情，大发诗兴，于1860年在意大利山水风光中竟然用汉语吟咏出一首绝句《体倭里①游客拊幼——过仙桥叹歌》：夜深瀑布狂，冥溪鬼魂号。月照见乡台，魂愁心跳跳，君不听，鹤侣豫避世，划去桃花俦。诱迥桃花曲，天台洞门扣。② 据笔者所知，在俄国汉学家当中，用中文作诗，巴拉第也算是前无古人了。

巴拉第一方面在协助俄国政府侵华方面不遗余力，另一方面在学术界、北京外国侨民界以及俄罗斯佐领中享有不错的口碑。巴拉第与许多清朝舆地学家有个人交往，在翻译和研究过程中注意借鉴他们的研究成果，获得他们的帮助。他从何秋涛处获得《元朝秘史》和《皇元圣武亲征录》，从徐松的后人手里获得了珍贵的西夏国地图。他与在京的威妥玛、卫三畏、艾约瑟和丁韪良等欧美汉学家过从甚密。远在欧洲的汉学家也经常寻求巴拉第的帮助，比如，儒莲请他找寻清代官修地方志《西域图志》和由张廷玉、鄂尔泰、汪由敦等奉敕编的《日讲礼记解义》。③ 巴拉第去世以后，丁韪良于1889年10月在《教务杂志》上发表《巴拉第修士大司祭》（1889年8月6日著于宝珠洞）一文，详细介绍了他的生平，列举了他的主要著述。④ 而在此前

---

① 意大利旅游胜地提沃利（Tivoli）。位于罗马东北24公里处，地处在风景如画的山丘地带，曾是罗马贵族和皇帝建造别墅林园避暑的首选地。——笔者注

② Хохлов А. Н. Кафаров и его эпистолярное наследие//П. И. Кафаров и его вклад в отечественное востоковедение: К 100 - летию со дня смерти. Материалы конференции/Отв. ред. и сост. А. Н. Хохлов. Ч. 2. М. ,1979.

③ Хохлов А. Н. Кафаров и его эпистолярное наследие//П. И. Кафаров и его вклад в отечественное востоковедение: К 100 - летию со дня смерти. Материалы конференции/Отв. ред. и сост. А. Н. Хохлов. Ч. 2. М. ,1979.

④ W. A. P. M. The Archimandrite Palladius, Chinese Recorder, 1889, October.

于《中国时报》上发表的《巴拉第和柏百福的辞典》一文中还回顾了他与巴拉第相识的经过及其对后者的景仰："1858 年我在天津第一次遇到他；当时正值各国与清廷谈判订约，我们分别担任俄国代表团和美国代表团的特别翻译。他比我年长十岁，我还是个不谙世事的青年，对他十分崇拜。以后我们渐渐相熟，但我对他的崇拜非但没有减少，反而与日俱增。"[1] 法国汉学家高迪爱说："巴拉第掌院在俄国侨民中德高望重，因为他不仅是一位出色的学者，而且心地善良，聪明过人。俄国外交部也十分赞赏巴拉第，直到 1860 年，北京的俄国传教团都归他管辖。外交部曾多次对巴拉第的成就和品格给予褒扬。北京的外国侨民团体对他也非常尊重，一直与他保持着良好的关系。他的智慧，他对中国的深刻了解，使各国使团首脑受益匪浅（尤其是已故的罗淑亚[2]伯爵）。""巴拉第掌院是他那个时代最优秀的汉学家之一，他的学识涉及中国文献的所有领域。他不仅通读了中国最主要的作品，还阅读了英法学者关于中国的著述。他根据中文原始资料，重点研究了亚洲历史，亚洲古代和现代地理，以及佛教、道教和基督教在中国的情况，他还是最先研究东亚穆斯林历史的人。"[3] 著名基督教历史学家、耶鲁大学赖德烈（Kenneth Scott Latourette，1884—1968）博士在其《基督教在华传教史》一书中写道："像巴拉第那样能够被称为'汉学家'的基督教传教士寥寥无几。"[4] 据说巴拉第个人品行很好，行事稳重内敛，不但受到同行学者的赞扬，也赢得了俄罗斯佐领的"爱戴"。后者在获悉巴拉第去世后为其制作了一方匾额，上书"恭纪遗爱，以永终誉"[5]，悬挂于教堂之中。另有中国教徒赠送挽联多幅赞扬他们的"巴大神师"，如"上帝居歆，以义制事，以礼事神，

---

[1] W. A. P. M. Palladius and Popoff's Dictionary, The Chinese Times, Aug. 10th, 1889.
[2] Louis Jules Emilien, Comte de Rochechouart, 1831—1879, 法国驻华公使。——笔者注
[3] Panskaya, Ludmilla. Introduction to Palladii's Chinese literature of the Muslims. Canberra, 1977. P. 30.
[4] Panskaya, Ludmilla. Introduction to Palladii's Chinese literature of the Muslims. Canberra, 1977. P. 30–32.
[5] 语出《诗经·振鹭》。

修身以道,皇天辅德,言坊行表,敷教宽平"等。①

苏联汉学奠基人阿理克将巴拉第与比丘林和王西里并称为"俄国汉学的三巨头",但与后两位相比,俄罗斯学术界对巴拉第汉学成就的研究力度还远远不够。

二、阿列克些

在距今俄罗斯科泽利斯克市 2 公里的地方,伫立着一座古老的修道院——奥普塔修道院。该修道院始建于 14 世纪,是俄罗斯著名的东正教隐修圣地。历史上有许多俄罗斯文化名人曾来这里游览或小住,以期获得创作灵感和思想升华。列·托尔斯泰的《谢尔基神父》以及陀思妥耶夫斯基(Ф. М. Достоевский,1821—1881)《卡拉玛佐夫兄弟》的创作都在某种程度上受到了这里浓厚而神秘的宗教氛围的感染。著名哲学家索洛维约夫也曾在这里与修道院住持论经辩道。然而,少为人知的是,在 19 世纪末 20 世纪初,有一位俄国汉学家在这里隐居了 20 年。他远离尘世,寂守禅房,殚精竭虑,醉心于中国文化研究。他一部接一部地完成汉学著述,在 1919 年饿死于案头之前,竟然对十月革命后改朝换代一无所知。其对科学的痴迷不仅不为周围人所理解,著作无缘得见天日,而且还得了一个不无揶揄和嘲讽味道的绰号"北京"。②他就是亚历山大·尼古拉耶维奇·维诺格拉多夫。其法号为阿列克西,"阿列克些"是其在汉译经书上的署名。

阿列克些 1847 年出生于俄国特维尔省的一个神父家庭。1859—1867 年在圣彼得堡宗教学校读书,毕业后任莫斯科宗教学校绘画教师,并开始致力于古代宗教文献的考证以及东正教木结构教堂

---

① Алексий(Виноградов), иером. Китайская библиотека и ученые труды членов Императорской Российской Духовной и Дипломатической миссии в г. Пекине или Бэй-Цзине(в Китае). СПб. ,1889. Табл. II-я.

② Чигринский М. Ф. К истории статьи Н. И. Конрада " Синолог из Оптиной пустыни"∥Петербургское востоковедение: Альманах. Вып. 1. СПб. ,1992.

文物的考古、搜集与保护工作。他在这里以一篇《17世纪的维斯耶贡县抄本》获得了学士学位。1876年阿列克些被选为俄国皇家考古学会成员，次年被俄国皇家地理学会接受为会员。他在特维尔省考古过程中发现的蒙古人入侵时留下的中国钱币引起了他对中华文明的向往。从此，他对东方的兴趣越来越浓厚。1880年他出家为僧，加入第十六届俄国东正教驻北京传教团，担任修士司祭，于1881年到达北京。阿列克些用了大约3年的时间掌握了相当数量的汉字，并开始协助领班法剌韦昂大规模翻译东正教经籍，同时广为积累有关中国基督教、在华犹太人和俄国传教团的历史文献，搜集佛像和佛经等文物。1887年阿列克些因病返回俄国，次年进入著名的基辅洞窟修道院。由于在基辅洞窟修道院难觅研究所需文献，阿列克些便在次年跟随基辅都主教来到基辅洞窟修道院在圣彼得堡的会馆。1895年，为搜集研究资料，阿列克些再次来到北京，1899年因病回国后，被派遣至奥普塔修道院，一直到1919年去世。

阿列克些的学术兴趣非常广泛，来华之前主要致力于木结构东正教堂的研究、保护以及古代宗教文献的搜集与考证，发表了一些颇有影响的著作。到北京之后，他的学术兴趣很快便转移到汉学研究上来，尤其在欧洲与中国文化关系史研究领域着力甚多。阿列克些充分利用俄罗斯馆中外书房和圣彼得堡丰富的文献收藏，于1895年之前发表了一系列重要著作：

（1）《西方在华基督教布道团著作》，载《东正教话友》，1886年9、10月号。同年以《西方在华基督教布道团史略》为名在喀山出版单行本；

（2）《东方圣经史》，卷一，圣彼得堡，1889—1895年；

（3）《英美圣经史》，三卷本，圣彼得堡，1889—1891年；

（4）《俄国皇家驻北京宗教与外交使团汉文藏书及成员学术著作》，圣彼得堡，1889年；

（5）《利玛窦〈天主实义〉及16至18世纪中国罗马基督教文献概述》，圣彼得堡，1889年；

(6)《亚述和巴比伦、波斯、中国、犹太人及穆斯林的古代极权王朝》，圣彼得堡，1895年。

这些著作出版之后，阿列克些引起圣彼得堡学术界的关注，经圣务院推荐，受到沙皇接见和奖励。然而，这些荣耀不过是昙花一现。在阿列克些第二次从中国回来进入奥普塔修道院隐修之后，他的名字很快便被世人所遗忘。直到阿列克些死后，集汉学家和日本学家于一身的苏联科学院院士康拉德偶然听说奥普塔修道院藏有大量汉学文献，于1922年亲自前往调查，阿列克些才重又引起关注。在对他的遗物进行简单翻检之后，康拉德院士为其数量庞大的汉学遗稿所震惊，撰写了《奥普塔修道院的汉学家》一文，对阿列克些的生平和汉学成就进行了初步介绍，并投稿至《新东方》杂志，但被以不符合刊物宗旨为由退稿。在第二次世界大战期间，康拉德被疏散到乌兹别克加盟共和国首府塔什干，所携手稿几经辗转，由日本学家彼得罗娃（О. П. Петрова，1900—1993）保存了下来。20世纪80年代以来，齐格林斯基（М. Ф. Чигринский，1927—1999）开始以康拉德的文章为基础对阿列克些进行研究，先后发表相关论文多篇，逐渐将这位隐修士的汉学成就呈现在读者面前。[①]

阿列克些的汉学研究始于对中国基督教历史的研究，这与其来华前所从事的东正教历史研究以及他所在的第十六届传教团大规模翻译刊印东正教经书不无关系。1886年他在《东正教话友》上发表文章《西方在华基督教布道团著作》，旨在号召俄国东正教传教士努力学习汉、满、蒙古、藏语言，借鉴天主教士在中国积累的传教经验。1887年回国以后，阿列克些开始酝酿出版一部系统展示基督教在华历史和中国文化的巨著《东方圣经史》。这部巨著从1889年付印，直到1895年才最终面

---

① Чигринский М. Ф. О рукописном наследии А. Н. Виноградова из Оптиной пустыни//XVII научная конференция《Общество и государство в Китае》. Ч. 3. М.，1986；Забытый энциклопедист//Наука и религия. 1991. №8；К истории статьи Н. И. Конрада "Синолог из Оптиной пустыни"//Петербургское востоковедение：Альманах. Вып. 1. СПб.，1992；Иеромонах Алексий (Виноградов). Забвенные страницы биографии ученого-инока//Исторический вестник. 2000 г. №7.

世，其中既有出版经费方面的因素，也有技术方面的障碍。《东方圣经史》主标题之后还有一个副标题，为《各民族〈圣经〉翻译与基督教流布方式及有利与不利条件概述》。这部书结构繁复，篇幅宏大，包括36页目录，1194页正文。阿列克些原计划出版3卷，最终只出版了第一卷。如果单从书名上判断，《东方圣经史》无疑是一部宗教历史著作。然而，作者实际上并没有将重点置于《圣经》本身，而是对基督教在华历史以及中国历史、宗教、哲学、教育和文学等详加介绍。

阿列克些在《东方圣经史》第一章中主要回顾了开封犹太人的历史和研究过程，选译了耶稣会士骆保禄（J. P. Gozani，1659—1732）1704年致苏霖（J. Suarez，1656—1736）、蒂希森（Olaus Gerhard Tychsen，1734—1815）1799年致慕尔（Murr）的信札以及耶稣会士宋君荣、孟正气（Jean Domenge，1666—1735）等人对开封经卷的考证与说明。第二章叙述重点为叙利亚基督教的特点和意义，阿罗本（Alopen）从波斯来到长安传播基督教的历史，大秦景教流行中国碑的发现过程，以及鲁布鲁克、柏朗嘉宾、马可·波罗等对叙利亚碑文的记载，总结了欧洲学术界的研究成果。内容多从法国思想家勒南（Ernest Renan，1823—1892）、东方学家萨西（Silvestre de Sacy，1801—1879）、英国传教士艾约瑟等人著述中摘编而来。附录有他本人根据法国卜铁的法文译本完成的《大秦景教流行中国碑》译文、列昂季耶夫斯基1834年发表的景教碑译本以及雍正1727年关于犹太人的谕旨。第三章介绍了刘介廉的思想体系，伊斯兰教的教派和教义，布伦特（Blount）、斯托巴特（Stobart）等人的中国伊斯兰教研究著作以及广州的清真寺，摘编了多位学者驳斥伊斯兰教教义的论战文章。在第四章中作者重点对西藏、蒙古、满洲和新疆地区的佛教流派进行了细致的描述，对基督教在中国北部边疆少数民族地区的流传历史进行了探索，对《圣经》的蒙古、藏、满文译本进行了考证。有关佛教的资料主要来自巴拉第的著述，另从卢公明的《英华萃林韵府》中编选了佛教专有名词并进行了俄译。第五章内容包括道教的起源与教义，欧洲学者卜铁、艾约瑟、巴尔福（Frederic Henry Balfour，1846—1909）、穆勒（Friedrich Max Muller，1823—1900）、施特劳斯（Victor von Strauss，1809—1899）、花之安（Ernst Faber，1839—

1899）、薛力赫、伟烈亚力、卡修斯（DionCassius）、明恩溥（A. H. Smith，1845—1932）、巴拉第、比丘林、伊萨亚和格奥尔吉耶夫斯基等人的相关论点。第六章重点论述作为文化力量的中国对亚洲民族的影响，中国人的民族特性、私塾、公学及科举制度、儒家思想、典籍、儒生及注疏之学，中国帝王及臣民的宗教崇拜和道德政治特征，妇女社会地位，家庭礼序等。阿列克些归纳和总结众多欧洲学者对相关问题的论述，如柯恒儒、比丘林、格奥尔吉耶夫斯基、卫三畏、艾约瑟、米怜、王西里、穆勒、理雅各、卜铁、莫纳斯特列夫、儒莲、丁韪良、裨治文、庄延龄、雷慕沙、毕安（Charles Piton，1835—1905）、卢公明、穆麟德（Paul Georg Von Mollendorff，1848—1901）、梅因（Henry Maine，1822—1888）、毕瓯（Edouard Constant Biot，1803—1850）和柏百福等。此外，阿列克些根据翟理斯1884年于伦敦出版的《古文选珍》按照朝代划分对中国文学史进行了系统的介绍。①

《东方圣经史》围绕基督教在中国的传播历史，全面回顾了欧洲学术界几百年来的研究成就，系统归纳了各国学者的思想和观点，是一部中西文化交流史巨著。书中内容大多为欧俄汉学家著述的编译或浓缩，只有少部分为阿列克些本人翻译或撰写。作者很少或基本不直接利用中国文献，这在很大程度上与该著作的目的有关，即全面反映欧洲的中国文化研究历史。经由阿列克些这样一位学有专长的汉学家精挑细选，几个世纪的欧洲汉学成就便被按照新的体系萃编于一本著作之中。这与杜赫德编辑出版《中华帝国全志》的方式有些相似。同时，"与西方有关著作不同的是，阿列克些在研究天主教流播中国史的同时，对俄国东正教的在华历史及活动给予了特别关照"。② 比丘林、列昂季耶夫斯基、王西里、巴拉第、孟第、格奥尔吉耶夫斯基等俄国汉学家对中国传统文化的认识在书中得到了很好的反映。从这个

---

① Алексий（Виноградов），иером. История Библии на Востоке. СПб., 1889 - 1895. Оглавление и содержание. С. 1 - 36.

② Чигринский М. Ф. Иеромонах Алексий（Виноградов）. Забвенные страницы биографии ученого-инока// Исторический вестник. 2000 г. №7.

意义上而言，此作不失为俄国第一部汉学史著述。阿列克些除了研究中国基督教历史之外，还将中国传统文化思想作为全书的重点加以尽可能系统而全面的介绍，作者显然将充分认识儒、释、道、回等教以及中国传统思想视为基督教在华传播取得成功的前提或保障了。

《东方圣经史》第一卷出版之后，阿列克些感觉意犹未尽，在编撰第二卷和第三卷的同时，连续为第一卷出版了3种补编，有《俄国皇家驻北京宗教与外交使团汉文藏书及成员学术著作》《利玛窦〈天主实义〉及16至18世纪中国罗马基督教文献概述》和《亚述和巴比伦、波斯、中国、犹太人及穆斯林的古代极权王朝》。

从俄国汉学史研究角度而言，《俄国皇家驻北京宗教与外交使团汉文藏书及成员学术著作》最值得关注。无论是对于中俄图书交流史，还是对于俄国汉学史研究，俄罗斯馆中外书房都是不可忽略的重要内容。中外书房于1795年由第八届俄国东正教驻北京传教团领班格里鲍夫斯基所建，目的在于积聚中外书籍，为俄国学生和教士学习语言、研究汉学提供方便。俄国政府从19世纪初开始连续不断拨付专款用于购买图籍扩充馆藏。经过近百年的建设，到19世纪末，中外书房的藏书已达到相当规模，成为俄国海外最大的中国文献收藏中心。然而，在义和团运动中，中外书房被愤怒的拳民焚毁。除了在某些俄人（如波兹德涅耶夫和季姆科夫斯基）游记以及俄国档案馆中收藏的传教团报告之外，学术界已经难觅有关1900年以前中外书房其他可资参阅的文献资料了。中外书房虽然在20世纪初由第十八届传教团领班英诺肯提乙重建，但无论藏书数量还是藏书水平都不可与从前同日而语。正是由于有了阿列克些的著作，我们才得窥这个俄国在华藏书基地的本来面貌。

《俄国皇家驻北京宗教与外交使团汉文藏书及成员学术著作》由三编构成。第一编是对俄罗斯馆中外书房历史、藏书以及传教团成员著作的介绍，第二编为俄罗斯馆中外书房汉籍目录俄译，第三编为馆藏汉籍中文名称列表。阿列克些特别论述了天主教和新教传教士著述对于俄国东正教驻北京传教团的意义，认为他们的《圣经》译本对于东正教传教士在华开展活动具有重要价值。他建议关注利玛窦、阳玛诺、韦廉臣（Alexander Williamson, 1829—1890）等人的著作。韦廉臣所著之《古教汇参》"杂陈东西古今之教",① 在中国基督教历史上具有重要地位。俄国人对该著作也很关注，于 1887 年在《东正教话友》上翻译发表了其中有关基督教的部分。阿列克些对韦著详加介绍，称赞其为圣经知识百科全书。与此同时，他专辟一章介绍德贞（John Hobson Dudgeon, 1837—1901）1872 年于北京出版的《中俄政教志略》中有关俄罗斯馆中外书房的评价。阿列克些没有将俄罗斯馆中外书房的所有藏书纳入考察范围，而只选取了他认为最具特色的传教团成员著作和汉籍作为介绍重点。阿列克些将传教团成员著作分成两个部分，一是东正教经书汉译本，二是中国历史文化研究著作。在清代中俄文化交流史上，俄国人在翻译和介绍中国文化典籍方面做了很多工作，然而在引进西学方面所做的工作非常有限。如果说有的话，东正教经书是其中最主要的内容。对这些译本加以研究，对于深刻认识清代中俄宗教关系具有重要意义。阿列克些在书中对 19 世纪俄国传教士在北京翻译、刊印东正教经籍的历史和主要代表人物、作品进行了非常详尽的介绍，填补了俄国早期汉学史研究领域的空白。阿列克些此书的另外一个贡献就是对俄罗斯馆中外书房所藏部分汉籍进行了编目和俄译。②

《利玛窦〈天主实义〉及 16 至 18 世纪中国罗马基督教文献概述》是《东方圣经史》卷一的第二个补编。阿列克些全文翻译了利玛窦的名著《天主实义》并进行了解读，指出此乃"利用儒家思想传播基督教的典范之作"，对作者的智慧和勇气表达了钦佩之情，赞赏天主教士于译经过程中在词汇选用方面所表现出的谨慎与灵活，建议俄国传教士和神学院学生认真学习。③ 阿列克些在第三种补编《亚述和巴比伦、波斯、中国、犹太人及穆斯林的古代极权王朝》中对中国人、巴比伦人、犹太人、罗马人的父权制度进行了比较分析，同时介绍了中

---

① 《谭嗣同全集》,中华书局,1998 年,第 309 页。
② 详见本章第六节。
③ Чигринский М. Ф. Иеромонах Алексий (Виноградов). Забвенные страницы биографии ученого-инока//Исторический вестник. 2000 г. №7.

国及中东地区民族的纪年方法。

阿列克鼐的著作主要出版于圣彼得堡生活期间,自他1899年进入偏远的奥普塔修道院之后,便开始了一种与世隔绝的隐修生活。他虽然将全部时间和精力用于研究汉学,但再也没有出版过著作。根据康拉德院士的调查,阿列克鼐身后留有大量的汉学手稿和藏书,一共装了27个大箱子,总重量达到200普特(相当于3000多千克)。由于阿列克鼐精通多种欧洲语言,因此收藏了大量欧洲各国的汉学名著,如穆勒的五十卷本《东方圣书》,理雅各的《中国经典》以及威妥玛、晁德莅、艾约瑟、嘎伯冷兹(Georg von der Gabelentz,1840—1893)、戴遂良、顾赛芬、薛力赫的著作,同时还有相当数量的汉籍。康拉德将其汉学手稿分成传教、教学、学术—教学、学术四大部分。"传教"部分数量不大,主要为阿列克鼐汉译的东正教经书。"教学"部分包括四类,一是各种表格,主要为根据加略利、顾赛芬、晁德莅、王西里和孟第等人著作整理绘制的汉字音韵表。二是汉语语法,其中包括一系列欧洲汉学论著的译稿,如嘎伯冷兹的《中国文言语法》、巴赞(Antoine Bazin,1799—1862)的《官话文法》、艾约瑟的《汉语官话口语语法》等。三为汉语语法研究文章,四为汉语教科书。第三部分"学术—教学"包括汉语词典数部,如根据《五方元音》《康熙字典》《佩文韵府》编写的《汉语字典韵编》,根据公神甫的《洋汉合字汇》摘编的汉字部首词典等,所依据材料同时还包括戴遂良、比丘林、孟第、顾赛芬、加略利、麦都思(Water H. Medhurst,1796—1857)、威妥玛、阿恩德、马礼逊、翟理斯、鲍康宁(Federick William Baller,1852—1922)等的作品。在第四部分"学术"中,价值最大的当为《东方圣经史》第二、三卷手稿。在已经完成的第二卷手稿中阿列克鼐详细分析了《圣经》语言和风格各异的汉语译本间的优劣得失,同时考察了满、蒙古、藏、朝鲜、日语译本的特点。按照阿列克鼐的设想,第三卷在内容上应为第二卷的继续,介绍《圣经》被翻译为波斯、突厥、阿拉伯、亚美尼亚、格鲁吉亚、缅甸、越南等语言的情况。此外,他根据同文馆教习帛黎(A. Theophile Piry,1850—1918)的法文译本转译了《圣谕广训》,并且从《圣谕像解》

中摘编了注解，已誊清待梓。

由此可见，阿列克些在奥普塔修道院的20年中对他所钟爱的汉学进行了孜孜不倦的探索。盈积案头的著作手稿使他萌生了脱去僧衣，前往圣彼得堡或莫斯科的大学任教的愿望。然而，所有的计划非但没有实现，反而被当作精神癫狂病人受到监管。临终前，他甚至不知道两年前爆发的十月革命已经推翻了沙皇，仍热切期望得到圣彼得堡皇家科学院的认可。[①] 其情其景颇有些"不知有汉，无论魏晋"的感觉。

现在看来，这位在北京被称为"阿神父"，回国后被谑称为"北京"的俄国东正教士并没有发疯，而只是在汉学研究上进入了一种痴狂的状态。康拉德院士认为阿列克些是"一位彻头彻尾的汉学家"，然而，他的"这些著作当时没有给维诺格拉多夫带来汉学家的声誉，且后来的学术活动走上了一条与东方学界相差甚远的道路"。阿列克些不被学术界接纳和承认，除了偏居一隅、僧衣束缚等原因外，在某种程度上与其研究方法有关。从19世纪上半期的比丘林时期开始，俄国汉学就以凸显民族特色、质疑西方汉学权威为主要特点。阿列克些的著作出版之时，正是将俄国汉学的这种传统发扬到巅峰的俄国汉学领袖王西里的影响最隆的时期。阿列克些尽管也懂得汉语，但所参考文献大部分为欧洲汉学家著作，这对于一直以汉语原典为研究基础的俄国汉学界来说，其著作难以得到承认也是情理之中的事情。王西里的亲传弟子格奥尔吉耶夫斯基背离了老师开创的汉学研究传统，大量引用西方汉学家著述，虽在当时因观点新颖而引起一定反响，但最终还是受到后世汉学家的批评和质疑。近年来阿列克些的学术遗产逐渐进入俄罗斯宗教史和中俄文化关系史研究者的视野。随着研究的进一步深入，阿列克些在俄国汉学史上的地位终将被确立。

三、尼阔赖

在俄国东正教驻北京传教团历史上出现过几位传教团历史研究

[①] Жуков Д. Отец Алексий (Виноградов): Отшельник – китаевед из Оптиной пустыни// Философский вестник, 2001, №3.

者。第一位是第四届传教团修士司祭斯莫尔热夫斯基。他利用俄罗斯馆的档案,加上从俄罗斯佐领或久居中国的老传教士口中听到的回忆,完成了第一部记述传教团历史的著作《驻北京传道团之我见》。第二位是第八届传教团领班格里鲍夫斯基,其手稿后来由圣彼得堡大学教授维谢洛夫斯基冠名曰《修士大司祭索夫罗尼·格里鲍夫斯基的历史纪事(关于俄国人何时开始在北京定居及北京之有俄罗斯东正教的情况报道)》,与斯莫尔热夫斯基的作品一道被编入《俄国驻北京传道团史料》,于1905年在圣彼得堡出版。无论是斯莫尔热夫斯基,还是格里鲍夫斯基,其作品都以记录逸闻为主,尽管有一定的史料价值,但不能算是学术研究。

实际上,第一个对驻北京传教团历史进行学术研究的是尼阔赖。尼阔赖俗名为彼得·阿多拉茨基,法号尼古拉,"尼阔赖"是其在汉译经书上的署名。1849年出生于喀山,1874年从喀山神学院毕业,而后被派到俄国驻维也纳大使馆担任诵经士,1881年返俄后即被指定为驻北京传教团修士司祭,于1882年11月到达北京。1885年曾前往汉口为俄国茶商集资修建的亚历山大—涅夫斯基教堂主持祝圣仪式。1886年因病返回俄国,被任命为赫尔松教会学校督学,1887年任斯塔罗夫波尔教会学校校长,1888年通过神学硕士学位论文答辩,1890年晋升主教,1896年去世。

早年在喀山神学院学习期间尼阔赖即开始研究俄国教会历史。毕业后发表了一些研究欧洲宗教运动的文章,如《当代西班牙自由传教历史概述》《当代法国神学界社会活动》。在中国期间,尼阔赖在学习汉语的同时,选择传教团历史作为自己的研究对象,在《东正教话友》等报刊发表了一系列论文,有《已故北京传教团修士大司祭巴拉第》《驻北京传教团现状及当今活动》《中国传教状况》《中国天主教历史概述》《亚金甫神父(历史专论)》《当代中国的新教及对其传教活动的压制》《王西里教授执教50周年》《中国的东正教及东正教传播》《中国汉口的东正教堂》和《驻北京传教团史料说明》等。

尼阔赖尽管在北京只居住了4年时间,但在协助法剌韦昂翻译经书以及研究传教团历史方面用力甚勤。与此同时,为硕士学位论文收集资料始终是他最重要的工作之一。他对传教团、俄国公使馆、北京天主教会图书馆、上海的皇家亚洲文会北中国支会以及天津俄商斯塔尔采夫（А. Д. Старцев）等机构和个人藏书进行了仔细的爬梳，积累了大量珍贵的第一手文献，回国以后又查阅了俄国外交部、圣务院档案以及皇家公共图书馆等处史料，利用尼古拉·班蒂什—卡缅斯基所编著的《俄中两国外交文献汇编（1619—1792年）》等前人研究成果，于1887年完成了两卷本著作《东正教在华两百年史》，并提交喀山神学院申请答辩。他认为自己好像是一个"粘贴画家"，"用合适的色彩，用细小的零件组成了一部完整的作品"。①

尼阔赖首次利用丰富的档案资料，按照近代学术规范，详细研究了前8届传教团的组建、派出、构成、换班、教堂和雅克萨战俘等问题，同步介绍了耶稣会士的在华活动及其与俄国政府和传教团的微妙关系。他将1685年雅克萨战俘来京作为东正教入华的标志。他认为，1685年至1745年间传教团的人员主要来自小俄罗斯，只是从第四届开始大俄罗斯人才逐渐增多，传教团的任务也不再仅限于为雅克萨战俘主持圣事，还必须承担一定的外交使命，并且要学习满汉语言。在尼阔赖的论文答辩会上，其在传教团历史分期、活动特点等方面的论断得到了答辩委员会的称赞。喀山神学院教授兹纳缅斯基（П. В. Знаменский）称之为"第一部全面而完整地论述北京传教团的著作"。② 不过，兹纳缅斯基也指出尼阔赖的分期方案证据不足，难以令人信服，在一些重要问题上未能形成自己的观点。由于尼阔赖引用的传教团档案庚子之变时被焚毁，因而，随着时间的推移，此作价值将更显突出。

---

① Шубина С. А. Историография Российской Духовной Миссии в Китае (XVIII - начало XX в.) // Материалы международной научной конференции《История и культура Востока Азии》. Новосибирск, 2002.

② Хохлов А. Н. Николай Адоратский (1849 - 1896) - Историограф Пекинской духовной миссии // XXXII Научная конференция《Общество и государство в Китае》. М., 2002.

四、译经教士

　　西方入华传教士的译经活动被认为是"他们在华活动的心魄所在",[①] 已被视为中外文化交流史研究的重要内容。然而,在中俄《天津条约》签订以前,俄国东正教驻北京传教团尽管已经存在了近一个半世纪,但并没有像西方传教士那样进行大规模的基督教典籍翻译和刊印活动。俄国人一直依靠天主教传教士的汉语神学著述(如阳玛诺的《圣经直解》等)向雅克萨战俘后裔宣讲福音。"俄国传教团对天主教士的外在依赖持续了100多年(直到19世纪60年代)。"[②] 期间只有为数很少的几个传教士汉学家从事过类似工作,其在华影响也有限。如第八届传教团学生利波夫措夫在1794年至1808年间完成了《新约》的满文翻译,比丘林1810年刊印了由他改编的潘国光的《天神会课》一书,西维洛夫翻译过早、晚、日诵经文,卡缅斯基在北京曾将利玛窦的《天主实义》译成俄语。1858年,俄国通过中俄《天津条约》获得了在华自由传教的权利。1861年俄国公使馆成立,传教团原有的外交职能被剥离,转而专门从事传教活动。从此,俄国传教士得以走出俄罗斯馆,不再单单以俄罗斯佐领为唯一的服务对象,而开始在北京以外的地区传教。传教团遂将很大精力用于东正教神学书籍的翻译和出版,出现了一批主要从事此项活动的汉学家,其中尤以固礼、伊萨亚、法剌韦昂和英诺肯提乙最为突出。

1. 固礼

　　固礼,俗名为格里高里·普拉东诺维奇·卡尔波夫。中国史籍中

[①] 张西平:《中国与欧洲早期宗教和哲学交流史》,东方出版社,2001年,第146—147页。

[②] Адоратский Н. Православная Миссия в Китае за 200 лет ея существования: Опыт церковно-исторического исследования по архивным документам. Вып. 2. Казань, 1887. С. 191.

称之为"固礼""固理"或"固里",汉文著作署名有"固尔利乙""固唎乙"。1814年出生于萨拉托夫的一个神父家庭,1836年毕业于萨拉托夫神品中学,次年进入圣彼得堡神学院,1839年毕业并被编入由佟正笏领导的第十二届来华传教团,与巴拉第和王西里同行,1840年10月抵达北京。固礼1850年回国,次年晋升为修士大司祭,并被任命为亚历山大—涅夫斯基神学校监督。1855年在圣彼得堡神学院以《论主教神职》一文获得神学硕士学位。1856年被任命为第十四届驻北京传教团领班,1858年抵京。他借助于在华自由传教的权利,利用各种手段诱使少数中国人受洗,并开始翻译《新约》。与此同时,他以极其顽固的态度和狡猾的手段帮助伊格纳季耶夫胁迫清政府签订了中俄《北京条约》,攫取我国东北大片领土。1865年回国后,固礼受到了俄国政府嘉奖,被任命为莫斯科西蒙修道院住持,次年又被指派到俄国驻罗马大使馆教堂担任住持。1867年升任主教一职,1881年成为大主教,1882年去世。

固礼在两届传教团中工作,在中国一共居住了16年时间,汉语修养很好,但他并没有从事真正的汉学研究。在第一次来华期间,作为修士辅祭,他的主要工作是负责管理圣尼古拉教堂和雅克萨战俘子弟学校,并且设法维持俄罗斯佐领的正教信仰。或许是受到巴拉第、王西里等佛学研究者的感染,固礼也曾对佛教产生过兴趣,在1855年出版的《俄国驻北京传教团成员著作集》第二卷上发表了《中国佛教徒的发愿受戒仪式》一文。尽管此文受到不错的评价,但固礼并没有继续这一研究。在第二次来华期间,除了为俄国政府侵华效命以外,固礼将很大精力用于东正教经籍的翻译。

固礼用了6年时间将《新约》翻译成了汉语。汉译本名为《新遗诏圣经》,为文言本,于"同治岁次甲子夏季"即1864年刊印,内容包括福音经4册(《玛特斐》《玛尔克》《鲁喀》和《伊望》)、宗徒经22册(《宗徒行实》、《公书七札》〈亚适乌、撒特尔前、撒特尔后、伊望第一、伊望第二、伊望第三、伊屋达〉、《私书十四札》〈尔罗玛书、适尔凌福前、适尔凌福后、戛拉提亚、耶斐斯、肥利批、适罗斯、莎伦前、莎伦后、提摩斐前、提摩斐后、提特书、肥利孟、耶乌尔雷〉）和《默示录》。仅从标题上就可以看出，固礼在翻译过程中采用了与天主教圣经译本完全不同的译名。在俄罗斯馆谋职的中国举人隆源、传教团女子学校老师玛尔利亚（Мария）和她的儿子尼克伊他（Никита）以及雅克萨战俘后裔摩伊些乙（Моисей）承担了文稿的润色和诵读工作。《仝序》曰："无如吾大神父，二次驻京六载，瓜期瞬至，欲以所译者尽付梓传世而已，力无暇周章，脱稿后乃命神子等三人拨冗校阅语文之讹舛已三载于兹。"① 安文公发表评论，对固礼译本给予了肯定，认为比麦都思的译本好。而西维洛夫则对固礼译文的得失进行了详细分析。② 但也有人怀疑固礼版《新约》参考了英国人的译本，固礼不得不发表文章加以辩解。③ 后来波兹德涅耶夫又怀疑他参考了马礼逊1813年在澳门刊印的译本《耶稣基利士督我主救者新遗诏书》。凭固礼的汉语修养，翻译《新约》并不成问题，即便参考了西人的译本，不仅无可厚非，也在情理之中。作为第一个从斯拉夫文字翻译而来的圣经译本，其在东正教历史上自然有着特殊的地位。然而，因为该译本使用文言，远不及官话译本流传广泛，最后终于被后者所取代。

除了《新遗诏圣经》，固礼还翻译了许多其他经书：④

---

① 固唎乙译：《新遗诏圣经》，吾主伊伊稣斯合尔利斯托斯新遗诏圣经谨遵原文译汉敬镌板，天主降生一千八百六十四年，同治岁次甲子夏季，《仝序》。
② Хохлов А. Н. Российская православная миссия в Пекине и китайские переводы христианских книг. Китайское языкознание// Восьмая международная конференция. Материалы. М. ,1996.
③ Иванов П. Православные переводы Нового Завета на китайский язык// Журнал Московской Патриархии. 1998. №3.
④ Walravens, Hartmut. Zur Publikationstätigkeit der Russischen Geistlichen Mission in Peking, Monumenta Serica: Journal of Oriental Studies. Vol. XXXIV (1979 – 1980); Вахтин Б. Б. , Гуревич И. С. , Кроль Ю. Л. , Стулова Э. С. , Торопов А. А. Каталог фонда китайских ксилографов Института востоковедения АН СССР. Вып. 2. М. , 1973. С. 396 – 476; Китайские рукописи и ксилографы Публичной библиотеки: Систематический каталог/Сост. К. С. Яхонтов. Ред. Ю. Л. Кроль. СПб. ,1993. С. 96 – 128.

《圣经析义》（固尔利乙译纂辑，隆源参订，神子玛尔利亚、尼克伊他、摩伊些乙校对，1865年）

《新遗诏圣史纪略》（固尔利乙译，铁楞尔提乙〈Терентий〉参订，伊望校对，1861年，又名《实迹录传》）

《圣史提要》（固唎乙译，隆源等订，伊望等校，1863年）

《圣上史提要》（固唎乙译，1863年）

《东教宗鉴》（固唎乙译，铁楞尔提乙参订，尼克伊他、摩伊些乙校对，1860年；隆源校订，1863年重刊；1913年北京大俄国东正教会重印。）

《圣体规程》（固唎乙译，隆源等订，伊望等校，1863年）

《神功四要》（固唎乙译，隆源等订，伊望等校，1860年和1864年两次刊印）

《诵经节目》（固唎乙译，1869年）

《早晚课》（固尔利乙译，铁楞尔提乙参订，尼克伊他、摩伊些乙校对，1860年；隆源等订，伊望等校，1864年重刊；1904年再印）

《正教历》

《教理问答》（固尔利乙纂辑，隆源参订，神子玛尔利亚、尼克伊他、摩伊些乙校对，1865年；1911年重印）

《福音经》

《福音经辑解》（法剌韦按①重订附注，1884年）

《祝文册》（固唎乙等译，北京，1881年）

固礼任俄国东正教驻北京传教团领班期间，正值这个机构移交外交使命的转折时期。固礼积极理解并实现沙俄政府的对华外交意图，及时扭转传教团的活动方向，着手翻译东正教经书，为扩大俄国在华东正教势力准备条件。其组织汉译东正教经书之多，为俄国东正教驻北京传教团历史上前所未有。与此同时，固礼在俄书汉译方面做了有

---

① 即法剌韦昂。——笔者注

效的尝试，积累了经验，为后来的译者提供了珍贵的范本。

2. 伊萨亚

伊萨亚俗名为伊万·波利金（Иван Поликин）或伊万·别什金（Иван Пешкин），1833年出生，圣彼得堡神学院毕业，1858年来华。曾在第十四届、第十五届传教团中任修士司祭。1866年首开俄人于中国用汉语主持教堂圣事先例。1868年在北京郊区之东定安村发展教徒并建立东正教堂"崇拜天主圣所"。在第十五届传教团驻北京期间，伊萨亚曾在巴拉第的指导下研究过儒学，但并没有著作发表。巴拉第在南乌苏里地区考察期间，伊萨亚曾代行领班之职，足见巴拉第对他的器重。1871年伊萨亚在北京去世。

在俄国东正教历史上，伊萨亚不仅是第一个用汉语主持礼拜的俄国教士，同时被认为是东正教经书汉译的先行者。① 他尽管不到40岁就去世了，但在身后留下很多手稿，其中绝大部分是东正教经书译文。这些译稿后来由法刺韦昂组织进行了整理、修订并陆续刻印，以至于今人难以判断哪些是伊萨亚遗稿，哪些是法刺韦昂亲译。现在初步可以确定出自伊萨亚译笔的经书有：②

《主易复活瞻礼赞词》（伊萨亚译，尼阔赖补译重订，尼阔赖参改，京都大俄国圣母堂藏板，1884年）

《祝文册》（伊萨亚译，出版年不详）

《圣教会要课》（伊萨亚译，北京，1879年；北京大俄国北馆印，1903年；北京东正教北馆重印，1911年）

《圣教理问答》（伊萨亚译，北京大俄国圣母堂，1871年；北京东教宗北馆，上海商务印书馆代印，1901年）

---

① Иванов П. Православные переводы Нового Завета на китайский язык//Журнал Московской Патриархии. 1998. №3.
② Вахтин Б. Б. ,Гуревич И. С. ,Кроль Ю. Л. ,Стулова Э. С. ,Торопов А. А. Каталог фонда китайских ксилографов Института востоковедения АН СССР. Вып. 2. М. ,1973. С. 396－476.

《圣史纪略》(伊萨亚译,1867 年初版;北京东教宗北馆,上海商务印书馆代印,英诺肯提乙重印,1901 年)

《圣咏经》(伊萨亚译,京都东教宗北馆,1879 年;北京东教宗北馆,上海商务印书馆代印,英诺肯提乙重印,1903 年;北京北馆石印,1911 年)

《时课经》(伊萨亚译,尼阔赖补译重订,尼阔赖参改,京都大俄国圣母堂藏板,1884 年;京都东教宗北馆,上海商务印书馆排印,英诺肯提乙重印,1903 年;北京东教宗北馆,北京大俄国圣母堂排印,1904 年;北京北馆印字房排印,1909 年;北京北馆,1913 年重印)

《日诵经文》(伊萨亚译,北京,1879 年;北京东教宗北馆重印,上海商务印书馆代印,1901 年;北京东教宗北馆,1903 年;北京东正教北馆重印,1911 年)

《玛特斐乙福音经》(伊萨亚译,北京,1879 年? 北京,1913 年?)

《宗徒行实》(伊萨亚译,北京)

伊萨亚翻译的经书远不止这些,瓦尔拉文斯教授至少还列举了 15 种只有俄文名称而汉译名不详的经书。[①]

伊萨亚还在俄汉词典编写和汉语语法研究方面做了一些工作。他最为著名、也是唯一出版的一部词典当为 1867 年在北京出版的《俄汉俗话词典(北京话)》,共 536 页,收词约 8000 个。这是俄国历史上第一部正式出版的俄汉双语词典。伊萨亚以北京俗语为基础的编写原则受到来华俄人的欢迎,不仅得到恰克图商人的出版资助,而且很快销售一空。《俄汉俗话词典(北京话)》中词条按照俄文字母排列,后面是汉语意思及用俄文标注的读音。词条的释义非常简单,通常只有一个汉语对应词,完全采用了 19 世纪下半期北京地区的口语

[①] Walravens, Hartmut. Zur Publikationstätigkeit der Russischen Geistlichen Mission in Peking, Monumenta Serica: Journal of Oriental Studies. Vol. XXXIV(1979–1980).

表达方式。如 автор 作书的（今译"作者"）、акушерка 姥姥（今译"女助产士""接生婆"）、банк 帐局子（今译"银行"）、бархат 倭缎（今译"天鹅绒"）、дворня 王包衣（今译"家仆"）、дочь 妞儿（今译"女儿"）、жалование 俸禄（今译"薪水"）、люстра 荣福灯（今译"吊灯"）等，① 具有非常独特的时代和地域特色，对于研究北京地区方言演变历史有重要价值。1868 年伊萨亚又在天津出版了对该词典的两种补编，1870 年两本补编合二为一在北京印行，共有 139 页。② 1906 年传教团还出版过一部俄汉词典《俄汉常谈》，没有署名，封面上书"上帝降生一千九百零六年北京俄国北馆印字房镌印"。该词典即是在伊萨亚《俄汉俗话词典（北京话）》以及柏百福《俄汉合璧字汇》的基础上并参考瑞士学者雷夫（Карл Филипп Рейф，1792—1872）和俄国著名词典编纂学家达里（В. И. Даль，1801—1872）的词典增补而成。伊萨亚还编写过一本非常有特色的词典，叫作《俄汉合璧神学教堂语汇》，以便俄国人在翻译东正教概念时有章可依。《科学院通报》1870 年刊文对该词典进行了介绍。该词典尽管没有出版，但得到了后人的有效利用，并引起学术界的关注。此外，他还编写过 3 部词典，如《阿尔巴津人俄汉便携词典》《华俄字典韵编》《汉俄合璧常用对话百句》。

伊萨亚还编写过一部汉语语法教材《简明汉语语法》，初刊时间大约在其第十五届传教团任内。与比丘林的语法相比，伊萨亚的语法不大注重理论性和概念，更加强调实用性。假如读者现在去翻阅这本书，会感觉它很像一本翻译手册。伊萨亚采取了一种俄汉语言对比的研究方法，根据自己的实践经验，对俄语中的各种语法关系在汉语中的表达方法进行了总结，例句大都取自北京方言。他在开篇的简短导言中写道："汉语中既无名词，也无动词，没有任何类似于我们的语

---

① Поликин Исайя. Русско‑китайский словарь разговорного языка（пекинского наречия）. Пекин，1867. С. 1–105.
② Пайчадзе С. А. Русская книга в странах Азиатско‑Тихоокеанского региона（Очерки истории второй половины XIX‑начала XX столетия）. Новосибирск，1995. С. 78

法规则的东西，只有表达意义的象形文字。为了让不懂汉语的人对句子的构成有所了解，特在这里首次介绍一些从经验中总结而来的规则。"① 但是，由于对汉语语法缺乏理论上的探索，因此这部书虽然实用，却始终没能进入大学课堂。

除此之外，伊萨亚还完成了《大学》《中庸》和《论语》的翻译，但没有出版。

3. 法剌韦昂

法剌韦昂，俗名尼古拉·尼古拉耶维奇·戈罗杰茨基，法号弗拉维安。"法剌韦昂"是其在汉译经书上的署名。1840 年出生于俄国奥廖尔省的神父家庭，12 岁成为孤儿，由其笃信东正教的姑姑抚养。1853 年入奥廖尔中学，1857 年进入莫斯科大学法律系学习，在毕业前一年出家，作为见习修道士进入莫斯科主教区的一座教堂，1863 年被莫斯科西蒙修道院录用为见习修道士。1866 年曾随固礼前往俄国驻罗马大使馆教堂，一月后被调回晋升修士司祭。在固礼的庇护下，法剌韦昂升迁迅速，1873 年已经成为一家隐修院的住持。是年 6 月他被编入由巴拉第领导的第十五届俄国东正教驻北京传教团。在巴拉第的授意下，法剌韦昂在掌握汉语之后开始翻译和编写东正教经书。1879 年，圣务院决定将法剌韦昂基留在北京，提升他为修士大司祭并出任俄国第十六届驻北京传教团领班，又派遣尼阔赖和阿列克些两位修士司祭前来北京，终使俄国人的东正教经书翻译形成一定规模。尽管圣务院自 1864 年就为传教团的中国籍神父设置了岗位，但真正将其变成现实却是由法剌韦昂完成的。1882 年 6 月 29 日，法剌韦昂携由巴拉第培养出来的中国诵经士密特啰芳赴日本，由俄国驻日本主教尼古拉·日本斯基（Николай Японский，1836—1912）晋升其为修士司祭，开中国人接受东正教教阶之先例。法剌韦昂于 1884

---

① Поликин Исайя. Краткая китайская грамматика иеромонаха Исайи с приложением о мерах, весах и деньгах (по Матусовскому). Пекин, третье изд. 1906. С. 1.

年回国，被提升为主教，而后很快又被提升为大主教、都主教，1915年去世。①

在北京期间，法剌韦昂除了与西方传教士有所交往以外，其余大部分时间均用于整理和翻译东正教经书。他首先在隆源、密特啰芳等中国人的帮助下，对固礼、伊萨亚等前人的译稿加以核对和修正，而后雕版刊印。此外，在尼阔赖等帮助下，法剌韦昂重新翻译和撰写了大量的教堂祈祷用书：②

《举荣圣架瞻礼赞词》（法剌韦昂译，尼阔赖改，密特啰芳参订，京都大俄国圣母堂藏板，1884年）

《教规略述》（法剌韦昂撰，京都东教宗北馆，1882年，1904年重印）

《代亡人祈经》（法剌韦昂译，岁次甲申孟夏镌，京都大俄国圣母堂藏板，1884年）

《交友文》（法剌韦昂撰，初版年不详；1911年俄国东正教驻北京传教团重印）

《劝告解文》（法剌韦昂撰？出版年不详）

《劝上堂文》（法剌韦昂撰？出版年不详）

《主日八调赞词》（法剌韦昂译，尼阔赖等参改，京都大俄国圣母堂藏板，1884年）

《主易圣容瞻礼赞词》（法剌韦昂译，尼阔赖参改，京都大俄

---

① Рожинцев А., Кальченко Т. Он твердо стоял под знаменем "За Веру, Царя и Отечество"-К 89-летию со дня кончины митрополита Флавиана (Городецкого) (память 17 ноября)/Русская линия. 17. 11. 2004
② Walravens, Hartmut. Zur Publikationstätigkeit der Russischen Geistlichen Mission in Peking, Monumenta Serica: Journal of Oriental Studies. Vol. XXXIV（1979 – 1980）; Вахтин Б. Б., Гуревич И. С., Кроль Ю. Л., Стулова Э. С., Торопов А. А. Каталог фонда китайских ксилографов Института востоковедения АН СССР. Вып. 2. М., 1973. С. 396 – 476; Китайские рукописи и ксилографы Публичной библиотеки: Систематический каталог/Сост. К. С. Яхонтов. Ред. Ю. Л. Кроль. СПб., 1993. С. 96 – 128.

国圣母堂藏板，1884年）

《主领洗瞻礼赞词》（法刺韦昂译，尼阔赖参改，京都大俄国圣母堂藏板，1884年）

《主进堂瞻礼赞词》（法刺韦昂译，尼阔赖参改，京都大俄国圣母堂藏板，1884年）

《主进堂赞词》（北京东正教总会印，1904年）

《主降生瞻礼赞词》（法刺韦昂译，尼阔赖参改，京都大俄国圣母堂藏板，1884年）

《主受难瞻礼赞词》（法刺韦昂译，尼阔赖参改，京都大俄国圣母堂藏板，1884年）

《主升天瞻礼赞词》（法刺韦昂译，尼阔赖参改，京都大俄国圣母堂藏板，1884年）

《圣母安息瞻礼赞词》（法刺韦昂译，尼阔赖参改，京都大俄国圣母堂藏板，1884年）

《圣母领报瞻礼赞词》（法刺韦昂译，尼阔赖参改，京都大俄国圣母堂藏板，1884年）

《圣母进堂瞻礼赞词》（法刺韦昂译，尼阔赖参改，京都大俄国圣母堂藏板，1884年）

《圣母圣诞瞻礼赞词》（法刺韦昂译，尼阔赖参改，京都大俄国圣母堂藏板，1884年）

《圣枝主日瞻礼赞词》（法刺韦昂译，尼阔赖参改，京都大俄国圣母堂藏板，1884年）

《圣枝主日赞词》（北京东正教总会印，1913年）

《圣三主日赞词》（法刺韦昂译，尼阔赖参改，京都大俄国圣母堂藏板，1884年；北京东正教总会重印，1913年）

《圣堂仪物名义志》（法刺韦昂撰？北京，1881年）

《圣号解义》（法刺韦昂撰？北京，1880年，1904年重印）

《正教本分》（法刺韦昂译，京都东教宗北馆，1884年）

《正教略》（法刺韦昂译，京都东教宗北馆，1882年）

《圣体血礼仪提要》（法刺韦昂译，尼阔赖参改，京都大俄国圣母堂藏板，1884年；北京大俄国圣母堂排印，1903年）

在历届传教团当中，由法剌韦昂领导的第十六届俄国传教团的东正教翻译刊印的经书数量最多。然而，因为中国国内反基督教情绪正在积聚，俄国政府一再告诫传教团在传教方面"格外小心谨慎"，"必须悄无声息地进行，尽量采取平和的做法"。① 在这种情势之下，就连在翻译刊印经书方面用力甚勤的法剌韦昂本人也不认为中国能够成为一个基督教国家。因此，这一时期俄国圣务院在中国的传教意愿与俄国政府在对华政策上的追求是有一定差距的。

4. 英诺肯提乙

在中国东正教历史上，英诺肯提乙是一位非常重要的人物。此人俗名为伊万·阿波洛诺维奇·费古洛夫斯基，法号英诺肯提乙（Иннокентий）。1863 年出生，在克拉斯诺亚尔斯克教会学校接受了最初的教育，1887 年进入托木斯克神品中学，肄业后在多处教区担任神职。1894 年英诺肯提乙升任修士大司祭，并任圣彼得堡神品中学校长。1896 年 10 月 3 日，英诺肯提乙被任命为第十八届俄国东正教驻北京传教团领班，1897 年春抵京。在 1900 年爆发的义和团运动中，东正教驻北京传教团的驻地——北馆被焚毁，222 名中国籍东正教徒被杀，其中包括中国第一个东正教神父密特啰芳及其家人，俄国在华传教活动受到沉重打击。待形势稳定之后，俄国政府决定在中国建立主教区，扩大在华宗教影响。1902 年英诺肯提乙成为第一任主教。他利用庚子赔款中用于赔偿传教团的 18000 两白银迅速扩大传教规模。到 1917 年十月革命爆发之前，俄国东正教势力已经扩张到中国的许多省份，教徒总数达到了 6000 余人。

为了满足向中国教徒传教的需求，英诺肯提乙于 1902 年建立了一个由俄国神父、中国教士以及抄写工组成的翻译委员会。与此同时，1897 年天津俄商斯塔尔采夫购买了印刷设备，帮助传教团建立了

---

① Шубина С. А. Русская Православная Миссия в Китае (XVIII-начало XX вв.). Диссертация на соискание ученой степени кандидата исторических наук. Ярославль, 1998. C. 100-101.

印字房和装订房。① 1900 年印字房被义和团捣毁，1901 年重建。1911 年英诺肯提乙又建立了石印车间，后来又建立了铸字车间。这些措施使东正教经书翻译进入有组织、大规模运作的时期，在 6 年里时间里就翻译和印刷了 20 多种汉语译作。②

就英诺肯提乙本人而言，他用白话重译的《玛特斐乙圣福音经》《玛尔克圣福音经》于 1911 年刊印，成为俄国传教团使用的主要版本。此外，他还编写有《祈祷经文》（北京北馆石印，1911 年）、《天道指南》（北京北馆重排印，1903 年；北京北馆重印，1913 年），翻译了《东教宗圣人行实》（俄国东教宗北馆，1892 年）、《东教宗史记》（汉口，1893 年）等，主持重刊了大量以往的东正教经书汉译本。③ 1916 年为纪念俄国东正教驻北京传教团成立 200 周年主持出版了《俄国驻华传教团史略》（恰索夫尼科夫著），书后附录了当时北京东正教堂印字房铅印和石印的经书书目：

铅印

官话

《事奉经》《主日八调》《四部福音》《宗徒行寔》《宗徒公书》《信经问答》《注解玛特斐乙》《日诵经文》《祈祷经文》《注解创世纪》《圣教会要课》《晚堂经本》《晚堂大课》《晚堂小课》《时课经》《圣咏经》《启蒙问答》《旧约简要》《圣母圣诞赞词》《举荣圣架赞词》《圣母进堂赞词》《主降生赞词》《主领洗赞词》《主进堂赞词》《圣母领报赞词》《圣枝主日赞词》

---

① Краткая история русской православной миссии в Китае, составленная по случаю исполнившегося в 1913 г. двухсотлетнего юбилея ее существования. Пекин, 1916. C. 185.
② Шубина С. А. Русская Православная Миссия в Китае (XVIII－начало XX вв.). Диссертация на соискание ученой степени кандидата исторических наук. Ярославль, 1998. C. 134.
③ Walravens, Hartmut. Zur Publikationstätigkeit der Russischen Geistlichen Mission in Peking, Monumenta Serica: Journal of Oriental Studies. Vol. XXXIV (1979－1980)

《主升天赞词》《圣三主日赞词》《主易圣容赞词》《圣母安息赞词》《主复活赞词》《旧约提要》

文话

《圣经析义》《宗徒经》《祝文册》《圣咏经》《祈祷经文》《正教本分》《日诵经文》《教会九戒》《实迹圣传》《天道指南》《圣教会要课》《圣史纪略》《时课经》《主日赞词》《教理问答》《圣堂仪物名义志》《教规略述》《早晚经本》

石印

文话

《圣教六戒》《创世纪》《主复活赞词》《注解圣咏经》《圣咏经》《讲信经》《主日八调》《圣人行寔》《玛特斐乙福音经》《属福音经赞词》《圣堂仪物名义志》《十二庆贺日赞词》《教会实言》《东正教鉴》《教会史记》《东教宗史记》《出耶吉撒特记》《民数记》《申命记》《圣按托尼行实》《尼适来行实》《劝义篇》《东正教道理前引》《主受难福音经》《宗徒行实摘要》《主复活道理》《主进堂道理》《出地堂道理》《圣枝主日道理》《圣母领报道理》《音乐点子读本》《代亡人祈》《正教略》《道学简略》《教理问答》《圣教理问答》《新约圣经》《诵经节目》《神功四要》《列韦纪》[①]

英诺肯提乙在汉学研究其他方面的成就仅限于编写汉俄词典。他于1909年在北京编写出版了《华俄字典》（大清宣统元年岁次己酉北馆印字房印，上帝降生一千九百零九年），共两卷，2100页正文。然而，英诺肯提乙的词典并非完全是原创性劳动，在很大程度上借用了巴拉第和柏百福合编的《汉俄合璧韵编》以及翟理斯的《华英字典》。这两部词典是当时最优秀也最流行的汉外双语巨型词典，英诺肯提乙显然想将两部词典合二为一，造出个世界第一来。从收字数量

---

① Краткая история русской православной миссии в Китае, составленная по случаю исполнившегося в 1913 г. двухсотлетнего юбилея ее существования. Пекин, 1916. С. 225 – 226.

看，巴拉第《汉俄合璧韵编》中收录了 11868 个汉字，翟理斯的《华英字典》1892 年初版收录了 13838 个，而英诺肯提乙的《华俄字典》收录的汉字达到 16845 个，词组达到 15 万个。除了这两部词典，《华俄字典》的编写者们还参考了顾赛芬 1890 年初版的《汉法艺文词典》。英诺肯提乙的词典从规模上看确实无出其右，而在质量上并没有明显的超越。由于参与编写者水平参差，对词典编写规则少有了解，错误频现。据阿理克院士看来，《华俄字典》的很多方面都要比《汉俄合璧韵编》逊色。此外，英诺肯提乙还编写过一本《袖珍汉俄词典》。这本袖珍词典于 1910 年由俄国东正教驻北京传教团初版，1926 年重印，小 32 开，正文 336 页，目录索引 135 页，收录了近 9000 个汉字，按照俄语字母音序并兼顾笔画顺序排列，没有词组，俄文释义简单明了。

为纪念俄国传教团来华 200 周年，英诺肯提乙组织出版了《俄国驻华传教团史略》，于 1916 年在北京出版。该书按照时间顺序比较详细地记录了此前历届传教团的主要活动，简略介绍了每个传教团成员的生平和活动，对其汉学成就给予了特别的重视。英诺肯提乙对重建俄罗斯馆中外书房非常重视，到他 1931 年去世前，这里的藏书已恢复到 4000 册。另外，他还创办了《中国福音报》，其中所发表的有关传教团历史的文献对研究俄国汉学史和中俄关系史具有重要参考价值。他组织重印了多种俄国汉学著作，如比丘林的《汉文启蒙》《北京志》《中华帝国详志》和《三字经》译本，巴拉第节译的《圣武记》、撰写的《佛陀传》及其主编的《俄国驻北京传教团成员著作集》等。此外，少数优秀的传教团成员手稿得以付梓，如卡缅斯基的《阿尔巴津人札记》、克雷姆斯基的《孔学义解》、茨维特科夫翻译的祁韵士《万里行程记》等。

5. 中国教徒

在俄罗斯人翻译经书的过程中，在俄罗斯馆谋职的一些中国人发挥了非常重要的作用。在长期与俄人相处过程中，他们逐渐学会了俄语，加入了东正教，甚至担任了神职。翻开当年的那些印刷品，可以发现绝大部分经书译稿都经过了中国人的校对和润色。这些人大多受过教育，其中甚至还有举人，不仅帮助俄人译书，而且还留下自己的著作和译作。

密特啰芳中文名叫纪春（译音），自小机警乖巧，巴拉第委托俄罗斯馆聘请的中国先生隆源教他读书认字，20 岁时成为诵经士，1882 年 6 月 29 日在日本接受了东正教日本主教尼古拉·日本斯基为他举行的修士司祭晋升仪式，时年 27 岁。① 可以说，法剌韦昂翻译的许多经书都有密特啰芳参与校订。

俄国学者认为，些儿吉乙长（Сергий Чан）是密特啰芳之子。② 1900 年东定安村东正教堂"崇拜天主圣所"被义和团捣毁，村中教民连同家小被杀，些儿吉乙长逃到北京，自此留在英诺肯提乙身边，成为其得力助手。他自幼在俄国传教团的神品学校读书，精通俄语。他不仅帮助校对译稿，而且于 1912 年刊印了自己翻译的《普罗帖斯唐特历史》《西教纪略》《东正教鉴》《东西教会纪略》和《圣号解义》等。些儿吉乙长即是 20 世纪初在天津创建中华东正教会祈祷所"伊诺肯提乙"教堂的常福（又名常锡吉）。③

隆源，举人，长白山人氏，号云溪，曾在俄罗斯馆供职约 30 年，懂俄语，其主要职责是在俄国传教团附设的学校授课，同时协助传教士翻译东正教经书。此外，他本人于 1880 年编写刊印了《圣教六戒》一书，1910 年重印。

此外，还有几位中国人曾帮助俄罗斯馆汉译经书，如范中（Тимофей Фань）（编有《天主圣教小引》）、安托尼（Антоний Ван）、伊望（Иван）（译有《实迹录传》）、鄂锡阿（Ося Чжан）（译有《主日八调赞词》

---

① Ипатова А. С. Российская Духовная Миссия в Китае: век двадцатый//История Российской Духовной Миссии в Китае: Сб. статей/Ред. коллегия: академик С. Л. Тихвинский и др. М.,1997.

② Именной указатель//История Российской Духовной Миссии в Китае: Сб. статей/Ред. коллегия: академик С. Л. Тихвинский и др. М.,1997.

③ 杜立昆：《俄国东正教传入天津前后》，《天津宗教资料选辑》第一辑，天津宗教志编辑室，1986 年。

《时课经》)、耶乌哗尼 (Евмений Юй) (译有《主日八调赞词》《时课经》)、伊望·包 (Иван Пао) (译有《信经问答》,北京俄国北馆印,1912 年)、玛尔利亚、尼克伊他、摩伊些乙和铁楞尔提乙等。①

除了以上罗列的之外,还有一部分经书暂时无法确定译者,另有一部分署名为俄国东正教驻北京传教团,如《列微乙记》(北京,1913 年)、《宗徒经》(北京北馆石印,1911 年)、《出耶吉撒特纪》(北京,1911 年?)、《贺利斯的央敬理要略问答》《玛加白衣经》《肋末孙子经》《达尼耶经序》《约那斯经序》《智德之经》《多俾亚经序》《如弟得经序》《厄斯得肋经》《厄格肋西亚斯弟各西拉克之子页梳训世经》《教子文》《度日文》《领洗文》《领洗问答》《福音经·宗徒书札》(北京,1862 年)和《利图儿吉亚》等。② 由此不难发现,中俄《北京条约》签订之后,俄国传教团在汉学其他领域的研究成绩越来越少,而在东正教经书的翻译和刊印方面用力甚多。

综上所述,在俄国东正教驻北京传教团翻译的经书当中,礼典仪节和祈祷文类书籍占有相当大的比重,其次是劝化类读物。这些都是俄国人直接从俄文、斯拉夫文或希腊文翻译而来。但在圣经以及圣经诠释类书籍的翻译过程中,俄国人大都参考了已有的西人译本。与此同时,为了与天主教加以区分,他们在翻译过程中一直在努力突出东正教所独有的特色。因为教义基本相同,他们只能在专有名词的翻译上采取与西人不同的方案,如直接将教会斯拉夫语中的"上帝"音译为"伊伊稣斯合尔利斯托斯",将"新教"翻译为"普罗帖斯唐特"等。可以说,俄国传教士对西方天主教士的汉译经书采取了一种有取有舍的态度。此外,加入东正教的中国信徒在译稿的修改、润色和刊印方面做了大量工作。

---

① Walravens, Hartmut. Nachtrag zu: Die Publikationstätigkeit der Russischen Geistlichen Mission in Peking//Monumenta Serica, Journal of Oriental Studies, Vol. XXXVIII (1988 – 1989); Яхонтов К. С. Китайские и маньчжурские книги в Иркутске. СПб., 1994. С. 67 – 69.

② Walravens, Hartmut. Zur Publikationstätigkeit der Russischen Geistlichen Mission in Peking, Monumenta Serica: Journal of Oriental Studies. Vol. XXXIV (1979 – 1980)

与西方传教团相比，俄国人在鸦片战争之前虽然独占天时地利之便，但从未敢触动清朝的禁教政策，这完全是由东正教的特性以及俄国对华政策重点所决定的。无论是巴拉第，还是法剌韦昂，均不大相信中国在未来能变成个基督教国家，尽管翻译了一些经书，但在传教方面并无作为。俄国政府部门甚至担心因为教会的莽撞行为而引起清政府的不满，从而影响其在华政治和经济利益。直到义和团运动之后，俄国人才放开手脚，利用庚子赔款在翻译、刊印经书以及扩张宗教势力范围上取得明显发展。

在翻译经书的同时，19 世纪后期的传教团更加注重对其在中国存在历史的回顾与总结。除在《中国福音报》上不断发表档案和相关研究文章之外，还出版了两部通史性的著作，不仅为俄国东正教历史的研究，也为中俄关系史的研究留下了珍贵文献。

第三节　亦官亦学之汉学家

19 世纪下半期俄国加紧侵略中国，对汉语人才需求激增。一些汉学家进入俄国政府，在外交部以及驻华使领馆担任重要职务。实际上，从 18 世纪开始就有汉学家在外交部任职，但就其在中俄关系史上发挥的作用而言，远不足以与这一时期相提并论。这些具有双重身份的汉学家，在为俄国侵华效力的同时，也从事汉学研究。这类汉学家们有一个共同的特点，就是在继续从事语言和历史研究的同时，不断拓展研究范围，然而侧重点大都不是中国的传统思想和文化，而是中国的政治、经济、社会和外交，具有更明显的实用目的。在他们的作品中，分析或研究的比重大大增加，对沙皇侵华而言更具情报价值。因此，俄国政府选择他们作为俄国利益在中国的代言人也就不足为怪了。

一、杂哈劳

同孔气一样,"杂哈劳在俄国'汉学'史上,也是一个亦官亦学的头面人物"。[1] 杂哈劳 1814 年出生在俄国的一个神父家庭,后毕业于沃龙涅什神品中学和圣彼得堡神学院。1839 年作为学生参加第十二届俄国东正教驻北京传教团,1840 年到达北京,1850 年回国。1851 年进入外交部亚洲司工作,1866 年被亚洲司辞退。1868 年起在圣彼得堡大学教授满语,1875 年获得满语文学博士学位,1879 年获得教授职称,1885 年去世。

杂哈劳一生大致可以分为三个阶段。第一阶段是 1850 年以前,他将主要精力用于满语和汉语的学习,并且开始研究工作,许多著作都是在这一时期完成的。第二阶段是他在外交部亚洲司工作期间,时间从 1851 年至 1866 年,前后 15 年。1851 年,杂哈劳作为叶·科瓦列夫斯基[2](Е. П. Ковалевский,1792—1866)的通译参加签订中俄《伊犁塔尔巴哈台通商章程》的谈判,被留任为俄国驻中国境内的第一个领事——伊犁领事,后升为总领事,一直到 1864 年。1862 年杂哈劳被任命为全权会勘地界大臣,1864 年协助巴布科夫(И. Ф. Бабков)逼迫清政府签订中俄《勘分西北界约记》,攫取我国西部 40 余万平方公里的土地。与此同时,他对新疆地区进行了详细的研究,为沙皇政府对外扩张献计献策。1868 年至 1885 年是杂哈劳生命的第三个阶段,即在圣彼得堡大学从事满语教学阶段,前后 17 年。期间他出版了在俄国满学史上占据重要地位的著作。"他所编写的两部著作——一本词典和一部语法——至今仍是满语学习中不可取代的参考书。"[3] 杂哈劳以其满语研究成就为俄国满学赢得了世界声誉。

---

[1] 蔡鸿生:《俄罗斯馆纪事》,广东人民出版社,1994 年,第 54 页。
[2] 中国史籍中称之为"阔瓦劣复斯奇"。
[3] Волкова М. П. Маньчжуроведение//Азиатский музей-Ленинградское отделение Института Востоковедения АН СССР. М.,1972.

1. 满语研究

应王西里邀请，1868年秋杂哈劳来到圣彼得堡大学东方语言系任教，担任满语教学工作，1869年1月开始授课。他为一年级选用《清文启蒙》和自己的笔记作为教材。二年级学生主要使用王西里的《满语入门文选》，三、四年级学生使用满文本《西厢记》《御制盛京赋》《大清会典》和《通鉴纲目》。

1875年，他出版了著名的《满俄大辞典》。早在北京时期，他就已经开始了辞典的编写工作，断断续续，前后历时20余年，才完成了这一巨著。在编写过程中，杂哈劳除参考以往的满俄辞书以外，还利用了大量满文刊本与抄本，借鉴了罗佐夫和王西里等人的成果。在前言中，杂哈劳结合女真民族的兴衰沉浮，详述了满族的起源和满语的源流，对这种语言在字母及语法上的变化给予了特别的关注。作者对我国及欧洲历史上的主要满语词典的优劣得失一一进行了评介。他认为，第一部流传至今的满语词典是刊印于1682年的沈弘照（启亮）编撰的《大清全书》。此作编排有序，总结了满语的基本语法规则，为1730年舞格寿平撰写《清文启蒙》奠定了基础，不足是收词不完善，特别是缺少老满文词汇。他对以后问世的满语词典《清文鉴》、戴毅的《清文备考》、李延基之《清文汇书》、傅恒等奉敕所撰之《增订清文鉴》、宗室宜兴之《清文补汇》和《三合便览》等都进行了评介。在欧洲人编写的满语词典中，杂哈劳认为钱德明的《鞑靼满法字典》、王西里的《满俄词典》虽不尽完善，但仍有一定参考价值。①《满俄大辞典》出版后，立刻赢得广泛好评，被俄国皇家地理学会授予金质奖章。同年，圣彼得堡大学东方语言系决定不经答辩授予杂哈劳满语文学博士学位。王西里在1875年就此事所写的推荐信中写道："尽管中国当今的王朝为自己的母语在这方面费了不少气力，

---

① Захаров И. Полный маньчжурско-русский словарь, составленный преподавателем маньчжурского языка при Императорском С.-Петерб. ун-те, действительным стат. советником И. Захаровым. СПб.,1875. Предисловие.

但还是没有这样完整的辞典。最优秀的词汇都进入了杂哈劳先生的著作，并且按照事物的性质进行了排列。此外，杂哈劳先生的辞典融会了所有其他辞典。"① 1876 年，圣务院建议将杂哈劳的辞典作为神学院的满语教材。杂哈劳自此以满学家的形象闻名于国际汉学界。同年，他参加在圣彼得堡召开的第三届国际东方学家代表大会，被推举为第五组（远东组）副主席。俄国汉学界认为，杂哈劳的《满俄大辞典》至今仍是后人难以超越的力作。在国际满学界，直到 1937 年才有日本羽田亨编写的《满和辞典》问世，而后才是美国学者诺曼（Jerry Norman）著的《简明满英辞典》。我国学者称"用三种外文编著的这几种满文辞书，其中所引各种原书虽多自满汉文译出，而不少满汉文原本已佚或已罕见，为世所重自不待言"，②仍将杂哈劳的《满俄大辞典》作为编写满语工具书的珍贵参考资料。

1879 年，杂哈劳的另一部满学力作《满语语法》在圣彼得堡出版。这部书包括导论、满文书写范例、发音规则以及词法。作者在编写此书时所遵循的目标是"教会人们准确地理解和翻译满语"。杂哈劳努力从满语中发现符合拉丁语语法的语法范畴，依照拉丁语语法概念和术语构造满语语法。他认为，满语语法很少单独编书，而是存在于各种满语词典当中，代表作品包括《清书指南》（沈启亮，康熙二十一年）、《清文备考》（戴毅，康熙六十一年）、《清文启蒙》（舞格寿平，雍正八年）、《三合便览》（敬斋公，乾隆五十七年）。然而，杂哈劳深为这些著述中的矛盾与混乱之处感到遗憾。他说："这些语法书没有我们所具有的与词汇结合起来的概念，在同一章节中讲解各种不同词类，且用汉语解释，颇为费解。只有精通汉语并了解这种语言的特性才有可能理解作者的意图。但是，他们的语言讲解非常全

---

① История отечественного востоковедения с середины XIX века до 1917 года. М., 1997. С. 328.
② 王钟翰:《〈简明满汉辞典〉序》，载刘厚生、关克笑、沈微、牛健强编《简明满汉辞典》，河南大学出版社，1988 年。

面，完全能够满足我们深刻学习满语的需要。"① 他一方面利用了中国人满语语法著作中的有益内容，同时借鉴了欧洲的满语语法研究成果。他认为欧洲第一部满语语法著作是耶稣会士徐日升的拉丁文著作《清文启蒙》，而后有朗格莱（Louis-Mathieu Langlès，1763—1824）1807年在巴黎出版的《满语初阶》、汉斯·嘎伯冷兹1832年在阿尔腾堡出版的《满语基础》、路希恩（Lucien Adam）1873年于巴黎出版的《满文文法》。俄国人的著作中他特别指出了安·弗拉德金、罗佐夫、奥尔洛夫（А. М. Орлов）编写的满语语法。

作者在书后表示将要编写描述满语句法结构的语法著作："在本满语语法，即第一部分中我非常全面地阐释了词汇的构成和用法，同时指出其在言语中的位置，即说明解释性和插入性词汇应置于作为言语对象的动词之前。第二部分是句法，需要讲解句子和圆周句的排列与组合。但是，满语不似其他语言的短语那样灵活与多样。在满语中，句子如同词汇一样是按照意思排置的，即作为对主要行为进行描绘和解释的插入词同样要放在前面。如此看来，对于满语而言，阐述其句法似乎是多余的事情。关于这一点，王西里教授对满语的论述极其正确。他说：'学了词源学，就等于学了句法。'无论这种观点如何有道理，我依然觉得有责任出版一部满语句法，以便切实说明该种语言句子（简单句与复合句）的构成与排列方式，圆周句是如何组织的，靠什么来连接，总之要弄清满语的构造。我将努力在以后的时间里出版满语语法的第二部分。眼前问世的只是第一部分，我计划尽快为学习满语的青年人提供参考书和指导手册。"② 但是，杂哈劳最后没有来得及完成自己的计划，也未见手稿遗留下来。

2. 中国人口和土地问题研究

早在北京期间杂哈劳就已经撰写了两篇颇有学术价值的文章：《中国人口历史评述》和《中国的土地所有制》。

---

① Захаров И. Грамматика маньчжурского языка. СПб., 1879. Предисловие.
② Захаров И. Грамматика маньчжурского языка. СПб., 1879. С. 323.

中国人口和土地问题是中国社会发展史研究中两个非常重要的课题。杂哈劳将这些问题放在中国历史发展的总体背景下进行了考察，回顾了中国从古代到清代的土地政策和人口情况。与比丘林不同的是，他对中国社会经济问题的研究不是单纯的译介中国典籍，而是利用多种文献进行归纳和总结。杂哈劳在撰写《中国人口历史评述》时使用的文献包括廿三史、《文献通考》、《续文献通考》、《皇朝文献通考》、《通鉴纲目》和《皇朝经世文编》等中国典籍以及毕瓯等欧洲汉学家的中国人口研究成果。对于毕瓯的研究，杂哈劳写道："法国的毕瓯先生本可以对这个问题进行深入研究。他根据《文献通考》这部优秀的中国著作介绍从古代到当今清朝的中国人口变化轨迹。遗憾的是，中国文人笔下信息之简短和不完整，译者对汉语和中国文献了解不足，缺乏其他中国文献，特别是缺乏 13 世纪以后的著作，这些因素使得毕瓯先生在撰写每一行字时都遇到了困难，并最终得出了错误的结论。在这部著作中，作者似乎只提供了纳税人丁的数量，而非全部人口。因此，他从一开始便犯了错误……"[1] 与此同时，杂哈劳充分肯定了毕瓯所参考文献的权威性。杂哈劳按照时间先后详细地叙述了中国人口的变化情况，仔细分析了战争、朝代更迭以及休养生息等对中国人口减增产生重要影响的因素，在文末附录了自古迄今中国人口的变化详表，非常有价值。诚然，在当时的条件下，他不可能对中国人口进行精确的计算，并且也没有打算这样做。他的主要目的是将中国文献中有关人口的信息完整而系统地叙述出来："这就是中国官方文献中的中国人口状况。中国再没有其他可以解决该问题的文献了。那里不进行出生和死亡登记。笔者坚持的原则就是要在中国研究中依据可信的资料和官方文献，做中国人思想的准确转达者，目的是避免欧洲学者此前的做法，他们的结论让读者感到迷惑。笔者希望读者按照不久前诞生于欧洲、而在中国从来没有的科学方法，利用这里

---

[1] Захаров И. Историческое обозрение народонаселения Китая//Труды членов Российской духовной миссии в Пекине. Т. 1. Пекин, 1909.

所提供的文献做出自己的判断。"①

杂哈劳撰写《中国的土地所有制》所依据的中国文献基本上与他写《中国人口历史评述》时参考的资料相同，但却将研究的重心转移到了与中国人口和社会经济发展问题有密切关系的土地问题上。他从远古时代论起，细致地分析了中国历朝历代土地面积的变更以及土地政策的变化。他之所以对该问题产生兴趣，是因为"土地是粮食的来源，为定居人口所珍视，是使百姓安居乐业的手段，是政治社会赖以凝聚的纽带，是中国政府关注的焦点"。② 杂哈劳认为，自从唐德宗建中元年（公元 780 年）以两税法取代租庸调制，即"中国确立对土地无限量拥有权之后，这种土地所有制度已经存在了千余年而未改变"。③ 他认为，无论当今，还是在中世纪，中国都是一个土地私有制国家，是一个以大地主为主的社会。

这两部作品被认为是俄国关于中国社会经济史研究最早的著述，刊登在《俄国驻北京传教团成员著作集》第一卷和第二卷中。俄国东正教驻北京传教团作品审查委员会（其成员包括季姆科夫斯基和安文公等）对杂哈劳所著的《中国的土地所有制》做出了这样的评价："在这篇论述政治和经济问题的文章中，作者历史地概述了个人土地拥有权的发展历程。"而他的《中国人口历史评述》则获得了这样的评价："这是一部严肃的作品，但却未能就中国人口的确实数量做出最后的结论。"④ 尼基福罗夫认为，杂哈劳是俄国第一个对中国历史进行科学研究的人，是分析中国社会经济根本问题的始作俑者，而他的《中国的土地所有制》"对后来包括苏联时期的研究都具有重要意义"。⑤

---

① Захаров И. Историческое обозрение народонаселения Китая//Труды членов Российской духовной миссии в Пекине. Т. 1. Пекин, 1909.
② Захаров И. Поземельная собственность в Китае//Труды членов Российской духовной миссии в Пекине. Т. 2. Пекин, 1910.
③ Никифоров В. Н. Советские историки о проблемах Китая. М., 1970. С. 9.
④ История отечественного востоковедения с середины XIX века до 1917 года. М., 1997. С. 326.
⑤ Никифоров В. Н. Советские историки о проблемах Китая. М., 1970. С. 9.

3. 中国西北边疆研究

《中国西部边陲札记（据中国资料编纂）》是杂哈劳一部重要的中国边疆史地研究著作。该书手稿一度曾被认为遗失，王西里1885年在《国民教育部杂志》上发表过一篇名为《回忆杂哈劳》的文章，对这部重要手稿的遗失深表遗憾。后来有学者在叶·科瓦列夫斯基的档案中发现了这部手稿。杂哈劳在文章开头对中国人头脑中的"西域"概念进行了解释。他认为这个词汇早在汉朝时期就有了，泛指当时都城长安以西的中国领土。他的另外一部作品是完成于北京的《青海和硕特部及其与中国的关系》。斯卡奇科夫在《中国书目》中没有收录这部手稿，后在喀山的档案中被发现。1844年，杂哈劳曾将这篇文章寄给了在外交部亚洲司任职的安文公。当时的评论者认为这是一部专门论述蒙古和硕特部历史的作品。杂哈劳的《中国西部领土概述》手稿至今下落不明。此外，他于1857—1859年间编写的《新疆详图》虽未出版，却为许多外国探险家所使用，后来获得了巴黎国际地理代表大会奖章。

在19世纪下半期的俄国汉学家中，如果就对中国西部地区的研究而言，杂哈劳无疑是公认的权威。俄国政府选择他充当其驻伊犁的代表，可以说是"人尽其才"了。就连巴拉第对外交部的这一决定也是赞赏不已。1875年，他在给俄国前驻北京公使倭良嘎哩的一封信中写道："您告诉我的有关杂哈劳的消息着实令人高兴。他的历史素养和民族学知识决定了他应该在中亚地区工作。他具备胜任这一工作的全部资料，而且也没有为目前耽于梦想的实用主义风气所浸染。此外，您还可以建议伊万·伊里奇①去一趟巴黎，到东方学院找他没有的'图书集成'。"②

---

① 扎哈罗夫的名字及父称。——笔者注
② Хохлов А. Н. П. И. Кафаров: Жизнь и научная деятельность (Краткий биографический очерк)//П. И. Кафаров и его вклад в отечественное востоковедение:К 100-летию со дня смерти. Материалы конференции. Ч. 1. М. ,1979.

二、孔气

19 世纪初,俄国沙皇政府为了使驻北京传教团更好地学习中国语言、研究中国国情,为俄国在中国的政治和经济利益服务,在选拔来华人员时开始考虑其能力、所受教育和志愿等因素。此外,俄国政府向传教团增派专业技术人员,从第十届起增派医生,从第十一届起增派画家。这部分人员大都是自愿来华的,所以都非常积极而刻苦地学习了汉语,并在汉学领域取得了一定成就。医生有沃伊采霍夫斯基、秦缓(П. Е. Кириллов,1801—约 1864)[1]、明常、赛善(С. И. Базилевский,1822—1878)[2] 和科尔尼耶夫斯基(П. А. Корниевский,1833—1878)。画家有列加舍夫(А. М. Легашев,1798—1865)、科尔萨林(К. И. Корсалин,1809—1872 后)、奇穆托夫(И. И. Чмутов,1817—1865)和伊戈列夫(Л. С. Игорев,1822—1893)。1850 年,俄国政府又在北馆建立了天文观测台,旨在收集我国天文及气象情况。

与其他俄国汉学家相比,孔气来华前所受的教育和工作经历有些与众不同。1821 年,他出生在一个承包商家庭。16 岁时进入圣彼得堡大学,没到毕业就转到里舍耶夫斯基高等法政学校学习,成为天文学家、圣彼得堡皇家科学院院士萨维奇(А. Н. Савич,1811—1883)的弟子。1844 年,他从法政学校毕业,进入国家公产部沃洛格达局供职。1845 年被任命为北方教学农场场长助理。两年后任圣彼得堡省公署办公厅职员。1848 年,他自愿申请以学生身份随同巴拉第领导的第十三届传教团来华,担任天文观测台的台长。[3]

来到北京以后,孔气在从事天文气象观察的同时,开始学习汉

---

[1] 汉语音译为"基里洛夫"。因被时人以中国古代名医"秦缓"之名称之,基里洛夫即将其作为自己的汉名。

[2] 汉语音译为"巴济列夫斯基",汉名"赛善",中国史籍中也称"巴悉列福斯启"。

[3] Скачков П. Е. Очерки истории русского китаеведения. М.,1977. С. 157.

语。当时教孔气汉语的有两位中国先生，一位姓高，他称之为"高教授"，给他上早课，另一位先生上晚课。据孔气回忆，高先生的薪俸是每月5两8钱银子，比其他秀才的每月4两多出不少，可见是位好老师。① 巴拉第在雇佣教师的经费上给了孔气很大支持。经过两年学习，他取得了显著成效，能够相当流利地讲汉语，具备了阅读汉文典籍的能力。到1853年底，他已经翻译了不少中国书籍。他在日记中详细地记录了他的成绩："写了许多东西，翻译了很多。关于农业问题写了104页；……有关技术问题写了12页；……翻译《开辟历数通书》34页；详细翻译《古今秘苑》22页；《救荒活民书》22页；《续茶经》24页……"② 与其他传教团成员不同的是，孔气最先翻译和研究的不是四书五经或《通鉴纲目》等哲学和历史文献，而是中国优秀的农业典籍。作为太平天国起义的见证人，他详细地记录了他看到和听到的有关起义的各种情况。此外，他还对中国古代天文学理论、中国文学进行了翻译和探索。他的许多善本藏书现在已经成为不可多得的珍本。

　　1857年，孔气在北京患重病，在巴拉第和医生赛善的劝说下回到圣彼得堡，被任命为外交部亚洲司八等翻译。而后他去法国治病，在巴黎结识了法国著名汉学家卜铁、儒莲、毕瓯和旅行家古伯察。在卜铁的帮助下，孔气得以进入法国皇家图书馆看书。儒莲当时正在翻译玄奘的《大唐西域记》，孔气曾经给他解答过疑难。在卜铁、儒莲和毕瓯的推荐下，孔气被选为巴黎亚洲学会会员。1859年3月，孔气返回圣彼得堡，被任命为驻中国新疆塔城领事。自此他又将研究重点转移到新疆历史和中俄贸易方面。1863年，从新疆回到俄国。1865年应邀在圣彼得堡大学教授汉语实践课程，同年当选为俄国皇家考古学会会员、东方及美洲学会会员。1867年，孔气又被任命为驻天津领事，第三次来到中国，曾参与天津教案交涉。1870—1879年任中国

---

① Скачков П. Е. К. А. Скачков(1821 - 1883). Биографический очерк//Скачков К. А. Пекин в дни тайпинского восстания:Из записок очевидца. М. ,1958.
② Скачков П. Е. Очерки истории русского китаеведения. М. ,1977. С. 159.

各开放港口领事。其间他多次回俄国休假。1874年去了西欧的维也纳、威尼斯、罗马和巴黎等地。1879年来上海，同年回国，继续担任外交部亚洲司译员。1883年3月26日，孔气在圣彼得堡去世。

1. 中国农业、天文及中俄贸易研究

孔气致力于中国农业和天文学研究，一方面与其教育背景有关，另一方面也是为了执行俄国相关部门的指令。从他能够在中国先生的指导下看懂中国书籍的那一刻起，就开始研究中国农业了。前往中国之前，孔气曾同比丘林谈到了他将研究中国农业的愿望，比丘林建议他全文翻译《授时通考》。他遵从了这位汉学前辈的指示，但在翻译过程中他却发现这部书并没有包含他所需要的有关中国农业的全部信息，所以又翻译了《尚书·尧典》和《尚书·禹贡》等。这些译稿共有近2000页，约占他全部手稿的五分之一，现保存在俄罗斯国立图书馆手稿部。他从中国农业典籍中摘译了有关农作物、蔬菜、花卉及果树的种类、栽种工艺和土地耕作技术等方面的内容，介绍了中国的农具。孔气在从书本中获得有关中国农业信息的同时，还注意进行实地观察。他于1858年在《俄国艺术报》上发表名为《北京运河上的郊区茶馆》一文，对中国茶馆的类型、特征、各色茶客以及社会作用做了详细的介绍。他写道："欧洲人来华研究中国人，最好不要用狡猾的仆人、无知的船夫以及另外一群由他挑选的穿绿色肥腿裤的人提供的材料，因为他们所传递的有关本国法律和风俗方面的信息通常都是虚假的、杂乱的和肤浅的，要换一种方法，让自己一连几天在茶馆里待着，而且不是在老爷们去的那种茶馆，而是在我们所说的城里或城外的那种普通茶馆，便能够更加真实地了解中国人。茶馆是中国市井风俗的百科全书，其中包括了中国人的外表与秘密，美德与恶行，优点与缺点，还有那些重要与可笑的方方面面。"[①] 此外，他遗有一部名为《温泉乡石窝农家生活写生》的日记，共有587页，时间自

---

① Скачков К. А. Загородный Ча - гуань на Пекинском канале//Русский художественный листок, 1858, № 35.

1851年6月到1856年3月，生动描绘了19世纪中期中国农民的生活状况，是研究中国农业史和社会史的绝好素材。在华期间，孔气还请中国人帮助他进行作物培植试验。他一共试种了60种蔬菜、23种瓜、26种豆、药用根茎植物17种、果树26种、野花90种、家花41种。俄国自由经济学会曾委托孔气绘制中国农作物和农具图册，他在两名中国画匠的帮助下完成了大约700幅图画。这本画册在圣彼得堡、巴黎和伦敦都引起了赞叹。此外，他还帮助这个学会在中国购买过大批人参。孔气在中国农业研究领域发表的著作还有《论中国饲料用草——苜蓿》《论中国蝗虫消灭方法》和《中国农业谈话》等。①

孔气还对中国的养蚕业进行了深入的观察和研究。他从山东省请了一个经验丰富的养蚕人，得到两个野蚕品种，在北馆进行了饲养实验。他曾给俄国农业局寄去了蚕种以及一篇介绍养蚕方法的文章，试图将中国的野生蚕种引入俄国，但没有引起主管当局的重视。他写了几篇介绍养蚕的文章。一篇叫《论中国蚕的品种》，刊登在《国家公产部杂志》1856年7月号上。另一篇叫《中国人放养野蚕的树木》，虽然1856年就寄回俄国，但直到1862年才在《农业杂志》上刊载出来，在杂志为这篇文章添加的按语中写道："孔气在介绍中国有益作物方面为国家做了许多事情，无人可与之相比……他的专门著作促成了中国苜蓿及大量菜园和花园作物在俄国的广泛栽种。他向农业局、各个农业协会和私人爱好者寄回了许多这样的作物种子。"② 1858年在法国期间，孔气见到了童文献神父，后者从中国带回了50个野生蚕种。巴黎人工培育协会培育出了成虫和卵，并用童文献的名字命名野生蚕种。童文献的文章也随之在俄国的杂志上发表。孔气非常沮丧，认为本该属于俄国学者的荣誉由于俄国官僚的干扰而拱手让与了他人。他始终认为，是他，是俄国学者首次将中国的野生蚕种引进了

---

① Скачков П. Е. К. А. Скачков(1821 – 1883). Биографический очерк//Скачков К. А. Пекин в дни тайпинского восстания: Из записок очевидца. М. ,1958.
② Скачков П. Е. Очерки истории русского китаеведения. М. ,1977. С. 160 – 161.

欧洲。①

此外，孔气还研究了中国的手工业。他对中国的制砖、制陶、织染及其他工艺很感兴趣。他日记中的《中国工艺》和《中国百科》两部分记录了有关 19 世纪中叶中国手工艺的众多问题。他同时还深入手工作坊，进行实地调查，但由于业者担心技术外传，不肯轻易向他吐露实情，他只能记录下自己的观察所得。

19 世纪 50 年代，孔气就以中国农业专家的身份闻名于世。1851 年他当选为俄国自由经济学会通讯会员，1857 年成为高加索农业协会通讯会员，1858 年成为巴黎亚洲学会会员，1859 年加入圣彼得堡俄国花园协会，同年成为莫斯科农业协会人工培植委员会成员，1860 年起为喀山经济协会会员。

进行天文气象观察是孔气在俄国驻北京传教团中的主要工作。孔气到北京以后，传教团在巴拉第主持下修建了新的地磁观测台。1850 年巴拉第向亚洲司汇报，称新的地磁观测台已经建成，不仅牢固美观，而且三面环湖，很适合观测。② 1851—1854 年间，孔气对中国天文气象状况进行了不间断的观察，按时将报告寄给圣彼得堡皇家科学院观象台的库普费尔（А. Я. Купфер，1799—1865）院士。孔气的地磁观测报告后来由英国学者在《论北京磁偏差引起的每日阳光变化》一书中发表。1874 年，他分别在《国民教育部杂志》第 5 期和《俄国皇家地理学会公报》第 10 卷上发表了《中国天文学的命运》和《论中国天文观测的状况》两篇文章，集中反映了他在中国天文学研究领域的作为。孔气的档案中还保存着两卷译稿，叫《中国天文学和气象学研究资料》，共 615 页，译自秦蕙田撰《伍礼通考》、徐发撰《天元历理大全》、吕大临所著《考古图》及其他典籍。他认为研究

---

① Скачков П. Е. К. А. Скачков (1821 – 1883). Биографический очерк//Скачков К. А. Пекин в дни тайпинского восстания: Из записок очевидца. М., 1958.

② Хохлов А. Н. П. И. Кафаров: Жизнь и научная деятельность (Краткий биографический очерк)//П. И. Кафаров и его вклад в отечественное востоковедение: К 100 - летию со дня смерти. Материалы конференции. Ч. 1. М., 1979.

中国的天文学典籍可以为天文学历史研究提供珍贵资料，补充和验证从埃及人、希腊人、印度人和阿拉伯人那里获得的那些支离破碎的知识。孔气认为，中国人在远古时期曾借鉴了迦勒底人的天文学成就，后来又利用了希腊人、印度人、阿拉伯人和欧洲人的天文学著作。

孔气历任俄国驻塔城和天津领事等职，保护俄国商人在华利益是其最重要的任务之一。从他发表的著述看，自他成为俄国政府驻华代表之后，中俄贸易问题便成为他的重点研究对象。为此，他广泛搜集中国水陆交通资料，详细研究中国市场状况，及时向俄国政府提出对策建议。1860年孔气发表了第一篇中俄贸易研究论文《论俄国人在塔城的贸易》，而后又相继发表了《我们在中国的贸易事务》《俄国在华贸易需求札记》和《新俄华条约对俄国贸易的意义》等作品。作为俄国侵华势力的代表，他非常注意收集中国的军事情报。在他的藏书中，有许多幅有关中国西部边界军事布防的地图及说明。1858年发表《论中国水军》，1879年在圣彼得堡出版了小册子《自古迄今中国军事组织历史概述》。此外，他遗留下来的日记亦包含了丰富的清代中俄贸易以及中国社会状况信息。①

2. 太平天国运动研究

发生在1850年至1864年间的太平天国运动是中国历史上最后一次大规模的农民战争，同时也是一次大规模反对西方列强的斗争。此时孔气正好在中国，因而成为这场运动的目击者和见证人。在北京期间，他不间断地写日记，其中一本自称为《我的日记》，另一本称为《我的政治日志》（1854年1月—1856年5月）。从战争进展到北京百姓的情绪，他都在日记中详加记录。我们都知道，太平军并没有攻下北京，孔气也无缘看到真正的太平军将士，可他的这些信息来自何处呢？主要有两个来源：一是《京报》。《京报》是清代北京由报

---

① Архипова С. В. Биобиблиографические материалы на русском языке о К. А. Скачкове//XV научная конференция《Общество и государство в Китае》. Ч. 3. М., 1984.

房商人发行出售的出版物，主要刊载一些官方允许发布的文件和消息，是中国当时唯一的报纸。孔气将《京报》中有关太平军的重要消息翻译成俄语，记录到日记中，并表达自己的看法。二是北京人有关时局的街谈巷议。1958 年，斯卡奇科夫和米亚斯尼科夫整理出版了这些日记，书名为《太平天国起义日子里的北京》，收录 1851 年日记 16 篇，1852 年 15 篇，1853 年 175 篇，1854 年 105 篇，1855 年上半年 67 篇，1856 年 1 篇。

从孔气的日记中可以感觉到他起初对太平军起义的性质并不了解，将其与"白莲教"等秘密团体混为一谈。可能是受了《京报》的影响，他对太平军也无好感，在文中将其称之为"贼"或"匪"，后来才逐渐清楚了太平军是以基督教教义为指导思想的。孔气记录了北京百姓对太平军北伐的同情。他写道，北京老百姓说太平军只杀贪官，不扰百姓。富人乐于帮助他们，穷人对他们也有好感。人们传说太平军很诚实，买东西都付钱。孔气在日记中相信北京很快就会陷落，不知太平军进城后他们该怎么办。他甚至储备了食物，以备断粮时救急。他写道："人们希望改善自己的命运，都不愿意逃走"，"长毛也许会保护传教团免受民众的攻击"。[1] 日记中还记录了当林凤祥和李开芳率军逼近北京时清廷衙门中的混乱景象。他也写到了清政府用于镇压起义的军费开支数目，3 年中一共花费了大约 4000 万两白银。这些记载无疑对我国研究太平天国历史具有一定的参考价值。俄罗斯的清史和太平天国历史研究者非常重视孔气的著作，有学者就将清人柯悟迟在《漏网喁鱼集》中所描述的太平天国运动时期常熟地区的情况与孔气笔下的北京情势进行了对比研究。[2] 另有人根据孔气的日记和巴拉第写给东西伯利亚总督穆拉维约夫的报告对当时北京的社会状况、各阶层人士的心态变化以及清朝政府的政治、军事动向进行了详

---

[1] Скачков К. А. Пекин в дни тайпинского восстания：Из записок очевидца. М.，1958. C. 154.

[2] Королёва Н. А. История тайпинов глазами современников//Восточная Азия - Санкт-Петербург-Европа. СПб.，2000.

细的描述。①

3. 汉籍收藏

孔气在华期间竭力购买各种中国典籍加以收藏，日积月累，逐渐形成一定规模。同文馆学生张德彝在游历欧洲时所写的《航海述奇》中描述了他与孔气会面的情景及其家中的藏书："闻是日（初六日——笔者注）有本地人姓孔名气者投刺，能华言，自称为'孔大人'。""初七日甲午，晴。早往孔气家答拜，知其人居华京八年，能华言而不甚清，现充本国翰林，兼在总理衙门行走，其家案积诗书，壁悬画本，皆不惜重资，购自中土。"② 由此可见他藏书之多。王西里对他的藏书给予了很高的评价："他的藏书是私人能够收藏到的最珍贵的藏书之一"，"有数百种珍本、小册子、抄本、平面图、地图和图册，其中许多可能是孤本"。③ 19世纪60年代，孔气的藏书被鲁勉采夫博物馆收购，使该馆一跃而成为俄国最大汉籍收藏中心之一。④

孔气的兴趣非常广泛，除有藏书的爱好外，也喜欢中国文学，《红楼梦》便是他爱读的书之一。在他的藏书中，后人发现了三种《红楼梦》版本。⑤ 他曾翻译过其第三十一回"撕扇子作千金一笑，因麒麟伏白首双星"中史湘云与翠缕关于"阴阳"的对话。⑥ 1865年，主持圣彼得堡大学东方语言系的王西里教授因口语教师阿布-卡里莫夫去世而邀请孔气为学生代课。他选择了《红楼梦》和《金瓶

---

① Илюшечкин В. П. Пекин в первые дни крестьянской войны Тайпинов (По донесениям П. И. Кафарова и дневникам К. А. Скачкова)//П. И. Кафаров и его вклад в отечественное востоковедение: К 100-летию со дня смерти. Материалы конференции/Отв. ред. и сост. А. Н. Хохлов. Ч. 1. М. ,1979.

② 张德彝:《航海述奇》,湖南人民出版社,1981年,第107页。

③ Скачков П. Е. Очерки истории русского китаеведения. М. ,1977. С. 163.

④ 详见本章第六节。

⑤ Меньшиков Л. Н, Рифтин Б. Л. Неизвестный список романа《Сон в красном тереме》//Народы Азии и Африки. 1964. №5.

⑥ 蔡鸿生:《俄罗斯馆纪事》,广东人民出版社,1994年,第98页。

梅》作为口语教材。① 而我国以《红楼梦》作教材则是五四运动以后的事情了。此外，他还翻译了《东周列国志》，但没有出版。

孔气尽管一生勤奋，兴趣广泛，但没有留下大部头的汉学著作。他的日记以及藏书成为留给后人最珍贵的遗产。他的治学道路与同时代的其他汉学家有所不同，从一开始就对中国的实用技术产生了浓厚兴趣。他对中国文化、特别是中国古代科学技术赞叹不已。他于 1875 年在《俄罗斯通报》上发表的为维纽科夫（М. И. Венюков，1832—1901）所著的《当代中国概述》而写的书评中指出，大运河是水利技术的典范，中国人修建的拱桥、水闸、水渠可以使用数百年。中国的灌溉系统是世界上最好的，中国的纺织品、瓷器、铸造、木工、雕刻和拼图、印刷和绘画艺术能让全世界所有的民族感到惊讶。他认为中国的科学技术在世界上处于领先地位。他于 1866 年发表在《俄国皇家地理学会公报》第 2 卷上的《论中国人的地理知识》一文认为中国的科学观点是他们的独创，没有依赖过其他民族。②

三、孟第

孟第 1833 年出生于名门望族，其父 19 世纪 30 年代曾做过普斯科夫省省长。1849 年他进入圣彼得堡大学物理数学系，1853 年毕业。1857 年以《福尔图娜小行星运行研究》一文获得硕士学位。次年，作为学生随第十四届俄国东正教传教团来到北京，管理天文台。在北京时曾撰写《中国明朝的地震》一文，刊登在 1860 年《俄国皇家地理学会普通地理学论丛》上。1861 年俄国在北京建立公使馆，孟第被任命为首任驻天津领事，1865 年回国，进入外交部亚洲司工作。在

---

① Петров В. В. Китайская филология в Петербургском-Ленинградском университете // Точность-поэзия науки: Памяти Виктора Васильевича Петрова: Сб. ст. СПб., 1992.

② Скачков П. Е. К. А. Скачков (1821 – 1883). Биографический очерк // Скачков К. А. Пекин в дни тайпинского восстания: Из записок очевидца. М., 1958.

19世纪80年代中俄关于伊犁问题的交涉过程中，孟第一直作为俄"外部之华文翻译官"协助俄国政府攫取在华利益。曾纪泽在《出使英法俄日记》当中多次提到孟第的名字。孔气离开圣彼得堡大学后，东方语言系汉满语专业又只剩下王西里一人。1867年王西里建议东方语言系邀请孟第兼任圣彼得堡大学汉语教师。1869年他暂任代理副教授，直到1886年才被批准为副教授，1890年担任代理编外教授，1894年成为编外教授，1905年退休。

孟第编写的词典非常有名。1880年他出版了俄国第一部便携汉俄词典——《汉俄部首合璧字汇》，1887年重印，1888年出版了对该词典的补编，1891年再版时编排方式改依王西里发明的笔画系统，名称改为《汉俄画法合璧字汇》。孟第编写这样一部词典出于与王西里同样的目的，即解决外国人在汉语学习过程中遇到的最大困难——汉字书写及汉字检索问题。他认为西方人无论是按照部首原则编排的词典（如小德金的《汉法拉丁文字典》、马礼逊的《中文字典》、公神甫的《洋汉合字汇》、麦都思的《英汉词典》），还是按照音韵编排的词典（如加略利的《字声总目》等），均不能同时解决这两大问题。只有王西里的词典能够帮助欧洲人跨越汉语学习中遭遇的两大障碍。鉴于王西里词典收词较少，又无力增订再版，孟第决定按照王西里创造的体例为东方语言系学生编写一部新的词典。① 从结构上看，《汉俄画法合璧字汇》与王西里的《汉字笔画系统——首部汉俄词典试编》基本一致，但释义更加多样，词组更加丰富。笔者意外地在中国国家图书馆发现一册油印本的《汉俄画法合璧字汇》，用中国宣纸印刷，印于"光绪丁未仲冬"（1907年）的北京，刊印者竟然是京师大学堂译学馆的4名学生：孙百英、秦锡铭、朱式瑞、蔡宝瑞。这个特殊的版本告诉我们，译学馆学生曾经自己油印孟第的这部词典作为俄语学习工具书。

1897年孟第编写了《汉语文选资料》，1901年石印出版《圣彼得

---

① Пещуров Д. А. Китайско-Русский словарь по графической системе. СПб. ,1891. С. Ⅲ-Ⅵ.

堡大学东方语言系大学生汉语读本》。此外，他还编有《俄中条约汇编（1689—1881）》，为俄汉满法文对照，至今仍是俄国唯一同时具有这四种语言文本的条约集。

有意思的是，孔气和孟第两人都曾在俄国东正教驻北京传教团管理天文台。前者研究农业，后者钻研天文，都能说一口流利的汉语。当孟第来圣彼得堡大学接替奉命赴华担任俄驻天津领事的孔气时，曾有人戏曰："前脚走了农业汉学家，后脚来了天文汉学家"。①

四、柏百福

1888 年，在同文馆总教习美国人丁韪良的帮助下，由巴拉第编写而未及出版、俄国历史上规模最大、水平最高、在国际汉学界影响甚广的《汉俄合璧韵编》在北京问世，从而使一位此前已小有名气的汉学家名声大振，他就是时任俄国驻北京总领事的柏百福。

柏百福 1842 年出生在俄国库尔斯克州的一个神父家庭，1859 年从库尔斯克宗教学校毕业，1865 年进入神品中学，同年转入圣彼得堡神学院，一年后退学，进入圣彼得堡大学东方语言系。1870 年毕业后进入外交部亚洲司，9 月被派往俄国驻华公使馆为编外学生，1871 年转成编内，1873 年起任二等翻译，1879 年起任一等翻译，1886 年成为俄国驻北京总领事。自 1902 年开始在圣彼得堡大学东方语言系任教，一直到 1913 年去世。

柏百福的汉学研究可以分为北京和圣彼得堡两个时期。从 1870 年至 1902 年，柏百福在北京公使馆任职达 32 年，其间主要从事三个方面的汉学研究，一是编写俄汉双语词典，二是翻译中国舆地名著，三是发表中国时政述评。回到圣彼得堡大学之后，出于汉语教学的需要，他的学术活动主要集中在中国政治制度研究、儒家经典翻译以及教材编写等方面。

---

① Дацышен В. Г. История изучения китайского языка в Российской империи. Красноярск, 2002. С. 42.

1. 编纂词典

长期以来，俄国汉学家大多编写汉俄词典，如王西里的《汉字笔画系统——首部汉俄词典试编》等。俄国历史上第一部俄汉词典是由伊萨亚 1867 年在北京完成并刊印的《俄汉俗话词典（北京话）》。正如柏百福所言："作为第一次尝试，伊萨亚的这部词典尽管不无缺陷，多年以来仍然成为汉语初学者的案头必备之品以及俄国来华旅行者随身携带之书，第一版很快售罄。"① 这种情况促使伊萨亚重新修订词典，但未及完成就去世了。柏百福显然受到了伊萨亚的启发，着手编写一本更好的俄汉俗话词典——《俄汉合璧字汇》，以满足在侵华进程中俄国人学习汉语及与中国人交往的需求。但在他完成《俄汉合璧字汇》编写后，遇到了印刷上的困难，即当时俄国没有条件同时印刷俄汉两种语言。他最后决定俄文部分用铅字印刷，而汉文部分用刻板石印，却又苦于找不到合适的中国人来抄写。就在这时，于 1878 年（光绪四年）奉派出使俄国交涉归还伊犁事宜的清朝大臣崇厚表示愿意提供帮助。崇厚在办理洋务过程中与柏百福已是旧识。柏百福不仅在词典前言中对"老朋友"的慷慨表达了"万分感谢"，而且要还请这位"钦差阁下"为其新著作序。崇厚慨然允其请，序曰：

> 中国与俄国邻邦和好数百年，近日往来甚多，语言文字最关紧要，俄官柏百福作两国字汇，大有益于后来学者。因嘱随员桂荣、塔克什讷、赓善、王锡庚、石汝钧助其缮写，今喜告成，特书以志之。
>
> 时光绪五年立夏前一日
完颜崇厚

此时正是中俄伊犁交涉的紧要时期，离签订丧权辱国的《伊犁条约》（即《里瓦吉亚条约》）只有几个月的时间了。从崇厚序言语气中可以感觉到他丝毫没有认清俄国政府的阴毒用心，没有让手下的俄

---

① Попов П. С. Русско-китайский словарь. СПб., 1879. Предисловие.

文译员去专心研究分析俄国情事，反而指使他们花费大量时间为柏百福抄写词典，可见其昏庸颟顸到了什么地步。

《俄汉合璧字汇》于1879年在圣彼得堡正式出版，很快就销售一空。柏百福于1892年完成了第一版的增订工作。但是，新版本直到1896年才在北京同文馆印行，名为《俄汉合璧增补字汇》，1900年又在日本东京由以刊行地图闻名的三教社重印。新版本与旧版本有这样几个区别：一是扩充词汇总量，收入新的语汇，并且用俄文斜体字母为汉字标注了重读音，二是对老版中的个别翻译方法进行了校正或完善，三是增加了丰富的附录。

在编写《俄汉合璧字汇》过程中，柏百福秉承俗话为上原则，遇到一词多译时则按照实际交际中的使用频率排列顺序，如 баба 娘们、女人；бардак 窑子、烟花柳巷、青楼、妓院。① 在词汇的选择上首先考虑常用字和词组，在发音上尽可能用北京口音，即所谓的官话音来标注。我们知道，儿化音是北京方言的重要特征之一，这在柏百福的《俄汉合璧字汇》中表现得尤为突出，在某种程度上也是伊萨亚词典风格的延续，如"杏儿""桃儿""蝴蝶儿""打杂儿的"等。汉语释义具有明显的清末北京方言特征，对于今人翻译旧时俄人中国题材作品，提高译语准确性和时代性，维持原有语言风格很有帮助，如адмирал（海军上将）→水师提督，академик（院士）→翰林，алкоголь（酒精、乙醇）→酒母、酒酿子，артиллерия（炮兵）→炮营等。《俄汉合璧增补字汇》的附录很有特点，显然是为了满足俄国对华外交与通商的需求，内容包括各国名目、各国京都、中国通商口、中俄陆路通商处所、中俄日高通商口岸、各国附国、中国省份、中国省会。此外，柏百福还特别收录了汉俄两种文字对照的中国海关文书样本，如江海关红单、天津海关收税单、土货出口正半税单、已完正税凭单、江海关船钞执照、运洋货入内地之税单、买土货之报单、江海关验单、江海关进口号收、江海关复运进口土产半税验单、江海关征收复进口土产半税号收、江海关运入内地货税号单、江海关

---

① 此处例词均出自1900年东京版《俄汉合璧增补字汇》。

内地货税验单、照会、卖房契、汇票、汇兑单、包工字据、保单、大清进出口货物税率等。

柏百福在词典编写方面的另一大贡献便是补订并出版了巴拉第的遗稿《汉俄合璧韵编》。① 他为这项工作花费了 6 年时间。柏百福向俄国政府申请了出版经费，并从俄国请来两位排字工人，在视巴拉第为自己老师的同文馆总教习丁韪良的帮助下，词典终于在 1888 年问世。该词典的出版给柏百福带来了比他自己所编词典更大的声誉，受到各国汉学家的交口称赞。王西里虽然对这部词典没有采用他所发明的汉字笔画系统而惋惜，但仍然对其价值给予了充分肯定，并推荐柏百福为圣彼得堡皇家科学院通讯院士。对于柏百福所做的工作，正如国人评价高鹗续红一样，俄罗斯汉学界也是褒贬不一，但毋庸置疑的是，词典出版确实对俄国汉学发展做出了重要贡献。

2. 翻译中国舆地名著

19 世纪 80 年代，柏百福在修订《俄汉合璧字汇》的同时，继续翻译清代著名学者张穆的《蒙古游牧记》。此著因"结构详而有体，征引赡而不秽，考订精而不浮、确而有据"而成为蒙古历史地理研究的划时代之作，在国际汉学界影响甚隆，法国伯希和等对其评价极高。柏百福早在 70 年代即开始翻译《蒙古游牧记》，但因为外交事务、编写词典以及补订巴拉第遗稿而未能一气呵成。他在序言中称翻译此作的目的在于向俄国读者介绍蕴含其中的有关蒙古民族的丰富的地理、历史、考古、民族学和统计资料，尤其为俄国蒙古学家提供难得的参考文献。② 《蒙古游牧记》正文简洁扼要，而注释中的考据更具学术价值。柏百福对此深有体会，决定将正文和注释一同译出。全书 500 余页，正文译文只占 158 页，其余为注释与索引。翻译过程中，圣彼得堡大学蒙古语教授波兹德涅耶夫在复原蒙文地名和人名方

---

① 详见本章第二节。
② Попов П. С. Мэн-гу-ю-му-цзи. Записки о монгольских кочевьях. Перевод с китайского П. С. Попова. СПб. ,1895. Предисловие переводчика. С. II.

面提供了帮助。1892年柏百福最终完成了译稿，1895年作为俄国皇家地理学会民族学丛书第二十四卷在圣彼得堡出版。柏百福是第一个将《蒙古游牧记》翻译成欧洲语言之人，而后，日本蒙古学家须佐嘉橘在1917年出版了日译本。自比丘林以来，俄国汉学界对蒙古历史研究用力颇勤，到巴拉第翻译《蒙古秘史》和《长春真人西游记》等著作而达到高峰。柏百福选择翻译《蒙古游牧记》在某种程度上是比丘林、巴拉第学术取向的延续，与贝勒的研究互为补足，是俄罗斯蒙古学的重要成就。

柏百福还在1881年翻译过一部中国人的游记作品，题为《从成都府往乍丫纪行》，原著名称尚不得而知，只知原作者为李姓湖北人。柏百福也撰写了一些文章，对有关中国边疆史地的某些具体问题进行具有考据性质的探讨，如《〈阙特勤碑〉新译考》《特林碑铭考》《〈特林碑铭考〉文献》《成吉思汗的扎萨克制度——元典章》和《论禁止人牲问题》等。

3. 翻译儒家经典

柏百福对中国的文化和历史兴趣浓厚，对中国古代圣贤著作充满敬意。中国早期共产党人嵇直之子、俄罗斯著名儒学研究专家嵇辽拉（Л. С. Переломов，1928—2018）揣测这或许与柏百福出身于笃信宗教经典的传教士家庭不无关系。柏百福于儒学领域的主要成就在于先后翻译出版了《孟子》和《论语》。在西方早期汉学史上，利玛窦、罗明坚（Michel Ruggieri，1543—1607）曾将《孟子》翻译为拉丁文，19世纪法国汉学家儒莲参考满文本将《孟子》翻译为法文。但是，提起西方对儒家经典的翻译当首推英国汉学家理雅各。他与中国学者王韬合作将中国十三部经书译成英文并详加注释，并于1895年出版。他翻译的四书五经，至今仍被西方汉学家奉为圭臬。他也因此成为牛津大学第一任汉语教授。俄国早在18世纪即出版了《大学》和《中庸》，19世纪比丘林虽然将四书全部翻译为俄文，但没有出版，王西里只是作为教材在《汉语文选第二卷释读》中发表了《论语》译文。一直到20世纪初，俄国依然没有《孟子》全译本。

1902年起柏百福在圣彼得堡大学东方语言系任教,于教学之余开始了《孟子》的翻译工作。理雅各的译本对于熟知英文的柏百福无疑提供了极大的方便,但柏百福没有直接从英文翻译,而是对汉语文本重新进行阐释和演绎。他依据的原典主要是日本在文化九年(1812年)刊印的倪士毅撰的《四书辑释》,同时参考了倪士毅的老师陈栎的《四书发明》与胡炳文的《四书通》两部著作。柏百福在译出正文的同时,还增加了注释,包括词语解释和义理阐释两个部分。1904年,俄国历史上第一个《孟子》译本在圣彼得堡出版,名为《中国哲学家孟子》。1998年,俄罗斯"东方文献"出版社影印出版了这部著作,嵇辽拉教授亲为作跋。

嵇辽拉通过将理雅各和柏百福的《孟子》译文进行比较研究,发现柏百福在某些概念的翻译处理上颇显功力。他选取了《孟子》卷六《滕文公章句下》中的一段话(孟子曰:"昔齐景公田,招虞人以旌,不至,将杀之。志士不忘在沟壑,勇士不忘丧其元。孔子奚取焉?取非其招不往也,如不待其招而往,何哉?")来比较两人在翻译上的得失,结果是理雅各的注释更为详备,而柏百福的说明更加简洁。此外,他认为柏百福对"志士"和"勇士"两词的理解和翻译要比理雅各好。在理雅各的译文中,"志士"被翻译为"determined officer",而柏百福则翻译成了"пылкий ученый"。前者为"意志坚定的官员",而后者为"激情澎湃的书生",更接近原文本义。①

《中国哲学家孟子》出版以后,柏百福开始翻译《论语》。嵇辽拉认为柏百福采取先孟后孔的翻译顺序是因为《孟子》语言较《论语》容易明了,可以由易到难,渐进深入。嵇辽拉甚至以为伊凤阁之翻译法家著作没有从《商君书》开始,而是先译《韩非子》,就是受到了柏百福的点拨。在柏百福翻译《论语》之前,西方世界已有很多译本,他在上大学期间就已经学习过作为教材的王西里译文。1910年,柏百福出版了俄国汉学史上第二个《论语》译本,名为《孔子及

---

① Переломов П. С. Послесловие//Попов П. С. Китайский философ Мэн‐цзы. Перевод с китайского, снабжённый комментариями. М. ,1998.

其弟子等人语录》。作者在前言中介绍了《论语》的版本及孔子的生平。他认为,《论语》并非孔子弟子所著,而有可能如北宋哲学家程颐所言,是"由其弟子的弟子"完成的。① 柏百福选择了一种注释详尽的日本版《论语》作为翻译蓝本。令他感到庆幸的是,在这个版本上,有原日本主人所做的非常详细的夹批和心得,对其理解与阐发儒家思想有很大帮助。柏百福采取了译文加注释的方法,即在每一节正文译文之后,再逐字加以阐释,以加深读者的理解。这种翻译方法很适于用作圣彼得堡大学东方语言系的教材。在 2001 年俄罗斯出版的一部囊括俄罗斯历代汉学家所有《论语》俄译本的《论语译集》中,柏百福的译文被排在王西里译文之后。柏百福的译文风格简洁,语言浅易,表达比较准确,很受读者欢迎。仅 2004 年一年,俄罗斯就有莫斯科、圣彼得堡和罗斯托夫三个城市的三家出版社几乎同时再版了柏百福的《论语》译本。作为《孟子》和《论语》全译本最早的翻译者和出版者,柏百福被视为"俄罗斯儒学研究的奠基人"。②

此外,柏百福在 1907 年还在《皇家科学院人类学与民族学博物馆论集》上发表一篇 88 页的长文,题为《中国诸神》,介绍了中国的宗教与哲学流派。

4. 中国政体研究和时政述评

柏百福在俄国驻北京公使馆工作 32 年。这段时间正好是帝国主义列强加紧对中国瓜分的时期。俄国趁火打劫,诱逼中国签订了中俄《伊犁条约》《中俄密约》、中俄《旅大租地条约》等不平等条约。从公使馆学生到二等秘书、一等秘书,一直做到总领事官的柏百福无疑是沙俄侵华势力的马前卒。与此同时,他也目睹了清王朝迅速走向没落的过程,亲身感受到了中国人民强烈的反帝情绪。集外交官使命与

---

① Попов П. С. Изречения Конфуция, учеников его и других лиц / перевод с китайского с примечаниями П. С. Попова. СПб. ,1910. С. 1.
② Переломов П. С. Послесловие // Попов П. С. Китайский философ Мэн - цзы. Перевод с китайского, снабжённый комментариями. М. ,1998.

学者禀性于一身的柏百福自然要关注并研究中国的政治形势。

柏百福对中国的政体和法律制度演变极为重视，这在很大程度上与甲午战争以后维新派提倡变法图强、改革政体有关。此外，作为领事官，充分了解中国的行政制度也是工作的需要。他首先对中国刑法进行了历史考察，于1880年出版59页的小册子《中国刑法简史（从古代到10世纪下半叶）》。而后在1903年出版《中国国家体制及管理机构》，1910年出版《宪法与中国地方自治制度》。三部著作各有侧重，《中国国家体制及管理机构》一书详细介绍了中国皇权制度的演变以及清代政府机构的设置及其职能。柏百福依次对宗人府、内务府、内阁、军机处、政务处、外务部、同文馆、海关、吏部、户部、礼部、兵部、刑部、工部、理藩院、督察院、通政司、大理司、翰林院、詹事府、太常司、光禄司、太仆司、鸿胪司、国子监、省级政府机关的设置、职能、下属机构、历史沿革与现状等方面详加描述与评论。书后附有275个专有名词的汉字译文，以增强实用性，方便来华俄人参照运用。从严格意义而言，柏百福的此类著作并非学术研究，只是中国信息的搜集和整理，其实用目的非常明显。正如柏百福在前言中所说，此书乃是为研究中国以及即将来华的俄人而写，因为他们非常有必要对中国的现行体制有所了解，"这对我们俄国人尤其重要，甚至是必需的，因为我们与中国之间拥有完全特殊的地缘条件。无论任何时候，无论中国的存在状态如何变化，我们都无法忽视这个庞然大物"。[1] 而《宪法与中国地方自治制度》所关注的问题则是清末筹备实施君主立宪的历史，其主体内容为光绪三十四年发布的《钦定宪法大纲》的译文。

柏百福非常关注中国的内政外交，1884年曾在《东方评论》发表《安南—法国—中国问题》，1896在《俄国皇家地理学会公报》上刊载《中国的民众运动》一文。义和团运动期间，柏百福被困在俄国公使馆两月余，亲身体验了中国人民对外国列强的仇恨火焰，对于中国的觉醒有了新的认识。在1900—1903年期间，他在《欧洲通报》

---

[1] Попов П. С. Государственный строй Китая и органы управления. СПб.,1903. С. 1.

等杂志上发表了一系列文章，其中也包括他在北京被围期间的日记。柏百福分析义和团运动的原因，介绍中国的觉醒与变革，对俄国社会认识中国时局发挥了一定作用。这样的文章有《中国政论家》《中国觉醒之光（北京来信）》《北京两月被围记（俄历1900年5月18日至7月31日日记）》《北京两月被围记》《中国新闻》《中国的改革前夜》和《中国变革方案》等。

1902年柏百福在圣彼得堡大学东方语言系的任职讲演基本上可以反映他的中国观。这篇讲稿被发表在同年的《圣彼得堡新闻》上。柏百福首先表达了对中华文明的崇敬之情。他认为，中国人口众多，国土辽阔，是世界古代文明的发祥地之一。埃及、巴比伦、亚述文明都已经消亡沉寂了，唯有中国文明依然"坚强地屹立于牢固的道德准则之上"。这个民族自古以来便崇尚"己所不欲，勿施于人"的原则，"在公元前几个世纪以前就通过圣人之口宣扬正确的财富分配方式、尊重农业生产，将其作为人民安居乐业的基础。同时宣扬个人道德完善，并将其作为国家统治的基石"。在接下来对中俄关系的回顾中，柏百福大力为沙俄侵华辩护，认为1858年以前的两国关系的特点是中国的"傲慢、高傲、无理、专横以及俄罗斯为维护尊严和权利的无谓努力"。他注意到，俄国迫使中国签订的一系列条约在中国人心目中埋下了阴影，对俄国的不信任、怀疑、不安以及恐惧情绪已经占了上风。① 柏百福的中国观正好符合他的双重身份，作为一个受过俄国古典汉学教育的学者，对中国古代文明怀有崇敬之情，而作为一个驻华职业外交官，为政府效命以及占领中国领土的思想也是根深蒂固的。

5. 编写汉语教材

19世纪末20世纪初，俄国加紧了对中国的侵略与扩张。特别是

---

① Хохлов А. Н. Китаист П. С. Попов и его первая лекция в Петербургском университете//XXX научная конференция《Общество и государство в Китае》. М., 2000.

《中俄密约》签订以后，俄国对中华语言翻译人才的需求猛增。但是，格奥尔吉耶夫斯基、王西里、伊万诺夫斯基相继去世使圣彼得堡大学的汉、满语教学遭遇到了前所未有的危机。汉语教研室只剩下年迈的孟第一人，中国驻俄使馆翻译桂芳不得不停止教授汉语口语，代替俄国教师担任阅读课程教学。波兹德涅耶夫调到海参崴东方学院之后，同时在外交部任职的科特维奇（В. Л. Котвич，1872—1944）担任了所有蒙古语课程的教学。老师们经常要几个年级合班授课，才勉强可以维持。① 从1900年开始，俄国国民教育部和圣彼得堡大学力邀柏百福回母校担任教职，但直到1902年他才从外交部退职。而且，由王西里编写并已使用了近半个世纪的以教授汉字和文言为重点的汉语教材已经不能适应新形势对汉语人才培养的需求。比如，王西里编写的3卷《汉语文选》，第一卷主要为谚语与格言，第二卷为《论语》，第三卷为《诗经》，用这样的教材培养出的人才或许汉语文言根底不错，但在对华外交和经济交往中却有诸多不便。于是，柏百福从取代王西里的文选教材开始，着手编写内容以俗话为核心，以培养实际交际能力为目的的新教科书。柏百福一共编写了3册文选教材，1903年和1905年由圣彼得堡大学出版两册《汉语文选》，1911年由北京《顺天时报》馆排印刊行了《汉语文选补编》。同时，他还在汉语语法讲义基础上编写了《汉语学习导论简编》，1908年在日本横滨由海参崴商人波德帕赫（Л. П. Подпах）创办的印刷厂梓行。

综观柏百福在以上各领域的研究活动，其中国时政述评和汉语教材编写多属应时之作，学术价值和影响远不及他的翻译和词典编纂活动。《孟子》和《论语》的全译本使其跻身俄国儒学研究奠基人的行列，所译《蒙古游牧记》为俄国蒙古学研究提供了极富价值的中国文献，而其编写的《俄汉合璧字汇》以及由其补订完成的巴拉第《汉俄合璧韵编》使俄国的汉语词典编纂达到前所未有的水平。

---

① Хохлов А. Н. Китаист П. С. Попов и его первая лекция в Петербургском университете//XXX научная конференция《Общество и государство в Китае》. М., 2000.

五、贝勒

19世纪末，一位俄国医生以其用英文发表的有关中西交通史和中国植物学的著作在中国学术界和欧洲汉学界赢得了很高声誉，这个人就是贝勒。贝勒1833年出生于拉脱维亚，23岁时毕业于杰尔普特大学医学系，而后赴柏林、维也纳和巴黎留学两年，1860年被俄国外交部录用，1862年奉派前往俄国驻伊朗大使馆工作。1866年，贝勒被调往北京，任俄国驻华公使馆医生，一直到1884年回国。返俄后定居圣彼得堡，1901年去世。

贝勒到达北京之后，遇到了时任第十五届俄国驻北京传教团领班的巴拉第。在巴拉第的帮助下，贝勒很快就掌握了汉语。此时的巴拉第正在从事早期蒙古史和中西交通史研究，翻译《元朝秘史》和《皇元圣武亲征录》等文献，这对贝勒未来汉学研究方向的确定发生了一定影响。此外，作为一个医生，贝勒在关注中医草药的同时，对中国植物发生浓厚兴趣，发表了丰厚的研究成果。贝勒的学术成就广为欧洲学术界所认可，他先后被法国碑铭学会、法国地理学会、俄国皇家地理学会接纳为会员。

与巴拉第不同的是，精通多种欧洲语言的贝勒选择了用英文发表自己的著作。这里或许还有另外一个原因，就是贝勒与上海皇家亚洲文会北中国支会关系密切，其作品首先是在欧洲人在华开办的英文刊物上发表的。贝勒用英文发表著作显然比用俄文更容易受到欧洲学术界的关注，也常为中国学者所参考引用。然而，由于语言上的障碍，他的学术成就在俄罗斯不大为人所知，也没有得到很好的研究。

1. 中西交通史研究

贝勒的中西交通史研究著作主要发表在19世纪70年代。他称是英国汉学家玉尔的《契丹及通往契丹之路》和《马可·波罗书》两部著作激起了自己对蒙元历史的浓厚兴趣。然而，他对玉尔之书未能直接利用汉文史料感到遗憾，遂立志从研读中国西行游记着手，以补前人之不足。巴拉第对这位与自己志同道合的同胞给予了全力支持，将自己多年搜集的珍贵资料提供给贝勒。同时，英国公使馆汉文正使梅辉立、德国公使馆翻译官阿恩德以及负责编辑皇家亚洲文会北中国支会会刊的伟烈亚力也对他提供了协助。此外，俄罗斯馆中外书房丰富的藏书则为贝勒的研究提供了绝好的文献支持。[1]

1870年他在上海出版的《中日问答》杂志上发表了自己的第一篇文章《中亚古代地名考》，接着在北京发表《大秦国》（1870年）以及《扶桑抑或谁发现了美洲》（1870年）二文，可见贝勒从一开始便抓住了对中西交通史研究具有重要意义的古代地名考证问题。而后，贝勒连续发表了《中国文献中关于阿拉伯人、阿拉伯侨民及其他国家侨民的史料》（1871年）、《中世纪中国西行者》（1875年）、《中亚及西亚中古史地》（1876年）、《15世纪中国与中亚及西亚城市和交通》等著作。1876年，贝勒在上海出版《北京及周边考古学与历史学研究》一书，该书于1879年由法国驻上海总领事葛林德（Collin de Plancy，1853—1922）翻译成法文在巴黎出版，获得了法国儒莲奖。1878年，贝勒在德国不来梅出版了《经西伯利亚和蒙古到中国之见闻》，后被作为1892年出版的《修士大司祭巴拉第1847年和1859年蒙古纪行》的前言再次发表。

1888年贝勒将自己的著作汇编增补成集，出版了两卷本的《基于东亚史料的中世纪研究》。上卷分两部分，第一部分为"中世纪中国西行者"，第二部分为"中亚及西亚中古史地"。第一部分收录了耶律楚材的《西游录》、乌古孙仲端的《北使记》、李志常的《长春真人西游记》、刘郁的《常德西使记》《辽史·天祚帝本纪附耶律大石传》《元史·耶律希亮传》的译文及考释。第二部分内容为文献综述、契丹及哈喇契丹、畏吾尔、中国中世纪文献关于穆斯林的记载、蒙古西征史料等。下卷同样由两部分组成，第一部分为"中世纪中亚西亚

---

[1] Bretschneider, Emil. Medieval researches from Eastern Asiatic sources Fragments towards the knowledge of the geography and history of Central and Western Asia, from the 13th to the 17th century. Vol. I. London, 1888. Preface. p. v–vii.

蒙古——中国地图考释",第二部分为"15 至 17 世纪中国与中亚和西亚国家之交流"。这部著作在伦敦出版,最终确立了他在中西交通史研究领域的地位,"为他带来世界范围的声誉"。① 贝勒对西域地名及路线的考证为我国中西交通史研究大家张星烺先生所采信。作为世界汉学史上的名著,《基于东亚史料的中世纪研究》一书后来多次再版,至今仍不失其学术价值。梁国东先生将《基于东亚史料的中世纪研究》中的西辽部分摘译为中文,并详加注释,以《西辽史》为名于 20 世纪 30 年代由商务印书馆出版。

在研究中西交通史的过程中,贝勒也对早期中俄关系,特别是蒙元时期的两国交往历史进行了考证。针对《元史》中有关宣忠斡罗思扈卫亲军的记载,他和巴拉第对同一问题的研究论文于 1894 年发表在《活的古代》的同一期上。贝勒在文章中认为当时在华俄人数量虽多,但在元代政治和社会生活中未发挥突出作用,相反中国文献中倒是留下了对钦察人和阿兰人代表人物的记载。②

2. 中国植物学研究

植物学研究是贝勒的另外一个领域,其成果主要发表于 19 世纪八九十年代,丝毫不逊色于对中西交通史的研究。贝勒从研究北京地区的植物入手,大量阅读中西植物学文献,收藏中国的植物学文献,采集植物标本,按照欧洲的自然科学研究方法,撰写了很多有影响的论文和著作。

凭借 1880 年在《皇家亚洲文会会报》上发表的《先辈欧人对中国植物的研究》一文,贝勒赢得了中国植物学研究奠基人的荣誉。此作不仅获得了法国儒莲奖,还被上海美华书馆和伦敦单行再版。贝勒在书中对耶稣会士及其他欧洲来华人士对中国植物的收藏和研究进行了总结和回顾,特别介绍了英国医生和植物学家孔明汉(James Cunningham)、法国自然科学家索内拉特(Pierre Sonnerat,1748—1814)

---

① Скачков П. Е. Очерки истории русского китаеведения. М. ,1977. С. 179.
② Вершинский А. Стража императора Китая//Техника-молодежи. 1994. №4.

以及植物学家罗瑞洛（Loureiro）。贝勒的《中国植物志》分3卷，先后于1881年、1892年和1895年发表在《皇家亚洲文会会报》上，很快都有单行本问世。第一卷重点介绍了东亚民族对于植物学研究所做的贡献、中国文献中有关科学栽培植物的论述以及中国植物学著作目录。第二卷探讨了《尔雅》《尚书》《诗经》和《礼记》等中国古籍中的植物学记载。第三卷的核心内容是对中国古代医学著作的研究和分析。1935年商务印书馆出版了该书的中文节译本。1898年贝勒在圣彼得堡完成了两卷本的《西人在华植物发现史》一书，试图将欧洲人对中国植物的认识过程和研究成果进行一次汇集和梳理。作者向前追述至马可·波罗时代，向后一直到19世纪末期，对650位欧洲旅行者和植物学研究者的生平、著作、旅行路线以及植物收藏详加考察。贝勒的著作再次在国际学术界引起良好反响，获得了俄国皇家地理学会颁发的谢苗诺夫金质奖章。

此外，作为上海皇家亚洲文会北中国支会会员，贝勒经常参加文会组织的学术演讲和讨论。他曾先后做过3次演讲，题目分别为《中亚细亚历史地理考》（1875年11月29日）、《先辈欧人对中国植物的研究》（1880年11月19日）、《中国植物志》（1881年9月26日）。[1]

贝勒去世以后，法国汉学家高迪爱在《通报》上发表悼文，引用庄延龄的话，称贝勒和英国驻华公使馆医官卜士礼（S. W. Bushell, 1844—1908）"尽管从来都不是职业汉学家，但与那些好高骛远的汉学家相比，他们促进了汉学的真正发展"。[2] 如果将贝勒放在俄国汉学史上考察，我们会发现俄国汉学近代化的诸多特征在他身上表现得比较明显。他虽然以巴拉第为师，但没有像他那样涉猎中国文化的方方面面，而是专注于固定学科及固定问题的研究。他精通多种语言，有效借鉴了欧洲前人的研究成果。他试图淡化帝俄汉学所特有的民族色彩，而与国际汉学界融为一体。

---

[1] 王毅：《皇家亚洲文会北中国支会研究》，复旦大学博士学位论文，2004年，第123页。

[2] Скачков П. Е. Очерки истории русского китаеведения. М., 1977. С. 180.

六、伊凤阁

在中国西夏学研究领域，伊凤阁被认为有开创之功。这位曾经与另一位俄国学者钢和泰一道被聘为北京大学国学门导师的俄国汉学家，因为对中国西夏学做出的特殊贡献，在中国近代学术史上留下了自己的足迹。然而，长期以来国人对他的了解仅仅局限在他发现《番汉合时掌中珠》以及与罗振玉父子的学术交往上，而对他作为俄国古典汉学最后一位代表人物以及日本学家的贡献和作用还缺乏全面的认识，就连他的生平也不尽知，有时甚至将其与另外一位同姓汉学家伊文（А. А. Иванов，1885—1942）混为一谈。[1]

伊凤阁 1878 年出生在一个皇家剧院演员家庭。长大后进入圣彼得堡大学东方语言系汉蒙古满语专业，师从王西里和孟第学习汉学。1901 年毕业后留校任教。1902 年来华进修，曾担任京师大学堂译学馆俄文教习，1904 年返回俄国。1905 年晋升为副教授，而后前往英、法、德汉学研究与教学机构游学。1909 年伊凤阁以《王安石及其改革》一文通过硕士学位论文答辩。1912 年前往日本游学。1913 年通过博士学位论文《中国哲学资料导论——法家韩非子》答辩并升任教授。自 1914 年起，伊凤阁在教授汉语的同时担任日文课程教学，并兼任日语教研室主任。1915 年起担任汉满语教研室主任。与此同时，从 1910 年到 1913 年，伊凤阁还在实用东方学院授课。自 1921 年起在列宁格勒东方活语言学院教书。在作为学者和教授活跃于汉学界的同时，外交生涯是伊凤阁的另一条生命轨迹。自 1914 年起伊凤阁开始在俄国外交部兼职。1920 年 9 月—1922 年 7 月担任远东翻译和顾问。1922 年 8 月，伊凤阁以顾问身份随苏俄全权代表越飞（А. А. Иоффе，

---

[1] 徐万民：《伊文与伊凤阁辨》，《中共党史研究》1993 年第 5 期。

1883—1927)来华。① 1923 年开始在北京大学任教,同中国学术界一直保持着紧密的合作关系。1924 年起任苏联首任驻华大使加拉罕(Л. М. Карахан,1889—1937)的汉文参赞,一直工作到 1927 年。回到苏联以后,伊凤阁先后在莫斯科东方学院、中国共产主义劳动者大学、国立物质文化历史科学院莫斯科分院、列宁图书馆、苏联东方民族文化科学研究院、中央民族学博物馆工作。自 1932 年起,伊凤阁担任苏联全俄执行委员会学术秘书,1935 年未经答辩获得文学博士学位。1937 年 8 月 26 日,伊凤阁被捕,严刑之下被迫承认于 1904 年在北京期间被日本收买为特务。10 月 8 日苏联最高法院军事委员会判处伊凤阁死刑,同日执行枪决。1958 年平反。②

作为汉学家的伊凤阁,一生发表作品 20 余种,其贡献主要集中在中国思想史、西夏学、汉语及考古学与民族学等研究领域。

1. 中国思想史研究

与其他学问相比,伊凤阁在中国思想史研究领域不仅开始最早,用力最勤,著述也最丰。他最初出版的两部专著是他的硕士和博士学位论文,全部属于这个领域,前者研究王安石,后者研究韩非子。韩非子是法家学说的集大成者,而王安石则是北宋政治家,推行变法,其思想在某些方面与法家一脉相承。因此,伊凤阁早年的学术兴趣主要集中于与中国历史上著名社会变革相关的思想及事件。霍赫洛夫、尼基福罗夫等人认为伊凤阁的选题是格奥尔吉耶夫斯基中国古代历史研究的延续,且与俄国社会当时正在讨论的土地改革问题有关。③ 当

---

① История отечественного востоковедения с середины XIX века до 1917 года. М.,1997. С. 295 – 297;Китайская философия:Энциклопедический словарь/Гл. ред. М. Л. Титаренко. М.,1994. С. 134.
② Люди и судьбы. Биобиблиографический словарь востоковедов – жертв политического террора в советский период(1917 – 1991)/Изд. подготовили Я. В. Васильков,М. Ю. Сорокина. СПб.,2003. С. 177 – 178.
③ История отечественного востоковедения с середины XIX века до 1917 года. М.,1997. С. 296.

年王安石提出了一系列旨在富国强兵的诸如青苗法、免役法、方田均税法、农田水利法等改革政策，而 20 世纪初斯托雷平（П. А. Столыпин，1862—1911）所推行的土地改革旨在加速俄国农业资本主义发展，打破农村公社对农民的束缚。然而，伊凤阁在《王安石及其改革》中并没有仅限于讨论土地问题，而是试图对王安石的改革从历史发展的角度做出一个公允的评价，并通过研究这场中国历史上最大的社会变革之一来开创对中国社会史的研究。关于后一点，伊凤阁在该书的前言中开宗明义地写道："在世界民族大家庭当中，大多数学者直到最近依然视中国为一个原始聚合体，自古形成的生存法则一成不变，皇权制度丝毫未损。个人与社会的关系以及社会与国家的关系少有文献论及，这种情况导致了一种意见的形成，即中国不存在社会史，而只有政治史。"显然，伊凤阁从王安石所推行的全面政治、经济和社会变革中看到了中国社会的不断发展，并希望以自己的研究撼动欧洲人对中国历史特性的习惯思维。他坚信"当今欧洲所产生的社会和经济问题在中国早已存在"，"中国历史（特别是汉、唐、宋时期）为我们提供了丰富的国家社会和经济现象研究资料。人们对这些现象还不够了解，也缺少研究"。[①] 他在前言中回顾了欧洲人对王安石的研究，对其进行了批评性审视，并在此基础上确立了自己的研究目标，即避轻就重，详尽分析王安石最主要的改革措施，确定其可行性与合理性。

《王安石及其改革》一书共分 7 章，分别为：导论；唐末至宋神宗时期历史概述；王安石生平；《上仁宗皇帝言事书》；改革（均输法、农田水利法、募役法、任用官吏及军队设置）；结论——司马光论改革；文学作品范例。后面附录有苏轼与苏洵关于改革的奏章。伊凤阁的这部著作比较全面而系统地论述了王安石改革的历史过程以及与以苏轼和司马光为代表的保守派的斗争。与格奥尔吉耶夫斯基一样，伊凤阁在研究中广泛使用了此前发表的有关该问题的中外文献。中国文献主要有《司马文公文集》《通典》《唐书》《通鉴纲目》《五代史》《史记》《御批历代通鉴辑览》《历代地理志韵编今释》《庄

---

① Иванов А. И. Ван Ань-ши и его реформы. XI в. СПб. ,1909. С. 1.

子》和《荀子》等，外国文献中包括了冯秉正、梅辉立、沙畹、毕瓯、顾赛芬、翟理斯、夏德（Fredrich Hirth，1845—1927）、理雅各以及俄国汉学家巴拉第、格奥尔吉耶夫斯基和杂哈劳的著述。尽管书中有大量的译文，但作者始终不忘表达自己的看法，这一点难能可贵。他认为过分自信和用人不当是王安石改革失败的主要原因。他批评杂哈劳的《中国的土地所有制》"尽管利用中国文献叙述得非常清晰，但却有一个重要的缺陷，即将中国作者对某一著名事件的看法和结论与文章作者本人的意见混杂在一起，难以区分"。① 然而，从整体上而言，由于伊凤阁本人基本上沿袭了中国的传统观点，影响了他达到前言中提出的研究目标，《王安石及其改革》"结论很少，而且说服力不强"。②

《中国哲学资料导论——法家韩非子》是伊凤阁的博士学位论文，出版于1912年。全书分为论、译两个部分。在论述部分，作者详细论述了法家的主要思想，就中国哲学的实质进行了思考。伊凤阁认为，中国文化最显著的特征便是折中性与混合性。作者继而依次论述了诸子百家思想，法家及其与儒学等学派的区别、自然法则、道德意义、管仲和商鞅的治国理念、韩非子的生平与思想等问题。他自称之所以选择法家来翻译和研究，是因为该学派一反儒学只重道德完善的做法，"首次确立了道德与政治的关系并且确定了其间的界限"。③ 实际上，该题目是其王安石研究的继续，或者说，是对法家思想研究的深入。在译文部分，作者将《韩非子》几乎全文翻译为俄文，只有其中的《说林上第二十二》《说林下第二十三》《难二第三十七》和《难四第三十九》4 篇未译。在这部著作当中，伊凤阁对梁启超在《中国六大政治家》一书中提出的所谓中国很久以前便知晓议会制度

---

① Иванов А. И. Ван Ань-ши и его реформы. XI в. СПб.，1909. С. 107.
② Никифоров В. Н. Советские историки о проблемах Китая. М.，1970. С. 25.
③ Иванов А. И. Материалы по китайской философии: Введение: Школа Фа. Хань Фэй-цзы. СПб.，1912. С. X.

原则的观点进行了批判性述评。①

俄国汉学一直具有分工明确、汉学家之间在研究领域和课题上互不重复的传统。与伊凤阁同时代的柏百福也研究中国古代思想，但兴趣主要在儒学，并首次翻译了《孟子》。伊凤阁将法家作为研究对象，是一大进步，使得俄国汉学在中国思想文化研究领域突破了儒释道的传统范畴，以更宽广的视野在中国古代思想宝库中汲取有益成分，以达到滋养俄国社会的目的。

2. 西夏学研究

伊凤阁不仅是俄罗斯西夏学的奠基人，同时也是中国西夏学的开拓者之一。如此荣耀的桂冠之所以同时落到一位俄国人头上，主要是因为他对西夏学的建立做出了重大贡献。西夏文献在伊凤阁获得硕士学位那年被科兹洛夫几乎全部掠至圣彼得堡。对于一个精力旺盛、学术兴趣刚刚被激起的年轻学者而言，这批珍贵的文物无疑具有神秘而巨大的吸引力。他在当年便发表了《黑水城西夏写本》一文，并在圣彼得堡与奥登堡和科特维奇合著出版了《科兹洛夫考古发现》一书。该书收录了《俄国皇家地理学会公报》1909 年第 45 卷第 9 辑上发表的三篇文章，包括伊凤阁的《黑水城西夏写本》、奥登堡的《黑水城废墟佛像》及科特维奇的《中国元朝纸币形态》，对科兹洛夫考察队成果进行初步介绍。与其他学者不同的是，伊凤阁在文中对此前国际学术界涉及西夏问题的研究论著进行了系统梳理和评介，其中包括伟烈亚力对居庸关过街塔券洞内六种文字石刻的钻研，戴孚礼对河南省开封府宴台碑的研究，卜士礼对凉州感通塔碑和西夏钱币的探究等。②同年，伊凤阁还发表《西夏语简介》，1911 年再发表《西夏史略》，1913 年发表《黑水城文书》。

---

① История отечественного востоковедения с середины XIX века до 1917 года. М., 1997. С. 297.

② Иванов А. И. Тангутские рукописи из Хара-Хото//Иванов А., Ольденбург С. Ф., Котвич В. Из находок П. К. Козлова в г. Хара-Хото. СПб., 1909.

西夏文书的发现以及伊凤阁的探索在国际上引起轰动。与其他国家学者相比,俄国人在西夏学文献的占有上具有令人艳羡的优势。法国的伯希和于次年就访问了亚洲博物馆,看了其中的汉文文献,并于1914年发表论文《科兹洛夫考察队黑城所获汉文文献考》。法国汉学家沙畹曾经撰文《伊凤阁西夏史论评述》,介绍伊凤阁发现了《番汉合时掌中珠》及其所进行的研究。伊凤阁发现西夏学者骨勒茂才编著的西夏文汉文音义对照词语集《番汉合时掌中珠》,为解读西夏文字和翻译西夏文献开启了大门。1912—1913年伊凤阁在日本学习期间,将《番汉合时掌中珠》残页照片赠送给罗振玉。罗振玉与两个儿子罗福成、罗福苌立即投入研究。1914年,罗福成、罗福苌发表了《西夏译〈莲花经〉考释》和《西夏国书略说》,1915年罗福成再发表《西夏国书类编》,在中国首次对西夏文的构成和语法等问题进行了考证,提出了对后来研究者影响很大的"偏旁说"。1916年伊凤阁出版了《观弥勒菩萨上升兜率天经》一书,并附有汉文对译。1921年,伯希和将之译成法文发表于《亚洲杂志》。1918年伊凤阁在《俄罗斯科学院通讯》第8期上发表了《西夏文献》一文,介绍了《文海》《文海杂类》和《音同》等西夏语详解字典,1921年被译成法文,附伯希和注释。

1922年来华以后,伊凤阁利用其外交身份,与中国各界名流广泛接触。1923年,伊凤阁与王国维、陈垣、钢和泰、陈寅恪、柯劭忞等受聘为北京大学研究所国学门导师,并开设"西夏文字与西夏国文化"研究班。[1] 1923年伊凤阁在北京大学《国学季刊》第1卷第4号上发表《西夏国书略说》,全文6800余字,对西夏文字的创立历史、书写、读音、字意以及同时代中外学者的研究成果进行了引证、评介,并提出自己的观点。[2]

---

[1] 萧超然等编著:《北京大学校史(1898—1949)》,北京大学出版社,1988年,第148页。
[2] 另见伊凤阁:《西夏国书略说》,《西北民族宗教史料文摘(宁夏分册)》,甘肃省图书馆,1986年。

由于在西夏学研究领域的开拓性贡献，伊凤阁受到国际学术界的尊重。遗憾的是，他因外交公务繁忙，用来进行学术研究的时间越来越少，没能为西夏学研究做出更大贡献。在俄罗斯西夏学历史上，伊凤阁发挥了领头人的作用，而真正让这门学术提升到新水平的却是聂历山。

3. 汉语研究及其他

1908 年伊凤阁与韦贝（К. И. Вебер）、科特维奇和萨莫伊洛维奇（А. Н. Самойлович）参加俄国皇家地理学会地图委员工作，共同研究东方语言地理名称的俄译标准问题，发表了《关于汉字俄文译音问题》一文。伊凤阁对汉语的研究主要是为了满足教学的需求，在该领域的著述大都为教材或文选。他于 1907 年编写了《1906—1907 学年度东方学班汉语读本》。1910 年一年内共出版 3 部教材，分别是《华语初级读本》《汉语初级读本词汇及用法》和《汉语草书学习指南》。1912 年出版《汉语俗话学习导论（北京官话文法）》和《法律文书选读》。① 1930 年，伊凤阁与波利瓦诺夫（Е. Д. Поливанов，1891—1938）合作编写了《现代汉语语法》。

中国文学显然不是伊凤阁的主要研究领域，但他在《聊斋志异》的翻译上也有一定的开拓之功。作为王西里的学生，在课堂上已经学习过老师编入汉语教材的聊斋小说，而且对其思想和艺术价值也有所了解。1907 年，他在继王西里和莫纳斯特列夫之后，发表了自己的蒲松龄小说试译本。然而，他的翻译目的，不是为了介绍中国文学，而是为了发掘中国小说作为民俗学研究材料的价值，尤其看重其中的中国民间信仰和风俗描写。他说："备受中国人尊崇的雅文学对研究中国民俗学大有裨益"，"而在欧洲，这类小说纯粹是被作为文学作品来

---

① Петров В. В. Китайская филология в Петербургском-Ленинградском университете // Точность - поэзия науки: Памяти Виктора Васильевича Петрова: Сб. ст. СПб.，1992.

翻译的，而缺乏将其作为中国民俗学材料的系统考察。"① 他一共翻译了7篇聊斋故事，有《黄英》《李伯言》《竹青》《考城隍》《瞳人语》《画壁》和《种梨》，1907年发表在《俄国皇家地理学会阿穆尔分部特洛伊茨克萨夫斯克-恰克图分所著作集》中，1909年出版了单行本。前三篇的译文还算完整，后四篇只是介绍了故事梗概。他在解释选择翻译《黄英》的理由时说，从这篇小说中能够看到"中国历史所证明的自古以来最令人感兴趣的信仰，如万物有灵，任何东西都能成精。"②

伊凤阁在考古学与民族学领域也曾写过一些小文章。伊凤阁并没有从事过真正意义上的考古工作，而是对圣彼得堡博物馆中的中国藏品进行过研究。最早的一篇发表于1902年，叫作《中国官员腰带金饰》，1906年发表《17世纪中国稀见钱币》。而后在1915至1916年间连续发表数篇文章，介绍圣彼得堡人类学与民族学博物馆中的中国文物，如《中国宗教馆藏》《中国人生活馆藏》《人类学与民族学博物馆指南》。1933年发表《中央民俗博物馆15年》。

伊凤阁在历史方面只发表过一篇小文，叫作《元代汉语文书》（1907年）。在经济学方面发表了《14世纪中国货币流通》（1914年）。在文学方面，伊凤阁非常关注中国的新文学，于1922年在《革命东方》杂志上发表有《中国当代文学新现象》一文。

第四节　俄侨汉学家

在俄国汉学史上，有一个特殊的群体长期为俄国东方学史专家以

---

① Пу Сун-Лин. Повести из сборника "Ляо-джай-джи-и"/Contes du recueil "Liao-djaï-djih-yih"/перевел с китайского А. И. Иванов. СПб. ,1909. С. 48.

② Пу Сун-Лин. Повести из сборника "Ляо-джай-джи-и"/Contes du recueil "Liao-djaï-djih-yih"/перевел с китайского А. И. Иванов. СПб. ,1909. С. 49.

及中国的俄罗斯汉学研究者疏漏甚至遗忘，这就是中国的俄国侨民汉学家。在俄罗斯1995年最新版的《俄罗斯东方学家辞典》以及中国社会科学出版社于1986年出版的《俄苏中国学手册》中都不见俄侨汉学家的踪影。他们大都在20世纪初期由于各种原因来到中国，在北京、天津、哈尔滨和上海等地生活，后来有人返回了苏联，有人则继续滞留中国，而后又通过种种途径辗转流亡到其他国家。俄侨汉学应该被视作帝俄汉学在中国境内的延伸，俄侨汉学家应该是俄国汉学研究队伍的当然成员，其汉学成就则是帝俄汉学成就的组成部分。

一、卜郎特

作为汉学家的卜郎特很少为人关注，即使在他的故乡俄罗斯也没有人对其做过专门研究，就连他的生平材料也难找到。这里大概有两个原因，一是卜郎特长期在中国工作，其著作也大都在中国及其他国家出版，不为俄罗斯汉学界所熟悉。二是卜郎特在中国长期从事针对俄国侨民和中国人的汉语教学，其作品多为汉语教科书和辞书，对俄国本土汉学的发展没有起到明显的促进作用。然而，当仔细审视卜郎特的作品时，可以发现此君尽管名不见于俄国汉学史，却是19世纪末20世纪初北平最出色的俄国汉语教师之一，在汉语语言学及汉语教学法等方面的成就显著，堪称同时代的佼佼者。与此同时，卜郎特还创作了两部俄国汉学史上最早的近代中国政治人物传记。

有关卜郎特的情况，我们现在只知道他1869年出生于俄国萨拉托夫，1892年从圣彼得堡大学东方语言系毕业，是王西里的弟子。1894年进入皇家宫廷部，再转入财政部供职。1901年到哈尔滨，在中东铁路局开办的法政大学担任俄文教授，曾兼任副校长。而后来到北京担任中东铁路北京办事处主任，先后在位于北京东总布胡同的东省铁路俄文学堂、北洋政府外交部俄文专修馆等校任教。1919—1926年卜郎特任北洋政府外交部法律顾问。1926—1933年在美英传教机构创立的华北协和华语学校教授汉文。1944年于北京去世。①

据《清史稿》记载，光绪二十五年（1899年），"俄人又以东省铁路将兴工，拟在北京设东省铁路俄文学堂，招中国学生学习俄国语言文字，以备铁路调遣之用"。然而实际情况是，这里不仅教授中国人俄语，同时也是北平俄人学习汉语的中心之一。自19世纪下半期以来，俄国人在北京有两处汉语学习场所，一是俄罗斯馆，二是俄国公使馆，每年都有享受助学金待遇的俄国人在其中学习汉语，所用教材和辞书多为伊萨亚、孟第和柏百福老一辈汉学家所编，其内容和体例已不适合中俄交涉新形势的要求。东省铁路俄文学堂建立之后，以上两机构便逐渐失却了汉语人才培养的功能。卜郎特从学堂初创就在这里从事俄国侨民汉语教学。东省铁路俄文学堂的经费取自华俄道胜银行利息，经费有保障，聘任汉语教授也较方便，所缺少的就是教科书。卜郎特就是为解决东省铁路俄文学堂的教材短缺问题而开始研究欧洲人汉语教学方法以及汉语语言学的。无论是在东省铁路俄文学堂，还是在更名后的外交部俄文专修馆，以及华北协和华语学校，卜郎特一直在编写教科书。从1904年于喀山为东省铁路俄文学堂出版《中国初等学校俄语文选试编》开始，卜郎特在10余年的时间里一共出版各种汉语、俄语教材10余种，成为北京外国侨民中具有相当知名度的俄国汉学家。

卜郎特的汉语教科书包括俗话交际、文言基础、公文信牍、翻译训练、语法几大类别，大都以培养和提高学习者语言实践能力为目标，充分考虑汉语的特性和时代色彩，结构简明，内容清新，循序渐进。他非常注重通过教材培养学生自学汉语的能力，善于利用国际上先进的外语教学方法。卜郎特编写的教材不仅为俄国侨民学习汉语之用，而且还被其他国家侨民学校所采纳、重印。

《华言初阶》是一部汉语口语入门教材，初版于1908年，由东正

---

① Хисамутдинов А. А. Российская эмиграция в Китае: опыт энциклопедии. Владивосток, 2002. С. 37；中国社会科学院近代史研究所翻译室：《近代外国来华人名辞典》，中国社会科学出版社，1981年，第53—54页。

教驻北京传教团印字房刊行,此时卜郎特正在东省铁路俄文学堂教书。次年,该书便在伯力由俄国东方学家协会①再版。编者在导言中对声调、句子逻辑重音、汉字特点、六书、偏旁部首、发音、俄文字母注音等汉语基础知识进行了简略讲解,特别介绍了这部教材的编写体例。编者首次将德国图森-兰根舍德(Toussaint-Langenscheid)的外语教学方法引入汉语教学。该方法的核心思想在于通过阅读连贯文章和词汇翻译训练,达到全面掌握外语的目的,反对单纯利用孤立句型的教学模式。全书共分25课,每一课由课文、语法、对话三部分构成。编者从《今古奇观》中选取了《狠仆告主》一篇小说作为整部教材的课文,称小说生动的内容可以激发学生的好奇心并引领其一直向前。被分割成25部分的小说片段依照由短及长的顺序排列。在每篇课文之后,编者先是将课文中的每一个字标注了读音,并且给出其在俄文中的对应语义,俄文单词都是原形,而后是字词解析,即对重点课文中的重点汉字声调、构成和词义进行扩展性解释,其目的显然是帮助学习者正确发音和准确理解字意。接着编者提供了课文的完整译文,然后要求学生进行汉俄、俄汉对译,同时对阅读课文中可能遇到的问题加以提醒。最后是练习,即将课文变成简短对话,不断重复,巩固记忆。第二部分为语法,讲授虚字和句子结构两大内容。第三部分为简单对话,编者将所学课文和语法知识融会其中,以达到贯通之目的。书后的参考文献告诉我们,卜郎特在编写这部教材的过程中借鉴了王西里的《汉字解析》、彼·施密特的《官话语法试编》、威妥玛的《语言自迩集》、狄考文的《官话类编》、富善(Chauncey Goodrich,1836—1925)的《官话萃珍》以及日本的《官话文法》《华语跬步》和《华言问答》。

1914年出版的《华文自解》是与《华言初阶》相配套的一部教材。如果说前者以教授官话口语为目的,那么,这部教材所要教授的

---

① 1909年由哈尔滨俄侨组织成立的学术团体,大多数成员为海参崴东方学院毕业生。学会章程规定其任务是开展对东亚及中亚的社会、政治、历史和语言研究,促进俄国与东方的文化联系。

就是文言了。从书名上也可以看出，编者希望这部教材能为外国人自学之用。教材编排体例与《华言初阶》相同，只是没有了对话部分。课文由易而难，由短而长，内容丰富，涉及了中国社会生活的各个方面。语法部分依次讲解了文言中常见各种虚字的意义及用法。

卜郎特进入华北协和华语学校之后，由于所教授的对象由俄国人变成了西方国家侨民，因此需要编写英文版的汉语教材。卜郎特在俄文版教材《华文自解》基础上编写的英文版《汉文进阶》于 1927 年由北京法文图书馆印行。与《华文自解》相比，《汉文进阶》在内容和结构上有所充实和完善。课文内容包括故事与短文、《聊斋志异》小说、公文、法律文书、新闻、家书，均为文白对照，后附英文译文，字词详解，语法部分依然是对文言虚字用法的解释和例举。该书非常受欢迎，1936 年就出了第二版，1940 年出第三版，1944 年又由美国耶鲁大学东方学系重新出版。辅仁大学教授兼图书馆主任谢礼士（E. Schierlitz，1902—1940）博士还在 1938 年于《华裔学志》上发表了书评。

《虚字指南》是卜郎特在华北协和华语学校工作之后出版的第二部英文教材，于 1929 年出版，由从威海卫行政官任上退休到北京的英国人周永治（Hardy Jewett，1871—1936）作序。此教科书专门为解决令外国人困惑的文言虚词问题而编。全书内容分为虚词分类和虚词列表两大部分。卜郎特将汉语文言重点虚词分为反义、同化、原因、比较、复合、条件、连接、结果、等同、感叹、结束、个别、起句、强化、强化连接、疑问、限制、接近、完成、判断、时间、前置、禁止、目的、被动、复数、最高，共 27 类。

卜郎特出版的另一部英文版教材为 1940 年由北京法文图书馆刊印的《华言拾级》。此书以训练汉语口语为目标，包括课文、语法提示、短文与诗歌三个部分。编者一改先前以阅读理解课文为主导的编写方法，而改从学习单个汉字入手，进而学习词组、造句。

1910 年卜郎特在北京出版《清国公牍类编》，旨在训练学生翻译汉语公文的能力。其中 60 篇课文均为外交文书，选自 1902 年日本出版的《支那交际往来公牍》和光绪三十四年（1908）北洋官报局所刊之《光绪丙午年交涉要览》。课文俄译准确、简洁、典雅，符合公文语体特征。据卜郎特序言，课文的俄文译文出自当时俄文专修馆学生之手，可见馆内教学水平不低。教材的后半部分为课文释读，主要内容为汉语公文中常用的套话和语汇。

为训练和提高高年级学生参加中俄外交谈判的能力，1911年卜郎特编写出版了《交涉问答》。他选取"东三省总督徐世昌会同奉天巡抚唐绍怡与日总领事会议问答"作为课文，并附有俄文译文和字词注释。

1915年出版的《译材辑要》是卜郎特专门为俄文专修馆而编写的教材，由俄文专修馆刊印。其中的课文只有汉语，没有俄译，是一本翻译练习册。该册子由俄文专修馆国文教员刘广源作序，详细介绍了卜作的缘起和特色："《译材辑要》一书，为本馆俄文正教员俄少卿卜郎特君所编辑，经邵筠农校长核定为翻译课本者也。本馆翻译功课，汉俄互译，顾汉译取材较俄文为尤难，盖汉文浩如烟海，教授者往往仅据一时之见闻，以当议题之材料，则抉择容有未精，果合于深浅适宜之用与否，殊难必也。卜君在此讲授有年，不惟其津逮后学，教法擅长，且于吾国有用之书多所研究，故于翻译命题颇能广搜约选，不徒执一家之言，兹将可译之文若干首，裒辑成编，析为二卷，循学年之递进，订文义之浅深，送请校长核定，俾作译材之定本。校长深嘉纳之，嘱余为序，以弁其端。余惟学问之道，不外即已知以求未知，蕲至于豁然贯通之境而已。欧美列帮国语读本，陈义无取高深，而教材排列，率皆本乎其国之政教风俗及人生日用之物理，其足以启发知识，坚定意志，无不与各学科之要义互相发明，法至善也。今此编体例略与相同，取材宏富而析理精详，始于人生之要需，极于世界之知识，匪独教者命题得所依据，而学者苟于其文之所揭示者，各即其端倪，以穷其究竟，则触类引申，又不仅获益于泽学已也。是尤邵校长所厚望而为余所敢期者。"① 这里提到的俄文专修馆校长邵筠

---

① 刘广源：《〈译材辑要〉序言》，载[俄]卜郎特辑《译材辑要》，二卷，铅印本，俄文专修馆，民国四年(1915)。

农即是曾经在圣彼得堡大学东方语言系任教的邵恒浚。①

卜郎特还在1935年出版了一部中英对照的《摩登新闻丛编》,旨在通过阅读报刊文章,帮助学生了解汉文报纸的文体和语汇特点,提升对新闻题材的理解接受能力。课文内容非常广泛,社会、政治、外交、体育和艺术无所不有,多选自1934年北平、天津和上海的报纸,其中不乏大家手笔,如胡适于1934年9月23日于《独立评论》119号上发表的抨击蒋介石消极备战的《整整三年了》等。1939年,该书由北京法文图书馆出了第二版。

我们或许都知道,在外国人当中,第一个为伟大革命先行者孙中山立传的是美国人林百克(Paul Myron Linebarger, 1871—1939),其作品1925年在纽约出版。然而笔者发现,卜郎特早在1911年就在天津出版了一部孙中山传记《孙逸仙:国民党》。1938年此作由赵季和翻译为汉语,书名为《孙逸仙及国民党之来历》,由上海的新中国社出版。此外,他于1909年还在伯力出版过一部《慈禧太后与光绪皇帝》。

总之,卜郎特在汉语教材编写方面贡献良多,满足了北京外国侨民学习汉语的需求,同时也为中国的俄语教育做出了贡献。他在汉语口语、书面语语法以及汉语教学法领域的探索与实践对当今我国的对外汉语教育事业不无裨益。俄罗斯科学院米亚斯尼科夫院士称其为"著名汉学家",② 实在情理之中。

二、希奥宁

希奥宁(А. П. Хионин, 1879—1971)、1879年出生于弗拉基米尔。1903年毕业于海参崴东方学院,为该校首届毕业生。希奥宁在学期间,正值俄国远东汉学基地的创始人、著名汉学家鲁达科夫教授任

---

① 详见本章第五节。

② Мясников В. С. Русская печать в Китае//И не распалась связь времен...:К 100-летию со дня рождения П. Е. Скачкова:Сб. ст. М.,1993.

教，同时，曾是京师大学堂第一批俄文教习的彼·施密特教授也回到东方学院。因此，希奥宁也算是师出名门。由于学习成绩优秀，希奥宁被留在东方学院蒙古语教研室当助教。后来又在俄国外交部门的许多机构工作。1921 年，希奥宁来到中国东北，1924 年入中东铁路管理局工作。1925 年，哈尔滨东方商学院成立，希奥宁担任院长并讲授汉语及远东国家经济课程。1928—1936 年，他担任哈尔滨日俄学院的蒙古语教授，1934 年该校改组成圣弗拉基米尔学院后，希奥宁又在这里担任系主任一职。1940 年被调往大连，任南满铁路管理局经济师和蒙古语翻译，直到 1945 年 8 月。而后他出任大连苏军卫戍司令部翻译和中长铁路中国法律问题顾问。1950 年举家迁居澳大利亚，并在那里度过余生。①

希奥宁的汉学著述涉及辞典、汉语教科书以及社会政治、教育等领域。综观希奥宁的汉学成就，当以他在辞典编写方面的作为最为突出。1927 年，希奥宁在哈尔滨出版了他所编写的《俄汉新辞典》，如果将俄文名称直译为汉文，应当为《俄汉法律、国际关系、经济、政治及其他术语辞典》，由"哈尔滨道里商务印书局刷印"。此时的希奥宁正在哈尔滨东方商学院工作。他在序言中阐述了编写这部辞典的目的。辛亥革命之后，大量来自欧洲语言和日语中的政治、经济和法律词汇涌入汉语，而"柏百福和俄国东正教驻北京传教团出版的辞典已经过时，完全不能满足时代的要求了"，因此，"在与中国人的书面与实践交流过程中，律师、国际活动家、商人、经济研究者都迫切需要这样一部参考书"。辞典按照俄文字母排列，选词以政治、法律和经济词汇为主，词组搭配丰富，以"国语"释义，另有"独立国家及其首府"、中华民国外交部核定使用的"地名词典""俄国度量衡与公制对应表""中国度量衡与公制对应表""中国对外开放口岸全表""起首汉字索引" 6 个附录。在编写过程中希奥宁参考了德国人赫美玲（Karl E. G. Hemeling, 1878—1925）1916 年于上海出版的《官话》、狄考文《新词新义：华文报纸研究》1922 年上海版、Li Yu-Wen1925 年于上海出版的《新汉英

---

① Русский Харбин/Сост., предисл. и коммент. Е. П. Таскиной. М., 1998. С. 252.

辞典》以及俄国人科列索夫（Н. Ф. Колесов，1867—1925）和勃鲁耐特（И. С. Бруннерт，1882—1948）1923年于北京出版的《汉俄法律政治辞典》等。①《俄汉新辞典》填补了俄国汉学界俄汉双语术语词典编写的空白，满足了俄国侨民及汉语工作者的需求。而后，他又于1928年和1930年编写出版了两卷本的《最新汉俄词典》，汉字依笔画排列，共收入1万多个汉字及6万余个词组，出版商为哈尔滨"商业印刷厂"。1941年，他与一位日本学者在东京合作编写出版了《蒙俄日词典》。侨居澳大利亚以后，希奥宁还完成了《最新汉英词典》的编写。

在东方学院求学期间，他与纳达罗夫（В. Надаров）一同翻译了法国汉学家顾赛芬1894年出版的法文拉丁文对照《中国诏令、奏议公文选译》，于1903年在海参崴出版，为学校的汉语教材建设做出了贡献。

作为哈尔滨主要俄侨报刊的撰稿人，希奥宁非常关注中国政治、经济、教育等方面的情况。1923年，希奥宁根据中国资料撰写了《中国的商业教育》（《亚细亚时报》第51期）。1924年，他翻译的我国著名政治学家、清华大学教授沈乃正的作品《国人社会观之改变》（意译）发表在《亚细亚时报》第52期上。同年，他在《经济周刊》上发表了《中国当代工业及工人问题》。1925年，他翻译了一位中国学者的文章，名为《中国农村初等教育》（意译），发表在《亚细亚时报》第53期上。

希奥宁曾经在哈尔滨的几所学校从事汉语和蒙古语教学。他作为俄国东方学家协会会员，积极参加协会工作，曾担任协会副主席。从1924年起，他出任《亚细亚时报》的编辑，出版了第52期和第53期。此外，他还是东省文物研究会及其他科研团体的成员。

---

① Хионин А. П. Русско-китайский словарь юридических, международных, экономических, политических и других терминов. Харбин, 1927. С. I–II.

三、巴拉诺夫

在哈尔滨享有盛名的另一位汉学家是巴拉诺夫（И. Г. Баранов，1886—1972）。此人 1886 年出生在俄国托博尔斯克省的一个教师家庭，1906 年进入海参崴东方学院汉满语专业学习，1911 年以优异成绩毕业。同年来到哈尔滨，在中东铁路管理局任汉语翻译，而后进入哈尔滨商业学校，讲授汉语及东方地理课程。1925 年又重回中东铁路管理局，与此同时，他仍旧在各类学校从事教学工作。1926 年在哈尔滨工业大学讲授边疆学，1938—1945 年在北满大学讲授汉语和满洲经济地理。1932 年在哈尔滨法政大学做了题为《中国文学当代流派》的学术报告，由此获得编外副教授称号。从 1946—1955 年，巴拉诺夫担任哈尔滨工业大学汉语教研室主任。他是满洲教育协会、俄国东方学家协会、东省文物研究会以及基督教青年会自然科学和地理俱乐部成员，曾经担任《亚细亚时报》编辑。1958 年离开中国，定居阿拉木图，一直到 1972 年去世。晚年曾为哈萨克苏维埃社会主义共和国科学院研究生班讲授汉语。[①]

巴拉诺夫一共在哈尔滨居留 47 年，发表作品 100 余种，主要刊登在《亚细亚时报》《东省杂志》《铁路员工报》等俄文报刊上，主要研究对象为中国的宗教与民俗。其代表作有《阿什河的中国寺庙》（1912 年）、《中国皇族的生活》（1914 年）、《中国人对鸟的信仰》（1922 年）、《中国的解梦书》（1925 年）、《中国新年》（1927 年）、《中国日常生活特点》（1928 年）、《中国人头脑中的阴曹地府》（1928 年）、《中国农民、渔民和猎人的迷信》（1930 年）、《辽东南部的民间信仰》（1934 年）、《汉族人的家庭习俗》（1937 年）等。1999 年，捷尔吉茨基将巴拉诺夫有关中国民俗的文章结集出版，名为《中国人的信仰与风俗》。此书内容极其丰富，依次介绍了中国的民间节日、婚丧嫁娶、儒学、佛教、道教、各路神仙、阴曹地府、解梦等。这也是巴拉诺夫的著作

---

① Русский Харбин/Сост. ，предисл. и коммент. Е. П. Таскиной. М. ，1998. С. 252.

首次在俄罗斯出版。值得注意的是，他于 1914 年在《亚细亚时报》上发表了《河南卜骨》一文，介绍了 10 多年前在河南安阳发现的甲骨文。

巴拉诺夫另一个引人注目的成就是翻译了中国古典短篇小说之王——《聊斋志异》。1915 年，他在《亚细亚时报》上发表了《跳神》《促织》《蛰龙》《产龙》《太医》《狐谐》《珊瑚》和《孝子》8 篇译文。在俄罗斯第一位发表《聊斋志异》译文的是莫纳斯特列夫，此人是大汉学家王西里在圣彼得堡大学东方语言系的弟子，是《春秋》的唯一俄译者，他于 1878 年在《新作》杂志上发表了《水莽草》的译文。王西里于 1887 年在其《中国文学史资料》一书中收录了自己翻译的《阿宝》《庚娘》和《毛狐》三个故事，以此作为圣彼得堡大学汉满语专业的教材。第三位应该是在 20 世纪 20 年代在我国学界很有名的伊凤阁，他于 1907 年在圣彼得堡发表过几篇蒲松龄小说的译作。巴拉诺夫则可以说是《聊斋志异》的第四位译者了。巴拉诺夫译文的价值在于他较早地向俄罗斯侨民介绍了蒲松龄的作品，并将其中蕴含的深厚的中国文化信息传达给这一特殊的群体。

同时，巴拉诺夫还是《今古奇观》的最早俄译者之一。1913 年，他在《亚洲俄罗斯教育》月刊上发表了译作《十三郎五岁朝天》，俄文译名为《衣领上的红线》。1911 年在《现代世界》发表了他所译的《朱买臣》和《金玉奴棒打薄情郎》两个故事。在《今古奇观》原作中，这两个故事同属 20 卷的《金玉奴棒打薄情郎》，因为情节相对独立，巴拉诺夫便分别译了出来。《今古奇观》是最早被介绍到西方的中国文学作品之一。在俄罗斯，第一个从汉语翻译并发表《今古奇观》俄译文的是伊凤阁，他在 1910 年翻译了《十三郎五岁朝天》。在巴拉诺夫之后，王希礼（Б. А. Васильев，1899—1937）在苏联的《东方》杂志上发表了《俞伯牙摔琴谢知音》。翻译《今古奇观》最多的是列宁格勒汉学家维尔古斯（В. А. Вельгус，1922—1980）和齐一得。他们于 1962 年翻译出版了《今古奇观》小说集。探讨这些译者的翻译艺术不是本书的任务，我们仅从巴拉诺夫将《十三郎五岁朝天》译作《衣领上的红线》就可以发现译者充分考虑了俄语读者的接受习惯,将标题译得颇有些侦探小说的味道,不仅很符合原作的内容,同时能调动起读者的阅读欲望。

此外,巴拉诺夫在 1914 年还将宣扬中华民族美德的动人故事《三娘教子》译成俄文,发表在《亚细亚时报》上。在我国许多地方剧种中都有《三娘教子》这出戏,同时也是年画的主要题材,其情节可谓妇孺皆知,这篇译文无疑对俄国侨民深入了解中国人的精神世界乃至戏剧都有好处。在中国文学研究方面,巴拉诺夫也有所著述,其代表作是 1934 年在哈尔滨出版的《中国当代文学》。1946 年,他在《哈尔滨自然科学家和民族学家协会论丛》上发表了他节译的《吾国与吾民》。该书是中国著名作家林语堂于 20 世纪 30 年代在美国用英文所写的著作。林氏在该书中用坦率幽默的笔调、睿智通达的语言娓娓道出了中国人的道德、精神状态与向往,以及中国的社会、文艺与生活情趣,在西方世界产生了广泛影响。直到 2010 年,此书才由司格林全文译出付梓。①

在对中国的政治和经济介绍方面,巴拉诺夫主要有以下作品留存于世:《中华民国的政治行政结构》(1922 年)、《中国的日常贸易》(1924 年)、《中国的商会》(1924 年)、《中国反对外国学校的运动》(1924 年)、《北满的行政结构》(1926 年)、《中国邮政》(1927 年)等。

巴拉诺夫还撰写了数十篇书评,涉及面很广。他撰文评论过的作品有我国著名农学专家顾复于 1930 年在上海出版的《农具学》、欧阳缨绘制的《中国历代疆域战争合图》、屠思聪编制的《中华最新形势图》、阿理克的《中国财神》、彼·施密特于 1932 年在德国莱比锡出版的《满语中的汉语成分》以及我国学者叶贵年编写的汉语教科书等。

---

① Линь Юйтан. Китайцы: моя страна и мой народ; пер. с кит. Н. А. Спешнев. М., 2010.

四、什库尔金

什库尔金（П. В. Шкуркин，1868—1943）是哈尔滨俄侨中另一位著名汉学家。他于1868年出生于哈尔科夫省，1889年从亚历山大第三军事学校毕业并被分配到海参崴的军中任职。在远东工作期间，他对中国文化产生了浓厚的兴趣，进入刚刚创立的海参崴东方学院，成为该校的第一届学生，并开始学习汉语和满语。暑假期间他曾来中国实习，并亲历了义和团运动。1903年，什库尔金从东方学院毕业，进入海参崴警察局工作，1904年参加了日俄战争。战争结束后，什库尔金于1907—1909年在吉林语言学校教授俄语和俄罗斯历史。1909年在哈巴罗夫斯克阿穆尔军区司令部任翻译，到1913年退役，什库尔金在俄军中直接参与了俄国罪恶的侵华勾当，担当了帮凶的角色，理应受到中国人民的谴责。1913年，什库尔金来到哈尔滨，在中东铁路总会计室工作，同时在哈尔滨的商业学校和汉语培训班中讲授汉语和东方学课程。他积极参与俄国东方学家协会的工作，并做过一段时间的《亚细亚时报》编辑。1917年十月革命爆发以后，什库尔金继续留在哈尔滨从事教育工作，先后在几所学校讲授汉语和东方地理等课程，同时为哈尔滨的报刊撰写、翻译介绍中国的文章。1928年，什库尔金移居美国西雅图，担任华盛顿大学顾问以及俄国历史学会会员，1943年3月在美国去世。[1]

庆幸的是，什库尔金的档案完整地保留了下来，由其在美国的后人加以整理并在因特网上公布，标题为《什库尔金远东档案》。该档案除反映了什库尔金在俄国远东地区和中国哈尔滨的活动情况外，还包括了曾是"丘拉耶夫卡"重要成员的拉比肯（П. П. Лапикен，1872—1921）神父的遗物。什库尔金和拉比肯私交甚笃，两人先后都

---

[1] Хисамутдинов А. А. Синолог П. В. Шкуркин：" …не для широкой публики, а для востоковедов и востоколюбов "//Известия Восточного института Дальневосточного государственного университета. №6，2016.

移居美国。1928年拉比肯的女儿嫁给了什库尔金的儿子，两家从此融为一体。在拉比肯的遗物中，有诗人夏云清（Валерий Перелешин, 1913—1992）给他的来信以及诗人未曾发表的诗作。这些档案已经成为研究中国俄罗斯侨民和中俄关系史的珍贵史料。什库尔金的藏书是档案的重要组成部分，其中既有诸如比丘林、王西里、格奥尔吉耶夫斯基、波兹德涅耶夫和屈纳等著名俄国汉学家的著作，也有一些中英文图书，还有大量珍贵照片。

什库尔金最重要的研究领域是中国宗教、民俗与神话。从1914年开始，他从法国汉学家戴遂良的《中国近代民间传说》中选译了一些民间故事，有《梨》《财宝》《假钱》等，发表在《亚细亚时报》上。1915年和1916年，什库尔金在《亚细亚时报》上连载了《狐狸》和《审案》两则故事，1917年出版《中国故事与童话》。1921年出版《中国传说》，书中收录了《三国演义》故事，有诸葛亮、草船借箭、空城计、华佗等内容。[①] 1924年发表《中国日常生活故事——红胡子》。1925年什库尔金在《亚细亚时报》上发表了《道教概说》，介绍了道教的基本概念和八仙传说。1926年又在哈尔滨出版了《道教神话：八仙过海》一书。此外，什库尔金还研究了中国西南少数民族，于1915—1916年出版了《倮倮族—中国西南异族今昔》。

早在1910年，什库尔金就将中国民间故事《白蛇传》翻译成俄文，并在伯力出版。这是俄国对《白蛇传》的最早介绍。此外，他还翻译了《聊斋志异》中的小说《细柳》，1921年发表在《亚细亚时报》第49期上。

什库尔金对中国历史也抱有浓厚兴趣。他在东方学院的毕业论文《呼兰城——满洲中部历史经济概观》曾获得了老师和学界的很高评价。来中国之后，他又在哈尔滨的俄文报刊上发表了一系列介绍中国历史的文章，出版过几个小册子，比如《中国史册之一页——明朝的倾覆与清朝的崛起》（1913年）、《彩色中国历史年表》（1917年）、

---

① 李兴耕等：《风雨浮萍——俄国侨民在中国（1917—1945）》，中央编译出版社，1997年，第319页。

《浅谈史前中国》(1924年)、《中国历史神话》(1933年)等。1927年他出版了《中国古代历史画卷》一书，其中介绍了介子推、穆公、伍子胥、张子房和秦始皇等历史人物。

第五节　汉学教育

19世纪下半期，沙俄利用鸦片战争后中国沦为半殖民地的局势，践踏中俄《尼布楚条约》，侵入我国黑龙江流域，先后诱迫清政府签订了一系列不平等条约，夺取我国大片领土，获得了在中国境内通商、传教等方面的特权。随着东方在俄国对外关系天平上的分量越来越重，加强对东方的研究日显重要。而克里米亚战争中俄国军队必须与属于奥斯曼帝国属国的埃及等东方国家军队作战的现实显示了对东方语言人才的空前需求。[1] 从前小规模分散的东方学教学已经不能适应沙俄对外扩张政策对东方语言人才的需求，同时也不利于科学院和外交部对其教学情况进行直接管理和监督。1855年，圣彼得堡大学东方语言系建立。在以后半个多世纪的时间里，这里一直是俄国的中国研究中心和中华语言人才培养基地。随着《中俄密约》的签订及中东铁路建设的开工，为满足对翻译人才的大量需求，俄国政府于1899年在海参崴建立了俄国历史上又一中华语言人才培养基地——海参崴东方学院。

一、圣彼得堡大学

在圣彼得堡大学东方语言系建立之前，俄国曾有几所院校开设有

---

[1] Макаров И. Для подготовки одного востоковеда требуется целый коллектив специалистов//Санкт-Петербургский университет. №26 - 27 (3718 - 3719), 15 декабря 2005 года.

东方学专业。首先应该提到的是著名的喀山大学。1804 年该校设立了东方语言教授和鞑靼语讲师的职位，1807 年建立东方语言教研室，教授的语言有阿拉伯、波斯和土耳其语。该校于 1833 年在欧洲首建蒙古语教研室，1837 年又在俄国高校首次成立了汉语教研室，1844 年开设了满语课程。19 世纪 50 年代调整俄国东方语言教学机构的任务被提上日程。1853 年俄国有关部门酝酿将圣彼得堡大学历史语言学系的东方语言专业改组成东方语言系。俄国侵华主力干将、东西伯利亚总督穆拉维约夫则建议在伊尔库茨克中学讲授汉语和满语，培养翻译人才，以为侵略黑龙江地区服务。1854 年 2 月，新任国民教育部部长诺罗夫（А. С. Норов，1795—1869）向沙皇上书，强调了学习东方语言的现实意义，陈述了组建新的东方学基地工作遇到的困难。4 月，在诺罗夫的主持下，成立了一个委员会，审议了所有方案。王西里也呈请将东方语言教学集中于圣彼得堡，提议讲授梵文和藏语。10 月 22 日，俄国枢密院终于下达了由尼古拉一世签署的命令，决定合并俄国当时所有院校的东方学专业，在圣彼得堡大学组建东方语言系。[①]

1855 年 8 月 27 日，圣彼得堡大学东方语言系举行了隆重的建系大会，蒙古学家阿·波波夫在会上发言。系主任卡泽姆别克宣布了 1855—1856 学年度的课程设置。9 月 1 日，东方语言系正式开学，自此揭开了俄国东方学教学新的一页。

新成立的圣彼得堡大学东方语言系包括 9 个教研室：阿拉伯语教研室、波斯语教研室、突厥鞑靼语教研室、蒙古—卡尔梅克语教研室、汉语教研室、犹太语教研室、亚美尼亚语教研室、格鲁吉亚语教研室和满语教研室等，建立了 5 个专业：阿拉伯-波斯-土耳其-鞑靼语专业、蒙古-卡尔梅克-鞑靼语专业、汉满语专业、犹太-阿拉伯语专业、亚美尼亚-格鲁吉亚-鞑靼语专业。王西里成为第一任汉、满语教研室主任，阿·波波夫成为蒙古语教研室主任。[②]

---

① Скачков П. Е. Очерки истории русского китаеведения. М.，1977. С. 201 – 204.
② Куликова А. М. Востоковедение в российских законодательных актах（конец XVII в. –1917 г.）. СПб.，1994. С. 47 – 48.

圣彼得堡大学东方语言系经历了不断的改革和变化。1863年，东方语言系奉命改组，将汉语教研室和满语教研室合并为汉满语教研室。1864年，汉满语专业和蒙古—卡尔梅克—鞑靼语专业合并为一个专业，名为汉满蒙古语专业。1870年，东方语言系开始讲授日语，并将其并入汉满蒙古语专业（这种状况一直持续到1898年成立单独的日语教研室为止）。从1878年起，王西里教授担任东方语言系主任。他极力主张增加东方语言系专业数量，于1882年建议增开藏语、朝鲜语等新语种教学。

关于东方语言系的办学宗旨，东方语言系第一任系主任卡泽姆别克在开学演讲中说："我们办系的宗旨绝对是实用的，那就是为外交、军事及其他部门培养年轻人才，为居住在我国境内的异族服务……从事科学研究的目的只是为了培养所需的亚洲语言师资。"① 卡泽姆别克的实用性办学宗旨遭到教师们的强烈反对，他不得不于1858年辞职。1859年，阿拉伯学家穆赫林斯基（А. О. Мухлинский，1808—1877）任系主任，开始强化科研工作，特别是在编写急需教材方面取得一些成就。由于学生毕业后就业状况不太理想，又一次引发了关于办学宗旨的争论。穆赫林斯基签发了一个新的办学意见，将科研目的置于首位，而把培养实用型人才视为其任务之一。1884年，圣彼得堡大学颁布了新的大学章程，其中强调将科研目的置于实用目的之上。是年，东方语言系根据学校总章程制定出《东方语言系教学大纲及考试要求》。这个教学大纲及考试要求反映了两个重要情况，第一，东方语言系将发展和巩固科研活动视为主要任务；第二，19世纪末这里聚集了一大批优秀的东方学专家，他们在国际东方学界取得了举足轻重的地位。事实上，将科研作为主要工作不但没有影响到教学，而且还促进了高素质实践人才的培养。1884年制定的教学大纲在圣彼得堡大学东方语言系发展史上具有重要意义，它最终形成了科研与培养实践人

---

① История отечественного востоковедения с середины XIX века до 1917 года. М., 1997. С. 9.

才相结合的办学思想。①

20世纪初,圣彼得堡大学东方语言系取得进一步发展。1908年,汉满语专业分化成两个专业:汉满语专业及日汉语专业。1913年,为适应形势需要,东方语言系制订了新的教学计划和考试规则,以取代1884年的旧规则。新计划的主要特点是细化了教师的专业分工,又一次调整了专业设置。这时的东方语言系一共有7个专业:阿拉伯—波斯—突厥—鞑靼语专业、汉满语专业、蒙满鞑靼语专业、日汉专业、犹太—阿拉伯—叙利亚语专业、亚美尼亚—格鲁吉亚语专业、梵文专业。从专业设置可以看出,当时圣彼得堡大学东方语言系的规模以及汉、满、蒙古等中华语言在教学中所占地位。到1917年十月革命爆发前,东方语言系一直是依据1913年的计划来从事教学及科活动的。②

1. 王西里与圣彼得堡大学汉语教学模式之形成

圣彼得堡大学汉语教研室建立伊始,由王西里教授担任主任,并讲授4个年级的所有主要课程。1876年他从编内教授荣升为功勋教授,仍继续担任汉语专业的教学工作,1893年退休后才由通常的每周6学时减少到每周2学时。在王西里去世的1900年,他依然在给学生上课。因此可以说,"汉满语教研室历史上的头45年是与王西里的活动联系在一起的"。③

圣彼得堡大学的汉语教学方案是王西里在喀山大学汉语教学计划的基础上逐步形成的,最终在19世纪60年代趋于稳定,并一直维持到阿理克教学活动开始之前。与18世纪科学院和外务院开办的满汉语班、恰克图华文馆以及喀山大学相比,圣彼得堡大学的汉语教学方

---

① История отечественного востоковедения с середины XIX века до 1917 года. М., 1997. С. 10–15.
② 此处重点介绍圣彼得堡大学汉语教学的历史及特点,有关满、蒙古语教学情况参见第五章第一节和第二节。
③ Петров В. В. Китайская филология в Петербургском-Ленинградском университете // Точность-поэзия науки: Памяти Виктора Васильевича Петрова: Сб. ст. СПб., 1992.

法已经有了很大进步,不再套用中国传统教学方式,试图确立具有俄国特色的大学汉语教学模式。总结起来,王西里制订的教学计划主要包括如下内容,一是汉语导论,也就是汉字和汉语语法教学。二是翻译,译材由浅入深,循序渐进,内容涉及中国历史、地理、政治、哲学、宗教、文学以及中俄关系等。三是专业课程,如文学、历史等。最后是口语和书法课程。①

作为唯一的汉语教授,王西里编写了大量教材,以满足教学之需要。为了解决长期困扰欧洲汉语教学的汉字识读问题,王西里在北京时期就已经开始构思自己的汉字解析方法。经过在圣彼得堡大学10余年的教学实践,终于编写出《汉字解析》和《汉字笔画系统——首部汉俄词典试编》。前者主要阐释汉字的特点和结构,后者介绍了他发明的汉字笔画体系。关于这两部教材的内容和特点,笔者在前文中已有介绍。《汉字解析》"显著地减轻了汉字学习的难度,变死记硬背为有意识地掌握汉字的结构",而《汉字笔画系统——首部汉俄词典试编》则"被看作是革命前以及革命后大部分汉俄词典中最合理的体系"。② 认识汉字特点和掌握记忆方法是汉语导论课程的主要内容。与此同时,王西里也讲授汉语语法。针对欧洲有学者提出的汉语中没有语法的观点,王西里予以反对,并相信汉语作为一种语言不可能没有语法规则,但没有对这一问题进行科学的论证。从他开始,主要使用比丘林的《汉文启蒙》教授汉语语法,同时辅以雷慕沙和马礼逊编写的语法教材《汉文启蒙》和《通用汉言之法》。

阅读课是圣彼得堡大学重要的汉语习得课程。王西里编写了《汉语文选》3卷。第一卷问世于1868年,内容主要包括中国俗谚、生活原则、笑话、康熙家训、中国小说、本朝军事行动史。中国俗谚的内容主要取自《增广贤文》(如"天理良心,天下通行""与人方便,

---

① 汉语专业学生还要同其他系的学生一道学习一些必修的课程:神学(一年级)、俄语(一、二年级)、俄国历史(一、二年级)、俄国法律史(一年级)和法语。
② Петров В. В. Китайская филология в Петербургском-Ленинградском университете // Точность-поэзия науки: Памяти Виктора Васильевича Петрова: Сб. ст. СПб., 1992.

自己方便""人穷志短,马瘦毛长""凡人不可貌相,海水不可斗量"")、吴獬的《一法通》(如"理字没多重,三人抬不动""有麝自然香,何须当风立""酒在肚里,事在心里")、顾起元的《客座赘语》(如"若要好,大作小""灯台照人不照己""牡丹虽好,也要绿叶扶持""锅头饭好吃,过头话难说")、天童正觉的《从容庵录》(如"早知灯是火,饭熟已多时")、《出曜经》(如"自不正焉能正人")等以及流传于民间的俗语和谚语。生活原则内容包括一系列谚语短文,主要取自石成金的《传家宝》。该书取居家寻常事,演以俚俗语,意存激劝,颇行于世,比如,"今人教训子弟,只重在读书作文,其容貌、言辞全不理会,真是大谬……"。接下来的康熙家训,主要来自《庭训格言》。在中国小说部分,王西里从《聊斋志异》中选取了4篇小说:《水莽草》《阿宝》《庚娘》和《毛狐》。最后一部分"本朝军事行动史"收录了魏源的《圣武记》。这是学生在认得一定数量汉字后所阅读的第一部《汉语文选》,其中大多是王西里所谓的"浅文"。《汉语文选》第二卷、第三卷分别收录了《论语》和《诗经》,即所谓的"深文"。与这3卷教材相配套,王西里编写了3卷文选释读,对文选中的文章逐字逐句加以解释和翻译。第二卷、第三卷文选释读实际上就是《论语》和《诗经》的译文与阐释。王西里编写的这套汉语文选在圣彼得堡东方语言系长期使用,对培养学生汉语阅读和理解能力发挥了重要作用。

  1851年王西里在喀山大学首开中国文学史课程,对中国文化典籍和思想进行全面系统的介绍。① 受中国传统图书分类法影响,王西里将经史子集四类文献全部归入中国文学。他为此出版了两部教材,一是《中国文学史纲要》,二是《中国文学史资料》。这两本书在前文中已有详细介绍。总之,前者具有研究性质,是王西里在研究和教授中国文学史过程中的心得,而后者具有典籍提要性质,为中国主要文化典籍的分析和介绍,其中儒释道内容占有绝大部分篇幅。因此,

---

① Алексеев В. М. Наука о Востоке: Статьи и документы. М., 1982. С. 162.

"王西里称之为中国文学史的课程,其实更像是中国思想史"。① 在这两部教材中,现代意义上的文学作品所占比例非常小,就连诸如李白、杜甫、白居易等大诗人的作品也付之阙如。也就是说,王西里对所谓的"古文"没有产生兴趣。自南朝萧统《文选》问世以后,各种诗文选集不断涌现,成为古代文人必读之书。王西里并非不了解"古文"对于中国文人教育的重要性,也并非不知道"在西方晁德莅的教程(指《中国文化教程》——笔者注)中一直重视这一对中国历代教育如此重要的文体"。② 之所以如此,王西里坦言是因为他不想人云亦云,在缺乏对中国诗歌深入研究的情况下不便发表评论。③ 在现代意义上的中国文学体裁当中,他非常重视中国的小说,并视其为"中国文学的锦上之花",尤其看好《红楼梦》。早在1856年,王西里就开始将这部小说作为教材,开设了一门名称叫作"《红楼梦》汉译满"的课程。显然,王西里的教学重点没有放在对于《红楼梦》思想及艺术的分析之上,而是将其当作学习汉满语言的语言素材。这在很大程度上是由圣彼得堡大学东方语言系追求实用目的的教学传统所决定的。

王西里非常重视中国历史教学。早在喀山大学期间他就已经开始讲授中国历史课程了,到达圣彼得堡之后,他对讲义又进行了更新和充实。这门课程的主要内容包括中国早期历史(公元前7世纪之前)以及从西周到清朝的重大历史事件,同时还向学生介绍一些少数民族的历史,如匈奴、鲜卑、契丹、女真和蒙古人的历史,着重讲授满人的历史,同时分析古代居住在满洲地区的唐古特人的历史,介绍清政权的建立过程及其所进行的战争。王西里在激发学生历史兴趣的同时,努力造就他们通过分析文本(如司马迁、朱熹、魏源等人著作)

---

① Петров В. В. Китайская филология в Петербургском-Ленинградском университете //Точность-поэзия науки: Памяти Виктора Васильевича Петрова: Сб. ст. СПб., 1992.

② Алексеев В. М. Наука о Востоке: Статьи и документы. М., 1982. С. 163.

③ Васильев В. П. Очерк истории китайской литературы. СПб., 1880. С. 154.

来认识历史典籍的能力。一名叫吉宾（Л. Зыбин）的学生在王西里的建议下于 1889 年将部分《资治通鉴纲目》翻译成了俄文。在王西里的坚持下，中国历史问题成为学生论文竞赛的题目。王西里在历史教学和研究中也充分考虑了中国及其邻近地区的地理。他在历史和地理教学中始终使用自己在北京时期编写的 12 张中国各朝代历史地图，其中一幅至今直悬挂在他讲课的教室中。①

王西里为所有年级开设"中国文化史"课。从 1863—1865 年间的一份教学大纲中可以看到他当时的授课内容：孔子以前的中国古代教育；儒学的意义；孔子的生平以及汉代初期以前的儒学传播史。在 1870—1871 年度的大纲中列出了"佛教历史及文献"课程的内容：对印度佛教状况的普遍看法；佛教教义：道德、思辨、顿悟；宇宙观；印度、藏传佛教及汉佛经之差别；古代佛教书籍——大乘和小乘佛教文献；中国佛教历史；该信仰在中国早期传播的可信程度；佛教在中国的传播路线；政府对这种信仰的态度：庇护及排斥；中国佛教的特点；在中国形成的各种流派；中国佛教僧阶著名人物；佛经汉译过程；中国人赴印度旅行的科学意义。② 从这两份教学大纲上可以在一定程度上看出王西里对佛教的研究水平以及圣彼得堡大学的中国文化教学情况。

1887 年，俄国科学界举行各种活动，纪念王西里执教 50 周年。他先是被喀山大学选为荣誉成员，而后在 9 月 6 日又被圣彼得堡大学选为荣誉成员。在圣彼得堡大学委员会给他的贺词中写道："您的中国历史研究，上迄古代，下达当今，不仅内容充实，而且别具意匠。您的观点来源于您对中国人民及其生活原则特点的了解……事实上，在您每一部有关东方的著作中，我们所能得到的只有教诲，同时为您

---

① История отечественного востоковедения с середины XIX века до 1917 года. М., 1997. С. 269.

② Смолин Г. Я. В. П. Васильев и преподавание истории Дальнего Востока в Петербургском университете во второй половине XIX в.//История и культура Китая：Сборник памяти академика В. П. Васильева/Под ред. Л. С. Васильева. М., 1974.

那活跃的思维、独到的思想以及将我们所陌生的东方奥秘变成了清晰而鲜活的形象而惊讶不已。您是我们的光荣,我们的骄傲……"①1893年,王西里退休。圣彼得堡大学请王西里为所有年级学生开设"中国的政治、历史及文学"课,每周两小时,直到去世。

1900年4月27日,王西里病逝。他的同事及学生无不感到痛心和惋惜,纷纷发表文章,悼念这位汉学巨匠。著名东方学家奥登堡认为,评价王西里的科学成就,"仅依据他已出版的著作还不够,因为他在50年前或者40年前就已经写就待印的部头最大的著作还没有问世"。② 同时,奥登堡对王西里所开创事业的未来充满信心:"在瓦西里·巴甫洛维奇深爱的圣彼得堡大学东方语言系有一股年轻的力量,他们继续着王西里的事业,献身远东研究。"③

2. 其他俄国教师及其汉语教学

圣彼得堡大学汉语教师分成两类,一是基础课教师,二是实践课教师。1917年以前,担任基础课教学工作的教师主要有王西里、格奥尔吉耶夫斯基、伊万诺夫斯基、孟第、柏百福、伊凤阁和阿理克。实践课教师的构成比较复杂,既有俄罗斯人,也有中国人,到后期则主要是中国人。基础课程与实践课程相结合的教学模式为圣彼得堡大学培养素质全面的汉语人才发挥了作用。

格奥尔吉耶夫斯基先后毕业于莫斯科大学历史语文系和圣彼得堡大学东方语言系,精通多种欧洲语言,博览西方汉学文献,尤长于中国古史研究,是俄国继王西里之后的第二位汉语博士。从19世纪80年代起,格奥尔吉耶夫斯基开始接手汉语教学。1886年成为编外副教授。格奥尔吉耶夫斯基的教学内容也很丰富,但已经显现出与王西里

---

① История отечественного востоковедения с середины XIX века до 1917 года. М., 1997. С. 271.

② Ольденбург С. Ф. Памяти Василия Павловича Васильева//Материалы по истории и филологии Центральной Азии. Улан-Удэ, Вып. 4. 1970.

③ История отечественного востоковедения с середины XIX века до 1917 года. М., 1997. С. 274.

的某些不同之处。他为一年级开设了两门从前没有的课程,一是"汉语语言和文字之主要特性",二是"当代中国地理及政治结构"。前者属于语言导论课程,后者具有国情课程的色彩。他为二年级学生开设四书翻译,在学习语言的同时,阐释儒学的基本思想。在格氏的指导下,三年级学生主要练习翻译理学名著《性理精义》(李光地奉敕纂)。格奥尔吉耶夫斯基为二、三年级所开课程从一个侧面说明了这位年轻教授对于儒家思想体系的关注和热情。与此同时,格奥尔吉耶夫斯基还首次在俄国汉学教育史上将清代诗文集《古文渊鉴》引入大学课堂,使之成为四年级学生学习和练习翻译的教材。① 照阿理克看来,这是一大进步,因为"在1886年以前,古文显然不被认为是需要的"。② 可惜的是,格奥尔吉耶夫斯基只教了7年书便英年早逝。

格奥尔吉耶夫斯基去世之后,伊万诺夫斯基接手汉语教授职位。伊万诺夫斯基罕见的勤奋以及在学业上的快速进步深得王西里的赞许。王西里保举伊万诺夫斯基主持汉满语教研室工作,遭到同行质疑和反对。因此,从1887年到1893年伊万诺夫斯基从中国回来之前,汉满语教研室主任一职一直空缺。③ 1890年伊万诺夫斯基前往中国考察。1894年伊万诺夫斯基晋升为编外教授,1899年成为正式教授。他主要根据王西里制定的方案实施汉语教学,部分结合了格奥尔吉耶夫斯基的经验。他为一年级开设"汉语学习导论",内容主要为汉字、汉语语法以及浅文翻译。二年级学生翻译《论语》,三年级学生翻译《诗经》,四年级学生翻译《性理精义》。1894至1895学年度伊万诺夫斯基开设了"中国文学概论"。1895至1896学年度,伊万诺夫斯基为一、二年级开设了"中国政治结构概论"。他使用的教材主要为

---

① Петров В. В. Китайская филология в Петербургском – Ленинградском университете//Точность-поэзия науки: Памяти Виктора Васильевича Петрова: Сб. ст. СПб., 1992.

② Алексеев В. М. Наука о Востоке: Статьи и документы. М., 1982. С. 162.

③ Дацышен В. Г. История изучения китайского языка в Российской империи. Красноярск, 2002. С. 41.

王西里编写的《汉字解析》与《汉语文选》等。① 在王西里汉语教材再版方面，伊万诺夫斯基可谓功不可没。《汉字解析》与《汉字笔画系统——首部汉俄词典试编》首次出版于1866年和1867年，在长期的教学使用过程中，发现了一些需要完善的地方。此外，两本书都是石印出版，印刷效果非常差，手写字体有时难以辨认。伊万诺夫斯基于1898年和1884年将上述两本书以《汉字解析》为名分上下两册在圣彼得堡重新出版，使王西里的汉字教学思想随其教材一道得到继续推广使用。在再版过程中，伊万诺夫斯基根据王西里的意见对原版本进行了修订增删。他在1898年版的《汉字解析》上册前言中指出："随着时间的推移，他（指王西里——笔者注）就汉字解析积累了许多想法和补论。仔细研究这些资料颇要费些时日，故而急需尽快出版《汉字解析》，以资东方语言系学生之用。我们征得先生同意，从他的笔记中摘录了相关内容。"② 与此同时，伊万诺夫斯基也将自己的思想融入王西里的教材之中。他根据《五方元音》和《四音释义》对王西里原来依据郑永玉《音韵逢源》制定的汉语语音表进行了修订，将老师著作中的"阳平"字归入平声，又添加了入声字，试图严格规范"平""上""去""入"四声调。同时，利用巴拉第和柏百福的《汉俄合璧韵编》对王西里有关形声字声韵通转的论述做了进一步说明。这种修改到底是锦上添花，还是画蛇添足，尚待研究者继续评断。

伊万诺夫斯基对教学工作非常投入，每周上课20—30学时，远远超过了圣彼得堡大学教授每周授课5—6小时的额定工作量。超负荷的教学工作不仅毁坏了他的身体，而且也影响了学术研究。他的学生阿理克回忆道："我们的另外一位教授伊万诺夫斯基沉迷于对中国的认识，他不是通过口授来达到我们对文章的理解，而是借助于书

---

① Петров В. В. Китайская филология в Петербургском – Ленинградском университете//Точность-поэзия науки: Памяти Виктора Васильевича Петрова: Сб. ст. СПб., 1992.

② Васильев В. П. Анализ китайских иероглифов. Ч. 1. 2-е изд. /Под ред. А. О. Ивановского. СПб., 1898. Предисловие.

籍。讲课时穿插一些笑话和箴言，课堂气氛活跃。""伊万诺夫斯基的命运是凄惨的。他实际上因为不堪中国文学这门庞大课程的重负而倒下，病得很重，还酗酒。他穷困潦倒，经常抱怨无钱购买所需书籍。在我们罗斯，类似的勤奋学者的遭遇不足为奇。"① 1900 年，伊万诺夫斯基患重病，1901 年退职，两年后死于精神病院。

1900 年是圣彼得堡大学汉语教学史上最为艰难的一年。是年 4 月 27 日王西里病逝，就在这一天，伊万诺夫斯基入院治疗。由于波兹德涅耶夫早在 1899 年就已调走，新留校任教的彼·施密特和鲁达科夫也被派到海参崴工作，在将近两年的时间里，汉满语专业只剩下孟第和时有时无的中国先生。年近古稀的孟第担任了所有课程的教学。他为所有四个年级开设口语课程。同时，他还为一年级学生开设汉语基础课，用的教材是比丘林的《汉文启蒙》《清文启蒙》和《三字经》等。从《红楼梦》和《好逑传》中摘选材料给二年级学生阅读，同时讲授汉语白话语体的语法特色。高年级同学在他的指导下阅读历史文献、公文信札、中俄约章等，材料来自《史记》《京报》和威妥玛的《文件自迩集》。② 阿理克是孟第的学生，他在日记中曾这样评价自己的老师：孟第"是位耐心而宽厚的教师。这位汉学家的经历很有意思：他是一个天文学硕士，写过科学著作，到中国后曾负责天文台工作，同时迷上了汉学。由于他具有非凡的记忆力和工作能力，因而在这一领域取得了成就。他能对文章倒背如流，令我们学生大为惊讶。上汉语课时只讲语言（包括规则、经验和逐字翻译），不谈文化，现在我以为那是绝对错误的"。③

时任东方语言系主任的罗津教授意识到孟第一旦倒下将给汉满语

---

① [俄]阿列克谢耶夫著：《1907 年中国纪行》，阎国栋译，云南人民出版社，2001 年，第 273 页。
② Петров В. В. Китайская филология в Петербургском-Ленинградском университете // Точность-поэзия науки: Памяти Виктора Васильевича Петрова: Сб. ст. СПб., 1992.
③ [俄]阿列克谢耶夫著：《1907 年中国纪行》，阎国栋译，云南人民出版社，2001 年，第 272 页。

专业带来的影响，积极物色后备人才，力邀以补编巴拉第《汉俄合璧韵编》而闻名国际汉学界的柏百福来校任教。1902 年，柏百福回到圣彼得堡大学东方语言系汉满语教研室任编外副教授。他为一年级学生讲授"汉语学习导论"，并于 1908 年在讲义的基础上编写出版了《汉语学习导论简编》（日本横滨出版）。他为二年级学生讲授难度稍大的口语体裁文章翻译，同时使用威妥玛的《语言自迩集》和王西里的《汉语文选》作为教材。自 1905 年起，柏百福主要给三、四年级开课。他为三年级学生讲解古文阅读与翻译，使用资料主要有《孟子》《圣武记》《聊斋志异》《红楼梦》以及日本刊印的《十八史略》。对于前几部著作，我们比较熟悉。元代曾先之所撰之《十八史略》在中国并不有名，而在日本却影响很大，"成为与《史记》《资治通鉴》等并列的著名史籍，广泛传播"，而且"各藩官学大多采用七卷本《十八史略》为教科书"。[1] 柏百福没有使用《资治通鉴纲目》，而是将《十八史略》作为历史文献阅读教材，显示了其对国际汉学现状的了解。四年级学生学习内容主要为《论语》《京报》、1881 年彼得堡条约文本以及李鸿章的奏折。除《论语》外，其他内容均是柏百福从北京带回的鲜活资料，与中俄关系的发展密切相关。显示柏百福借鉴国际汉学界最新的研究成果和经验，尝试将圣彼得堡大学汉语教育更加贴近时局需要。他在教学之余致力于新教材的编写工作，先后出版了 3 册《汉语文选》。第一册是《汉语俗话文选》，第二册是《汉语文选》，第三册为《汉语文选补编》。特别是在第二册文选当中，柏百福精心收录了 21 首唐诗，改变了圣彼得堡大学几十年来中国诗歌只学习《诗经》的传统。[2] 柏百福编写的文选教材突破了王西里所开创的以儒家古文文体为主的模式，增加了代表中国古代诗歌高峰的唐诗以及反映中国政治、经济现状的时文美章，对扩大

---

[1] 乔治忠：《〈十八史略〉及其在日本的影响》，《南开学报》2000 年第 1 期。
[2] Петров В. В. Китайская филология в Петербургском-Ленинградском университете // Точность-поэзия науки：Памяти Виктора Васильевича Петрова：Сб. ст. СПб.，1992.

学生视野,丰富相关知识均有助益。到 1913 年去世,柏百福再没有离开圣彼得堡大学。

从 1905 年开始,伊凤阁接替柏百福担任一、二年级教学。伊凤阁为一年级学生开设汉语导论、官话语法、浅文读译课程。除使用王西里编写的教材外,他也辅以其他材料,如威妥玛《语言自迩集》的第三部分《40 课》。伊凤阁指导二年级学生阅读中国话本小说《今古奇观》,后来增加了历史、法律文学阅读。他还恢复了王西里曾经开设过的中国文学史课程,其授课内容与老师如出一辙,为中国文献典籍的全面概述,儒释道经典依然占有绝对比重。伊凤阁编写的汉语学习教材有《1906—1907 学年度东方学班汉语读本》《华语初级读本》《汉语草书学习指南》《汉语初级读本词汇及用法》《汉语俗话学习导论(北京官话文法)》和《法律文书选读》等。

虽然我们一般都将 1917 年作为旧俄汉学与苏联新汉学的分水岭,但实际上,由王西里开创并由其弟子们传承下来的圣彼得堡大学汉学教育传统从 1910 年开始即发生了变革。这次变革的推动者不是别人,正是后来人称阿翰林的阿理克。阿理克身受俄国汉学、欧洲汉学和中国国学三种传统的洗礼,结合国际汉学发展大势,在深刻思考中华文化实质及地位的基础上形成了自己全新的汉学教学理念,终于成为 20 世纪上半期俄国最著名的汉学家和汉学教育家,为十月革命后苏联汉学承前启后、继往开来做出了杰出贡献。

阿理克 1881 年出生于圣彼得堡的一个家境贫寒的职员家庭。1898 年进入圣彼得堡大学东方语言系汉满蒙古语专业,主要跟随伊万诺夫斯基学习汉语,向波兹德涅耶夫和科特维奇学习蒙古语,同时得到了孟第和柏百福的指导。1902 年大学毕业,而后在艾尔米塔日博物馆研究中国钱币,同时为亚洲博物馆编写中文书目。1904—1906 年,阿理克被派到英国、法国和德国进修。在法国得到著名汉学家沙畹院士的亲自指导,学习了法国语言学家梅耶(Antoine Meillet,1866—1936)、鲁斯洛(Jean-Pierre Rousselot,1846—1924)等知名学者的课程,在鲁斯洛的语言实验室里从事汉语语音语调标注方法研究。1906 年来华,在中国先生的指导下继续汉语学习。1907 年与沙畹结伴在华北地区进行民俗文化考察，1908 年应中东铁路中俄学校的邀请担任俄语教师。1909 年进入北京大学学习汉语。同年赴华东和华中地区（汉口、武昌、上海等地）旅行。1910 年 1 月，阿理克被聘为圣彼得堡大学东方语言系编内副教授，2 月在系里做公开报告，题为《中国教育的现代改革》，由此开始了他的教学生涯。1911 年赴巴黎和伦敦的图书馆和博物馆调研，继续在法兰西学院受教于沙畹。1912 年夏天受俄国中亚东亚研究委员会和人类学与民族学博物馆委派，前往中国南部沿海城市上海、澳门、汕头、福州、广州等地进行民族学考察。从南京和上海为圣彼得堡大学带回了 10 册内容丰富的中国汉语教科书以及其他文选类书籍，同时还带回了在福州和广州收集到的中国第一次国内革命战争时期的出版物、传单和牌匾等。1916 年以《论诗人的长诗——司空图的诗品》为题通过硕士学位论文答辩，获硕士学位。1919 年成为由高尔基（Максим Горький，1868—1936）领导的"世界文学"出版社专家编辑委员会成员和东方部秘书。1923 年被选为苏联科学院通讯院士。1929 年获语文学博士学位，同年当选为院士。一生大部分时间任教于彼得格勒（列宁格勒）大学东方系，从 1930 年起兼任苏联科学院东方学研究所中国研究室主任。1951 年，阿理克去世。①

阿理克一共发表汉学著作 260 余种。《论诗人的长诗——司空图的诗品》是他的第一部中国文学研究力作，不仅奠定了其在俄罗斯汉学史上无可争辩的领袖地位，而且为苏联时期及当今俄罗斯的中国文学翻译和研究提供了范例，具有影响深远的方法论意义。自 1910 年他翻译发表《崂山道士》与《汪士秀》两个聊斋故事起，一生从未中止对《聊斋志异》的翻译和研究，先后出版的《狐妖集》（1922 年）、《神僧集》（1923 年）、《志怪集》（1928 年）和《异人集》（1937 年）四个聊斋小说译文集已成为中国古典小说俄译的典范之

---

① Литература и культура Китая: Сборник статей. К 90 - летию со дня рождения академика В. М. Алексеева. М., 1972. С. 147 - 193; Традиционная культура Китая: Сб. ст. К 100-летию со дня рождения акад. В. М. Алексеева. М.,1983. С. 176 - 187.

作。此外，阿理克翻译有大量中国古典诗歌散文，撰写有大量有关中国文学、中国民俗、汉籍俄译理论的研究论文，在苏联汉学研究方法论建构以及苏联汉学人才培养方面贡献良多，造就了世界闻名的阿理克学派。

在阿理克之前，王西里的弟子们在教学过程中虽然对老师制定的教学内容和教学方法有所调整，但基本上没有脱离旧的窠臼。只有"阿理克从其教学活动一开始便反对故步自封，大胆采用新的教学方法，培养学生独立进行科学探索的兴趣"。[①] 他一改长期以来学生入学后必须从汉字偏旁部首学起的做法，而开设了汉语语音导论课程，并于1910年专门出版了教材《语音文选》。阿理克首次将中国文学课程作为汉语专业的核心课程。在他任教的第一个学期即开设了课程"八家古文""唐诗绝句""北京口语语音"。他在1911年1月8日给沙畹的信中写道："目前我校正在进行汉学课程计划的彻底变革。我拟订了一份教学方案，准备提交东方语言系，恳请您不吝赐教。但我们这里还有一些固定的传统，迫使我必须要违心地考虑到其他因素。"接着阿理克抄录了制订的教学计划。

A. 基础课：

第一学年：（1）汉语学习导论（我与伊凤阁）；（2）语音课程；（3）汉语口语与文言语法；（4）话本小说阅读。

第二学年：（1）《通鉴》入门；（2）《左传》与中国"实用史学"典范（如《东莱博议》）；（3）历史小说（如《三国演义》）；（4）精美易读长篇小说（如《红楼梦》）；（5）《今古奇观》《聊斋志异》续讲；（6）碑铭（重点为对联与横批）。

B. 专业课：

第三学年：（1）《书经》；（2）司马迁；（3）《通鉴》（续讲）；（4）当代历史文献（如《圣武记》）；（5）《孟子》（柏百

---

① Петров В. В. Китайская филология в Петербургском-Ленинградском университете // Точность-поэзия науки: Памяти Виктора Васильевича Петрова: Сб. ст. СПб., 1992.

福);(6)《诗经》与中国诗歌; (7) 中国文学史:古代部分(阿理克);当代部分(伊凤阁);(8) 中国民俗学入门;(9) 当代汉语文体。

第四学年:(1)《论语》(柏百福);(2) 宗教文献;(3) 后经典哲学文献;(4) 唐诗与司空图《诗品》;(5) 古文与唐宋时期模仿风习;(6) 中国文学史(续讲);古代部分(阿理克);当代部分(伊凤阁);(7) 公文语体与条约(柏百福)。①

从维·彼得罗夫所写的圣彼得堡大学汉语专业发展史来看,阿理克基本上是按照他写给沙畹的这份教学计划来组织东方语言系的汉语教学的,只有很小的改动。他的教学计划包括了4个层次的知识,即语言导论、话本文体(阿理克称之为介乎于文言和白话的中间语体)、历史文献和古文古诗。从这份教学计划中,不难发现有许多创新。首先是汉语基础课从王西里时代以笔画分析为主的汉字学习转而从字形和语音等方面全面认识汉字的特点。当然,王西里也并非不重视汉语语音以及方言的差别,但只是对现象的表面描述,其中不乏想象成分,而阿理克则利用在法国学习到的现代语言学研究手段,用实验的方法对北京话的发音进行了科学研究,并形成了自己的理论。这样,汉语专业开设的课程不仅名称上发生了变化,而且在内容和方法上也有了质的飞跃。其次,从王西里时代以中国传统哲学宗教思想为基础的中国文化知识教育转而形成了以中国文学作品选读为主的近代语文学科特色。但是,在阅读文选的选择上,依然以中国古典文学为主,这后来成为大清洗时期阿理克受到批判的原因之一。殊不知,在五四运动之前,文言依然是中国文化界使用的主导语体,除话本和小说外,中国文学还少有白话文本,因此,选择文言作品显然是时代的局限或者说反映了时代的特点。这份教学计划有助于培养出更加优秀的汉语语言文学学者或实践工作者。这一点已为后来的事实所证明。在这些课程当中,阿理克显然对"汉语学

---

① Алексеев В. М. Письма к Эдуарду Шаванну и Полю Пеллио. Вступ. статья, составление и комментарий И. Э. Циперович. СПб. ,1998. C. 53 – 57.

习导论"课最为看重,将其视为引导学生确立正确汉语学习方法、思维方式及科学精神的钥匙。在 1913 年写给沙畹的信中,阿理克详细介绍了他对这门课程的构想。首先,东方语言系汉语教学的基本目的应该是通过阅读文本来扩大学生视野,培养其认识特色鲜明的中国文化。其次,要学习有关汉语、汉字的基本知识,了解语言习得与文化认知之间的关系。① 阿理克对于编写教材非常慎重,所编汉语教材并不多,除 1910 年出版的《语音文选》外,1912 年在哈尔滨的俄国东方学家协会还出版有《阿理克副教授讲座汉语读本》。

3. 中国教师与汉语口语教学

圣彼得堡大学东方语言系汉满语专业从一开始就重视学生语言实践能力的培养,在教习汉字和阅读汉文文献的同时,还开设有口语课程。口语教师中不仅有俄国汉学家,如孔气、孟第,同时也有多名中国人。从 19 世纪中期开始,前后一共有 11 位华人在此任教,如阿布-卡里莫夫(И. Абу-Каримов,1800—1865)、桂荣、苏忠、邵恒浚、桂芳、孟锡绶、程鸿基、权世恩等。俄罗斯的档案中至今还保存着其中一部分人的任命和离职批准文书,在相关的东方学文献中也偶见他们的名字。但是,对于这些用俄文字母拼写的中国人名字,很长时间以来中国学术界不知道其真实姓名,只能以音译名代指,对其生平行迹也不甚了了。② 笔者在研究俄国相关档案的基础上,用中国文献进行参证,对这 11 位中国教师的姓名和生平进行了初步厘清。

第一位在圣彼得堡大学教授汉语口语的中国教师是阿布-卡里莫夫。此人是一个穆斯林,出生于 1800 年,中国甘肃省人,后来因为某种机缘来到伊斯兰教众相对集中的喀山。他从 1853 年起在喀山第一中学教汉语。而后受当时主持喀山大学汉满语教研室的王西里聘

---

① Алексеев В. М. Письма к Эдуарду Шаванну и Полю Пеллио. Вступ. статья, составление и комментарий И. Э. Циперович. СПб. ,1998. С. 69.
② 中国社会科学院文献情报中心编:《俄苏中国学手册》上册,中国社会科学出版社,1986 年,第 107 页。

请，为汉满语专业的大学生教授汉语口语课程。王西里调到圣彼得堡大学之后，于1856年邀请阿布-卡里莫夫到帝京教授口语和书法。这个甘肃人在圣彼得堡大学前后工作了10年，1863年成为编内讲师。从这一点上可以看出，王西里对于汉语口语教育的重视。他显然对阿布-卡里莫夫的授课效果感到满意，曾经不无自豪地说，正是由于有了阿布-卡里莫夫的帮助，圣彼得堡大学汉语专业的学生才成为欧洲唯一可以讲这种语言的学生。[1] 1865年，阿布-卡里莫夫去世。

1863年，孔气从驻中国塔城领事任上回到圣彼得堡。1865年2月，他被邀请到皇家科学院亚洲博物馆编写汉文书目，整理1864年从外交部亚洲司转来的中国藏品。阿布-卡里莫夫去世后，王西里力邀孔气到圣彼得堡大学任教，其在亚洲博物馆整理书目的工作因此中断。孔气拟定的教学计划包括汉语口语会话、俄译汉、翻译中国白话小说《红楼梦》和《金瓶梅》等。他每周为一、二年级讲授两个小时的汉语口语，一个小时的俄汉口译课程。同时，孔气指导四年级学生阅读《红楼梦》和《金瓶梅》等白话小说片段，丰富口语语汇，了解清代中国社会百态。由于孔气熟知中俄贸易情况，1867年又被俄国政府派往中国天津担任领事一职，所以他在圣彼得堡大学的教学仅持续了一年多时间。于是王西里又请在外交部任职的孟第任汉语实践课教师。孟第于1869年暂任代理副教授，直到1886年才被批准为副教授，1890年担任代理编外教授，1894年成为编外教授，1905年退休。1900年王西里病逝后，在将近两年的时间里，孟第成了汉满语专业唯一的俄国教师，担任了所有课程的教学，其中包括各年级的口语课。[2]

桂荣是继阿布-卡里莫夫之后第二个在圣彼得堡大学教授汉语的中国人，俄文写作"Гуй Жун"。文献中关于桂荣的生平和事迹记载

---

[1] Петров В. В. Китайская филология в Петербургском-Ленинградском университете // Точность-поэзия науки: Памяти Виктора Васильевича Петрова: Сб. ст. СПб., 1992.

[2] Петров В. В. Китайская филология в Петербургском-Ленинградском университете // Точность-поэзия науки: Памяти Виктора Васильевича Петрова: Сб. ст. СПб., 1992.

很少。桂荣，字冬卿，一作冬青，曾在同文馆随俄文教习柏林学习俄文，从 1867 年起随同作为中国全权使节的蒲安臣（Anson Burlingame，1820—1870）出使欧美，先后访问美、英、法、德国，于同治九年（1870 年）来到俄国。桂荣从同文馆毕业后，被授予户部郎中之衔，因其俄文学习成绩优秀，被选派到驻俄国钦差公署任翻译官。光绪四年（1878 年），清政府总理各国事务大臣崇厚率使团赴圣彼得堡就俄占领伊犁一事进行交涉，桂荣随同前往担任翻译。一直到光绪十年，桂荣始终在驻俄国钦差公署工作，参与了中俄《里瓦几亚条约》和《改订条约》的谈判和签订过程。在圣彼得堡期间，桂荣与参与俄方谈判的孟第等相识，并陪同出使俄国大臣曾纪泽经常会晤俄国外交部的热梅尼（А. Г. Жомини，1814—1888）、吉尔斯（Н. К. Гирс，1820—1895）和布策（Е. К. Бюцов，1837—1904）等人。据俄罗斯档案载，桂荣在 1884 年 2 月 8 日被聘为东方语言系汉语口语教师。[1] 他在这里工作了一年时间。1885 年，桂荣奉调前往新疆担任与俄交涉翻译。光绪十三年（1887 年）新疆俄文馆建立，桂荣成为首任俄文教习。后因桂荣已保候补知府，难兼教职，遂令同文馆八品翻译官毕桂煜（字荩臣）补任。

接替桂荣来圣彼得堡大学任教的是苏忠（Су Чжун 译音），1831 年出生。他是 19 世纪下半叶新疆地区回民暴乱失败后逃到俄国的东干人，加入了俄国国籍，取俄国姓苏阿洪诺夫（Суахунов）。从他的俄国姓的拼写上判断，此人可能是一个阿訇，人称"苏阿訇"。由俄驻伊犁领事、王西里的学生帕捷林（И. В. Падерин）推荐，苏忠于 1885 年 4 月 22 日开始在东方语言系任教，[2] 1888 年前往中亚的扎尔肯特探家未归。苏忠任教期间还编写了两部口语教材，一是《口儿念

---

[1] [Приказ м. н. п. И. Н. Дялянова]. Об утверждении Гуй Жуна в должности преподавателя китайского разговорного//Куликова А. М. Востоковедение в российских законодательных актах (конец XVII в. - 1917 г.). СПб., 1994. С. 256.

[2] Приказ м. н. п. И. Н. Дялянова №6151. Об определении русского поданного, китайца Сучжуна на должность лектора китайского языка - с 22 апреля 1885 г.//Куликова А. М. Востоковедение в российских законодательных актах (конец XVII в. - 1917 г.). СПб., 1994. С. 257.

心儿记》，二是《俗言话条札》，分别于 1886 年和 1887 年石印出版。

苏忠之后有约 3 年时间圣彼得堡大学没有中国先生教课。直到 1891 年 7 月 1 日才有高英齐（Гао Иньци 译音）来校。① 高英齐是天津人，秀才，做过伊犁翻译学校的教师，很善于教学。他在这里讲授口语和书法，但很快就在 1892 年 9 月 16 日患霍乱病逝他乡。

下一位是邵恒浚，俄文作 Шао Хэнсюнь，字筠农。此人为山东省文登侯家乡二马村人，1870 年生，幼读私塾，为清朝监生，后投奔在京经商的舅舅和外祖父，考入京师同文馆俄文馆，光绪十五年（1889 年）毕业。光绪二十一年十二月二十四日（1896 年 2 月 7 日），总理衙门奏请由同文馆向英、法、俄、德四国使馆各派 4 名"住馆学生"。邵恒浚、桂芳、陈嘉驹和李鸿谟被选拔为留俄学生。4 人于光绪二十二年（1896 年）五月初一从北京出发，取道天津赴俄，② 入圣彼得堡师范学校（旧译彼得堡艺文学堂）学习。邵恒浚回国后历任刑部候补主事、黑龙江铁路交涉总局会办兼总办、直隶知州、学部会计司郎中、京师译学馆监督。宣统己酉（1909 年）派充考试留学生襄校官。辛亥革命时返里，致力于宣传反清思想。1912 年返京讲学，任外交部参事，调充俄文专修馆校长，兼公府外交咨议。1917 年，任驻海参崴总领事，兼铁路监管会运输部会议代表。1921 年，调充俄文法政学校校长未就，后任胶济铁路局局长。1922 年 8 月任唐山大学北京分校（现北京交通大学前身）校长。1924 年被推举为私立青岛大学校董，并任筹备副主任。军阀混战时期，邵恒浚厌倦官场，退隐北京。日军占领北平后，曾多次利诱威逼其做汉奸，被邵恒浚严词拒绝。1951 年病逝于北京。1897 年，"住馆学生"邵恒浚曾受邀在圣彼得堡大学教

---

① Постановление совета ПИУ. Об избрании Гао－инь－ци исправляющий должность лектора китайского "разговорного" языка и каллиграфии//Куликова А. М. Востоковедение в российских законодательных актах（конец XVII в. － 1917 г.）. СПб.，1994. C. 261.

② 朱有瓛主编：《中国近代学制史料》，第一辑上册，华东师范大学出版社，1983 年，第 51—52、144 页。

了半年汉语。① 次年，俄国国民教育部正式颁令批准邵恒浚在圣彼得堡大学担任汉语口语教师一职。②

邵恒浚离职后，由其同学桂芳接替。桂芳，字植忱（一作植承），俄文文献中写作 Куэ Фан 或 Куэй Фан，过去曾被误译为"蒯法"。桂芳为汉军镶蓝旗，本姓毕，又称毕桂芳。同文馆俄文馆学生，1896 年与邵恒浚、陈嘉驹和李鸿谟一同来到圣彼得堡，身份为住馆学生兼使馆随员。与此同时，桂芳进入圣彼得堡师范学校学习并顺利毕业。1904 年桂芳回国，1906 年接替李家鳌担任中国驻海参崴商务委员，1909 年任驻海参崴总领事。1911 年桂芳调任科布多办事大臣，旋改任查办库伦事件大臣，负责与俄国交涉蒙古事务。1912 年起任塔尔巴哈台参赞，1913 年 7 月任护理黑龙江都督，10 月回京。1914 年桂芳出任中俄蒙古三方恰克图会议中方首席代表，与陈箓一同被任命为会议外蒙古事件全权专使，与俄蒙谈判。1915 年 6 月 7 日，二人代表中国政府于恰克图签订中俄蒙条约，外蒙古承认中国宗主权，中俄承认外蒙古自治。1916 年，北京政府任命桂芳署理黑龙江军务兼巡按使，兼署黑龙江省长。1917 年桂芳在黑龙江帮办军务许兰洲胁迫下去职。十月革命后，北京政府于外交部内设立俄事委员会，负责对苏交涉事务，毕桂芳任该委员会副会长。所著《外蒙交涉始末记》记述了1911 年至 1927 年中俄两国关于外蒙古问题的交涉情况。③

---

① Дацышен В. Г. История изучения китайского языка в Российской империи. Красноярск, 2000. С. 42.
② [Приказ м. н. п. И. Н. Дялянова]. Об утверждении Шао Хэн Сюня в должности преподавателя китайского разговорного//Куликова А. М. Востоковедение в российских законодательных актах (конец XVII в. – 1917 г.). СПб., 1994. С. 263.
③ 吕一燃：《〈北洋政府时期的蒙古地区历史资料〉前言》，《北洋政府时期的蒙古地区历史资料》，黑龙江教育出版社，1999 年。

从 1898 年 9 月 15 日起，桂芳受聘在圣彼得堡大学教书，① 1899 年圣彼得堡学区督学官下令延长桂芳任期至 1900 年 6 月 1 日。② 实际上，桂芳在这里一直工作到 1904 年 9 月 1 日，前后持续了 6 年时间。桂芳任教期间正是圣彼得堡大学汉语专业历史上最困难的时期，其中 1900—1902 年俄国教师中只剩下孟第一人。在这种局面下，桂芳的到来无疑对维持正常教学秩序发挥了重要作用。因为通俄文，桂芳不仅可以代口语实践课，而且还能够为低年级上基础课。除口语外，他还讲解汉语语音课，为二年级开设"官话指南"，所用同名教材极可能是在欧洲流行一时的由日本人吴启太和郑永邦编写的《官话指南》。此外，桂芳还专门编写了一本教科书，名为《华语初阶》，③ 用于汉语语音及口语课教学。圣彼得堡大学显然对桂芳的教学成绩甚感满意。当桂芳 1906 年作为清政府驻海参崴商务委员时，被俄政府授予斯坦尼斯拉夫二级勋章，以表彰他在圣彼得堡大学教学期间付出的"热情和辛劳"。④

桂芳离开后，由一个叫孟锡绶的中国人接替。此人姓名俄文拼写为 Мэн Сишоу，以往多错误音译为"孟僖绍"。据《清末民初中国官绅人名录》载，孟锡绶，字范九，一字潜盦，直隶人，岁贡生，自称

---

① [Приказ м. н. п. Н. П. Боголепова]. Об утверждении Куэ-Фана исправляющий должность лектора китайского языка - с 15 сентября 1898 г.//Куликова А. М. Востоковедение в российских законодательных актах (конец XVII в. - 1917 г.). СПб. ,1994. С. 263.

② Приказ попечителя ПУО [Н. Я. Сонина] №5285. О продлении до 1 июня 1900 г. срока службы в ПИУ《вольнонаемного преподавателя》Куэфана-состоящего при Китайской миссии//Куликова А. М. Востоковедение в российских законодательных актах (конец XVII в. - 1917 г.). СПб. ,1994. С. 263.

③ 参见 Алексеев В. М. Наука о Востоке: Статьи и документы. М. , 1982. С. 418; Попов П. С. Изречения Конфуция, учеников его и других лиц/перевод с китайского с примечаниями П. С. Попова. СПб. ,1910. С. III.

④ Нестерова Е. И. Русская администрация и китайские мигранты на Юге Дальнего Востока России (втор. пол. XIX - нач. XX вв.)/Под ред. В. Н. Соколова. Владивосток,2004. С. 226.

孟子苗裔。曾在华俄道胜银行和中东铁路管理局为俄国人教授过两年中文。光绪二十八年（1902年），孟锡绶任圣彼得堡华俄道胜银行稽查主任，兼该行经理璞科第（Д. Д. Покотилов, 1865—1908）① 的汉文文案，光绪三十一年（1905年）回国，任中国各地道胜银行稽查之职，后任东三省官银号总办。宣统元年出任东三省东北边外交勘界委员，兼任依兰道衙署外交科长。民国元年由北京的交通银行总行派遣，担任长春交通银行分行经理，后任交通银行董事等职，曾获五等嘉禾奖励。② 根据当时的任命文件，孟锡绶担任圣彼得堡大学东方语言系汉文教习的时间应该是1904年的9月15日，③ 而据苏联汉学家维·彼得罗夫研究，实际上课时间为1904年11月，1905年9月离职。④

1907年东方语言系聘请程耀臣担任口语课程教师。程耀臣，又名耀辰，字鸿基，俄文为Чэн Хунцзи，出身于安徽绩溪程氏望族，北京东省铁路俄文学堂毕业，后赴俄京华俄道胜银行任职，1906年起在俄国东方学会汉语班授课，1907年1月起在圣彼得堡大学东方语言系教授汉文两载余，与俄国教师柏百福和伊凤阁同事，1909年7月离开。回国后，曾在报社工作，后在哈尔滨吉林省立甲种商业学校任俄文教员。1926年在东省铁路护路军司令部当翻译。另据梁实秋回忆，他的夫人程季淑"已去世的六叔还曾留学俄国，编过一部《俄华字典》，刊于哈尔滨"。⑤ 也就是说，梁实秋的夫人正是程耀臣的侄女。从20世纪前30年中国出版的俄语工具书和俄语教科书来看，程耀臣无疑是当

---

① 汉语音译为"波科季洛夫"，汉名为"璞科第"，中国文献中多以此名称之。
② 田原天南编：《清末民初中国官绅人名录》，文海出版社，1989年，第258页。
③ [Приказ м. н. п. В. Г. Глазова]. Об утверждении Мэн-си-Шоу исправляющий должность лектора китайского языка-с 15 сентября 1904 г. //Куликова А. М. Востоковедение в российских законодательных актах(конец XVII в. -1917 г.). СПб. ,1994. С. 266.
④ Петров В. В. Китайская филология в Петербургском-Ленинградском университете //Точность-поэзия науки: Памяти Виктора Васильевича Петрова: Сб. ст. СПб. ,1992.
⑤ 梁实秋：《梁实秋自传》，江苏文艺出版社，1996年，第130页。

时最著名的俄语专家之一。1917年他以《华俄合璧商务大字典》结束了清代以来俄汉双语词典主要由俄罗斯人编写的历史，开创了国人编纂俄语辞书的新时代。8年后，他在《华俄合璧商务大字典》基础上补编完善而成的《教育部审定增补华俄大字典》由民国教育部审定出版。此外，程耀臣还编写有多种俄文词典和教材，如《华俄袖珍铁路工业词典》（与当时侨居哈尔滨的前俄国军官介木秦〈Ю. Н. Демчинский, 1880—?〉合作编译，哈尔滨新华印书馆，1927年）、《俄华合璧学生应用字典》（哈尔滨商务印书馆，1928年）以及《俄语自通》（哈尔滨商务印书馆，1917年）、《华俄言语问答》（两册）、《六十天毕业俄语捷径》《俄语无师自通》等。①

1912年，中国使馆随员权世恩开始执教。权世恩，字锡三，俄文作Цюань Ши-энь，直隶省良乡县人。据晚清《学部官报》所载《京师译学馆甲级毕业清单》，宣统元年权世恩从京师大学堂译学馆毕业，时年33岁。② 1912年起在圣彼得堡中国驻俄使馆任职，并在圣彼得堡大学执教。1920年在伯利副领馆任副领事，次年成为驻伯利总领事，1925年9月4日起任驻赤塔领事。20世纪30年代任驻海参崴总领事，其间对梅兰芳访苏（1935年）给予多方协助，留下公文函牍多件。③

此外，1911年上半年，伊凤阁推荐与其在北京相识的北京人朱武（Чжу У译音）在圣彼得堡大学任教。1913年权世恩离开后由另一位中国使馆官员张英（Чжан Ин译音）接替。张英在这里一直执教到1915年。④

---

① 阎国栋：《程耀臣与国人所编首部俄文词典》，《福建师范大学学报》2009年第2期；Янь Годун. Первый русско-китайский словарь, составленный китайцем//Вестник Санкт-Петербургского университета. №2, 2010.
② 北京大学校史研究室编：《北京大学史料（第一卷：1898—1911）》，北京大学出版社，1993年，第422页。
③ 中国第二历史档案馆：《梅兰芳访苏档案史料（二）》，《民国档案》2001年第4期。
④ Петров В. В. Китайская филология в Петербургском-Ленинградском университете//Точность-поэзия науки: Памяти Виктора Васильевича Петрова: Сб. ст. СПб., 1992.

早在 19 世纪下半期至 20 世纪初就有如此之多的中国人在遥远的俄国帝京教授汉语，这在中外文化交流史上实为罕见。经过考证，笔者发现以上列举的 11 人中大部分在中国近代史上留下自己的足迹，但遗憾的是，仍然有 4 人因教龄短暂以及无显著业绩而一时无从考其汉文姓名。这些人在圣彼得堡大学东方语言系的汉语教学活动不仅对俄国汉学发展做出了贡献，而且也促进了中俄之间的文化交流。

4. 汉学教学模式评价

圣彼得堡大学是 19 世纪下半期俄国最重要的汉学人才培养基地，在俄国汉学史上占据重要地位。这里人才济济，汇集了俄国几乎所有最优秀的汉学家，结束了俄国汉学家以俄国东正教驻北京传教团成员为主体的阶段，推动俄国学院汉学获得长足发展。他们在教学、教材编写以及学术研究上的成就大都得到了后人的肯定。大汉学家王西里在这里辛勤耕耘 40 余载，培养了许多著名的汉、满、蒙古、藏语人才，甚至于日本学和朝鲜学研究专才。此外，圣彼得堡大学东方语言系也是其他东方语言教学机构师资的摇篮。1899 年远东汉学基地海参崴东方学院建立时的教师便全部来自圣彼得堡，有学者甚至称以鲁达科夫、彼·施密特为代表的远东汉学家为"圣彼得堡学派分支"。作为俄国本土的汉学教育中心，圣彼得堡大学的汉学教学模式既有成功的经验，也有诸多局限。

首先，王西里汉学教育模式的核心，正如阿理克所说，"自始至终视自己的主要任务为指导学生阅读和翻译各种汉语文本。而这些材料的选择和排列与其说是用科学的方法，毋宁说是出于教学目的，并尽量用一种折中的态度，有点像历史文献教学，又有点像纯粹的实践课程教学"。[①] 也就是说，王西里在设计教学计划时首先考虑的是如何为俄国政府部门培养出优秀的汉语实践人才，而这恰恰也是圣彼得堡东方语言系的基本任务，同时也是大多数汉语学习者所追求的目标。与此同时，王西里似乎也在努力尽可能向学生传授更多的中国历史文

---

① Алексеев В. М. Наука о Востоке: Статьи и документы. М., 1982. С. 163.

化知识，然而他所制定的学习内容和方法却无助于达到训练和培养学生具备科学研究能力的目标。单就《汉语导论》这门课而言，从王西里到以后的柏百福，都以汉字、汉语语法等基础知识为主要内容，而对俄国乃至欧洲的汉语研究状况以及亟待解决的学术问题少有涉及。至于文选课程，其中收录的大量俗语、谚语、公文以及微不足道的文学作品清楚地说明了编者所要达到的实用效果。而中国历史教学课程不过是历朝历代历史的简单描述。总而言之，王西里所开创的圣彼得堡大学汉学人才培养模式有两个重点，一是汉字记忆，二是文献阅读与翻译。前者作为汉语教学中最基本的环节，引起了王西里的高度重视，并促使其花费大量时间和精力，以图设计出一套行之有效的汉字教学方法。但是，王西里的汉字解析方法尽管可以大大提高汉字记忆的速度和效率，但由于对汉字的拆分过于随意，其科学性后来受到俄国汉学界的质疑。

其次，圣彼得堡大学的汉学教育模式自王西里开创以来的50余年时间里，虽在课程名称上时有调整，但大体内容几乎没有变化。课程设置缺乏科学性，随意性大。通过阿理克列举的当年所开设的一些汉语课程名称就不难窥出一些端倪，如"四书五经片段与本朝皇帝圣旨"（王西里1857年开设）、"五经和大清律法摘译"（王西里1856年开设）、"地理文献和诗歌体裁介绍"（王西里1891年开设）、"汉字解析与偏旁部首、汉语语法规则、浅文读译"（孟第1903年开设）、"《孟子》《十八史略》、秦与汉"（柏百福1904年开设）、"历史读物，中篇小说《阿宝》《罗刹海市》与《红楼梦》，公文，李鸿章奏折，第二系列：《京报》"（柏百福1905年、1906年开设）等。即使像伊万诺夫斯基这样才华出众以及如格奥尔吉耶夫斯基那样具有反叛精神的教师，在教学上也终究未能脱离王西里的窠臼。[1]

再次，圣彼得堡大学的汉语教学方法极其单一。"其全部教学方法就是将原文和译文加以对比，也就是说，采用的完全是消极的方式，无法激发学生的创造性。""宝贵的时间被浪费在抄写很久以前写就并出

---

[1] Алексеев В. М. Наука о Востоке: Статьи и документы. М., 1982. C. 169.

版了的'偏旁部首'（而且没有任何理论基础），阅读比丘林那本救命稻草似的语法。"① 不光顾课堂的学生最后的考试成绩甚至比认真听讲的学生还要好。阿理克的女儿班科夫斯卡娅（М. В. Баньковская，1927—2009）在为其父著作《1907年中国纪行》中文本所作的前言中写道："他于1898年考入的圣彼得堡大学令他大失所望。19世纪俄国汉学巨匠瓦西里耶夫已处于其生命和活动的后期。他所创立的学派为科学研究中国奠定了基础，尽管取得了毋庸置疑的成就，但也存在有目共睹的不足。""教学方式也与中学一样：'……在完全不懂文本意思的情况下死记硬背，语法没有规则和明确的思想，毫无意义的翻译令人惊讶……丝毫没有大学的味道，也没有上过任何导论课程。'"② 此外，圣彼得堡大学采用了中国私塾式的方式，即将所有年级安排在同一教室。因而经常有这样的情况出现，低年级学生为适应高年级学生先学习了《论语》后半部分，然后在第二年再学习《论语》上半部分。阿理克称这种做法只是为了方便教师，而非为方便教学。③ 阿理克从圣彼得堡大学毕业之后，最强烈的感觉便是除背诵了一些似懂非懂的短文以外，简直就是一无所获，"不得不下决心重新学习，重新调整自我发展方向"。④

最后，王西里对欧洲汉学成果的漠视以及对中国文人著述的怀疑使圣彼得堡大学难以及时吸收国际汉学界的最新成就。实际上，在圣彼得堡大学教授四书五经的时候，英国汉学家理雅各借助王韬的帮助陆续出版了注释完备并在某些地方涉及翻译问题的多卷本《中国经典》。然而，这样一部轰动世界汉学界的译著在圣彼得堡大学校园内却未激起一丝涟漪。格奥尔吉耶夫斯基首先背离了老师设计的轨道，开始将目光投向西方，似乎突然发现了一个新的世界，如饥似渴地阅读从耶稣会士到当代欧洲汉学家的著述。但是，由于圣彼得堡大学的

---

① Алексеев В. М. Наука о Востоке: Статьи и документы. М., 1982. С. 168.
② [俄]班科夫斯卡娅、李福清：《〈1907年中国纪行〉中文版前言》，阎国栋译，《1907年中国纪行》，云南人民出版社，2001年。
③ Алексеев В. М. Наука о Востоке: Статьи и документы. М., 1982. С. 168.
④ Алексеев В. М. Наука о Востоке: Статьи и документы. М., 1982. С. 169.

教学计划中没有欧洲汉学家的位置,因而当他利用法、英、德文汉学著述从事汉学研究时,出现了对所参考文献价值判定失准的现象。资料使用的不当严重影响了格奥尔吉耶夫斯基汉学著作的价值,以致多年来汉学家们对他随处可见的掷地有声的论点依然不敢放心引用。

圣彼得堡大学的汉学教育的诸多不足在一定程度上影响了学生的学习兴趣和学习效果。圣彼得堡大学尽管师资雄厚,可相对于其几十年的历史而言,所培养的汉学人才不能算多。从 1855 年到 1917 年的 60 余年当中,东方语言系所培养的汉语专业毕业生不足百名,有的年份招生人数只有寥寥数人。当然,这与中俄关系的发展状况,以及此专业过于难学有一定关系。到了 19 世纪末期,由于俄国在中国东北修建中东铁路,翻译人才需求倍增,东方语言系汉满蒙古语专业一度炙手可热。但是这里的人才培养方式已经不能适应时代的需求,以培养实践型人才为宗旨的海参崴东方学院随之应运而生。

二、海参崴东方学院

19 世纪末俄国加快了对中国东北侵略的步伐。1895 年中国在甲午战争中失利后被迫接受《马关条约》,将台湾、澎湖列岛及辽东半岛割让给日本。为了防止日本独享在中国东北的利益,俄国政府与德国、法国一起进行干涉,迫使日本放弃了对南满的要求。三国干涉还辽给清廷留下了深刻印象,清廷希望利用西方列强之间的矛盾摆脱被动局面。第二年,李鸿章与俄国签订《中俄密约》,沙俄政府由此攫取了在中国东北修筑铁路的特权,从而使西伯利亚铁路穿越中国东北一段(即中东铁路)到达海参崴,为把中国东北变成自己的殖民地打开了方便之门。而中东铁路的投资方华俄道胜银行名义上是一个私营公司,实际上却为俄国政府所拥有、由俄国政府所操纵。1898 年,清帝国与俄国签订了旅顺、大连租借条约,将旅大地区租予俄国 25 年,俄国多年来在东方拥有不冻港的梦想终于实现。1900 年,俄国以镇压义和团为由出兵占领了中国东北全境。

中俄关系的这种情势对俄国东方学,特别是汉学的发展产生了深远影响。随着俄国对中国侵略步伐的加快,两国在经济、外交、军事上的接触日益频繁,对汉语人才的需求陡增。俄国社会迫切需要大量掌握现代东方语言知识的实践型人才,而以中国古典文献为主要教学内容的旧式汉学人才培养模式已很难应对这一紧迫而现实的任务。在这种背景下,俄国政府于1899年在海参崴又建立起一所东方语言高等学府——东方学院。在不到20年的时间里,这所学院利用其位置与中、日、朝相邻的条件,获得了迅速的发展,为俄国政府部门、军事机构、商业领域培养了大批翻译人才,成为俄国汉学的又一个基地。

1. 酝酿及创建

早在19世纪80年代,俄国海军部门就曾建议在海参崴建立一所教授汉语、日语和朝鲜语的学校。与此同时,在伯力和海参崴等地相继出现了由当地政府提供一定数额补贴的私人汉语培训班。这些培训班一共培训了大约80名官员、商人和军官。此外,在中国开放口岸从事贸易的俄国商人出于扩展业务的需要,迫切希望俄国政府加强汉语人才培养。1888年,在中国工作的王西里的学生以及俄商捐款6068卢布设立圣彼得堡大学王西里奖学金。1891年,汉口的俄国公司出资2万卢布,以利息设立两笔奖学金。为了吸引更多的人学习汉语,海参崴的一位俄国商人在俄国东正教驻北京传教团设立了两笔助学金,军事部门在库伦的翻译学校也设立了同样数量的助学金,资助学习汉语的学生。[①] 俄国财政部部长维特是俄国对华政策的主要制定者和修建西伯利亚大铁路和中东铁路的策划者,他倡议在海参崴建立一所教授东方语言的高等院校——东方学院。1898年,俄国政府成立了一个包括国民教育部和财政部代表在内的专门委员会,制定未来东方学院的章程。而后,由国民教育部部长向国务会议提出议案,经后

---

① Серов В. М. Становление Восточного института (1899 – 1909)//Известия Восточного института Дальневосточного государственного университета. 1994. №1.

者审议通过后提交沙皇签署。国务会议决定为修建校舍拨款 8.9 万卢布，而为购买家具及书籍资料拨款 1 万卢布。①

1899 年 7 月 9 日沙皇政府颁布了建立东方学院的法令，任命圣彼得堡大学东方语言系蒙古语和卡尔梅克语教授、同时也是东方学院章程制定者之一的波兹德涅耶夫担任第一任院长。10 月 21 日，东方学院举行了隆重的开学典礼，受到俄国社会的普遍关注，共有 40 多个代表团的代表在会上宣读了贺词。圣彼得堡大学等俄国知名学府发来贺电。清朝政府总理衙门以及京师大学堂等院校也致电祝贺，电报由中国驻海参崴商务委员李家鏊代读。最后，波兹德涅耶夫在讲话中指出，东方学院将完全遵循实用目的，为俄国"在东方的行政及工商活动培养人才"。东方学院的建立成为俄国文化教育界的一大盛事，各报刊纷纷发表文章予以祝贺，认为这将大大缓解俄国对汉、满、日、朝等语言翻译人才的需求，对俄国在远东地区的各项事业产生推动作用。② 俄罗斯汉学研究专家霍赫洛夫指出，海参崴东方学院"不是要培养二流的办事员、翻译，而是要训练出能够推动俄罗斯远东事业"的人才。③

2. 教学体制

在俄国政府的授意下，东方学院开学伊始，波兹德涅耶夫就制定了培养方案。该方案包括以下内容：（1）由教师编写新的教材；（2）学生不只掌握一门语言，而要学习 2—3 种东方语言；（3）由俄国教师和外国讲师（受过教育的中国人、日本人和朝鲜人）分别教授语言理论及实践知识；（4）经常性地派遣教师和学生出国搜集资料或进行语言实践。他的这一思想成为东方学院制订教学计划的基准。东方学院

---

① Скачков П. Е. Очерки истории русского китаеведения. М. ,1977. С. 252 – 253.

② История отечественного востоковедения с середины XIX века до 1917 года. М. , 1997. С. 49.

③ Хохлов А. Н. Создание Восточного института во Владивостоке в 1899 г. –важное событие в жизни России//XXXI научная конференция《Общество и государство в Китае》. 2001.

的学制为4年。汉语为必修课。第一年全体学生都只学习汉语，每周由教授授课6次，与中国先生练习口语4次。从二年级起，学生被分成4个专业：汉日专业、汉朝专业、汉蒙古专业以及汉满专业。学生在汉语之外再加学一门语言，每周由教授授课3次，中国先生授课3次。此外，学生们还要学习神学、英语、地理及民族学、当代中国政治体制、中日朝当代史、东亚商务地理、政治经济、国际法、俄国及主要欧洲国家政体、会计学和商品学。① 从东方学院最初的教学计划中至少可以看到如下特点：第一，在所有课程中，汉语被放到了最重要的位置。这一方面是由于俄国远东的利益主要在中国，对汉语人才的需求量最大。另一方面，由于中国与东亚日本、朝鲜有着深厚的历史文化渊源，所以学习日语和朝鲜语必须同时学习汉语。此外，学习汉语也是学好满语或蒙古语的前提。第二，东方学院在课程设置上完全将教学中心放在了认识包括中国在内的东亚国家的政治和经济现状上。第三，加入了技能性课程，如会计学和商品学等。这些与圣彼得堡大学东方语言系的不同之处说明了东方学院创办者基本上实现了当初的设想。

学院的教学管理由校务委员会主持。校务委员会独立安排各年级课程，授予学生奖章，确定学生的奖学金和补助数额，为毕业生颁发毕业证书，讨论课程改进措施，研究教师的教学方案，为出国考察及实习人员制定任务等。②

为了加强学生的口语训练，东方学院从一开始就聘请外籍教师从事实践课教学。中国、日本和朝鲜的教师陆续来校任教。中国教师的加盟有助于提升东方学院的汉语教学质量。但是，由于中国教师获得的报酬很低，每月只有50—100卢布，所以大部分无法安心工作，辞职非常频繁。从1899年到1911年，先后至少有25位中国人在这里任教，任教时间从一年到数年不等，如祁善庆（译音）、万轶智（译

---

① Скачков П. Е. Очерки истории русского китаеведения. М., 1977. С. 254.
② История отечественного востоковедения с середины XIX века до 1917 года. М., 1997. С. 52-53.

音)、云敏武(译音)、余立诚(译音)、范平厚(译音)、齐云卿(译音)、郭锦堂、德兴额、甄奎元(译音)、郭惠璋(译音)、傅锡岑(译音)、傅振声、姜其纶、周骏声、锐英、赵子元、孙少亮、李本富、梁天柱、李丹等。①

学院充分凭借政府、教会、商会在中国建立的机构,利用5月至8月的假期时间,派遣学生来华进修。1901年,学院决定由鲁达科夫教授率领学生到北京实习,并拨款4800卢布。1903年,又有12名学生被派往中国的各大城市学习。大部分学生在华期间都居住在俄国驻华领事馆或华俄道胜银行在各地的分号中。学校与俄国交通部达成协议,允许学生在中东铁路、南满铁路一线免费乘坐火车,在黑龙江和松花江航道上免购船票。去上海的学生可获得30%的船票折扣。学生实习归来后须提交书面实习报告。学校对一年级和二年级的同学提出了不同的要求。前者应该具备解释所研究民族生活现象的能力,而后者则需具有独立翻译书籍或文章的水平。比较优秀的学生实习报告有:《中国和日本的政治团体》《1908年夏秋蒙古东部旅行记》《台湾岛民族学研究》《中国民歌》等。什库尔金的《呼兰城——满洲中部历史经济概观》于1903年成书出版。

东方学院建立了一整套学习考评制度。除在4月下旬或5月上旬进行春季考试以外,学生们还须通过其他各种形式的测试。二年级学生在考试中必须能够轻松地阅读汉语白话文,阅读最浅显的报刊文章,具备一定的行书基础并能够分辨不太潦草的行书笔迹,所掌握的汉字数量不低于2000个,在口语考试中学生须能够就日常生活内容进行对话。三、四年级学生须很好地掌握至少2700个汉字,能够翻译报章社论和政治、经济消息,熟悉公文和私人信件特点,能够辨认草书,起草最简单的公函,在口语方面能够转述讲话人的意思。东方学院在成绩评定上使用"优秀""良好""及格"和"不及格"4个分级。同时,是否严格遵守上课制度也是决定学生能否毕业的重要因素。

---

① 关于东方学院中国籍教师的部分信息来自本人的合作博士后刘丽秋的未刊稿。

为了解决教材印刷以及著作出版方面的困难，东方学院于1906年从日本和德国购进了印刷设备，并从各处订购了汉、朝、日、满、蒙古、藏和卡尔梅克文字模。印刷厂印刷的第一本书乃是屈纳的《西藏全志》。这家印刷厂成为当时俄国唯一拥有各种东方语言字模的出版机关，对东方学院的汉学研究产生了很大的推动作用。在保证为学生印制教材的同时，教师们的学术著作也能够及时出版。1908年，《东方学院学报》开始出版，刊登东方学院师生的著述。

从1899年到1909年，东方学院一直为俄国军事部门培养东方语人才，为沙皇政府在远东地区的军事扩张提供直接服务。有时军官在学生人数中占很高的比例，如1904年的110名学生中有34名军官，1908年的175名学生中有军官89名，1909年的168名学生中有83名军官。他们按照军队设定的科目学习，接受单独的考试，而且也出国实习，回国后同样要交实习报告。特别是在日俄战争期间，大部分东方学院学生都被分配到军事机关服务。1909年以后，由于为部队培养的汉语翻译过剩，军事部门停止向东方学院输送生源。[1]

1899—1916年期间，学院共培训了300多名学生和200多名军官。学习汉语的学生毕业后一般比较容易找到专业对口的工作。大部分学生在中东铁路沿线、俄国行政机关、军事部门和商行工作，一部分人成为俄国在中国天津、汉口和齐齐哈尔等地开办的汉语学校的俄语教师，还有一部分人成为哈尔滨俄语学校的汉语教师。哈尔滨出版的《远东报》的编辑几乎都是东方学院的毕业生。许多学生在俄国汉学史上留下了他们的著作。他们的作品大都刊登在《亚细亚时报》《东省杂志》《经济周刊》以及在哈尔滨、上海等城市出版的其他俄文报刊上。另有几位毕业生后来成为著名汉学家，如潘克福、越特金、希奥宁、巴拉诺夫、什库尔金和马佐金（Н. П. Мацокин，1886—1937）等。

---

[1] 关于东方学院学生实习、考评制度、教材印刷和著作出版、军官培养问题参见 Серов В. М. Становление Восточного института（1899－1909）//Известия Восточного института Дальневосточного государственного университета. 1994. №1.

3. 教学及科研活动

东方学院的师资骨干几乎全部来自圣彼得堡大学东方语言系。在这里任教的有汉语教师鲁达科夫与彼·施密特，满语教师波兹德涅耶夫、鲁达科夫、彼·施密特与格列比翁希科夫（А. В. Гребенщиков，1880—1941），蒙古语教师波兹德涅耶夫与藏语老师齐比科夫。远东历史和地理课则由屈纳讲授。日语和朝鲜语教师分别是斯帕尔文（Е. Г. Спальвин，1872— ？）和波兹塔文（Г. В. Подставин，1875—1924）。这些教师遵循东方学院全新的办学宗旨，白手起家，在教学、编写教材以及科学著述上都取得一定成就，为俄国远东汉学基地的建立和发展做出了重要贡献。鲁达科夫、彼·施密特和屈纳的汉学成就在前文中已有专题介绍，这里不再赘述。

格列比翁希科夫1880年出生于喀山的一个手工艺人家庭。1907年从海参崴东方学院毕业，而后被派往中国学习了3年。在中国期间，他研究了中国的民俗、方言以及满洲地区居民的风俗习惯，对清朝学堂中的满语教学表现出浓厚兴趣。这次考察的成果反映在他撰写的《满语文献范文概论》（1909年）和《中国满语学习概述》（1913年）两本书中。他在《满语文献范文概论》一书中提到了许多以前俄国闻所未闻的满语文献，并在书名下加注了俄语音标，增加了简短的评介文字，标明了获取该文献的地点。1911年，格列比翁希科夫因东方学院满语教授职位空缺而来到海参崴，担任满语教研室主任。考虑到满人已经被汉人严重同化，其语言逐渐衰微，他建议在东方学院建立实验语音学研究室，记录满语语音。1912年，格列比翁希科夫再次来到满洲地区，进一步了解满族人的生活及习俗。格列比翁希科夫在东方学院以及后来成立的国立远东大学工作到1931年。从1935年起，他调到苏联科学院东方学研究所任研究员，1939年未经答辩获得语言学博士学位，1941年去世。①

---

① История отечественного востоковедения с середины XIX века до 1917 года. М., 1997. С. 67.

格列比翁希科夫是俄国汉学史上著名的满学家，一生共发表满学著作约80种，在俄国满语及满洲研究领域占据重要地位。《满族人及其语言和文字》（1912年）是格列比翁希科夫的重要满学著作。他在研究史料及民间传说的基础上，分析了满人的起源，考察了女真语言和满语的亲属关系，叙述了满语字母及文字的演变历史。格列比翁希科夫的其他著作还有《俄满关系史》（1912年）、《中国货币史（南乌苏里古钱币）》（1922年）、《中国满洲殖民地之基础》（1926年）和《满洲移民》（1929年）等。在格列比翁希科夫的手稿中，后人发现了他所完成的《钦定满洲祭神祭天典礼》译稿。译者显然非常重视这部乾隆十二年（1747年）奉旨编纂的萨满仪典，不仅全文翻译，而且做了详细的注释。① 此外，格列比翁希科夫还对俄国从我国东北掠夺到的满文档案进行了研究。俄国著名摄影历史学家沃尔科夫-拉尼特（Л. Ф. Волков-Ланнит，1903—1985）在19世纪20年代日记中记录了他看到的格列比翁希科夫："今天早上，我在国立远东大学。这里最主要的系是满蒙古教研室所在的东方系。而在这里最著名的当数'从义和拳的烈火下拯救出来的'满洲档案了。这些跨越300年的古物共有25000册之多。满洲档案向我们讲述了300年来满洲每天发生的事情。这是省政府与清国大臣们的公函文牍，主要集中在奉天城，然后从这里抄送到北京。我们几乎不知道众多的古代文献中隐藏着什么信息。要想读懂它，需要几代满学家的努力……格列比翁希科夫教授正在研究这些档案资料，编制了一个有趣的改革满族文字的图表，可以减轻阅读的难度。在苏联，人们对这些档案几乎一无所知。但是，外国人却一直对它抱有兴趣。不久前两个美国人越洋来到这里，就是为了研究这些藏品。更不用说那些日本教授了。"②

作为东方学院缔造者之一和第一任院长，波兹德涅耶夫在俄国远

---

① Пан Т. А. Архивные материалы А. В. Гребенщикова по шаманству маньчжур//XXII научная конференция《Общество и государство в Китае》. Часть 2. М.，1991.
② Волков-Ланнит Л. Даль.（Выписки из дневника）//Новый Леф，1928，№8.

东地区汉学发展史上,甚至在该地区的高等教育史上都有举足轻重的地位。他1851年出生在奥廖尔的一个神父家庭,1876年从圣彼得堡大学东方语言系毕业。从1879年起任圣彼得堡大学东方语言系蒙古语—卡尔梅克语教研室副教授,1883年起任编外教授,次年任编内教授。1881年2月,波兹德涅耶夫以《蒙古部落民间文学范例》为题通过硕士学位论文答辩。1883年以《蒙古编年史〈宝贝念珠〉译注》一文获得语言学博士学位。1899—1903年间担任新组建的海参崴东方学院院长。1906年1月负责组建东方学会所属三年制东方语夜校(1909年更名为实用东方研究院)。从1919年到1920年去世担任顿河大学历史系卡尔梅克语教授。波兹德涅耶夫撰有多种蒙古学著作。《蒙古及蒙古人》是波兹德涅耶夫最重要的专著,同时也是世界蒙古学名著。[1] 波兹德涅耶夫从1899年到1903年在教授蒙古语的同时也教满语,所用教材为王西里编写的《满语入门文选》。不过这本教材在这里只学习一年半,其余时间用来学习更加实用的现代满语,以便更好地体现东方学院追求实用目的的办学宗旨。1904年,他编写出版了《满文文选试编》。此外,他还根据巴黎国家图书馆中所藏的满文抄本撰写了《对于满文文字起源及发展的探索》。[2]

齐比科夫1873年生,1893年毕业于赤塔中学,1895年入圣彼得堡大学东方语言系学习。1899年齐比科夫受俄国皇家地理学会委派,伪装成去拉萨的朝圣者前往西藏考察。1902年,经波兹德涅耶夫力邀,来到海参崴东方学院工作,教授蒙古语。1905年他提出在东方学院开设藏语课的建议。从1907—1908学年度起,齐比科夫开始教授藏语,1914年建立了藏语教研室。他在东方学院一直工作到1917年,其间出版了一些蒙古语教材,其中最著名的当数《蒙古语学习实用手

---

[1] Иориш И. И. Важнейшие события жизни и деятельности А. М. Позднеева//Mongolica-VI. Посвящается 150-летию со дня рождения А. М. Позднеева. Составитель И. В. Кульганек. СПб., 2003; История отечественного востоковедения с середины XIX века до 1917 года. М., 1997. С. 359-364.

[2] История отечественного востоковедения с середины XIX века до 1917 года. М., 1997. С. 48-52.

册》(1907年)。①

1902年，在波兹德涅耶夫建议下，学院决定请鲁达科夫讲授满学课程。因此，鲁达科夫从是年开始在东方学院为三、四年级开设有关满洲行政及经济概况的课程。他编写的教材有《汉译满语会话》和《满语官话范例》等。1903年，由于波兹德涅耶夫调往圣彼得堡，彼·施密特开始教授满语课。他非常重视满语—通古斯语族的研究，努力探索满语在这一语族中的地位。同时，他对满语中的汉语外来词很感兴趣。在他所写的著作中，出版于1908年的《满语课本》一书在俄国满学史上占据重要地位。书中包括了满语和汉语对照的课文和对话，在结尾部分收录了满文《聊斋志异》片段。在1907年出版的《满语入门讲义》中，彼·施密特叙述了满语语法结构的基本理论以及与其他语言的关系。他的另一部满学著作是《附有俄、法译文的蒙汉满语词典》。

东方学院是19世纪末20世纪初俄国在远东建立的又一个东方学教学基地。东方学院利用其得天独厚的地理位置，配合俄国政府的远东政策，在很短的时间里就成为俄国实践东方学的中心，为俄国远东地区的东方学奠定了进一步发展的基础。尽管东方学院的教授大都是圣彼得堡大学的毕业生，但他们显然从一开始就试图不仅从教学内容上，而且从方法上摆脱王西里教学学派的影响，在很多方面都是反其道而行。如果说圣彼得堡大学以中国古典文献为主要教学材料，那么这里的教学重点是现代汉语，即所谓的官话。如果说圣彼得堡大学注重训练学生的文本阅读能力，东方学院则极力增加学生语言实践和实际工作能力的锻炼机会，采取各种措施激发学生的积极性和主动性，以对现实中国的全面认识和思考取代圣彼得堡大学对王西里文选的死记硬背。教师们在为俄国行政、商业和军事机关培养实践型翻译人才的同时，编写了大量符合时代要求的教科书，出版了一系列有价值的学术著作。他们频繁出国考察，广泛收集资料，依仗俄国拥兵东北掠

---

① Воробьева - Десятовская, Савицкий Л. С. Тибетоведение // Азиатский музей - Ленинградское отделение Института Востоковедения АН СССР. М., 1972.

夺我国珍贵文献，展开以中国现代语言、历史、文化为对象的研究。他们的教学及科研活动与圣彼得堡大学东方语言系遥相呼应，互为补充，为俄国汉学研究带来了新的气象。

1920 年，东方学院被改造成国立远东大学东方系。1939 年远东大学关闭，包括东方系在内的各系解散。1962 年，国立远东大学及其东方系恢复。1994 年，俄罗斯政府决定在远东大学重建东方学院。1999 年，东方学院隆重召开成立一百周年庆祝大会，东方学家纷纷撰写纪念文章，充分肯定了东方学院在俄国东方学史上的地位。

第六节　汉籍收藏

19 世纪下半期，在西方列强的枪炮声中，中国国门洞开，俄国在利用各种狡诈和凶恶的手段侵吞中国领土、争取在华最大外交、贸易和宗教利益的同时，加强了对中国文化遗产的掠夺。因此，这一时期俄国的汉籍收藏主体和渠道较从前都有所变化，除俄国东正教驻北京传教团例行购置以及俄国汉学家的个人捐赠以外，驻华使节、侵华军人、俄国商人都加入了中华文献搜集者的行列。与此同时，在俄国政府的大力支持下，各种东方学研究学会与团体打着各式各样的旗号明目张胆地来华公开掠夺中国珍稀文献。在这种情况下，大量中国典籍通过各种渠道流失到了俄国。

一、亚洲博物馆

1874 年沙皇亚历山大二世下旨每年向亚洲博物馆拨付 600 卢布，以供收藏和购置图书。1894 年，由于古典考古学博物馆被撤销，又将原来每年拨付该馆的 500 卢布追加给亚洲博物馆。1912 年亚洲博物馆的经费增加到 8900 卢布。①

19 世纪下半期,亚洲博物馆的中国图书数量继续增长。与零星的个人捐献相比,1864 年的一批赠书让这里的藏书无论从数量上还是质量上都有了一个飞跃。这一年,俄国外交部亚洲司将其多年斥资精心经营的藏书全部移交给亚洲博物馆,总数达到 1000 余种。光是汉文部分就增加了很多以前没有收藏的重要典籍,如《书经传说》《诗经传说》《春秋传说》《绎史》《宋元通鉴纪事本末》《契丹国志》《大金国志》《史纬》《三通》《满洲源流考》《坤舆图说》《太平寰宇纪》和《广舆记》等。②

除此之外,单就亚洲博物馆汉文图书数量而言,在十月革命之前还有过多次显著增加。1868 年购进列昂季耶夫斯基藏汉籍 146 种。1899 年曾为俄国驻汉口、天津、汉城和上海领事的德密特去世。此公生前酷爱收藏中国图书,加之精通汉、日、满文,与中国士人交往频繁,且熟悉圣彼得堡的藏书情况,因此对书籍的选择非常专业。1900 年他在汉城的藏书由亚洲博物馆购得,其中包括汉籍 316 种。1907 年其遗孀再将 411 种汉、日、满文及朝鲜文汉字图籍出售给亚洲博物馆,其中有汉籍约 350 种,包括许多珍品,如各种稀见地方志以及《四库全书总目》《东华录》和《朔方备乘》等。此乃 19 世纪下半期至 20 世纪初亚洲博物馆从个人手里购得的最大一批书。1901 年亚洲博物馆用 200 卢布购买了王西里的藏书。曾经担任哈巴罗夫斯克军区司令副官的古德津科（А. Н. Гудзенко, 1868—?）1902 年将其在中国东北和边境搜集到的 55 种汉文图书赠送给亚洲博物馆,其中包括《通鉴纲目》和《文献通考》等。伊万诺夫斯基的藏书种类齐全,尤

---

① Попова И. Ф. Китайская коллекция Санкт-Петербургского филиала института востоковедения Российской Академии Наук,载《中俄社会科学论坛"中俄关系:历史、现实与未来"国际会议论文集》,2006 年 6 月 19—20 日,北京。

② Горбачева З. И. Китайские ксилографы и старопечатные книги собрания Института востоковедения Академии наук СССР (Общий обзор)//Ученые записки ИВ АН СССР. Т. 16. М. ,1958.

以文学作品最具特色。1904 年，其收藏的约 250 种汉、满文图书被赠送或出售给了亚洲博物馆。贝勒用过的参考文献也在这一时期被捐献到这里，一共有 23 种，主要为地理学、植物学著作，另有许多医学书籍，如《本草纲目》《本草图说前编》和《本草图谱》等。在贝勒的赠书当中，还有 12 本题为《北京风俗图》的彩色图册尤为珍贵，每册包括约 100 幅水彩图。时在这里任图书管理员的阿理克为贝勒赠书编写并发表了目录。1911 年俄罗斯博物馆和俄军总司令部曾向亚洲博物馆赠书，数量也不少，尤以道光十四年刊印的《图书集成》最为珍贵。此外，亚洲博物馆还委托在中国工作的俄人购买图书。如他们曾经从北京琉璃厂二酉斋购得 17 种，从上海著名的扫叶山房购得 219 种。1912 年阿理克将其在中国旅行期间购买的 168 种汉籍移交给亚洲博物馆，1913 年又捐赠了 395 种长安碑林拓片。从 1913 年开始，阿理克致力于将亚洲博物馆藏汉籍刻本与抄本分而藏之，然后重新加以分类、整理和编号，以便最终编制科学完善的书目信息。奥登堡对他的工作给予很高评价，建议出版。但阿理克书目最终也没有出版，只留下一万余张精心抄写的卡片。十月革命以后，这里的汉文古籍藏量有两次增长，一次来自原俄驻福州总领事尼·波波夫（Н. А. Попов），共计 135 种，另一次便是 1951 年获得的阿理克遗书 155 种。[1]

经过两个世纪的积累，亚洲博物馆的藏书从无到有，从少到多，在十月革命之前成为俄国最大的中国图书收藏中心。在 1973 年出版的《苏联科学院东方学研究所汉籍刻本目录》中著录了 3665 种汉籍。

---

[1] Горбачева З. И. Китайские географические сочинения из коллекции рукописей и ксилографов Ленинградского отделения Института востоковедения АН СССР// Страны и народы Востока. Вып. 1. М., 1959; Попова И. Ф. Китайская коллекция Санкт-Петербургского филиала института востоковедения Российской Академии Наук，载《中俄社会科学论坛"中俄关系：历史、现实与未来"国际会议论文集》，2006 年 6 月 19—20 日，北京。

二、圣彼得堡大学

　　与帝俄时期的俄国其他东方学藏书中心相比，圣彼得堡大学的收藏历史相对较短。然而，东方语言系的成立不仅为俄国汉学的发展开辟了新纪元，而且也使这里的东方学藏书从一无所有一跃成为独具特色和优势的中心之一。1854 年，俄国政府下令停办俄国大学东方语言教育的发祥地喀山大学的东方语言专业，将其教师、学生和图书资源一同合并至新成立的圣彼得堡大学东方语言系。可以说，初期这里的几乎全部中国图书都来自喀山。对于这一点，王西里的形容更为生动："这里的藏书，除了书架，全部来自喀山。"①

　　此外，圣彼得堡大学图书馆所藏汉籍中有很大一部分是在 19 世纪下半期—20 世纪初增添的，个人捐赠是重要来源之一。比丘林、巴拉第和王西里等著名汉学家的赠书在这里都有收藏。东方语言系教授柏百福的遗孀在其丈夫去世后次年（1914 年）将 4111 种汉籍捐赠给圣彼得堡大学。在圣彼得堡大学图书馆，汉、满、蒙古文《元朝秘史》和 300 余卷的《图书集成》已经成为镇馆之宝。这里一共收藏有满文书 7500 余种，包括《资治通鉴》和《金史》等重要典籍。②

　　圣彼得堡大学图书馆光是汉文抄本和刻本就有 35000 多册。总结起来，这里的藏书有这样几个特点。第一，图书品种丰富，学科涉及面广，不似其他图书馆那样以儒、佛经典收藏为主。作为一个大学教师，王西里在北京期间努力搜寻从前不为人所重视的中国小说、戏剧和诗词，为俄国的中国文学教学和研究准备了基本文献。第二，复本少。作为一个精通数种中国语言且学有素养的汉学家，

---

① Васильев В. П. Записка о восточных книгах в С.-Петербургском университете // Русский вестник. XI. 1857.

② Дерягина Т. П. Научно-исследовательская работа в рукописном фонде библиотеки Восточного факультета СпбГУ（доклад）// Научно-практическая конференция《 информационно-библиотечного обеспечения востоковедных исследовании образования》, М. , 5-6 декабря 2000 г.

王西里在购书过程中让有限的资金最大限度地发挥了作用。他不仅对喀山大学的藏书了如指掌，而且熟知外交部亚洲司、亚洲博物馆以及俄罗斯馆中外书房的收藏情况，有效地避免了重复购置。第三，王西里在北京购置的图书及1914年柏百福的赠书构成了圣彼得堡大学所藏汉籍的主体，这与其他机构依靠几代人多年积累有所不同。第四，这里收藏有大量耶稣会士汉文出版物，其中绝大部分是西维洛夫的藏书。此外，东正教驻北京传教团在北京翻译刊印的经书在这里也收藏丰富，因为当年传教团曾将他们的出版物寄给王西里请教。

三、皇家公共图书馆

皇家公共图书馆的汉籍收藏在19世纪下半期缓慢增加，在1852年由多恩编写出版的《圣彼得堡公共图书馆藏东方抄本与刻本目录》中有51种汉籍。个人捐赠仍然是该馆获得藏品的主要途径。1859年，即先科夫斯基去世的次年，他的汉、满文25种藏书被赠送给了公共图书馆，汉籍部分有《学庸一得》《朱子近思录》《新遗诏书》（米怜译）和《凤仪字汇》等书。以后又有其他人的零星捐赠，数量较小。[1]

1868年该馆以75卢布的价格从列昂季耶夫斯基手中获得了该时期最大一批藏品，一共有121件，但不是汉籍，而是列氏的译稿和一大批碑帖、绘画及书法作品等。译稿当中最有名的莫过于列昂季耶夫斯基翻译的俄国著名历史学家卡拉姆津的《俄国史》，汉译稿名为《罗西亚国史》，一共9本。列昂季耶夫斯基出售这些藏品时提供的一份详细清单被保留了下来。碑帖拓片中除西安景教碑和沃伊采霍夫斯基1829年因治愈礼亲王全龄之弟全昌的癞病症后而获赠的"长桑妙术"匾外，其余为"各阶层墓碑"，有皇帝坟、王公坟、大人坟、官员坟、满洲一家七代坟、民间坟、民间外路人坟、内监坟、道士坟、

---

[1] Китайские рукописи и ксилографы Публичной библиотеки: Систематический каталог/Сост. К. С. Яхонтов. Ред. Ю. Л. Кроль. СПб., 1993. С. 12.

和尚坟、喇嘛坟、尼姑坟、回回官的坟、回子坟。列昂季耶夫斯基收集的画作非常多：人物画有道光帝妃像、敏珠尔活佛像、协办大学士禧恩像、列昂季耶夫斯基华服像；战争场面有清军攻克缅甸城堡、清军激战回兵、香山操演、阅兵等；风景画有礼亲王赠匾图、俄罗斯馆图、南堂图、天主教墓地、西峰秀色（圆明园图）、昆明湖、圆明园主殿、旗人发引、汉人发引、旗人娶亲、汉人娶亲、东华门、皇上出大清门祭坛去、西华门、天安门、午门、三座门、围殿、鼓楼、正阳、崇文门、宣武门之东、朝阳门、东直门、安定门内、德胜门外、阜成门、北京城外皇家园林旁的西藏建筑、天坛、道观、苏州、南京大报恩寺琉璃塔、南京城、南京城郊、加急信使、南京总督衙、打朝、众生相、日本男女、朝鲜男女、满族妇女弈棋、戴枷女囚、农舍、农活、耕地、妇孺、满人行猎、满族妇女梳头、汉家女子梳头、汉家女子裹脚、瓦工炉匠工具、码头、墓地、锦鸡、虎不拉鸟、画眉鸟、丑鸭、红靛颏、黄肚囊、雌花红燕、虎头、树札子。书法作品有一副对联和一件叫作"万景得清襟"的字画。①

皇家公共图书馆的汉籍藏书较亚洲博物馆和圣彼得堡大学要少，却也有自己的特色。在康·雅洪托夫所著录的323种汉文抄本和刻本当中，有85种是耶稣会士和俄国东正教士的汉文宗教著译作品。

四、鲁勉采夫博物馆

鲁勉采夫博物馆是现在俄罗斯国立图书馆的前身，创立于1862年。其间，1924—1925年更名为俄罗斯乌里扬诺夫（列宁）公共图书馆，1925—1992年改称为苏联国家列宁图书馆。该馆建立时间较晚，起初并无汉籍收藏，但由于获得了一次个人捐赠，立刻便成为俄国最大汉籍收藏地之一。这个人就是曾在俄国东正教驻北京传教团任天文观测员，后在塔城、天津等地任俄驻华领事的孔气。他长期在中国居留，精通汉

---

① Китайские рукописи и ксилографы Публичной библиотеки: Систематический каталог/Сост. К. С. Яхонтов. Ред. Ю. Л. Кроль. СПб.，1993. С. 185－196.

语，酷爱搜集文献，是当时有名的收藏家。1863 年，孔气因手头拮据，曾想把他的汉语藏书卖给国民教育部，但没有成功。圣彼得堡科学院也以经费紧张为由拒绝收购。孔气一度打算把自己的藏书运到国外出售。最后在 1873 年由一位名叫罗基诺夫（А. Л. Родинов）的伊尔库茨克商人买了下来，赠给了鲁勉采夫博物馆。按照预先约定好的条件，这个商人获得了一枚勋章。孔气光是这一次出售的中国图籍数量就超过了 1300 种。孔气去世后，其遗孀又将家藏 900 余种汉籍送给了鲁勉采夫博物馆。这样，孔气一共向该馆移交了 2200 余种珍贵古籍善本。

鲁勉采夫博物馆当时即从这些书中将抄本专门整理出来，组成单独的 274 卷宗，共有 258 种，后来又继续整理，数量不断增加。现在 274 卷宗共包括 335 种抄本和稿本。1974 年，汉学家、列宁图书馆馆员麦尔纳尔克斯尼斯（А. И. Мелналкснис，1905—1990）整理了孔气收藏的汉籍抄本，出版了《孔气所藏汉籍抄本与地图题录》，对 333 种抄本进行了初步的版本描述和研究。麦尔纳尔克斯尼斯在书中将孔气收藏的抄本分成法律文书、历史、民族学、历史地理与舆图、经济、军事、哲学与宗教、自然科学、语言学、文学、工具书与书目、其他，一共 12 类。

细查孔气收藏的珍贵抄本，可以发现孔气从 1849 年来华到 1879 年最终返俄始终没有中断对中国图籍的搜集。担任俄驻塔城、天津以及其他开放口岸领事职务为孔气与中国官员及文人接触提供了机会，并为其搜求图书提供了经济基础。在孔气所藏抄本中，数量最多的当数舆图，一共有 66 种，包括了水利、水文、河工、军事、行政等类别。孔气在新疆任塔城领事时收集了许多中国西部领土地图，同时从塔城道台府抄录了许多珍贵档案，人口、赋税、商业、军事无所不涉。从抄本所用纸张上，可以发现当年纸店的水印，一共有几十个，如文宝斋、同文堂、澹香书屋、仁丰字号、玉和号、文通号、鸿春号、鸿文斋、同仁字号、翰元斋、仁美和记、青云斋、松竹斋、四宝斋、永兴魁记、永兴元记、同兴乾记、翰宝斋、懿文阁、裕源等。这些信息显然对研究明清图书刊印和造纸业发展历史有一定价值。

研究孔气抄本来源是一件非常有意义的事情，有助于搞清楚他在北京与中国文人的交往情况以及中国图籍流散海外的历史。抄本上的藏书印章为探究这些问题提供了最重要的线索。从这些藏书章上判断，孔气通过各种渠道获得了清代著名学者和藏书家收藏的珍本，如姚文田曾经收藏的《靖炎两朝见闻录》《南宋女真进犯历史文献》《增定雅俗稽言》，徐松收藏的《元史偶录》《顺天府志》《西藏记》《海塘全图》《经世大典·阜通七坝》《经世大典·站赤》等，姚元之（伯昂）收藏的《钱塘遗事》《天源发微》《玄奘大唐西域记》《革象新书》，姚柬之藏书《海洋针路》，姚晏藏书《靖康传信录》，富俊收藏的《新疆道里表》，姚庆布藏书《太平御览》，鲍时基藏书《策问存课》，浙江杭州汪宪"振绮堂"的《金史补》《金文靖公北征录》，戈宙襄藏书《天经或问》，英善藏书《食宪鸿秘》，鸿祺藏书《治河方略》，锡山藏书《月令辑要》，世应昌藏书《群芳谱粹言》，沈垚遗稿《溧阳馆遗文二卷》。此外，抄本上还有姚竹君、姚衡等人印章。在孔气的收藏中，还发现了惇亲王奕誴和成亲王永瑆两位亲王的抄本。孔气曾言从皇帝的叔叔那里获得过图籍，那么这个叔叔可能就是奕誴，因为成亲王永瑆是乾隆第十一子，早在1823年就已去世。奕誴是道光皇帝第五子，同治皇帝的父辈，管理过蒙古事务。在孔气的藏书中有两种《经世大典·阜通七坝》，其中之一便是从奕誴手中获得的。孔气之所以与奕誴有过交往，主要是因为后者对他所从事的地磁观测工作发生了兴趣。当然也不能排除其他可能，因为孔气在华时间跨越了道、咸、同、光四朝。一些俄国人也曾将自己的藏书转赠或转卖给孔气。在孔气藏书中，有相当大一部分天文书籍原来的主人是巴拉第。① 此外，向他赠书的还有安文公、基谢列夫斯基（Феофилакт Киселевский, 1809—1840）和伊万诺夫斯基等。当然，仅仅通过占孔气藏书数量八分之一的抄本和稿本上的藏书印章来分析这批图书的来源，还很不全面。

---

① Хохлов А. Н. П. И. Кафаров: Жизнь и научная деятельность (Краткий биографический очерк)//П. И. Кафаров и его вклад в отечественное востоковедение:К 100-летию со дня смерти. Материалы конференции. Ч. 1. М.,1979.

孔气所藏刻本上的印章一定能为我们提供更加丰富的信息。①

孔气的藏书早就引起世界学界的重视，1925年法国汉学巨匠伯希和专门到莫斯科考证这批典籍，曾发表文章加以介绍。②李福清对其中为数很少的小说做过调查，取得了重大发现。在孔气的藏书中有一部市井风情小说，名叫《姑妄言》。这部小说为曹去晶于雍正八年（1730年）写成，其中的性描写比《金瓶梅》有过之而无不及。该小说自问世后没有正式刊印过，一直以抄本流行于世。现在我们知道一共有两种抄本，一种是60回本，我国只有几张残页，上海于1941年以非卖品的形式限量印刷过。另一种抄本是24回本，我国没有发现过，一般认为已经湮没难觅。不曾想这个抄本却被孔气在北京时购得并带回了俄国。1867年曾寄存于皇家公共图书馆，后归藏列宁图书馆。1966年，李福清先生在孔气的藏书中发现了24回本的《姑妄言》，并在他同年发表于《亚非人民》杂志的《中国各种文学体裁目录补遗》一文中详细描述了这个抄本。遗憾的是，当时并未引起人们的注意。直到李福清于苏联解体后在台湾讲学期间再次提起此书，才引起了学者和出版商的兴趣。1997年，台湾大英百科股份有限公司在《思无邪汇宝》第36—45册中刊出了《姑妄言》，1999年1月，中国文联出版公司推出了简本，以后又有数家出版社出版了全本。自此，湮没200多年的《姑妄言》又得以重见天日，与之相关的研究也随之展开。而李福清在发现并成功在华出版《石头记》之后，又为出版孔气藏书做出了贡献。

在孔气收藏的刻本中，数量最大的当数历史典籍。1983年，莫洛佐娃（Н. В. Морозова）撰文加以介绍。她认为在孔气的藏书中有很多明代的孤本，"这些书中有很多在满族入关之后被禁毁或遭到清代

---

① Мелналкснис А. И. Описание китайских рукописных книг и карт из собрания К. А. Скачкова. М., 1974. С. 5–16. 该书前言译文见《К. А. 斯卡契科夫收藏的中国手抄本书籍和地图目录》，载冯蒸编著《近三十年国外"中国学"工具书简介》，中华书局，1981年。

② [法]伯希和著：《俄国收藏之若干汉籍写本》，载冯承钧译《西域南海史地考证译丛》第二卷，第六编，商务印书馆，1995年。

编辑者的严重改编"，因而极有价值。孔气收藏的历史典籍刻本中包括明梅鷟《尚书考异》六卷、司马迁《史记》、司马光《资治通鉴》、廿二史（乾隆四十七年版）、明陈仁锡评阅《资治通鉴纲目》（康熙四十七年版）、《御批历代通鉴辑览》（乾隆四十四年版）、陈邦瞻《元史纪事本末》等。地方志在孔气的藏书中占有重要位置，总数有约百种，光是《盛京通志》就有 5 个版本中的 4 种，即 1736 年、1778 年、1820 年和 1852 年版。孔气收藏有许多丛书，其中也包括一些明代的版本，如《汉魏丛书》《唐宋丛书》、元陶宗仪的《说郛》、毛晋的《群芳清玩》（明崇祯二年）、《海山仙馆丛书》、明孔贞运辑《皇明诏制》（明崇祯七年版）等。①

五、俄罗斯馆中外书房

19 世纪下半期俄国政府加大了对驻北京传教团的资金投入，其中也包括图书购置。1897 年传教团开办了一个印字房，用于印刷汉语和俄文图书，图书收藏因而有了明显增长。到 1900 年，俄罗斯馆中外书房的汉、满、蒙古、藏、俄、西文典籍数量已相当可观。1900 年俄罗斯馆在义和团运动中被焚毁，俄国人经营百余年的文献收藏也在顷刻间化为灰烬。英国汉学家庄延龄在其 1901 年出版的《中国：从古至今之历史、外交及商业》一书中写道："拳民暴乱波及了两处重要的藏书，一是皇宫翰林院的藏书，二是俄罗斯北馆藏书，两者均被彻底毁灭。"② 庄延龄将俄罗斯馆中外书房与收藏《永乐大典》的翰林院相提并论，足见对这批图书的重视。《辛丑条约》签订之后，俄国政府利用庚子赔款重修北馆，并开始重建传教团藏书。1914 年传教团的新图书馆落成，藏书约 4000 册。关于新馆的布局，1939 年天津出

---

① Морозова Н. В. Материалы по истории Китая в коллекции К. А. Скачкова∥XIV Научная конференция《Общество и государство в Китае》. Ч. 2. М.，1983.
② Рудаков А. В. Богдыханские дворцы и книгохранилища в Мукдене. Владивосток，1901. C. 1.

版的《北馆》一书中有详细的描绘。然而，新馆藏书风格已与先前大不相同，除汉籍外，新馆广泛搜集西方文献和俄文图书。第十八届传教团领班英诺肯提乙一次就从一名英国藏书家那里获得了 1000 册珍贵的老版外文书。

那么，俄罗斯馆中外书房在 1900 年被焚前又是什么样子呢？所幸的是，第十六届和第十七届传教团成员阿列克些 1889 年在圣彼得堡出版的《俄国皇家驻北京宗教与外交使团汉文藏书及成员学术著作》中留下了珍贵的记述。俄罗斯馆中外书房藏有大量珍贵中外文图书，阿列克些在书中只是介绍了传教团成员翻译的东正教文献以及部分汉籍藏书。据阿列克些称，传教团先后几次邀请中国人对汉籍进行编目，然而始终没有进行俄译和描述。阿列克些到北京之后，在几位供职于俄罗斯馆并皈依东正教的中国人协助下，参考以往所编藏书卡片，重新对馆藏图书进行了分类和编目。当时该馆藏书已达数千册，而他只来得及整理出 741 册。他没有采用中国传统的经、史、子、集四部分类法，而是按照近代西方图书分类方法分成了 12 大类：(1) 目录、百科、文集 (1—44 号)；(2) 辞书、汉字研究著作 (45—106 号)；(3) 古代经典 (107—217 号)；(4) 诗词 (218—244 号)；(5) 仪礼 (245—270 号)；(6) 象数 (271—323 号)；(7) 舆地 (324—366 号)；(8) 朝代史 (367—444 号)；(9) 其他史书 (445—540 号)；(10) 律法 (541—589 号)；(11) 藩属 (590—626 号)；(12) 佛学 (627—741 号)。作者将 741 种汉籍书名翻译为俄文，以方便俄人使用。对比译文与汉语原文，笔者以为阿列克些的理解与表达比较准确，然而令人不解的是，在第三编的馆藏汉籍中文名称列表中却犯了很多莫名其妙的错误，许多书名被写错，如《东华录》—《东话录》、《皇明四夷考》—《皇明四约考》、《北征录》—《北张录》、《西招图略》—《写招图略》、《镇江志》—《浙江记》、《帝京岁时纪胜》—《地京岁时纪胜》、《云栈纪程》—《云帐纪程》、《帝范》—《地犯》、《八旗通志》—《八旗统记》、《古事苑》—《故事苑》、

《元史类编》—《元事类本》等。① 这里或许是因为汉文书名不是抄录自北京，而是返俄后凭记忆补记的，当然也不排除其汉字理解能力有限的可能。与其他文献相比，历史类和佛学类的藏书最为丰富，在一定程度上反映了俄国传教团的研究重点。作为俄国政府的非正式驻华外交机构，中国历史始终是俄国传教团成员的研究重点。而以王西里和巴拉第为代表的俄国佛教研究者不仅使俄国的佛学研究于19世纪下半期在欧洲享有盛誉，而且明显影响了俄罗斯馆中外书房的藏书结构。

六、伊尔库茨克与海参崴

19世纪下半期西伯利亚与远东地区对汉语翻译人才需求的激增一方面促进了汉语教育的迅速发展，同时也对汉籍收藏产生了推动作用。作为俄国对华交往的前哨战，伊尔库茨克和海参崴两个城市在汉籍收藏方面同样占有重要地位。

1851年俄国皇家地理学会东西伯利亚分会成立意味着伊尔库茨克成为俄国东方学研究的重要基地之一。1854年伊尔库茨克男子学校辖下的伊尔库茨克博物馆被移交给东西伯利亚分会。根据斯图科夫（К. К. Стуков，1808—1883）1864年统计，分会图书馆共有满、蒙古文图书39种。1879年的一场大火让这座图书馆化为灰烬，新馆舍直到1891年才建成。然而，在这段时间里分会图书馆没有中断对中国图书的搜集。1890年圣彼得堡大学伊万诺夫斯基在前往中国途中为该馆所藏中国图书编制了目录，其中所列图书除《搜神记》《淮杨水理图说》《皇朝一统地舆全图》《算法统宗大全》《古香斋初学记》《三元四言》《圣谕广训》及《翻译易经》外，绝大部分都保存至今。单就汉籍而言，主要有《瀛环志略》《海录》《历代地理志韵编今释》《古今舆地图》《福建通志》《钦定新疆识略》《西域水道记》《镇抚

---

① Алексий (Виноградов), иером. Китайская библиотека и ученые труды членов Императорской Российской Духовной и Дипломатической миссии в г. Пекине или Бэй-Цзине (в Китае). СПб., 1889. Отделение III. С. 1 – 33.

事宜》《东游纪程》《宸垣识略》《资治通鉴纲目》《御批资治通鉴纲目》《史纬》《鉴撮》《历代帝王年表》《钦定明鉴》《明鉴纪事本末》《通纪直解》《御撰资治通鉴纲目三编》《东华录》《文献通考》《钦定续文献通考》《皇朝文献通考》《通典》《钦定续通典》《皇朝通典》《通志》《钦定续通志》《皇朝通志》《皇朝文典》《事物原会》《乡党图考》《监本易经》《监本书经》《御制日讲书经解义》《诗经大全》《监本礼记》《礼记全书汇纂豁解》《礼记》《春秋》《仪礼注疏》《三礼义疏》《三礼图》《翻译四书》《陶石篑先生四书要达》《御纂性理精义》《徐氏三种》《翻译六事箴言》《大字六言》《新增幼学故事琼林》《七克》《钦定大清会典》《钦定户部则例》《钦定礼部则例》《大清通礼》《南巡盛典》《钦定理藩院则例》《钦定国子监则例》《钦定授时通考》《农桑辑要》《花镜》《本草纲目》《康熙字典》《艺文通览》《书益字汇》《六通书》《三合便览》《三合语录》《绣像第一才子书》《绣像红楼梦》《林阑香》《重订古今奇观》《审音鉴古录》《震庵诗抄》《古文观止》《酬世宝要全书》《分类尺牍云章》《分类详注饮香尺牍》《钦定四库全书总目》《钦定四库全书简明目录》《汇刻书目》《懋勒殿法帖》等。①

此外，1865年固礼从北京返俄途经这里时将其翻译的《新遗诏圣经》赠送给伊尔库茨克传教团学校。1872年巴拉第提请圣务院同意将俄罗斯馆中外书房藏书复本捐赠给这个学校，获得同意。后来该校又陆续收到了传教团翻译刊印的大量东正教经籍，如《主进堂瞻礼赞词》《主升天瞻礼赞词》《主领洗瞻礼赞词》《圣枝主日瞻礼赞词》《主复活瞻礼赞词》《圣三主日瞻礼赞词》《圣母圣诞瞻礼赞词》《主降生瞻礼赞词》《代亡人祈经》《圣咏经》《时课经》《东教宗鉴》《神功四要》《神功四要问答》《主日八调赞词》《圣母领报瞻礼赞词》《举荣圣架瞻礼赞词》《主易圣容瞻礼赞词》《圣母安息瞻礼赞词》《主受难瞻礼赞词》《圣体血礼义提要》等。

---

① Яхонтов К. С. Китайские и маньчжурские книги в Иркутске. СПб., 1994. С. 37-103.

海参崴东方学院从一开始就重视图书馆的建设。除获得俄国其他科研及教育机构的赠书外，学院师生利用到境外进修的机会，广泛搜罗或掠夺我国东北的重要文献资料。鲁达科夫曾从珲春带回 24 箱档案材料，在齐齐哈尔期间（1901 年 1 月 20 日前）得到了黑龙江将军衙门档案。此外，他还搜罗到了《道藏》和《佛藏》。他宣称这些书的获得使得东方学院图书馆达到了欧洲东方学图书馆的水平，而在满文藏书方面甚至超过了大英博物馆。一年级学生德米特里耶夫（К. Дмитриев）曾从中国带回 88 大箱汉文书籍，据说都是李鸿章在天津的藏书。① 同时，这个学院的师生还从日本与朝鲜等地带回大量书刊。学院从成立到 1901 年的两年多时间里，就已经拥有了数量相当可观的藏书。购进的汉文图书有 234 种，共计 3379 册，日文图书 329 种，计 2799 册，朝鲜文图书 137 种，共计 819 册。而无偿取得的汉文图书达 223 种，共计 5431 册。这足以说明东方学院凭借其政府在我国东北的势力而掠夺我国文化遗产的事实。东方学院图书馆分为俄文、汉文、日文、满文、朝鲜文、蒙古文、藏文、期刊、生平著作和地图部。其中，汉文部藏书最为丰富，所藏全部为汉文原典，并按照学科分类。藏书中有 48 卷《吉林通志》、《大清会典》、《历代名臣奏议》、俄国传教团出版物、中国古典文学作品以及张之洞、曾国藩、左宗棠的著作。据说，有一套中国艺术和绘画图册最为东方学院所珍视。②

1918 年由于政治形势的改变和财政状况的恶化，东方学院里成立了许多私立大学，如理工学院、法律学院等。1920 年海参崴的大学实行整合，成立国立远东大学，东方学院并入其中成立东方系。1939 年远东大学关闭，东方系解散。经过长期的变迁，原远东大学图书馆丰富的藏书已流失殆尽。1962 年，国立远东大学及其东方系恢复。1994

---

① История отечественного востоковедения с середины XIX века до 1917 года. М., 1997. С. 55.

② Серов В. М. Становление Восточного института (1899 – 1909)//Известия Восточного института Дальневосточного государственного университета. 1994. №1.

年，俄罗斯政府决定在远东大学重建东方学院。近来只是在远东大学图书馆的故纸堆中发现了原东方学院教授格列比翁希科夫编写的一些教材，至于那些珍贵的汉籍，已经不知所终了。[1]

第七节　发展中自成一派，困境中顺应时代

19世纪下半期，中俄两国社会都经历了巨大的变化。1840年鸦片战争打开了中国的大门，西方列强开始了对中国的殖民和瓜分过程，中国逐步沦为半殖民地半封建国家。与此同时，俄国封建农奴制残余力量和新兴资本家出于对土地、原料产地和市场的贪求，积极推动沙皇政府对外扩张，军事封建帝国主义在俄国形成。克里木战争失败以后，俄国暂时放弃了向西扩张，开始将侵略的目光投向东方。在接连吞并了中亚诸汗国之后，迅疾将魔爪伸向中国。俄国利用中国太平天国起义以及西方列强侵华的局势，乘机渔利，撕毁了曾经保障中俄关系平稳发展达一个半世纪的《尼布楚条约》，以武力威胁和外交阴谋逼迫中国签订了中俄《瑷珲条约》《天津条约》《北京条约》《勘分西北界约记》等，割占中国大片领土，取得了西方利用枪炮获得的特权。随着西伯利亚铁路的修建，俄国对远东的军事和资本扩张加速，1896年的《中俄密约》以及中东铁路的建设使中国东北成为俄国的势力范围。1905年，俄国在日俄战争中失败，日本加入了瓜分东北的进程，俄国与日本勾结共同侵夺满洲地区丰富的自然资源。此外，鸦片战争不仅使中国陷入丧权辱国的境地，同时也成为欧洲人中国观转变的历史界点。"西方人眼中的中国再不是文明、开化、公正、合理的'理性社会'和'模范国家'"[2]，而是一个愚昧、落后甚至

---

[1] Серов В. М. Библиотека Восточного института//Вестник Дальневосточного отделения РАН. 1999. No4(86).

[2] 何寅、许光华主编：《国外汉学史》，上海外语教育出版社，2002年，第149页。

停止不前的国度。在这样一种时代背景之下，伴随着中俄关系的演变而发展的俄国汉学又取得了长足进步，显现出许多新的特征。

第一，俄国汉学研究主体发生了显著变化，原来以俄国东正教驻北京传教团成员为主要研究力量的格局被打破，形成了高等学府、传教团、外交机构、侨民以及专业学会共同参与的多元化格局。

随着俄国把侵略的目光投向东方，俄国对东方学研究以及东方语言翻译人才培养更加重视。1855年圣彼得堡大学东方语言系宣告成立，改变了俄国以往东方语言教学小规模和分散的局面，使俄国学院派汉学获得了前所未有的发展。在以后近半个世纪的时间里，圣彼得堡大学汉、满、蒙古专业在王西里的领导下，成为俄国本土最重要的中国研究中心和中华语言人才培养基地，无论是在汉学教育上，还是在汉学研究上，都显示出鲜明的特色，形成了俄国汉学史上第一个汉学学派"王西里学派"。[①]《中俄密约》的签订及中东铁路的开工建设又促使俄国政府在海参崴建立了直接为俄国侵华培养翻译人才的东方学院。从这两个学府当中涌现了一大批优秀的汉学家，除王西里外，格奥尔吉耶夫斯基、伊万诺夫斯基、鲁达科夫、彼·施密特和屈纳是其中的杰出代表。

鸦片战争以后，传教团积极配合俄国的侵华政策，将其外交功能发挥到了极点。除积极向俄国政府提供有关中国政治、经济、军事情报之外，甚至还直接参与对华交涉。中俄《北京条约》签订之后，传教团的职能发生了改变，原来承载的多重使命中只保留了维持俄罗斯佐领宗教信仰及在华传播东正教的任务。然而，这个机构的政治使命和汉学研究传统并未就此终结。巴拉第等汉学家在协助沙俄侵华的同时，继续从事汉学研究，并做出了很大成就。然而，从传教团成员从事汉学研究的人数上看，比以前有明显的减少，从研究内容上看，更多的人开始参与东正教经书翻译和东正教在华历史的研究，如固礼、伊萨亚、法剌韦昂、阿列克些、尼阔赖和英诺肯提乙等。

19世纪上半期的汉学家"亦僧亦学"者居多，如比丘林、西维

---

① 详见本章第一节。

洛夫和卡缅斯基等，而"亦官亦学"是19世纪下半期俄国汉学家的重要特点。杂哈劳于1851—1864年先后任伊犁领事和总领事，1862年充任俄国会勘地界大臣，1864年协助巴布科夫全权大臣逼迫清政府签订中俄《勘分西北界约记》。孔气曾担任俄国外交部亚洲司翻译，1859年任塔城领事，1867年起任天津领事，代表俄国政府处理过天津教案。明常曾任驻塔城领事，柏百福曾任俄国驻北京公使馆的翻译和总领事，璞科第曾任驻华公使及华俄胜银行董事等。"亦官亦学"虽说不只是俄国汉学的独有现象，英、德等国的大学最初设立汉学学科时，担纲教授头衔的也大都曾是驻华外交官，但在俄国表现得尤为明显。这从一个侧面说明俄国汉学与外交在19世纪下半期有着多么密切的联系。这个研究群体的双重身份为他们的汉学研究在获取资料和学术信息上提供了方便。他们在外交活动之余从事汉学研究，其中有一部分卸任后还登上了大学讲坛。从这个意义上讲，俄国驻华公使馆取代传教团而成为俄国汉学家最重要的境外培养和深造基地。

俄侨汉学家是这一时期俄国汉学的一股特殊的研究力量，长期为学术界所忽略。他们多在十月革命前后来到中国，因为政治信仰等原因而在华长期滞留，在以哈尔滨、北京、天津和上海等城市为中心的俄侨聚居地从事汉学研究。这些人中间有的毕业于圣彼得堡大学和海参崴东方学院，有的自小在中国长大，汉语无异于其第二母语。他们的汉学研究独具特色，成为帝俄汉学在中国境内的延伸。

俄国皇家地理学会、俄国皇家考古学会以及俄国中亚东亚研究委员会在俄国军政部门的支持下，于19世纪末20世纪初向中国不断派出所谓的考察团，对我国边疆少数民族地区的历史、地理、自然、天文等方面详加记录，掠走珍贵文物无数。

第二，在多元化的研究格局之下，俄国汉学在研究内容上更加丰富。

与其他方面相比，中国边疆史地研究一如既往地占据着主导地位。王西里在比丘林以中国西北和中亚民族为研究对象的著述基础之上，尤其重视满洲地区的历史和地理研究，先后翻译了《宁古塔纪略》《盛京通志》《辽史》《金史》《辽志》《金志》等重要文献，著有《元明两朝关于满族人的资料》《10至13世纪中亚东部的历史和古迹》等著作。鲁达科夫利用《吉林通志》，出版有《吉林省中国文化史资料（1644—1902）》等著作。在蒙古学领域，俄国人所取得的成就至今仍为国际学术界所看重。在蒙古典籍翻译方面，巴拉第翻译了《元朝秘史》《长春真人西游记》和《皇元圣武亲征录》，柏百福翻译了《蒙古游牧记》，戈尔斯东斯基翻译了《卫拉特法典》，波兹德涅耶夫翻译了《宝贝念珠》等。在蒙古研究方面，波兹德涅耶夫的《蒙古及蒙古人》生动而翔实地描绘了19世纪末蒙古地区的历史与文化，璞科第根据汉文史料撰成的《明代东蒙史（1368—1634）》是俄国关于明代漠南蒙古历史研究的重要成就，贝勒其用英文发表的《基于东亚史料的中世纪研究》已经成为蒙元时期中西交通史领域的名著。在藏学领域，王西里根据藏传佛教格鲁派学者松巴堪布的《如意宝树史（印藏汉蒙佛教史如意宝树）》写成《西藏佛教史》，翻译出版了敏珠尔活佛的《世界广论》。齐比科夫的《佛教香客在圣地西藏》，巴拉津（Б. Б. Барадийн，1878—1939）的《拉卜楞寺金殿弥勒菩萨像》以及《拉卜楞寺游记》也是该时期重要的俄国藏学著作。普尔热瓦尔斯基、波塔宁、别夫措夫（М. В. Певцов，1843—1902）、格鲁姆—格尔日迈洛、科兹洛夫、奥登堡等所率领的各种名目的考察队接踵而至，对我国新疆、甘肃、青海、蒙古和西藏等地的天文、气象、植物、动物和矿产进行详细调查，掠夺我国黑水城和敦煌文物，出版了大量的中国边疆游记作品。此外，伊万诺夫斯基首次在俄国汉学史上选择从前不受重视的中国西南少数民族作为研究对象，先后出版了两部重要著作。

　　为沙皇俄国侵华鼓噪并出谋划策是这一时期俄国中国边疆史地研究的一个鲜明特点。王西里在报章上发表有大量文章，出版有《开放中国》以及《亚洲现状——中国进步》两部著作，对中俄关系的现状和走势发表意见。从根本上讲，王西里不是一个一贯的或彻底的反对欧洲中心论者，而是经常改变自己的思想。在其研究中国历史文化以及当代问题的著作中可以看到两种截然不同的中国观。他一方面反对西方列强对亚洲国家的掠夺，另一方面对沙俄在中亚和远东地区的扩张政策大唱颂歌。在他看来，对于东方国家而言，西方国家是"侵略者"，而俄国是"解放者"或"教化者"。他写道："我们夺回阿穆尔河仅仅25年，没想到成了朝鲜人的邻居，从前的荒野上出现了如此多的城镇和乡村。从大西洋到太平洋的广袤土地上，俄罗斯的语言和连绵不断的钟声昭告着上帝的荣耀。""伟大的民族肩负着教化人类的责任和使命。在传播文明的过程中，他们无须与野蛮和无知客气。"①为给沙俄侵占我国奴儿干永宁寺所在地区提供"依据"，王西里发表了《阿穆尔河特林碑铭考》一文，柏百福也就特林碑铭发表了《特林碑铭考》和《〈特林碑铭考〉文献》两篇文章。巴拉第受俄国皇家地理学会指派赴南乌苏里江地区考察，从北京出发到奉天，经齐齐哈尔到海兰泡，再折向伯力，沿乌苏里江到达海参崴，搜集了大量资料，后撰写了《南乌苏里地区的民族学考察》。就在《中俄密约》签订的次年，以维特为首的俄国财政部组织人手，由宝至德②（Д. М. Позднеев, 1865—1937）主持，将此前欧洲所有有关满洲的信息加以整理鉴别，编辑出版了两大卷《满洲全志》。与以往满学著作不同的是，编者列举了可以将满洲地区资源运出境外的方式和路线。③鲁达科夫从东北盗走了包括齐齐哈尔黑龙江将军衙门档案在内的大量珍贵文献，专门研究吉林省历史与现状，还得到了俄国占领军头目的支持。

在中国思想文化研究领域，宗教成为新的兴趣点和研究对象，王西里的《东方宗教：儒、释、道》是其中国哲学和宗教研究的集大成之作，在俄国汉学史上具有重要地位。佛教研究得到前所未有的重视。王西里和巴拉第两位汉学巨匠先后沉湎于佛教研究。王西里翻译了诸如《印度佛教史》《翻译名义大集》《阅藏知津》《如意宝树史》和《大唐西域记》等佛典。即便在其所著的《中国文学史纲要》和所编写的《中国文学史资料》中，对佛教和佛典的介绍和研究也着墨

---

① Петров А. А. Философия Китая в русском буржуазном китаеведении // Библиография Востока. Вып. 7. 1934.

② 汉语译音为"德·波兹德涅耶夫"，中国文献中旧译为"宝至德"。另外，张庆桐称其为"宝芝德"，参见张庆桐：《俄游述感》，光绪丙午年刊。

③ Позднеев Д. Описание Маньчжурии. СПб., 1897. Предисловие.

最多。巴拉第曾在北京阅读佛藏数百卷，译有《金七十论》，发表有诸如《佛陀传》和《古代佛教史略》等著述。儒学是王西里继佛教之后所重点研究的另一个领域。无论是在《东方宗教：儒、释、道》中，还是在《中国文学史纲》中，儒学始终占据着重要位置。他同时还翻译有《论语》和《诗经》，用以作为圣彼得堡大学的教材。柏百福也是出色的儒学研究者，他首次将《孟子》翻译成俄文，并做了详细的注释。此外，恰克图华文馆教师克雷姆斯基撰写《孔学义解》，对儒学思想和中国人价值观做了简略而清晰的归纳，莫纳斯特列夫出版了他翻译的《春秋》以及信息丰富的《〈春秋〉注》。与佛教和儒学相比，19世纪下半期俄国汉学家的道教研究规模并不大。王西里在其中国宗教、文学论著中有所涉及。他对《道德经》和道家思想深有研究，重视佛教在道教形成过程中所发挥的作用，首次在俄国提出研究《道藏》的必要性。茨维特科夫在其《论道教》一文中将老子的学说看成是摆脱痛苦烦恼的手段和获得最高道德修养与幸福的途径，认为道家学说与古希腊哲学家伊壁鸠鲁（Epikouros）离群索居的生活信条有相通之处。格奥尔吉耶夫斯基在其《中国人的神话观和神话》一书中对道教神祇、祭祀仪式等做了比较系统的梳理。此前从未引起俄国汉学家重视的中国伊斯兰教历史及汉文伊斯兰教文献在这一时期进入了巴拉第的学术视野。巴拉第在放弃佛教研究之后，先是在《俄国驻北京传教团成员著作集》第四卷中发表了《中国的穆斯林》一文，而后又翻译了刘介廉的《御览至圣实录》，出版有《伊斯兰教汉文文献》。

通过罗索欣时代的经验积累以及比丘林时代的成功尝试，俄国在汉语语言学研究和词典编撰方面取得重大进展。王西里创造了汉语笔画体系，并按照这一系统尝试编写了汉语词典，为俄罗斯的汉语词典编纂学奠定了理论基础。巴拉第穷多年之功编写的具有中国文化百科全书性质的《汉俄合璧韵编》，被誉为"19世纪下半期中国语文学研究的典范"。① 此外，伊萨亚的《俄汉俗话词典（北京话）》、孟第的《汉俄画法合璧字汇》、柏百福的《俄汉合璧字汇》、英诺肯提乙的《华俄字典》都是这一时期俄国俄汉双语词典编写的重要成就，为俄国汉学人才培养和汉学研究做出了重要贡献。在满语词典编写方面，杂哈劳的《满俄大辞典》至今仍受到学术界的推崇。

灿烂的中国文学遗产也进入了俄国汉学家的研究视野，在这方面当首推王西里。是他第一次在欧洲将中国文学列入大学课程，翻译了《诗经》中的许多诗歌、《聊斋志异》中的部分故事以及唐人小说《李娃传》。由王西里所著的世界首部中国文学史专著《中国文学史纲要》的诞生，进一步说明了俄国汉学在世界汉学史上的独特地位。

从前不受重视的中国农业、天文学、手工业、医学和植物学等领域开始受到汉学家的重视，并取得了丰富的成果。在农业和天文学领域，孔气的译介和研究具有开拓之功。传教团医生明常写了大量介绍中医的文章。他在《中国的医学和医生》一文中指出："尽管中国医生所遵循的医学理论与欧洲不大相同……但他们却能经常取得欧洲人并非总能达到的疗效。"② 波兹德涅耶夫从蒙古文和藏文翻译并出版了藏医教科书《居悉》（《四部医典》）。这些成就使俄国对中医的研究无论在深度和广度上都达到了前所未有的高度。贝勒是俄国的中国植物学研究的先驱，他的《先辈欧人对中国植物的研究》《中国植物志》和《西人在华植物发现史》等著作，因为直接用英文写成，在西方汉学界产生了较大影响。

19 世纪中期以前，俄国东正教驻北京传教团中只有为数很少的几个汉学家从事过东正教经书翻译，其中包括利波夫措夫满译的《新约》、比丘林改编自潘国光同名著述的《天神会课》以及西维洛夫翻译的早、晚、日诵经文。随着 19 世纪 60 年代传教团职能的转换，大

---

① Мясников В. С. Становление и развитие советского китаеведения//Проблемы дальнего востока. 1974. №2.

② Скачков П. Е. Русские врачи при Российской духовной миссии в Пекине/Советское востоковедение. 1958. №4.

批传教士投入了经书翻译和刊印活动。据粗略统计,这一时期俄国传教团一共汉译刊印东正教各类经书百余种,为当今中俄宗教关系史研究提供了珍贵文献。

第三,在研究方法上,这一时期的俄国汉学研究已经具有了某些近代化的特征。

19世纪中叶以后,西方科学技术的发展为科学研究提供了新的思维方式,特别是自然科学中观察和实验方法的确立,促使在历史学、语言学、地理学和民族学等领域研究中广泛运用实地考察的方法。"西方学(即东方学以外的近代人文社会科学)"积累的近代科学研究方法逐渐被运用于包括汉学在内的东方学研究,使得汉学著作不再是一般的翻译、编译或者浮光掠影式的简单描述,而代之以对典籍的批判性研究和综合性思考。王西里说他永远不能忘记老师奥·科瓦列夫斯基的教诲:"在探求真理的过程中不要向权威屈服,对既成和正在发生的事实进行批评,任何问题都不可能一劳永逸地解决。"① 因此,就汉学著作的学术价值而言,这一时期应该是最高的。比如,王西里的《东方的宗教:儒、释、道》和《中国文学史纲要》、格奥尔吉耶夫斯基的《中国的生活原则》和《中国人的神话观和神话》以及巴拉第主编的《俄国驻北京传教团成员著作集》等,都是极具学术价值的汉学论著。在对中国历史和地理的研究中,实地考察起到了补正书面资料的作用。巴拉第对于南乌苏里江地区的考察、王西里的新疆之行、孔气在北京郊区的农业、手工业情况调查等都是这方面的典型例子。另外,贝勒博士于1876年出版的英文著作《北京及周边考古学与历史学研究》获得了法国儒莲奖。

受近代人文社会科学发展的影响,汉学学科分化进程开始。全方位研究东方文化的古典汉学研究模式面临瓦解,新的时代要求汉学家进行某一领域或问题的深入研究。汉学的分科重新确立了汉学学科在人文社会科学中的位置,中国历史、语言、文学、哲学等汉学子学科

---

① Валеев Рамиль.《Служил Казанскому университету...》//Восточная коллекция. 2002. No4.

分别被纳入历史学、语言学、文学、哲学等学科。这样，汉学不再像以前那样封闭和孤立，有可能利用人文社会科学领域的相关成果和有益方法来丰富和发展汉学研究的内容和途径。以格奥尔吉耶夫斯基为代表的俄国汉学家开始就汉学这门学术的未来命运进行深入思考。他先在莫斯科大学历史语文系获得了学士学位，后又进入圣彼得堡大学东方语言系学习，后来获得了汉语博士学位。从"西方学"到"东方学"的求学经历以及善于思考的个性促使他很快就意识到俄国汉学所面临的危机。他认为，无论是俄国的还是欧洲的汉学发展状况，都不能适应现实提出的任务。"作为一门完整的学科来说，汉学还不存在，因为它没有明确的目的，没有牢固的基础，也没有成熟的研究方法；汉学依然同单纯的翻译混为一谈，同将汉语译成某种欧洲语言的技巧视作一回事。""汉学不应当被看作是一种科学，而应当看成是多种科学的综合。"① 他为汉学指出了一条正确的发展道路，这就是对汉学进行分科研究，推动俄国汉学的近代化进程。1885 年，格奥尔吉耶夫斯基在圣彼得堡出版俄国汉学史上第一部中国历史研究力作《先秦史》。苏联汉学家尼基福罗夫认为这是"中国历史研究从汉学学科中进一步分化和独立的标志"，视格奥尔吉耶夫斯基"为俄国第一个真正的中国历史专家"。② 当然，我们也不应将为俄国汉学指明道路的桂冠仅仅戴到格奥尔吉耶夫斯基一个人头上。米亚斯尼科夫与伊雅达写道："在 19 世纪下半期俄国的杰出汉学家中，巴拉第和王西里占有特别的地位。他们各自为汉学研究的不同领域注入了新的内容，同时攀登到了世界东方学所取得的有关中国全部知识的最高峰。正是他们的著作为我国汉学的分科奠定了基础，产生了中国社会经济史、中国思想史这样一些研究方向，创造出综合性的研究著作，将中国历史史料学分离成一个独立的学科。"③ 因此，俄国汉学在 19 世纪末 20 世纪初开始

---

① Мясников В. С. Становление и развитие отечественного китаеведения// Проблемы Дальнего востока. 1974. №2.

② Никифоров В. Н. Советские историки о проблемах Китая. М. ,1970. С. 15.

③ Мясников В. С. , Ипатова А. С. История российского китаеведения (до 1917 года). 未刊稿。

分科进程,既是近代东方学科发展的必然走向,也是一代俄国汉学家努力的结果。

在研究文献的选用上,俄国汉学家从18世纪主要依靠满文,到19世纪上半期汉主满辅,发展到了这一时期广泛利用多种语言文献。王西里将汉、蒙古、藏、梵等文字典籍引入佛教研究,成为其"与同时代汉学家最大的不同"。[①] 他一改比丘林笃信中国文献的做法,对中国官家史著表现出强烈的不信任,宁愿使用私家史著。与此同时,除王西里外,其他汉学家开始借鉴西方汉学的方法和成就,为俄国的汉学研究注入了活力。在这方面表现最突出的就是格奥尔吉耶夫斯基。当然,巴拉第对所研究问题的缜密考释,也对俄国汉学的发展起到了方法论示范作用。

19世纪上半期的俄国汉学给人的感觉是比丘林"一枝独秀",而在19世纪下半期则是"群星辉映"。以王西里和巴拉第为代表的俄国汉学家在中国历史、宗教、语言、文学等领域的研究水平达到甚至超越了当时的欧洲汉学水平,在国际汉学史上的地位日显重要。或许可以借用高迪爱的一句话来说明19世纪下半期俄国汉学对于欧洲汉学发展所具有的不同寻常的意义:"鲍乃迪刚下邮船就死在了马赛,贝勒士奈德返回了圣彼得堡,伟烈亚力也离开中国,这一切使历史、地理研究在中国蒙受了无法弥补的损失。他们的存在,对欧洲大量的通信学者也有着重要价值。"[②]

当然,这一时期俄国汉学的发展也曾遭遇过危机。19世纪60年代以后,由于传教团职能的转变,基本上失却了汉语人才培养基地的作用。而圣彼得堡大学长期封闭的教学体制以及师资的严重不足使其难以造就符合时代要求的中华语言实践人才,到19世纪末20世纪初已无法继续有效发挥汉学人才培养中心的作用。海参崴东方学院的建

---

① Хохлов А. Н. Неизвестное об известном. Доклад В. М. Алексеева о русском востоковеде В. П. Васильеве∥XII научная конференция《Общество и государство в Китае》. Ч. 3. М. ,1981.

② [法]高第撰:《对英国近代汉学家伟烈亚力的回忆》,马军译注,《中国史研究动态》1998年第5期。

立，便是俄国政府出于向东方扩张之需而希望突破长期仅仅依托圣彼得堡大学培养对华语言翻译人才的瓶颈的重要举措。在汉学研究上，王西里学派尽管成就卓著，但同时也存在诸如过分强烈的怀疑主义、轻视欧洲汉学研究等缺陷，这就延缓了其获得自我更新和继续前进的步伐，从而促使其部分弟子对俄国汉学的发展道路进行深入反思和变革，以适应世界汉学的发展大势。

另外，"王西里悲剧"[①] 也是一个值得思考的问题。王西里精通汉、满、蒙古、藏、梵等东方语言，尽管也做过外交部兼职翻译，但主要还是在圣彼得堡大学东方语言系这个俄国汉学"象牙塔"内孜孜不倦地耕耘了大半生。他担任东方语言系主任多年，是俄国历史上第一位俄籍汉学院士。他以罕见的博学和出色的思辨能力成为领一代风骚的汉学宗师。他在佛教、汉满语言、中国史地、中国文学等领域著有大量作品，并对自己的学生和同行的汉学研究产生了深远影响。他的许多研究成果非但不亚于西方同行，在某些领域甚至有过之而无不及。然而，这样一位汉学大家的手稿却堆积如山，正式出版的著作屈指可数，以至于欧洲人误以为俄国人只是利用他们在北京有传教团的有利条件，熟练掌握了口语，而对于科学研究却无大建树。[②]

按照阿理克院士的说法，王西里最有价值的著作没有能够问世，而且不是由于他自己的原因。[③] 这种情况之所以出现在俄国，有多方面的原因。首先，19世纪下半期，俄国对内施行高压政治，对外穷兵黩武，实施侵略扩张，对与其东方政策不具有直接关系的汉学研究关注和投入不足。其次，俄国虽然废除了农奴制，但其残余长期存在，国内民众的整体文化水平较低，对学术著作的需求疲弱。在国家投入

---

① [俄]阿列克谢耶夫著：《1907年中国纪行》，阎国栋译，云南人民出版社，2001年，第273—274页。

② Хохлов А. Н. Связи русских и французских синологов в XVIII - XIX вв.// XV научная конференция《Общество и государство в Китае》. Ч. 2. М. ,1984.

③ Хохлов А. Н. Неизвестное об известном. Доклад В. М. Алексеева о русском востоковеде В. П. Васильеве// XII научная конференция《Общество и государство в Китае》. Ч. 3. М. ,1981.

不足、书报检查异常严格、个人无力自费出版、市场需求疲弱等情况下，汉学著作的命运就可想而知了。无怪乎当孔气在巴黎看到儒莲、古伯察等法国汉学家依靠写作和出版汉学著述而过着丰腴的生活时感慨万端："现在我相信我们从自己的作品上得不到任何收益，而且这种判断是不会有错的。我写过一些有关中国的东西，但无论是我的名誉，还是我的知名度都没有帮助我获得补偿，相反，我自己还为此花了钱。而且，我甚至不能得到哪怕是一册（更别说几册了）我自己的作品……"① 此外，自圣彼得堡皇家科学院成立以来，其成员主要由西欧学者构成。到19世纪下半期，德国人主导科学院东方学研究的局面依然存在，俄语著作出版相对困难，而王西里又不愿意将自己的作品缩写后用德文出版。同时，王西里性格孤傲，愤世嫉俗，这一点早在他在传教团当学生时就显现了出来。这种品格使得他很长时间不被科学院接受。阿理克说："假如王西里的性格更加平易随和，他可能会提前30年进入科学院，并且只要他愿意，就能够用德文出版自己著作的删节本。但他是个爱国者，希望将科学院变成俄国人的科学院，而不是永远充斥着德国人的科学院。"②

由此可见，造成所谓"王西里悲剧"的根源是俄国社会，因为这种悲剧不仅仅发生在王西里一个人身上，与之同时代的几乎所有俄国汉学家都遭到了这样的厄运。阿理克于1907年在日记中写道："俄国汉学的全部过去复杂而令人心痛。当回顾这一切的时候，感到毁灭的力量超过了创造的力量。""在对这个国家③认知手段很贫乏的条件下，亚金甫·比丘林能够为主要的问题提供如此非常丰富的答案。巴拉第·卡法罗夫、王西里及其弟子伊万诺夫斯基和格奥尔吉耶夫斯基这些人终生为一些巨大问题呕心沥血，没有过片刻松懈，但我们俄国

---

① Хохлов А. Н. Связи русских и французских синологов в XVIII‒XIX вв.// XV научная конференция《Общество и государство в Китае》. Ч. 2. М. ,1984.

② Хохлов А. Н. Неизвестное об известном. Доклад В. М. Алексеева о русском востоковеде В. П. Васильеве// XII научная конференция《Общество и государство в Китае》. Ч. 3. М. ,1981.

③ 指中国。——笔者注

的现实却搞得他们精疲力竭，将其毁灭。首先，所有人都极度贫困，无力自费出版著作，而大学提供的经费杯水车薪。那点钱只够王西里院士用糟糕的汉字字模在糟糕的纸上印刷汉语文章。这可是19世纪末的事情呀！因而，大多数学者最后所能做的就是写书，编写参考资料……为的只是将来科学院能向他们的遗孀买下这些书并收藏在亚洲博物馆。对于学习汉学专业者开始阶段而言，亚金甫·比丘林多卷本的中国历史①无疑是最有益的书籍，但几大厚本手稿至今还放在科学院图书馆的书架上。列昂季耶夫斯基和其他学者的一系列词典还有希望出版吗？未出版的手稿可以列很长的单子。政府认为所有这些念头毫无用处，因而也不打算给予支持。王西里在失去了出版自己卷帙浩繁且无出其右的佛教研究著作的一切希望后，将其堆放在自己的书房里，不知情的女仆竟然拿了这些长长的纸张去生炉子。这是多么愚蠢而可怕的悲剧呀！"②

在俄国汉学史上，阿理克院士是一个承上启下、继往开来的人物。在他身上既可以看到王西里学派的影子，也可以体会到近代欧洲汉学的学术素养。十月革命不仅改变了俄国的历史进程，同时也扭转了俄国汉学的发展方向，形成了以阿理克为代表的苏联汉学。

---

① 指比丘林翻译的《资治通鉴纲目》。——笔者注
② Алексеев В. М. В старом Китае: Дневники путешествия 1907 г. М., 1958. С. 287-288.

第五章

俄国对中国边疆地区的研究

　　本书所探讨的"汉学"泛指外国研究中国的"大汉学",其内涵既包括专指研究汉民族历史文化的汉学,也包括按照欧洲东方学传统划分出来的满学、蒙古学和藏学等。由于中俄间特殊的地缘、政治和经济联系以及俄国对华政策的需要,俄国历来重视对中国满族、蒙古族、藏族等少数民族语言、历史和文化的研究。自俄国探险家和考察团从敦煌藏经洞和西夏黑水城盗掘大量文物之后,俄国敦煌学和西夏学又应运而生,成为俄国汉学的新内容。考察俄国满、蒙古、藏、敦煌、西夏等学科的发展历程,有助于我们更加全面地了解俄国社会对中华民族的认知过程。

第一节　满学

　　作为清朝皇家语言,满语在中俄两国的外交、贸易和文化交流中发挥过重要作用。俄国学者及学生在研究或学习汉语的同时,一般都不会忽视满语的学习和研究。"中国建立满族统治的清王朝长久地影响到了俄罗斯人对于满语的兴趣。其中还有一个重要的因素,那就是俄罗斯人前往北京的道路经常是通过满洲地区的，特别在17世纪下半期更为突出。因此，俄国汉学从诞生之日起就与满学有着紧密的联系，在学习汉语的同时大都要学习满语，而学习满语的同时也需要学习汉语。"① 自18世纪到1917年十月革命，在圣彼得堡皇家科学院、外交部亚洲司、伊尔库茨克总督府、恰克图海关都曾有精通满语的人才任职。在喀山大学、圣彼得堡大学以及后来的海参崴东方学院，满语教学和满洲历史文化研究始终占据重要位置。经过两个世纪的努力，俄国在满语语言学、满洲历史、地理、文学研究以及满语教学方面取得了一定成就，其满语文献收藏数量更为其他国家所无法企及。

一、18世纪

1689年中俄签订《尼布楚条约》，共有俄、拉丁和满文三个文本。因此有学者推断，俄国在17世纪就已经有了满语翻译人才。有史料记载的俄国第一位学习并研究满语的是于1725年受邀来彼得堡皇家科学院任职的德国学者拜耶尔，但他没有留下什么重要著述。满学在俄国的兴起和发展，主要得益于俄国东正教驻北京传教团的建立。《恰克图条约》规定俄国政府可派学生随传教团来北京学习满汉语言。与此同时，部分传教团的神职人员出于传教布道和收集情报的需要也学习满汉语言。但由于18世纪俄国派出的神职人员一般素质较低，所以最后学有所成的大都是学生，其中最为突出的是罗索欣、列昂季耶夫、阿加福诺夫、安·弗拉德金和利波夫措夫。他们既是当时俄国最著名的满学家，同时也是最出色的汉学家。

1741年3月22日，罗索欣进入彼得堡皇家科学院担任满汉语通译。这一天既是俄国本土汉学的发端，也可以被看作是俄国满学的创建日。罗索欣在满学方面的成就归结起来主要有三个方面，一是编写了满语教材，二是从满文翻译了中国哲学和历史典籍，三是在俄国从

---

① История отечественного востоковедения с середины XIX века до 1917 года. М.,1997. С. 324.

事了满语教学。他将舞格寿平所著的我国最早的满文教科书之一《满汉字清文启蒙》翻译成俄文，还编写了《汉满文的俄文转写》，利用《壹百条》编写了满俄对话练习。他和列昂季耶夫译自满文的《八旗通志》洋洋 17 卷，最终于 1784 年全部出版，是俄国 18 世纪最杰出的满学成就。他第一个从满文翻译了图理琛的《异域录》。他在科学院开办了满汉语班，培养了 4 名学生，成为俄国历史上第一位本土满语教师。他与阿·弗拉德金将斯莫特利茨基的《俄语语法》译成了满语，称作《俄罗斯翻译捷要全书》，用作清廷内阁俄罗斯文馆的教材。1755 年，列昂季耶夫从俄国东正教驻北京传教团回国，一直到他去世的 1786 年，始终在俄国外务院任翻译。期间他翻译了大量满文书籍。他以《四书解义》为基础翻译的《大学》和《中庸》分别于 1780 年和 1784 年出版。这是俄国首次出版译自满、汉文的四书俄译本。列昂季耶夫翻译了《大清会典》，于 1781—1783 年间出版。他根据满汉文献编译而成的《中国思想》一书多次再版。同时，列昂季耶夫与罗索欣一样，也从满文翻译了图理琛的《异域录》。列昂季耶夫在外务院开办的满汉语班教学，培养了 4 名学生。阿加福诺夫 1782 年自北京回到俄国，成为外务院译员。他从满文翻译的书籍主要有《忠经》《御制资政要览》《御制劝善要言》《庭训格言》等。安·弗拉德金也是俄国东正教驻北京传教团学生，回国后担任外务院译员。他以俄国第一批满语教材和词典的编写者而闻名于世，利用《满汉字清文启蒙》等满文蒙学书籍，编有《俄国幼学清文》《俄国幼学清文文法》和《清文指南》，同时编写有满、汉、俄语的双语和多语词典 5 部，但均未出版。安·弗拉德金也曾在外务院开办过满汉语班。利波夫措夫是第八届驻北京传教团学生、彼得堡皇家科学院通讯院士，1818 年与卡缅斯基共同编写的《皇家科学院中国日本图籍目录》是其重要著述之一，其中也包括了满文书籍的目录。1828 年，利波夫措夫自满文翻译了著名的《理藩院则例》，1838 年出版《满语词典》，1839 年在圣彼得堡石印出版依据《清文启蒙》而编写的《满语入门》。此外，他首次将《新约》翻译成了满文。在他的遗稿中还有 293 件雍正诏谕的译文，是研究 1723—1735 年清史及满族史的重要史料。此外，这些满学家还把大量的满文典籍带回俄国，构成了俄国满文藏书的基础。

18世纪俄国满学家向俄国社会介绍了满学知识，翻译了第一批满文典籍，编写了第一批满语词典和教科书，进行了有效的满语教学尝试，为俄国的满学研究奠定了基础。19世纪以后满语逐渐衰落，因此，他们在满语兴盛时期编写的书籍就显得弥足珍贵，至今仍是俄国满语学习和研究的基础。

二、19世纪上半期

19世纪上半期的俄国满学研究情形与18世纪有相似之处，构成满学研究的主体依然是俄国东正教驻北京传教团的学生和神职人员，但满学研究的内容更加丰富，质量也进一步提高。除编写满外词典和翻译历史律法典籍外，还进行了满语文学作品的俄译尝试。特别是1844年喀山大学开设了满语课程，标志着俄国本土满学人才培养基地的建立。这一时期最著名的满学家当数卡缅斯基、列昂季耶夫斯基、沃伊采霍夫斯基、安文公、罗佐夫、戈尔斯基和晃明等。

卡缅斯基作为第八届传教团学生和第十届领班两度来华。他的作品主要是满文典籍的翻译，以致有人怀疑他汉语不精。他在北京时期从满文全文翻译了《元史》中的《本纪》，冠名曰《蒙古成吉思汗世系业绩史》。他曾经将《清文典要》和《三合便览》翻译了俄语。[①]卡缅斯基有影响的满学成就是《汉蒙满俄拉丁词典》五语词典。这本词典尽管最终未能出版，但却被认为是极具价值的著作，并且得到俄国外交部的资助。此外，在他的参与下，外交部亚洲司图书馆成立了满汉特藏部。

列昂季耶夫斯基是第十届传教团学生，回国后入外交部任翻译。

---

① Шаталов О. В. Архимандрит Петр（Каменский）и десятая российская православная миссия в Пекине//Православие на Дальнем Востоке. СПб., 2001. Вып. 3.

他在编写《汉满拉丁俄语词典》时参考了当时几乎所有的中外满文语言类书籍，如《康熙字典》《汉字西译》《汉字西译补》《清文典要大全》《清文鉴》《清文汇书》《清文补汇》和《清汉文海》等。此外，在俄国满学史上，他第一个进行了满文诗歌的翻译，于1834年出版了《满文诗歌散文体译文》。

沃伊采霍夫斯基曾是传教团的医生，在北京期间非常出色地掌握了满语。1844年，喀山大学开设满语课程，沃伊采霍夫斯基成为俄国历史上第一个满语教授。在学术方面，他编写了《汉满语初学课文》《满语语法规则新编》《〈清文启蒙〉汉满文分析》等教材以及《满汉俄词典》。沃伊采霍夫斯基注意对前人几乎没有任何研究的满文语法进行研究和归纳，其《满语语法规则新编》在俄国满语语言学研究史上具有开拓和奠基意义。

安文公曾是第十一届传教团的实际领班，掌握汉、满、蒙古、藏语言。回国后进外交部亚洲司任职。他曾将康熙皇帝的《御制避暑山庄诗》和乾隆皇帝的《御制盛京赋》译成了俄文。此外，他还编写了《亚洲司图书馆藏汉满蒙藏梵文图籍目录》。这个目录共收录了609部书，其中满文书60种，蒙古文42种，藏文75种，梵文16种。在这个目录中，安文公首次对满文文献进行了系统的分类：（1）古典作品；（2）历史学；（3）地理学；（4）法令和礼仪；（5）哲学、道德、政治及数学；（6）基督教；（7）佛教；（8）文学；（9）军事；（10）医学；（11）语言学。[①]安文公的分类方法为俄国满文文献分类奠定了基础。与此同时，从他的分类中也可以发现，19世纪上半期俄国外交部亚洲司图书馆已经收藏了各种重要的满文文献。安文公作品虽然不多，但因其知识渊博，为人谦和，在学术界拥有很高声望。19世纪50年代曾随俄国海军战舰"巴拉达"号环游世界，留下不少珍贵的日记和书信，1998年以《"巴拉达"号战舰环球航行日记（1853年）及中国来信（1857—1858年）》出版。

---

① Пашков Б. К. Вклад русских ученых в изучение маньчжурского языка и письменности // Краткие сообщения ИВ. 1956. Т. 18. Языкознание.

罗佐夫 1830 年被派往第十一届俄国驻北京传教团当诵经士，1833 年转为学生。回国后在外交部亚洲司供职。他最重要的功绩是将满文《金史》翻译成俄语，并做了详细的注释。这是欧洲第一个女真历史典籍译本，因为法国直到 1866 年才出版了《金史》的法文本。1998 年俄罗斯科学院西伯利亚分院考古学与民族学研究所正式出版了此书，米亚斯尼科夫院士撰写了《俄国满学家罗佐夫》一文作为序言。据米亚斯尼科夫研究，罗佐夫将许多珍贵的满文典籍带回了俄国。[1]

戈尔斯基是第十二届俄国驻北京传教团的学生，1840 年来京学习汉、满、蒙古、藏文，研究满族历史以及佛教，1847 年因患肺病而客死北京。他在 1852 年出版的《俄国驻北京传教团成员著作集》第一卷中发表了两篇研究论文——《当今中国清王朝始祖和满族民族名称的由来》和《满洲王朝的肇始与最初业绩》。他所参考的文献中包括了《八旗通志初集》《满洲源流考》以及《开国方略》等满文原著。此外，他还根据《清文启蒙》编写过满语语法，编译了《吴三桂传》，但未能发表。戈尔斯基的著述虽然不多，但因立论有据，在俄国评价甚高。

晁明也在满学领域做出了成绩。他 1849 年毕业于彼得堡神学院，获硕士学位，同年作为第十三届驻北京传教团学生来京。晁明的满汉语水平都很高，尤其精通满文。他将《彼得一世朝》和《尼古拉一世朝》两书翻译成了满文，首次试图用满文向中国介绍俄国历史，与列昂季耶夫斯基翻译《俄国史》异曲同工。1858 年中俄《天津条约》文本的满、汉文就是由晁明从俄文本翻译的。在他的手稿中还遗有研究东北民族的《辽人纪事》，译自满文《辽史》，2007 年由皮克夫（Г. Г. Пиков，1951—　）整理发表[2]，足见这部著作的学术价值。

---

[1] Мясников В. С. Русский маньчжуровед Г. М. Розов//Проблемы Дальнего востока. 1979. №1.

[2] Храповицкий М. Д. Записки о народе Ляо//История Железной империи. Новосибирск:ИАиЭ СО РАН,2007.

19世纪上半期是俄国满学研究从翻译满文文献到全面研究满语语言和满族历史阶段的转变期。其中，编写词典、翻译满文典籍、探讨满族崛起历史是这一时期满学家们的主要工作。这些学者"为以后的科学研究提供了必要的资料来源"。①

三、19世纪下半期—20世纪初

王西里是19世纪下半期最大的汉学家，同时也是著名的满学家、蒙古学家和藏学家。这一时期的满学家还有杂哈劳、奥尔洛夫和伊万诺夫斯基等。他们以各自的满学成就不同程度地推动了俄国满学的发展，同时在欧洲东方学界产生了一定影响。他们中的许多人都曾在圣彼得堡大学任教，培养出了优秀的满语翻译人才，同时还为另一个满语教学中心——海参崴东方学院造就了第一批师资。

王西里是第十二届驻北京传教团学生，1850年回国，接替去世的沃伊采霍夫斯基担任喀山大学汉满语专业教授。1855年转到圣彼得堡大学东方语言系继续担任汉满语教授。他对满洲的历史、地理、语言和文化都进行了深入的研究。他于1857年出版的《满洲志》译自汉语的《盛京通志》，将包含大量满洲东南部地理资料的《宁古塔纪略》译文作为该书的附录一道发表。1863年，他出版了《元明两朝关于满族人的资料》一书，考察了满族人的起源，介绍了我国东北的山川形势。此外他用自己编写的满语教材，培养了一批批优秀的满语翻译和教学人才，为俄国的满语教学做出了重要贡献。第一本叫《满语入门文选》，出版于1863年的圣彼得堡。这本228页的文选全部由满文原文构成，既无注释，也无译文。第一部分为《简要综述》，收录了一些单独的句子，内容大都是劝喻性质的。第二部分《口语句例》选了《壹百条》中的17段对话和《清文启蒙》中的40段对话。第三部分是《俄中关系》，由下列内容构成：（1）斯帕法里使节；

---

① Волкова М. П. Маньчжуроведение//Азиатский музей–Ленинградское отделение Института Востоковедения АН СССР. М. ,1972.

(2) 征服雅克萨；(3) 俄中条约。王西里的这部文选是俄国历史上第一部正式出版的满文文选，其中既包括了口语素材，也包括了书面语材料，既是一本语言教科书，也是一本中俄关系史读本。学生们在学习文选时使用的是王西里编写的《满俄词典》。他在词典的前言中介绍了满语的拼读方法以及京味满语的发音特色。词条依照俄语字母顺序排列，而词族中的单词则按满文字母顺序排列。苏联著名满学家帕什科夫（Б. К. Пашков，1891—1970）认为，词典中包含了满语的常用词，释义非常准确，要比钱德明的《鞑靼满法字典》略胜一筹。1857 年，王西里发表了《圣彼得堡大学东方书籍札记》，对俄国收藏的东方书籍进行辑录和介绍，其中包括对满文或译成满文的汉、藏文书籍的评述。[1] 在《论汉语和中亚语言的关系》一文中，王西里通过分析在中国出版的汉、满、蒙古、突厥语书籍，试图解读这些语言在结构上的对应关系，但其中想象的成分和武断的结论严重影响了该作的学术价值。

19 世纪 60 年代，杂哈劳在满学界崭露头角，其满学研究和满文实践能力得到了王西里的关注和赞赏。王西里称杂哈劳为俄国"唯一的满语专家"，并提请圣彼得堡大学东方语言系聘请其为满语教师。[2] 1868 年秋，杂哈劳应邀前来任教，担任满语教学工作。他为一年级学生讲授满语语法时使用《清文启蒙》和自己在北京时所做的笔记。二年级时则从王西里编写的《满语入门文选》中选择稍难一些的文章锻炼学生俄满翻译能力。到了三年级和四年级，杂哈劳就从满文的《西厢记》《大清会典》《御制盛京赋》和《通鉴纲目》中选一些文章片段进行翻译练习，同时锻炼学生翻译俄文外交文书。1875 年，他出版了为他带来世界声誉的《满俄大辞典》。在长达 20 余年的编写过程中，杂哈劳除了参考以往的满俄辞书以外，还利用了大量满文刊本与抄本，借鉴

---

[1] Пашков Б. К. Вклад русских учёных в изучение маньчжурского языка и письменности//Краткие сообщения ИВ. 1956. Т. 18. Языкознание.
[2] Петров В. В. Китайская филология в Петербургском-Ленинградском университете //Точность-поэзия науки: Памяти Виктора Васильевича Петрова: Сб. ст. СПб., 1992.

了罗佐夫和王西里等人的成果。此书出版后，立刻赢得广泛好评，被俄国皇家地理学会授予君士坦丁金质奖章，圣彼得堡大学东方语言系决定不经答辩授予杂哈劳满语博士学位。王西里评价这部辞典吸收了"最优秀的词汇"。俄国圣务院建议将杂哈劳的辞典作为神学院满语课程的教材。由于这部辞典的出版，杂哈劳开始以满学家的形象闻名于国际汉学界。1879年，杂哈劳的另一部满学力作《满语语法》在圣彼得堡出版。他所依据的资料是《清文启蒙》《清书指南》《三合便览》和《清文备考》等满语蒙古学教材与辞书，所遵循的目标是"教会人们准确地理解和翻译满语"。杂哈劳努力从满语中发现符合拉丁语法的语法范畴，依照拉丁语言的语法规则和术语为满语构造了这部语法。

在杂哈劳的《满语语法》出版前几年，还有一位学者也发表了一部《满语语法》，其作者是奥尔洛夫。他是伊尔库茨克神品中学的蒙古语教师兼司祭，自学了满语。他曾经将《简明教理问答》翻译成了蒙古语。由于他没有来过中国，满语水平不是太高，所以在编写满文语法时使用了有蒙古文译注的满文书籍。从奥尔洛夫采用的例句上判断，他同样参考了《壹百条》《清文启蒙》《三合便览》等满文教科书。他正确地指出了满文与蒙古文的相似性，试图以他熟知的蒙古文语法来解释满文语法，使用了大量属于蒙古语语法范畴的术语。他计划编写4个教程，但最后只完成了3个，出版了其中的2个教程。①杂哈劳对奥尔洛夫的语法不以为然，认为其唯一的优点便是例证比较丰富。殊不知，由于奥尔洛夫精通蒙古语，并将蒙古语语法概念和规则引入满语研究，这种方法在科学上不仅是可取的，而且是有效的。从比较语言学角度而言，奥尔洛夫的满语语法或许更有价值。王西里教授曾经评论道："这部语法在原创性和完整性上远远超过了欧洲唯一出版的由汉斯·嘎伯冷兹编写的满语语法，是珍贵的语言学成果。"②

---

① Пашков Б. К. Вклад русских ученых в изучение маньчжурского языка и письменности//Краткие сообщения ИВ. 1956. Т. 18. Языкознание.
② Сушко А. В. Социальный облик преподавателей духовных семинарий в пореформенной России//Памяти Ю. Д. Марголиса Письма, документы, научные работы, воспоминания. СПб. ,2000.

1885年，教授满语达17年之久的杂哈劳患病突然去世，使满语教学一度陷入困境。这一年，出身于贵族家庭的伊万诺夫斯基正好毕业。为了保持教学的连续性，王西里当即决定留伊万诺夫斯基任教，以补杂哈劳之缺。1890年伊万诺夫斯基前往中国考察，于途中记了十大本日记，其中包括索伦族和达斡尔族的语言材料。回国后担任圣彼得堡大学教授，讲授汉语、满语和满洲历史等课程。1900年患重病，3年后死于精神病院。伊万诺夫斯基在汉学和满学领域都有不凡的建树。满学著述主要有《满洲史概要》（1887年）、《满洲的铜币》（1893年）、《满语文选》（1893年和1895年）、《满语文学史概论》（1893年）、《满洲学1：索伦语和达斡尔语范例》（1894年）和《满语转写的西藏经文》（1895年）等。

　　进入20世纪以后，随着王西里和伊万诺夫斯基的去世，圣彼得堡大学终止了满语教学，但满学研究并未停止，蒙古学家科特维奇和鲁德涅夫（А. Д. Руднев，1878—1958）继续着前人的事业。科特维奇本是圣彼得堡大学蒙古语教授，但同时也是一位满学家。俄罗斯著名汉学家孟列夫认为是科特维奇最早对所有俄藏满文抄本和刻本进行了科学编目。他最主要的满学著作是1909年发表在《活的古代》上的《通古斯方言研究资料》。作者在文中对活的满语——通古斯方言材料进行了详尽的分析，后面还附有赫哲语材料，同时对前人所编写并发表的满文书目进行了补充。1920年曾发表《满族文学》一文，论述了满族文学的特征及其与汉族文学的差别，指出了满族文学在世界历史中的地位。在《满文特藏》一文中科特维奇强调了收集满文抄本的重要意义。鲁德涅夫也是对满语研究非常感兴趣的蒙古学家，1912年曾出版《活的满语和萨满教的新资料》单行本。在这本书中鲁德涅夫收录了他与当时居住在圣彼得堡的一位满族人的谈话，共有450个单词，105个句子。他视此书的意义为第一次提供了现代满语会话的活材料。①

---

① Волкова М. П. Маньчжуроведение//Азиатский музей-Ленинградское отделение Института Востоковедения АН СССР. М., 1972; Пашков Б. К. Вклад русских ученых в изучение маньчжурского языка и письменности//Краткие сообщения ИВ. 1956. Т. 18. Языкознание.

随着俄国在中国东北地区的势力扩张，俄国学者可以比较方便地到满族聚居地进行调研，为他们收集研究资料提供了更多的可能。而新成立的海参崴东方学院更成为俄国又一个满语教学和研究基地。东方学院设有满语教研室，在其存在的 20 年中对俄国满学的发展发挥了相当重要的作用。宝至德和格列比翁希科夫是 19 世纪末 20 世纪初俄国满学研究的代表人物。此外，波兹德涅耶夫、鲁达科夫、彼·施密特也曾教授过满语课程。

宝至德是波兹德涅耶夫的弟弟，1865 年出生，1889 年在兄长的影响下进入圣彼得堡大学汉满蒙古语专业，学习成绩优异，1893 年毕业后留校。1893—1894 年前往伦敦、巴黎和柏林等地游学。1898—1904 年间受俄财政部派遣在北京华俄道胜银行任职。1904 年被任命为东方学院院长，1905 年末前往日本出差，1906 年辞去院长一职。在日本的 4 年中，他掌握了日语，成为一名日本学家，编有一部《日俄词典》。[①] 十月革命以后，宝至德在彼得格勒实践东方学院、列宁格勒大学等单位任教，曾于 20 年代受工农红军司令部情报局派遣来华收集有关日本的情报。1937 年 72 岁的宝至德被当作"日本特务"遭逮捕，30 天后被枪决。[②] 宝至德早年从事中国问题研究，后来又改行研究日本。1897 年他出版有一部重要的满学著作《满洲全志》。此作是宝至德受财政部之命，为适应《中俄密约》签订后沙俄对东北地区的占领和掠夺而编写的。他组织有关专家，对自耶稣会士以来欧洲有关满洲的文献鉴别整理，编写成两大卷《满洲全志》。这不是一部学术著作，更像是一本实用手册。内容取舍完全以实用价值大小为标准，着重介绍满洲的政治、经济、军事、地理和交通等情况。尤其是在第二卷中，列举了所有可以将满洲资源运至俄境的路线和口岸，清楚反映了此书的编写目的。格列比翁希科夫是东方学院的毕业生，1907 年

---

① Лещенко Н. Ф. Д. М. Позднеев（1865 – 1937）//Российские востоковеды. Страницы памяти Сост. и авт. предисл. Н. Ф. Лещенко. М. ,1998.

② Неизвестные страницы биографии профессора Д. М. Позднеева/Вступительная статья В. Н. Усова//Восток. 2005. №5.

被派到中国学习，1911年担任满语教研室主任。格列比翁希科夫的满学著述非常丰富，有《满语文献范文概论》（1909年）、《满族人及其语言和文字》（1912年）、《中国货币史（南乌苏里古钱币）》（1922年）、《中国满洲殖民地之基础》（1926年）、《满洲移民》（1929年）等，同时他还翻译了《钦定满洲祭神祭天典礼》。

笔者在这里只介绍了以满文原始文献为基础从事满学研究的学者，其他从事过满学问题研究的俄国汉学家、军人、官员和旅行者未被纳入满学家之列，而他们的研究同样具有科学价值。综观俄国的满学研究，可以发现许多特点。第一，历史非常悠久，发端于18世纪，是俄国最古老的东方学科之一。第二，基础扎实。俄国的满学先驱从一开始就为俄国满学奠定了很好的基础，翻译并出版了重要的满学著作，编写了科学而实用的工具书和教科书。第三，俄国满学家大都同时也是汉学家，有的人还精通蒙古语和藏语。在这种知识结构下，他们能够更深地领悟具有汉、蒙古、藏文化信息的满文文献。第四，俄国满学家们除进行欧洲学术界通常进行的语言学研究外，还从事满洲地区历史文化的考察和研究。第五，俄国的满文文献收藏在世界上首屈一指，是国际满学研究的重要资料。

第二节　蒙古学

蒙古学是俄国最早建立的东方学科之一。俄国与蒙古人早在13世纪就发生了全面接触，蒙古文化对俄罗斯民族文化曾产生过深刻影响。蒙古学问题一直是俄国学术界最为关注的课题之一。俄国蒙古学家借助俄国与我国蒙古地区交流频繁的优势，开展了卓有成效的科学研究工作，在蒙古语言、历史、地理、宗教、文学、民俗以及蒙古文献收集等领域都取得了很大成就。对俄国蒙古学进行研究有利于更加全面地审视中俄关系。

一、17—18 世纪

俄国人早在 13 世纪就遭受了蒙古人的入侵，在经历了近两个半世纪的"鞑靼蒙古人的桎梏"之后才最终建立起统一的中央集权制国家。而后，沙俄政府吞并了喀山和阿斯特拉罕两汗国，并开始了向东蚕食西伯利亚的进程，进而侵占了由清朝喀尔喀蒙古管辖下的贝加尔地区，威逼蒙古布里亚特部落。到 17 世纪中期，鄂毕河以西的广大地区尽入俄国版图，俄国势力逐渐向蒙古人的传统游牧地靠近。另外，从 17 世纪 20 年代起在俄国境内就生活着土尔扈特这个来自准噶尔地区的蒙古民族。因此，从历史上看，俄国人对蒙古人的了解超过了对中国其他民族的认识。大约在 1609 年喀尔喀王格呼森札的曾孙硕垒乌巴什洪台吉占领原卫拉特国的中心地吉儿吉思湖和乌布萨泊地区，将卫拉特人赶到黑额尔齐斯河和塔尔巴哈台。他自称"阿勒坦汗"（意思是"黄金汗"），建阿勒坦汗国，该汗国存在到大约 1690 年。阿勒坦汗国是位于喀尔喀蒙古最西部的一个汗国，一直与俄国保持着密切联系，并利用后者的支持抗衡卫拉特各部。[①] 俄国在 1616 年首次派出使节伊万·彼得罗夫和丘缅涅茨会见硕垒乌巴什洪台吉，笼络阿勒坦汗国。据统计，在整个 17 世纪，俄国一共向阿勒坦汗国派出使节 19 次，有时也到土谢图汗和车臣汗的游牧地去。[②] 他们及时向俄国政府汇报了在蒙古的所见所闻。与此同时，俄国也开始尝试向中国派出使节，以探求前往中国的通道并与之建立稳定的贸易关系。在与清朝政府建立关系的过程中，蒙古地区无疑发挥了重要的桥梁和纽带作用。硕垒乌巴什洪台吉就曾经协助彼特林前来中国，在俄国早期文献中用来称谓中国皇帝的"博格达汗"就是蒙古语中"圣汗"的

[①] [法]勒尼·格鲁塞著：《草原帝国》，魏英邦译，青海人民出版社，1991 年，第 557—558 页。

[②] [苏]莎斯提娜著：《苏联的蒙古学发展史概要》，余元盦译，科学出版社，1955 年，第 3 页。

意思。在来华使团中也常有蒙古语通事随行。此外，还有人数众多的大批俄国商队络绎来京贸易。而蒙古地区是来京使节和商队的必经之路，占去了大部分旅途时间，因此在使节报告和商队口头传回的信息中，对蒙古的描述无论在数量上还是在质量上都远远超过了对中原的介绍。因此在俄国蒙古学诞生之前，也存在一个使节报告时期，或者前蒙古学时期。

在俄国，起初的蒙古语翻译多为生活在贝加尔湖流域的布里亚特人。17 世纪，随着俄国向东方的扩张，边境地区产生了对蒙古语翻译的需求，1668 年托博尔斯克军政长官戈杜诺夫组织过蒙古语教学活动，1725 年伊尔库茨克主升天修道院开办了第一所蒙古语学校，著名汉学家罗索欣来华前就在此就读。1727 年《恰克图条约》签订以后，蒙古地区成为中俄贸易的中心，蒙古语翻译人才需求大增。18 世纪下半期有了编写蒙古语教材的第一次尝试，一位叫瓦西里·伊万诺维奇（Василий Иванович）的人编写了一部《蒙俄会话》，现藏在俄罗斯国家图书馆。后来又有一不知名的学者编写过一本蒙古俄分类词典，现在由俄罗斯科学院东方文献研究所收藏。[1] 俄国最早的蒙古语专家应该是伊尔库茨克的伊古姆诺夫父子——瓦·伊古姆诺夫（В. Игумнов）和亚·伊古姆诺夫。两人尽管没有出版过自己的蒙古学著作，但在收集蒙古文献、研究蒙古语言、培养蒙古学家以及传播蒙古文化方面做了很多工作。

俄国社会在为实用目的而学习蒙古语的同时，也有学者开始从事蒙古学研究，比如彼得堡皇家科学院院士、德国科学家拜耶尔在其研究东方语言的著作中就涉及了蒙古语问题。梅塞施密特曾考察西伯利亚、后贝加尔以及蒙古地区，搜集到第一批蒙古文书。而后，格·米勒、费舍尔和伊耶里格在考察西伯利亚期间又收集了大量文献和史料，了解了包括蒙古民族在内的各民族生活习俗。格·米勒于 1750 年出版了著名的《西伯利亚诸王国志》，首次对俄国与西蒙古特别是

---

[1] Иориш И. И. Монголоведение//Азиатский музей – Ленинградское отделение Института Востоковедения АН СССР. М., 1972.

阿勒坦汗国的关系进行了叙述。费舍尔于1768年在圣彼得堡出版了德文版《西伯利亚史：从其被发现到被俄国武力征服》，1774年又出版了俄文本，对卫拉特和布里亚特人历史进行了初步研究，并且介绍了丘缅涅茨等早期使节报告的内容。帕拉斯在伏尔加、乌拉尔、西伯利亚地区旅行6年，于1776年和1801年发表两卷本《蒙古各部族历史资料汇编》，这是俄国关于蒙古各部族历史资料研究的第一部专著，主要刊入卡尔梅克人、蒙古人、布里亚特人等民族学资料，并有大量史料，如卡尔梅克王公谱系、卡尔梅克文稿摘录等。随着亚洲博物馆的建立，俄国早期东方学家将注意力放在广泛搜集蒙古语书籍上面。受亚洲博物馆的委托，他们在旅行过程中收罗了大量珍贵的蒙古语抄本和刻本。[1]但是，这一时期研究蒙古问题的学者大都不是专门的蒙古学家，也少有通蒙古语者，多依靠蹩脚的翻译或助手来从事资料的搜集，在一定程度上影响了认识的准确性和判断的权威性。

在对外扩张政策的推动之下，俄国政府于17、18世纪通过使节、商队逐步了解蒙古地区的政治、地理以及民情，并通过在彼得堡皇家科学院任职的德国东方学家在考察西伯利亚和远东地区各民族历史和文化的过程中将蒙古作为重要的研究内容。从性质上来看，前者属于零散信息积累，而后者则从科学研究的角度对俄国已有的蒙古相关知识加以保留、整理和系统化，同时努力发掘最新的文字和实物材料。但是，由于使节报告多属外交文献，没有及时出版，而德国学者的民族学或历史学研究著作又多用德文写成，没有在当时的俄国社会产生广泛影响。

二、19世纪上半期

俄罗斯东方学界认为，俄国真正意义上的科学蒙古学研究发端于彼得堡皇家科学院院士伊·施密特。此君出生在荷兰阿姆斯特丹的一个与外国做大宗生意的德国批发商家庭，从小受到良好的教育。由于

---

[1] Иориш И. И. Монголоведение//Азиатский музей – Ленинградское отделение Института Востоковедения АН СССР. М., 1972.

拿破仑入侵荷兰,他父亲的生意遭到沉重打击,伊·施密特无奈进入一家商行工作,19岁那年被派到俄国。在圣彼得堡安顿下来以后,伊·施密特就开始学习俄语,很快学会了口语和书写。过了一段时间,由于工作需要,他来到在伏尔加河和顿河流域,在游牧民族卡尔梅克人中间生活了3年。伊·施密特利用这一机会学会了卡尔梅克语,同时也了解了这个民族的生活习俗。1812年伊·施密特回到圣彼得堡,开始参与圣经协会的活动,受命将《新约》翻译成蒙古文。这件事情促使他放弃了所从事的商业事务,转而进行东方语言的研究,最终踏上了蒙古学和藏学研究之路,并于1829年被选为彼得堡皇家科学院院士,被授予法国和英国东方学会特别名誉会员荣衔。

伊·施密特最早发表的蒙古学著作是他所翻译的伊利汗阿鲁浑和完者都致法国国王腓力四世(Philip IV,1605—1665)的外交文书(畏兀儿字蒙古文)。这些文书是由法国汉学家雷慕沙在巴黎的档案中发现、翻译并刊登出来的。这些古代蒙古文字范本重现于世引起了世界东方学界的广泛关注,当然也激发了伊·施密特的浓厚兴趣。1824年,他用德文发表了雷慕沙修正过的译本,1825年又用俄文刊登了由他注释的这些信函。[1] 1829年,伊·施密特用德文翻译出版译著《蒙古源流——东蒙古人及其王家史》,并做了详细的注释,为研究蒙古历史做出重大贡献。此译本被誉为"最早的,也是极好的《蒙古源流》欧文译本,其注释具有相当高的学术水平"。[2] 该书曾在1937年由北京文殿阁书庄影印出版。1831年和1832年,伊·施密特分别用德文和俄文出版了俄国历史上第一部蒙古语语法著作——《蒙语语法》。1835年,他出版了《蒙德俄词典》。1839年出版了译自北京刻本的《格斯尔史诗》。此外,伊·施密特还译释了1225年移相哥刻石铭文,对八思巴字蒙古文(他称之为"方形字")进行了研究。需要特别注意的是,正是伊·施密特对蒙古历史和蒙古语语言学的研

---

[1] История отечественного востоковедения до середины XIX века. М., 1990. C. 274–275.

[2] 白寿彝总主编:《中国通史》第十三册,上海人民出版社,2015年,第134页。

究，使得俄国蒙古学成为一个学科。他不仅编写出版了俄国最早的蒙古语语法和词典，同时还翻译、研究并出版了《蒙古源流》以及《格斯尔史诗》等蒙古民族最珍贵的历史和文学作品，在某种程度上唤醒了东方学家们对蒙古民族丰富文献的注意。他对蒙古学重要问题的选择和把握为俄国后来的蒙古学研究指明了方向。直到今天，蒙古史籍和英雄史诗依然是世界蒙古学家们钟爱的课题。苏联蒙古学家桑热耶夫（Г. Д. Санжеев，1902—1982）指出："伊·施密特出版的格斯尔蒙古史诗以及萨囊彻辰的历史著作为蒙古语言学研究奠定了坚实基础，是我国蒙古学的真正骄傲。"[1] 1847年伊·施密特去世后，彼得堡皇家科学院的蒙古学研究随之沉寂。

1833年喀山大学就建立了蒙古语教研室，对俄国蒙古学的发展产生了重要影响。喀山大学既是俄国蒙古历史、文化和语言的研究中心，也是培养俄国蒙古学专家的摇篮。蒙古语教研室在其存在的22年中，培养出了一批杰出的蒙古学家，如班扎罗夫、格姆鲍耶夫、鲍博罗甫尼科夫、王西里、戈尔斯东斯基等。这个教研室的组织者和领导者便是俄国蒙古学的奠基人奥·科瓦列夫斯基，另有其同学阿·波波夫予以襄助。

奥·科瓦列夫斯基1820年从维尔诺大学毕业以后成为维尔诺中学的一名拉丁语和波兰语教师。在教学之余，他尽力从事科学研究活动。从1820年到1824年间，共出版了7种古典文学研究作品。但很快命运发生了转折，他因参加秘密结社而被沙皇政府逮捕并遣送到喀山，开始了他在喀山大学的漫长生活旅程。在这里，一切又从头开始。他选择了学习鞑靼语，并在3年多的时间里达到了可以独立从事语言学研究的水平。1828年喀山大学选派奥·科瓦列夫斯基和阿·波波夫去布里亚特地区跟随伊尔库茨克蒙古语专家亚·伊古姆诺夫学习蒙古语，以备筹建蒙古语教研室。亚·伊古姆诺夫是19世纪初俄国最著名的蒙古语翻译，曾任职于伊尔库茨克总督府，并且在当地的神

---

[1] Иориш И. И. Монголоведение//Азиатский музей – Ленинградское отделение Института Востоковедения АН СССР. М. ,1972.

品中学教授蒙古语。他搜集了许多蒙古语抄本和刻本,对布里亚特民族学和宗教也有研究。布里亚特的岁月给了奥·科瓦列夫斯基丰厚的收获。在完全掌握了蒙古语口语之后,随即开始编写蒙古语语法和词典,以便更加深入地探究这种语言的奥秘。他还利用这段时间去了蒙古和北京,学习藏语和满语。在北京,他购买了许多蒙古语抄本和刻本,其中大部分都是佛学经典。这些书使喀山大学成为世界上收藏蒙古语文献最丰富的大学之一。1833年初回到喀山之后,奥·科瓦列夫斯基和阿·波波夫顺利通过了伊·施密特院士的考查,特别是奥·科瓦列夫斯基所编写的《蒙语书面语简明语法》和《蒙俄简明词典》更获得了后者的高度评价。是年,奥·科瓦列夫斯基着手组建蒙古语教研室,并担任主任。1834年,他翻译的在中亚地区非常流行的神话与民间故事集《蒙文〈百喻经〉之内容》出版。1835年,《蒙语书面语简明语法》出版。1836—1837年,两卷本的《蒙文文选》问世。1835—1837年,在《喀山大学学报》上连载《佛教宇宙论》,而后又出版了单行本。奥·科瓦列夫斯基花了近20年时间编写的三卷本《蒙俄法语词典》于1844—1849年间出版,这是这位蒙古学家对俄国蒙古学做出的杰出贡献。此外,奥·科瓦列夫斯基还有许多重要的蒙古学著作未能正式出版,主要有《蒙古文学史》《蒙古历史》《蒙古语、突厥语、芬兰语比较语法》《蒙古语语义试析》和《东方历史》等。

奥·科瓦列夫斯基在北京期间,同敏珠尔呼图克图建立了密切联系,并得到了后者的大力帮助。敏珠尔活佛,又称果莽活佛,乾隆五十四年(1789年)转至四世,奥·科瓦列夫斯基交往的就是四世敏珠尔呼图克图。他本名札木巴尔曲吉丹增,生于青海察哈乌苏,乾隆五十七年(1792年)迎驻广惠寺,嘉庆四年入京。借助于俄国人介绍的世界知识,敏珠尔四世于19世纪二三十年代完成了《世界广论》。此书是中国最早介绍世界地理的著作之一,敏珠尔四世也因此被誉为藏族"睁眼看世界之第一人"。[①] 第十二届传教团临时差遣人

[①] 房建昌:《藏文〈世界广论〉对于中国地理学史的贡献》,《中国历史地理论丛》1995年第4期。

员王西里（Василий Павлович Васильев）在自己的译作《西藏地理》的序言中说敏珠尔在《世界广论》中经常提到的"奥西普"就是1830年来京的蒙古学家科瓦列夫斯基，而敏珠尔在《世界广论》中叙述的世界地理知识来源于俄国人。① 关于科瓦列夫斯基曾向敏珠尔活佛传授世界地理和人文知识一事，苏联蒙古学家乌斯宾斯基（В. Л. Успенский）在给沙莫夫（Г. Ф. Шамов）所著《科瓦列夫斯基教授生平与学术活动》一书所写的书评中也给予了确认。②

据奥·科瓦列夫斯基说，四世敏珠尔呼图克图经常到俄罗斯馆，向传教团人员了解外国历史和天文知识，甚至还学会了俄文字母，在他居所的墙壁上悬挂着俄国印制的地图。四世敏珠尔呼图克图曾亲自教授奥·科瓦列夫斯基蒙古语和藏语，为他抄写了藏语字母表，将一篇道德内容的文章③从满文译成藏文并亲自誊清，然后托人带到恰克图转交给奥·科瓦列夫斯基。此外，他还让自己的贴身喇嘛每天去教奥·科瓦列夫斯基蒙古语。奥·科瓦列夫斯基写道，敏珠尔"派来了自己的贴身喇嘛巴尔丹，他精通汉、满、藏、蒙古语。在巴尔丹的指导下，我连续三个月每天说蒙古语，写蒙古语，译蒙古语，取得了很大成绩，回国途经蒙古时我已经可以做监护官的翻译了"。《世界广论》出版后，先后有英、法译本出现。王西里翻译了《世界广论》中的西藏部分，于1895年出版了《西藏地理》一书。

1846年，喀山大学成立由阿·波波夫主持的卡尔梅克语教研室。

---

① География Тибета/Пер. из тибет. соч. Миньчжул Хутукты [с предисл. и примеч.] В. Васильева. СПб. ,1895. Предисловие.
② Успенский В. Л. Г. Ф. Шамов. Профессор О. М. Ковалевский. Очерк жизни и научной деятельности. Казань,Изд-во Казанского государственного университета. 1983. 112 с.//Народы Азии и Африки. 1986. №2.
③ 一说为神学书。Хохлов А. Н. Поездка О. М. Ковалевского в Пекин (1830 – 1831 гг.) и контакты с российскими китаеведами//Неизвестные страницы отечественного востоковедения/Ин-т востоковедения. М. , Вып. 2. 2004；Хохлов А. Н. Поездка О. М. Ковалевского в Пекин (1830 – 1831 гг.) и его связи с российскими китаеведами//Вопросы истории. 2003. №5.

阿·波波夫于1847年出版了俄国历史上第一本《卡尔梅克语语法》。第一位布里亚特族蒙古学家班扎罗夫在俄国东方学史上书写了辉煌的篇章。这位后贝加尔斯克哥萨克人的儿子有幸在1842年进入喀山大学东方专业学习蒙古语。班扎罗夫很快就表现出语言学习天赋，在深入研究蒙古语的同时，还学习了梵文、满语、汉语和土耳其语。他在上三年级时就从满文翻译了图理琛的《异域录》以及蒙古著名英雄史诗《乌巴什洪台吉的故事》，两部手稿一直由其老师奥·科瓦列夫斯基珍藏，后来毁于华沙的一场大火。班扎罗夫正式发表的第一部著作是他的硕士学位论文《论黑教或蒙古人的萨满教》[1]，1846年刊登于《喀山大学学报》。此作一出，立刻为作者赢得了荣誉。因为这是俄国东方学史上第一部萨满教研究著作。班扎罗夫以翔实的原始材料介绍了萨满教这一宗教体系的起源，分析了它的特点和影响。《论黑教或蒙古人的萨满教》是班扎罗夫唯一的一部蒙古学专著。后来他又发表了13篇有关蒙古语词源学、铭文学的小篇幅论文，比较著名的有《"蒙古"名称考》《移相哥碑铭考释》《叶卡德琳诺斯拉夫省发现之蒙古文银牌考释》《蒙古汗敕令"牌子"考》《论卫拉特与畏兀儿》等。正当班扎罗夫欲在学术上大展宏图之时，却在33岁那年不幸猝然早逝。他的所有论文于1955年逝世100周年时由桑热耶夫结集出版。

格姆鲍耶夫从喀山大学毕业后成为喀山大学和喀山中学的蒙古语教师，同时开始蒙古学研究，其主要作品有《蒙古编年史〈黄金史〉原文与译文，附乌巴什洪台吉及其与卫拉特人战争历史的卡尔梅克文本》和《柏朗嘉宾笔下的蒙古古代风俗与迷信》。王西里在《10至13世纪中亚东部的历史和古迹》书后刊载了格姆鲍耶夫的《柏朗嘉宾笔下的蒙古古代风俗与迷信》一文。格姆鲍耶夫与王西里同出奥·科瓦列夫斯基门下。他显然对600年前柏朗嘉宾的蒙古游记产生了兴趣，

---

[1] 此作有汉译本。见[俄]道尔吉·班扎罗夫著:《黑教或称蒙古人的萨蛮教》，潘世宪译，载内蒙古大学历史系蒙古史研究室编印《蒙古史研究参考资料》第十七辑，1965年。

试图通过将柏朗嘉宾笔下的蒙古社会生活与当代蒙古加以对比，证明亚洲民族在日常生活形态和世界观方面具有高度稳定性。

鲍博罗甫尼科夫 1848 年编写了《蒙古语卡尔梅克语语法》。与其他蒙古语语法书不同的是，鲍博罗甫尼科夫在编写过程中摆脱了欧洲语言语法规则的影响，从蒙古语的自身特点阐释这种语言的语法构造，因而被誉为"蒙古语法的创造者"。①

王西里也是喀山大学的毕业生，是奥·科瓦列夫斯基的得意门生。尽管他被誉为 19 世纪下半期俄国最大的汉学家，但却是以研究蒙古学开始其学术道路的。他 1834 年进入喀山大学学习蒙古语，同时阅读蒙古语佛教文献。为了更好地掌握蒙古语口语，他听从奥·科瓦列夫斯基的建议，与来自后贝加尔的一位喇嘛同居一室。那个喇嘛名叫噶尔桑·尼库图耶夫（Галсан Никутуев），受过良好的佛学教育，精通蒙古语和藏语，对藏医也很在行。王西里与噶尔桑朝夕相处，很快学会了一口流利的蒙古语。1837 年，王西里以《金光明经》蒙古文本为研究对象完成了学士学位论文。1839 年以《论佛教的哲学原理》一文通过硕士学位论文答辩，成为俄国历史上第一个蒙古语硕士。可以说，王西里在喀山大学求学期间进行的佛教研究所依据的都是蒙古语材料。这些文献均是奥·科瓦列夫斯基当年从布里亚特、库伦和北京搜集到的。1840 年，王西里随俄国东正教驻北京传教团来到北京。与其他人不同的是，王西里是带着奥·科瓦列夫斯基为他制定的详细的科学任务来到中国的。他努力学习了汉语、满语和藏语，花了很多精力搜集蒙古语抄本和刻本。

喀山大学的蒙古学在俄国东方学史上占据重要地位。蒙古学家们编写的蒙古语语法、词典和文选，为俄国培养蒙古语工作者以及俄国蒙古学的发展做出了贡献。没有喀山大学蒙古学家的加盟，1855 年圣彼得堡大学也就难以成为俄国新的蒙古学基地。

除喀山大学的蒙古学家以外，这一时期还有一些汉学家也对蒙古

---

① ［苏］莎斯提娜著：《苏联的蒙古学发展史概要》，余元盦译，科学出版社，1955 年，第 10 页。

学进行了卓有成效的研究。比丘林在率领第九届驻北京传教团途经蒙古前往北京时就开始认真了解蒙古的历史和风土人情，并进行了详细的记录，甚至开始学习蒙古语。但是，当他到达北京后发现蒙古语和满语文献大都译自汉语时，便舍弃蒙古语和满语，而将全部精力用于汉语学习。然而，蒙古学却始终是比丘林的重要研究课题。他的可贵之处在于将大量汉语文献用于蒙古学研究，共出版了四本大部头著作：《蒙古纪事》（1828 年）、《成吉思汗家系前四汗史》（1829 年）、《准噶尔和东突厥斯坦志》（1829 年）和《厄鲁特人或卡尔梅克人历史概述（15 世纪迄今）》（1834 年）。比丘林的这些蒙古学著述奠定了他在俄国蒙古学史上的牢固地位，被奥·科瓦列夫斯基称为"是送给亚洲地理和历史探索者和爱好者的珍贵礼物"①。俄国汉学家对俄国蒙古学做出的另一大贡献就是翻译出版了清政府用以管理蒙古地区事务的《理藩院则例》，1828 年首次由利波夫措夫译自满文，同年由比丘林译自汉文。此外，利波夫措夫还在 1820 年翻译发表了《土尔扈特投诚纪略》。

这一时期还有一些东方学家根据波斯文、阿拉伯文文献研究蒙古历史，如喀山大学艾德曼将详述蒙古人历史的波斯史学家拉希德丁《史集》中的《部族志》翻译为德文出版，又根据《史集》中的《成吉思汗本纪》、比丘林的《成吉思汗家系前四汗史》以及王西里翻译的《蒙鞑备录》著成《顽强的铁木真》一书。格里高里耶夫在圣彼得堡大学上学期间即将宏达迷儿（Khwandamir，1475—1535）的《历史概要》从波斯文译成俄文，以《从古代至帖木儿时代的蒙古史》为名出版，后来又对金帐汗国的历史进行了深入的探索。亚美尼亚亲王阿古丁斯基（Argutinsky）将乞剌可思（Kirakos of Gandjak，1201—1272）《亚美尼亚史》中所收录的《海屯②行记》译为俄文，

---

① История отечественного востоковедения до середины XIX века. М., 1990. С. 277.
② Hethum I, 1224—1269。小亚美尼亚国王，1254 年率领使团前往大都拜觐蒙哥大汗，回国后由随从刚德赛克奇将其沿途所见所闻整理成《海屯行记》一书。——笔者注

后来柯恒儒将阿古丁斯基的译本转译为法文刊行。①

与此同时，蒙古地区也是俄国传教团往返换班的主要途经之地。受俄国外交部之命，其中一些人开始记录沿途历史、文化、语言以及地理情况，并不断有翔实的蒙古游记发表。其中最著名的为季姆科夫斯基于1824年在圣彼得堡出版的《1820年和1821年经过蒙古的中国游记》。季姆科夫斯基在写游记过程中得到了比丘林的帮助，描写全面、生动，信息准确，在欧洲产生不小影响，有英、法等多种译本。1853年，叶·科瓦列夫斯基的《中国纪行》②问世。叶·科瓦列夫斯基的游记也很出色，但在内容上有时"重复了前人的信息，而又没有说明来源"。③此外比丘林在其《蒙古纪事》一书上卷中发表了他1821年5月15日至8月1日从北京返回恰克图时所做的日记。

19世纪上半期的俄国蒙古学主要呈现出这样一些特点：一是蒙古学摆脱了道听途说式的使节报告以及利用翻译提供的二手材料所进行的文献汇编式研究，而代之于由精通蒙古语的专家直接利用蒙古原始文献对蒙古语言、历史、宗教等文化现象进行科学的思考与分析。二是在喀山大学建立了培养蒙古学人才的基地，教学与学术并重，使俄国一跃而成为世界上最重要的蒙古学研究和教育重镇之一。三是汉学家利用汉语文献，波斯学家、突厥学家利用近东和中亚古代文献对蒙元历史进行研究，与以蒙古文献为基础进行研究的学者相互补充，共同将俄国蒙古学研究推向新的高度。四是研究主体已不再全是科学院的德国学者，俄国知识分子开始发挥更加积极而明显的作用。五是进行蒙古文献的搜寻、翻译与刊布，并对其进行语言学阐释，为蒙古学的进一步发展奠定基础。总之，通过半个世纪的努力，俄国蒙古学以其独特的姿态出现在欧洲学术舞台之上。

---

① 白寿彝总主编：《中国通史》第十三册，上海人民出版社，2015年，第136、138页。

② 参见[俄]叶·科瓦列夫斯基著：《窥视紫禁城》，阎国栋等译，北京图书馆出版社，2004年。

③ Бартольд В. В. История изучения Востока в Европе и России. (Курс лекций). 2-е изд. Л. ,1925. C. 268.

三、19 世纪下半期—20 世纪初

1855 年，圣彼得堡大学东方语言系成立，原喀山大学东方语言专业的主要师资和学生也随之迁移到俄国帝京。喀山大学作为俄国东方学研究中心的地位被圣彼得堡大学取代。蒙古-卡尔梅克语教研室成为圣彼得堡大学东方语言系最初的 9 个教研室之一，由阿·波波夫教授担任主任，同时设立蒙古-卡尔梅克-鞑靼语专业。1864 年，东方语言系进行机构调整，成立汉满蒙卡语专业，1913 年成立单独的蒙古满鞑靼语专业。戈尔斯东斯基、波兹德涅耶夫、鲁德涅夫、科特维奇、扎姆察拉诺（Ц. Ж. Жамцарано，1880—1942）以及弗拉基米尔措夫等蒙古学家先后在这里任教。

王西里尽管不是蒙古语教研室的成员，但蒙古学问题始终是他重要的研究领域。他在喀山大学时期从事佛教研究所依据的大都是蒙古语文献。在圣彼得堡大学期间，他借助汉、满、蒙古、藏语文献，在蒙古学领域同样建树不凡。在蒙古历史研究方面，他很好地继续了比丘林的事业，译介有关蒙古历史的汉语典籍。他选择了比丘林忽略的 10 到 13 世纪蒙古人的历史作为研究重点，将《蒙鞑备录》译为俄文，并在 1859 年发表《10 至 13 世纪中亚东部的历史和古迹》。在史料运用方面，王西里更加相信蒙古原始文献的真实性。他认为，汉语文献由汉族文人所写，反映了当权者的观点，贯穿着儒家的治国理念和道德准则，未能体现出蒙古人的民族特性。此外，王西里还完成了许多论及蒙古问题的文章，如译自《圣武记》的《大清初期对蒙古人的安抚》、译自《塞北纪程》的《军机大臣马思哈出巡北部边疆日记》和《西北蒙古河流描述》等。

戈尔斯东斯基是 19 世纪下半期俄国著名的蒙古历史学家。他 1831 年出生，1853 年毕业于喀山大学，从 1855 年起在圣彼得堡大学任教，1899 年去世，主要研究对象是蒙古西部的卡尔梅克人。1880 年，他出版了《1640 年蒙古—卫拉特法典、噶尔丹洪台吉补充敕令及卡尔梅克汗敦都克达什治下的伏尔加河流域卡尔梅克人制定的法

规》，首次刊布了蒙古史上若干重要的卫拉特文献，并且至今仍是唯一完整的刊本。戈尔斯东斯基为这些法令附加了俄文译文，所加注释取材于卫拉特—卡尔梅克人的历史著述，极有价值，惜未注明资料来源。他的另一项蒙古学成就乃是于1893—1895年间出版的《蒙俄词典》，其中收录了许多卡尔梅克语和佛教词汇。他经常率领学生前往萨拉托夫和阿斯特拉罕等省的卡尔梅克人聚居区考察，搜集了大量卫拉特历史和法律文献。[①]

波兹德涅耶夫是19世纪末—20世纪初成就非凡的蒙古学家。是戈尔斯东斯基教授的弟子。他一生多次去蒙古进行科学考察，搜集到大批珍贵的资料。他勤恳劳作，著述可观。1876—1879年由教育部派遣，参加俄国皇家地理学会组织的波塔宁蒙古考察队，在库伦专攻蒙古语，考察蒙古人的生活习俗。归国时携走蒙古文刊本写本157部，共972册，为现在圣彼得堡大学东方系"波兹德涅耶夫藏品"奠定了基础，其中最珍贵的要数用汉字记录的蒙古文献六卷本《元朝秘史》，同时还有《宝贝念珠》和《黄金史》。1879年，波兹德涅耶夫开始了他在圣彼得堡大学的教学生涯。1881年以《蒙古部落民间文学范例》为题通过硕士学位论文答辩，1883年他又因翻译和研究《宝贝念珠》而被授予蒙古语博士学位。在博士学位论文答辩会上，大汉学家王西里对波兹德涅耶夫的论义给予了很高的评价。他认为，自从奥·科瓦列夫斯基离开喀山大学世界闻名的蒙古语教研室之后，俄国蒙古学几乎被遗忘，正是波兹德涅耶夫的著作使俄国蒙古学研究重新焕发了生机。1884年，波兹德涅耶夫成为蒙古语教授。1892—1893年由俄国外交部派至蒙古地区考察，历时15个月，行程22000俄里，携走汉、满、蒙古文刊本写本138部，共727册，其中最为珍贵的当数在张家口获得的共有113卷的17世纪《甘珠尔》蒙古文抄本。1898年波兹德涅耶夫又去后贝加尔和蒙古地区考察，收集有关蒙古人经济、社会和文化方面的信息。波兹德涅耶夫在圣彼得堡大学的教学和科研

[①] История отечественного востоковедения с середины XIX века до 1917 года. М., 1997. С. 358-359.

活动持续到1899年。那年，他被任命为新成立的海参崴东方学院的院长，而后又几次易职，直到十月革命爆发前夕的1917年9月才回到母校。后来，他又去了卡尔梅克地区，从此再也没有返回学校。

波兹德涅耶夫为后人留下了丰厚的蒙古学著述，其中《蒙古及蒙古人》最具价值。他原计划出版7卷，第一卷记述1892年6—12月在外蒙古的旅行，先由恰克图进入蒙古，对库伦、乌里雅苏台、科布多以及这三者之间的道路做了深入考察，其中一章专述哲布尊丹巴呼图克图的历代呼毕勒罕。第二卷记述1893年3—10月在内蒙古的旅行，其中有关归化城和土默特的记述，在目前所能见到的外国人同类著作中是比较详细的。第三卷描写现代蒙古地区的政治经济及行政体制，第四卷详细介绍蒙古的喇嘛教，第五卷为蒙古民族学及民俗学材料，第六卷研究蒙古地区王公谱系及其在蒙古国家和社会政治生活中发挥的作用，第七卷内容不详。可惜的是他没有能够完成这一浩大工程，最后只在1896—1898年出版了两卷。此作不仅受到俄国科学界的高度评价，也得到国际学术界的赞赏。然而，也有学者认为此作尽管素材丰富，条理清晰，但作者重述而轻论，绝少对事实原委进行探求。[①] 1908年，在日本东京出版了该书第一卷的译本，1977年有了英文译本。我国学界很早就意识到了这部书的价值，在民国时期就由北洋法政学会自日文编译出版了汉译本，1983年和1989年内蒙古人民出版社先后出版了译自俄文的第二卷和第一卷。《元朝秘史》自巴拉第开始，一直是俄国蒙古学家的重要研究对象，对波兹德涅耶夫来说也不例外。1882年他发表了《论汉蒙古代典籍〈元朝秘史〉》一文，篇幅虽然不大，但却旁征博引，论证严密，颇具科学价值。他认为，此书最为完备地记载了成吉思汗时期的蒙古历史。1883年波兹德涅耶夫出版了博士学位论文《蒙古编年史〈宝贝念珠〉译注》。1887年，他的《蒙古佛教庙宇和僧侣的生活及与人民的关系概述》问世。在这

[①] Задваев Б. С. Западная Монголия в трудах российских исследователей и путешественников XVIII‐начала XX вв./Автореферат диссертации на соискание степени к. и. н. Научный руководитель С. Г. Кляшторный. СПб. ,2006. С. 25‐27.

本书中，作者没有去探索蒙古地区佛教的起源，而是在描述当时蒙古喇嘛教的同时，阐释了这种宗教在蒙古人生活中所起的特殊作用。此书出版后立即引起学术界的反响，共有 5 篇书评发表。评论者共同的看法是波兹德涅耶夫用生动的笔调详细描绘了散布在戈壁大漠上的众多的喇嘛庙。1892 年和 1896 年编写了《卡尔梅克文选》和《卡尔梅克民间故事》。波兹德涅耶夫同样也研究了蒙古史诗。1896 年他翻译出版卡尔梅克文《格斯尔传》的第九章，1911 年编辑出版了卡尔梅克文的英雄史诗《江格尔》。1908 年，他从蒙古文和藏文翻译并出版了藏医教科书《居悉》（1989 年苏联又出版了这部古代藏医学典籍的重译本）。①

鲁德涅夫毕业于圣彼得堡大学东方语言系，是波兹德涅耶夫的高足。他的主要研究兴趣是蒙古语语言学。1903 年，鲁德涅夫刊布了蒙古史书《水晶鉴》，1905 年出版《蒙古书面语语法讲义》。1911 年出版的《东蒙古方言材料》是国际蒙学界公认的名作。此外，他还著有《库伦、后贝加尔和阿斯特拉罕现代画家的佛教神像绘画技巧》以及《蒙古部落的音乐》等文章，探讨了以往俄国蒙古学家所忽略的文化问题。1918 年，鲁德涅夫移居芬兰，终老赫尔辛基。

科特维奇出身于贵族家庭，1891 年进入圣彼得堡大学东方语言系，学习蒙古、满、汉文，1895 年毕业留校任教。他在东方语言系讲授的第一节课的题目是"蒙古以外的蒙语和蒙古文学研究"。他的早期作品有 1902 年的《蒙古语语法讲义》、1905 年的《卡尔梅克谜语

---

① Иориш И. И. Важнейшие события жизни и деятельности А. М. Позднеева//Mongolica - VI. Посвящается 150 - летию со дня рождения А. М. Позднеева. Составитель И. В. Кульганек. СПб. , 2003; Успенский В. Л. Монгольские, ойратские и тибетский рукописи и ксилографы, поступившие в Санкт - Петербургский университет от А. М. Позднеева//Mongolica - VI. Посвящается 150-летию со дня рождения А. М. Позднеева. Составитель И. В. Кульганек. СПб. , 2003; История отечественного востоковедения с середины XIX века до 1917 года. М. ,1997. С. 359 - 364.

与谚语》等。1904年，科特维奇被选为俄国皇家考古学会会员，1907年成为俄国皇家地理学会会员。1912年夏天，科特维奇前往蒙古地区进行科学考察，一部分考察成果在1918年发表的《额尔德尼昭的蒙文题铭》中得到反映。1919年发表的《17至18世纪俄国与卫拉特联系的档案文献》一文全面介绍了这一时期的汉满蒙文献及俄国中央和西伯利亚等地的档案保存情况，至今仍有重要参考价值。科特维奇一生共发表著作150多种，内容涉及阿尔泰、蒙古、卡尔梅克研究等诸多领域。①

扎姆察拉诺也是圣彼得堡大学培养出来的蒙古学家。他出生于布里亚特的农民家庭，1902—1906年成为圣彼得堡大学东方语言系的旁听生，1909—1910年受俄国中亚东亚研究委员会派遣，到南蒙古多伦湖、呼和浩特、鄂尔多斯等地考察，著有游记《1909—1910年南蒙古纪行》。他先后执教于圣彼得堡大学东方语言系和伊尔库茨克大学，是伊尔库茨克大学蒙古学的奠基人。1921—1931年任蒙古人民共和国学术委员会学术秘书。1932—1937年在苏联科学院东方学研究所工作，1935年获得博士学位。扎姆察拉诺几次在蒙古地区考察，收集蒙古文书籍，记录蒙古民间文学，一共发表著作30余种，内容涉及蒙古历史、民族学、民俗学和宗教等领域。他的著作大都是十月革命以后发表的，最早的作品是他与鲁德涅夫于1908年共同发表的《蒙古民间文献范例》，而后又于1913年、1914年和1918年出版三辑《蒙古部落民间文献范例》。1936年出版《17世纪蒙古编年史》，对蒙古编年史《黄史》《蒙古源流》《黄金史》等做了详细分析和研究，1958年出版《喀尔喀法典》俄译本。②

---

① Иориш И. И. Монголоведение//Азиатский музей - Ленинградское отделение Института Востоковедения АН СССР. М., 1972; История отечественного востоковедения с середины XIX века до 1917 года. М., 1997. С. 369-370.

② История отечественного востоковедения с середины XIX века до 1917 года. М., 1997. С. 369-370; Кульганек И. В. Предисловие//Жамцарано Ц. Путевые дневники:1903-1907 гг./Сост.: В. Ц. Лыксокова, Ц. П. Ванчикова. Улан-Удэ, 2001.

弗拉基米尔措夫是科特维奇最出色的学生，被公认为苏联蒙古学的奠基人。他出生在一个工程师家庭，大学毕业后被留在蒙古语教研室准备晋升教授职称。1913年他被派往英国和法国，除了阅读那里图书馆收藏的蒙古文抄本和刻本，还聆听了法国汉学家伯希和的课程。1915年回到彼得格勒后便登上蒙古语教学的讲坛，并开始整理亚洲博物馆收藏的蒙古文书籍和抄本，1918年发表了鲁德涅夫收藏的蒙古文文献目录。他非常重视野外考古，搜集到了许多鲜为人知的材料，提高了语言水平，这些在很大程度上为他在蒙古学领域取得成就奠定了基础。弗拉基米尔措夫的很多作品都与他在蒙古考察时收集到的资料有关，其作品标题就可以很好地证明这一点，如《关于科布多地区杜尔伯特人的考察报告》《到科布多地区探访拜特人》《探访科布多杜尔伯特人》等。弗拉基米尔措夫在蒙古语语言学方面最重要的著作当数1911年出版的《蒙古语言中的突厥语成分》，为俄国第一本研究蒙古语与突厥语关系的专著，体现了以伊·施密特和奥·科瓦列夫斯基为代表的俄国蒙古学传统，即将蒙古与其周边地区进行比较研究。1929年，弗拉基米尔措夫发表了《蒙古书面语与喀尔喀方言比较语法》。在历史学方面，弗拉基米尔措夫最大的贡献莫过于首次对11—13世纪蒙古人的社会关系进行了全面而深刻的研究。1934年，他出版了著名的《蒙古人的社会制度（蒙古的游牧封建主义）》，对蒙古以游牧经济为基础的封建社会关系进行了剖析。此书出版后引起国内外学界的关注，有多种译本问世。早在1939年我国就有了第一个汉译本，1980年又出版了第二个译本。弗拉基米尔措夫在此最早提出了游牧民族的封建关系问题，否定了欧洲以往关于游牧民族不可能超越氏族制度阶段的通常看法，为蒙古史乃至整个蒙古学研究开创了新的局面。苏联学术界也有人批评该作夸大了12—13世纪蒙古地区的社会发展水平和蒙古社会的封建化程度，把13—14世纪西欧封建社会的特征强加给蒙古历史。在他众多的历史论著中，《西藏和蒙古的佛教》《成吉思汗传》以及《喀尔喀卓克图台吉碑铭考》等亦为力作。在蒙古文学领域，弗拉基米尔措夫于1921年出版了《〈五卷书〉中的蒙古故事集》，在1923年出版的《蒙古—卫拉特英雄史诗》中发表了他收集到的几部蒙古史诗的译文。弗拉基米尔措夫的科学兴趣非常广泛，除蒙古语言以外，对蒙古文学、口头创作、历史和民族学也都有很深的研究，以至于很难将他划归到某一学科，具有鲜明的俄国古典东方学传统特征。奥登堡认为弗拉基米尔措夫实际上是一个历史学家，而雅库鲍夫斯基则认为他更是一位语言学家，其博学程度由此可见一斑。2002年，俄罗斯科学院东方文献出版社结集出版了弗拉基米尔措夫的蒙古学著作——《蒙古民族历史与民族学论著集》，其中收录了《蒙古人的社会制度（蒙古的游牧封建主义）》和《成吉思汗传》等作品。[①]

在圣彼得堡大学蒙古学获得发展的同时，俄国传教团和驻华公使馆的蒙古学研究也达到了前所未有的高度，其代表人物就是在欧洲汉学界享有盛名的巴拉第和贝勒。巴拉第于1866年将著名的蒙古历史文献《元朝秘史》翻译成了俄文，以《蒙古关于成吉思汗的古老传说》为题发表，这是巴拉第对俄国蒙古学做出的巨大贡献。而后他翻译出版了一系列蒙古学著作，有《长春真人西游记译注》《中国人张德辉在13世纪上半叶的蒙古游记》《中国关于成吉思汗的古老传说》等。与比丘林一样，巴拉第在途经蒙古时也做了详细的日记，并于1892年以《修士大司祭巴拉第1847和1859年蒙古纪行》为书名出版。巴拉第的研究重点为成吉思汗时期的蒙古历史，将《元朝秘史》、李志常《长春真人西游记》以及张德辉的《纪行》这三部极其重要的蒙元史汉文史料翻译成俄文使巴拉第成为国际上公认的一流蒙古学家。贝勒在蒙古学领域的研究课题在很多方面不仅与巴拉第相重合，

[①] Кычанов Е. И. Предисловие//Mongolica - I. Памяти Бориса Яковлевича Владимирцова. 1884 - 1931/Ред. колл. А. Н. Кононов (пред.) и др. М. , 1986; Академик Б. Я. Владимирцов (Биографическая справка)//Владимирцов Б. Я. Работы по истории и этнографии монгольских народов/Редкол. : В. М. Алпатов (пред.) и др. , Сост. Г. И. Слесарчук. М. , 2002; Златкин И. Я. Академик Б. Я. Владимирцов - историк - востоковед//Народы Азии и Африки. 1975. №6; История отечественного востоковедения с середины XIX века до 1917 года. М. , 1997. C. 370 - 371.

甚至直接参考了后者的译文。在蒙元中西交通史领域,贝勒先后发表了《中亚古代地名考》和《中国文献中关于阿拉伯人、阿拉伯侨民及其他国家侨民的史料》等论著。1888 年贝勒将自己的著作汇编增补成集,出版了《基于东亚史料的中世纪研究》,其中包括了许多重要蒙古历史文献英译文,如耶律楚材的《西游录》、乌古孙仲端的《北使记》、李志常的《长春真人西游记》、刘郁的《常德西使记》《辽史·天祚帝本纪附耶律大石传》和《元史·耶律希亮传》。

19 世纪下半期,俄国东方学家利用波斯、突厥文献研究蒙古历史取得的成绩尤为引人注目。别列津本是突厥学家,其最大功绩是出版了《史集》的原文刊本和俄译本。别列津的译文质量非常高,"出版后数十年中一直为研究蒙元史的学者所利用。他的注释,特别在语言学方面,至今仍有参考价值"。[①] 他 1850 年出版《从可汗诏敕看金帐汗国的内部制度》,1863 年发表其博士学位论文《术赤兀鲁思内部制度概述》,开创了利用金帐汗诏敕研究金帐汗国内部制度的先例。俄国东方学领袖巴尔托尔德精通多种东方语言,重点研究蒙元时代的中亚历史,他的蒙古学著作有 1896 年的《成吉思汗帝国的形成》以及 1898 年的《蒙古入侵时代的突厥斯坦》。

对中国的边疆地区进行所谓的学术考察是这一时期俄国蒙古学、藏学研究所呈现出来的一个最鲜明的特点。这些考察的组织者大都是 1845 年成立的俄国皇家地理学会,该学会会同俄国外交部、总参谋部、海军部等军政部门,从资金和装备上为考察队提供全力支持。自中俄《天津条约》和中俄《北京条约》签订以后,一直到 1917 年之前,地理学会利用中俄不平等条约提供的特权,组织了多次考察。在 1870 年以前,沙俄考察的对象主要是中国西北边疆,目的是为沙俄侵吞巴尔喀什湖以东以南地区服务。1870 年以后,俄国考察队的考察范围迅速扩大,新疆、蒙古、西藏、甘肃和青海无不在其考察范围之内。沙俄对蒙古地区的考察主要集中在第二个阶段,其中最重要的考察者有普尔热瓦尔斯基、波塔宁、波兹德涅耶夫、别夫措夫、雅德林

---

① 白寿彝总主编:《中国通史》第十三册,上海人民出版社,2015 年,第 137 页。

切夫（Н. М. Ядринцев，1842—1894）、拉德洛夫和科兹洛夫等。普尔热瓦尔斯基毕业于陆军学院，是一个职业军人，具有强烈的殖民主义思想。在陆军部、外交部、地理学会的支持下，前后组织了4次对中国西北边疆的考察。普尔热瓦尔斯基于1870—1873年间与别夫措夫前来考察中国北部和蒙古地区。考察队于1871年1月抵达北京。在获得了总理衙门所签发的允许前往鄂尔多斯和阿拉善地区的护照之后，考察队经过古北口、张家口、绥远、阴山、包头，渡过黄河登上鄂尔多斯高原，然后到达阿拉善。普尔热瓦尔斯基在回国以后出版了《蒙古与唐古特》。此书由于包含了丰富的信息，先后被翻译成英文和日文。波塔宁于1876—1877年间率领考察团对蒙古西部和北部进行了第一次考察，很快又于1879年前往蒙古中部进行考察。波塔宁将两次考察结果结集成书，于1883年出版了《西北蒙古概述》。波塔宁在关注地理及自然资源等方面的同时，注重民族学素材的收集和整理，将田野观察与学术研究有机结合，大大提升了考察报告的学术价值。[1] 波兹德涅耶夫作为翻译参加了波塔宁1876—1879年对蒙古的考察。别夫措夫于1876—1890年前后三次前往蒙古地区，于1883年出版《蒙古与中原北部省份旅行概述》。雅德林切夫1889年在俄国皇家地理学会东西伯利亚分会的资助下对蒙古北部进行考察，发现了元和林城及其附近的古代突厥如尼文（又称古代鄂尔浑文）碑刻。1890年拉德洛夫率照相师、拓印师、绘图师等再赴蒙古，调查和林及土拉河、鄂尔浑河一带的古城废墟和碑刻，从1892年到1899年间一共出版《蒙古古物图谱》4册。在俄国人做出这些发现之前，中外学者对于蒙古国都位置始终没有一个明确的概念，直到和林城及附近古遗址的发现，才使这一问题有了最终的答案。科兹洛夫于1899年第一次率队前往蒙古和西藏地区考察，回国后出版《蒙古与康区》以及《康

---

[1] Задваев Б. С. Западная Монголия в трудах российских исследователей и путешественников XVIII-начала XX вв./Автореферат диссертации на соискание степени к. и. н. Научный руководитель С. Г. Кляшторный. СПб., 2006. С. 18 - 19.

区及归途》两大本著作。1907—1909年科兹洛夫在进行所谓的蒙古四川考察过程中，在戈壁中发现了西夏国的黑水城，并掠走无数珍贵文物。但是，描写这次考察的游记《蒙古、安多及黑水死城》直到1923年才发表。上述俄国人对蒙古地区的考察从实质上讲并非出于纯粹的学术目的，在很大程度上是为俄国政府搜集有关该地区的情报，其中尤以山川地形、动植物资源、矿产分布、道路交通以及其他政治、军事和经济为主要内容。此外，考察队多由职业军人构成，荷枪实弹，横行霸道，具有明显的殖民侵略和文化掠夺特征。因此，这些考察的结果尽管不无其科学上的意义，但实际上为沙皇俄国侵略我国蒙古地区起到了重要作用。

与其他国家相比，俄国蒙古学自有其得天独厚的条件。俄国在地域上与蒙古地区相邻，蒙古学家可以比较方便地进行实地学术考察。同时，在俄国境内也有蒙古部落居住，土尔扈特人和布里亚特人在伏尔加河流域及西伯利亚地区繁衍生息，其历史和文化成为俄国蒙古学最初的研究对象，而其聚居地则成为蒙古学家学习的场所。自18世纪开始，中俄一直保持着密切的外交和贸易关系，俄国使团、商队往来穿梭于属于大清版图的蒙古地区，为俄国了解蒙古地区的社会、历史和文化创造了条件。而俄国东正教驻北京传教团不仅为俄国培养了很多汉学家，也是俄国蒙古学家的摇篮之一。喀山大学、圣彼得堡大学蒙古语专业的建立和发展，为俄国蒙古学的发展做出了重要贡献。综观1917年以前的俄国蒙古学研究，大体有三个主要研究领域。一是蒙古历史和地理，二是蒙古语言和文学，三是以喇嘛教为主干的蒙古文化。此外，俄国蒙古学自诞生之日起就十分重视蒙古语言书籍的搜集，从而为这一学科的发展奠定了坚实的文献基础。

第三节　藏学

藏学是俄国东方学的重要组成部分，俄国藏学家是国际藏学界的一支重要力量。俄国藏学的萌芽时期可以追溯到公元17世纪。1668年托博尔斯克军政长官戈杜诺夫曾组织过藏语教学，教师是一个土尔扈特人。史载最早的俄国藏语学习和研究者名为库利文斯基（П. И. Кульвинский）。此人任职于莫斯科外务衙门，他在1696年写的一份履历中称自己是"卡尔梅克语、蒙古语和唐古特语翻译"，曾为彼得一世草拟过致罗布桑台吉的信。尽管有关这个人更多的信息没有保留下来，但我们仍然可以确定，早在17世纪，俄国即有人开始学习藏语了。这个记载同时也说明，俄国从那时起已经开始搜集西藏信息了，进入了俄国藏学的准备阶段，或者前藏学时期。①

一、18世纪

俄国人认识西藏起源于18世纪20年代。当时在位于额尔齐斯河流域的阿卜赖寺中发现了藏文抄本。与西欧学术界拥有广泛联系的彼得一世的图书管理员舒马赫将其中一页寄送给了巴黎法国科学院以做出鉴别和翻译。尽管欧洲人从1708年起即开始尝试在尼泊尔和西藏传教，并有一些游记性作品发表，但对藏语的认识很有限。法国科学院将这个任务交给了著名东方学家傅尔蒙。傅尔蒙借助于法诺（Giovanni da Fano）的一部拉丁语藏语词典手稿确定了阿卜赖寺抄本上写的是藏文，但未能对文字内容做出正确解释。舒马赫后来在途经莱比锡时又请德国的东方学者予以破译，仍旧没有结果。虽然当时欧洲无人堪当此任，但此事立刻引起了俄国国内及国外学者的兴趣，神秘的藏文激起其破译的欲望。② 在这方面，生活在伏尔加河流域的土尔扈特人和后贝加尔地区的布里亚特人中间的西藏喇嘛发挥了重要作用。这些喇嘛属于知识阶层，有的不仅懂得藏语，而且还了解西藏文献，

---

① Востриков А. И. С. Ф. Ольденбург и изучение Тибета//Записки Института Востоковедения Академии Наук. Том IV. Москва-Ленинград, 1935.

② Востриков А. И. С. Ф. Ольденбург и изучение Тибета//Записки Института Востоковедения Академии Наук. Том IV. Москва-Ленинград, 1935.

可以帮助早期藏学家获得他们所需的知识。著名历史学家、彼得堡皇家科学院的格·米勒于1735年深入到色楞格斯克布里亚特人中间，结识了绰那寺的藏族学者、布里亚特第一位宗教领袖阿旺·彭措（Агван-Пунцог）。阿旺·彭措将阿卜赖寺中发现的抄本的第一页开头部分翻译成了蒙古语，并用蒙文字母标注了发音。格·米勒自己并不认识蒙古文，因而将阿旺·彭措的译文交给了外务院译员彼·斯米尔诺夫（Петр Смирнов），由后者翻译成俄文并用俄文字母标了发音。格·米勒将俄文译本翻译成了拉丁文，于1747年与藏文原稿一同发表，文章名为《西伯利亚唐古特抄本考释》。在这篇文章中，格·米勒还详细描绘了阿卜赖寺的遗迹，将那里的佛像公诸于世。格·米勒的著作是俄国解读藏文字的第一次尝试。[①] 另一位德国学者梅塞施密特于1720—1727年间率领考察团对西伯利亚考察期间将一本里面有梵、藏、蒙文字的中国刻本带回科学院。1725年加盟彼得堡皇家科学院的拜耶尔利用这份材料写成《婆罗门、唐古特及蒙古文基本文献》一文。此外，梅塞施密特还于考察期间耳听手录，编写过一个不大的藏语词汇表。[②]

18世纪70年代，又有一位彼得堡皇家科学院学者探访了布里亚特人，他就是著名东方学家、民族学家帕拉斯。他从西藏喇嘛那里获得了许多有关西藏的信息，内容涉及地理、语言和宗教等。在与西藏喇嘛的交流中，科学院译员伊耶里格给予了他很大帮助。伊耶里格的蒙古语和藏语都很好，他甚至为帕拉斯节译了一些藏语文献。帕拉斯将他搜集到的材料以及伊耶里格的译文收录进他的主要著作《蒙古各部族历史资料汇编》，此书共两卷，研究对象为居住在俄国境内的布里亚特人、蒙古人和西藏人。第一卷为《蒙古部落政治、自然、伦理历史文集》，出版于1776年，第二卷为《蒙古各部族以及西藏地区的

---

① Воробьева-Десятовская, Савицкий Л. С. Тибетоведение//Азиатский музей - Ленинградское отделение Института Востоковедения АН СССР. М., 1972.
② Пучковский Л. С. Монгольские, бурят-монгольские и ойратские рукописи и ксилографы Института востоковедения. Вып. 1. История, право. Ответственные редакторы Б. И. Панкратов, Д. И. Тихонов. М.-Л., 1957. С. 3

宗教、神祇、庙宇和迷信风俗，兼论故事情节产生的理论以及与之相关的等级制度》，出版于1801年。该书俄文简写本后来在《圣彼得堡通报》中陆续刊出。①

伊耶里格1770年曾到过卡尔梅克人驻地办差，开始学习和了解蒙古语言和风俗。1773年自荐给帕拉斯，作为翻译参加西伯利亚考察活动。在帮助帕拉斯的同时也独立进行藏学研究。从1790年开始，他在恰克图开始学习藏语，发表了对《玛尼全集》前8章和第九章起首部分的内容概述。据说，他在恰克图独立编写了一部简明藏语语法，但没有能够出版。1794年伊耶里格在《俄罗斯杂志》发表了俄国东方学史上第一个蒙古文、藏文和梵文书目。②

梅塞施密特、格·米勒、帕拉斯和伊耶里格搜集到了俄国第一批藏文文献，并进行了初步的描述和翻译。他们发表的作品对激发欧洲人对藏民族语言、文化的兴趣起了很大作用，并为俄国藏学从搜罗资料阶段向科学研究阶段过渡创造了条件。

二、19世纪上半期

与俄国汉学、满学和蒙古学相比，俄国藏学的形成稍晚一些，直到19世纪上半期才形成一门科学。尽管藏文抄本早在18世纪前期就在彼得堡皇家科学院有所收藏，但数量非常少。而从1829年开始，这种状况发生了明显的改变，藏文图书不断地被运到圣彼得堡，为此做出重大贡献的就是著名的东方学家伊·施密特。因为在这一年他被科学院选为院士。伊·施密特院士曾经在卡尔梅克人聚居地长期从事商业活动，中途弃商从文，学习了蒙古语和藏语。充当他老师的是当时在土尔扈特人和布里亚特人中经常可以见到的蒙古和西藏喇嘛。几

① Эрлих В. А. Русскоязычные издания XVIII века о Востоке и Российские немцы//Немецкий этнос в Сибири: Альманах гуманитарных исследований. Новосибирск, 2000. Вып. 2.

② Воробьева-Десятовская, Савицкий Л. С. Тибетоведение//Азиатский музей - Ленинградское отделение Института Востоковедения АН СССР. М., 1972.

年后，伊·施密特终于掌握了这些语言并且对某些西藏和蒙古的历史、宗教和文学典籍进行了研究。经过伊·施密特院士的努力，俄国藏学从一开始就能与欧洲藏学大国并驾齐驱，在某些问题的研究上有过之而无不及。1839年，伊·施密特用俄文和德文同时出版了《藏语语法》。在此之前，被誉为西方藏学鼻祖的匈牙利藏学家乔玛于1834年出版了《藏英词典》和《藏语语法》。伊·施密特显然参考了乔玛的著作，但在自己的作品中更多地运用了从各种藏学书籍中收集到的资料。在俄文版《藏语语法》前言中，伊·施密特对欧洲和俄国的藏语学习与研究历程进行了回顾和总结。他认为，由于蒙古土尔扈特部和布里亚特部将丰富的藏文文献带入俄境，因此俄国在藏学领域具有欧洲其他国家所不可比拟的优势。[①] 而后，伊·施密特又分别于1841年和1843年出版了《藏德词典》和《藏俄词典》。这两部词典在俄国藏学史上具有划时代的意义，至今不失科学价值，原因是作者在编写过程中参考了最重要的藏语文献，同时还运用了具有卡尔梅克文和蒙古文译本的藏文书籍。卡尔梅克文和蒙古文译文对伊·施密特透彻理解某些藏语词汇的含义起到了很大的帮助作用。在词汇排列上，伊·施密特舍弃了前人依据词汇首字母排列法，而首次使用了词根排列法。这一方法后来成为所有藏外词典唯一的词汇排列方式。法国藏学家富科（P. E. Foucaux，1811—1894）认为伊·施密特的藏文词典及文法书要优于乔玛的著作，因而决定从1844年起将伊·施密特的著作作为法兰西学院的教材，这在一定程度上说明俄国藏学在世界东方学界的影响。伊·施密特的藏语研究并不只限于编写藏语语法和词典。他从一开始就对藏语文字的起源以及将藏语与印度诸语言的异同进行比较研究很感兴趣。史载藏文创建于公元7世纪前期，吐蕃部落第33代赞普松赞干布掌权后，派大臣吞米·桑布扎等16人赴天竺（印度）求学拜师，精研梵文和佛学。返藏后，吞米·桑布扎结合藏语音韵规律，吸取古藏文精华，经过整理和再创造，形成了30个辅音字母、4个元音符号的藏文文字体系。1832年伊·施密特发表了

---

① Шмидт Я. И. Грамматика тибетского языка. СПб., 1839. С. 5-6.

《关于藏文的起源》一文，通过对比藏文字母和印度北部婆罗米文字母书写方法，试图从科学上对有关藏语文字产生的记载进行验证。他所提出的关于藏文字来源于北印度婆罗米字变体之一的立论一直受到重视。[1]

伊·施密特兴趣广泛，对藏学许多问题的研究具有开创意义。1832年，伊·施密特出版《佛教基本论旨》，对佛教的历史和思想进行了研究。1843年，伊·施密特将藏文文献《贤愚经》翻译成德文发表。在伊·施密特的协助下，希林格石印出版了纳塘版《甘珠尔》目录，由于这是俄国乃至西方印刷的第一个藏文文献目录，因而对世界藏学的发展具有重要意义。1847年，他与比奥特林格（О. Бётлингк，1815—1904）共同为亚洲博物馆收藏的藏文文献编写了目录，名为《皇家科学院亚洲博物馆所藏之藏文抄本与刻本》。[2] 可以说，伊·施密特在俄国首次对藏族的语言、历史和宗教进行了深入的思考和科学的分析，其著作为俄国藏学的发展奠定了基础。

即便当我们回顾俄国藏学的发展历史时，依然不能忽略比丘林的功绩。1828年他翻译了《卫藏图识》，俄译本名为《西藏志》。书中对西藏的历史和地理进行了详细的描述。1833年，比丘林出版了《西藏青海史》，该作是廿三史和《资治通鉴纲目》等中国史书有关西藏和青海内容的译文。"如果说乔玛首开国外利用藏文资料研究藏学风气的话，比丘林可以说是首开国外利用汉文资料研究藏学的风气。"[3]

除比丘林以外，曾经随俄国东正教驻北京传教团来华的许多僧俗人员都曾学习过藏语，并为俄国的藏学研究做出过贡献。比如，安文公唯一出版的著作为《亚洲司图书馆藏汉满蒙藏梵文图籍目录》，共

---

[1] Воробьева - Десятовская, Савицкий Л. С. Тибетоведение//Азиатский музей - Ленинградское отделение Института Востоковедения АН СССР. М.，1972.

[2] История отечественного востоковедения до середины XIX века. М.，1990. С. 284-285.

[3] 房建昌：《西藏学研究在俄国和苏联》，中国社会科学院中国边疆史地研究中心，铅印本，1987年，第4页。

辑录 609 种典籍及地图，其中藏文文献有 75 种。此外，他还编写过《俄藏词汇》和《中国及西藏札记》，但都没有出版。① 戈尔斯基与王西里、巴拉第同为第十二届传教团成员。此三人都对佛学产生了兴趣，以不同的角度和方式对藏传佛教进行了研究。戈尔斯基翻译了章嘉呼图克图二世于乾隆三十八年监修完成的《满汉蒙古西番合璧大藏全咒》，同时译有《悉昙释义》，但均未能发表。第十三届传教团修士辅祭奥沃多夫以魏源的《圣武记》、祁韵士的《皇朝藩部要略》以及额勒德特·和瑛的《西藏赋》等文献为基础，撰有《中国与西藏关系史概论》。

由于蒙古的喇嘛教源于藏传佛教，而佛经文献主要译自藏文，因而，俄国蒙古学家在对蒙古喇嘛教的研究中必然会涉及藏传佛教问题，也就是说，必然要涉及藏学问题。在这方面奥·科瓦列夫斯基就是一个典型。他于 1837 年出版了《佛教宇宙论》。他未能发表的佛教研究著作有《佛教史》《佛教历史年表研究》《西藏佛教改革家宗喀巴生平》《班智达传》和《西藏达赖喇嘛传记》。仅从这些书的名称上就可以看出奥·科瓦列夫斯基的佛学研究与藏学有着多么紧密的联系。特别是后 3 部作品所研究的对象就是西藏的宗教领袖。可以设想，这些书如能及时出版，必然会对俄国藏学发展有所贡献。

19 世纪上半期，伊·施密特、比丘林、奥·科瓦列夫斯基等学者通过翻译、介绍和研究藏学文献，不仅使俄国藏学达到了与欧洲藏学比肩而立的地位，也为这个学科的进一步发展奠定了基础。

三、19 世纪下半期—20 世纪初

19 世纪下半期，俄国的藏学研究得到进一步发展。这个时期的藏学家构成比较复杂，既有如王西里、希弗涅尔（А. А. Шифнер，1817—1879）和米纳耶夫（И. П. Минаев，1840—1890）这样的学

---

① Августин(Никитин). Архимандрит Аввакум(Честной) - миссионер, дипломат, востоковед//Миссионерское обозрение. 2002. №7.

者，也有以普尔热瓦尔斯基为代表的一大批打着各种旗号前往西藏的探险者或旅行者，还有为沙俄侵略西藏效犬马之劳的政治投机者巴德玛耶夫（П. А. Бадмаев，1849—1920）、德尔智（Агван Доржиев，1853—1938）和乌里亚诺夫（Дамба Ульянов）等。这些人对西藏的地理、历史、宗教和文化进行前所未有的全面研究，呈现出了各不相同的特色。19世纪末20世纪初，年轻一代学者奥登堡、谢尔巴茨科伊、齐比科夫、巴拉津和屈纳又将俄国藏学推向新的高度。

王西里去北京的最大任务就是学习藏语，回国后尽管多次向圣彼得堡大学校方提出开设藏语课程的建议，然而直到他去世仍未能如愿。后人从王西里的档案中发现了他精心制定的藏语专业教学计划，内容包括藏语语言、西藏历史和地理、西藏与中原的关系以及西藏文学。《甘珠尔》和《丹珠尔》也被纳入了教学方案。[1] 此外，王西里编写的《佛教术语词典》，除翻译了梵藏合璧《翻译名义大集》外，还利用了大量藏文文献。他在撰写《佛教各流派文献述评》时参考了章嘉呼图克图二世的作品。他的《西藏佛教史》根据松巴堪布的《如意宝树史（印藏汉蒙佛教史如意宝树）》第二部分写成。王西里的藏学研究功力在当时的世界汉学界应该是首屈一指的。但遗憾的是，王西里的藏学研究成果只有一小部分发表，按照他自己的话来说，仅仅是"导论"或"引言"部分，而"正文"部分至今未见天日。他在19世纪中期已经做过的工作，国际藏学界直到19世纪末期才开始有人涉足。

圣彼得堡皇家科学院编外院士希弗涅尔是俄国第一位完全通过自学而掌握了藏语并从事藏学研究的藏学家。他还是一位印度学家，撰写过几本大部头著作。在藏学研究领域，他兴趣广泛，藏语语法、佛教和西藏文学都是他的研究对象。在藏语语言学领域，他没有像伊·施密特一样描绘藏语的语法体系或者编写藏语学习教材，而是努

---

[1] Куликова А. М. Академик В. П. Васильев (1818－1900) и его несостоявшаяся роль преподавателя－тибетолога//Куликова А. М. Российское востоковедение XIX века в лицах. СПб. , 2001.

力利用现代语言学知识阐释藏语中的某些具体语言学问题。他写有一系列关于藏语语音学和词法学的论文，首次分析了藏语的元音系统和辅音体系，对藏语词缀的功能和起源提出了自己的观点，研究了藏语中语气词的语法构形功能，许多结论在后来藏学家们的著作中得到了发展。希弗涅尔在佛教领域的成就主要是对佛教文献、佛学词典、西藏作者所撰佛教历史著作的翻译、整理与出版，并利用藏语文献撰有《藏传佛教创始人释迦牟尼生平》。1859 年，希弗涅尔在圣彼得堡出版了《梵藏蒙语佛教辞典》。希弗涅尔是世界上第一个研究《十万龙经》的人，发表了《苯教经典十万龙经》。《十万龙经》全称《花、白、黑十万龙经》，是藏族苯教的根本经典，相传为苯教祖师登巴贤若亲口讲述逐渐形成的一部经典。希弗涅尔的研究非常精细而透彻，以致后人难有超越者。后来只有美籍德国藏学家劳费尔（Berthold Laufer，1874—1934）做过研究，著有《苯教十万龙经研究》。几乎与王西里同时，希弗涅尔将多罗那他的《印度佛教史》从藏文翻译成德文。在翻译过程中，希弗涅尔充分利用了王西里的俄文译本，甚至"将王西里的错误也转移到了自己的译本当中"，同时亲身感受了王西里深厚的学识以及为翻译这部文献所付出的辛劳，决定帮助王西里出版佛学研究著作和《印度佛教史》。① 希弗涅尔非常重视对藏文《丹珠尔》和《甘珠尔》的研究，尤其对《丹珠尔》中有关逻辑学、医学和语法学的内容感兴趣，视其为西藏学者对印度三藏佛经的贡献。《甘珠尔》中那些在西藏土地上产生的佛教内容的文学情节给他留下了深刻的印象。他编写了一部带有鲜明西藏特色的印度故事集《源于印度的西藏故事》，后来在他死后的 1882 年于伦敦出版，得到欧洲东方学界的高度评价。经过希弗涅尔的努力，俄国亚洲博物馆的藏文抄本和刻本的数量有了显著增长，1848 年，他又编写了一个书目，以补

---

① Востриков А. И. С. Ф. Ольденбург и изучение Тибета//Записки Института Востоковедения Академии Наук. Том Ⅳ. Москва-Ленинград,1935.

充伊·施密特与比奥特林格的目录。①

米纳耶夫是俄国著名的印度学家、佛学家，毕业于圣彼得堡大学，其博士学位论文《巴利文语音与词法概述》是世界上第一部以印度语言学传统为基础的巴利文语法，被翻译成了英文和法文。他在翻译梵文典籍时经常要参考藏文译本。在1887年出版的《佛教——研究与材料》一书中包含了对拉卜楞寺藏译梵文文献的论述。米纳耶夫为俄国培养了一批印度学和佛学研究人才，是俄国印度学派的奠基人，奥登堡和谢尔巴茨科伊就出自他的门下。

奥登堡在促进西藏研究方面做了大量工作。1897年，在他的倡议和亲自领导下，彼得堡皇家科学院开始编辑出版"佛学文库"。除俄国学者以外，他还邀请了一些外国学者参加。在所出版的32卷中，有14卷为藏传佛教内容，其中既有藏文经典，也包含了许多有关佛教在西藏流传历史的材料。以奥登堡为首的编者们在书中利用希林格当年请布里亚特画师绘制的佛像，按照藏文字母顺序编制了佛像目录。1909—1910年和1914—1915年，在俄国中亚东亚研究委员会的资助下，他两次率团赴中国西部考察。在敦煌掠得大量藏文抄本。但由于不久以后就爆发了十月革命，他没能来得及对这些资料进行系统的整理和研究。

谢尔巴茨科伊生于波兰，1889年毕业于圣彼得堡大学历史语文系，曾在奥地利、德国和印度深造。1897年起与奥登堡组织世界名家出版著名的"佛学文库"。1901年起在圣彼得堡大学任教。1910年被选为彼得堡皇家科学院通讯院士，1918年为苏联科学院院士，一生致力于梵藏文佛典的刊布、研究和注释工作。谢尔巴茨科伊在佛学研究中广泛地利用了藏文典籍。他擅长以印度哲学为背景研究佛教哲学，同时详细比较同一部佛经的梵文和藏文文本及注释，发现其中异同。1904年，他翻译了古印度学者法称（生活于约7世纪，是印度大乘瑜伽行派论师，因明学者）的佛教逻辑著作《正理滴论》（又名《正理

---

① История отечественного востоковедения с середины XIX века до 1917 года. М., 1997. С. 288–289.

一滴》或《正理云隅》），同时发表了梵文和藏文两个文本。1910 年在印度从事佛典研究。其主要佛学成就有《佛教中心概念和"法"词义》（1923 年）、《佛教涅槃概念》（1927 年）、《佛教因明》（两卷）（1903—1909 年）、梵文《辩中边论》英译本（1930—1932 年）。他还校刊了《阿毗达磨俱舍论》《集量论》等佛典。谢尔巴茨科伊以其独具特色的研究缔造了苏联新藏学学派，在国际学术界颇有影响，是欧洲多种学术团体的名誉会员。①

19 世纪下半期至 20 世纪初，俄国学院派藏学家中有两位去过西藏。首先值得一提的是齐比科夫。这位圣彼得堡大学东方语言系毕业生在上大学之前就曾在蒙古地区旅行。1899 年亚洲博物馆和俄国皇家地理学会之所以选择他前往西藏，还因为他是布里亚特人，可以比较方便地化装成朝圣的信徒。他的任务是搜集西藏的地理、历史和民俗学材料，同时获取藏文抄本和刻本。1899 年 11 月 25 日，他随一驼队从库伦出发，于 1900 年 8 月 3 日来到拉萨，并在这里一直停留到 1901 年 9 月 10 日。而后他遍访藏区主要城市和宗教中心，诸如拉卜楞寺、大昭寺、甘丹寺、色拉寺、札什伦布寺等，直到 1902 年 5 月 2 日才返回恰克图。这是一次非常艰难的旅行，同时也是一次成果丰硕的科学考察。他不但在拉萨和旅途中拍摄了大量照片，而且收集到了有关西藏历史、地理、民族学的许多书籍和佛教经籍，共计 333 卷藏文刻本。回国途中，他就在一个喇嘛的协助下开始翻译宗喀巴的《菩提道次第论》，最终将其中的一章翻译成了俄文，至今受到学术界的重视。回国以后，齐比科夫在俄国皇家地理学会会议上做了题为《西藏中部》的报告。《佛教香客在圣地西藏》是他最著名的藏学著作，1918 年由俄国皇家地理学会出版，书中描绘了西藏农奴的悲惨生活。② 齐比科夫的藏学成就得到了俄国学术界的高度评价，获得了俄

---

① Семичов Б. В, Зелинский А. Н. Предисловие//Щербатской Ф. И. Избранные труды по буддизму. М. ,1988.
② 王献军编译：《崔比科夫的藏学研究》，《西藏民族学院学报（社会科学版）》1992 年第 1 期；Воробьева-Десятовская, Савицкий Л. С. Тибетоведение//Азиатский музей-Ленинградское отделение Института Востоковедения АН СССР. М. ,1972.

国皇家地理学会颁发的普尔热瓦尔斯基金质奖章。1981年苏联出版两卷本《齐比科夫选集》，收录了齐比科夫的主要藏学著作，上卷为《佛教香客在圣地西藏》，下卷主要内容是他的日记和考察报告。

第二位前往西藏考察的学者是巴拉津。为了加强对中国西部地区的研究，俄国中亚东亚研究委员会1903年决定委托奥登堡和谢尔巴茨科伊将圣彼得堡大学布里亚特族旁听生巴拉津——培养成佛教研究者。巴拉津从两位老师那里学会了蒙古语、藏语和梵文，了解了主要的藏传佛教经典。1904年英国军队入侵西藏时达赖喇嘛逃到了喀尔喀蒙古，一度向俄国沙皇靠拢，期望得到后者的帮助以抗衡英国。1905年达赖喇嘛建议谢尔巴茨科伊伴送他回西藏，俄国中亚东亚研究委员会随即提议派出谢尔巴茨科伊和时任圣彼得堡大学蒙古语讲师的巴拉津随同。由于俄国外交大臣担心此举引起外交麻烦，所以只同意巴拉津乔装成香客前往。他的主要任务是继续深入研究藏传佛教，调查各大寺院的藏书情况。从1906年6月至1907年1月，他完成了拉卜楞寺之旅，记了大量日记，并翻译了一部藏学经典，俄文书名为《拉卜楞寺金殿弥勒菩萨像》，发表于"佛学文库"第22卷，1926年该著英译本出版。巴拉津的日记《拉卜楞寺游记》于1908年出版，其中对拉卜楞寺进行了详细的描述，记录了僧人们的日常生活状况，介绍了西藏的文学、佛教哲学以及西藏教育体制。他从拉卜楞寺带回了约200卷西藏作者的著作，其中大部分是拉卜楞寺刊印的，大大充实了亚洲博物馆的藏书。①

20世纪初，海参崴东方学院出现了一位天才学者，在年近30岁时便完成了一部藏学研究巨著《西藏全志》，他便是屈纳。这本书分两卷，每卷包括上下两部分。第一卷为《西藏地理记述》，分西藏地理和西藏游历两部分。作者对西藏的地理地貌以及此前历史上所有外国人的西藏游历活动进行了总结。第二卷为《西藏民族学记述》，第一部分介绍西藏居民构成及风俗民情，第二部分为西藏经济概要。屈纳

---

① История отечественного востоковедения с середины XIX века до 1917 года. М., 1997. С. 377 – 379.

利用了大量西文和俄文文献，对西藏地理和历史进行了精细的描述。这部著作以其结构宏大、资料丰富、方法得当而受到俄罗斯学者的重视。他被尼基福罗夫视为"最称得上是比丘林传统的继承人了"。[1]

19 世纪 70 年代以后，随着英国和俄国争夺西藏利益的日趋激烈，许多俄国探险家在俄国政府的授意下打着"游历"和"考察"的名义进入西藏地区。俄国皇家地理学会充当了这类考察活动的主要组织者，先后派出普尔热瓦尔斯基、波塔宁、别夫措夫、格鲁姆—格尔日迈洛、科兹洛夫等沙俄军官率领的十几支西藏考察队。这些考察队的主要人员是全副武装的军人，他们不顾当地人民的反对，明目张胆地收集西藏地区的政治、经济和军事情报，以及地质、气象、考古和动植物资料，甚至惨无人道地枪杀藏族同胞。这些考察队在地理、考古、矿业、植物、动物和气象等方面多有发现，所出版的许多考察报告或游记作品在国际藏学领域占有重要地位。

普尔热瓦尔斯基是俄国有计划、有组织对西藏进行考察的倡始者。在他组织的 4 次对中国西北边疆的考察中有 3 次是针对西藏的。1879—1880 年普尔热瓦尔斯基实施了他所称的"第一次西藏考察"。考察队一行 14 人，携带了充足的武器弹药，在总参谋部副总参谋长的指挥下，于 1879 年 4 月从斋桑出发，穿过准噶尔戈壁，经过兰州、青海布尔汗布达山，11 月登上唐古拉山，首次进入藏境。西藏地方政府接到驻藏大臣松溎转达的关于总理衙门放行俄人的指示后，命令各地严加防范，在唐古拉山布置岗哨，截断普尔热瓦尔斯基前行道路。俄国考察队在翻越唐古拉山口时与藏人发生冲突，普尔热瓦尔斯基下令开枪，打死打伤我藏胞多人。当考察队行至那曲时，受到西藏官员的坚决阻拦。普尔热瓦尔斯基不得不折头北归，又不顾西宁大臣的警告，到黄河上游和青海湖继续考察，于 1880 年 11 月返回恰克图，结束了第一次西藏之旅。普尔热瓦尔斯基尽管没有进入拉萨，但对所经之地进行了测绘，探察了前往拉萨的道路，搜集了大量情报，其助手罗博罗夫斯基（В. И. Роборовский，1856—1910）采集了约 1500 种

---

[1] Никифоров В. Н. Советские историки о проблемах Китая. М. ,1970. С. 27.

植物的 12000 份标本。1883 年普尔热瓦尔斯基出版了《从斋桑经哈密前往黄河上游》一书,记录并总结了此次考察的成果。普尔热瓦尔斯基在第一次西藏考察结束后立刻就开始了第二次进藏的准备。他的两年考察计划得到了俄国皇家地理学会的批准。考察队于 1883 年 11 月从恰克图启程,经过库伦,次年 3 月在安多地区的扎藏寺扎营,等待总理衙门颁发继续前行的护照。但西藏民众决意不允许俄人进入拉萨,利用各种方法予以阻挡。1884 年 7 月,俄国人再次向藏民开枪,造成重大伤亡。在这种情况下,普尔热瓦尔斯基本人也对进入拉萨失去信心,遂掉头从西线经新疆回国,于 1885 年 11 月到达伊塞克湖。1888 年普尔热瓦尔斯基出版此次考察的报告《从恰克图到黄河源》,这是普尔热瓦尔斯基的最后一部旅行报告。1888 年,普尔热瓦尔斯基组织了一次规模更大的西藏考察,并决心不惜一切代价进入拉萨。但当考察团行至伊塞克湖时,普尔热瓦尔斯基喝生水染病暴死。俄国皇家地理学会不得不任命别夫措夫为新领队,减少了队员人数,将任务调整为"考察从玉陇喀什河上游到罗布泊之间昆仑山脉的边缘,以及由此以南西藏高原的北缘"。[①] 普尔热瓦尔斯基的考察报告具有很高的科学价值,受到国际藏学界的重视,被翻译成多种文字出版。

  普尔热瓦尔斯基死后,俄国政府对西藏考察活动给予了更大的支持,不断派出人员更多、装备更精的考察队。1884 年俄国皇家地理学会派遣波塔宁率队考察西藏东部地区。考察队从海路经过烟台先赴北京,然后从北京经过兰州、西宁,于 5 月底到达拉卜楞寺,然后折向东南,经过卓尼寺、岷州、松潘,最后北上兰州,回塔尔寺。1886 年 4 月波塔宁考察队离开塔尔寺回国,11 月抵恰克图。波塔宁此次考察与普尔热瓦尔斯基 1883—1885 年之考察有密切关系,旨在探察从东面进入西藏的可能。他曾得到俄国驻华公使馆官员柏百福的协助,收集了大量历史、地理和民族学材料,回国后整理成一部巨著《唐古特—西藏地区与蒙古中部》,并将途中收集到的神话和故事也收录其中,使该作不像此前出版的以自然地理描述为主的中国探险记录。圣

[①] 周伟洲主编:《英国、俄国与中国西藏》,中国藏学出版社,2000 年,第 157 页。

彼得堡大学伊万诺夫斯基教授对该书的印刷提供了帮助。由于得到了汉学家的前后帮助，波塔宁著作在内容和质量上都得到了更好的保障。① 伊万诺夫斯基将其译自藏语的《显示解脱和成佛道路瑜伽自在大士米拉日巴尊者传》收录入波塔宁 1893 年出版的《唐古特——西藏地区与蒙古中部》一书。普尔热瓦尔斯基死后，别夫措夫带领包括科兹洛夫、罗博罗夫斯基在内的 20 余人于 1889 年 5 月从卡拉库尔出发，经过阿克苏、喀什噶尔，向南经和田、于田等地，沿昆仑山和阿尔金山脉考察，一度越过昆仑山，到达藏北的什库里河。因为没有找到前行道路而返程。别夫措夫 1891 年发表了《经喀什噶尔前往藏西北的初步报告》一书。1889—1890 年间，格鲁姆—格尔日迈洛兄弟考察天山东部和南山，于 1890 年 3 月南下到青海塔尔寺，不顾西宁大臣警告，拟由青海入藏，于 7 月进入小雪山。迫于中国政府的压力，格鲁姆—格尔日迈洛一行不得不返回。科兹洛夫于 1899 年率考察队来华，其主要任务是考察阿尔泰山南部以及西藏的东部和中部。考察队从阿尔泰出发，经过阿拉善到青海，最后到达玉树第四十族地区。考察队多次与阻挡其前行的藏民发生冲突，科兹洛夫下令开枪打死我藏胞多人。尽管他软硬兼施，还是没有达到进入拉萨的目的，最后只到了拉多和德格地区。科兹洛夫涉及西藏的主要著作就是这次考察的报告《蒙古与康区》和《康区及归途》。1907 年到 1909 年科兹洛夫率蒙古四川考察团来华，曾到过西藏的安多地区。这次考察最重要的发现莫过于是在大漠戈壁之中找到了黑水城遗址，掠走大量图籍和文物，并出版了《蒙古、安多及黑水死城》一书。1920 年科兹洛夫还出版了一部名为《西藏与达赖喇嘛》的著作。②

　　为了与英国争夺西藏，俄国人利用地理位置上的优势和中俄不平

---

① История отечественного востоковедения с середины XIX века до 1917 года. М.，1997. C. 356.
② 周伟洲主编：《英国、俄国与中国西藏》，中国藏学出版社，2000 年，第 156—167 页；Гончаренко С. Н. Из истории русско‐китайских отношений：русские путешественники в Китае во второй половине XIX в.∥И не распалась связь времен....：К 100-летию со дня рождения П. Е. Скачкова：Сб. ст. М.，1993.

等条约赋予的特权,派遣的考察团远不止以上所罗列的这些。从中可以发现,这些考察早已超出了纯粹的学术范畴。正如《英国、俄国与中国西藏》一书所言,19世纪以西藏为目的地的俄国考察队具有三个特点。一是受帝俄陆军部、外交部的直接资助和指挥,考察者多为职业军人。为了完成考察任务,多次向藏民开枪。二是具有明显的搜集情报性质,规模大,范围广,手段多。三是在从事所谓考察的同时完成政府交派的政治任务,在藏族上层中从事颠覆分裂活动。①

在中俄关系史上,巴德玛耶夫和德尔智两个布里亚特人后裔都是臭名昭著的人物。巴德玛耶夫原名扎木萨朗,1871—1875年在圣彼得堡大学东方语言系和圣彼得堡医学院学习,毕业后进入俄国外交部亚洲司,同时兼任圣彼得堡大学的蒙古语讲师。他于19世纪90年代提出了一个吞并包括西藏在内的中国西北地区的侵略计划,即"巴德玛耶夫计划",受到沙皇亚历山大三世和财政大臣维特的支持。此人在藏医研究上具有开拓之功。1898年,发表了《论藏医体系》。1903年出版了他所翻译的《四部医典》中的前两部,书名为《巴译"居悉"医学体系导论》。此作的最大特色就在于将《四部医典》中的藏医理论和实践综合归纳为西方人能够理解的一套完整的医疗体系,具有较高的学术价值,直到今天俄罗斯仍在再版。德尔智出生在外贝加尔,19岁入西藏哲蚌寺学经,获拉让巴格西学位。他积极谋划并参与俄国侵略西藏以及西藏与中国中央政府的分离活动。在藏学领域,他发表过一些文章和论著,如1909年发表的《打卦——一种拉萨的宗教习俗》等。他最重要的著作是对《青史》的研究,俄文标题直译为《蒙古简史——据蒙古文本〈青史〉》,1912年于圣彼得堡出版。书中宣扬了他一再坚持的观点,即俄国为传说中的香拔拉,俄国沙皇就是香拔拉的君主,立论非常荒诞。无独有偶,卡尔梅克喇嘛乌里亚诺夫原为随军喇嘛,曾于1904—1905年率领俄国陆军总部的军事间谍队前往拉萨刺探情报,1913年发表游记《佛陀的罗曼诺夫王朝预言以及笔者1904—1905年西藏游记》,附和德尔智的谬论,称俄国就是

---

① 周伟洲主编:《英国、俄国与中国西藏》,中国藏学出版社,2000年,第167—169页。

北方极乐世界香拔拉,为俄国侵略西藏鼓噪。① 在拉萨期间,他目睹当地藏医将他的一个从三层楼窗户坠下、几无生还可能的同伙奇迹般地救活,遂立志研究藏医中隐藏的奥秘。② 他主要译有《四部医典》中的第一部《札居》,1901年出版。

在藏医研究方面,除巴德玛耶夫和乌里亚诺夫以外,作为俄国皇家地理学会东西伯利亚分会成员和第十一届传教团医生的秦缓也是一位很引人注目的人物。此人从多个角度对藏医进行了研究,尤其是将其放在藏族文化的大范畴中探讨其与藏传佛教的关系,将其视为喇嘛教学说的有机组成部分。秦缓认为汉、蒙古、藏三民族的医学之间存在某种渊源关系。他发表的藏医研究论著主要有《喇嘛与医生》《藏医揭秘以及与喇嘛斗争之手段》《布里亚特喇嘛的藏医》《后贝加尔藏医之特点》《藏医作为喇嘛教学说一部分的现代意义》《研究后贝加尔民间医学与藏医的意义》《东方医学体系〈藏医、汉医及我们的民间医学〉共同实践特点》《论藏医》等。此外,他还为俄国皇家地理学会搜集了许多与藏医有关的药物、器械和书籍。③

第四节　敦煌学与西夏学

20世纪初,西方探险者和学者接踵来到我国西部,进行所谓的学术考察。俄国政府不甘落后,派出考察队,尾随西方人而至。他们分别在敦煌和黑水城盗走我国大批珍贵历史文物。这些文物以其独特的价值引起世界的关注,吸引了许多学者加入研究者的行列,由此逐渐

---

① 房建昌:《西藏学研究在俄国和苏联》,中国社会科学院中国边疆史地研究中心,铅印本,1987年,第10—16、90—92、134—135、224—225页。
② Васильев Владимир. Миссия в Тибет//Россия. 25–30 марта 2004 г.
③ 房建昌:《西藏学研究在俄国和苏联》,中国社会科学院中国边疆史地研究中心,铅印本,1987年,第149—150页。

形成了两个非常独特的、从一开始就具有国际背景的学科——敦煌学与西夏学。在这一过程中，俄国的探险家和学者扮演了极其重要的角色。俄国人依托丰富的文物资源，在敦煌学和西夏学领域都取得了一定成就。

一、敦煌学

公元 1900 年 6 月 22 日（清光绪二十六年农历五月二十六），敦煌莫高窟下寺道士王圆箓在清理窟内积沙时，无意间发现了藏经洞（今第十七窟），从中出土了公元 4—11 世纪的佛经、文书、刺绣、绢画和法器等文物 5 万多件。这一发现震动了世界。英国人斯坦因（M. A. Stein, 1862—1943）、法国人伯希和、日本人橘瑞超（1890—1968）、俄国人奥登堡等探险家、学者接踵而至，从无知而贪财的王圆箓手中骗取大量藏经洞文物，致使敦煌文献惨遭劫掠，绝大部分流散世界各地。除俄罗斯外，英国不列颠图书馆藏 13000 件，法国巴黎国家图书馆藏 5779 件，日本藏约 600 件，美国至少藏 22 件，丹麦藏 14 件，我国藏 17500 余件。1930 年，史学大师陈寅恪在为陈垣所编《敦煌劫余录》一书所作的序中第一次提出了"敦煌学"一词，并且发出了"敦煌者，吾国学术之伤心史也"的慨叹。

说起俄国的敦煌学，人们立刻会想到奥登堡。此人生于 1863 年，10 岁以前随父母旅居德国、瑞士和法国，1873 年定居波兰华沙。从华沙第一中学毕业后，奥登堡进入圣彼得堡大学东方语言系学习，师从东方学家科索维奇（К. А. Коссович, 1815—1883）和米纳耶夫学习梵文和阿维斯陀语言。此外，阿拉伯学家罗津、伊朗学家扎列曼以及汉学家王西里分别在阿拉伯语、伊朗语、汉语和藏语方面加以指导。大学期间奥登堡就在法国的杂志上发表科学论文。1885 年，奥登堡以优异成绩毕业并留校任教。1887 年被派往欧洲学习。他在法国和英国的图书馆中阅读了大量佛教写本和印度古代叙事文学文献，与欧洲一流的东方学家建立了深厚的友谊与牢固的学术联系。1889 年回国后接替患病的米纳耶夫讲授梵文，1897 年晋升为教授。1900 年奥登堡被选为彼得堡皇家科学院院士。1902 年，奥登堡根据第十三届国际东方学家大会决议筹组俄国中亚东亚研究委员会，该委员会从 1903 年起向中国西部省份派出多个考察团。1904 年奥登堡担任圣彼得堡皇家科学院常务秘书，1916 年起担任亚洲博物馆馆长。十月革命以后，奥登堡采取了与苏维埃政权合作的姿态，为苏联东方学的建立和发展做了许多卓有成效的组织工作。①

至 19 世纪末，印度和阿富汗已经沦为英国的殖民地，沙俄势力也扩展到了里海一带，位居其间的中亚和中国西北地区遂成为列强觊觎的目标。这一地区自古就是中西文化交流的重要通道，早在公元前后，佛教已在此地蓬勃发展，遗留下来大量珍贵古迹和文物。奥登堡转而开始研究来自中亚地区的佛经写本，对俄国驻喀什总领事彼得罗夫斯基（Н. Ф. Петровский，1837—1908）先后在喀什、和田、库车、库尔勒和阿克苏等地获得并运回圣彼得堡的大量珍贵抄本进行了研究。

1909—1910 年，由奥登堡率领的"中国突厥斯坦考察团"在考察新疆吐鲁番地区的同时，来到了敦煌。考察团成员包括画家兼摄影师杜金（С. М. Дудин）、矿业工程师兼地形测绘员尼·斯米尔诺夫（Н. А. Смирнов）。在俄国人之前已有德国的格林维德（Albert Grunwedel，1856—1935）、英国的斯坦因和法国的伯希和捷足先登，奥登堡对此非常清楚，但始终认为西欧人只是拿走了那些表面上的文物，一味地搜寻写本，并没有进行过真正意义上的考古发掘，也没有绘制洞窟与寺庙图样。奥登堡考察团通过发掘，发现了大批文物，同时测量了地形，绘制了洞窟图样。回国后奥登堡在俄国皇家考古学会汇报了考察结果，发表了考察报告，文物则由艾尔米塔日博物馆和亚洲博物馆收藏。丰富的考察成果以及西方各国在中国西部的大肆劫掠，促使俄国政府进一步加大了对中国西部地区考察的资助力度。

---

① Боргард-Левин Г. М. и др. Академик С. Ф. Ольденбург - исследователь древней культуры Центральной Азии//Памятники индийской письменности из Центральной Азии. Выпуск 3. М. ,2004 г.

1913年俄国政府向俄国中亚东亚研究委员会拨款10万卢布。1914年奥登堡组织了第二次"俄国突厥斯坦考察",实际的考察对象只有敦煌,目的是"确定中国及中国突厥斯坦佛教艺术文物的年代,为描述该艺术的各种风格搜集足够的资料"。[1] 杜金和尼·斯米尔诺夫依然在考察队成员名单之内,另外还增加了画家比肯别格(В. С. Бикенберг)以及民族学家罗姆别格(Б. Ф. Ромберг)。近年来俄罗斯学者经常强调奥登堡敦煌考察队在考察方法上与其他国家考察队不同,称奥登堡曾批评英、法、日、美考察队过于粗暴地对待敦煌文物,致使其中很大一部分遭到破坏或丢失。奥登堡对德国探险家勒柯克(A. von Lecoq,1860—1930)用特制剪刀剥取洞窟里精美壁画的行为尤其感到不满,认为勒柯克是"纯粹是为博物馆搜集文物的,未经专门训练"。在1914年初俄国中亚东亚研究委员会的会议备忘录中确实留下了这样的记录:"奥登堡提到某些探险者的毁灭性工作所导致的后果不仅没有促进对文化古迹的研究,而且还使其失去了学术价值。他指出在未来的考察中必须小心对待这些独特的文物。"[2] 奥登堡为考察队确定了严格的考察原则:"不对所研究对象进行任何破坏,不从墙上撬拆任何东西,不剥取壁画,不运走雕像,对所有这些进行拍照、素描、制作摹本,加以描述。只拿走那些由岁月侵蚀而剥落或被先前考察队丢弃的东西。"[3] 奥登堡考察队于5月20日到达千佛洞。他们首先花费了3个月的时间对洞窟进行查看和描述。俄国人并没有对洞窟重新进行编号,而是采用了伯希和的编排顺序,只是将伯希和没有发现的3个洞穴以A、B、C字母来表示。在完成描述之后,考

---

[1] Боргард－Левин Г. М. и др. Академик С. Ф. Ольденбург－исследователь древней культуры Центральной Азии//Памятники индийской письменности из Центральной Азии. Выпуск 3. М.,2004 г.

[2] Скачков П. Е. Русская Туркестанская экспедиция 1914－1915 гг.//Петербургское востоковедение. Выпуск 4. СПб.,1993.

[3] Боргард－Левин Г. М. и др. Академик С. Ф. Ольденбург－исследователь древней культуры Центральной Азии//Памятники индийской письменности из Центральной Азии. Выпуск 3. М.,2004 г.

察队开始对壁画进行仔细的查看、甄别、照相、绘图。奥登堡考察队对莫高窟地形结构、佛像布局、壁画位置所做的详细记录，对壁画的摄影、复描、绘制等工作，特别是对石窟所做的描述具有很高价值。"鄂登堡和他的助手们所编的目录，与谢稚柳的《敦煌艺术叙录》可以互相补充。从总体上看，鄂登堡的目录详尽些，谢稚柳的《敦煌艺术叙录》完整些。"① 与此同时，他们清理洞窟垃圾，进行考古发掘，寻找雕像碎片和写本残片，最后共搜集中文写卷残片约 12000 件。他们还在敦煌城和周围居民中收购敦煌文书，总共购到整卷约 200 种。由于第一次世界大战爆发并传闻中国即将参战，考察队考虑到安全原因决定中止考察，于 1915 年 1 月返回圣彼得堡。② 5 月，奥登堡向俄国中亚东亚研究委员会汇报了考察结果，展示了照片和所绘制的平面图，介绍了窟内发现的维吾尔活字。敦煌文物最后由艾尔米塔日博物馆收藏，写卷由科学院亚洲博物馆保存。

奥登堡率领的 1914—1915 年"俄国突厥斯坦考察团"遗留下来的敦煌考察资料主要包括：(1) 奥登堡旅行日记和其考察队员笔记两本；(2) 著录莫高窟洞窟 177 个，著录笔记共 6 本；(3) 临摹莫高窟壁画，用描图纸绘制线描图；(4) 杜金关于敦煌壁画的笔记；(5) 全部摄影黑白图片资料约 2000 张；(6) 实测图和平面图。③ 艾尔米塔日博物馆收藏的敦煌文物主要有佛旗幡 66 件、绢画佛像残件 137 幅、纸绘佛像残件 43 幅、壁画 14 幅、大塑像 4 尊、小塑像 24 尊、布质神像 58 件、照片 2000 张。科学院东方文献研究所（1929 年前称为亚洲博物馆）保存的写卷约有 18000 号，其中有 365 卷足本写卷，其余为碎片。④

---

① 刘进宝：《鄂登堡考察团与敦煌遗书的收藏》，《中国边疆史地研究》1998 年第 1 期。
② Боргард-Левин Г. М. и др. Академик С. Ф. Ольденбург-исследователь древней культуры Центральной Азии//Памятники индийской письменности из Центральной Азии. Выпуск 3. М. ,2004 г.
③ 刘进宝：《鄂登堡考察团与敦煌遗书的收藏》，《中国边疆史地研究》1998 年第 1 期。
④ Меньшиков Л. Н. К изучению материалов Русской Туркестанской экспедиции 1914-1915 гг.//Петербургское востоковедение. Выпуск 4. СПб. ,1993.

第一次世界大战以及紧随而至的十月革命巨变,使得奥登堡无法对敦煌文献开展深入的研究,生前只撰写了一些小篇幅的介绍文章,主要有《敦煌石窟概述》《俄国的东突厥斯坦考古调查》《千佛洞》和《沙漠中的艺术》等。除了日本学者矢吹庆辉1916年从奥登堡手中看到几幅照片,梅原末治1927年得见几个卷子外,世人对俄藏敦煌文献的真面目长期不知。①

直到20世纪30年代,弗鲁格（К. К. Флуг, 1893—1942）才开始对俄藏敦煌文献进行初步的清理工作,于1936年在《东方书目》杂志第8、9期上发表了《苏联科学院东方学研究所藏古代佛教中文写卷简明著录》。但是,通过这冰山一角国际敦煌学界依然无法领略俄藏敦煌文献的真实面貌。我国学者郑振铎曾于1958年在列宁格勒目睹俄藏敦煌瑰宝,对其巨大的数量和重要的学术价值兴奋不已。但由于郑所乘飞机失事,未能做进一步的研究。

自20世纪50年代,以孟列夫为代表的一批年轻学者投入到敦煌学研究中。他们不断刊布文献资料,发表研究成果,与包括中国在内的其他国家的敦煌学者紧密合作,取得了令人瞩目的成就。孟列夫在敦煌变文研究领域成就斐然,先后出版了《维摩诘经变文与十吉祥变文》(1963年)、《中国敦煌写本——佛教俗文学文献》(1963年)、《报恩经变文（双恩记）研究》(1972年出版,1976年作为博士学位论文通过答辩)和《法华经变文叙录》(1984年)等。1963年和1967年,孟列夫主编出版《俄藏敦煌汉文写卷叙录》,1999年被上海古籍出版社翻译出版。1997—2002年上海古籍出版社、俄罗斯科学院东方学研究所圣彼得堡分所以及俄罗斯"科学"出版社"东方文学"编辑部联合出版了《俄藏敦煌艺术品》6卷,内容包括大量艺术品和莫高窟历史照片。2001年,上述几家机构经过近十年的共同努力,合作编写出齐了17卷的《俄罗斯科学院东方研究所圣彼得堡分所藏敦煌文献》。从此,秘而不宣长达近一个世纪的俄藏敦煌文物终于得见天日。

---

① 姜伯勤:《沙皇俄国对敦煌及新疆文书的劫夺》,《中山大学学报》1980年第3期。

与此同时，与奥登堡敦煌考察相关的历史文献也引起学界重视。奥登堡以及考察队主要成员杜金、尼·斯米尔诺夫、比肯别格和罗姆别格均留下了丰富的敦煌考察日记，另外还有数量巨大的考察过程照片。1938年苏联科学院曾拨专款，由谢尔巴茨科伊和奥登堡遗孀负责整理出版奥登堡日记以及考察照片。后来，这一计划由于第二次世界大战爆发以及奥登堡遗孀的去世而夭折。

二、西夏学

20世纪初，一支俄国地理考察队来到我国内蒙古自治区额济纳旗西夏古城遗址——黑水城，意外地发掘出了近万件西夏原始文献资料，其数量直追敦煌文献。这是迄今发现的最多、最完整的西夏文书资料，学术界称之为"黑水城文献"。发现这批文献的俄国考察团的领队就是俄国地理学家兼旅行家科兹洛夫。他出生在俄国斯摩棱斯克省的一个小镇，中学毕业后即在当地的一家酒厂找了一个差使，一次偶然的机会使他结识了俄国著名探险家普尔热瓦尔斯基，并对探险产生兴趣。1883年，他参加了普尔热瓦尔斯基组织的中亚探险，而后分别于1889年和1893年参加了别夫措夫和罗博罗夫斯基的探险队。1899—1901年他实施了自己的首次独立探险。俄国东方学家波塔宁从土尔扈特人那里听说了黑水城的存在，有两位俄国旅行家曾试图找到这个地方，但最后都失败了。1907年11月10日，受俄国皇家地理学会派遣，他前往蒙古和四川考察，再次深入蒙古大漠寻找那座传说中的神秘古城，1908年来到内蒙古地区。他汲取以往俄国人失败的教训，着力与当地蒙古人搞好关系。在一位蒙古王爷和向导的指引下，科兹洛夫考察团顺利找到了黑水城。3月他对黑水城进行了为期一周的首次发掘，获得了少量西夏文书、钱币、绢本佛像、泥塑等文物。1909年，他开始发掘城垣西北角的古塔，获得了惊人的发现。他在后来的回忆中写道，佛塔"里面装满了宝物。刚一揭开上层，就发现成百成千绸布封皮的书整整齐齐地堆在地板上……"① 这里一共埋藏了约2000卷西夏文书、300多幅彩色麻布画和绢画、金属和木制佛像以及其他文物。俄国探险队将这批珍贵遗物席卷而走，现藏于俄罗斯科学院东方文献研究所和艾尔米塔日博物馆。这是20世纪继甲骨文、汉简、敦煌文书以后的又一次重大的文献发现。② 黑水城西夏文书的发现使科兹洛夫名声大噪。1923年，科兹洛夫发表了《蒙古、安多及黑水死城》，对当时考察的情形进行了描述。

科兹洛夫和他的考察队员当时并不知道他们无法辨识的那些文书的来历，只是在数年之后才知道那是用已经死亡了的西夏文字写成的。由此，辨识西夏文字成为国际学术界最负挑战的课题之一。自科兹洛夫考察队将黑水城出土文物运抵圣彼得堡并暂时收藏在俄国皇家地理学会时起，俄国就有一位汉学家开始了最早的西夏文献整理工作。他就是20世纪20年代在我国学界很有名的伊凤阁。伊凤阁是俄国第一个接触西夏文书的汉学家。后来，这些文物转交亚洲博物馆收藏，伊凤阁继续对这些文书加以整理和归类。期间他发现了几部重要的西夏文词典，使西夏文的破译成为可能。除《番汉合时掌中珠》外，他还发现了《音同》《文海》和《文海杂类》等词典。因此，我国西夏学专家史金波称他对西夏学"实有开创之功"。③ 伊凤阁的西夏学著述主要有《黑水城西夏写本》《西夏语简介》《西夏史略》《黑水城文书》《观弥勒菩萨上升兜率天经》和《西夏国书略说》等。此外，奥登堡也是最早意识到西夏文书价值的俄国学者之一，他在1909年和1914年先后发表《黑水城废墟佛像》与《黑水城佛像资料》两篇文章。

西夏文书引起了我国学术界的极大兴趣。罗振玉从俄国学者伊凤阁手中获得《番汉合时掌中珠》残页照片，交其子罗福成、罗福苌研

---

① 克恰诺夫：《〈俄罗斯科学院东方研究所圣彼得堡分所藏黑水城文献〉前言》，《俄罗斯科学院东方研究所圣彼得堡分所藏黑水城文献》，上海古籍出版社，1996年。
② 史金波：《百年西夏学》，《光明日报》2001年3月27日。
③ 史金波：《〈俄罗斯科学院东方研究所圣彼得堡分所藏黑水城文献〉前言》，《俄罗斯科学院东方研究所圣彼得堡分所藏黑水城文献》，上海古籍出版社，1996年。

究。两人于 1914 年分别发表了《西夏译〈莲花经〉考释》和《西夏国书略说》，1915 年罗福成再发表《西夏国书类编》，开我国学者研究西夏文字的先河。王国维和陈寅恪也都曾涉足过这个新兴的研究领域。

十月革命以后，一批年轻的苏联学者加入西夏学研究者的队伍中。成就最大的是聂历山。他于 1911 年入圣彼得堡大学东方语言系汉日语专业学习，1913 年赴日本进修，回国后继续学业，1914 年大学毕业后留圣彼得堡大学攻读博士学位。一年后再度到日本进修，对日本的民俗进行了深入研究。1927 年还到台湾研究当地少数民族语言，并编有一部邹语词典。1929 年回国，先后在列宁格勒大学、苏联科学院东方学研究所、艾尔米塔日博物馆工作。1937 年聂历山被指控为日本间谍而与其日本籍妻子万古矶子一同被捕，同年被处决，直到斯大林死后才恢复名誉。1962 年，其遗著《西夏语文学》获得了当时苏联最高级别的列宁奖金。聂历山对西夏学产生兴趣与其老师伊凤阁的影响不无关系。他曾说："俄罗斯学者伊凤阁极力劝我研究西夏文字的奥秘，我想前往科兹洛夫发现这种文字的地方继续亲自发掘。"[①] 同时，王国维的著作以及与罗振玉的私交对其西夏学研究起过重要作用。1925 年聂历山从日本去北京拜访了王国维和伊凤阁，并从伊凤阁手中获得一批西夏义资料，从此开始将全部精力投入西夏义研究。他在短时间内完成了一系列西夏学研究著作：《西藏文字对照西夏文字抄览》（1926 年）、《西夏文般若经片断》（1927 年）、《论西夏辞书》（1927 年）、《西夏助辞考略》（1930 年）和《西夏学历史概述》（1931 年）。1932 年，聂历山与日本学者石滨纯太郎（1888—1968）合著《西夏语译大藏经考》和《于阗文智炬陀罗尼经片断》，同年发表《〈西夏文八千般若经合璧〉考释》与《〈类林〉释文》，1934 年又有《西夏国名考补正》问世。1937 年，他编写的《夏俄字典》已收入 6000 余西夏字。聂历山在西夏学领域的突出成就很快引起了中国学

---

① Письмо В. И. Тилянова к Е. И. Кычанову//Вестник Рыбинского отделения Русского исторического общества. 2004. №2.

者的注意。1930年北平图书馆馆长袁同礼教授写信给阿理克院士，邀请聂历山撰文介绍收藏在列宁格勒的非佛教内容的西夏文书。次年又写信给阿理克，称赞聂历山的西夏文研究成就，并说有些中国的年轻人已经步他后尘，献身西夏学研究。我国西夏学专家聂鸿音指出，从聂历山的《西夏语文学》中"我们不但可以看到作者苦心辑录的大量西夏字例、词例和句例，而且还间或可以查到作者构拟的西夏字古读和假定的藏缅语（主要是彝语支语言和藏语）对应词汇，这标志着当时的西夏语言研究已经从最初的语文学训释向历史语言学过渡了"。[1] 聂历山的西夏学研究涉及了西夏语语音、语法结构、文献、西夏国历史及西夏学研究史等，然以语音构拟著作数量最多。聂历山之后，一直到20世纪50年代末，苏联才有孟列夫、克恰诺夫、克平（К. Б. Кепинг，1937—2002）、丘古耶夫斯基和苏敏（М. В. Софронов，1929— ）等学者继续从事西夏学的研究，并在某些方面取得进展。

从1996年开始，中俄学者合作整理出版俄藏黑水城西夏文书，书名为《俄罗斯科学院东方研究所圣彼得堡分所藏黑水城文献》。黑水城文献以西夏文数量最多，约占总数的百分之九十，汉文次之，不足百分之十，也有少量藏文、蒙古文和回鹘文文献。西夏文文献就其内容可分为五类：（1）语言文字类：如对研究西夏文至为珍贵的西夏文汉文双解词语集《番汉合时掌中珠》，注释西夏文字形、音、义的韵书《文海》，西夏文字书《音同》等。（2）历史法律类：最为著名的是《天盛改旧新定律令》，是我国古代继印行《宋刑统》后又一部公开刻印颁行的王朝法典，也是第一部用少数民族文字印行的法典。（3）社会文学类：西夏文诗歌的写本和刻本，保存数十首诗歌；西夏文谚语集《新集锦合辞》中，保存大量多种类型的西夏谚语，展示了西夏社会风情与党项羌的伦理观念。（4）古籍译文类：西夏统治者积极借鉴中原文化，大量翻译汉民族典籍。《论语》《孟子》《孙子兵法》和《孝经》等都有西夏文译本，特别是失传已久的唐代类书

---

[1] 聂鸿音：《俄罗斯科学院东方学研究所圣彼得堡分所的西夏研究》，《民族语文》1995年第4期。

《类林》的西夏文刻本保存完整。(5)佛教经典类：这些佛教经典有的译自汉文大藏经，有的译自藏文大藏经，是研究西夏佛教史的重要资料。①

第五节　中国边疆民族文献收藏

自彼得一世开始，俄国在发展文化教育的同时，开始效仿西方建立本国的图书馆和博物馆制度，逐渐形成了良好的图书和文物收藏传统。搜集东方文物不仅受到俄国学术研究机构的重视，而且一直得到俄国政府的大力支持。出于特殊的地缘和政治需要，俄国在重视中国边疆地区研究的同时，一直没有中断对满、蒙古、藏等少数民族文献的收藏。俄国借助来华传教士、商人、外交官、考察队，采取购买、索赠、强取等多种方式，在自18世纪到20世纪初的这段时间里积累了大量珍贵的中国少数民族图书，形成了傲视群雄、蔚为大观的收藏规模。在盈室充栋的满、蒙古、藏写本和刻本中，有一部分在中国也已失传，弥足珍贵。了解和研究这些图书的收藏历史和内容，对于抢救中华民族文化典籍，研究中俄文化关系都具有十分重要的意义。

一、满文文献

俄藏满文文献数量庞大，世所罕见。俄国主要有两个满文文献收藏中心，一个是现为俄罗斯科学院东方文献研究所的亚洲博物馆，另一个是现俄罗斯国家图书馆前身的皇家公共图书馆。

亚洲博物馆自建立之初便有满文文献入藏，而后借助于中俄两国密切交往所创造的种种机会，收藏数量不断增长。俄罗斯科学院东方

---

① 史金波：《〈俄罗斯科学院东方研究所圣彼得堡分所藏黑水城文献〉前言》，《俄罗斯科学院东方研究所圣彼得堡分所藏黑水城文献》，上海古籍出版社，1996年。

文献研究所现藏有数百种满文文献，其中既有抄本，也有刻本，内容广泛，题材多样。

在1753年罗索欣为前往中国补购珍宝馆火灾受损的124种图书的科学院医生叶拉契奇而拟订的清单中，列举了40种满文书。在列昂季耶夫编制的目录当中，236种图书中有55种满文或满汉合璧典籍，标注了俄文译音，按类别排列。① 1810年在科学院任职的柯恒儒用德文为亚洲博物馆汉满文藏书编制了目录，手稿现存巴黎国家图书馆，1841年儒莲将这份目录的抄件赠送给俄方。1818年，卡缅斯基和利波夫措夫共同为馆藏中国和日本典籍编制了一个目录，共著录满文典籍69种。1840年布罗塞编写了亚洲博物馆历史上最完整的中国文献目录，其中包括大量满文书籍。亚洲博物馆第一个单独编写的满文书目是由蒙古学家班扎罗夫于1848年完成的，但是在布罗塞目录基础上完成的，推进不太明显，包括复本在内，一共著录满文刻本和写本126种。20世纪初科特维奇和格列比翁希科夫开始编制目录，但没有完成，只编到了200号。1918年，科罗特科夫（Н. Н. Кротков，1869—1919）对亚洲博物馆所藏之满文文献进行了整理和编目，著录了323种写本和刻本，并在前言中强调了这些文献的学术价值。1936年在格列比翁希科夫的领导下，苏联科学院东方学研究所中国研究室成立了满文部，成员包括潘克福、切列米索夫（К. М. Черемисов，1899—1982）、热勃罗夫斯基（В. А. Жебровский，1893—1938），旨在整理馆藏满文文献，研究清代中国历史。然而由于战争等原因，计划没有实现。在热勃罗夫斯基编制的目录手稿中共著录满文典籍270种。1956年以后，沃尔科娃女士开始编写满文总目，1965年出版了《苏联科学院亚洲民族研究所满文抄本叙录》，对原藏于亚洲博物馆的249种满文抄本（包括复本）进行了描述。紧接着，她又着手整理那里所藏的满文刻本，但只完成了工作的三分之二。1988年，在俄罗斯满学家庞晓梅的主持下，出版了沃尔科娃编写的刻本目录《苏联科学院东方学

---

① Walravens, Hartmut. Aleksej Leont'ev und sein Werk//Actas Manjurica, 3. Wiesbaden, 1992.

研究所满文刻本叙录》。因为还有三分之一刻本没有编入，故而称之为第一辑，其中著录满文刻本 161 种，加上复本共计 337 种。1996 年德国目录学家瓦尔拉文斯详细分析了以前编写的各种目录，指出了包括沃尔科娃目录在内的不准确之处。2001 年，庞晓梅在沃尔科娃目录的基础上，增补了被遗漏的图书，用英文出版了《俄罗斯科学院藏满文写本与刻本目录》，著录各类满文图籍 411 种，最终完成了这一艰巨工作。①

  俄国早期汉学家不仅以满文文献翻译而著称于世，而且为 18 世纪俄国满文文献收藏做出了贡献。在亚洲博物馆满文藏品形成的过程中，俄国传教团发挥了关键作用。根据沃尔科娃的两种目录，我们知道罗索欣于 18 世纪使用过的《资治通鉴纲目长编》《满汉合璧幼学须知》《满汉合璧孝经》、四书、《御制清文鉴》和《音汉清文鉴》等书现在还保存完好。第六届传教团学生帕雷舍夫死后由遗孀将其收藏的 27 种满文图书卖给了科学院，收藏于亚洲博物馆。在 1823 年卡缅斯基所赠图书当中有满文书八种：《御制翻译四书》《御制重译金刚经》（抄本）、《学修十八箇要项》《十八宜之训》《太上感应篇》（抄本）、《万物真原》《天主教要》和《满汉同文新出对像蒙古杂字》。列昂季耶夫斯基也曾经向亚洲博物馆赠送多种图书。在沃尔科娃编写的目录中，属于列昂季耶夫斯基的满文图籍有几十种，仅满文抄本就有《八旗通志》《西域闻见录》《尊主圣范》《十二字头》《满汉联珠集》和《列国志传》等，刻本则有《醒世要言》《满汉合璧新语清话选要》《幼学须知》《道光三年癸未十二月十六日庚戌望月食图》《满汉六部成语》《御制翻译四书》《万物真原》和《辟释氏诸妄》等。著名东方学家希林格于 19 世纪上半期不惜金钱委托俄在京学生和传教士搜集大批中国图书。在亚洲博物馆所藏满文文献目录中，属于希林格的至少有 120 种，其中 80 余种为刻本，主要有《金史》《资治通鉴纲目长编》《八旗通志初集》《亲征平定朔漠方略》《清文五朝圣训》《钦

---

① Пан Т. А. Маньчжуроведение в Санкт‐Петербургском Филиале Института Востоковедения Российской Академии Наук∥www. orientalstudies. ru/eng/index. php? option=content & task=view & id=198(20220723)

定军器则例》《圣谕广训》《万言谕》《四本简要全编》《忠贞范公文集》《满汉合璧新语清话选要》《刑部新定现行例》《大清会典》《满汉六部成语》《吏部则例》《钦定性理精义》《孝经》《日讲书经解义》《增订四书字解》《四书集注：满汉字合璧》《御制翻译四书》《御制翻译书经》《御制翻译诗经》《御制翻译易经》《御制翻译春秋》《诸圣帝君垂世宝训经》《辟释氏诸妄》《万物真原》《贤劫千佛号》《御制古文渊鉴》《西厢记》《三国志演义》《金瓶梅》《御制满汉蒙古汉字三合切音清文鉴》《同文类集》《满汉类书全集》《清文典要》《同文广汇全书》《清文汇书》《清文补汇》《满汉成语对待》《三合便览》《钦定西域同文志》《新刻满汉指明解要议论》《满汉事类集要》《三合语录》和《清文指要》等。满文抄本有近40种，如《大清太祖高皇帝本籍》《异域录》《满汉合璧朱子节要》《天主教要》《水浒传》《平山冷燕》《麟儿报》《凤凰池》《金云翘传》《醉菩提全传》《满汉合璧黄石公素书》《医药集贤》《用药歌诀》《药性赋》《诸病论》《难经》和《初学益文》等。希林格的收藏被布罗塞收录于1840年出版的目录当中。

亚洲博物馆满文藏品与外交部亚洲司图书馆有密切关系。季姆科夫斯基在其著名的《1820年和1821年经过蒙古的中国游记》中列举了他在北京为外交部亚洲司购买的图书名称，其中有9种满文图籍。在安文公1844年再版（1843年初版）的《亚洲司图书馆藏汉满蒙藏梵文图籍目录》中著录满文书籍60种。1864年亚洲司移交给亚洲博物馆的藏书中有很大一部分是满文典籍，其中有很多珍贵抄本，如《钦定满洲源流考》《天主实义》《清字祭祀书》《茅廯编珠》《内外臣工职司总录》《简明章程》《三合便览》《清汉行文语类汇钞》《满蒙单话》《百二老人语录》《清文古文渊鉴》《御制全韵诗》《龙岗阡表》《钦定格体全录》等。刻本有《金史》、《大辽史》、《大元史》、《资治通鉴纲目长编》、《皇清开国方略》、《宗室王公功绩表传》、《异域录》、《平定两金川方略》、《钦定外藩蒙古回部王公表》、《圣祖仁皇帝庭训格言》、《大清高宗纯皇帝圣训》、《大清仁宗睿皇帝圣训》、《上谕八旗》、《满汉训旨十则》、《御制资政要览》、《御制人臣儆心录》、《钦定性理精义》、《满汉合璧朱子节要》、《满汉合璧潘氏总论》（又名《七本头》）、《七训须读》、《太上感应篇》、《薛文清公要语》、《孝经》、《大学解义》、《日讲书经解义》、《日讲易经解义》、《御制翻译书经》、《御制翻译易经》、《御制翻译礼记》、《日讲四书解义》、《辟释氏诸妄》、《万物真原》、《新约》（利波夫措夫译）、《六祖法宝坛经》、《御制古文渊鉴》、《三国志演义》、《御制避暑山庄诗》、《御制盛京赋》、《御制清文鉴》、《清文备考》、《清文典要》、《清文汇书》、《清文补汇》、《钦定西域同文志》、《三合语录》、《清语易言》、《满汉合璧三字经注解》、《满蒙合璧三字经注解》、《一学三贯清文鉴》和《清文指要》。①

圣彼得堡大学满文教授伊万诺夫斯基曾向亚洲博物馆赠送了《额敏和卓列传》《满汉道德经》《佛说四十二章经》《辟释氏诸妄》《妻鸦秘密》《清文启蒙》和《西游记》等抄本，另有《吏治辑要》《四书集注：满汉字合璧》《御制翻译诗经》《守边辑要》《宁古塔纪略》《西厢记》《清文汇书》《清文启蒙》和《满蒙合璧三字经注解》等多种刻本。其中《钦定清汉对音字式》和《三合圣谕广训》的最初主人是海参崴东方学院教授鲁达科夫。

科罗特科夫曾在俄国驻中国新疆和吉林等地领事馆任职多年，利用业余时间搜集了大量满文文献，比较有名的包括《伊犁乱事回忆》《旗人婚礼仪式》《绣荷包》《三国之歌》《喜筵歌》《离别盛京曲》《故乡之歌》和《萨满场院之书》等。格列比翁希科夫1909年在我国东北地区旅行考察期间，搜集了许多满文萨满教文献，如《尼山萨满传》《祭善恶神占谶》《地狱十位善恶神戒律》《钦定孝文帝庙祭神歌舞》《献牲祭祀文》和《钦定祭祀条规》等。这些文献的价值得到了中国学者的肯定："在俄国满学家搜集的有关萨满教文献资料中，最珍贵的是 А·В·格列宾希科夫教授于1908—1913年间在我国东北黑

---

① Волкова М. П. Описание маньчжурских рукописей Института народов Азии АН СССР. М. , 1965; Волкова М. П. Описание маньчжурских ксилографов Института востоковедения АН СССР. Выпуск 1/М. П. Волкова. Прил. сост. Т. А. Пан. М. , 1988.

龙江地区搜集的满族《尼山萨满传》（包括3种变体），以及Н·Н·克拉特科夫在我国伊犁地区搜集的锡伯族《萨满场院之书》。"①

在俄罗斯科学院东方文献研究所的满文藏品中，满文抄本最具价值，受到当代俄罗斯满学家的重视。《百二老人语录》是一部满文历史著作，为松筠于1789年所记。虽然此书在中国、日本、美国和蒙古都有收藏，但俄藏本是满汉合璧本，对研究满汉文翻译尤其重要。科罗特科夫搜集的《萨满场院之书》为1877年所抄，记录了9条萨满口诵咒语。这部抄本的重要意义在于与我国常见的《萨满歌》有很大差别。庞晓梅于1992年将《萨满场院之书》翻译成德文发表。格列比翁希科夫搜集的《尼山萨满传》较其他抄本而言更加完整，许多研究者都以这个本子为基础开展研究工作。沃尔科娃于1961年翻译的《尼山萨满传》依据的也是格氏抄本。除有俄文译本外，这个抄本还先后被翻译成了英、德、意、汉等文字。在满文文学抄本中，比较有价值的是描写18世纪锡伯人从满洲迁徙新疆的诗歌，《徙迁之歌》和《锡伯民族歌曲集》都属于这一类，也有一些英雄史诗，比如《喀什噶尔之歌》和《龙兴诗》等。②

创立于1814年的皇家公共图书馆是俄罗斯另一个满文典籍收藏中心。该馆建立之初便有3种满文图书，1817年收藏了早期俄国满学家编写的满语词典手稿，如巴克舍耶夫的《满俄词典》以及佚名的《满汉俄罗斯合璧翻译文鉴》。1819年卡缅斯基将自己的满文典籍译稿赠送给图书馆，如《御制人臣儆心录》和《太上感应篇》等。1823年，图书馆购进了9种满文书。在1829年比丘林编制的目录中满文刻本的数量为13种。1832年卡缅斯基向公共图书馆赠书33种，其中8种为满文，大多为在中国出版的基督教书籍，如《天主教要》《万物真原》和《辟释氏诸妄》。1852年东方学家多恩为馆藏东方文

---

① 佟中明:《俄国学者Н·Н·克拉特科夫搜集的锡伯族〈萨满场院之书〉》,《民族文学研究》2000年第3期。
② 佟中明:《俄国学者Н·Н·克拉特科夫搜集的锡伯族〈萨满场院之书〉》,《民族文学研究》2000年第3期。

献编目，列昂季耶夫斯基负责编写了汉、满文部分，著录满文典籍40种（包括满文与其他文字合璧的图书在内）。1859年先科夫斯基家藏6种满文典籍被捐赠给公共图书馆。这是康·雅洪托夫在1991年出版的《国立萨尔蒂科夫—谢德林公共图书馆的满文写本与刻本目录》前言中所描述的收藏历史。这些收藏事例大多是小规模的个人捐赠，加起来只有40多种，与当前馆内实际藏量有很大差距，说明公共图书馆的满文典籍累积过程还有不少没有搞清楚的环节。

康·雅洪托夫将皇家公共图书馆藏满文文献分为16大类，著录91种，其中包括刻本、写本以及部分满学家的遗稿。最主要的文献有：《御制翻译四书》、《四书集注》、《日讲四书解义》、《翻译大学衍义》、《满蒙合璧三字经注解》、《小学合解》、《清文五朝圣训》、《清文明洪武要训》、《御制劝善要言》、《满汉合璧性理》、《二十四孝》、《大般若波罗密多经》、《大圣文殊师利菩萨赞佛法身体》、《御制重译金刚经》（写本）、《学修十八个要项》（又名《十八宜之训》）、《太上感应篇》（卡缅斯基译）、《万物真原》、《天主实义》、《天主教要》、《新约》（利波夫措夫译）、《性理真诠》、《钦定满洲祭神祭天典礼》、《皇清开国方略》、《平定准噶尔方略》、《资治通鉴纲目》（写本）、《雍正四年天子赐福旨》、《武英殿监修书官寄西洋人书》、《奉天承运皇帝敕谕意达里亚国教王》、《达胡尔索伦部源流》、《理藩院则例》、《三合吏治辑要》、《八旗通志初集》、《上谕八旗》、《异域录》、《嘉庆二十四年三月十六日戊申望月食图》、《清文备考》、《三合便览》、《音汉清文鉴》、《御制增订清文鉴》、《御制满蒙文鉴》、《满汉同文新出对像蒙古杂字》、《御制四体清文鉴》、《满汉俄罗斯合璧翻译文鉴》、《辽史语解》、《金史语解》、《元史语解》、《六部成语》、《满汉字清文启蒙》、《初学指南》、《清文指要》、《满汉西厢记》、《三国志》、《择翻聊斋志异》、《御制盛京赋》、《御制避暑山庄诗》、《尼山萨满传》（写本）和《满洲达斡尔歌诗》（写本）等。①

---

① Маньчжурские рукописи и ксилографы Государственной публичной библиотеки им. М. Е. Салтыкова-Щедрина: Систематический каталог/Сост. К. С. Яхонтов. СПб., 1991.

在这些藏品当中，有一部名称为《译俄罗斯各灵卡呐喊声诗三十韵》的满文诗歌写本非常特别。此为第十三届驻北京传教团学生晃明所翻译的俄国诗人格林卡（Ф. Н. Глинка，1786—1880）1854 年发表的《万岁》。这或许是世界上最早的俄诗满译尝试。

此外，圣彼得堡大学在 19 世纪下半期一直是俄国最重要的满语教学中心，东方语言系图书馆积累了一定数量的满文藏书。最初的典藏来自俄国第一个满语教授沃伊采霍夫斯基。王西里的收藏似乎并不多，他在编辑其《满语入门文选》时不得不使用亚洲博物馆和外交部亚洲司的藏书。杂哈劳、伊万诺夫斯基两位著名满学家都曾在这里任教，但不清楚是否遗留给母校满文典籍。由于圣彼得堡大学东方语言系满文藏书目录没有公布，难觅收藏细节。

成立于 1899 年的海参崴东方学院虽然存在时间不长，但借助于俄侵华势力在东北地区掠夺不少满文典籍。满文藏书中有从中国掠夺的"齐齐哈尔档案"，弥足珍贵，内里包括大量汉满公文。20 世纪 50 年代，苏联政府决定整理他们所谓的"满洲档案"，并归还给中国政府。科学院远东研究所的嵇辽拉、鄂山荫以及潘克福等人参加了整理编目工作，并将重要文件和有关中俄关系的文献制作成胶片或复制。[①]东方学院的其他文献则在 1939 年远东大学关闭后流散。

伊尔库茨克处于俄国与中国交往的前哨，历史上存在过各种中华语言学校。俄国汉学家、商人多次向这里的教学机构赠送过图书。1994 年康·雅洪托夫出版了《伊尔库茨克藏中国图书》，著录了分散于该市各大学、图书馆和博物馆中的汉、满、蒙古语图书。该目录著录的满文典籍有《亲征平定朔漠方略》《圣谕广训》《满汉字清文启蒙》《钦定中枢政考》《钦定兵部绿营则例》《增修中枢政考绿营》《钦定兵部处分则例八旗》《大清律例》《大清圣祖仁皇帝圣训》《礼记》《御制翻译四书》《金瓶梅》《古文渊鉴》《三合便览》《三合语录》《御制清文鉴》《御制增订清文鉴》《钦定满洲祭神祭天典礼》《钦定理藩院则例》《三国志》《八旗通志初集》《翻译六事箴言》《拜客问答》等。

[①] [俄]乌索夫著：《满洲档案归还中国始末》，李连元译，《理论探讨》1995 年第 2 期。

与其他中国文献相比，俄罗斯的满文典藏得到了很好的整理，出版了科学而完备的目录，其中尤以沃尔科娃、庞晓梅和康·雅洪托夫的贡献最大，此举不仅为这些珍贵文献的管理创造了条件，也为俄罗斯乃至全世界的研究者提供了方便。

二、蒙古文文献

蒙古文献是俄罗斯收藏量最为丰富的东方语言文献之一，不仅收藏历史悠久，而且数量庞大，仅次于蒙古人民共和国，甚至比中国还要多。在俄罗斯的各大图书馆中都有珍本，但藏量最多的要数现在的俄罗斯科学院东方文献研究所和圣彼得堡大学图书馆。蒙古文献基本上由两部分构成，一部分是手抄本，另一部分是木刻本，根据出版地区的不同，木刻本又可分为北京版、蒙古版、布里亚特版以及卡尔梅克版。

光是在东方文献研究所就收藏有 7300 余种蒙古文刻本与写本。亚洲博物馆最早的蒙文书籍来自东西伯利亚，收藏于 18 世纪 20 年代，是在额尔齐斯的阿卜赖寺废墟中发现的。梅塞施密特是著名的蒙古文献搜集者之一。他曾经在西伯利亚、后贝加尔和蒙古地区旅行，将大批蒙古语抄本带回圣彼得堡。另一位蒙古文献搜集者是伊耶里格，他一生痴迷于蒙古文献的搜集，在参加帕拉斯科学考察团以及独自旅行期间所收集到的蒙古语抄本和刻本构成了亚洲博物馆最早的馆藏之一。在他 1789 年编制的目录中著录了 139 种蒙古文献，另有蒙藏合璧文本 12 种。西伯利亚历史学家格·米勒也收集过蒙古文献并研究过西伯利亚的蒙古俄关系档案。彼得堡皇家科学院院士费舍尔则在 8 年西伯利亚旅行途中收集了大量有关蒙古语言的抄本。据 1865 年出版的《科学院博物馆概述》记载，1829 年亚洲博物馆收藏了 180 件西藏、蒙古和卫拉特的典籍。1833 年数量达到 207 件。1835 年，希林格将 314 种中国图书捐给亚洲博物馆，其中有 19 种蒙古文献。同年，博物馆收到了卡缅斯基赠送的 43 种藏蒙古图书，其中有蒙古文书 15 种。1837 年希林格去世后，他的后人花了四万卢布购买了近 163 件蒙古文抄本和刻本，于 1838 年赠送给亚洲博物馆，其中 105 种刻本中北京版占了96种。1847年伊·施密特院士个人收藏的39部蒙古文献被赠送给亚洲博物馆。1864年亚洲司将其所藏中国图书移交给亚洲博物馆，其中包括43种蒙古文抄本与刻本。1891年，拉德洛夫将其从鄂尔浑河一带收集到的蒙古文书籍交给亚洲博物馆，其中有25种蒙古文手抄本、七种卫拉特手抄本和一种北京版刻本。1909年科兹洛夫于黑水城发现的13—14世纪蒙古文书是年代最为久远的蒙古文藏品，主要由手抄本残卷构成。20世纪初期亚洲博物馆还收到了戈尔斯东斯基和鲁德涅夫收藏的蒙古文典籍。扎姆察拉诺在数次旅行考察中为亚洲博物馆收集到的蒙古文抄本和刻本总数达302件之多。巴拉津送至博物馆的主要是藏文书籍，但也有一些蒙古文典籍，共计21件。弗拉基米尔措夫也在此时开始为亚洲博物馆收集蒙古文藏品。1908年他在西蒙古考察时搜集到4种北京刻本和19种抄本，其中17种属托忒文之列，1911年在蒙古西部收集到36种手抄本，其中30种是卫拉特抄本，1913—1915年间在蒙古西部和北部考察时收集到8种卫拉特抄本和2种卫拉特刻本。1926年，弗拉基米尔措夫最后一次外出考察，到了蒙古地区和北京。在北京，他为亚洲博物馆购买了5种刻本和10种抄本。波兹德涅耶夫死后，其遗孀将413件蒙文典籍（其中包括185件布里亚特刻本和3件北京刻本）赠送给亚洲博物馆。①

20世纪20年代②喀山神学院将自己的蒙古文藏品转移到亚洲博物馆，是为该馆历史上获得的最大一批蒙古文典籍。据乌斯宾斯基研究，喀山的蒙古学教育并没有因喀山大学东方语言专业撤销而停止，而是在喀山神学院得到了继承和发展，其奠基人是著名蒙古学家鲍博

---

① Сазыкин А. Г. Каталог монгольских рукописей и ксилографов Института востоковедения Академии Наук СССР. Том I/Ответственный редактор Д. Кара. М.，1988. С. 10 – 17.
② 关于喀山神学院向亚洲博物馆移交蒙文藏书的时间现有3种观点。普奇科夫斯基（Л. С. Пучковский，1899—1970）认为是1855—1857年间，沙硕金（А. Г. Сазыкин，1943—2005）认为是1885以后，而乌斯宾斯基的观点是20世纪20年代。

罗甫尼科夫。①

由于数量庞大,为科学院东方文献研究所的蒙古文图书编写目录实非易事。1957 年普奇科夫斯基出版了《科学院东方学研究所藏蒙古、布里亚特及厄鲁特文献》,但并不完整。最终完成这一浩大工程的是圣彼得堡研究员沙碛金。他用了多年时间,对这里的蒙古文文献进行仔细的鉴别和著录,对收藏历史进行了认真的考证,出版了《俄罗斯科学院东方学研究所圣彼得堡分所蒙古文抄本和刻本目录》三大卷。第一卷出版于 1988 年,主要收录了蒙古文非宗教文献,后两卷为宗教文献。

圣彼得堡大学是俄罗斯仅次于亚洲博物馆的世界著名蒙古文藏品基地,一共有 400 多种。1855 年,俄国政府将喀山大学的蒙古文师资、学生和图书一并划归新成立的圣彼得堡大学东方语言系。这些书籍主要是由奥·科瓦列夫斯基和阿·波波夫为喀山大学图书馆搜集的。1828—1832 年底,两人被派遣到后贝加尔地区学习蒙古语并开始收集蒙古文书籍。其间,1830—1831 年奥·科瓦列夫斯基曾随俄国传教团来到北京,在敏珠尔活佛的帮助下尽购嵩祝寺、黄寺番经厂所刊蒙古文图书,以至王西里到京后竟发现再难有新的收获。但是,奥·科瓦列夫斯基只购买到一册蒙古文《甘珠尔》,即蒙古文的《波罗蜜多经》。在圣彼得堡大学图书馆馆中尚保存有科瓦列夫斯基所藏蒙古文献 189 种。② 王西里于 19 世纪 40 年代在北京居留期间为喀山大学搜集了 4000 多种汉、满、蒙古、藏、梵文典籍,包括许多珍本,有的甚至是孤本。当他意外地获得了蒙古文的《黄金史》后,便兴奋地将其寄给老师奥·科瓦列夫斯基。特别值得注意的是,王西里购得了原属于康熙皇帝第十七子果亲王允礼的私人藏书。允礼对宁玛感兴

---

① Успенский В. Л. Казанская духовная академия-один из центров отечественного монголоведения//Православие на Дальнем Востоке. СПб. ,1996.

② Успенский В. Л. Коллекция О. М. Ковалевского в собрании восточных рукописей и ксилографов библиотеки Санкт－Петербургского университета//Монголовед О. М. Ковалевский: Биография и наследие (1801－1878). Казань, 2004.

趣，因而收藏了许多有关密宗佛教的书籍，其中《丹珠尔》蒙文抄本、五世达赖喇嘛的《密幻传》、元代搠斯吉斡吉尔的《佛陀十二行赞》、元代僧人八思巴的《彰所知论》都是不可多得的珍品。① 在圣彼得堡大学图书馆收藏的蒙古文抄本佛经的封面和最后页内侧均盖有果亲王允礼的四种藏文印章。② 戈尔斯东斯基多次深入卡尔梅克草原进行学术考察，为圣彼得堡大学搜集了大量蒙古文献抄本，其中尤以56种托忒文抄本最为珍贵。这些书中包括《格萨尔王》《江格尔》和《乌巴什洪台吉的故事》等重要的历史和文学名著。③ 波兹德涅耶夫1876—1879年作为波塔宁蒙古考察队成员从蒙古地区携走蒙古文刊本写本157部，共972册，为圣彼得堡大学"波兹德涅耶夫藏品"奠定了基础，其中用汉字记录的蒙古文献六卷本《元朝秘史》以及《宝贝念珠》和《黄金史》尤为珍稀。1892—1893年考察期间波兹德涅耶夫又获得汉、满、蒙古文刊本写本138部，共727册，其中最有价值的当数在张家口获得的林丹汗时期的113卷蒙古文版《甘珠尔》写本，被视为该图书馆的镇馆之宝。目前此抄本在世界上仅存3套，另两套分别收藏于乌兰巴托和英国。④ 东方系蒙古语教师卡西扬年科（З. К. Касьяненко，1925—2016）对此抄本进行了长期研究，于1993年出版了《彼得堡〈甘珠尔〉写本目录》一书。1999年在东京外国语大学亚非语言文化研究所做访问学者的乌斯宾斯基在日本用英文出版其编撰的《圣彼得堡大学图书馆所藏蒙文抄本和刻本目录》，此书

---

① [俄]В. Л. 乌斯宾斯基著：《圣·彼得堡诸图书馆的旧藏文及蒙文收藏品》，沉默译，《蒙古学信息》1997年第3期。
② 那仁朝格图：《果亲王允礼以及蒙译伏藏经》，《清史研究》2002年第3期。
③ Успенский В. Л. Ойратские рукописи, поступившие в Санкт‐Петербургский университет от К. Ф. Голстунского//Mongolica‐V. Посвящается К. Ф. Голстунскому. Составитель И. В. Кульганек. СПб. ,2001.
④ Дерягина Т. П. Научно‐исследовательская работа в рукописном фонде библиотеки Восточного факультета СПбГУ (доклад)//Научно‐практическая конференция《информационно‐библиотечного обеспечения востоковедных исследовании образования》,М. ,5‐6 декабря 2000 г.

于 2000 年再版。乌斯宾斯基按照佛教经典、高僧全集、课诵经书、历史、佛教哲学与文学、佛教仪规、秘仪书、辞书与教科书、医学、天文历书占书、法典、文艺、中国古典小说、基督教经书、其他残片资料 15 大类编撰，一共著录蒙古文文献 958 种。① 在圣彼得堡大学所藏蒙文抄本当中，《嘉言宝藏》《厄尔得尼·厄利赫》《青史》及《黄金史》也弥足珍贵。

俄罗斯蒙古学的发达除受到俄国政府历来对蒙古地区的重视以及境内有蒙古民族聚居等因素的影响外，丰富的蒙古文献自然也是非常重要的基础。

三、藏文文献

在俄罗斯，藏文书籍收藏已有近 300 年的历史，主要收藏在俄罗斯科学院东方文献研究所和圣彼得堡大学等机构。东方文献研究所是世界上藏文抄本及刻本收藏量最大的机构之一。梅塞施密特、格·米勒、帕拉斯及伊耶里格为彼得堡皇家科学院收集了第一批藏文文献。伊耶里格 1789 年的目录中著录了 12 种藏文典籍和 12 种藏蒙古合璧文献。随着亚洲博物馆的建立，俄国加紧了对藏文图书的收集。著名东方文献收藏家希林格做出了重要贡献，希弗涅尔也曾努力搜寻藏学藏品。到 19 世纪 30 年代，亚洲博物馆的藏文写本和刊本收藏量大增。希林格获悉恰克图附近的喇嘛寺中藏有藏文经典，其中包括一部《甘珠尔》，便设法得到。而后在蒙古考察期间，希林格又获得了一个蒙古喇嘛赠送的另一套《甘珠尔》，是纳塘版的 101 卷本。② 1835 年和 1848 年，亚洲博物馆前后两次获得希林格的赠书，数量多达 3000 余册，其中有不少是藏文文献。王西里在北京居留期间，为亚洲博物馆

---

① 宝力高：《〈圣·彼得堡大学图书馆所藏蒙文手抄本和木刻本目录〉出版》，《蒙古学信息》2002 年第 1 期。
② 房建昌：《西藏学研究在俄国和苏联》，中国社会科学院中国边疆史地研究中心，铅印本，1987 年，第 5—6 页。

购得数量可观的藏文文献，其中不乏珍品，如《汉地佛学源流》《王统世系明鉴》《世界广论》及《青史》等在欧洲鲜为人知的重要典籍。[①] 1844年应俄罗斯馆请求，清政府将一套北京版藏文《大藏经》赠送给俄国，其中《甘珠尔》被运回到俄国外交部亚洲司，是19世纪上半期俄国获得的最大一批藏文图书。[②] 1864年亚洲司图书馆并入亚洲博物馆，这套北京版藏文《甘珠尔》随之进入亚洲博物馆的库藏。20世纪初，俄国更加重视藏文文献的收集。齐比科夫从西藏带回的333卷藏文图书，都是拉萨措巴康印书社所刊，大多是西藏作者的著作集。巴拉津收集了约200卷藏文书籍，大多为安多的博学喇嘛所著，印行于拉卜楞寺，也有在塔尔寺印行的。谢尔巴茨科伊、奥别尔米勒（E. E. Обермиллер，1901—1935）等多次组织赴布里亚特地区的科学考察，收集了大量藏文书籍。在奥登堡和科兹洛夫探险队从中国掠得的文物中，有约150件8—11世纪的藏文残卷，弥足珍贵。1913年，俄国驻乌鲁木齐总领事科罗特科夫将一批来自敦煌的藏文纸卷轴送交亚洲博物馆。东方文献研究所现藏有214个这样的卷轴，其中20卷是《无量寿经》，其余为《般若波罗密多经》。经过300年来的搜集，俄罗斯东方文献研究所的藏文藏品数量非常巨大。该所曾与国际"亚洲经典输入电脑计划"（Asian Classics Input Project）合作，进行馆藏藏文典籍的整理和编目，尝试实现计算机检索。在已知的藏品中有一批珍品，如北京版、德格版、纳塘版、库伦版《甘珠尔》，《丹珠尔》也有北京和纳塘两个版本。藏品中最为古老的抄本当数敦煌的藏文抄本以及罗布泊发现的抄在木头上的藏文残卷，而最古老的藏文印刷品则是于1606年在北京印行的《大孔雀咒》插图版。此外，在俄藏敦煌文献中也有不少藏文文献，1991年萨维茨基出版了《苏联科学院东方学研究所藏敦煌藏文写卷叙录》，对214种藏文写卷进行了整理和研究。

---

① [俄]乌斯宾斯基著：《圣·彼得堡诸图书馆的旧藏文及蒙文收藏品》，沉默译，《蒙古学信息》1997年第3期。
② 详见第三章第三节。

圣彼得堡大学的藏文藏品主要是 1855 年从喀山大学转移过来的，一共有 473 种，以佛经为主，另有历史和文学作品若干。由于王西里在北京肩负的主要任务是学习藏语，因此他对藏文文献的收集付出了极大努力，竭力结交北京寺庙喇嘛和西藏商人，购得很多藏文图书，如纳塘版藏文《丹珠尔》，桑杰坚赞所著之《显示解脱和成佛道路瑜伽自在大士米拉日巴尊者传》以及《青史》等。

此外，在俄罗斯的其他地方也有不少藏文文献收藏，如俄罗斯科学院西伯利亚分所、图瓦民族博物馆以及布里亚特、卡尔梅克地区。除丹达龙（Б. Д. Дандарон，1914—1974）1960 和 1965 年出版的两卷本《布里亚特综合科学研究所藏文手抄本和木刻本目录》之外，其他地方的藏书历史和细节尚不得而知。

第六节　满蒙藏学成就斐然，敦煌西夏学再辟新域

在这一章中，笔者对俄国满、蒙古、藏、敦煌和西夏学的历史和成就进行了简单的回顾和描述，但同时也需要说明一个问题：既然这里讨论的是俄国汉学问题，为何要叙述满、蒙古、藏、敦煌和西夏学，这些学问到底属不属于汉学范畴？在西方以及俄国人的著述中，汉学与满、蒙古、藏、敦煌和西夏学处于分立状态，汉学只是用来指称对汉民族历史文化的综合研究。笔者以为，这里反映的只是欧洲人视野中的中国政治、地理概念，并不符合中国作为多民族统一国家的现实。本书所说的汉学概念是一个大汉学概念，泛指外国对中国历史文化的研究，其中既包括汉民族文化，也包括边疆少数民族地区的文化，因为少数民族文化与汉族文化共同构建了历史悠久、丰富多彩的中华文明。基于此有学者也曾提出将"汉学"改称为"中国学"，以便拓展概念内涵，减少或避免误解。这样做到底有没有必要，现在学术界仍然是见仁见智。在这一点上，笔者倒是很赞同李学勤先生的看

法："在国内学术界，'汉学'一词主要是指外国人对中国历史文化等的研究。有些学者主张把 Sinology 改译为'中国学'，不过'汉学'一词沿用已久，在国外普遍流行，谈外国人这方面的研究，用'汉学'较为方便。'汉学'的'汉'是以历史上的名称来指中国，就像 Sinology 的语根 Sino- 来源于'秦'，不是指一代一族……"[①] 因此，站在中华民族的角度上，不可将满、蒙古、藏、敦煌和西夏学排除在汉学概念之外。

在俄国人的学科概念中，满、蒙古、藏、敦煌和西夏学连同汉学一道，都是俄国东方学的组成部分。其中满、蒙古、藏学具有悠久的历史传统和丰硕的成果，而敦煌学和西夏学这两个学科则比较年轻，但同样取得了令国际汉学界瞩目的成就。我们在前面分述俄国学者在各领域成就的基础上，有必要对这些学科间的共性和差异进行总结性分析，以便更加深刻地认识我们所研究的对象。

满、蒙古、藏学的研究主体大约有这样几类学者：一类是那些俄国"中国通"，即所谓的"汉学家"，如比丘林、王西里和巴拉第等人。他们因在中国长期居留，除汉语外还通满族、蒙古族、藏族等少数民族语言，而王西里甚至还懂得梵文和朝鲜文。这些俄国古典汉学的代表大都是"通才"，可以同时在满、蒙古、藏学几个领域探索和耕耘，并有所建树。通才式教育是西方古典教育的一种模式，渊源于欧洲早期的人文主义教育精神，在文艺复兴时代造就了一批精通天文、地理、物理、数学、医学、生物、宗教、哲学、文艺，同时掌握数种古典语言和外语的通才，为社会的进步、科学和文化的革新创造了不朽的业绩。深受欧洲影响的俄国教育同样具备这样的特点。这些人在来华前大都接受过正规而系统的古典教育训练，来华后通过努力而成为中国通。部分汉学家有关中国边疆地区的作品数量甚至超过了对中原地区的研究著作。譬如，比丘林的学术道路，即是从研究中国边疆地区开始的，他在结束瓦拉姆修道院的囚禁生活后出版的第一本书是译自《卫藏图识》的《西藏志》，然后依次研究了蒙古、新疆等

[①] 李学勤:《〈国际汉学漫步〉序》,《国际汉学漫步》上卷,河北教育出版社,1997年。

地区，之后才出版了研究中原文化的《中华帝国详志》以及《中国的民情和风尚》，而最后一部著作《古代中亚各民族历史资料集》说明他又回归到了其学术道路的"起点"。在王西里和巴拉第等的译作和著述中，满、蒙古、藏学同样占据很大的比重。这些人的研究主要以汉文典籍为基础，必要时参考其他民族语言文献。第二类学者或者完全没有到过中国，或者到过中国但没有学会汉语。他们以俄境内东方民族为师，学习了所研究民族的文字，并利用所搜集到的该民族语言文献从事研究。如作为俄国蒙古学奠基人之一的奥·科瓦列夫斯基本是波兰人，在俄国走上蒙古学研究道路，而且一生大部分时间在喀山大学任教。他在布里亚特人那里学会了蒙古语，了解了蒙古人的生活和习俗，搜集了研究所需的素材。尽管他也曾随俄国东正教传教团来过北京，但仅停留了数月，除了收集到一些蒙古语书刊外，未能掌握汉语。因此，他的研究基本上是建立在蒙古语文献之上的。第三类学者则是俄国从西欧请来的外国人，其中绝大多数是德国人，他们在俄国东方学发展史上占据了非常重要的地位。特别是在蒙古学和藏学领域，他们的作用和成就更加引人注目。我们都知道，欧洲第一部汉语语法的作者拜耶尔是圣彼得堡皇家科学院第一位从事汉学研究的院士，殊不知他在多种东方语言的学习和研究上都有开拓之功。"他精通拉丁语、希腊语、古犹太语、叙利亚文、科普特语、亚美尼亚语。在俄国他又学习了梵文、蒙古语（卡尔梅克语）、唐古特语，同时还研究了满语和蒙古语文献。"① 梅塞施密特于1720—1727年间组织西伯利亚科学考察。1735年格·米勒考察了居住在色楞格斯克的布里亚特居民，并在蒙古喇嘛的帮助下首次在俄国尝试解读藏文文献。帕拉斯和伊耶里格也为俄国的蒙古、藏文文献收集做出了重要贡献。伊耶里格还为彼得堡皇家科学院编写了蒙古、藏、梵文书目。伊·施密特既是俄国藏学的开创者，又在伏尔加河流域的土尔扈特人中间学会了

---

① Эрлих В. А. Русскоязычные издания XVIII века о Востоке и Российские немцы//Немецкий этнос в Сибири: Альманах гуманитарных исследований. Новосибирск, 2000. Вып. 2.

蒙古语，成为俄国蒙古学的奠基人之一。可以说，在俄国工作的德国东方学家不仅为俄国的东方民族语言、历史、文化、地理研究做出了重要贡献，也为俄国东方语言文献的搜集和整理立下了功劳。

俄国的满、蒙古、藏学历史悠久，成就斐然，主要体现在六个方面。其一，是满、蒙古、藏学文献和文物的搜集。俄国自彼得大帝时代开始就非常重视东方文献的收集和研究，圣彼得堡的各大图书馆和博物馆中收藏着大量珍贵的满、蒙古、藏学文献，构成了俄国满、蒙古、藏学研究的基础。其二，是词典和教科书编写。早在1776年巴克舍耶夫就编写了第一部大型满俄词典，安·弗拉德金成为俄国第一批满语教材的编写者。就在这一时期，有一位名叫瓦西里·伊万诺维奇的俄国人编写了一部《蒙俄会话》，这是俄国历史上最早的蒙古语教材。随着对这几个民族的认知程度不断加深，满、蒙古、藏学家们所编写的词典和教材质量也不断提高。19世纪下半叶杂哈劳编写出了闻名国际汉学界的《满俄大辞典》，并由此获得俄国皇家地理学会颁发的君士坦丁金质奖章。在蒙古学领域，奥·科瓦列夫斯基出版了《蒙语书面语简明语法》《蒙文文选》和《蒙俄法语词典》。在藏学方面，伊·施密特于1839年用俄文出版《藏语语法》，1843年出版了在俄国藏学史上具有划时代意义的《藏俄词典》。其三，是典籍翻译。罗索欣和列昂季耶夫翻译的《八旗通志》是18世纪世界满学史上的重要成就。这部译作的意义不仅在于向俄国社会介绍了满族的政治、经济状况和军事建制，同时也显示了俄国第一代满学家从一开始便具备了坚实的文献翻译和研究能力，为后来的满学研究从研究方法上奠定了基础。后来，利波夫措夫从满文将《理藩院则例》翻译成俄文，罗佐夫翻译了满文的《金史》。罗佐夫的译稿直到今天仍为俄罗斯学者所重视，1998年由俄罗斯科学院西伯利亚分院考古学与民族学研究所正式出版。王西里翻译了《宁古塔纪略》等满文典籍。在蒙古学领域，伊·施密特翻译了《蒙古源流》、王西里翻译了《圣武记》，巴拉第翻译了《元朝秘史》。在藏学领域，比丘林翻译了《卫藏图识》，波兹德涅耶夫翻译了《四部医典》。暂且不论俄国满、蒙古、藏学家的翻译质量如何，单从他们所选择的原典上，就可以在某种程度上体会到他们的学术造诣。其四，是重视满族、蒙古族、藏族历史、地理和文化研究。比如，戈尔斯基利用满文原始文献撰写了两篇具有相当学术价值的论文《满洲王朝的肇始与最初业绩》与《当今中国清王朝始祖和满族民族名称的由来》。王西里的《元明两朝关于满族人的资料》，在探究满族人起源的同时，弥补了比丘林留下的学术空白。奥·科瓦列夫斯基的《蒙古文学史》和《蒙古历史》，比丘林的《蒙古纪事》，波兹德涅耶夫的《蒙古及蒙古人》，都是著名的蒙古学著作。其五，是满、蒙古、藏语教学。俄国早在18世纪就开始进行满语教学尝试。1833年喀山大学开办了世界历史上第一个蒙古语教研室，教授为阿·波波夫和奥·科瓦列夫斯基。1844年开设满语课程，沃伊采霍夫斯基成为第一位在大学讲授满语的俄国人。由于王西里去北京学习的主要目的就是回国后能在喀山大学建立藏语教研室，所以他一生都致力于在圣彼得堡大学设立藏语教研室，拟订了由藏语、西藏历史和文学三部分构成的详细的教学计划。但是由于种种原因，王西里的愿望终未实现。直到1914年，海参崴东方学院才最终建立了俄国历史上第一个藏语教研室，由齐比科夫担任主任。其六，是佛教，尤其是藏传佛教是俄国蒙古学、藏学研究的重要内容。王西里、巴拉第、奥登堡和谢尔巴茨科伊等无不醉心其中。19世纪下半期以来俄国部分知识分子试图从西方和东方的宗教学说中为俄国寻求解脱困境的妙药，东方学家则视东方人为"宗教的人"，将研究东方宗教作为理解东方社会、历史和文化的根本途径。[①] 另外，法国佛学研究对俄国佛学研究传统的形成也不无影响。

　　俄国学者在研究中原文明时使用的语言比较单一，除汉语外，有时也参考西方汉学家的著述。而满、蒙古、藏学家们在治学时大都能同时运用多种语言，同时也更善于吸收欧洲国家的研究成果。俄国的古典东方学教育很注重对学生进行多种语言训练，如王西里在喀山大学获得蒙古语硕士学位之后又奉命来华学习了汉、满、藏、朝、梵等

---

① Востриков А. И. С. Ф. Ольденбург и изучение Тибета//Записки Института Востоковедения Академии Наук. Том IV. Москва-Ленинград, 1935.

语言。他在主持圣彼得堡大学东方语言系工作期间也一致倡导对学生进行多语种、多学科的汉学训练。[①] 来自德国的学者也都接受过欧洲古典教育，通晓数种欧洲和东方语言，尤其熟知西方学者在东方学研究领域的成就。另外，俄国向东扩张，为俄国东方学家实地考察和搜集资料提供了便利，因此在满、蒙古、藏民族历史和文化研究方面，学者们更加重视从事科学考察活动。此外，广泛利用汉籍中蕴涵的有关我国边疆少数民族的丰富信息，以补满、蒙古、藏民族历史文献之不足，是俄国满、蒙古、藏学研究的另一特色。比丘林的中国边疆史地研究之所以在欧洲独树一帜，引起广泛反响，原因就在于此。

与满、蒙古、藏学比较，俄国的敦煌学和西夏学都是相对年轻的学科。这两个学科是伴随俄国侵犯我国西北边陲、掠夺我国文化资源而兴起的，同时从一开始就具有国际学术背景，其中敦煌学早已成为一门世界显学。在敦煌学领域，法国一直处于领先地位。沙畹、伯希和、谢和耐（Jasques Gernet，1921—2018）、戴密微（Paul Demiéville，1894—1979）等汉学家做出了重要贡献，将法国推上欧洲敦煌学研究的第一把交椅。英国人的敦煌研究起步较晚，原因是斯坦因没有汉文读写能力。英国学者早期所做的主要工作是对敦煌文书的整理、编目和刊布。俄国的敦煌学文献自俄国东方学领袖奥登堡运回圣彼得堡以后，在十月革命前未来得及开展大规模的研究，直到20世纪50年代才步入正轨。俄藏敦煌文献中有大批佛教经律论，早期写经占相当比重，道经、四部类及世俗文书数量也很可观，由于一直被束之高阁，世人长期难得一见，成为敦煌研究者心中的缺憾。2001年中俄联合出齐17卷《俄罗斯科学院东方研究所圣彼得堡分所藏敦煌文献》，2002年出齐6卷《俄藏敦煌艺术品》，终使俄藏敦煌文物成为国际学术界的共同财富，而俄罗斯敦煌学同时也将在国际合作中获得进一步发展。自科兹洛夫的驼队满载世界上绝无仅有的西夏文书和文物回到圣彼得堡那一刻起，就注定了俄罗斯必将在西夏学领域发挥重要作用。与敦煌学一样，俄国西夏学在1917年以前发展非常缓慢，连编目和

[①] 蔡鸿生：《俄罗斯馆纪事》，广东人民出版社，1994年，第81页。

整理工作也未及完成。伊凤阁从黑水城出土的遗书中发现的《番汉合时掌中珠》使释读译解西夏文文献成为可能，引起中国学术界的高度重视。而后聂历山、孟列夫、克恰诺夫等人继续整理和研究西夏文献，在学术界引起了积极反响。从 1996 年开始，俄罗斯科学院东方学研究所圣彼得堡分所和中国社会科学院民族研究所、上海古籍出版社联合出版《俄罗斯科学院东方研究所圣彼得堡分所藏黑水城文献》，为这一学术的进一步繁荣和国际化奠定了基础。

俄国在满、蒙古、藏、敦煌、西夏诸学科取得的成就有目共睹，在有些方面甚至超越了被誉为汉学重镇的法国。像俄国这样的封建农奴制和专制制度长期占统治地位的国家，科学研究环境远不如西欧国家，为何自始至终对中国边疆少数民族研究"情有独钟"，并且取得累累硕果呢？且不说那些专门从事这些学问的满、蒙古、藏、敦煌、西夏学家，单说那些精通汉语的汉学家，从罗索欣、比丘林到王西里、巴拉第等，几乎无一例外地在翻译或研究中偏重于中国边疆少数民族语言、历史和地理。总结起来，这里大概有几方面的原因。一是沙皇俄国内部统治的需要。13 世纪中期蒙古人击败了基辅罗斯，建立了金帐汗国。蒙古人长达两个多世纪的统治给俄国留下了东方文明的沉积。在俄罗斯人心中，那段永远难以抹去的痛苦回忆始终与东方的蒙古民族联系在一起。随着 16 世纪末开始的俄国向东方的扩张，俄国人再次与他们曾经恐惧而现今已经衰微了的蒙古民族相遇。他们先攻克了喀山汗国，而后是西伯利亚汗国，17 世纪中期到达贝加尔湖和黑龙江流域，将布里亚特人世代居住之地强行纳入自己的版图。此外，17 世纪 20 年代，清厄鲁特蒙古四部之一的土尔扈特部因与准噶尔部不和而迁徙到伏尔加河流域游牧，这一地区虽为俄国管辖，但该部族始终没有中断与厄鲁特各部的联系，并不断派遣使节到北京朝贡，康熙曾于 1712 年派出使团探望这个远离祖国的部族。由于不堪忍受沙俄的奴役，土尔扈特部于 1771 年在其首领渥巴锡的率领下回归祖国。为了更加有效地统治境内包括蒙古族在内的东方民族，沙俄政府需要了解和研究这些民族的历史文化传统。难怪比丘林称他翻译

《蒙古律例》的直接动机就是"对治理俄国的游牧部落有所裨益"。①二是对外扩张的需要。实际上，不仅汉学如此，整个东方学都是近代欧洲国家殖民扩张活动的产物。俄国为掠夺东方资源，打开东方市场，倾销俄国毛皮，积极谋求与东方民族发展贸易联系。在中俄的最初交往中，蒙古语是最重要的外交语言。而后，随着满族入主中原，满语成为清代皇族语言。从18世纪开始一直到俄国汉学"比丘林时代"来临之前，俄国汉学家一直以满语学习为主，两国间的协议和往来函件也多以拉丁文或满文书就。进入19世纪以后，随着满族、蒙古族、藏族地区成为俄国首先窥视的对象，这些地区的语言、历史、地理也就成为俄国东方学家的主要研究领域。比丘林在《中华帝国详志》中写道："除了上面提到的那本书②，我以前出版的所有译作和著述是为了预先介绍前往中国内地途中需要经过的那些国家的信息，因而研究的顺序应以西藏、突厥斯坦和蒙古为先。这些国家历来与中国紧密相连，而中国也正是通过这些国家才与印度、中亚和俄国发生了关系。"③ 19世纪下半期，俄国与西方列强开始了对中国西部的激烈争夺，相继成立各种以中亚和东亚地区为研究对象的团体，源源不断地派出考察团，广泛搜集各方面情报，最终将部分敦煌文物和几乎全部黑水城文物掠到圣彼得堡。因此，俄国对于中国边疆地区的研究始终出于实际的政治需求。库利科娃和克恰诺夫就此写道："阿尔巴津战役的失败，清朝对喀尔喀和准噶尔的讨伐，甚至派遣奸细到伏尔加河流域卡尔梅克人游牧地卧底，这些决定了翻译的总体取向，即提供有关俄国与中国交界地区的信息，异族（蒙古族、满族）统治中国的历史及特点，清朝的起源及统治，八旗军的建制，中国的地理。这种取向在以后的几个时期都得到了顺利发展。在俄罗斯的历史和地理研究中，中国本身（长城以南）长期以来一直退居次要位置，而对中

---

① Хохлов А. Н. Об источниковедческой базе работ Н. Я. Бичурина о цинском Китае//Народы Азии и Африки. 1978. №1.
② 指他在1840年出版的《中国，其居民、风俗、习惯和教育》一书。——笔者注
③ Бичурин Н. Я. Статистическое описание Китайской империи. М. ,2002. С. 31.

国的南方则更是少有关注。"① 三是受到了欧洲东方学传统的影响。在欧洲，满、蒙古、藏学是与研究汉民族文化的狭义汉学并列的东方学的独立学科。回顾历史，可以发现俄国中国边疆民族历史文化研究的始作俑者大都是在圣彼得堡皇家科学院工作的德国东方学家。梅塞施密特、费舍尔、格·米勒、帕拉斯、伊耶里格、伊·施密特、柯恒儒等人的学术兴趣基本上都集中于蒙古、藏、满学研究。他们的学术活动不仅为后来俄国学者的中国边疆民族研究奠定了基础，而且也将欧洲东方学传统植入了俄国科学的土壤中。自比丘林举起了民族汉学的旗帜之后，俄国汉学家虽在学术观点和研究方法上与欧洲汉学界时有不同，但在东方学内涵与外延的理解上始终没有背离欧洲东方学传统。

---

① История отечественного востоковедения до середины XIX века. М., 1990. С. 93.

结语

俄国汉学的分期与特色

当今"汉学"这一称谓的内涵已经与 20 世纪以前人们对"汉学"的理解有很大不同。前者具有现代意义，其主要特征乃是汉学学科的分化或细化。汉学已经在事实上冲破了长期以来近乎封闭的圈子，而逐渐与其他人文社会科学融为一体，在研究方法上更多地借鉴着相关学科的经验。这应该是一种进步，意味着汉学逐渐摆脱了边缘学科的命运，跻身于现代人文社会学科之林。如今，"汉学"依然是所有中国学问的统称，而"汉学家"则早已变成只是精通某个狭小学科的专家了。虽然我们仍笼而统之地将其都称作"汉学家"，但实际上亦可按照他们所从事的研究领域而称其为"历史学家""文学家""宗教学家""语言学家""民俗学家"和"考古学家"等。当今俄罗斯汉学同样具备这些当代汉学的特征。然而，我们在这里讨论的只是帝俄汉学，即古典汉学。事实上，几乎所有欧洲国家的汉学都经历过古典汉学这样一个阶段。笔者虽然不曾见到有人给古典汉学下过一个精确的定义，但觉得它具备这样一些基本特征：在研究对象上以中国历史、宗教、哲学和语言为主，在研究方法上多运用历史语言学的方法进行基本上不分科的全面研究，在汉学人才的培养上则重视通才式教育模式，进行多语种、多学科的综合训练。也就是说，在古典汉学时期，汉学家必须是通才。古典汉学家不是某一个学科或问题的专家，而应该是通晓所有中国问题的专家，即人们常说的"中国通"，如果按照俄罗斯学者的说法，则是"百科全书式"的学者。我们之所以将帝俄时期的俄国汉学称之为古典汉学，就是因为它具备了上述的所有特征。而之所以做如此界定，主要是为了更加清楚地认识1917年以前俄国汉学的特质，以便与苏联汉学以及当代俄罗斯汉学区分开来。

俄国汉学除了具备欧洲古典汉学的一般特征外，在每一个阶段都有与西方汉学的不同之处。笔者在第一章至第五章的小结部分对这一问题进行了思考，这里不再赘述。现在还需要对这样几个问题加以思考：俄国汉学史的分期、俄国汉学的特点、俄国汉学与世界汉学的关系以及俄国汉学在中俄文化交流史上的作用。

一、历史分期

尽管俄罗斯在20世纪初就开始了对本国汉学史的研究，然而由于研究者在研究角度、方法以及依据文献上的差异，对历史分期问题一直未能形成统一的认识。自20世纪80年代起，中国学者也将此问题作为中俄文化关系研究中的重要问题进行了思考。综观中俄两国学者的研究，俄罗斯方面以斯卡奇科夫、尼基福罗夫、米亚斯尼科夫和舒碧娜的看法为主，而中国方面则以孙越生和蔡鸿生先生的观点最具代表性。

俄罗斯第一位致力于全面研究俄国汉学史的是斯卡奇科夫。他在《俄国汉学史纲》的前言中将帝俄汉学分成了这样几个时期：第一时期为1608—1727年，第二时期为1727—1805年，第三时期为1805—1860年，第四时期为1860—1895年，第五时期为1895—1917年。他将1608年沙皇瓦西里·舒伊斯基派遣使节到阿勒坦汗驻地、1727年《恰克图条约》对于俄国传教团法律地位的确定、1805年戈洛夫金使团使华无功而返、1860年中俄《北京条约》的签订、1895年三国干涉还辽后俄国在华利益得到进一步巩固和扩大以及1917年十月革命作为各个阶段的分水岭。不难看出，斯卡奇科夫的分期更多的是以中俄关系的演变作为参照，而对于研究内容和学术方法的演变重视不足。这对于一种学术史的分期而言，难免有片面之嫌。在该书出版的第二年，苏联中国历史专家尼基福罗夫就在他写的书评中对斯氏的分期方法提出了质疑："我们大体上可以同意这种分期，但有一个前提，那就是以上所列作为各个阶段起点的那些年份与一般的历史分期不大相符，需要进一步争论。比如，为什么是 1608 年，而不是 1618 年（彼特林使华之年）；为什么是 1805 年，而不是 1828 年（比丘林首批著作开始出版之年）；为什么是 1860 年，而不是 1855 年（汉学集中于圣彼得堡大学之年）；也许，重要的不是汉学史上没有大事发生的 1895 年，而是 1899 年（海参崴东方学院开办之年）。只有 1727 年（俄国东正教驻北京传教团开始研究中国之年）作为一个时代界限不会引起争议。"① 这样，两位俄罗斯汉学史研究权威便首先在分期问题上产生了分歧。尼基福罗夫虽然不同意斯卡奇科夫的观点，但他始终没有清晰地提出自己的方案。值得注意的是，斯卡奇科夫并未按照自己的分期方法排列《俄国汉学史纲》的章节。他将全书的主体内容分成了 6 章。第一章：俄国与清帝国外交和贸易关系的确立以及俄国汉学的诞生；第二章：俄国科学汉学的形成；第三章：俄国汉学的"比丘林时期"；第四章：从传教团到大学；第五章：王西里与俄国民族汉学学派的形成；第六章：世纪之交。从这里，我们似乎又看到了另外一种方案，即以汉学代表人物的名字来命名各个阶段，如"比丘林时期""王西里时期"② 等。

米亚斯尼科夫院士 1974 年在《远东问题》杂志上发表《我国汉学的形成与发展》，提出了自己的分期主张。斯卡奇科夫在 1964 年就已去世，其遗著《俄国汉学史纲》直到 1977 年才出版，米氏的文章尽管在发表时间上为早，但我们依然将米氏的分期排列在斯氏之后。他将 17 世纪和 18 世纪作为第一个时期，认为这一阶段俄国使节积累

---

① Никифоров В. Н. Традиции русского китаеведения//Проблемы Дальнего Востока. 1978. №2.

② 李明滨:《俄国汉学史提纲》,《中国文化研究》1999 年秋之卷。

了一定的有关中国政治和地理方面的知识,而后第一批汉学家开始研究大清帝国汉满等民族的历史、语言和文化。第二个时期开始于19世纪前期,其主要标志包括沙俄封建农奴制度解体,社会经济的进步对于科学事业的促进,亚洲博物馆建立以及比丘林学术活动的开始。第三个时期为1860—1895年,标志是俄国远东政策的变化对汉学研究提出了新的要求。1895年到1917年为最后一个时期,理由与斯卡奇科夫基本一致。从整体上看,米氏的分期与斯氏有很多相似之处。米氏在文章的开头就强调了这项工作的难度:"确定一系列包括汉学在内的以国家为研究对象的学科的产生时间是一项极其复杂的任务。"①

20世纪80年代,我国的孙越生就俄国汉学史分期提出了自己的方案。他将帝俄汉学分成了四个阶段,分别是:准备阶段(帝俄汉学形成之前的17世纪)、引进阶段(指1724年彼得一世下旨建立皇家科学院,邀请拜耶尔来俄后对西欧汉学的移植,郎喀通过北京的西方传教士获取西方汉学著作等史实)、僧侣阶段(从俄国东正教驻北京传教团来华到1861年俄国在中国设立公使馆)、学院阶段(以1855年圣彼得堡大学东方系成立为标志到1917年)。这种分期方法从其考虑问题的角度上来说显然要比斯卡奇科夫全面,在顾及中俄关系发展特点的同时,对学术发展的特点和规律给予了更多的关注,在某种程度上与尼基福罗夫先生的意见相吻合(比如以1855年为一界点)。但是,各阶段的重叠是孙先生方案显而易见的问题。当然,孙先生对此的解释也颇有说服力:"俄国中国学的引进阶段与本国中国学民族学派的形成阶段,在时间上必然有一个相互交错和此长彼消的推移过程,很难划出一条截然的界限。"学院阶段的开始,"必然会与僧侣阶段有一个时间上的交错过程。这个过程的开始,基本上可以1855年

---

① Мясников В. С. Становление и развитие советского китаеведения//Проблемы дальнего востока. 1974. №2.

彼得堡大学成立东方系这个全俄最大的中国学中心为主要的标志"。①因此,"交错性"成为孙先生分期法的一大特点。笔者以为,虽然孙先生的分期从年代上不似斯卡奇科夫分期明确,但却比较充分地考虑到了俄国汉学研究主体的变化特征。

此外,雅罗斯拉夫尔大学舒碧娜在其副博士学位论文《俄国东正教传教团在中国(18世纪至20世纪初)》中对俄国东正教驻北京传教团的科学研究活动进行了分期。②她认为,从18世纪到19世纪初为第一个时期,又叫翻译时期,或俄国认识中国和俄国中国形象开始形成的时期,代表人物是罗索欣、列昂季耶夫、阿加福诺夫、格里鲍夫斯基、卡缅斯基、列昂季耶夫斯基和利波夫措夫等。第二个时期从1820年到19世纪中期,此乃以转述中国典籍为主要形式的科学研究时期,代表人物是比丘林。第三个时期为19世纪下半期。作者称这个时期为在中国及其边疆地区研究领域创作综合性著作的时期,代表人物包括王西里、巴拉第、赛善和孔气等。19世纪最后25年到20世纪初为第四个时期。作者认为,尽管这个时期传教团中已不再有世俗人员,但伊萨亚、英诺肯提乙等继续从事词典编写工作。舒碧娜的研究视点尽管不包括俄国本土的汉学,但其从传教团成员汉学著作内容和形式的演变来进行分期的做法,给人耳目一新的感觉,对于帝俄汉学史的分期问题有一定启示意义。

通过分析学术界几种主要的帝俄汉学史分期法可以发现,产生分歧的主要原因是看问题的角度不同,从而导致了结论上的差异,正所谓"横看成岭侧成峰"。作为一门学术,帝俄汉学无论是诞生,还是发展,都有一个循序渐进的过程。帝俄汉学史虽然经过了不同的发展阶段,但要在这条本身就曲曲折折的线做上几个精确的刻度,几乎是

---

① 孙越生:《俄苏中国学概况(代前言)》,《俄苏中国学手册》,上册,中国社会科学出版社,1986年。

② Шубина С. А. Русская Православная Миссия в Китае (XVIII - начало XX вв.). Диссертация на соискание ученой степени кандидата исторических наук. Ярославль, 1998. C. 192 – 193.

不可能的。孙越生一再强调的"交错",大概就是这种无奈的表现。但是,研究学术史,分期是必要的。因为要全面认识俄国汉学发展史,绝不能离开阶段性考察。对俄国汉学史进行分期,需要全面考虑与之相关的所有重要因素,诸如中俄关系、俄国社会思想状况、俄国东方学和汉学研究的特点、汉学家个人的学术道路、国际汉学发展轨迹等,同时将汉学在研究对象、方法和思想上的嬗变作为重要的参数加以考虑。在这方面,蔡鸿生先生对比丘林和王西里这两位重要汉学家学术贡献的评价最能体现俄国汉学作为一门学术所具有的历史特征:"如果说,俾丘林曾使俄国汉学民族化,那么,王西里则从理论上和方法上把它近代化了。"①

综合前人在该问题上的探索和观点,笔者以为可将俄国汉学史分成四个时期:

17 世纪——俄国汉学诞生前的中俄交往。尽管彼特林、巴伊科夫、斯帕法里和义杰斯及其他来华使节大都未能完成其最初的使命,但却带回了有关中国的第一手资料。他们所撰写的使节报告或旅行日记很快被欧洲学界认可并译成了各种文字,促进了俄国乃至欧洲对中国的了解。然而,由于不通中国语言,他们对中国的了解,基本上是"走马观花"式的,对中国的描述也是停留在表面,对中国思想文化内容反映较少。就俄国汉学史而言,俄国在这一时期基本上处于中国信息的积累时期,远未达到从事汉学研究的程度。但是,俄国政府在与中国政府的多次直接交往过程中意识到了学习汉满语对于发展两国间政治和经济关系的重要性,使节们所积累的中国信息构成了俄国汉学形成的土壤,促成了俄国汉学的萌芽。因此,这一时期的中俄交往及中国信息积累只能算是俄国汉学诞生前的序幕,或属于前汉学阶段。

18 世纪——俄国汉学之肇始。以修士大司祭伊腊离宛为首的第一届俄国东正教传教团于 1715 年来到北京,为 17 世纪 80 年代中俄雅克萨战役后被俘获到北京的俄国战俘提供宗教服务。两国于 1727 年签

---

① 蔡鸿生:《俄罗斯馆纪事》,广东人民出版社,1994 年,第 82 页。

订的《恰克图条约》从法律上确立了俄国东正教驻北京传教团的合法性，其中随团派遣世俗学生来华学习满、汉语言的条款对于俄国汉学的肇端具有重要意义。自此，俄国人便在北京建立了他们的第一个汉学研究基地。在18世纪欧洲"中国风"大量欧洲中国题材作品在俄翻译出版、兴盛的中国贸易以及叶卡捷琳娜二世推行"开明专制"等因素的作用下，一股独具特色的俄国"中国风"随之兴起，从而为俄国汉学的诞生和发展创造了有利的社会背景。圣彼得堡皇家科学院建立以后，大批欧洲学者被俄国政府邀请到俄国工作，其中也包括在欧洲早期汉学史上享有盛名的拜耶尔。拜耶尔在彼得堡皇家科学院用拉丁文出版了其最重要的汉学著作《中文博览》。郎喀购买的第一批中文图书，奠定了俄国汉学藏书之基础。由俄国东正教驻北京传教团培养的罗索欣、列昂季耶夫、安·弗拉德金等早期俄国汉学家翻译了大量满汉典籍，还进行了满汉语教学的可贵尝试，谱写了俄国汉学史的第一章。

19世纪上半期——俄国汉学之成熟。1812年俄国在反拿破仑战争中胜利，促使俄国的民族自豪感空前高涨，在思想和文化界挑战西方价值体系成为一股潮流。作为俄国人文科学一部分的东方学科，自然也在受影响之列。俄国汉学的成熟有这样几个特征，首先，改变了机械翻译的汉学研究方法，而代之汉学家按照俄国社会和读者的需要编译中国文献。其次，俄国汉学自此达到了与西方汉学相当的发展水平。俄国汉学家的许多作品被翻译成欧洲语言，意味着俄国汉学与国际汉学界平等对话和交流时代的到来。由于俄国与西欧在文化上的差异以及依据文献的不同，俄欧学者间不断发生激烈的学术争论，俄国民族汉学的形象和地位开始在国际汉学界确立。被誉为"自由思想僧侣"的比丘林不仅是这一时期俄国汉学的中流砥柱，同时也是这门学术一个时代的象征。他兴趣广泛，对中国汉民族和边疆少数民族的历史和文化进行了史无前例的介绍和研究，共发表著作60余种，对于改变俄国社会对中国模糊或错误的认识发挥了积极作用。俄国汉学著作从比丘林开始，不仅为文化界和学术界所认可，影响也不断扩大。此外，卡缅斯基、列昂季耶夫斯基、奥·科瓦列夫斯基也在中国历史、语言和蒙古学等领域为19世纪上半期俄国汉学的崛起做出了贡献。比丘林在恰克图创建华文馆，所编《汉文启蒙》在整个19世纪都是俄国大学汉语教育的主要教材。1837年成立的喀山大学汉语教研室以及1844年开设的满语课程，昭示了创建独具特色的俄国汉学大学教育体系进程的开始。第一位汉语教授西维洛夫和第一位满语教授沃伊采霍夫斯基在从事汉语、满语和中国历史课程的教学之余，还完成了《道德经》、四书等中国文化典籍的翻译，编写了满汉语词典。在这一时期，俄国汉学在体系上更加完整了，研究对象上更加明确了，研究内容上更加系统了，研究方法上更加成熟了。

19世纪下半期到十月革命前——俄国汉学之发展。从19世纪50年代开始，中俄关系翻开了令人痛心的一页。沙皇政府借西方列强用炮舰打开中国大门之机，趁火打劫，疯狂侵吞我国领土。在这种情势下，俄国汉学研究和教育为政府对外政策服务的使命更加明确，许多汉学家都曾为沙俄侵略中国效过力。在这一时期，俄国汉学获得了发展，同时也经历了极盛、衰微、变革等几个不同的阶段。1855年，俄国本土汉学基地从喀山大学迁移到位于首都的圣彼得堡大学，得到了俄国政府更加有力的指导和资助。这一时期的代表人物是大汉学家王西里院士和巴拉第，另外杂哈劳、孔气、格奥尔吉耶夫斯基等也均在不同的汉学领域取得重要成绩。这一时期俄国汉学在发展中显现出一些新的特征。俄国汉学的研究对象从中国历史、儒学、地理和国家体制扩展到了宗教、经济、农业、人口、天文和医学等领域。无论在汉学家的著作中，还是在大学的汉学教育过程中，汉学学科的分化愈来愈明显。此外，"19世纪下半叶以来，实证史学在欧洲占据主导，受科学化倾向的制约，考古和文献考证日益成为史学的要项"。[①] 世界科学的发展进程以及产生于欧洲的近代学术研究方法在俄国汉学著作上打上了烙印。俄国汉学家在继续重视原典翻译和研究的基础上，开始以实地考察成果来进行学术补证，与比丘林时代局限于中国文献编译的研究方法有着很大的不同。从格奥尔吉耶夫斯基开始，俄国汉学家

---

① 桑兵：《国学与汉学——近代中外学界交往录》，浙江人民出版社，1999年，第6页。

开始对俄国汉学的命运以及发展趋势进行反思。① 与比丘林对中国典章制度理想化的倾向相反，这一时期的汉学家有着更多的批判精神。尽管王西里否定正史、以怀疑和批判为主要特色的汉学研究与巴拉第在翻译《元朝秘史》《长春真人西游记》和《皇元圣武亲征录》时所体现的严谨而翔实的考据在方法上形成了鲜明的对比，然而，究其实质而言，其学术方法都已经从比丘林时代的信古发展到了近代的疑古、释古阶段。总之，19世纪下半期，虽然俄国汉学遭遇到许多问题，但没有停止其发展的步伐。十月革命以后，以阿理克为代表的苏联汉学家完成了从俄国旧汉学到苏联新汉学的历史性过渡。

二、主要特点

帝俄汉学在长期的发展过程中形成了自己的特色和风格，归结起来主要这样几点：第一是实用性。不单是汉学，全部的帝俄东方学科都具有很强的实用目的。俄国印度学家米纳耶夫曾说："在我们俄国，对东方的研究从来都不是也不能是抽象的。我们距离东方太近了，因此绝对不可抽象地研究东方。俄国的利益始终与东方密切相关，我们的东方学因而也不能不体现出实用特征。总之，对于俄国学者而言，无论是古代，还是现在的东方，都不该成为科学探索静止而绝对书面的对象。"② 以人口最多、幅员最广的东方文明古国中国为研究对象的汉学，从一开始就是一种"理论"与"实践"结合得非常紧密的科学。对于汉学应该为学术服务，还是为政治服务，在圣彼得堡大学东方语言系建立之前就曾有过激烈的争论。但就整体而言，实用主义汉学一直在十月革命前的俄国占据着主导地位。《恰克图条约》第五款的问世，外务院开办的满汉语班，1818年给传教团的新指令，喀山大

---

① Мясников В. С. Становление и развитие советского китаеведения//Проблемы дальнего востока. 1974. №2.

② История отечественного востоковедения с середины XIX века до 1917 года. М., 1997. С. 15.

学、圣彼得堡大学东方语言学科的最初办学宗旨等，无不从维护和扩大俄国在中国的利益为出发点。当圣彼得堡大学一时间难以满足俄国军事和外交等部门对汉、满、蒙、藏语翻译的需求时，俄国便在海参崴建立了另一个汉学人才培养基地，以便利用其有利的地理位置，直接派学生到中国，提高学生的实践能力。在人才培养方面如此，在汉学研究方面亦然。比丘林称他翻译《蒙古律例》的直接动机就是"对治理俄国的游牧部落有所裨益"。当俄国开始侵略我国北疆之时，巴拉第放弃了一度令他痴迷的佛教研究，转而致力于中国边疆史地研究，甚至亲赴乌苏里江地区进行考察。"当时欧洲汉学家的态度有二，一是将中国文明作为与印度、埃及、希腊罗马文明并驾齐驱的世界文明之一，视为纯粹学问的智的对象，以法国为代表；一是从本国的政治、贸易等实际利益出发，英、德、俄为典型。"[①] 在利用汉学达到最大收益方面，较英、德两国而言，俄国是有过之而无不及的。米亚斯尼科夫写道："如同任何其他学科一样，俄国汉学是为适应实际需要而产生的。国家间关系的发展，俄中各段边界的形成以及贸易往来都要求具有专业的知识和专门的人才。俄国与大清帝国关系发展的各个历史阶段所固有的政治、经济和文化因素，以及革命前俄国人文科学知识和社会思想总的发展进程，始终对汉学发挥着影响，并决定着汉学的性质。"[②] 关于帝俄汉学的实用性问题，学术界的意见是比较一致的。

第二是官方性。所谓官方性是指俄国汉学始终具有浓郁的官方或政府色彩。在1861年俄国驻北京公使馆建立以前，俄罗斯馆的汉学家们大都肩负着为俄国外交部等部门收集情报的职责。自19世纪中期起有些俄国汉学家甚至直接参与俄国的侵华行动，如恰克图华文馆教师克雷姆斯基曾做过穆拉维约夫在黑龙江武装航行时的翻译，第二次鸦片战争期间巴拉第亲赴大沽口向普提雅廷汇报清廷内情，出谋划

[①] 桑兵：《国学与汉学——近代中外学界交往录》，浙江人民出版社，1999年，第5页。
[②] Мясников В. С. Становление и развитие советского китаеведения // Проблемы дальнего востока. 1974. №2.

策。晁明参与了中俄《天津条约》正式文本的翻译。在中俄《北京条约》谈判中，固礼甚至取代伊格纳季耶夫，成为俄方的主要谈判人，谈判地点就在固礼的南馆僧房。一部分帝俄汉学家还曾在俄国外交部门担任了重要的官职，如杂哈劳先后任俄国驻伊犁领事和总领事，明常担任过塔城首任领事，孔气先后担任塔城领事和天津领事，孟第做过天津领事，柏百福任驻北京总领事。亦学亦官是帝俄时期许多汉学家的人生轨迹。当然，在欧洲汉学界，也有类似的情况，如英国的威妥玛，德国的福兰阁等，但无论从人数上而言，还是从在对华外交中发挥的作用而言，俄国都是非常突出的。就连圣彼得堡大学东方语言系这个"象牙塔"也与俄国官方有着丝丝缕缕的联系。在1855年东方语言系成立之时，俄国外交部就每年给予3000卢布的津贴，汉、满语教授王西里长期做过外交部的兼职翻译。我们知道，资产阶级科学进入学院阶段的标志，一是教育与教会的分离，二是教育与官僚政治垄断的分离。如果以这个标准来衡量圣彼得堡大学的汉学学科，仅仅是勉强完成了第一个指标。因此，官方性就成为帝俄汉学又一个显著的特色。这种深厚的官方背景既为帝俄汉学的发展提供过支持，同时也成为汉学家自由发表学术思想和拓展研究空间的桎梏。

第三是民族性。汉学作为在某一特定时期产生于某个特定国家的学术，肯定具有其不同的"国家风格"，也就是我们这里说的"民族性"。19世纪上半期，俄国汉学在研究目标、研究方法以及汉学人才培养方面都形成了自己的风格，其独特性或民族性达到了高潮。关于俄国汉学的民族性，我们在各章的小节中已有论述。帝俄汉学家"直接根据中国原文文献与现实来扩大了解中国的范围，概括和总结历史事实，扬弃西欧中国学的影响而形成自己独立的见解，从而使俄国中国学具有自己独特的面貌，在世界中国学重要行列中占有一席不可替代的地位"。[①] 俄国社会现实、中俄、俄欧关系的发展与需要、俄国一定历史时期的文化思潮的影响是帝俄汉学民族性得以形成的重要因素。

[①] 孙越生:《俄苏中国学概况(代前言)》,《俄苏中国学手册》上册,中国社会科学出版社,1986年。

第四是手稿多。在农奴制和专制制度长期占统治地位的俄国,科学研究环境较英、法、德等西方国家有很大差距。由于经费、印刷、书报检查等条件的制约,一代代俄国汉学家,无不受到著作出版困难的困扰。手稿堆积如山,眼看着一生心血付诸东流成为大部分俄国汉学家的学术悲哀。从这点上讲,帝俄汉学史又是一部俄国汉学家的辛酸史。这出悲剧从被称为俄国汉学第一人的罗索欣开始上演,到一代汉学宗师王西里落幕。由于大部分著作没有发表,罗索欣的名字及其汉学成就直到20世纪中期才开始为学界所知。王西里最具学术价值的佛教研究著作至今尘封于俄罗斯的档案馆中。在《中国文学史纲要》的后记中他道出了当时的心态:"在我们自己看来,这部草草完成的中国文学史纲要既是一种自白,更是一种回应。而且,这可能是我们最后一部即将出版的著作。我们想说,同时也在思考,假如早些时候就需要我们的著作,我们或许能讲更多的内容……现在只能利用手头的材料,调动已经退化的记忆,做一番匆匆忙忙的叙述……以一己之力面对完全冷漠的世界,在既无资金,又无出版希望的情况下工作谈何容易。我们不希望我们的作品就此消失,停留在手稿状态,并在作者死后成为一堆废纸。"① 俄国汉学家的手稿不计其数。俄国汉学史研究专家斯卡奇科夫原计划在编写完《中国书目》之后,再编写一部《俄国汉学家遗稿概述》。他的这种思想后来演变成为撰写一部汉学史的构想,以便全面观察每个帝俄汉学家的科学成就。他撰写的《俄国汉学史纲》对俄国汉学家已发表作品与未刊手稿给予了同样的重视,书后所附手稿目录达98页之多。斯卡奇科夫的这种研究方法得到了与他同时代和后来的俄国汉学史研究者的效仿和继承。米亚斯尼科夫院士写道:"对于在帝俄背景下工作的学者而言,这种方法是非常公正的,因为客观的原因,他们没能发表自己作品中哪怕是很小的一部分。"② 经过近几十年来的梳理,帝俄汉学家手稿的价值逐渐得到学术界的认可。一部分手稿已经被整理出版,如孔气的《太平天国起义日子里的北京》、罗佐夫的《金史》译稿等。苏联中国古代史专

---

① Васильев В. П. Очерк истории китайской литературы. СПб. ,1880. С. 162 – 163.
② Скачков П. Е. Очерки истории русского китаеведения. М. ,1977. С. 5.

家杜曼早在1936年就开始整理出版比丘林翻译的《资治通鉴纲目》，后来又有克立朝和戈尔巴乔娃加入其中，但至今未能付梓。由于俄国汉学家遗留手稿数量庞大，加之年代久远，部分字迹难辨，校勘工作异常艰巨，所以现已整理出版的作品只是九牛一毛。

三、与世界汉学的关系

早在17世纪，俄国来华使节彼特林、巴伊科夫和斯帕法里的著作就被翻译成欧洲文字，法国耶稣会士阿夫里尔等人在自己的研究中使用了俄国使节带回的素材。而义杰斯和郎喀直接在西欧发表了自己的著作，对西方汉学的发展产生了一定的推动作用。自彼得大帝时期开始，俄国在科学及文化方面与西欧国家发生了更加紧密的联系，特别是19世纪，无论是欧洲汉学，还是俄国汉学都发展到了一个前所未有的水平，双方学者在汉学研究、汉学教育和图书资料等领域的交流不仅得到加强，而且卓有成效。俄欧汉学的互动关系不仅有助于欧洲汉学的发展，同时也为俄国汉学的成长产生了促进作用。

在汉学研究上，俄欧交流具有悠久的历史。18世纪彼得堡皇家科学院成立以后，从西欧来俄国工作的许多人文、自然科学院士都曾与在北京的耶稣会士通信，就学术问题进行研讨。拜耶尔曾将自己的《中文博览》一书寄给了北京的耶稣会士，宋君荣、巴多明、戴进贤和徐懋德等当时一流的欧洲汉学家也源源不断地将中国书籍寄往圣彼得堡。1739年宋君荣被选为彼得堡皇家科学院成员。他在1740年写给苏熙业（le Père Etienne Souciet）的信中详细地记录了罗索欣、阿·弗拉德金和贝科夫（Иван Быков）等俄国驻北京传教团学生在汉满语学习上的成就："伊拉里昂（即罗索欣——笔者注）将被用于大量翻译汉满语书籍。他很好地掌握了这两种语言，我很希望能达到他的水平。但是，我们来到这里时都是一大把年纪了，还有很多事情要做，力不从心。"① 从这封信中可以清晰地看到西方传教士与俄国传

---

① Хохлов А. Н. Связи русских и французских синологов в XVIII – XIX вв. // XV научная конференция《Общество и государство в Китае》. Ч. 2. М. ,1984.

教团学生的关系不仅密切，而且还对其在汉满语言学习上取得的成绩给予了充分肯定。当俄国人还不清楚罗索欣是何许人时，其译作内容实际上已经通过格·米勒的著作传到了西方。列昂季耶夫的《中国思想》在德国和法国出版，在西方产生较大影响。列昂季耶夫在圣彼得堡与宋君荣相识，他在自己翻译的《大清会典》中收录了一段《易经》译文，并指出是宋君荣建议他翻译这部中国古代哲学著作的。由此可见，早在18世纪，俄欧汉学家之间的关系已经涉及学术层面。

19世纪上半期，"俄国成为除法国之外第二个欧洲汉学研究最重要的中心"。① 帝俄汉学家凭借扎实的汉、满、蒙、藏语言功底，积极著述，使俄国以独有的民族特色跻身于欧洲汉学大国之林。他们的许多汉学著作被译成欧洲文字，其中表述的某些观点与西方学者的看法发生冲突，西方汉学的权威地位受到挑战，学术论争时有发生。1827年季姆科夫斯基的《1820年和1821年经过蒙古的中国游记》在巴黎出版。作者在书中利用了比丘林提供的许多材料，尽管受到柯恒儒的批评，但依然在法国及其他西欧国家引起很大反响。后来比丘林《西藏志》《蒙古纪事》以及《北京志》等著作的法文本更使他在欧洲名声大噪，他与柯恒儒激烈的学术论争，引起东方学界的广泛关注。从总体上说，欧洲汉学家对帝俄汉学家的学术造诣给予了充分肯定。特别是对于那些没有机会来中国的欧洲学者，精通汉、满、蒙、藏语言并且熟知中国情形的俄国汉学家就成了为他们释疑解惑的首要人选。当儒莲与卜铁就翻译一部有关印度的著作中的难点发生分歧并相持不下时，两人一致同意求教于比丘林，以做最后的公断。儒莲在自己的书中发表了比丘林支持其立场的来信手迹，并称比丘林为"欧洲最资深的汉学家之一"。在比丘林的档案中保留有一封儒莲的法文文章，上面有改动的笔迹，这很可能是儒莲寄来请比丘林评论的。毕瓯在翻译《文献通考》中的天文学内容时曾致信喀山大学的西维洛夫教授，就其中的难点进行商榷。

---

① [德]傅吾康著：《十九世纪的欧洲汉学》，陈燕、袁媛译，《国际汉学》第七辑，大象出版社，2002年。

19世纪下半期，俄国汉学家与其他西欧国家汉学家的交流重又在中国和欧洲两个舞台同步展开。比如，孔气1857—1858年在法国期间充当过儒莲和卜铁学术争论的"仲裁人"，时任俄国东正教驻北京传教团领班的巴拉第与艾约瑟、高迪爱、丁韪良和威妥玛等都有密切的学术交往，所译《元朝秘史》和所编《汉俄合璧韵编》在世界汉学界享有盛誉，而俄国驻华公使馆医生贝勒用英文、德文和法文在西方发表的大量著作广为西方汉学家所知。此外，包括《俄国驻北京传教团成员著作集》在内的俄国汉学家著作在某些欧洲国家被翻译出版。

俄欧之间比较密切的汉学教育交流始于19世纪下半期，尤以19世纪末20世纪初最为频繁。经过王西里等人约半个世纪的耕耘，圣彼得堡成为世界著名的汉语教学中心之一。对于学习汉语的欧洲人而言，圣彼得堡与巴黎一起成为具有丰富教学经验和显著实力的地方，为培养其他国家汉学家做出了贡献。顾鲁柏1855年出生于圣彼得堡，1878年毕业于圣彼得堡大学，是王西里的亲传弟子，1883年移居德国，成为著名的德国汉学家、柏林大学教授。瑞典汉学家高本汉（Bernhard Karlgren，1889—1987）是音韵学研究先驱，在瑞典乌普萨拉大学所学专业为俄文和斯拉夫学，1909年前往俄国圣彼得堡大学东方语言系，跟随伊凤阁教授学习数月，获得了汉语入门知识。美国哈佛燕京学社首任社长叶理绥（С. Г. Елисеев，1889—1975）本是俄国人，1906年与奥登堡相识，奥登堡建议他将来从事俄国相对薄弱的日本学研究。在奥登堡的鼓励下，叶理绥1907年前往柏林大学，后赴东京大学深造，学习日语和汉语。在伊凤阁的关照下，1914年叶理绥返回俄国，成为圣彼得堡大学东方语言系的副教授，同时兼任外交部翻译。十月革命以后，叶理绥离开苏联流亡巴黎，后辗转到美国，为美国汉学的发展做出了重要贡献。[①]

另一方面，俄国汉学的发展也得益于欧洲汉学教育先进的理念和

[①] Фролова О. П. Выдающийся русский востоковед С. Г. Елисеев//История и культура Востока Азии. Том 1. Новосибирск, 2002.

方法。当时的圣彼得堡大学在汉字教学上有所创新，效果突出，但在研究方法训练上比较滞后，俄欧之间形成了一种优势互补的局面。在本国接受过汉语教育的俄人到西方国家以后，经过科学的学术锻炼，迅速成长为优秀的学者。阿理克真正成长为一名学者，不是在俄国，而是在法兰西学院。当阿理克1898年进入圣彼得堡大学东方学系时，俄国汉学史上第一个汉学学派的缔造者王西里院士还健在。这个学派的代表人物虽然在汉学的各个领域都有不凡的建树，但保守的训练方式无益于培养具有实践能力和学术素养的汉学人才，以致许多学生中途失去继续学业的信心。据阿理克回忆，当时与他一起入学的有85名学生，而4年后毕业的仅有17人。[1] 在欧洲的考察和学习使阿理克重新认识了俄国汉学，发现了王西里式汉学教育的许多弱点。更为重要的是，他在这里对汉学研究的意义有了深刻的理解，学习到了西方先进而科学的研究方法，最终创立了一个新的学派。阿理克学派虽然与王西里学派都可被统称为圣彼得堡学派，但在许多方面都具有了全新的内涵。这是一个以中国传统文化为重要研究对象，以现代人文社会科学研究方法为指引，始终与国际汉学界积极进行对话的新型学派。

　　图书资料也是俄欧汉学交流的重要内容。经过卡缅斯基、沃伊采霍夫斯基、西维洛夫、奥·科瓦列夫斯基、王西里以及其他俄国东方学家的不断努力，在亚洲博物馆、圣彼得堡大学以及皇家公共图书馆等地收藏了大批珍贵的汉、满、蒙、藏文刻本与抄本。西欧汉学家经常向这些机构求助，以获得研究所需的资料。在法国汉学家中，儒莲是利用俄国藏书最为充分的学者。拥有许多东方学藏书的俄国外交部亚洲司以及俄国东正教驻北京传教团的很多成员都曾向儒莲提供过帮助。俄国的图书馆以及大学也不断将自己所珍藏的文献寄往巴黎以及其他西欧城市，用以交换西欧出版的汉学论著。

　　19世纪末20世纪初召开的国际东方学家大会也促进了俄欧汉学家之间的交往。他们经常就一些学术问题交换意见，阐述对中国历史

---

[1] Алексеев В. М. Наука о Востоке：статьи и документы. М. ，1982. С. 169.

和语言的认识，显示他们各具特色的研究方法。在1899年意大利罗马召开的第十二届国际东方学家大会上，经俄国东方学家拉德洛夫建议，成立了中亚及远东历史学、考古学、语言学和民族学国际研究会。1902年，在德国汉堡召开的第十三届国际东方学家大会通过了俄国方面拟订的章程，决定由奥登堡负责筹组俄国委员会——俄国中亚东亚研究委员会，并将其作为这个国际研究会的中心委员会。俄国中亚东亚研究委员会成立以后多次派出考察队前来中国。这些考察活动实质上得到了俄国政府的有力支持，同时也具有一定的国际合作背景。

欧洲汉学的研究者们对俄欧之间的汉学交流事实给予了肯定。巴尔托尔德认为西欧汉学家一直关注俄国汉学的发展，他们与俄国同行保持着紧密的学术联系。① 德国慕尼黑大学教授傅海博（Gauting Herbert Franke，1914—2011）说："必须承认，比起过去数十年来，俄国在十九世纪的研究已大为欧洲汉学家所熟悉。在此举两例说明。我一度想细究西藏的历史地理，曾找到一本盛绳祖等在1792年著的五卷《卫藏图志》，再进一步探讨才发现此书有一部分早被俄国神父亚金甫（Iakinf Bichurin，1770—1853）② 译为俄文。数年后有一较完整及改正后的法文本由克拉普洛特（Heinrich Julius Klaproth，1783—1835）③ 出版。第二个证明俄国学术为欧洲汉学界所热烈接受的例子为俄国驻北京的东正教教士团从1852到1866年所搜集的学术论文。其中首三册是在1858年译成德文。此二例显示俄国汉学著作往往在其出版后数年之间在俄国境外已开始流传。今日在西欧的我们对于俄国的著作若能像十九世纪那样的译出或是以摘要的方式流传就很满意了。在十九世纪时，俄国是被视为'科学共同体'中的当然成员。"④

---

① Скачков П. Е. Международные связи русских синологов//Проблемы Дальнего востока. 1975. №4.
② 比丘林出生年应为1777年。——笔者注
③ 即柯恒儒。——笔者注
④ [德]傅海博著：《寻觅中华文化：对欧洲汉学史的一些看法》，古伟瀛译，《汉学研究通讯》1992年第3期。

应该指出的是，在俄国汉学界与欧洲汉学界进行交流的同时，一些俄国汉学家始终固守着自己的传统，其中既包括优势，也包括不足。阿理克院士在回顾王西里院士的科学活动时对俄国汉学做出了这样的评价："无论从精神上看，还是从语言上看，这都是一个地道的俄罗斯学派，不愿意人云亦云，始终将思想的独特性放在首位。"① 这种局面在19世纪末期才有所改变，王西里的部分弟子逐渐背离了老师的思想，开始在学术对象和研究方法上借鉴欧洲汉学家的著作，并将俄国汉学引上近代化的道路。

最终将俄国汉学与欧洲汉学从更大范围内和更深层次上联系在一起的是阿理克。他从圣彼得堡大学东方语言系毕业后前往西方国家游学，曾先后在英国、法国、德国向当时的一流汉学家求教，大量阅读自耶稣会士以来的欧洲汉学著作。而在法兰西学院拜沙畹为师，使他有机会直接受业于这位欧洲最负盛名的汉学巨匠。老师渊博的学识、严谨而科学的治学方法对这位年轻的俄国学者产生了深刻的影响。在此后的一生中，即使在他成为苏联科学院院士之后，他依然深情地称沙畹为自己的老师，从不隐讳老师对他的巨大影响。与此同时，他与伯希和一直保持着良好的个人关系和学术联系。俄罗斯科学院东方学研究所圣彼得堡分所的汉学家齐一得女士将巴黎吉美博物馆所藏阿理克写给沙畹和伯希和两人的117封通信加以整理和注释，于1998年在圣彼得堡出版。这些信件的内容非常丰富，对中国文学、历史以及欧洲和俄国的汉学教育和研究进行了深刻的讨论。这是俄法汉学大师间的学术对话，从中可以看出俄国与欧洲汉学界的学术沟通进入了新的阶段。

四、在中俄文化交流史上的作用

在中外文化交流史上，汉学家可谓功不可没。西方早期汉学著作曾对欧洲的启蒙运动产生深刻影响已是人所共知的事实。伏尔泰、莱

---

① Алексеев В. М. Наука о Востоке: статьи и документы. М., 1982. С. 165.

布尼茨、狄德罗、歌德（J. W. von Goethe, 1749—1832）和席勒（J. C. F. von Schiller, 1759—1805）等欧洲思想家、作家都曾通过汉学家著作受到中国文化的熏陶，而他们的思想又直接影响了欧洲近代思想文化的变迁，有关这方面的研究著作层出不穷。那么，俄国汉学对于中俄文化交流发挥了什么作用呢？

通过对俄国汉学的初步研究，笔者以为：第一，应该肯定俄国汉学对于中俄文化交流的促进作用。纵观中俄两国文化交流的历史，便能发现一个特殊的现象。那就是，在五四运动之前主要是中国文化"流"向俄国，而到了五四运动之后，主要是苏联文化"流"向中国。而中国文化向俄流布的主要中介就是俄国汉学家。阎纯德教授曾经非常形象地描绘过汉学对于文化交流的意义："中国文化是一道奔流不息的活水，活水流出去，带着中国文化的光辉影响世界；流出去的'活水'吸纳异国文化的智慧之后，形成既有中国文化的因子，又有异质文化思维的一种文化，这就是汉学。"[①] 我们可以列举出一些俄国历史文化名人的名字，他们都阅读过俄国汉学家的著作，并在其中找到了他们所需要的"文化因子"，从而滋养了俄罗斯的民族文化。早在18世纪，俄国第一代汉学家就对俄国"中国风"的形成产生过推动作用。列昂季耶夫与俄国启蒙思想家诺维科夫携手合作，通过在后者主办的杂志上发表宣扬儒家治国思想的译文来影射叶卡捷琳娜二世"开明专制"时期的种种社会弊端。列昂季耶夫依照俄国政府命令翻译的《大清会典》被叶卡捷琳娜二世认为是一部强调君主至上和贵族特权的文件，有助于俄国的专制统治。而比丘林的著作更以前所未有的丰富信息对驱散19世纪前期弥漫于俄国社会的关于中国的混乱认识发挥了重要作用。比丘林是俄国汉学史上与国内思想文化界关系最为密切的汉学家。他在出版首部汉学著作的第二年（1829年）便成为皇家公共图书馆的荣誉馆员，从此与克雷洛夫等作家相识，经常参加奥多耶夫斯基家的星期六聚会，与更多的文化界名人建立了友

[①] 阎纯德：《比较文化视野里的汉学和汉学研究（代序）》，《汉学研究》第五集，中华书局，2000年。

谊。他不断将自己的著作赠送给普希金，并得到后者高度评价。比丘林将《厄鲁特人或卡尔梅克人历史概述（15世纪迄今）》送给普希金使用，保证了诗人在《普加乔夫起义》中对卡尔梅克人进行了成功的描写。普希金在收到比丘林赠送的《三字经》译本后，对中国文化发出了由衷的赞叹并产生了前往中国的向往。在比丘林汉学著作的影响下，奥多耶夫斯基开始创作幻想小说《4338年》，思考在遥远的未来中俄成为世界上最先进最发达国家后之间的关系。他笔下的主人公是一位来自北京的在俄罗斯从事科学研究的中国学者。他的构思与比丘林将中国现实理想化的倾向不无关系。别林斯基从比丘林的著作中看到了"身穿制服，彬彬有礼"的中国，而从另一位汉学家德明的作品中认识了"袒胸露背"的中国。19世纪下半期，格奥尔吉耶夫斯基的著作在俄国社会产生了一定影响。1886—1887年，他与探险家普尔热瓦尔斯基就中国文明问题展开论战。普尔热瓦尔斯基认为中国人是没有开化的民族，中国是停止发展的国度，无法接受任何先进的事物。格奥尔吉耶夫斯基对此提出严厉反驳，称中国为世界上最文明的国家之一，而中国人民是世界上最有教养的民族。俄国著名思想家索洛维约夫仔细阅读了格奥尔吉耶夫斯基的《中国的生活原则》，写出了著名的《中国与欧洲》等。这些例子在某种程度上可以说明俄国汉学在两国思想文化的交融和碰撞中发挥的作用。第二，不应夸大俄国汉学对中俄文化交流乃至俄国思想变迁的影响。从历史文化角度讲，俄罗斯是兼具东西方文化色彩的国家。从公元988年古罗斯受洗、皈依拜占庭式的基督教——东正教时起，俄罗斯便在接受西方世界观的同时，也接受了近东文明的成分。13—15世纪金帐汗国的统治给俄罗斯留下了东方专制制度的国家管理模式，俄罗斯统一的中央集权国家在此基础上形成。但从17世纪开始，俄罗斯逐步走近西方，到18世纪彼得一世改革达到顶峰。在以后的岁月中，尽管有关俄罗斯要不要完全效仿西方的争论一再兴起，斯拉夫派与西方派唇枪舌剑，但始终没有改变过俄罗斯这艘巨轮一直向西而去的大航向。因此，在俄罗斯思想文化领域，包括中国文化在内的东方文化，自始至终没有赢得过显著位置。即使是18世纪的"中国风"，也不过是主要源自西方的一阵风而已。除列昂季耶夫、比丘林、德明和格奥尔吉耶夫斯基等少数汉学家的著作对同时代的文化人士产生过一定影响外，其他汉学家的著作似乎没有在俄国思想和文化变迁的长河中激起过浪花（也许，我们在这方面的研究还不够深入）。我们都知道，列·托尔斯泰曾经非常迷恋中国传统文化思想，但他阅读的孔子、老子、庄子、孟子著作大都是理雅各和儒莲等人的西欧语言译本，他在遗憾之余还亲自动手翻译。此外，俄国汉学家著作出版极其困难，即使有幸出版的著作，印数也很少，传播的范围非常有限。那些纯粹的学术著作的命运就更加令人悲哀了，比丘林的一部学术著作竟然只有一个预订者。这在某种程度上说明了俄国民众的阅读取向或水平。汉学家的著作大都专业性较强，不适合大部分民众的阅读兴趣，其读者主要来自同时代的学术界和文化界。汉学著作中的中国信息通过俄罗斯文化精英们的大脑加工和过滤之后再在其作品中反映出来，从这个意义上讲，汉学著作更多的是为俄罗斯思想文化界提供了思考中国历史与现实的资料。与汉学著作相反，皮亚谢茨基（П. Я. Пясецкий）、普尔热瓦尔斯基等俄国旅行家、探险家来华写的游记作品倒是大受欢迎，迎合了俄国读者的猎奇心态。但由于这些人不懂得汉语，对所描述的对象缺乏深刻认识，不自觉地将片面或扭曲的中国形象展示给俄罗斯民众。19世纪下半期以后，报刊上刊登的有关中国的文章在俄国民众了解中国过程中继续发挥主导作用，但其中只有一小部分文章出自汉学家之手，更多的信息来自西方报刊或由俄国外交官、旅行家等人执笔。由此看来，简单将俄国汉学家视作为沙皇政府窃取中国情报的"间谍"的做法是不全面的，同样，轻率夸大俄国汉学在中俄文化交流中作用的趋向也是不可取的。第三，只有对俄国汉学史进行长期而深入的探讨，积淀丰富的个案研究成果，才有可能对俄国汉学在中俄文化交流史上的意义和作用做出全面、客观而深刻的评价。

参考文献

中文著作（95种）

[俄]M.P.泽齐娜等著:《俄罗斯文化史》,刘文飞、苏玲译,上海译文出版社,1999年。

[俄]阿·马·波兹德涅耶夫著:《蒙古及蒙古人》第二卷,张梦玲等译,内蒙古人民出版社,1983年。

[俄]阿列克谢耶夫著:《1907年中国纪行》,阎国栋译,云南人民出版社,2001年;2016年再版。

[俄]卜郎特辑:《译材辑要》,二卷,铅印本,俄文专修馆,1915年。

[俄]固唎乙译:《新遗诏圣经》,吾主伊伊稣斯合尔利斯托斯新遗诏圣经谨遵原文译汉敬镌板,天主降生一千八百六十四年,同治岁次甲子夏季。

[俄]李福清:《古典小说与传说(李福清汉学论集)》,中华书局,2003年。

[俄]尼古拉·班蒂什-卡缅斯基编著:《俄中两国外交文献汇编(1619—1792年)》,中国人民大学俄语教研室译,商务印书馆,1982年。

[俄]王西里著:《中国文学史纲要》,阎国栋译,中央编译出版社,2016年。

[俄]维谢洛夫斯基编:《俄国驻北京传道团史料》第一册,北京第二外国语学院俄语编译组译,商务印书馆,1978年。

[俄]叶·科瓦列夫斯基著:《窥视紫禁城》,阎国栋等译,北京图书馆出版社,2004年。

[法]费赖之著:《在华耶稣会士列传及书目》,冯承钧译,中华书局,1995年。

［法］加斯东·加恩著：《彼得大帝时期的俄中关系史(1689—1730年)》，江载华、郑永泰译，商务印书馆，1980年。

［法］勒尼·格鲁塞著：《草原帝国》，魏英邦译，青海人民出版社，1991年。

［荷］伊台斯、［德］勃兰德著：《俄国使团使华笔记(1692—1695)》，北京师范学院俄语翻译组译，商务印书馆，1980年。

［捷］卡雷尔·严嘉乐著：《中国来信(1716—1735)》，丛林、李梅译，大象出版社，2002年。

［美］B. W. Maggs著：《十八世纪俄国文学中的中国》，李约翰译，成文出版社，1977年。

［美］丁韪良：《西学考略》，同文馆，清光绪九年。

［明］陈继儒纂辑，［清］毛焕文补辑：《增补万宝全书》，清乾隆年间刻。

［清］宝鋆等修：《筹办夷务始末(同治朝)》，文海出版社，1971年。

［清］德沛：《鳌峰书院讲学录》，清乾隆年间刻。

［清］德沛：《实践录》，清乾隆元年刻。

［清］何秋涛：《朔方备乘》，光绪三年畿辅通志局刊。

［清］唐彪辑撰：《读书作文谱》，岳麓书社，1989年。

［清］图理琛撰：《异域录》，载王锡祺辑《小方壶斋舆地丛钞：十二帙》，上海著易堂，清光绪十七年。

［清］王茂荫：《王侍郎奏议》卷六，清光绪年间刻本。

［清］吴长元辑：《宸垣识略》，清乾隆五十三年池北草堂刻本。

［清］舞格寿平：《满汉字清文启蒙》，三槐堂刻本，清雍正八年。

［清］张德彝：《航海述奇》，湖南人民出版社，1981年。

［日］石田干之助著：《欧人之汉学研究》，朱滋萃译，北平中法大学，1934年。

［苏］李福清著：《中国古典文学研究在苏联(小说·戏曲)》，田大畏译，书目文献出版社，1987年。

［苏］莎斯提娜著：《苏联的蒙古学发展史概要》，余元盦译，科学出版社，1955年。

［苏］苏联科学院远东研究所等编：《十七世纪俄中关系》第二卷，黑龙江大学俄语系翻译组、黑龙江省哲学社会科学研究所第三室合译，商务印书馆，1975年。

［苏］苏联科学院远东研究所等编：《十七世纪俄中关系》，第一卷，厦门大学外文系《十七世纪俄中关系》第一卷翻译小组译，商务印书馆，1978年。

［英］巴德利著：《俄国·蒙古·中国》，吴持哲、吴有刚译，商务印书馆，1981年。

［英］洛伦·R.格雷厄姆著：《俄罗斯和苏联科学简史》，叶式辉、黄一勤译，复旦大学出版社，2000年。

文渊阁本《四库全书》。

白寿彝总主编:《中国通史》第十三册,上海人民出版社,2015年。

蔡鸿生:《俄罗斯馆纪事》,广东人民出版社,1994年。

柴剑虹:《敦煌吐鲁番学论稿》,浙江教育出版社,2000年。

陈复光:《有清一代之中俄关系》,上海书店,1990年。

陈建华:《20世纪中俄文学关系》,高等教育出版社,2002年。

道润梯步:《新译简注〈蒙古秘史〉》,内蒙古人民出版社,1979年。

房建昌:《西藏学研究在俄国和苏联》,中国社会科学院中国边疆史地研究中心,铅印本,1987年。

冯蒸:《国外西藏研究概况(1949—1978)》,中国社会科学出版社,1979年。

付克:《中国外语教育史》,上海外语教育出版社,1986年。

高文德主编:《中国少数民族史大辞典》,吉林教育出版社,1995年。

戈宝权:《中外文学因缘——戈宝权比较文学论文集》,北京出版社,1992年。

故宫博物院明清档案部编:《清代中俄关系档案史料选编》第三编,中华书局,1979年。

郭蕴深:《中俄茶叶贸易史》,黑龙江教育出版社,1995年。

郝世昌、李亚晨:《留苏教育史稿》,黑龙江教育出版社,2001年。

何汉文:《中俄外交史》,中华书局,1935年。

何寅、许光华主编:《国外汉学史》,上海外语教育出版社,2002年。

黄定天:《中俄经贸与文化交流史研究》,黑龙江人民出版社,1999年。

计翔翔:《十七世纪中期汉学著作研究——以曾德昭〈大中国志〉和安文思〈中国新志〉为中心》,上海古籍出版社,2002年。

乐峰:《东正教史》,中国社会科学出版社,1999年。

李明滨:《中国文化在俄罗斯》,新华出版社,1993年。

李明滨:《中国文学在俄苏》,花城出版社,1990年。

李明滨:《中国与俄苏文化交流志》,上海人民出版社,1998年。

李兴耕等:《风雨浮萍——俄国侨民在中国(1917—1945)》,中央编译出版社,1997年。

林军:《中苏关系(1689—1989)》,黑龙江教育出版社,1989年。

刘厚生、关克笑、沈微、牛健强编:《简明满汉辞典》,河南大学出版社,1988年。

马汝珩、马大正:《漂落异域的民族——17至18世纪的土尔扈特蒙古》,中国社会科学出版社,1991年。

马祖毅、任荣珍:《汉籍外译史》,湖北教育出版社,1997年。

莫东寅:《汉学发达史》,上海书店,1989 年。

桑兵:《国学与汉学——近代中外学界交往录》,浙江人民出版社,1999 年。

宿丰林:《早期中俄关系史研究》,黑龙江人民出版社,1999 年。

孙成木、刘祖熙、李建主编:《俄国通史简编》,人民出版社,1986 年。

孙成木:《俄罗斯文化一千年》,东方出版社,1995 年。

唐兰:《中国文字学》,上海古籍出版社,2001 年。

佟冬:《沙俄与东北》,吉林文史出版社,1985 年。

汪剑钊:《中俄文字之交——俄苏文学与二十世纪中国新文学》,漓江出版社,1999 年。

汪介之、陈建华:《悠远的回响——俄罗斯作家与中国文化》,宁夏人民出版社,2002 年。

汪雁秋编:《海外汉学资源调查录》,台湾汉学研究资料暨服务中心,1982 年。

王丽娜编著:《中国古典小说戏曲名著在国外》,学林出版社,1988 年。

王铁崖编:《中外旧约章汇编》第一册,生活·读书·新知三联书店,1982 年。

王晓平等:《国外中国古典文论研究》,江苏教育出版社,1998 年。

吴孟雪、曾丽雅:《明代欧洲汉学史》,东方出版社,2000 年。

夏达康、王晓平主编:《二十世纪国外中国文学研究》,天津人民出版社,2000 年。

肖玉秋:《俄国传教团与清代中俄文化交流》,天津人民出版社,2009 年。

肖玉秋主编:《中俄文化交流史》,天津人民出版社,2018 年。

忻剑飞:《世界的中国观——近二千年来世界对中国的认识史纲》,学林出版社,1991 年。

张国刚:《从中西初识到礼仪之争——明清传教士与中西文化交流》,人民出版社,2003 年。

张国刚:《德国的汉学研究》,中华书局,1994 年。

张国刚等:《明清传教士与欧洲汉学》,中国社会科学出版社,2001 年。

张绥:《东正教和东正教在中国》,学林出版社,1986 年。

张体先:《土尔扈特部落史》,当代中国出版社,1999 年。

张维华、孙西:《清前期中俄关系》,山东教育出版社,1997 年。

张西平:《传教士汉学研究》,大象出版社,2005 年。

张西平:《中国与欧洲早期宗教和哲学交流史》,东方出版社,2001 年。

赵尔巽等撰:《清史稿》,中华书局,1998 年。

中国第一历史档案馆编:《清代中俄关系档案史料选编》第一编,中华书局,1981 年。

中国社会科学院近代史研究所编:《沙俄侵华史》,人民出版社,1978—1990年。

中国社会科学院近代史研究所翻译室编:《近代来华外国人名辞典》,中国社会科学出版社,1984年。

中国社会科学院文献情报中心编:《俄苏中国学手册》,中国社会科学出版社,1986年。

周伟洲主编:《英国、俄国与中国西藏》,中国藏学出版社,2000年。

外文著作(146种)

Brandt J. Introduction to literary Chinese(汉文进阶). Peiping,1927.

Brandt J. Introduction to Spoken Chinese(华言拾级). Peking,1940.

Brandt J. Modern newspaper Chinese:Progressive readings, with vocabularies, notes and translations(摩登新闻丛编). Peiping,1935.

Brandt J. Wenli particles(虚字指南). Peiping,1929.

Bretschneider,Emil. Medieval researches from Eastern Asiatic sources Fragments towards the knowledge of the geography and history of Central and Western Asia,from the 13th to the 17th century. London:1888.

Bretschneider,Emil:Si you ki. Medeaevel Researches from Eastern Asiatic Sources,London,vol I,1910.

E. Stuart Kirby,Russian studies of China:Progress and Problems of Soviet Sinology,The Macmillan press LTD,London,1975.

Giles,Herbert Allen. History of Chinese Literature. New York and London. 1924.

Lundbaek,Knud. T. S. Bayer(1694-1738):Pioneer Sinologist,Curzon Press,1986.

Maggs,Barbara Widenor. Russia and "Le Reve Chinois":China in Eighteenth-century Russian Literature,Oxford:Voltaire Foundation at the Taylor Institution,1984.

Panskaya,Ludmilla. Introduction to Palladii's Chinese literature of the Muslims. Canberra,1977.

Адоратский Н. Православная Миссия в Китае за 200 лет ея существования:Опыт церковно-исторического исследования по архивным документам. Казань,1887.

Азиатский музей-Ленинградское отделение Института Востоковедения АН СССР. М.,1972.

Алексеев В. М. В старом Китае:Дневники путешествия 1907 г. М.,1958.

Алексеев В. М. Китайская поэма о поэте. Стансы Сыкун Ту(837-908). Пг.,1916.

Алексеев В. М. Наука о Востоке: Статьи и документы. М., 1982.

Алексеев В. М. Письма к Эдуарду Шаванну и Полю Пеллио. Вступ. статья, сост., пер. с франц. и примеч. И. Э. Циперович. СПб., 1998.

Алексеев В. М. Рабочая библиография китаиста. Книга руководств для изучающих язык и культуру Китая. Рукопись.

Алексий (Виноградов), иером. История Библии на Востоке. СПб., 1889–1895.

Алексий (Виноградов), иером. Китайская библиотека и ученые труды членов Императорской Российской Духовной и Дипломатической миссии в г. Пекине или Бэй-Цзине (в Китае). СПб., 1889.

Андреева С. Г. Пекинская духовная миссия в контексте российско-китайских отношений (1715–1917 гг.). Диссертация на соискание ученой степени кандидата исторических наук. М., 2000.

Баранов И. Г. Верования и обычаи китайцев. М., 1999.

Бартольд В. В. История изучения Востока в Европе и России. (Курс лекций). 2-е изд. Л., 1925.

Бичурин Н. Я. История Тибета и Хухунора с 2282 года до Р. Х. до 1227 года по Р. Х., с картой на разные периоды сей истории. СПб., 1833.

Бичурин Н. Я. Записки о Монголии. Т. 1–2. СПб., 1828.

Бичурин Н. Я. История первых четырех ханов из Дома Чингисова. СПб., 1829.

Бичурин Н. Я. Китай в гражданском и нравственном состоянии. М., 2002.

Бичурин Н. Я. Описание Джунгарии и Восточного Туркестана в древнем и нынешнем состоянии. Переведено с китайского. СПб., 1829.

Бичурин Н. Я. Описание Пекина. СПб., 1828.

Бичурин Н. Я. Ради вечной памяти: Поэзия. Статьи, очерки, заметки. Письма/ Сост., предисл. и коммент. В. Г. Родионова. Чебоксары, 1991.

Бичурин Н. Я. Сань-цзы-цзин, или троесловие с китайским текстом (三字经)/Пер. с кит. монахом Иакинфом. Пекин, 1908.

Бичурин Н. Я. Собрание сведений о народах, обитавших в Средней Азии в древние времена. Ч. 1–3. М.–Л., 1950–1953.

Бичурин Н. Я. Статистическое описание Китайской империи. М., 2002.

Бичурин Н. Я. Хань-вынь ци-мын. Китайская грамматика, сочиненная монахом Иакинфом (汉文启蒙). Пекин, 1908.

Брандт Я. Дипломатические беседы（交涉问答）. Текст китайского издания с русским переводом, словами и примечаниями. Пекин, 1911.

Брандт Я. Образцы китайского официального языка с русским переводом и примечаниями（清国公牍类编）. Часть 1. Пекин, 1910.

Брандт Я. Самоучитель китайского письменного языка（华文自解）. Т. 1. Пекин, 1914.

Брандт Я. Самоучитель китайского разговорного языка по методе Туссэна и Лангеншейдта（华言初阶）. Пекин, 1908.

Букварь китайской состоящей из двух китайских книжек, служит у китайцев для начальнаго обучения малолетных детей основанием. Писан на стихах, и содержит в себе много китайских пословиц. Перевел с китайскаго и манжурскаго на российской язык прозою надворный советник Алексей Леонтиев. СПб., 1779.

Валеев Р. М. Казанское востоковедение: Истоки и развитие. Казань, 1998.

Василий Михайлович Алексеев, 1881 – 1951/Сост. И. Г. Бебих, О. Е. Сакоян. М., 1991.

Васильев В. П. Графическая система китайских иероглифов. Опыт первого китайско-русского словаря. Составлен для руководства студентов. СПб., 1867.

Васильев В. П. История и древности восточной части Средней Азии от X до XIII века. СПб., 1861.

Васильев В. П. Материалы по истории китайской литературы. Лекции, читанные заслуженным профессором С.-Петербургского Императорского университета В. П. Васильевым. СПб., 1887.

Васильев В. П. Религии Востока: конфуцианство, буддизм и даосизм. СПб., 1873.

Васильев В. П. Сведения о маньчжурах во времена династий Юань и Мин. СПб., 1863.

Васильев В. П. Анализ китайских иероглифов, составленный для руководства студентов профессора СПб-го университета. СПб., 1866.

Васильев В. П. Анализ китайских иероглифов. Ч. 1. 2-е изд./Под ред. А. О. Ивановского. СПб., 1898.

Васильев В. П. Анализ китайских иероглифов. Ч. 2. Элементы китайской письменности. СПб., 1884.

Васильев В. П. Буддизм, его догматы, история и литература. Ч. III. История буддизма в Индии. Сочинение Даранаты. СПб., 1869.

Васильев В. П. Описание Маньчжурии. СПб., 1857.

Васильев В. П. Открытие Китая и др. ст. академика В. П. Васильева. СПб., 1900.

Васильев В. П. Очерк истории китайской литературы. СПб., 1880.

Васильев В. П. Очерк истории китайской литературы. Переиздание на русском и китайском языках/Перевод на китайский язык Янь Годуна. Санкт-Петербург: Институт Конфуция в СПбГУ, 2013.

Васильев В. П. Примечания на первый выпуск китайской хрестоматии. СПб., 1868.

Васильев В. П. Примечания на второй выпуск китайской хрестоматии. Перевод и толковании Лунь-юй'я. СПб., 1884.

Васильев В. П. Примечания на третий выпуск китайской хрестоматии. Перевод и толкования Шицзина. СПб., 1882.

Вахтин Б. Б., Гуревич И. С., Кроль Ю. Л., Стулова Э. С., Торопов А. А. Каталог фонда китайских ксилографов Института востоковедения АН СССР. М., 1973.

Волкова М. П. Описание маньчжурских рукописей Института народов Азии АН СССР. М., 1965.

Волкова М. П. Описание маньчжурских ксилографов Института востоковедения АН СССР. Выпуск 1/М. П. Волкова. Прил. сост. Т. А. Пан. М., 1988.

Восток – Россия – Запад. Исторические и культурологические исследования. К 70-летию академика В. С. Мясникова. Сб. Статей. М., 2001.

Георгиевский С. М. Мифические воззрения и мифы китайцев. СПб., 1892.

Георгиевский С. М. Первый период китайской истории, СПб., 1885.

Георгиевский С. М. Принципы жизни Китая. СПб., 1888.

Георгиевский С. М. Важность изучения Китая. СПб., 1890.

Георгиевский С. М. О корневом составе китайского языка в связи с вопросом о происхождении китайцев. СПб., 1888.

Грубе В. Духовная культура Китая. Литература, религия, культ/Пер. П. О. Эфрусси. СПб., 1912.

Дао Дэ Цзин. Пер. с кит. В. Перелешина. Рио де Жанейро, 1971.

Дацышен В. Г. История изучения китайского языка в Российской империи. Красноярск, 2002.

Демидова Н. Ф. ,Мясников В. С. Первые русские дипломаты в Китае. "Роспись" И. Петелина и Статейный список Ф. И. Байкова. М. ,1966.

Денисов П. В. Никита Яковлевич Бичурин:Очерк жизни и творческой деятельности ученого-востоковеда. К 200-летию со дня рождения. Чебоксары,1977.

Депей китаец. Перев. с кит. на росс. яз. А. Леонтиевым. СПб. ,1771.

Захаров И. Грамматика маньчжурского языка. СПб. ,1879.

Захаров И. И. Полный маньчжурско-русский словарь. СПб. ,1875.

И не распалась связь времен:К 100-летию со дня рождения П. Е. Скачкова:Сб. статей. М. ,1993.

Иванов А. ,Ольденбург С. Ф. ,Котвич В. Из находок П. К. Козлова в г. Хара-Хото. СПб. ,1909.

Иванов А. И. Материалы по китайской философии:Введение:Школа Фа. Хань Фэй-цзы. СПб. ,1912.

Иванов А. И. Ван Ань-Ши и его реформы. XI в. СПб. ,1909.

Ивановский А. О. Маньчжурская хрестоматия. Тексты в транскрипции. СПб. ,1895.

Ивановский А. О. Юньнаньские инородцы в период династий Юань,Мин и Дай Цин(с приложением словаря и двух литографированных карт). Материалы для истории инородцев Юго-западного Китая. СПб. ,1889.

Ивановский А. О. Материалы для истории инородцев юго-западного Китая (губерний Юнь нань,Гуй чжоу,Сы чуань и отчасти Ху гуан). СПб. ,1887.

История Золотой империи/Пер. Г. М. Розова. Новосибирск,1998.

История и культура Китая:Сборник памяти академика В. П. Васильева/Под ред. Л. С. Васильева. М. ,1974.

История отечественного востоковедения до середины XIX века. М. ,1990.

История отечественного востоковедения с середины XIX века до 1917 года. М. ,1997.

История Российской Духовной Миссии в Китае:Сб. статей/Ред. коллегия: академик С. Л. Тихвинский и др. М. ,1997.

Карманный русско-китайский словарь(俄汉常谈)/издание Пекинской Духовной Миссии. Пекин,1906.

Палладий(Кафаров П. И.)и Попов П. С. Китайско-русский словарь(汉俄合璧韵编). Т. 1-2. Пекин,1888.

Палладий (Кафаров П. И.). Китайская литература магометан: изложение содержания магометанского сочинения на китайском языке, под заглавием Юй Лань Чжи Шен Ши Лу (т. е. высочайше читанное жизнеописание Святейшего), составленного китайским мусульманом Лю – Цзе – Лянь Архимандрита Палладия Кафарова. Elibron Classics, 2001.

Китайская философия: Энциклопедический словарь/Гл. ред. М. Л. Титаренко. М. , 1994.

Китайские мысли. Перев. с манж. на росс. яз. А. Леонтьев. СПб. , 1786.

Китайские рукописи и ксилографы Публичной библиотеки: Систематический каталог/Сост. К. С. Яхонтов. Ред. Ю. Л. Кроль. СПб. , 1993.

Ковалевский Е. П. Путешествие в Китай. Ч. 1 – 2. СПб. , 1853.

Конфуциева летопись "Чуньцю" ("Весны и Осени")/пер. и примеч. Н. И. Монастырева. М. , 1999.

Конфуций: "Я верю в древность"/Сост. , перевод и коммент. И. И. Семененко. М. , 1995.

Коростовец И. Я. Россия на Дальнем Востоке. Пекин, 1922.

Краткая история русской православной миссии в Китае, составленная по случаю исполнившегося в 1913 г. двухсотлетнего юбилея ее существования. Пекин, 1916.

Кривцов В. Н. Отец Иакинф. Л. , 1988.

Крымский К. Г. Изложение сущности конфуцианского учения. Пекин, 1906.

Куликова А. М. Востоковедение в российских законодательных актах(конец XVII в. – 1917 г.). СПб. , 1994.

Куликова А. М. Российское востоковедение XIX века в лицах. СПб. , 2001.

Кюнер Н. В. Описание Тибета. Владивосток, 1907.

Литература и культура Китая: Сб. Ст. К 90 – летию со дня рождения акад. В. М. Алексеева. М. , 1972.

Люди и судьбы. Биобиблиографический словарь востоковедов – жертв политического террора в советский период(1917 – 1991). СПб. , 2003.

Маньчжурские рукописи и ксилографы Государственной публичной библиотеки им. М. Е. Салтыкова – Щедрина: Систематический каталог/Сост. К. С. Яхонтов. СПб. , 1991.

Мелналкснис А. И. Описание китайских рукописных книг и карт из собрания К. А. Скачкова. М. ,1974.

Милибанд С. Д. Биобиблиографический словарь отечественных востоковедов с 1917 г. : В 2 кн. 2-е изд. ,перераб. и доп. М. ,1995.

Монголовед О. М. Ковалевский: биография и наследие (1801 - 1878)/Научный редактор Р. М. Валеев. Казань,2004.

Н. Я. Бичурин и его вклад в русское востоковедение: К 200 - летию со дня рождения:Материалы конференции/Сост. А. Н. Хохлов. Часть 1 - 2. М. ,1977.

Нестерова Е. И. Русская администрация и китайские мигранты на Юге Дальнего Востока России(Вторая половина XIX-начало XX вв.). Владивосток,2004.

Никифоров В. Н. Советские историки о проблемах Китая. М. ,1970.

Очерки по истории русского востоковедения. М. ,1953.

Очерки по истории русского востоковедения. М. ,1956.

П. И. Кафаров и его вклад в отечественное востоковедение: К 100-летию со дня смерти. Материалы конференции/Отв. ред. и сост. А. Н. Хохлов. Ч. 1 - 3. М. ,1979.

Пайчадзе С. А. Русская книга в странах Азиатско - Тихоокеанского региона (Очерки истории второй половины XIX-начала XX столетия). Новосибирск, 1995.

Пан Т. А. ,Шаталов О. В. Архивные материалы по истории западноевропейского и российского китаеведения (К изданию работы В. П. Тарановича《Научная переписка Санкт-Петербургской Академии наук с иезуитами,проживавшими в Пекине в XVIII веке》). Санкт-Петербург-Воронеж,2004.

Петров В. П. Российская духовная миссия в Китае. Вашингтон,1968.

Пещуров Д. А. Китайско-Русский словарь по графической системе(汉俄画法合璧字汇). СПб. ,1891.

Позднеев Д. М. Описание Маньчжурии. СПб. ,1897.

Поликин Исайя. Краткая Китайская Грамматика Иеромонаха Исаии. Изд. 3 - е. Пекин,1906.

Поликин Исайя. Русско - китайский словарь разговорного языка (пекинского наречия). Пекин,1867.

Попов П. Русско-китайский словарь(俄汉合璧增补字汇). Изд. третье. Токио,тип. Сан-Кио-Ша. 1900.

Попов П. С. Изречения Конфуция, учеников его и других лиц/перевод с китайского с примечаниями П. С. Попова. СПб. ,1910.

Попов П. С. Китайский философ Мэн-цзы. Перевод с китайского, снабжённый комментариями. М. ,1998.

Попов П. С. Мэн-гу-ю-му-цзи. Записки о монгольских кочевьях. Перевод с китайского П. С. Попова. СПб. ,1895.

Православие на Дальнем Востоке. Вып. 1-4. СПб. ,1993-2004.

Россия и Восток/Под ред. С. М. Иванова, Б. Н. Мельниченко. СПб. ,2000.

Рудаков А. Гуань-хуа чжи-нань. Руководство к изучению китайской мандаринской речи. Вып. 1. Владивосток, 1904.

Русский Харбин/Сост. , предисл. и коммент. Е. П. Таскиной. М. ,1998.

Сазыкин А. Г. Каталог монгольских рукописей и ксилографов Института востоковедения Академии Наук СССР. Том I. М. ,1988.

Серебренников И. И. Мои воспоминания. Т. II. В эмиграции (1920-1924). Тяньцзин, 1940.

Скачков К. А. Пекин в дни тайпинского восстания: Из записок очевидца. М. ,1958.

Скачков П. Е. Библиография Китая. М. ,1960.

Скачков П. Е. Очерки истории русского китаеведения. М. ,1977.

Тимковский Е. Ф. Путешествие в Китай через Монголию в 1820 и 1821 гг: В 3 ч. СПб. ,1824.

Точность-поэзия науки: Памяти Виктора Васильевича Петрова: Сб. ст. СПб. ,1992.

Традиционная культура Китая: Сб. Ст. К 100-летию со дня рождения акад. В. М. Алексеева. М. ,1983.

Труды членов Российской духовной миссии в Пекине. Пекин, Тип. Успенского монастыря при Русской духовной миссии, 2-е изд. Т. 1-4. Пекин, 1909-1910.

Иннокентий (Фигуровский И. А.). Карманный китайско-русский словарь. Пекин, 1910.

Иннокентий (Фигуровский И. А.). Полный китайско-русский словарь, составленный по словарям Чжайльса, арх. Палладия (и П. С. Попова) и другим, под редакцией епископа Иннокентия (华俄字典). Т. 1-2. Пекин, 1909.

Фишман О. Л. Китай в Европе: миф и реальность (XIII-XVIII вв.). СПб. ,2003.

Хисамутдинов А. А. Российская эмиграция в Китае: опыт энциклопедии. Владивосток, 2002.

Шмидт П. П. Опыт мандаринской грамматики с текстом для упражнений. Пособие к изучению разговорного китайского языка Пекинского наречия. Владивосток, 1902.

Шмидт П. П. Опыт мандаринской грамматики с текстом для упражнений. Пособие к изучению разговорного китайского языка Пекинского наречия. Изд. 2-е. Владивосток, 1915.

Шубина С. А. Русская Православная Миссия в Китае (XVIII - начало XX вв.). Диссертация на соискание ученой степени кандидата исторических наук. Ярославль, 1998.

Яхонтов К. С. Китайские и маньчжурские книги в Иркутске. СПб., 1994.

人名索引

A

阿·彼得罗夫 253,260,350

阿·费·波波夫,参见 柏林 36

阿·梅克伦堡 399,400

阿·米勒 54,55,57,302

阿·瓦·波波夫 217,250,251,261,269,486,566,567,568,569,573,618,626

阿·弗拉德金 161,552,643

阿布·哈兹·巴尕都尔 69

阿布-卡里莫夫 259,261,447,502,503

阿多拉茨基,参见 尼阔赖 11,414

阿恩德 371,412,461

阿尔杰米·瓦西里耶夫 144

阿尔捷米耶夫 260,261

阿尔先耶夫 33,34

阿尔谢尼耶夫 123

阿法纳西·尼基京 21

阿夫里尔 32,643

阿古丁斯基 571,572

阿翰林,参见 阿理克 3,498

阿加福诺夫 45,89,101,120—124,137,167,168,279,551,552,635

阿拉布珠儿 142,144

阿勒坦汗 21,22,25,30,80,562,563,632

阿理克 2—4,8,9,12,17,178,190,216,232,293,311,317,318,336,346,367,394,395,397,405,429,482,488,493—496,498—502,510—512,525,547—549,607,639,646,648

阿列克塞·费多罗夫 176

阿列克些 238,376,384,405—413,423,533,538

阿列克谢耶夫,参见 阿理克 3,210,366,395,397,496,547

阿列斯金 153

阿鲁浑 565

阿罗本 408

阿芒 66,67

阿神父,参见 阿列克些 413

阿旺·彭措 584

阿玉奇 95,117,142,143

艾德林 14,316,323

艾德曼 249,571

艾儒略 68,69,150,263,277

艾约瑟 346,357,381,403,408,409,412,645

安·弗拉德金 45,89,101,124—126,138,145,147,167,168,171,236,245,436,551,552,625,637

安德逊 73

安基波夫 144

安娜 51,60,86,139

安托尼 430

安文公 264,265,271,272,295,363,377,379,393,418,438,439,530,553,554,587,611

安逊 72

奥·科瓦列夫斯基 4,45,199,215,250—255,262,266—269,283,284,286,287,292,299,301,312,328,329,332,380,544,566—571,574,578,588,618,624—626,637,646

奥别尔米勒 621

奥登堡 4,327,333,335,358,367,468,493,525,540,579,589,591,593,599—605,621,626,627,645,647

奥多耶夫斯基 210,213,215,649,650

奥尔登堡斯基 235

奥尔洛夫 436,556,558

奥列宁 213,277

奥斯丁—萨肯 396

奥斯捷尔曼 65,98,121,149,152,200

奥沃多夫 398,588

B

八思巴 268,565,619

巴·彼得罗夫 340,358

巴·斯·波波夫,参见 柏百福 2

巴布科夫 433,539

巴德利 23,33,34

巴德玛耶夫 589,597,598

巴第,参见 巴拉第 2,394

巴蒂斯 68

巴多明 58,60,65,66,68,69,100,150,156,643

巴尔丹 568

巴尔福 408

巴尔托尔德 4,12,39,89,215,298,335,580,647

巴克梅斯特尔 149,151,153

巴克舍耶夫 120,123,124,167,275,279,613,625

巴拉第 2,4,11,19,45,46,178,183,191,232,238,275,293,337,344,376—398,400—405,408,409,414,417,420,423,428—430,432,439—441,444,446,450,453,454,459—463,467,495,497,526,530,534,535,538,540—542,544—546,548,575,579,588,623—626,628,635,638—640,645

巴拉津 540,589,593,617,621

巴拉诺夫 480—482,518

巴纳耶夫 215

巴托持,参见 巴尔托尔德 5

巴伊科夫 19,21,25—30,34,40—42,636,643

巴赞 412

白晋 71,102

白居易 491

白莱脱骨乃窦,参见 贝勒 2

白寿彝 253,390,565,572,580

柏百福 2,184,337,339,342,372,393—395,397,404,409,422,428,450—459,468,473,478,493,495,497,498,500,501,508,511,526,527,539—543,595,641

柏朗嘉宾 20,38,55,73,408,569,570

柏林 36,52—54,63,69,159,200,252,313,342,399,400,460,504,560,645

柏麟,参见 柏林 36

柏应理 56,61,71,103

拜谢罗 74

拜耶尔 5,17,51—63,65,68—70,87,149,152,155,156,165,166,179,200,302,551,563,584,624,634,637,643

班科夫斯卡娅 512

班尼科夫 23

班扎罗夫 255,566,569,609

班智达 254,588

宝至德 541,560

保罗一世 105,145

鲍博罗甫尼科夫 255,566,570,617

鲍康宁 412

鲍乃迪,参见 巴拉第 2,387,546

贝德禄 361

贝尔 132,158,272,354,400

贝尔芬格 53

贝勒 2,4,19,344,363,382,389,390,392,454,460—463,525,540,543,544,579,580,645

贝勒士奈德,参见 贝勒 2,546

贝努利 64

比奥特林格 587,591

比肯别格 601,604

比丘林 1,2,4,11,14—17,45,46,59,77,95,99,112,126—129,137,145,173—218,222—224,228—230,232,235,238,241—248,255—258,262,264,266,267,271,277,280,281,283—291,294,295,299,302,306,335,336,344,348,357,360,372,374—377,379,380,386,401—403,405,409,412,413,416,422,429,437,442,454,484,489,496,512,526,538,539,542,543,546,548,549,571—573,579,587,588,594,613,623,625—630,633—640,643,644,647,649—651

彼·施密特 369—373,474,478,482,496,510,519,522,538,560

彼·斯米尔诺夫 584

彼得大帝,参见 彼得一世 15,36,51,61,64,71,82,87,90,95,117,149,153,154,158,165,282,625,643

彼得二世 86,143

彼得罗夫斯基 600

彼得罗娃 407

彼得一世 16,26,31,35,47,48,53,61,63,64,81—83,87,88,148,155—158,164—166,270,555,583,608,634,650

彼特林 21—30,34,41,42,562,633,636,643

毕安 409

毕桂芳,参见 桂芳 506

毕瓯 409,437,441,467,644

毕学源 231,272

裨治文 116,344,409

壁昌 392

别尔金 14

别夫措夫 540,580,581,594—596,604

别卡尔斯基 62

别里菲里耶夫 80

别利亚耶夫 149,151

别列津 386,401,580

别林斯基 186,197—199,215,236,288,289,650

别兹鲍罗德科 122

斌椿 391

波波娃 3,184,192

波德帕赫 459

波多茨基 248

波戈金 186,196,199,210,215

波克罗夫斯基 23

波利金,参见 伊萨亚 420

波利瓦诺夫 470

波梁斯基 144

波列沃伊 181,204,207,215

波塔宁 4,540,574,580,581,594—596,604,619

波兹德涅耶夫 337,338,346,359,365,367,386,410,418,453,459,484,496,498,515,519—522,540,541,543,560,573—576,580,581,617,619,625,626

波兹德涅耶娃 8

波兹塔文 519

伯多禄 111

伯劳舍 387

帛黎 412

博罗 128,129

博絮埃 73

卜郎特 370,472—477

卜弥格 56

卜士礼 463,468

卜铁 346,408,409,441,644,645

布克斯鲍姆 156

布拉季谢夫 138

布莱资奈德,参见 贝勒 2

布列特什内德尔,参见 贝勒 2

布鲁门托斯特 64

布伦特 408

布罗夫 9

布罗塞 181,264,265,609,611

布诺夫 380

布塞 149—151,263

C

蔡宝瑞 449

蔡鸿生 1,6,9,49,112,157,161,169,186,337—339,349,399,433,447,627,632,636

曹振镛 235

策妄阿拉布坦 143,223

曾德昭 38,56,154,174

曾国藩 536

曾纪泽 449,504

曾先之 497

曾子 113

查瓦茨卡娅 7,10

常德 392,461,580

常福,参见 些儿吉乙长 430

常锡吉,参见 些儿吉乙长 430

晁德莅 324,412,491

车凌端多布 139,143,144

陈邦瞻 532

陈复光 3

陈继儒 119

陈嘉驹 505,506

陈建华 3,9,20,75

陈开科 10,390

陈栎 455

陈篆 506

陈其元 36

陈仁锡 532

陈善策 66

陈寅恪 469,599,606

陈垣 386,469,599

陈真谛 378

成吉思汗 73,206,207,223,295,384,386—388,454,553,571,575,578—580

程颐 104,456

程英姿 10

赤祖德赞 330

崇厚 451,504

楚紫气 102

椿园,参见 七十一 127

茨维特科夫 398,429,542

D

达里 422,614

戴孚礼 360,468

戴毅 434,435

戴进贤 58,65—69,156,643

戴密微 627

戴遂良 371,412,484

丹达龙 622

丹尼尔,参见 西维洛夫 176,217,255,281

道润梯步 385

德庇时 195,344

德尔智 589,597

德金 91,311

德兰切夫 145

德礼文 360

德利尔 66,67

德米特里 223

德米特里耶夫 536

德密特 337,338,524

德沛 106—109,113,277

德维诺 66,67

德新 60,86,87

德贞 411

登巴贤若 590

邓之诚 36

狄德罗 74,78,101,649

狄考文 371,474,478

翟理斯 233,313,314,397,409,412,428,429,467

第巴桑结 223

蒂若 4

蒂希森 408

丁韪良 396,403,409,450,453,645

东方朔 334

董恂 391

杜勃罗夫斯基 275

杜甫 491

杜赫德 71,93,96,123,163,174,213,344,346,409

杜金 600—602,604

杜曼 22,190,209,643

敦都克达什 573

多罗那他 330,590

多桑 206,207

多西费 30,33

E

鄂尔泰 109,122,403

鄂山荫 4,311,615

鄂锡阿 430

恩理格 154

F

法剌韦按,参见 法剌韦昂 419

法剌韦昂 46,376,393,406,414,416,419,420,423—426,430,432,538

法诺 583

法显 135,388

法云 331

樊腾凤 131,225

范中 430

腓力四世 565

费德林 3,7,10,216

费舍尔 27,76,166,208,563,564,616,630

费什曼 105

冯秉正 95,174,344,467

冯维辛 56,75,103

冯蒸 5,531

弗拉基米尔 46,51,477,478

弗拉基米尔措夫 5,573,577—579,617

弗连 248,249,262,266

弗鲁格 603

伏尔泰 36,71,73,74,78,82,101,158,169,213,283,648

福布拉斯 323

福卢 61,87

福禄,参见福卢 61

傅尔蒙 52,56,59,179,302,583

傅海博 647

傅恒 434

傅作霖 66

富俊 530

富科 586

富善 474

G

嘎伯冷兹 412

噶尔丹 94,143,223,573

噶尔丹策零 139,142,143

噶札尔图 142

冈察洛夫 295

钢和泰 9,464,469

高迪爱 115,170,331,404,463,546,645

高尔基 499

高母羡 38,218

高守谦 231

高一志 150

戈宝权 3,6,213

戈德弗洛伊 23

戈杜诺夫 29,30,563,583

戈尔巴乔娃 14,184,190,643

戈尔斯东斯基 253,255,365,540,566,573,574,617,619

戈尔斯基 378,398,553,555,588,626

戈罗杰茨基,参见 法剌韦昂 46,423

戈洛夫金 125,174,632

戈什克维奇 124,398

戈宙襄 530

哥德巴赫 53

歌德 649

格·米勒 27,66,67,72,76,93—97,166,169,563,584,585,616,620,624,630,644

格奥尔吉耶夫斯基 2,310,337—359,409,413,459,465—467,484,493,494,511—513,538,542,544—546,548,638,650,651

格雷 64,344

格里鲍夫斯基 45,89,126,132—137,167,170,226,262,272,410,414,635

格里岑 73,84

格里高里耶夫 204,215,252,341,382,385,386,389,400,571

格里绍夫 162

格列比翁希科夫 519,520,537,560,561,609,612,613

格林维德 600

格鲁姆—格尔日迈洛 365,540,594,596,

格鲁贤 71,195

格梅林 66

格姆鲍耶夫 255,566,569

格斯尔 252,565,566,576

格倭尔儿耶甫司克,参见 格奥尔吉耶夫斯基 2,339,349

葛兰言 318,336

葛林德 461

根忒木尔 31

赓善 451

公神甫 179,180,302,393,412,449

古伯察 298,344,441,548

古德津科 524

古多什尼科夫 9

骨勒茂才 469

固尔利乙,参见 固礼 45,417,419

固唎乙,参见 固礼 45,417—419

固礼 45,376,380,398,416—419,423,424,535,538,641

固里,参见 固礼 45,417

固理,参见 固礼 45,417

顾复 482

顾颉刚 336,351

顾鲁柏 314,318,645

顾起元 490

顾赛芬 397,412,429,467,479

管仲 467

贵由 55,206

桂芳 459,502,505—507

桂荣 451,502—504

桂煜 504

郭居静 154

郭俊儒 4

郭黎贞 8,315,353,365

郭实猎 344,346

郭质生 4,311

H

哈巴罗夫 46,483,524

哈里芬 249

哈里托诺维奇 145

海屯 571

韩非子 455,464,465,467

韩国英 66,69,103,344

汉斯·嘎伯冷兹 258,436,558

何秋涛 3,274,381,384,385,388,403

何寅 9,537

和瑛 588

贺清泰 128,129

赫本斯特雷特 66

赫拉斯科夫 74

赫美玲 478

黑格尔 198,348,353

黑野良文 361

宏达迷儿 571

洪亮吉 132

洪若翰 71

洪煨莲 387

鸿祺 530

胡炳文 455

胡峤 294

胡适 9,320,477

花之安 408

华克生 7,8

黄香 112

晃明 398,553,555,615,641

火原洁 384

霍赫洛夫 12,13,100,128,137,191,196,199,239,273,374,384,465,515

霍渥士 387

J

基尔歇 54,56

基谢列夫斯基 530

嵇辽拉 454,455,615

嵇直 454

吉宾 492

吉洪诺夫 214,289

纪理安 157,159

季姆科夫斯基 175,189,225,226,228,248,262,270,271,276,280,287,410,438,572,611,644

季诺维耶夫 393

季塔连科 3

加尔文 156,157

加拉罕 465

加略利 182,307,344,412,449

嘉庆 114,116,128,131,133,134,136,191,239,252,276—278,363,567,614

江格尔 576,619

姜筱绿 5,15

蒋友仁 66,69,163

杰尔查文 75,85

杰米多娃 23,25

杰涅西卡 145

捷尔吉茨基 123,480

捷维诺 27

介子推 485

金北高 383

金碧士 69,227

金济时 66,67,69

金尼阁 31,154

晋昌 368

敬斋公 435

敬征 235

靖道谟 106

鸠摩罗什 329

橘瑞超 599

K

卡尔·阿伯尔 399

卡尔波夫,参见 固礼 45,416

卡法罗夫,参见 巴拉第 2,386,390,397,548

卡拉姆津 228,233—235,527

卡缅斯基 2,28,45,95,106,126,131,132,137,139,143,173,175,191,221—230,238,240,253,262—264,272,276—278,280,283,284,287,288,415,416,429,539,552,553,609,610,613,614,616,635,637,646

人名索引 | 681

卡纳耶夫 139—141

卡斯其隆 75

卡塔纳耶夫 23

卡西扬年科 619

卡修斯 409

卡泽姆别克 209,217,486,487

卡扎宁 33

凯普费尔 69,156

康·斯卡奇科夫,参见 孔气 2

康·雅洪托夫 224,241,275,528,614,616

康德 353

康拉德 3,407,412,413

康熙 29,31,32,35—37,44,47,48,68,71,77,86,94,103,106,110,114,116,118,121,122,142,143,151,154—158,160,177,181,217,225,232,236,263,268,271,276—278,298,299,307,308,392,393,412,435,489,490,532,535,554,618,628

康有为 6,375

柯恒儒 5,17,193,199,202,232,287,295,302,409,572,609,630,644,647

柯立甫 387

柯劭忞 469

柯悟迟 446

科波季洛娃 178

科布泽夫 14,187

科尔金 144

科尔尼耶夫斯基 440

科尔萨林 440

科尔什 314,315,324

科津 387

科克 323

科列林 146,147

科列索夫 479

科斯蒂列夫 337,338

科索维奇 599

科特维奇 459,468,470,498,559,573,576—578,609

科兹洛夫 5,11,468,469,540,581,582,594,596,604—606,617,621,627

克尔 138,248

克拉芙佐娃 353

克拉钦施泰因 66

克拉申尼科夫 66

克拉西利尼科夫 162

克雷洛夫 213,649

克雷姆斯基 45,228,244,246,247,281,285,286,376,429,542,640

克里扎尼奇 31

克立朝 190,216,643

克鲁逊什特恩 131,194

克罗波托夫 163,312

克尼亚日宁 73

克平 607

克恰诺夫 6,13,120,222,605,607,628,629

孔明汉 462

孔琪庭,参见 孔气 2

孔气 2,17,31,45,194,196,200,202,344,348,433,440—450,502,503,528—532,539,543,544,548,635,638,641,642,645

孔融 112

孔贞运 532

孔子 56,71,73—76,101,103,113,124,150,184,188,189,246,314,317,319,320,327,328,344,347,348,352,366,455,456,492,651

库尔茨 227

库利科娃 13,120,145,165,629

库利文斯基 583

库普费尔 444

库兹涅佐夫 247

库兹涅佐娃 14

L

拉阿尔普 72

拉比肯 483,484

拉波特 72

拉达 56,554

拉德洛夫 5,311,363,581,617,647

拉德仁斯基 191,223,235

拉杜辛 257,258,260,261

拉多夫斯基 99

拉赫马尼诺夫 74

拉吉舍夫 75,79,282

拉克罗兹 52

拉希德丁 386,571

拉祖莫夫斯基 66,67,97

来新夏 36

莱布尼茨 36,54,63,102,648

莱斯利 383

赖德烈 404

蓝煦 383

郎喀 58,60,65,67,68,72,82,93,100,148,149,152,153,155—161,165,166,634,637,643

朗格莱 436

劳费尔 590

老子 135,150,218,219,334,344,542,651

勒柯克 601

勒南 408

雷慕沙 179—181,184,186,216,218,224,257,258,287,302,344,409,489,565

雷奇科夫 208

黎赫曼 66,67

李白 491

李福清 3,6,9—11,14,226,234,236,237,266,269,280,320,350—353,512,531

李光地 494

李鸿谟 505,506

李家鳌 506,515

李克尔 314,324

李明 71

李明滨 7,8,86,633

李寿轩 394

李斯 344

李詑风,参见 李希霍芬

李希霍芬 298,344

李谢维奇 8,14

李学勤 10,15,622,623

李延基 434

李逸津 7,8

李志常 388,461,579,580

李自成 133,223,366

里相斯基 131,194

理然 7,8

理雅各 227,286,344,346,409,412,454,455,467,512,651

利比奥斯 343

利波夫措夫 1,45,89,125—132,137,167,208,217,222,225,238,248,262,263,277,376,416,543,551,552,571,609,612,614,625,635

利类思 150

利玛窦 39,68,69,103,118,154,220,227,263,406,410,411,416,454

利文 208,249,591

梁国东 462

梁启超 467

列·托尔斯泰 219,350,405,651

列·瓦西里耶夫 7

列昂季耶夫 1,17,45,76,89,94,96—121,124,129,137—141,144,145,147,149,150,155,167—169,171,191,208,213,238,245,262,279,282,283,551,552,609,625,635,637,644,649,651

列昂季耶夫斯基 2,45,173,178,183,186,222,228,230—241,264,283,284,287,288,300,401,403,408,409,524,527,528,549,553,555,610,614,635,637

列昂节夫 47,48

列别捷夫 23,246,247

列勃拉托夫斯基 161

列夫申 74

列加舍夫 440

列米·弗拉德金 96

林百克 477

林伯渠 4

林语堂 482

刘半农 364

刘广源 476

刘介廉,参见刘智 382,408,542

刘松龄 66,67,69,163

刘应 71

刘郁 461,580

刘智 382,383

留里克 26,39

柳若梅 9

龙果夫 4

龙华民 150

隆源 418,419,424,430

卢公明 344,408,409

卢金 14

卢梭 74,78,282

鲁班 74

鲁布鲁克 38,55,408

鲁达科夫 337,338,367 — 371,477,496,510,517,519,522,536,538,540,541,560,612

鲁基·瓦西里耶夫 25

鲁勉斋 4

鲁什科 257,260,261

鲁斯洛 498

鲁祝华 202

路希恩 436

路易九世 55

罗博罗夫斯基 594,596,604

罗卜藏丹津 142

罗多菲尼金 208

罗福苌 469,605

罗福成 469,605,606

罗基诺夫 529

罗津 383,496,599

罗曼诺夫 39,81,597

罗蒙诺索夫 75,85,97,116

罗姆别格 601,604

罗瑞洛 463

罗森贝尔格 311

罗淑亚 404

罗索欣 1,12,45,46,61,89—101,112,115—117,120,124,138,141,146,147,149,151,152,159,161,162,164,166—169,171,172,208,242,245,262,282,401,542,551,552,563,609,610,625,628,635,637,642—644

罗振玉 346,464,469,605,606

罗佐夫 45,434,436,553—555,558,625,642

洛巴切夫斯基 217,249,250,257,258,284

骆保禄 408

吕大临 444

M

马伯乐 318,336

马伯良 383

马多夫 22

马戛尔尼 72,73

马揭 201,202

马可·波罗 38,55,56,72,76,384,391,392,408,460,463

马克思 2,399,400

马礼逊 112,179,258,302,412,418,449,489

马融 121

马若瑟 58,73,179,180,263,302,344

马沙懿黑 384

马思哈 299,573

马歇曼 179

马注 383

马佐金 518

玛尔利亚 418,419,431

玛格斯 70,74,115,119

麦都思 412,418,449

麦尔纳尔克斯尼斯 529

毛晋 532

毛奇龄 361

毛祥麟 391

茂林,参见 柏百福 2

梅辉立 346,461,467

梅塞施密特 52,148,152,155,165,563,584,585,616,620,624,630

梅耶 498

梅因 409

梅膺祚 55,154

梅原末治 603

梅鹫 532

门多萨 38

门捷列夫 365

门泽尔 54—57

蒙哥 56,206,571

蒙库耶夫 295,386,389

孟德斯鸠 71,75,82,130,282

孟第 2,45,311,341,359,372,409,412,448—450,459,464,473,493,496,498,502—504,507,511,543,641

孟列夫 6,11,13,266,559,603,607,628

孟正气 408

孟子 106—108,113,185,220,275,314,344,454—456,459,468,497,500,507,511,542,607,651

米哈伊尔·费得罗维奇 25

米哈伊洛夫斯基 33

米拉日巴 596,622

米怜 111,344,409

米邱 142

米斯 142

米亚斯尼科夫 3,7,14,15,23,25,184,213,215,287,446,477,545,555,632,633,640,642

密迪乐 344

密特啰芳 423,424,426,430

缅希科夫 65,82

闵明我 72

敏珠尔 266,299,528,540,567,568,618

明常 398,440,539,543,641

明恩溥 409

摩西 219

摩伊些乙 418,419,431

莫东寅 4,5,14

莫列尔 211

莫洛佐娃 531

莫纳斯特列夫 337,338,409,470,481,542

缪佑孙 349

慕尔 408

穆德洛夫 4

穆赫林斯基 487

穆拉维约夫 246,312,377,446,486,640

穆勒 408,409,412

穆麟德 409

穆辛—普希金 217,218,249

穆彰阿 235

N

纳颜 142

南怀仁 32,41,68,69,263

尼·波波夫 525

尼·斯米尔诺夫 600,601,604

尼古拉二世 350

尼古拉一世 131,175,235,252,255,260,282,486,555

尼克伊他 418,419,431

尼库图耶夫 570

尼阔赖 11,20,131,133,137,139,157,376,383,413—415,420,421,423—425,538

倪士毅 455

聂鸿音 607

聂历山 9,470,606,607,628

涅米罗夫 281

涅恰耶夫 73,247,281

纽霍夫 31

诺罗夫 486

诺曼 54,435

诺维科夫 27,36,71,92,101,104,105,110,169,649

诺沃肖洛夫 126,128,132,225,253,265,279,280

O

欧几里得 68

欧勒 64

欧阳缨 482

P

帕捷林 342,504

帕拉斯 4,159,242,564,584,585,616,620,624,630

帕刺的兀思,参见 巴拉第 385

帕雷舍夫 123,265,279,610

帕宁 122

派恰扎 14

潘国光 118,129,150,267,275,278,416,543

潘克福 189,190,192,214,387,518,609,615

潘斯卡娅 383

庞迪我 150

庞晓梅 68,609,610,613,616

佩休罗夫,参见 孟第 2

彭迎喜 10

丕业什楚罗福,参见 孟第 2

皮克夫 555

皮亚谢茨基 651

珀切斯 23

蒲安臣 504

蒲柏 74

璞科第 508,539,540

普尔热瓦尔斯基 357,540,580,581,589,593—596,604,650,651

普芬道夫 132,272

普加乔夫 209,211,650

普列汉诺夫 61

普柳沙尔 233,253

普奇科夫斯基 617,618

普提雅廷 312,377,640

普希金 186,201,209—213,215,217,218,249,289,322,650

Q

七十一 127

齐比科夫 203,519,521,540,589,592,593,621,626
齐格 66
齐格林斯基 407
齐赫文 3,6,14
齐一得 8,234,481,648
齐召南 298
祁韵士 429,588
奇穆托夫 440
乞剌可思 571
恰索夫尼科夫 11,376,427
钱伯斯 72
钱大昕 385,389
钱德明 66,71,75,109,115,227,344,434,557
潜说友 391
乔玛 203,253,586,587
切尔尼戈夫斯基 46
切克马列夫 146
切列米索夫 609
秦噶哗 298
秦缓 440,598
秦蕙田 444
秦始皇 343—345,485
秦锡铭 449
丘古耶夫斯基 13,14
屈纳 2,337,338,369,373—375,484,518,519,538,589,593
屈原 344,403
瞿秋白 4
权世恩 502,509

R

热勃罗夫斯基 609

日本斯基 423,430

茹科夫斯基 213

儒莲 17,213,216,218,252,344,403,409,441,454,461,462,544,548,609,644—646,651

S

萨哈罗夫 27

萨莫伊洛夫 14

萨莫伊洛维奇 470

萨穆坦 142,143

萨瓦 34,48,153,159,312

萨维茨基 13,621

萨维尔耶夫 146,147

萨维利耶夫—罗斯季斯拉维奇 186,

萨维奇 440

萨西 408

赛善 440,441,635

三藏真谛,参见 陈真谛 378

桑杰坚赞 622

桑热耶夫 566,569

瑟切夫斯基 191

沙夫拉诺夫斯基 152

沙夫拉诺夫斯卡娅 14,152,159

沙莫夫 568

沙碛金 617,618

沙斯季娜 14,94,295,329

沙塔洛夫 171

沙畹 17,397,467,469,498—502,627,648

沙勿略 56

商鞅 467

邵恒浚 477,502,505,506

邵筠农,参见 邵恒浚 476

什库尔金 482—484,517,518

沈弘照 434

沈启亮 435

沈垚 530

盛绳祖 201,202,647

盛宣怀 375

施弗曼 350

施勒策尔 116

施特劳斯 408

石滨纯太郎 606

石成金 490

石抹公 388

石汝钧 451

石田干之助 5

矢吹庆辉 603

世友 329

舒碧娜 12,237,632,635

舒哥 100,138—144,146,147,171,245

舒马赫 64,162,583

舒敏 234

术赤 580

硕特 142,300,313,314,439

挪斯吉斡吉尔 619

司空图 8,499,501

司马光 94,466,532

司马迁 302,367,491,500,532

思吉斡节尔 268

思宗 25

斯大林 606

斯当东 73,344

斯捷班诺娃 9

斯卡奇科夫 12,13,15,29,61,89,91,95,97,99,106,116,120,125,126,131,139,140,142,214,216,232,234,239,287,439,446,632—635,642

斯梅卡洛夫 337,338

斯莫尔热夫斯基 136,137,414

斯帕尔文 519

斯帕尔文费尔德 32

斯帕斯基 23,27,33,127

斯佩兰斯基 128,225,227,248,280

斯佩什涅夫 289

斯塔尔采夫 415,426

斯塔尔科夫 80

斯坦因 599,600,627

斯特列尼娜 99

斯图科夫 534

斯托雷平 466

斯万 128,129

斯维尔别耶夫 340

四贴班,参见 利波夫措夫 1,131

松巴堪布 331,540,589

松潍 594

松筠 613

松赞干布 586

宋君荣 17,58,66,67,69,95,96,102,408,643,644

宋绍香 10

宋英宗 104

苏霖 408

苏马罗科夫 73

苏敏 607

苏什科娃 75

苏轼 324,466

苏洵 466

宿丰林 42,83

孙百英 449

孙越生 5,6,15,18,234,632,634—636,641

孙璋 66,69

孙中山 375,477

孙子 3,109,344,431,607

索夫罗尼,参见格里鲍夫斯基 132,133,136,137,414

索罗金 14,171

索洛维约夫 365,405,650

索莫夫 186,211

索内拉特 462

索斯尼茨基 228,257,261

T

塔克什讷 451

塔拉诺维奇 62,65,66,89,97,99,163

汤若望 68,263

汤执中 66,69

唐彪 180,181

唐虞 4

陶奇夫 333,334

天童正觉 490

田类斯 150

铁楞尔提乙 419,431

佟正笏 273,274,378,392,417

童文献 344,443

图理琛 86,95,117,142,552,569

图曼斯基 71

屠思聪 482

吞米·桑布扎 586

托皮雷 38

托时 86,87,143

陀思妥耶夫斯基 405

W

瓦·伊古姆诺夫 563

瓦尔拉文斯 150,263,421,610

瓦赫京 14

瓦西里·丘缅涅茨 21

瓦西里·舒伊斯基 21,632

瓦西里耶夫,参见 王西里 2,7,10,292,339,366,512

瓦习礼,参见 王西里 2

完者都 565

万古矾子 606

万光泰 385

汪剑钊 3

汪宪 530

汪由敦 403

王安石 464—467

王鼎 235

王国维 346,469,606

王静如 9

王力 4,307

王茂荫 2,399,400

王树村 10

王西里 2,4,45,46,136,178,182,184,187,191,193,215,217,222,232,237,255,258,259,261,262,264,266—270,273—275,278,286,287,292—339,341,342,344,345,348,349,356—363,366,367,374,376,378,381,385,393,394,398,405,409,412—414,417,434,436,439,447,449,451,453—456,459,464,470,472,474,481,484,486—498,500—504,510—512,514,521,522,524,526,527,534,538—549,556—559,566,568—571,573,574,588—590,599,615,618,620,622—626,628,633,635,636,638,639,641,642,645,646,648

王希礼 481

王锡庚 451

威廉·费泽尔 23

威妥玛 306,370,371,401,403,412,474,496—498,641,645

韦贝 470

韦伯 157,159

韦博 133

韦尔什宁 25

韦利 389

韦廉臣 411

维·彼得罗夫 14,335,501,508

维尔古斯 481

维廖弗京 71,75

维诺格拉多夫,参见 阿列克些 238,405,413

维特 16,514,541,597

维特森 26,32,36

维谢洛夫斯基 11,62,136,222,289,350,365,373,414

伟烈亚力 313,314,409,461,468,546

卫匡国 31,33,56,57

卫三畏 233,306,344,403,409

魏兰德 74

魏若明 199,247,273,281

魏源 299,392,398,490,491,588

倭良嘎哩 393,439

窝阔台 206,387,388

沃尔夫 63,64

沃尔科夫 133,146,147,272

沃尔科夫-拉尼特 520

沃尔科娃 13,609,610,613,616

沃尔孔斯卡娅 201

沃罗比约娃-杰夏托夫斯卡娅 13

沃伊采霍夫斯基 4,45,228,256—258,261,265,266,268,283,284,286,293,440,527,553,554,556,615,626,638,646

沃兹涅先斯基 191,228,264

乌巴什 562,569,619

乌尔苏 31

乌戈利莫夫 139

乌赫托姆斯基 350

乌里亚诺夫 589,597,598

乌斯宾斯基 267,268,568,617,619—621

乌瓦罗夫 200,248,262

吴大澂 247

吴启太 507

吴獬 490

吴熊光 131

吴玉章 4

吴长元 193

伍子胥 485

伍遵契 383

X

西帕科夫 145,189,264,275,280

西维洛夫 2,4,45,173,196,216—221,227,228,255—257,261,266—268,276,281,283—286,292,366,416,418,527,538,543,638,644,646

希奥宁 477—479,518

希弗涅尔 588—590,620

希林格 129,175,184,186,212,224,240,242,243,262—265,279,287,587,591,610,611,616,620

希罗多德 302

希什科夫 131

席勒 649

夏德 467

夏云清 484

先科夫斯基 194,199,201,202,204,209,213,215,248,288,527,614

萧三 4

萧统 491

小德金 224,232,449

小西增太郎 219

些儿吉乙长 430

谢·雅洪托夫 4

谢别特金 25

谢尔巴茨科伊 10,589,591—593,604,621,626

谢格罗夫 71

谢和耐 627

谢礼士 475

谢立山 361

谢缅纳斯 182,397

谢苗·彼得罗夫 143

谢肇淛 361

谢稚柳 602

休金 134,209,379

朽木昌纲 200

须佐嘉橘 454

徐发 444

徐继畲 392

徐懋德 58,65—69,156,643

徐日久 297

徐世昌 476

徐松 385,403,530

许光华 9,537

玄奘 299,329,332,378,388,441,530

薛力赫 344,409,412

荀子 313,344,467

Y

雅德林切夫 580,581

雅尔措夫 249

雅各比 120,121

雅各伯 219

雅库鲍夫斯基 206,386,579

亚·伊古姆诺夫 250,252,265,279,563,566

亚当·勃兰德 35,36

亚金甫,参见 比丘林 174,176,181,193—195,198,203,207,209—211,216,245,289,362,381,386,414,548,549,647

亚雷什金 25,26

亚历山大二世 51,401,523

亚历山大三世 597

亚历山大一世 125,131,201,224,228,272,275,281

严嘉乐 58,61,65—69

严绍璗 5,15

阎纯德 649

阳玛诺 55,56,60,68,69,150,410,416

杨慎 361

杨树达 9

姚衡 530

姚柬之 530

姚庆布 530

姚文田 530

姚晏 530

姚元之 530

姚竹君 530

耶律楚材 392,461,580

耶律大石 392,461,580

耶律希亮 392,461,580

耶乌哗尼 431

叶·科瓦列夫斯基 433,439,572

叶尔莫根 46

叶夫拉姆比 398—400

叶卡捷琳娜二世 16,75,79,81—85,88,101,104—106,144,166,169,171,191,282,296,637,649

叶卡捷琳娜一世 53,64,67

叶拉契奇 67,98,149,152,161—163,166,609

一如 327,331,539

伊·施密特 4,204,248,251,253,380,381,564—567,578,585—589,591,617,624,625,630

伊·米勒 279

伊壁鸠鲁 542

伊凤阁 2,4,303,320,335,455,464—471,481,493,498,500,501,508,509,605,606,628,645

伊戈列夫 440

伊格纳季耶夫 273,417,641

伊格纳提 47

伊腊离宛 44,48,636

伊丽莎白 141

伊萨亚 45,182,376,409,416,420—424,451,452,473,538,543,635

伊万·彼得罗夫 21,562

伊万·别洛戈洛夫 21

伊万·托尔斯泰 349

伊万诺夫斯基 2,4,303,320,337,349,357—367,459,493—496,498,511,524,530,534,538,540,548,556,559,596,612,615

伊望 417,419,430

伊望·包 431

伊文 464

伊沃奇金娜 200

伊雅达 287,545

伊耶里格 76,152,166,563,584,585,616,620,624,630

伊兹迈伊洛夫 158

宜兴 434

移相哥 565,569

乙阿钦特,参见 比丘林 2

义杰斯 21,35—38,41,42,65,72,636,643

奕誴 530

殷铎泽 56

殷扎纳 86,142

英诺肯提乙 46,376,410,416,421,426—430,533,538,543,635

英诺森四世 55

英善 530

永瑆 530

尤尔,参见 玉尔

余浩洲 383

俞希鲁 384

羽田亨 435

裕恩 305

袁世凯 375

袁同礼 607

约翰斯通 75

约里什 13

越飞 464

越特金 368,518

云溪,参见 隆源 430

允礼 268,618,619

Z

杂哈劳 2,4,45,259,268,344,362,398,433—439,467,539,543,556—559,615,625,638,641

杂哈罗夫,参见 杂哈劳 2

扎列曼 311,599

扎莫泰洛 218,219

扎姆察拉诺 573,577,617

张诚 36,65,72

张道陵 334

张德辉 390,579

张国刚 9,15,55,81,313

张静河 15

张九龄 125

张君房 334

张穆 337,384,385,391,453

张时中 383

张绥 3

张廷玉 122,403

张忻 383

张英 509

张之洞 536

张子房 485

张自烈 55

长桑 256,527

赵季和 477

赵圣修 66

赵永穆 10

哲布尊丹巴 575

甄云甫 394

郑樵 150,308

郑天星 10

郑永邦 507

郑永玉 495

郑振铎 313,323,603

智旭 331

周永治 475

朱式瑞 449

朱熹 94,184,185,196,491

朱滋萃 5
朱宗元 150
庄子 344,466,651
兹纳缅斯基 415
宗喀巴 254,588,592
左宗棠 536
佐梅尔 220,260,261

修订小记

  拙著初版于 2006 年，早些年就有修订的想法，却一直苦于没有时间。这一次在阎纯德老师的鼓励和督促下，终于静下心来，改正了迄今发现的错误，补充了若干先前未见的文献，完善了部分注释的内容，更新了一些观点和认识，以期能对当今蓬勃发展的国际汉学研究继续有所助益。

  俄罗斯科学院李福清院士与我亦师亦友，在学术上合作多年，给予我莫大帮助，借此著再版向先生表示崇敬与怀念。

阎国栋
2024 年 3 月